新编21世纪国际经济与贸易系列教材

# 国际贸易实务
## 原理与案例

第三版

余庆瑜 著

International Trade Practice Principles and Cases

中国人民大学出版社
·北京·

## 内容简介

本书是近年来出现的一本“新型”国际贸易实务(或进出口贸易实务，下同)教材，是对现有国际贸易实务教材进行改革的重要尝试。

与现有教材比较，本书有许多重要创新。在内容结构方面，本书以实务操作的四大步骤为核心构建知识体系，大幅度增加了一般操作层面的知识，区分经营主体（外贸公司和生产企业）和经营方式（自营进出口和代理进出口），大量充实进口的内容；在编排体例方面，本书结合知识点穿插了300多个案例或实例，配置了许多专论、文摘和插图，采用简明流畅的语言、友好的版面设计，可读性大大增强。

以上特点使本书成为一本引起业界广泛关注的教材，受到许多希望提高国际贸易实务教学质量，努力探索国际贸易实务教学、教材改革的学校和教师的欢迎。

# 第三版前言

本书第二版出版以来，各方面的情况又发生了一些变化，特别是2020年1月国际商会（International Chamber of Commerce，ICC）推出了《国际贸易术语解释通则2020》，这促使本人考虑修订第二版的问题。因为本书主要是为高校国际贸易实务（或进出口贸易实务）课程而写的教材，贸易术语是这门课程的重要内容。基于这种考虑，2020年下半年本人向中国人民大学出版社经济分社王晗霞编辑提出了这一想法，之后很快就得到了她的回应与支持。

本书第二版对第2、4、5、6、7、9、11、13、23、25章都进行了大幅度修订，第三版的修订幅度没有第二版大，主要是改动了这些地方：全部重写了第3章“国际贸易术语”，将其更新为《国际贸易术语解释通则2020》的内容；对第1章“国际贸易概述”、第2章“我国的对外贸易”、第30章“加工贸易”做了较大幅度的修改；对第11章“其他运输方式”、第23章“自营出口合同的履行Ⅱ”、第25章“自营进口合同的履行”做了局部改动。

但第三版和第二版一样，仍然保持了本书的重要特点：（1）以实务操作的四大步骤为核心构建知识体系；（2）大幅度增加了“一般操作层面的知识”；（3）区分经营主体（外贸企业和生产企业）和经营方式（自营出口和代理出口）来写；（4）大量充实进口的内容；（5）在编排体例上的重要特点有，在书中结合知识点穿插了300多个案例或实例，配置了许多插图、专论和文摘等，采用简明常用的语言、友好的版面设计等。（详情可参见第一版前言。）

在第三版完稿之际，要衷心感谢中国人民大学出版社经济分社王晗霞编辑的大力支持，衷心感谢本版的其他所有编辑付出的辛勤劳动；还要特别感谢使用本书的广大教师、学生及其他读者对本书的赞许和认同。

本人深知，要写出一本好的国际贸易实务教材不容易。在此仍希望使用本书的教师、学生和其他读者通过电子邮箱 sam6865@sina.com 向本人提出宝贵意见，以帮助本书不断改进和提高，本人将不胜感谢。

**余庆瑜**

2021 年 3 月于上海交通大学

# 第一版前言

国际贸易实务（也称进出口贸易实务，下同）是改革开放后我国各类高校开设得非常普遍的一门课程，本书是为该课程写的教材，也可供国际贸易从业者和其他感兴趣的人士参考。

## 为什么写作本书

改革开放以来，我国对外贸易的发展取得了举世瞩目的成绩。1978 年，我国货物贸易进出口总额只有 206 亿美元，在世界排名第 32 位；2012 年，我国货物贸易进出口总额已达到 3.87 万亿美元，比 1978 年增长了 180 多倍，在世界排名第 2 位（仅次于美国），其中出口约 2 万亿美元，进口约 1.8 万亿美元，已连续四年成为世界货物贸易第一大出口国和第二大进口国。2012 年，我国外贸净出口对 GDP 增长的贡献率为 9.6%，外贸依存度为 47%，这反映我国经济发展和就业水平在很大程度上与对外贸易相关。

对外贸易的飞跃发展推动了社会对外贸专业人才和懂得外贸知识的其他人才的需求，人才的培养在很大程度上要依靠学校、教师和教材。就教材来看，改革开放以来，国际贸易实务的教材可谓层出不穷，并且不断改进和提高，出现了一些质量较好的教材；但不能不看到，现有的许多教材也存在一些较为突出的问题。例如，大多数教材沿袭以合同条款为构架的做法，未能全面反映国际贸易实务的知识体系；教材中许多内容多年不变，与当前的贸易实践有较大差距；偏重理论知识的叙述，缺乏“一般操作层面的知识”等。不少学过该课程的高校毕业生走上工作岗位后反映：实践中需要的知识在许多教材上没有，教材上的许多知识在实践中又派不上用场。

本人从事国际贸易实务的教学和实践工作多年，对以上问题有较深的体会，于是萌发了写作一本内容和结构较新、较实用的教材的想法，并动手写起来。

## 本书的内容和结构

本书一共10篇、31章，分为四个部分：

第1部分　实务操作的背景（第1篇，第1、2章）。介绍国际贸易和我国对外贸易的有关知识，如国际贸易的特点、类型、操作过程、适用的法律体系；我国对外贸易的经营主体和经营方式，主要的管理和促进制度等。这一部分是实务操作的宏观背景，以后各篇章的论述许多要涉及本部分的有关知识。

第2部分　实务操作的基础知识（第2~4篇，第3~13章）。集中论述国际贸易术语、结算、运输和保险方面的基础知识，包括：

第2篇　国际贸易术语的基本知识（第3章）。主要内容有：与国际贸易术语有关的国际惯例、《2010年国际贸易术语解释通则》、贸易术语的选用等。

第3篇　国际贸易结算（第4~7章）。主要内容有：国际贸易结算的工具——票据；国际贸易的三种基本结算方式——汇付、托收和信用证；与国际贸易结算有关的其他工具——银行保函、备用信用证、国际贸易融资和出口信用保险。

第4篇　国际货物运输和保险（第8~13章）。分为两个部分。一是国际货物运输（第8~11章），主要介绍：国际货运的特点、方式、当事人，国际货代的有关知识，海运及其单据，空运、铁路运输、国际多式联运和国际快递；二是国际货运保险（第12、13章），主要介绍：保险的基本原则，海上风险、损失和费用，国际货运保险的方式，保险费和赔付额的计算，中国保险条款（CIC）和协会货物条款（ICC）。

第3部分　实务操作的过程（第5~9篇，第14~29章）。本部分按国际贸易操作的四大步骤论述，包括：

第5篇　交易前的准备（第14~15章）。主要内容有：申请外贸经营权，市场调查，准备有关产品认证，选择目标市场、产品和经营方式，寻找客户，客户资信调查等。

第6篇　交易的磋商与合同的签订（第16~21章）。主要内容有：交易磋商的法律规则，交易磋商的经济核算，合同条款的知识，国际贸易合同的知识等。

第7篇　出口合同的履行（第22~24章）。分自营出口和代理出口。重点论述外贸公司自营出口合同的履行，内容涉及落实信用证、备货、托运、保险、商检、认证、报关、制单结汇、出口退税等；简要介绍代理出口。

第8篇　进口合同的履行（第25、26章）。分自营进口和代理进口。重点论述外贸公司自营进口合同的履行，内容涉及开证、办理运输和保险、付款赎单、接货等；简要论述代理进口。

第9篇　违约与争议的处理（第27~29章）。如果合同履行顺利，进出口合同的履行在第7、8篇介绍的环节后即告结束，但实际业务中有时候会发生违约，这就要涉及违约的处理；在处理违约的过程中有时候会发生争议，这又要涉及争议的处理。因此，这一篇是进出口合同履行过程的延续，包括买卖双方的基本义务、违约的处理、争议的处理三项内容。

第4部分　贸易方式的多样化（第10篇，第30、31章）。第3部分论述的是一般贸易方式。本部分介绍一般贸易外的其他贸易方式，包括加工贸易、独家经销、销售代理、寄售、展卖、招标和投标、拍卖、对销贸易等，重点论述加工贸易。

## 本书的创新和改进

与传统教材[①]比较，本书在内容、结构和编排体例上都做了较大的创新和改进，主要表现在以下几个方面。

**1. 按实务操作的四大步骤构建知识体系。**传统教材大多沿袭按合同条款构建知识体系的做法，其局限是：（1）不能全面反映实务操作的知识体系，许多实务操作的重要环节无法反映出来；（2）教材的内容大部分是合同条款的知识和相关的基础知识，缺乏"一般操作层面的知识"（见后）；（3）将国际贸易的基础知识与合同条款的知识混杂在一起，结构上不合理。

本书按国际贸易实务操作的四大步骤构建知识体系：第 1 部分阐述国际贸易和我国对外贸易的有关知识，为四大步骤的论述提供必要的背景；第 2 部分集中论述国际贸易术语、结算、运输、保险等方面的基础知识，以便第 3 部分能够专门论述四大步骤，做到结构合理，线索清晰；第 4 部分介绍一般贸易方式以外的其他贸易方式（见图 1）。

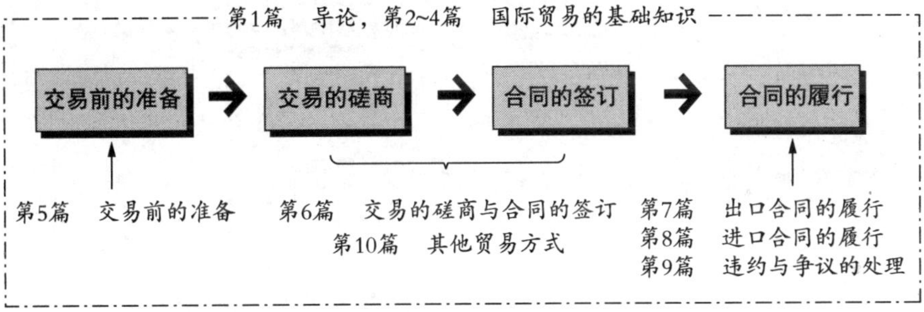


**图 1　本书的构架和知识体系图释**

**2. 大幅度增加"一般操作层面的知识"。**笔者认为，可以将国际贸易实务的知识划分为四个层次：一是"背景层面的知识"，如国际贸易的特点、类型、遵循的法律体系，我国对外贸易的经营主体和经营方式、有关管理和促进制度等；二是"基础层面的知识"，如国际贸易术语、结算、运输和保险方面的基础知识；三是"一般操作层面的知识"，如怎样落实信用证、备货、办理运输和保险，怎样办理商检、报关、制单结汇、出口退税等；四是"具体操作层面的知识"，如外贸函电的写作、信用证阅读、各种单证的缮制等。从这种观点看，传统教材阐述的主要是基础层面的知识与合同条款的知识，一般操作层面的知识不多，这样导致教材的实用性和操作性不强。

本书大幅度增加了"一般操作层面的知识"，对实务操作过程的论述占全书的一半左右；如果将实务操作的有关背景知识和案例算进来，比重就更大。但本书不涉及具体操作层面的知识，以免与其他课程重复。

**3. 区分经营主体和经营方式，进出口并重。**国际贸易有不同的经营主体和经营方

① 为论述方便，我们将现有的一些国际贸易实务或进出口贸易实务教材简称为"传统教材"。以后不再说明。

式，这些因素不同，操作过程和方法也不同。传统教材对此未加区分，这也是造成概念不清、实用性和操作性不强的重要原因。本书将经营主体和经营方式分开论述：在第 2 章先对我国对外贸易的经营主体和经营方式做总体介绍，第 7、8 篇出口和进口合同的履行部分，分自营和代理两种经营方式论述，对自营出口和进口又从外贸公司主体的角度来论述。

传统教材偏重于出口，对进口论述不足，这有历史原因：长期以来我国一直强调出口创汇，大多数外贸企业也主要从事出口。这种类似于重商主义的指导思想在一定的历史时期起过积极的作用，但其弊端已显露出来。我们现在已认识到进出口平衡发展的重要性，温家宝总理在第 110 届中国进出口商品交易会（简称广交会）开幕式上的讲话中指出：五年前，我国将广交会更名为中国进出口商品交易会，增加了进口展区，就是促进进出口平衡增长的最好诠释。[①] 另外，从实际情况看，有的企业偏重于出口，有的偏重于进口，有的进出口并重，学习国际贸易不能只知道出口不知道进口。为加强进口的地位，本书特地安排了第 8 篇对进口合同的履行做专门论述，在其他有关篇章也尽量增加进口的内容（见图 2）。

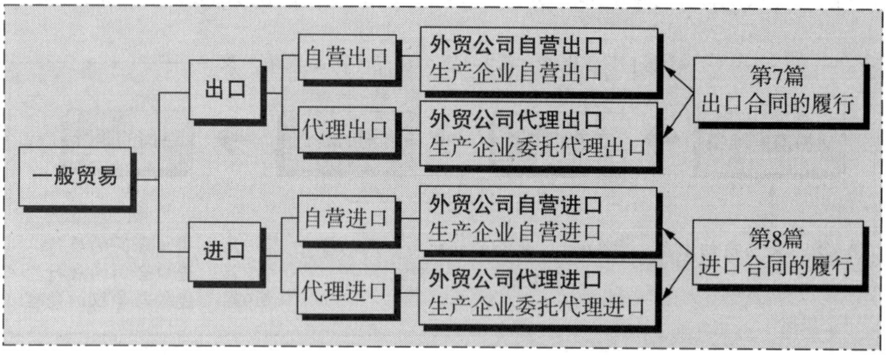


**图 2　本书对出口和进口、经营主体和经营方式的区分图释**

**4. 大量充实反映当前贸易实践的内容。**传统教材有的内容与当前贸易实践有较大差距，主要表现在两个方面：一是有的地方轻重不恰当。例如，现在集装箱班轮运输占我国对外贸易运输总量的 90% 以上，占世界贸易运输总量的 80% 以上；但传统教材主要介绍杂货班轮运费的计算。二是许多实务操作的重要知识没有或很少，如市场调查、寻找客户、产品认证、国际货代、SWIFT 信用证、对外贸易融资、出口信用保险、原产地认证、使（领）馆认证等在教材中都少见或没有，针对这一问题，本书大量充实了反映当前贸易实践的重要内容。

**5. 编排体例上的改进。**传统教材在编排体例上也存在一些问题，如偏重于理论的叙述，语言书面化，案例较少等。这样不仅可读性不强，而且不利于培养分析问题和解决问题的能力。本书在编排体例上所做的改进主要有：

（1）突出案例学习。在书中结合知识点穿插了大量案例或实例，在每章后面的练

① 温家宝. 中国面向世界的大门将永远敞开——温家宝总理在第 110 届中国进出口商品交易会开幕式暨中国加入世界贸易组织 10 周年论坛上的讲话. 新华社，2011－10－14.

习部分也配置了案例。对书中穿插的案例都提供了参考答案（“各章案例参考答案”可在中国人民大学出版社网站免费下载）；练习部分的案例供独立思考或课堂讨论。

（2）在书中结合知识点穿插了许多“专论”、“文摘”和“资料”等材料。这些东西有的是为了拓展知识面，有的是对某一问题进行深入探讨，有的是将理论和实际联系起来，有的是为读者提供一些有用的资料。这种编排设计有点类似于“互联网”——基础知识相当于“主页”，专论、文摘、资料等相当于丰富多彩的“页面”；各种页面按关联性与主页连接起来，组成一个多维、立体的信息空间，以扩大信息容量、拉近理论与实际的距离，增强教材的可读性和趣味性。

（3）精心绘制了大量插图，以帮助读者更直观、轻松地掌握有关知识。

（4）采用简明、通俗的语言，友好的版面设计，尽量使人读起来轻松愉快。

## 教学建议

本书可作为高校国际贸易实务或进出口贸易实务课程的教材，也可供国际贸易的实际工作者和其他感兴趣的人士参考，下面是对使用本书做教材的师生的几点建议：

（1）本书按实务操作的四大步骤构建知识体系，内容较多。教师可以结合自己的学校、专业、学生的层次和类型、课时等选择有关内容教学。例如，如果课时有限，可以只教实务操作的基础知识（第 2 部分）；如果课时较多，可以增加实务操作的过程（第 3 部分）作为教学内容等。

（2）教师不仅可以根据情况选择教学内容，还可以重新安排知识结构，例如，可以将第 2 部分的基础知识与第 3 部分相关的操作环节结合起来教学。

（3）鉴于加工贸易在我国对外贸易中的特殊地位，本书在“其他贸易方式”一篇（第 10 篇）中用一章介绍了加工贸易。加工贸易比较复杂，虽然用了一章篇幅，也仅能起引导入门的作用。对是否要将加工贸易作为一章来教学由教师自己决定；教师可以与其他贸易方式一样，仅简要介绍加工贸易的概念。

（4）书中结合知识点穿插的案例虽然都有参考答案，但学习时应先独立思考，最好能组织讨论，然后参阅答案，这样才能更充分地发挥案例的作用。

（5）书中结合知识点穿插的“专论”“文摘”“资料”等不是必须教学的内容，教师可以将其作为教学的补充材料，或让学生自己阅读，或做其他灵活处理。

## 致谢

在本书完稿之际，要衷心感谢中国人民大学出版社经济分社刘晶社长、潘蔚琳编辑；还要特别感谢本书的策划编辑陈静，没有她们的关心、支持、指导和帮助，本书的面世是难以想象的。在本书的写作过程中，还得到了许多从事进出口贸易、国际货代、银行国际结算、报关、报检等实际工作的学生或朋友的支持和帮助，在此也一并表示真诚的感谢。

国际贸易实务涉及的知识面广而复杂，许多环节本身就可以构成一个专业，因此，要写出一本理想的教材不是一件容易的事情，这也是国际贸易实务或进出口贸易实务的教材虽然出得很多，但大都大同小异，好教材并不多见的原因之一。在本书的写作过程中，本人虽然力求完善，但错误和疏漏之处仍在所难免，欢迎使用本书的教师、学生和其他读者通过电子邮箱 sam6865@sina.com 直接向本人提出宝贵意见，帮助本书进一步改进和提高，本人将不胜感激。

作　者

2013 年 1 月于上海交通大学

# 目录

## 第1部分　实务操作的背景

### 第1篇

### 导　论

# 第 2 部分　实务操作的基础知识

## 第 2 篇

## 国际贸易术语的基本知识



## 第 3 篇

## 国际贸易结算

## 第 4 篇

## 国际货物运输和保险

## 第 3 部分 实务操作的过程

### 第 5 篇

### 交易前的准备

## 第 6 篇

## 交易的磋商与合同的签订

## 第8篇 进口合同的履行

## 第 9 篇

# 违约与争议的处理

# 第 4 部分　贸易方式的多样化

## 第 10 篇

## 其他贸易方式



* 本部分内容可在中国人民大学出版社官网上本书的普通教学资源下免费下载。

第 1 部分

# 实务操作的背景

01

第1篇

# 导 论

本篇一共两章，第1章介绍国际贸易的特点、类型、基本操作过程、适用的法律体系等；第2章介绍我国对外贸易的经营主体和经营方式、主要的管理和促进制度等。本篇是全书的宏观背景，也是理解全书内容、结构设计的基础。

第1章

# 国际贸易概述

国际贸易（International Trade）又称“世界贸易”，包括世界各国间有形和无形商品的交易。有形商品的交易即货物贸易，无形商品的交易又分为服务贸易和技术贸易。早期的国际贸易主要是货物贸易，20 世纪 70 年代后，服务贸易迅速发展，现已占到世界贸易总额的近 1/4，但从总体上看，货物贸易仍然是今天国际贸易的主体。本书虽然以《国际贸易实务》命名，但所论仅限于国际货物贸易，不涉及服务贸易和技术贸易。

## § 1　国际贸易的特点和过程

### 1.1　国际贸易的特点

与国内贸易比较，国际贸易有许多不同的特点，我们将其分为操作背景和操作本身两个方面来叙述。从操作背景方面看，国际贸易的特点主要有：

1. 使用的语言不同。国内贸易使用本国语言；国际贸易使用英语，这虽然在一定程度上统一了不同国家的语言，但对非英语国家的商人来说，沟通上仍然有一定难度。因此，我国对外贸易从业人员要有一定的英语水平。

2. 使用的货币不同。国内贸易使用本国货币；国际贸易使用外币，目前主要是美元。我国从 2009 年 7 月开始实施跨境贸易人民币结算试点，现在已经有了很大发展，但人民币还不是国际贸易中普遍使用的结算货币。

3. 使用的度量衡制度不同。国际贸易主要使用公制，但有时候也会使用其他度量衡制度，如英制和美制，这就要求从业者懂得一点关于度量衡制度的换算知识。

4. 遵循的法律体系不同。这是一个比较复杂的问题，我们将在本章第三节专门论述。

5. 面对的市场环境不同。由于各国经济发展水平、政治制度、历史文化、宗教信仰、风俗习惯不同，因此各国市场环境的差异一般比国内市场大，而且要做国际市场调查也更不容易。

6. 面临的风险更大。国际贸易面临的风险主要有：（1）商业风险，指违约、毁约、欺诈等方面的风险；（2）汇率风险，指结算货币汇率波动带来的风险；（3）国际市场商品价格波动的风险；（4）运输风险，指国际贸易运输沿途遭遇自然灾害、意外事故、社会风险的可能性比国内运输更大；（5）政治风险，指由交易国政局不稳，发生动乱、革命、政府更替、政策变动等带来的风险。

【实例】

2008 年初，中国 A 公司与西班牙 B 公司签订了一份 8 万欧元的出口合同，付款方式为信用证（L/C）提单日后 180 天。在签订合同时，欧元与人民币的汇率是 1∶11.05，A 公司给客户报价时是按照 1∶10.50 的汇率核算的，预计利润为 120 000 元人民币。收到 B 公司开来的信用证后，A 公司安排生产，货物于 4 月 20 日出运，A 公司 4 月 30 日向银行交单。但到 11 月 17 日结汇时，由于金融危机的影响，欧元与人民币的汇率变成了 1∶8.55，导致 A 公司亏损了 36 000 元人民币。

从操作本身来看，国际贸易的特点主要有：

1. 以函电磋商为主。国际贸易当面磋商的机会比较少，大多是通过函电磋商，如发传真、发电子邮件、打电话等。因此，国际贸易的从业者要学习外贸函电写作。

2. 交易周期长。国际贸易环节、手续多，交易周期比较长，一笔即期收汇的交易，从磋商合同到收到货款大约也要 2 个月。

3. 交易成本高。国际贸易环节多，许多环节都要收取费用，有的费用还比较高，例如运费，一般占交易总额的 10% 左右，尤其是大宗低值货物，运费的比重就更大。

4. 操作复杂。国际贸易要涉及商务、海关、外汇、国税等多个管理部门；要与银行、运输、保险公司、国际货代、报关行等许多专业机构打交道；要了解国外的政治、经济形势和外贸政策、法规，要熟悉国外文化、语言、风俗习惯等。因此，国际贸易的操作要比国内贸易复杂得多，许多环节都是通过中介机构来办理的。

5. 单证交易。在国际贸易中，买卖双方处理的大多是一堆单证：卖方通过交单来交货，买方凭单来付款；货物没问题、单证有问题，买方也可以拒付；货物有问题、单证没问题，买方也要付款（当货物出现问题时买方付款后可以凭合同向卖方索赔）；买方还可以通过转让提单来出售货物。有时候买卖双方甚至没见过货物，只是与单证打交道。因此，熟悉各种单证的缮制和处理是从业者重要的基本功。

【实例】

山东 G 公司出口一批农产品到韩国仁川，G 公司认为，到韩国仁川海运只有 30 多个小时，当时天气也很好，不会发生什么意外，因此没有办理海运货物保险。后来货物也安全到达了目的港。但买方还是以缺少保单拒付，实际上买方拒付的真正原因是商品的市场行情发生了对自己不利的变化。

## 1.2 国际贸易的过程

从总体上看，国际贸易的过程和国内贸易一样，都可以概括为交易前的准备、交易的磋商、合同的签订、合同的履行四大步骤。在四大步骤中，交易的磋商与合同的签订关系密切，可以并为一个阶段，这样，又可以将国际贸易的四大步骤概括为三个阶段（见图1-1）。

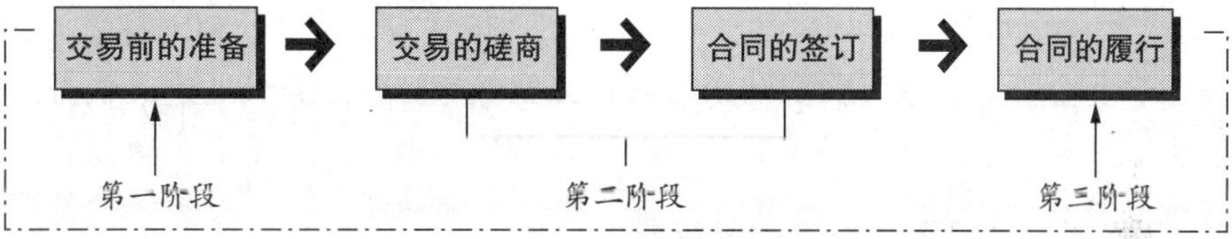


图1-1 国际贸易的基本过程

1. 交易前的准备。无论是出口还是进口，在磋商交易前都要做一些准备工作。以出口为例，如申请外贸经营权，进行国际市场调查，选择出口市场、产品和经营方式，寻找客户，进行客户资信调查，准备有关产品认证等。这些工作对国际贸易的顺利进行具有重要的意义。

2. 交易的磋商与合同的签订。在这一阶段，买卖双方就一笔交易的各种条件进行磋商，如果双方能就各种交易条件达成一致，就可以签订一份国际贸易合同将其明确下来，以便将来履行合同和解决可能发生的争议。

3. 合同的履行。国际贸易合同签订后，就进入合同的履行阶段。这一阶段有许多工作要做，以出口为例，主要有落实信用证、备货、托运、投保、认证、通关、制单结汇、出口退税等。如果在合同的履行过程中发生了违约，还要涉及违约的处理；如果在处理违约的过程中发生了争议，还要涉及争议的处理。因此，违约和争议的处理也是合同履行的组成部分。

我国外贸业界常将外贸工作分为“接单”（或“签单”）和“跟单”两大部分，其中接单的工作大致相当于四大步骤的前三步；跟单工作大致相当于第四步。

# §2 国际贸易的类型

国际贸易可以从不同的角度分类，下面介绍一些主要的类型。

## 2.1 有形贸易和无形贸易

这是从交易标的的性质来划分的。有形贸易（Visible Trade）即货物贸易，其进出口要办理海关手续，进出口数量要列入海关统计，是一国国际收支的重要组成部分。按加工程度，有形贸易的货物又可分为初级产品和工业制成品两大类。初级产品指没有经过加工或加工很少的农、林、牧、渔产品和矿产品，其附加值不高。工业制成品指经过了一定加工的产品，如纺织品服装、电器、电子产品、机械设备等，其附加值一般比较高。改革开放前，我国出口的主要是初级产品；改革开放后，我国货物贸易结构发生了根本变化。20 世纪 80 年代实现了由初级产品为主向工业制成品为主的转变，90 年代又实现了由轻纺产品为主向机电产品为主的转变。目前，我国的出口商品主要是机电产品和劳动密集型产品，机电产品占出口总值的比重接近 60%。

无形贸易（Invisible Trade）指一切不具备物质形态的商品交换，包括国际服务贸易和技术贸易两大类。国际服务贸易又分为运输、旅游和其他商业服务[①] 三类，其中，其他商业服务贸易额最大、增长最快，2010 年已占世界服务贸易出口额的一半以上。无形贸易不办理海关手续，其数额不列入海关统计，但也是国际收支的重要组成部分。

## 2.2 出口贸易、进口贸易和过境贸易

这是按货物的流向来划分的。出口贸易（Export Trade）即将本国的商品输到国外；进口贸易（Import Trade）即将外国商品输入国内。在商品的输出、输入过程中有时候要经过第三国，如果只是经过，对第三国来说就是过境贸易（Transit Trade）。

过境贸易可分为直接过境贸易和间接过境贸易。前者指外国货物到达本国口岸后，在海关的监管下，通过国内运输从其他口岸离境；后者指外国货物到达本国口岸后先存入海关保税仓库，未经加工改制又从保税仓库提出并运离国境。

过境贸易一般发生在两个陆地边界不直接相邻的国家，但空运货物飞越第三国领空不算过境贸易。过境贸易数额要列入海关统计。

**文摘**

### 荣成市过境贸易快速发展

近日，在龙眼港集装箱场站，自韩国平泽港起运的总价值 57.3 万美元过境货物，经荣成海关两名关员对两个装载 OLED 显示屏的集装箱施验封志后，顺利完成转关放行，56 个小时后将从广西友谊关过境进入越南。

越南是韩国布局产业转移的重点区域。荣成地处山东半岛最东端，是中国大陆距离韩国最近的地方，中韩集装箱班轮航线“夕发朝至”。韩国过境货物自平泽港通过中韩班轮运至荣成龙眼港、石岛新港仅需 30 分钟即可通关，直接换装汽车运至广西友谊关进入越南，相比传统过境线路距离和时间大大缩短，运输费用可节省 20% 左右。

为进一步拓展东北亚与东盟之间陆路运输国际物流大通道，荣成海关为过境贸易提供高效监管服务。货物运抵后，直接在港口换装公路运输工具，就地实施查验、施封、放行，极大地简化了转关手续。荣成海关还与出境地海关密切配合，明确进境地、出境地

① 其他商业服务包括通信服务，建筑服务，保险、金融、计算机和信息服务，专利使用和特许，咨询、会计、法律、广告及文体娱乐服务等。

海关的监管职责，完善信息沟通渠道和异常情况应急处置机制，有效提升通关效率，为企业降低物流成本。

截至 2019 年 10 月 14 日，荣成海关共监管运往越南的进口过境货物 381 个标箱、货值 2.01 亿美元，监管来自越南的出口过境货物 302 个标箱、货值 3.42 亿美元。

资料来源：荣成市过境贸易快速发展. 威海市人民政府网站，2019-10-23.

对过境贸易，早期要征收过境关税（Transit Duty），简称“过境税”。过境税产生和流行于早期的欧洲各国，其目的是为了增加财政收入。但征收过境税增加了过境货物的成本，阻碍了国际贸易的发展；另外，还会迫使过境货物改道，不利于本国交通运输及有关服务行业的发展，而这方面的收益比征收过境税的收益要大得多。因此，从 19 世纪后半叶开始，许多国家相继取消了过境税。1921 年国际联盟召开的有关自由过境的国际会议决定参加国不得对过境货物征收任何捐税。1947 年签订的《关税与贸易总协定》也规定成员之间应取消过境关税。① 因此，目前已很少有国家征收过境税。

## 2.3　直接贸易、间接贸易和转口贸易

这是按商品的生产国与消费国之间的关系来划分的。直接贸易（Direct Trade）是商品的生产国与消费国直接进行交易；间接贸易（Indirect Trade）是商品的生产国与消费国通过第三国进行交易。间接贸易对商品的生产国来说是间接出口，对商品的消费国来说是间接进口，对第三国来说就是转口贸易（Entrepot Trade）。

转口贸易又分为再出口贸易和单据处理贸易。

再出口贸易的特点是货物要经过第三国（中转国），又分为两类：一是纯粹转口贸易，指第三国对货物未进行加工，但中间商可以在保税仓库对货物进行分级、加包装、贴标签等，只要这些活动未改变货物的形态、性质、结构或效用，就仍然是纯粹转口贸易；二是加工转口贸易，指第三国对货物进行了加工，加工后的货物在形态、性质、结构等方面发生了变化，在这种方式下，中转国不仅可以获得转口利润，还可以获得加工利润。

单据处理贸易的特点是货物不经过第三国，而是从生产国直接运往消费国，但货物的生产国与消费国并不直接发生贸易关系，而是由中转国通过处理单据的方法分别与生产国和消费国发生关系（见图 1－2）。

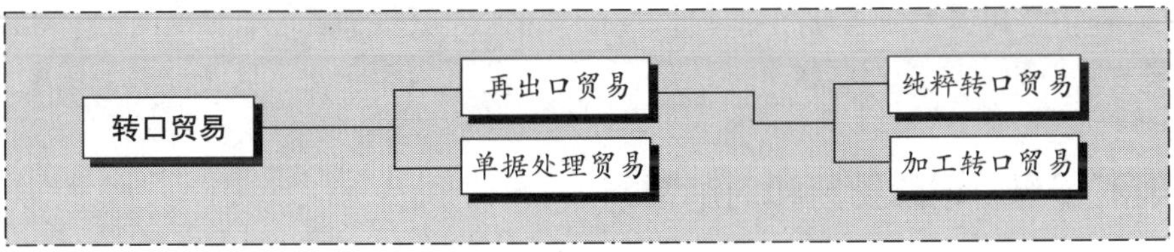


**图 1－2　转口贸易的分类**

转口贸易与过境贸易的区别是：（1）转口贸易有第三国商人参与，商品所有权在第

① 见《1994 年关税与贸易总协定》第 5 条第 3 款。

三国发生了转移——先从出口国商人转移到第三国商人，再从第三国商人转移给进口国商人；过境贸易没有第三国商人参与，商品的所有权在第三国没有发生转移。（2）转口贸易赚取的是买卖之间的差价，过境贸易赚取的是运输费和手续费。（3）对转口贸易货物，如果经过保税区转口，转口国不征税，如果出了保税区则要征税；对过境贸易货物，过境国不征税。

转口贸易的中转国一般处于国际交通要道或主航线上，地理位置优越，有深水港、吞吐能力强；中转地一般是自由港、自由贸易区等，以降低中转费用；中转地基础设施、交通、金融和信息等服务系统一般比较完善，有利于转口贸易的进行。世界有名的转口贸易中心有伦敦、鹿特丹、新加坡和香港等。开展转口贸易除了可以获得可观的转口利润，还可以得到仓储、运输、装卸、税收等收入。

**专　论**

**我国转口贸易的一般操作过程**

转口贸易（指纯粹转口贸易）一般用来规避关税与非关税壁垒，大多数通过提供转口贸易服务的国际货代等中介办理，其一般操作过程如下：

1. 出口商与国外客户签订合同后委托国际货代办理转口贸易。

2. 国际货代将货物报关发运到第三国中转港自己的代理转口公司。

3. 在货柜出运前，国际货代开始第二程船订舱。头程船（中国—中转港）到达中转港后，由转口公司清关提柜，在码头保税仓库换柜后将货物装上二程（中转港—目的港）船。

4. 二程船开航后大约 3~5 个工作日，转口公司从船公司取得提单，凭提单申请中转国的产地证或普惠制原产地证（FORM A），并以自己的名义制作箱单、发票等。

5. 出口商支付国际货代转口费后，转口公司将全套正本单据快递给出口商（也可以直接快递给出口商在目的港的客户）。

6. 出口商将单据传真给目的港客户，目的港客户得到单据传真件后支付其余货款（在前 T/T 结算的情况下）。

7. 出口商在收到尾款后，将全套正本单据快递给目的港客户。目的港客户凭第三国的全套正本单据在目的港清关提货。

为了规避关税或非关税壁垒，转口贸易货物一般采用中性包装，即包装上不显示“中国制造”，但不同国家对包装有不同要求。例如，大多数欧洲国家都可以采用中性包装，而到美国则必须印上产地，在办理转口贸易时，可将产地印上出具原产地证的国家。

## 2.4 现汇贸易、记账贸易和对销贸易

这是从交易的结算方法来划分的。现汇贸易指以现汇结算货款的贸易，它是国际贸易的主流。记账贸易指由两国政府通过签订贸易或支付协定，用记账方式进行的贸易，双边不逐笔结算，而是在一定时期内（大多为一年）一次性结算。在记账贸易下获得的外汇叫记账外汇，它只能用于协定国之间，不能用于支付第三国。对销贸易（Countertrade）

指双方通过购买对方货物的方式来结算的贸易，近年来增长很快，已占世界贸易总额的20% 以上，又分为易货贸易、互购和补偿贸易，有关知识见第 31 章。

## 2.5 一般贸易和加工贸易

这是从进出口商品的生产原材料来源的角度划分的。一般贸易商品的生产原材料来自出口国本国，又分为出口和进口。加工贸易商品的生产原材料全部或部分来自国外，加工成品又销往国外，即“两头在外”。我国从 20 世纪 80 年代开始发展加工贸易，到 20 世纪 90 年代中期，加工贸易进出口总额已占我国对外贸易进出口总额的一半。近年来，我国贸易方式结构不断优化，一般贸易进出口比重逐渐提升，加工贸易进出口比重逐渐下降。2019 年，我国一般贸易进出口总值为 18.61 万亿元，占我国外贸总值的 59%。其中，出口为 9.95 万亿元，进口为 8.66 万亿元。加工贸易进出口为 7.95 万亿元，占我国外贸总值的 25.2%。[①] 由于加工贸易在我国的地位特殊，我们将在第 30 章专门介绍。

以上是一些主要类型，此外，国际贸易还有一些其他贸易方式和灵活做法，传统教材将其称为“其他贸易方式”，包括加工贸易、经销、代理、寄售、展卖、招标和投标、拍卖、对销贸易等，其中一些与上面介绍的国际贸易类型有重叠。对这些贸易方式或灵活做法，本书仍按习惯将其称为“其他贸易方式”，安排在第 10 篇介绍。

# § 3 国际贸易遵循的法律

在本章第一节我们指出，国际贸易的一个特点是遵循的法律体系不同。对于国际贸易遵循的法律体系，传统教材一般只介绍国际商法，这是不全面的，国际贸易遵循的法律体系应包括国内法规和国际法规两个部分。

## 3.1 国际贸易遵循的国际法规

国际贸易遵循的国际法规包括国际商法和本国对外签订的经贸条约和协定。

### 3.1.1 国际商法

国际商法是调整国际商事关系的法律规范的总称，包括国际商事条约、国际商事惯例和各国有关的国内法三种法律渊源。

1. 国际商事条约。指有关国家通过缔约形式制定的大家共同遵守的国际商事法律规范。与国际贸易有关的国际商事条约有很多，如《联合国国际货物销售合同公约》《海牙规则》《华沙公约》《国际铁路货物联运协定》《保护工业产权巴黎公约》《商标国际注册马德里协定》《承认及执行外国仲裁裁决公约》等。

---

① 新闻办就 2019 年全年进出口情况举行发布会. 中国网，2020-01-14.

2. 国际商事惯例。指在国际商事活动中形成的习惯做法，但习惯做法并不都是国际惯例，只有经过有关国际或民间组织编撰，并得到各国普遍承认和遵循的国际商事习惯做法才是国际商事惯例。与国际贸易有关的国际惯例很多，如《国际贸易术语解释通则》（INCOTERMS）、《跟单信用证统一惯例》（UCP）、《托收统一规则》（URC）等。

国际商事条约与国际商事惯例的区别是：国际商事条约对签字国一般具有强制约束力；国际商事惯例没有强制约束力，其使用遵循“当事人意思自治的原则”，即当事人可以约定遵循某一国际惯例，也可以加以排除，还可以既采用某一国际商事惯例，又对其中的一些条款做出修改。但这并不意味着国际商事惯例的作用不大，其作用主要表现在两个方面：

（1）如果当事人约定了遵循某一国际商事惯例，该惯例对他们的交易就有了强制作用。

（2）如果当事人既没有约定，也没有排除采用某一国际商事惯例，那么在发生争议时，仲裁机构或法院有权引用国际商事惯例来裁决或判决。

**【案例 1－1】**

某公司和外商签订了一份出口某农产品的 CIF 合同，合同规定卖方必须保证货物在规定的时间内安全到达目的港，否则需要赔偿。这种规定与《国际贸易术语解释通则 2010》（简称《2010 通则》）对 CIF 的规定是否有矛盾？如果有，那么应按合同规定办还是按《2010 通则》办？为什么？（该案例可以在读完本书第 3 章后再分析。）

---

3. 各国有关的国内法。在国际商事活动各领域，有的“统一化运动”发展得比较好，出现了一些各国普遍遵循的公约或惯例，有的至今还没有得到很好的统一。另外，即使在统一得比较好的领域，有关国际条约和惯例也未覆盖所有方面。在这种情况下，就要依靠冲突法则的指引来适用于某国的国内法。因此，各国的有关国内法也是国际商法的重要组成部分。在大陆法系中，与货物买卖有关的法规大部分包含在民、商法典内。在英美法系中，与货物买卖有关的法规有两种形式：一是普通法，即法院以判例形式确立的法律原则，属不成文法；二是成文法或定制法，即以条文形式制定的法规。

### 3.1.2 本国对外签订的经贸条约和协定

本国对外签订的经贸条约和协定可分为多边和双边两个部分。

**多边经贸条约和协定**　按范围大小，又可分为全球性的和区域性的两大类。

全球性的涉及世界上许多国家，其中最有名的有《建立世界贸易组织的马拉喀什协议》，该协议包括序言、16 条正文和四个附件。其他多边经贸条约和协定还有很多，如《国际海事组织公约》《建立海关合作理事会的公约》《保护工业产权巴黎公约》《商标国际注册马德里协定》《国际货币基金协定》《承认和执行外国仲裁裁决的公约》《海关税则商品分类目录公约》等。

区域性的只涉及部分国家或地区。其形式多种多样，如条约、协定、贸易议定书、支付清算协定、自由贸易协定（Free Trade Agreement，FTA）等，其中自由贸易协定最多。

近年来，区域经济一体化发展很快。就我国的情况看，2020 年 11 月又签订了《区域全面经济伙伴关系协定》（Regional Comprehensive Economic Partnership, RCEP）。该协定包括中国、日本、韩国、澳大利亚、新西兰和东盟十国共 15 个成员国，其覆盖的人口、经济体量、贸易总额均占全球总量约 30%。在 RCEP 签署后，我国对外签订的自由贸易协定已达到 19 个，自由贸易伙伴已达到 26 个。

**专　论**

**自由贸易协定**

自由贸易协定（Free Trade Agreement，FTA）指两个或两个以上的国家（或独立关税地区）根据世界贸易组织相关规则，以自愿结合的方式，就贸易自由化及其相关问题达成的协定。在世界贸易组织文件中，自由贸易协定与优惠贸易协定（Preferential Trade Agreement, PTA）、关税同盟协定（Customs Union Agreement, CUA）都被纳入区域性经贸协定范围。有时自由贸易协定、区域性经贸协定也指基于一定贸易协定的自由贸易区或准自由贸易区。

传统的自由贸易协定主要是指缔约方相互取消货物贸易关税和非关税贸易壁垒，但近年来，自由贸易协定不仅包括货物贸易自由化，还涉及服务贸易、投资、政府采购、知识产权保护、标准化等方面的相互承诺。这种广义的自由贸易协定也被称为经济合作协定（Economic Partnership Agreement，EPA）。

自 20 世纪 90 年代以来，自由贸易协定发展迅速。一个重要的原因是：世界贸易组织各成员之间的经济发展水平不平衡，在多边谈判中达成协议越来越困难，许多国家和地区于是纷纷求助于建立自由贸易协定来推动贸易自由化。由于自由贸易协定谈判成员比世界贸易组织成员少得多，所以比较容易达成一致意见。

**双边经贸条约和协定**　这是两个国家之间签订的经贸合作协定。以我国为例，截至 2018 年，我国已与近 200 个国家和地区签订了双边经贸合作协定。这些双边经贸合作协定无疑也是我国对外贸易必须遵循的国际性法规的组成部分。

## 3.2　国际贸易遵循的国内法规

国际贸易遵循的国内法规指本国制定的对外贸易法规，包含货物贸易和服务贸易方面的法规，这里主要讨论货物贸易方面的法规。

### 3.2.1　我国货物贸易的法规体系

我国货物贸易方面的法规是一个以《中华人民共和国货物进出口管理条例》为核心的法规体系。其内容可分为“与货物贸易有关的专门法规”“与货物贸易各环节有关的法规”“与维护贸易秩序有关的法规”三个部分（见图 1－3），其中每个部分都包含一个或几个基本法规和大量其他法规。

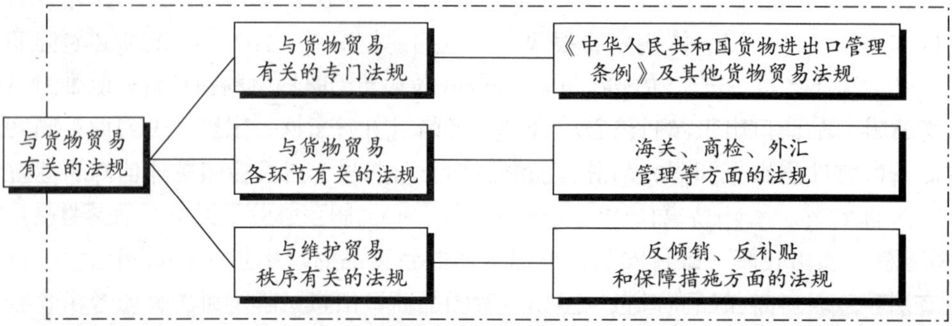


**图 1-3 与货物贸易有关的法规体系**

从立法层级看，这些法规体系又由法律、行政法规和部门规章组成。法律是第一级的，由全国人民代表大会制定；行政法规是第二级的，由国务院制定，常以条例、决定、命令等形式发布；部门规章是第三级的，由国务院各主管部门制定，常以办法、实施细则等形式发布。

从宏观的角度看，与货物贸易有关的法规又是我国对外贸易法规的组成部分。对外贸易的法规还包括技术贸易、服务贸易等方面的立法，其核心是《中华人民共和国对外贸易法》。该法最初制定于 1994 年，目前使用的是 2016 年的修订本，它规定了我国整个对外贸易的方针、政策和制度，是我国货物贸易必须首先遵循的。

### 3.2.2 与货物贸易有关的主要法规

与货物贸易有关的法规很多，其主要法规分为三个部分。

**与货物贸易有关的专门法规** 最基本的是《中华人民共和国货物进出口管理条例》，该法制定于 2002 年，规定了我国货物贸易的基本政策、方针、管理和促进制度。

其他与货物贸易有关的专门法规很多，如《货物进口许可证管理办法》《货物出口许可证管理办法》《货物自动进口许可管理办法》《进口药品管理办法》《两用物项和技术进出口许可证管理办法》等。

**与货物贸易各环节有关的法规** 与货物贸易有关的环节很多，这里只介绍海关、商检、外汇管理三个环节。

1. 海关管理环节。最基本的法规是《中华人民共和国海关法》（简称《海关法》）。该法最初制定于 1951 年，名为《中华人民共和国暂行海关法》，1987 年修订后更名为《中华人民共和国海关法》。现行的是 2017 年的修订本。《海关法》并不是专门为货物贸易制定的，但货物进出口管理是《海关法》最重要的内容。

海关管理方面的其他法规有《中华人民共和国进出口关税条例》《中华人民共和国知识产权海关保护条例》《中华人民共和国海关稽查条例》《中华人民共和国海关行政处罚实施条例》《中华人民共和国海关统计条例》《进出口货物原产地条例》等。

2. 商检管理环节。基本法规有四个：（1）《中华人民共和国进出口商品检验法》（简称《商检法》），最初制定于 1989 年，现行的是 2018 年施行的修订本。（2）《中华人民共和国进出境动植物检疫法》(简称《动植物检疫法》),最初实施于1992年,现在使用的是2009年的修订本。(3)《中华人民共和国国境卫生检疫法》(简称《国境卫生检疫法》),最初制定于1986年,现行的是2009年实施的修订本。(4)《中华人民共和国食品安全法》(简称《食品安全法》),2009年制定,现在实施的是2015年的修订本。商检管理方面的其他重要法规有《中华人民共和国进出口商品检验法实施条例》《中华人民共和国进出境动植物检疫法实施条例》《中华人民共和国国境卫生检疫法实施细则》《中华人民共和国食品安全法实施条例》等。

3. 贸易外汇管理环节。最基本的法规是《中华人民共和国外汇管理条例》,它不是专门为货物贸易外汇管理制定的,但是包括货物贸易外汇管理在内。该条例最初制定于1996年,1997年做过一次修订,现行的是2008年的修订本。

贸易外汇管理方面的其他法规有《结汇、收汇及付汇管理规定》《境内外汇账户管理规定》《境内外汇划转管理暂行规定》等。

**与维护贸易秩序有关的法规** 与维护贸易秩序有关的法规指根据WTO的《反倾销协议》《补贴与反补贴措施协议》《保障措施协议》和《中华人民共和国对外贸易法》制定的本国反倾销、反补贴和保障措施方面的法规。反倾销、反补贴针对的是价格、成本方面的不公平竞争,保障措施针对的是进口产品激增对本国产业造成的危害。

这方面的基本法规是国务院2001年制定的《中华人民共和国反倾销条例》《中华人民共和国反补贴条例》《中华人民共和国保障措施条例》,三个条例现在使用的都是2004年的修订本。

与维护贸易秩序有关的其他法规还有商务部制定和修订的《反倾销产业损害调查规定》《反补贴产业损害调查规定》《产业损害调查信息查阅与信息披露规定》等。

## 复习题

1. 从操作背景和操作本身看,国际贸易有哪些特点?
2. 名词解释:过境贸易、转口贸易、记账贸易、加工贸易。
3. 国际贸易的基本过程可分为哪四大步骤、三个阶段?
4. 简述国际贸易遵循的法律体系及国际商法的三种法律渊源。
5. 简述国际商事惯例的性质和作用。

## 问题与案例

1. 在某年中国进出口商品交易会(简称"广交会")前一个月,一位沙特阿拉伯客户与中国M公司签订了一笔吸尘器合同,并开了信用证,随后M公司按信用证规定发了货。但后来这个客户在广交会上看到同类吸尘器的每台价格比M公司给它的价格低1美元,于是就在收到的单据中找不符点拒付,要求M公司降价1.5%,M公司只好答应了它的要求。该案例反映了国际贸易中的哪类风险?

2. 阅读以下新闻报道，回答后面的问题：

2008 年 4 月 7 日，在温家宝总理和新西兰总理海伦·克拉克的见证下，商务部部长陈德铭与新西兰贸易部长菲尔·戈夫代表各自政府在北京人民大会堂签署了《中华人民共和国政府和新西兰政府自由贸易协定》(简称《协定》)。《协定》涵盖了货物贸易、服务贸易、投资等诸多领域，是我国与其他国家签署的第一个全面的自由贸易协定，也是我国与发达国家达成的第一个自由贸易协定。

中国–新西兰自由贸易区谈判是 2004 年 11 月由胡锦涛主席与新西兰克拉克总理共同宣布启动的，历经 15 轮磋商，最终在今年完成。截至目前，新西兰在经贸方面创下了四个"中国第一"：第一个完成中国入世双边谈判的国家，第一个承认中国完全市场经济地位的国家，第一个与中国开展自由贸易谈判的发达国家，第一个与中国建立自由贸易区的发达国家。

我国与新西兰签署的《协定》将从 2008 年 10 月 1 日起生效。根据《协定》，在货物贸易方面，新西兰承诺将在 2016 年 1 月 1 日前取消全部自华进口产品的关税，其中 63.6% 的产品从《协定》生效时起即实现零关税；中方承诺将在 2019 年 1 月 1 日前取消 97.2% 自新西兰进口产品的关税，其中 24.3% 的产品从《协定》生效时起即实现零关税。

在服务贸易方面，新西兰在商务、建筑、教育、环境等 4 大部门的 16 个分部门做出了高于世界贸易组织的承诺；我国在商务、环境、体育娱乐、运输等 4 大部门的 15 个分部门做出了高于世界贸易组织的承诺。

在人员流动方面，双方承诺将进一步便利两国人员往来，新西兰将为中医、中餐厨师、中文教师、武术教练、中文导游等 5 类职业提供 800 个工作许可，并允许车工、焊工、计算机应用工程师、审计师等 20 类职业的至少 1 000 名中方人员赴新工作。

在投资方面，《协定》就投资促进和保护等问题做出了明确的规定，为解决与投资相关的争端建立了有效的机制。此外，《协定》还针对中国与新西兰在海关、检验检疫、知识产权等领域的合作做出了制度性安排。

克拉克在声明中表示，《协定》减少了新西兰与中国的贸易壁垒，以两国目前的贸易量计算，取消新西兰对华关税将每年节省 1.155 亿新西兰元，预计新西兰对华出口将每年提高 2.25 亿 ~2.35 亿新西兰元。

对中国企业来说，实行《协定》后，向新西兰出口产品或者到新西兰投资都将逐步享受更为优惠的关税或国民待遇，从而降低出口成本。

商务部新闻发言人指出，《协定》的签署将进一步全面提升中国与新西兰的合作关系，为双方经贸合作提供制度性保障，从而营造更加开放和稳定的商业运行环境，创造更多的贸易投资机会。

2007 年，中国与新西兰的双边货物贸易额约为 37 亿美元，同比增长 26%。中国是新西兰第三大贸易伙伴国，是新西兰第四大出口市场和第二大进口来源地。中国出口新西兰的主要产品包括电子机器和设备、机械设备、服装、家具、玩具、钢铁产品等，新西兰出口中国的主要产品则包括乳制品、木材、纸浆及其他纸制品和羊毛等。①

问题：(1) 根据以上报道谈谈什么是自由贸易协定，它主要包括哪些内容？(2) 除了新西兰，目前我国还与哪些国家或地区签订了自由贸易协定？

---

① 商务部新闻办公室.《中华人民共和国政府和新西兰政府自由贸易协定》在京签署. 商务部网站，2008-04-07.

## 第2章

# 我国的对外贸易

从一国的角度看，国际贸易就是对外贸易。[①] 讨论国际贸易实务问题必然要从一国的对外贸易出发，否则就成了一个抽象的框架，缺乏对实践的指导作用。我国对外贸易涉及的内容很广，在此我们只介绍一些与实务操作关系密切的背景知识，主要包括我国对外贸易的经营主体和经营方式、主要的管理和促进制度、有关管理和促进机构等。

## §1 我国对外贸易的经营主体和经营方式

在本书前言中我们曾经指出，我国对外贸易有不同的经营主体和经营方式，这些因素不同，实务操作的过程和方法也不同。因此，有必要先了解这方面的背景知识。

### 1.1 我国对外贸易的经营主体

改革开放前，我国对外贸易由国家垄断经营，对外贸易的经营主体只有国家指定的13家国营外贸公司及其在各省的分公司。改革开放后，垄断的局面被打破，经营主体队伍不断扩大，逐渐形成了由国有企业、民营企业、外资企业三支主要队伍共同经营对外贸易的活跃局面（见图2－1）。

① 对外贸易包括货物贸易、服务贸易和技术贸易，本书主要指其中的货物贸易，以后不再说明。

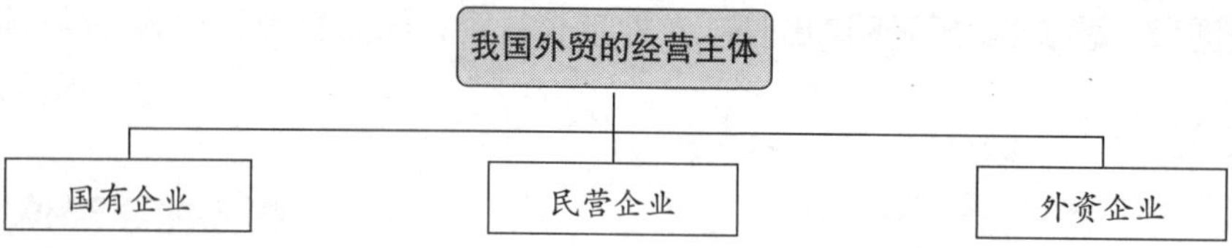


**图 2－1　我国外贸的三大经营主体（按所有制性质分）**

三类主要经营主体在我国进出口总值中所占的比重不断变化。以 2019 年为例，我国货物贸易进出口总值为 31.54 万亿元（人民币），其中出口为 17.23 万亿元，进口为 14.31 万亿元；其中民营企业进出口总值为 13.48 万亿元（出口为 8.9 万亿元，进口为 4.58 万亿元），占外贸进出口总值的 42.7%；外商投资企业进出口总值为 12.57 万亿元，占外贸进出口总值的 39.9%；国有企业进出口总值为 5.32 万亿元，占外贸进出口总值的 16.9%。①

以上是从所有权性质来分的，从专业范围来看，我国对外贸易的经营主体又可以分为贸易型企业、生产型企业两个主要类别（见图 2－2）。贸易型企业指专业外贸公司，生产型企业指主要从事生产但也有外贸经营权的生产企业。

**图 2－2　我国外贸的经营主体（按专业范围分）**

贸易型企业联系的供应商比较多，经营灵活，大小订单都可以做，但商品价格一般比生产型企业高。生产型企业出口的一般是自己生产的产品，一般不能接受太小的订单，因为是直产自销，没有中间环节，商品价格一般比贸易型企业低；另外，生产型企业的产品质量和售后服务一般比贸易型企业好，资信比贸易型企业高，因为它们有工厂、设备和工人，而贸易型企业固定资产的投入和人员都不多。

在以上两类企业间还有一类是工贸企业，这类企业兼有生产型企业和贸易型企业的性质，它们有自己的生产部门和贸易部门，可以自产自销，也可以做代加工（Original Equipment Manufacturer, OEM）。工贸企业有的是新建而成，有的是由生产型企业与贸易型企业联合而成，还有的是由贸易型企业投资建厂而成。从性质上看，这类企业可归入贸易型企业，但与纯粹的贸易型企业又有差别。

## 1.2　我国对外贸易的经营方式

我国对外贸易的经营方式可以从不同角度分，但从最基本的层面看，不外乎自营和代理两种，下面分出口和进口两个方面介绍。

### 1.2.1　出口的经营方式

**自营出口**　指企业自己做出口，其特点是自办业务、自负盈亏。从经营主体来看，

① 新闻办就 2019 年全年进出口情况举行发布会. 中国网，2020-01-14.

主要有外贸公司的自营出口和生产企业的自营出口。

1. 外贸公司的自营出口。指外贸公司从国内收购产品或委托国内工厂生产产品出口到国外，赚取买卖之间的差价，又叫“收购制”。在这种经营方式下，国内生产企业（或其他单位）只是将产品卖给外贸公司，与外商没有直接关系，因此，从生产企业的角度来说，它是一种“间接出口”（见图2-3）。

实际上，在1978年前，我国外贸实行的也是收购制，不过那是一种“垄断的收购制”，因为它只允许国家指定的国营外贸公司收购，不允许其他企业收购。现在，垄断的收购制虽然被打破了，但一般的收购制仍然是外贸公司的基本经营方式。

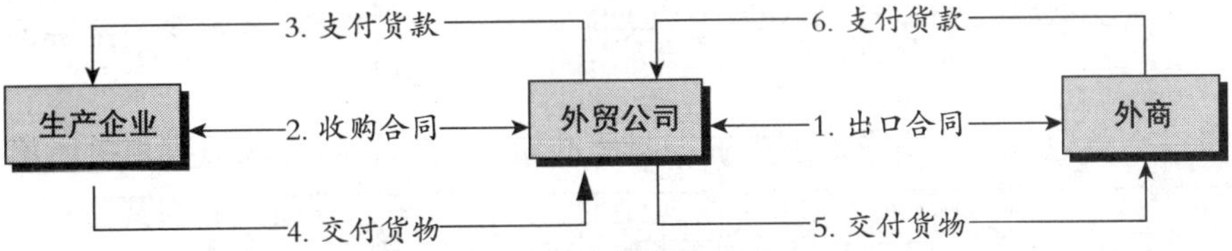


**图2-3　外贸公司自营出口的基本流程**

注：以上流程不是严格意义上的。例如，外贸公司对内对外都可以先交货后付款，也可以先付款后交货。下面几个流程图也是这样，不再说明。

2. 生产企业的自营出口。指有外贸经营权的生产企业自己做出口。在这种经营方式下，生产企业直接与外商打交道，因此，对生产企业来说，它是“直接出口”（见图2-4）。

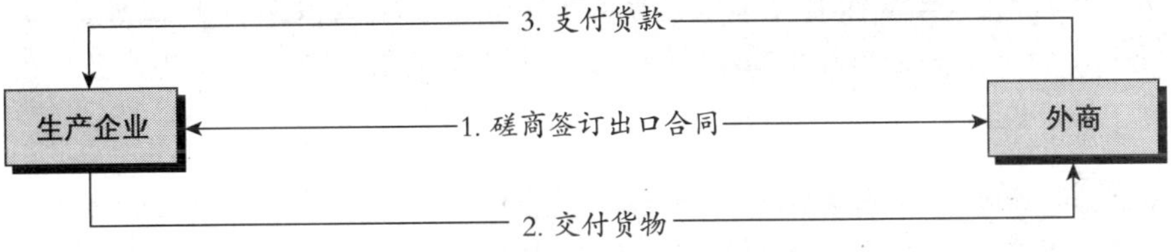


**图2-4　生产企业自营出口的基本流程**

**代理出口**　指外贸公司接受国内生产企业（或其他单位，这里以生产企业为例，下同）的委托代办出口业务，从中赚取佣金。在这种经营方式下，外贸公司和生产企业是同一业务的两个方面：对外贸公司来说是代理出口，对生产企业来说是委托代理出口。从生产企业的角度来说，它也是一种“间接出口”。

代理出口的客户一般由生产企业自己找，商品价格和合同条款由生产企业自己定，盈亏由生产企业自负；外贸公司只是代办出口业务，不购进货物（见图2-5）。

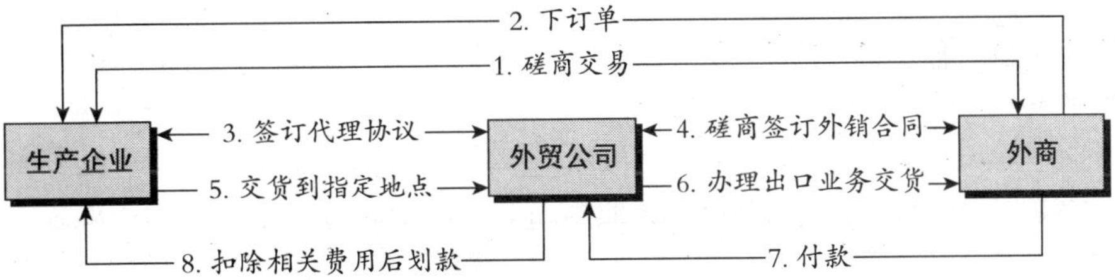


**图2-5　代理出口的基本流程**

综上所述，外贸公司的出口经营方式有自营出口和代理出口两种；生产企业的出口经营方式有自营出口、委托代理出口、被外贸公司收购三种。对生产企业来说，自营出口是直接出口，委托代理出口和被外贸公司收购都是间接出口。另外，外贸公司与生产企业的出口经营方式存在一定的对应关系——外贸公司的自营出口对应于生产企业的被外贸公司收购，外贸公司的代理出口对应于生产企业的委托代理出口（见表 2－1）。

**表 2－1　外贸公司与生产企业的出口经营方式及对应关系**

| 经营主体 | 经营方式 | |
| --- | --- | --- |
| 外贸公司 | 自营出口 | |
| | 代理出口 | |
| 生产企业 | 自营出口 | 直接出口 |
| | 委托代理出口 | 间接出口 |
| | 被外贸公司收购 | |

以上各种出口经营方式的利弊和选择问题我们安排在第 15 章论述。

### 1.2.2　进口的经营方式

**自营进口**　指企业自己做进口，其特点是自负盈亏、自办业务。从经营主体来看，也主要有外贸公司的自营进口和生产企业的自营进口。

1. 外贸公司的自营进口。这是指外贸公司从国外采购商品到国内销售，赚取买卖之间的差价。在这种经营方式下，生产企业（或其他单位，这里以生产企业为例，下同）只是从外贸公司手中购买进口商品，与外商没有直接关系，因此，从生产企业的角度来说，它是一种“间接进口”（见图 2－6）。

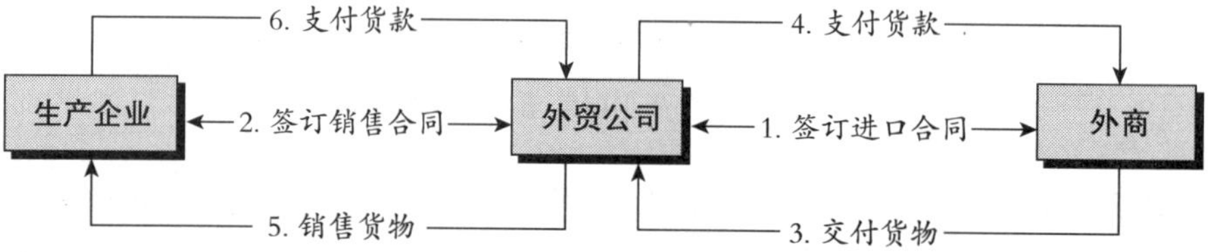


**图 2－6　外贸公司自营进口的基本流程**

2. 生产企业的自营进口。指有外贸经营权的生产企业自己做进口，在这种方式下，生产企业与外商直接打交道，对生产企业来说，它是“直接进口”（见图 2－7）。

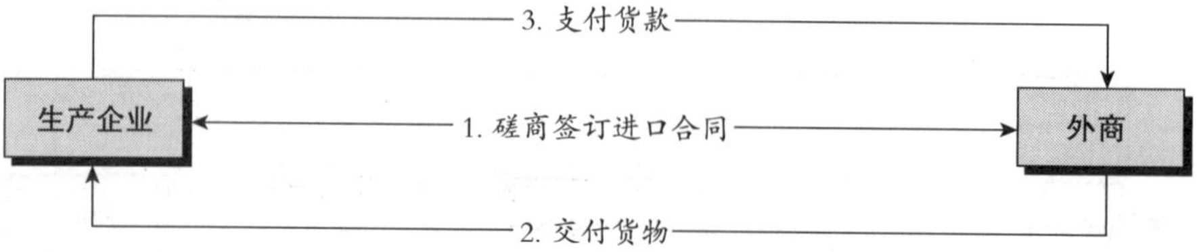


**图 2－7　生产企业自营进口的基本流程**

**代理进口**　指外贸公司接受国内生产企业（或其他单位）的委托代办进口业务，赚取佣金。在这种经营方式下，外贸公司与生产企业是同一业务的两个方面：对外贸公司来说是代理进口，对生产企业来说是委托代理进口。从生产企业的角度来说，它也是一种“间接进口”。

代理进口的国外客户一般由生产企业自己找，商品价格与合同条款由生产企业自己定，盈亏由生产企业自负；外贸公司只代办进口业务，不购进商品（见图2－8）。

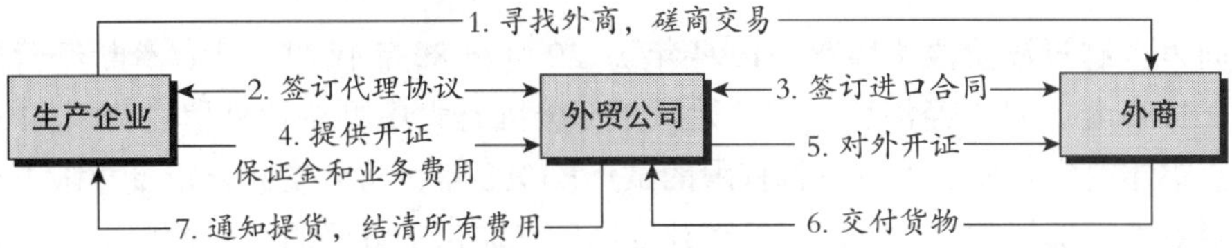


**图2－8　代理进口的基本流程**

综上所述，外贸公司的进口经营方式有自营进口和代理进口；生产企业的进口经营方式有自营进口、委托代理进口和购买进口商品。对生产企业来说，自营进口是直接进口，委托代理进口和购买进口商品是间接进口。外贸公司与生产企业的进口经营方式也存在一定的对应关系——外贸公司的自营进口对应于生产企业的购买进口商品，外贸公司的代理进口对应于生产企业的委托代理进口（见表2－2）。

**表2－2　外贸公司与生产企业的进口经营方式及对应关系**

| 经营主体 | 经营方式 | |
|---|---|---|
| 外贸公司 | 自营进口 | |
| | 代理进口 | |
| 生产企业 | 自营进口 | 直接进口 |
| | 委托代理进口 | 间接进口 |
| | 购买进口商品 | |

# §2　主要的管理和促进制度（ⅰ）

对外贸易的管理和促进制度涉及广泛的内容，我们分两节来介绍。本节先介绍对外贸经营主体和进出口货物的管理。

## 2.1　对外贸经营主体的管理

对外贸经营主体的管理指对外贸经营者的管理，或者说是对外贸“人”的管理，它是对外贸易管理的一个重要方面。对此我们主要介绍对外贸经营权的管理和海关企业信用管理两种重要的管理制度。

### 2.1.1　对外贸经营权的管理

**对外贸经营权管理的历史发展**　从中华人民共和国成立初期至今，我国对外贸经营权的管理大致经历了四个发展阶段。

1. 国家垄断外贸经营权阶段（从中华人民共和国成立初期到 1978 年）。在这一阶段，我国实行高度集中的计划经济体制，与之相适应，国家对外贸实行垄断经营，只有国家指定的十几家国营外贸专业公司和它们在全国各地的分支机构有外贸经营权，其他企业或单位都无权经营对外贸易。这一阶段的对外贸易是按照国家下达的指令性计划进行的。

2. 向审批制过渡阶段（1978—1994 年）。20 世纪 80 年代初，外贸垄断经营的局面被打破。1983 年，对外经济贸易部开始赋予部分国有大中型企业外贸经营权；1985 年，在广东、福建两省开展了下放审批权限的试点；1988 年，将外贸经营审批权限下放到各省级外经贸主管部门及经济特区、经济开发区所在城市的外经贸主管部门。随着外贸经营权的放开，外贸经营主体队伍不断扩大。1994 年，我国制定了第一部《对外贸易法》，正式规定对外贸经营权的管理实行审批制。

3. 向备案登记制过渡阶段（1994—2004 年）。在审批制下，更多的企业、单位获得了外贸经营权。2001 年，我国加入了世界贸易组织（World Trade Organization，WTO）。为了实现三年内开放外贸经营权的承诺，我国进一步加快了放开外贸经营权的步伐，并先后在一些国家重点企业、全国大型工业企业等实行备案登记制。

2004 年，对《对外贸易法》进行了修订，其中正式规定，将外贸经营权的管理由审批制变革为备案登记制，并将外贸经营者的范围扩大到“个人”（参见第 14 章）；同时颁布了《对外贸易经营者备案登记办法》（简称《备案登记办法》）与《对外贸易法》配套，具体指导备案登记制的实施。

4. 备案登记制的完善阶段（2004 年至今）。在这一阶段，对外贸经营权的管理完全放开，所有企业、单位和个体经营者想从事对外贸易，只要向商务主管部门办理备案登记手续即可。外贸经营权的管理完全与国际接轨。

**备案登记制与审批制的比较**

与审批制比较，备案登记制有下列特点：

1. 没有门槛限制。在审批制下，对申请外贸经营权有一定的门槛限制，如注册资金的限制、经营范围的限制等。备案登记制没有任何门槛限制，任何企业或个人只要办理了工商登记，进出口经营范围符合《对外贸易法》的规定，就可以办理备案登记，获得外贸经营权。

2. 取消了行政审批。在审批制下，外贸经营权的获得要经过商务主管部门的行政审批。在备案登记制下，只要按《备案登记办法》办理了备案登记手续，就可以获得外贸经营权，不存在是否批准的问题。备案登记是自动的，其目的主要是为政府管理部门提供一定的企业信息，使国家在开放外贸经营权的同时能对外贸经营者进行有效的管理。

3. 手续简单。在审批制下，申请外经贸经营权要经过外经贸主管部门的审查和批准，时间比较长，手续比较麻烦。在备案登记制下，申请外贸经营权只需要填写一张简单的登记表，提供工商营业执照（外商投资企业需要提供批准证书等文件），5 个工作日内即可办好（参见第 14 章）。

### 2.1.2 海关企业信用管理

海关企业信用管理指海关根据企业的信用状况，将在海关注册登记或备案的企业分为不同的信用等级，分别给予不同的海关管理待遇的管理制度。

**起源和发展** 海关企业信用管理起源于海关企业分类管理。1999 年 3 月，中华人民共和国海关总署（简称海关总署）制定了《中华人民共和国海关对企业实施分类管理办法》（海关总署令第 71 号，简称 71 号令），开始对进出口企业进行分类管理。2008 年 1 月，海关总署对 71 号令进行了修订，并更名为《中华人民共和国海关企业分类管理办法》（海关总署令第 170 号，简称 170 号令）。170 号令将管理对象从进出口货物收发货人扩大到报关企业。2010 年 10 月，海关总署又对 170 号令进行了修订，以海关总署令第 197 号（简称 197 号令）形式发布。

以上是海关企业分类管理制度的发展过程，该制度的实施对促进企业守法自律、提高海关管理效率发挥了积极作用，但随着海关业务改革的不断深化，该制度也越来越不能适应形势的发展以及与国际接轨的需要。在这种背景下，2014 年 10 月，海关总署对 197 号令进行了重大调整，在此基础上制定了《中华人民共和国海关企业信用管理暂行办法》（海关总署令第 225 号，简称 225 号令）。至此，海关企业分类管理为海关企业信用管理所取代。

海关企业信用管理将管理对象拓展到在海关注册登记的所有企业，包括进出口货物收发货人、报关企业、运输企业、快件企业、跨境电子商务企业、外贸综合服务企业等。2018 年，海关总署又对 225 号令做了完善，去掉了“暂行”二字，以《中华人民共和国海关企业信用管理办法》（海关总署第 237 号令，简称 237 号令）正式对外公布。

**基本内容** 海关企业信用管理的基本内容可以概括如下：

1. 企业的分类。237 号令首先将企业分为认证企业、一般信用企业和失信企业三类，其中认证企业又分为高级认证企业和一般认证企业两类。

认证企业的分类依据是海关总署制定的《海关认证企业标准》，又分为高级认证企业标准和一般认证企业标准。该标准原来是 225 号令的配套法规，现在海关总署正在对其进行修订，以便与 237 号令配套。

失信企业的分类依据是 237 号令第十二条。该条列举了 9 种情形，只要符合其中一条就是失信企业。

一般信用企业的分类依据是 237 号令第十三条。该条规定，凡符合以下三种情况之一的就是一般信用企业：（1）在海关首次注册登记或者备案的企业；（2）认证企业不再符合《海关认证企业标准》，并且未发生本办法第十二条规定情形的；（3）自被海关认定为失信企业之日起连续 2 年未发生本办法第十二条规定情形的。

在以上类别中，一般信用企业和失信企业由海关直接认定；认证企业的认定要向海关提出申请。一般认证企业可申请高级认证企业，一般信用企业可申请一般认证企业或高级认证企业。海关接到申请后，按《海关认证企业标准》进行认证，通过的制发《认证企业证书》，未通过的制发《不予适用认证企业管理决定书》。未通过认证的企业 1 年内不得再次向海关提出认证申请。

2. 管理措施。根据“诚信守法便利、失信违法惩戒”的原则，237 号令针对不同信用等级的企业制定了不同的管理措施。总的来说，认证企业享受海关通关便利措施，一般信用企业适用常规管理措施，失信企业将受到海关严密监管。高级认证企业和失信企业不仅会受到海关的奖惩，还会受到相关部门的联合激励和联合惩戒。另外，高级认证企业是中国海关和其他国家或地区海关经认证的经营者（Authorized Economic Operator, AEO）互认的企业，除享受国内海关的通关便利外，还可以享受互认国家或地区的海关优惠措施和通关便利。

3. 动态的管理。237 号令规定，高级认证企业每 3 年重新认证一次，一般认证企业不定期重新认证。高级认证企业被调整为一般认证企业的，1 年内不得申请高级认证企业。认证企业被调整为一般信用企业的，1 年内不得申请认证企业。认证企业和一般信用企业被调整为失信企业的，2 年内不得调整为一般信用企业。失信企业连续 2 年未发生 237 号令第十二条规定的情形的，调整为一般信用企业，满 1 年后才可以向海关申请认证企业。

## 2.2 对进出口货物的管理

如果说对外贸经营主体的管理是对外贸“人”的管理，对进出口货物的管理则是对外贸“物”的管理。对此，我们主要介绍对进出口货物的分类管理，配额、许可证管理，国营贸易管理和指定经营管理。

### 2.2.1 对进出口货物的分类管理

对进出口货物的分类管理指国家根据经济建设、产业结构调整、发展对外贸易等需要，将进出口货物分为不同的类别，分别采取不同的管理措施。

**进出口货物的分类** 我国将进出口货物分为限制、禁止和自由进出口货物三类。限制类、禁止类进出口货物由商务主管部门会同国务院其他有关部门制定专门的目录规定。自由进出口货物是禁止类、限制类进出口货物以外的货物，因此，无须制定专门的目录。

制定限制类、禁止类进出口货物目录的主要依据是《对外贸易法》第十六、十七条，也包括其他有关的法律和行政法规的规定。现将《对外贸易法》第十六、十七条的规定抄录如下：

“**第十六条** 国家基于下列原因，可以限制或者禁止有关货物、技术的进口或者出口：（1）为维护国家安全、社会公共利益或者公共道德，需要限制或者禁止进口或者出口的；（2）为保护人的健康或者安全，保护动物、植物的生命或者健康，保护环境，需要限制或者禁止进口或者出口的；（3）为实施与黄金或者白银进出口有关的措施，需要限制或者禁止进口或者出口的；（4）国内供应短缺或者为有效保护可能用竭的自然资源，需要限制或者禁止出口的；（5）输往国家或者地区的市场容量有限，需要限制出口的；（6）出口经营秩序出现严重混乱，需要限制出口的；（7）为建立或者加快建立国内特定产业，需要限制进口的；（8）对任何形式的农业、牧业、渔业产品有必要限制进口的；（9）为保障国家国际金融地位和国际收支平衡，需要限制进口的；（10）依照法律、行政法规的规定，其他需要限制或者禁止进口或者出口的；（11）根据我国缔结或者参加的国际条约、协定的规定，其他需要限制或者禁止进口或者出口的。”

“**第十七条**　国家对与裂变、聚变物质或者衍生此类物质的物质有关的货物、技术进出口，以及与武器、弹药或者其他军用物资有关的进出口，可以采取任何必要的措施，维护国家安全。在战时或者为维护国际和平与安全，国家在货物、技术进出口方面可以采取任何必要的措施。”

此外，《对外贸易法》第十八条第二款还规定，国务院对外贸易主管部门或者由其会同国务院其他有关部门，经国务院批准，还可以依据以上两条所列的标准，临时决定限制或者禁止目录以外的特定货物、技术的进出口。

**对以上三类货物的管理措施**　（1）禁止类进出口货物任何单位不得经营；（2）限制类进出口货物，采用配额管理、许可证管理（见下节）；（3）自由进出口货物，只要在注册的经营范围内，任何企业都可以经营。但基于监测进出口情况的需要，国务院对外贸易主管部门可以对部分自由进出口货物实行自动进出口许可管理并公布其目录（参见《对外贸易法》第十五条）。自动进出口许可管理指在任何情况下对申请一律予以批准的进出口许可制度，一般用于对某类进出口货物进行统计和监督，是各国普遍采用的一种进出口管理制度。目前，我国只对部分进口货物实行自动许可管理。在进口这类货物时，收货人在报关前应提出自动许可申请并取得自动许可证，否则海关不予放行。

### 2.2.2　配额、许可证管理

配额管理、许可证管理是对上述限制类进出口货物的管理措施。配额管理指在一定时期内，对进出口货物，用规定金额或数量限额的方法进行限制，又分为绝对配额和关税配额。绝对配额不能超过，超过了不准进口或出口。关税配额可以超过，但未超过的部分可以适用较低的关税，超过的部分要征收较高的关税。许可证管理指对某些限制类进出口货物采用发放许可证的方法进行限制，未领取许可证的不准进出口。对配额、许可证管理我们分进口和出口两方面介绍。

**进口配额、许可证管理**

1. 进口配额管理。由于世界贸易组织（WTO）不允许使用进口绝对配额，目前我国只有进口关税配额。我国实行进口关税配额管理的货物主要是两类：

一是部分农产品，包括小麦、玉米、大米、豆油、菜籽油、棕榈油、食糖、棉花、羊毛及毛条。这些农产品，由商务部、中华人民共和国国家发展和改革委员会（简称“发改委”）每年公布每种农产品下一年度进口关税配额的总量、申请条件及税则号列和适用的税率。进口单位向商务部、发改委各自授权的机构申请，通过的可取得《农产品进口关税配额证》。

二是部分化肥，包括尿素、磷酸氢二铵和复合肥。这些化肥的进口，由商务部每年公布下一年度每种化肥的进口关税配额总量、分配原则及相关程序。进口单位向由商务部授权的机构申请，通过的取得《化肥进口关税配额证明》。

对以上两类实施进口关税配额管理的货物，海关凭进口单位提交的进口关税配额证按配额内税率征税、验放。

2. 进口许可证管理。我国实行进口许可证管理的货物由商务部和海关总署每年制定《进口许可证管理货物目录》规定。以 2018 年为例，实行进口许可证管理的货物有两类：一是重点旧机电产品，二是消耗臭氧层物质。

我国进出口许可证的管理工作均由商务部直属的配额许可证事务局负责，发证机构分为三级：一是配额许可证事务局（简称“许可证局”），二是商务部驻有关地方特派员办事处（简称“特办”），三是商务部委托的地方商务主管部门（简称“委托机构”）。不同进出口许可证管理的货物由不同发证机构发证，具体由哪级机构发证由商务部每年制定的《进口许可证管理货物分级发证目录》规定。以 2018 年为例，重点旧机电产品由许可证局发证，消耗臭氧层物质由委托机构发证。在京的属于国资委管理的企业的进口许可证由许可证局签发。

**出口配额、许可证管理**

进出口配额和许可证管理是世界各国普遍采用的管理措施，它们既可以单独使用，也可以结合使用。结合的方式是，对配额内的进出口商品发放许可证，超额度的不发放许可证。我国和大多数国家都采用结合的做法。由于目前我国进口配额只有关税配额，没有绝对配额，所以配额与许可证的结合使用主要出现在出口。

我国实行出口配额、许可证管理的货物由商务部会同海关总署每年制定《出口许可证管理货物目录》来规定。以 2018 年为例，列入该目录的货物共有 44 种，分为以下两类：

1. 实行出口配额和许可证管理的货物。根据配额取得方式的不同又分为两类：一类配额是通过分配取得的。出口这类货物要先申领配额证明，再凭配额证明申领出口许可证，凭出口许可证办理报关等手续。另一类配额是通过招标方式分配的。出口这类货物要参加配额招标，各授权发证机构凭商务部下发的中标企业名单及其中标数量和招标办公室出具的《申领配额招标货物出口许可证证明书》签发出口许可证。

2. 单独实行出口许可证管理的货物。出口这类货物，出口商直接向各授权发证机构申请出口许可证，凭许可证出口。

各种出口许可证管理货物的发证机构（发证机构的分级见进口配额、许可证管理部分）由商务部每年制定的《出口许可证管理货物分级发证目录》规定。以 2018 年为例，实行出口许可证管理的 45 种货物的发证机构如下：

（1）小麦、玉米、棉花、煤炭、原油、成品油（不含一般贸易方式出口润滑油、润滑脂及润滑油基础油）6 种货物的出口许可证由许可证局负责签发。

（2）活牛、活猪、活鸡、小麦粉、玉米粉、大米、大米粉等 20 种货物的出口许可证由特办负责签发。

（3）牛肉、猪肉、鸡肉、矾土、稀土、焦炭、成品油（仅限一般贸易方式出口润滑油、润滑脂及润滑油基础油）等 19 种货物的出口许可证由委托机构负责签发。

在京的属于国务院国有资产监督管理委员会（简称“国资委”）管理的企业申领出口许可证由许可证局签发。

### 2.2.3　国营贸易管理和指定经营管理

我国《货物进出口管理条例》规定，对部分货物的进出口，国家可以实行国营贸易管理和指定经营管理。

国营贸易管理是指，对某些货物的进出口，国家只允许取得国营贸易经营资格的企业经营。这些货物主要是关系国计民生的农产品和资源性产品，具体货物目录由商务部会同国务院有关经济管理部门制定、调整和公布。实施国营贸易管理的货物，国家也允许非国营贸易企业从事部分数量的进出口。以 2018 年为例，实行进口国营贸易管理的货物有 9 种，包括小麦、玉米、大米、食糖、烟草、原油、成品油、化肥、棉花。进口上述货物需先取得进口国营贸易经营资格或非国营贸易允许量，再申领自动进口许可证。2018 年，实行出口国营贸易管理的货物也是 9 种，包括玉米、大米、钨及钨制品、锑及锑制品、煤炭、原油、成品油、棉花、白银。出口上述货物需先取得出口国营贸易经营资格或非国营贸易允许量，再申领出口许可证。

国家对国营贸易企业可以经营的国营贸易货物无数量限制；对非国营贸易企业，按其获得的非国营贸易允许量签发出口许可证或者自动进口许可证。

要取得国营贸易经营资格应向商务部有关部门申请，申请者必须具备一定的条件，如已办理对外贸易经营者备案登记，已订立货物进出口合同，具有经营进出口国营贸易货物的必备条件等。商务部接受后，对符合条件且经公示无异议的企业赋予进出口国营贸易经营资格或非国营贸易允许量，将其列入进出口国营贸易企业名单；对不符合条件的企业，书面告知申请人并说明理由。

指定经营管理是指，对某些货物的进出口，在一定期限内，国家只允许指定的企业经营。指定经营管理的货物一般是关系国计民生、国际市场垄断性强、价格敏感的大宗原材料。具体目录由商务部制定、调整和公布。要成为指定经营企业，需要具备一定的条件，并向商务主管部门提出申请。

# §3　主要的管理和促进制度（ⅱ）

本节介绍进出口商检管理、贸易外汇管理和对外贸易促进。

## 3.1　进出口商检管理

### 3.1.1 进出口商检的概念

进出口商检有两种含义，一指出入境“三检”中的进出口商品检验。“三检”包括进出口商品检验（简称“商检”）、进出境动植物检疫（简称“动植检”）、国境卫生检疫（简称“卫检”），进出口商检即其中的进出口商品检验。二指对出入境货物的检验检疫。出入境检验检疫的对象包括货物、人员、运输工具、包装等，进出口商检指其中对货物的检验检疫，或者说是对出入境货物的“三检”。本书讨论的进出口商检是后一种概念。

进出口商检对于国际贸易的顺利进行、保护人民身体健康、保护农林牧渔业的生产安全、防止疾病的输入和输出都有重要的意义。因此，我国和世界各国一样，对进出口商检都非常重视。

【实例】

2017 年 1 月至 3 月，上海检验检疫局连续在 14 批进口美国加利福尼亚州鲜橙中检出检疫性有害生物丁香疫霉病菌，涉及货物共计 301.6 吨，货值 71.84 万美元。上海检验检疫局已按相关规定实施了退运或销毁处理。质检总局已将相关情况通报美国官方，并发布《关于加强进境美国加利福尼亚州柑橘类水果检疫监管的警示通报》，并采取措施，确保输华水果质量安全。①

【实例】

2020 年 7 月 10 日海关总署进出口食品安全局负责人在国务院联防联控机制发布会上介绍，为防范新冠肺炎疫情通过进口冷链食品传入，全国海关对进口冷链食品开展了新冠病毒风险监测。截至 7 月 9 日 24 时，全国海关共抽样检测样本 227 934 个，其中产品样本 43 964 个，内外包装样本 147 568 个，环境样本 36 402 个。在上述样本中，7 月 3 日，大连和厦门海关从厄瓜多尔生产的冻南美白虾的共 5 个外包装样本中检出新冠病毒核酸阳性，5 个外包装内的虾体和内包装样本新冠病毒核酸检测均为阴性，其他 227 928 个样本检测全部为阴性。中国海关开展进口冷链食品等新冠病毒的核酸检测，是预防新冠病毒从进口冷链食品渠道传入风险的重要举措。②

### 3.1.2 进出口商检机构

进出口商检机构包括本国的商检机构和外国的商检机构，本节只介绍我国的商检机构，外国的商检机构我们在商检条款部分简单介绍（参见第 20 章）。

我国的商检机构可分为官方的与非官方的两大类。

1. 官方的商检机构。原来是国家质量监督检验检疫总局（简称“国家质检总局”）③ 及其下属的出入境检验检疫局（China Entry-exit Inspection and Quarantine, CIQ）及其分支机构。2018 年 3 月，国务院机构改革，国家质检总局被撤销，其大部分职责被整合到新组建的国家市场监督管理总局（简称“国家市场监管总局”），其检验检疫职能和下属的出入境检验检疫局被划入海关。因此，现在我国的官方商检机构是海关。海关的商检职

① 上海检验检疫局发布 15 大进口商品典型案例. 上海市法学会网站，2018-03-13.

② 海关总署进出口食品安全局局长毕克新在国务院联防联控新闻发布会上的讲话. 中国网，2020-07-10.

③ 2018 年 3 月，根据第十三届全国人民代表大会第一次会议批准的国务院机构改革方案，不再保留中华人民共和国国家质量监督检验检疫总局。

能主要有三项——实施法定的检验、办理公证鉴定、进行监督管理。

2. 非官方的商检机构。指经原国家质检总局（现为海关总署）许可设立的，在我国境内以第三方身份从事进出口商品检验鉴定业务的机构。它包括中资检验鉴定机构，中外合资、中外合作和外商独资检验鉴定机构及其分支机构（简称外商投资检验鉴定机构），以及中国香港、中国澳门、中国台湾的投资者在中国其他地区投资设立的检验鉴定机构等。

这类商检机构可以接受对外贸易关系人、国内外检验机构及其他有关单位的委托，以第三方的身份独立地办理进出口商品检验鉴定业务，并承担相应的法律责任。[①] 各地海关负责检验鉴定机构的日常监督管理，包括机构的设立，变更事项的报批，业务经营状况、检测条件和技术能力的检查，管理和内部控制的评价，遵守有关法律法规的情况等。

### 3.1.3　法定的检验和非法定的检验

从性质来看，进出口商检可分为法定的检验和非法定的检验。

**法定的检验**　法定的检验（简称“法检”）指海关依据国家的法律、行政法规等对出入境人员、货物、运输工具（统称“法检对象”）实施的检验、检疫和鉴定等。这里讨论的主要是对进出口商品的法检。

进出口法检的商品主要是被列入《出入境检验检疫机构实施检验检疫的进出境商品目录》（简称《目录》）的进出口商品，还包括一些其他法律、行政法规等规定必须检验的进出口商品。因为受商品名称及编码协调制度（简称“海关编码”或“HS 编码”）目录的限制，一些法检商品难以与海关编码对应，从而不能被列入《目录》中。例如进口旧机电产品、进口成套设备、来自疫区的货物、危险化学品、木质包装物等。这些商品不管其海关编码是否在《目录》内，都属于法定检验的商品。

此外，还有一些非商品的法检也与进出口贸易有关。例如，对出口危险货物的包装容器的性能鉴定和使用鉴定，对装运出口易腐烂变质食品、冷冻品的集装箱、船舱、飞机、车辆等运载工具的适载检验等。

法定的检验是强制性的，法检的出口商品，未经检验或检验不合格的，不准出口；法检的进口商品，未经检验或检验不合格的，不准销售或使用。

**专　论**

**进出口法检的比重**

在关检融合前，对于法定检验的进出口商品，海关凭检验检疫机构签发的出/入境货物通关单放行。据海关统计，2017 年全年，全国海关受理进出口货物报关单 78 148 926 份，其中涉及通关单的报关单有 7 935 891 份，占报关单总量的 10.15%；进口报关单有 23 352 598 份，其中涉及通关单的报关单有 4 144 885 份，占比为 17.75%；出口报关单有 54 796 328 份，其中涉及通关单的报关单有 3 791 006 份，占比为 6.92%。以上统计数据从一个侧面反映了在我国进出口贸易中法检所占的比重。

资料来源：海关总署. 全面取消《入/出境货物通关单》. 海关总署网站，2018-06-01.

① 参见 2016 年 5 月开始实施的《进出口商品检验鉴定机构管理办法》第三条。

法检的标准是国家技术规范的强制性要求。国家规定，对尚未制定国家技术规范的强制性要求的，应当依法及时制定，未制定之前，可以参照国家商检部门指定的国外有关标准进行检验。①

法检必须在官方的商检机构——海关办理。

我国《商检法》规定，对法检《目录》中符合免检条件的进出口商品，收发货人或生产企业可以向海关申请免检。另外，进出境样品、礼品，暂时进出境的货物，以及其他非贸易性物品，也属于免检范围。

对法检范围以外的进出口商品实行抽检。抽检商品的目录一部分由海关总署决定，另一部分由各地海关根据辖区进出口商品的特点决定。进口商品的抽检地点可以在进口口岸、到达站和收货单位所在地；出口商品的抽检地点可以在生产企业、出口口岸和出口商品集散地。抽检不合格的，海关参照法检不合格的处理方法处理。

**非法定的检验** 指非强制性的商检，又称“公证鉴定”业务。它是买卖双方自己约定的检验，例如，买卖双方为了确定商品的质量，或者在发生争议时，为了确定责任划分进行的商检。

非法定的检验可以在海关办理（与法检一起办理），也可以在国内外检验鉴定机构办理，具体要看客户的要求。如果客户在合同或信用证中规定要官方检验机构出证，则应到海关办理。

### 3.1.4 对报检企业的管理

对报检企业的管理是进出口商检管理的重要内容。对报检企业的管理有两种制度：一是对报检企业的信用管理，它适用于所有的报检企业；二是对报检企业的分类管理，它仅适用于代理报检企业。在关检融合后，对报检企业的管理由海关实施。

**对报检企业的信用管理** 这不是一项单独的管理制度，它是对出入境检验检疫企业（简称“检验检疫企业”）信用管理的一部分。检验检疫企业包括自理报检企业，代理报检企业，出入境快件运营企业，检疫处理单位，口岸涉外的食品生产经营单位、监管场库、检验鉴定机构，以及其他需要实施信用管理的检验检疫企业等。报检企业（包括自理报检企业和代理报检企业）只是检验检疫企业中的一部分。

2009年，国家质检总局制定了《出入境检验检疫企业信用管理工作规范（试行）》（国质检通函〔2009〕118号），开始对检验检疫企业试行信用管理；2013年，又发布了《出入境检验检疫企业信用管理办法》（国家质检总局公告2013年第93号，简称《信用管理办法》），正式对检验检疫企业实施信用管理。其内容主要有三项。②

1. 信用信息的采集。指检验检疫机构对企业的信用信息进行记录。企业的信用信息包括基本信息、守法信息、质量管理能力信息、产品质量信息、检验检疫监管信息、社会对企业信用评价信息以及其他相关信息等。

2. 信用等级的评定。指检验检疫机构对采集的企业信用信息进行汇总、审核，然后赋予企业信用等级的过程。《信用管理办法》将企业信用分为AA、A、B、C、D五个等级，

① 参见《中华人民共和国进出口商品检验法》第七条。

② 在关检融合后，出入境检验检疫企业信用管理的执行机构为海关，这里是按当时的情况介绍的。

并制定了各级的评定标准。信用等级的评定方法分为两类：

（1）A、B、C、D 四个等级根据企业的信用分值和信用等级评定规则综合评定。信用分值是企业的初始信用分值减去信用信息记分所得的分值。初始信用分值是企业在信用等级评定周期开始时的分值，统一为 100 分。信用等级评定规则由国家质检总局（现为海关，下同）制定和公布。

（2）AA 级要求企业首先要符合一定的条件，其次向所在地检验检疫机构提出申请，再报直属检验检疫局审核，最后经国家质检总局核准后对外公布。

企业信用等级一般一年评一次，也可以按照企业、产品类型等另行设置评定周期。

3. 差异化监管措施。总的来说，信用等级越高，可以获得的检验检疫便利化措施越多；信用等级越低，则检验检疫监管措施越严厉。例如，AA 级企业在享受 A 级企业鼓励政策的基础上，可优先办理进出口货物报检、查验和放行手续；优先安排办理预约报检手续；优先办理备案、注册等手续；优先安排检验检疫优惠政策的先行先试。对 D 级企业则重点监管，实行限制件管理措施。

**对报检企业的分类管理** 该制度是专门针对代理报检企业的，其法律依据主要有《出入境检验检疫报检企业管理办法》（质检总局令 2015 年第 161 号）和《出入境检验检疫报检企业管理工作规范》（质检总局公告 2015 年第 49 号）。

该制度依据企业信用状况、管理水平和业务能力等将代理报检企业分为一、二、三、四类。总的来说，一类和二类企业适用相应的便利措施，三类企业适用常规管理措施，四类企业适用严格监管措施。

对报检企业的分类管理是动态的，二、三类以及四类企业满 1 年未再发生四类企业的认定情形的，可以申请调整为上一级管理类别；如果企业的行为不符合现有管理类别，也可以由备案的检验检疫机构提出向下调整的建议，报直属检验检疫局核准。

## 3.2 对贸易外汇的管理

这里的贸易外汇指与货物贸易活动有关的外汇，主要是进出口收付的外汇货款，也包括相关的外汇从属费用，如广告费、推销费、样品费、商标注册费等。对贸易外汇管理的内容很广，对此，我们只简单地介绍我国对贸易外汇的管理政策和监管方式。

### 3.2.1 对贸易外汇的管理政策

可以分出口收汇和进口付汇政策两个方面来叙述。

1. 出口收汇的管理政策。我国对出口收汇的管理实行银行结汇制，即企业出口所得的外汇应该按规定卖给经营结售汇业务的金融机构或保留在自己的外汇账户中。我国从 1994 年开始实行银行结汇制，至今经历了两个发展阶段。

（1）强制结汇制阶段（1994—2007 年）。在这一阶段初期不允许中资企业开立外汇账户保留外汇，出口收汇一律卖给银行，银行将其结为人民币给企业。随着国家外汇储备的增加，为方便企业进出口经营，1997 年 9 月，国家外汇管理局开始允许部分符合条件的中资企业开立外汇结算账户，保留一部分外汇收入，对外汇账户实行限额管理，对限额外的外汇收入实行强制结汇制，对限额内的外汇收入实行意愿结汇制。由于要求较高，绝大多数中资企业都不具备开户资格。为改变这种情况，2001 年 12 月，国家外汇管理局进一步降低了经常项目外汇账户开立条件，允许年度出口收汇 200 万美元以上且年度外汇支出为 20 万美元以上的中资企业开立外汇结算账户。这使一些中等规模的企业获得了开户资格。之后国家外汇管理局又不断放宽开户条件和账户限额。在这一阶段，外资企业都可开立外汇结算账户，账户限额根据其实收资本和经常项目资金周转情况核定。

（2）意愿结汇制阶段（从 2007 年至今）。2006 年 4 月，国家外汇管理局取消了中资企业经常项目外汇账户的开户限制，将开户管理的事前审批制改为事后报备制。同年 8 月，国家外汇管理局又取消了外汇账户限额管理，允许中资企业根据自身的业务需要决定保留外汇的比例。2008 年 8 月，《中华人民共和国外汇管理条例》正式规定：经常项目外汇收入，可以按照国家有关规定保留或者卖给经营结汇、售汇业务的金融机构。[①] 至此，1994 年以来实行了十几年的强制结汇制最终为意愿结汇制所取代。

2. 进口付汇的管理政策。我国对进口付汇实行银行售汇制和银行付汇制。

银行售汇制是指，对于贸易及非贸易用汇的取得，用汇单位可以凭有效凭证和商业单据（如进口许可证、配额、进口合同、境外金融机构支付通知书等）按市场汇率用人民币向外汇指定金融机构购买外汇，从银行的角度来说就是售汇。

银行付汇制是指，对于外汇的支付，外汇指定金融机构可以根据国家付汇管理规定，在审核经营单位提交的有效凭证和商业单据后，用经营单位购买的外汇或其外汇账户上的外汇对外支付。付汇的范围包括货价、运费、保险费（简称保费）和佣金等。

### 3.2.2 对贸易外汇的监管方式

我国对贸易外汇的收付不加限制，但有一个前提条件，即必须有真实、合法的交易基础。《中华人民共和国外汇管理条例》指出，经常项目外汇收支应当具有真实、合法的交易基础。经营结汇、售汇业务的金融机构应当按照国务院外汇管理部门的规定，对交易单证的真实性及其与外汇收支的一致性进行合理审查。[②] 这就需要采用一定的监管方式。从 20 世纪 90 年代至今，我国对贸易外汇的监管方式经历了“现场逐笔核销”和“非现场总量核查”两个阶段。

**现场逐笔核销阶段** 在这一阶段实行出口收汇核销制和进口付汇核销制。

出口收汇核销制指国家外汇管理局以出口收汇核销单为手段，对货物出口后是否有相应的外汇收回进行监督管理的制度。我国从 1991 年实行这种制度。在这种监管方式下，企业在出口时要先向国家外汇管理局申领出口收汇核销单，在整个贸易过程中，要凭此单向海关报关，向银行办理结汇，向国家外汇管理局办理出口收汇核销，向税务局办理出口退税。

进口付汇核销制指国家外汇管理局以进口付汇核销单为手段，通过进口付汇数据和进口报关到货数据的核对，对进口付汇后是否有相应货物进口进行监管的制度。我国从

① 见《中华人民共和国外汇管理条例》（国务院令第 532 号）第十三条。
② 见《中华人民共和国外汇管理条例》（国务院令第 532 号）第十二条。

1994年实行这种制度。在这种监管方式下，企业在银行办理进口付汇时要逐笔填写进口付汇核销单，对非货到汇款的进口付汇，企业在进口货物到达后，要凭进口货物报关单和相应的核销单到国家外汇管理局逐笔办理核销。

**非现场总量核查阶段**　现场逐笔核销的监管方式在一定的历史时期发挥了积极作用，但随着我国对外贸易的发展，该方式已不能适应新的形势。在这种背景下，2012年6月，国家外汇管理局、海关总署、国家税务总局联合发布了《关于货物贸易外汇管理制度改革的公告》（国家外汇管理局公告2012年第1号），决定从2012年8月1日起在全国范围实施货物贸易外汇管理制度改革。其主要内容是：取消出口收汇核销制和进口付汇核销制，改为由国家外汇管理局利用货物贸易外汇监测系统对企业在一定时期内的进出口货物流和资金流情况进行非现场总量核查，对异常情况进行现场核查，并在此基础上对进出口企业实行分类管理。这种监管方式主要包含以下内容。

1. 名录管理。其基本内容为：进出口企业在取得外贸经营权后，应填写《贸易外汇收支企业名录登记申请书》，到国家外汇管理局办理贸易外汇收支企业名录登记。国家外汇管理局核准后将其列入贸易外汇收支企业名录。不在名录的企业不能直接在金融机构办理外汇收支业务。对新列入名录的企业，在其发生首笔贸易外汇收支业务之日起90天内，国家外汇管理局实施辅导期管理，进行有关政策法规、系统操作等辅导。

2. 非现场总量核查。其基本做法是：国家外汇管理局分支局通过货物贸易外汇监测系统来全面采集企业货物进出口和贸易外汇收支的逐笔数据，定期比对、评估企业货物流与资金流的总体匹配情况，对核查期内存在异常情况的企业实行重点监测，必要时进行现场核查，将现场核查中核实的异常或可疑情况移交外汇检查部门。

3. 分类管理。指国家外汇管理局根据企业贸易外汇收支的合规性及其与货物进出口的一致性，将企业分为A、B、C三类，分别采取不同的贸易外汇收支监管措施。A类企业进口付汇单证简化，可凭进口报关单、合同或发票等任何一种能够证明交易真实性的单证在银行直接办理付汇，出口收汇无须联网核查；银行办理收付汇审核手续相应简化。对B类、C类企业在贸易外汇收支单证审核、业务类型、结算方式等方面实施严格监管，B类企业贸易外汇收支由银行实施电子数据核查，C类企业贸易外汇收支须经国家外汇管理局逐笔登记后办理。

由于大多数企业都能合规经营，所以大多数企业都将被列为A类，可以享受各项便利化管理措施，只有少数经过非现场核查和现场核查存在违规行为的企业被列为B类或C类，被重点监管。这样，国家外汇管理局可以将有限的监管力量集中于少数监管对象，通过严格管理形成威慑力量，从而引导和激励企业合规经营。

企业的分类是动态的，国家外汇管理局根据企业在分类监管期内遵守外汇管理规定的情况，对企业分类进行动态调整。A类企业违反外汇管理规定的将被降级为B类或C类；B类企业在分类监管期内合规性状况未见好转的，将延长分类监管期或被降级为C类；B类、C类企业在分类监管期内守法合规经营的，分类监管期满后可被升级为A类。

从进出口企业的角度看，2012年改革带来的主要变化有：贸易收付汇后无须再到国家外汇管理局逐笔办理核销；出口报关和退税时不再提供核销单；绝大多数企业贸易收付汇手续得到简化，只要企业有真实、合法的交易基础，能够按照相关法规要求提供必要的证明材料，及时报告可能导致贸易外汇收支与进出口不匹配的交易，就能充分享受改革带来的便利。

## 3.3 对外贸易的促进

《中华人民共和国货物进出口管理条例》规定[①]，我国主要采取下列措施促进对外贸易：

1. 采取出口信用保险、出口信贷、出口退税、设立外贸发展基金等措施，促进对外贸易发展。

2. 采取有效措施，促进企业的技术创新和技术进步，提高企业的国际竞争能力。

3. 通过提供信息咨询服务，帮助企业开拓国际市场。

4. 货物进出口经营者可以依法成立和参加进出口商会，实行行业自律和协调。

5. 鼓励企业积极应对国外歧视性反倾销、反补贴、保障措施及其他限制措施，维护企业的正当贸易权利。

对于以上促进措施，本书只介绍出口信用保险（见第 7 章）、出口信贷（见第 7 章）、出口退税（见第 23 章）和进出口商会（见本章）。

# §4 有关管理和促进机构

在进出口贸易中，对外贸易经营者要与许多管理和促进机构打交道，因此，应该对这些机构有一个简单的了解。

## 4.1 有关管理机构

对外贸易的管理机构主要有商务部、海关、国家外汇管理局、国家税务总局等。

### 4.1.1 商务部

商务部的前身可以追溯到 1952 年成立的中央人民政府对外贸易部和 1970 年成立的中华人民共和国对外经济联络部。1982 年，上述两机构与中华人民共和国进出口管理委员会、中华人民共和国外国投资管理委员会合并，组成中华人民共和国对外经济贸易部，1993 年又改称中华人民共和国对外贸易经济合作部。2003 年，中华人民共和国对外贸易经济合作部和中华人民共和国国家计划委员会、中华人民共和国国家经济贸易委员会部分职能司局合并，组建为商务部。但实践中，人们有时仍习惯将商务主管部门称为外经贸主管部门。

商务部是我国国内外贸易和国际经济合作的主管部门，承担制定和实施我国国内外经济贸易政策、推进扩大对外开放的重要职责。

---

① 见 2002 年 1 月开始实施的《中华人民共和国货物进出口管理条例》（国务院令第 332 号）第五十九至第六十三条。

### 4.1.2 海关

中华人民共和国海关是我国进出境监督管理机关，成立于1949年10月，现由21个署内部门、1个派驻机构、10个在京直属企事业单位、2个社会团体、4个驻外机构、45个直属机构、2个事业单位组成。

从出入境监管的角度看，海关可分为海关总署、直属海关和隶属海关三个层级。

海关总署设在北京，直属国务院，为正部级，是全国海关的最高管理机构，统一管理全国的海关事务。

直属海关由海关总署直接领导，管理特定区域海关事务。目前全国共有42个直属海关，分布在全国各省、直辖市、自治区。此外，还设有广东分署、天津特派办、上海特派办。

隶属海关由直属海关领导，是负责办理具体海关业务的海关，一般设在口岸或海关业务集中地，其内部又设有若干科室。目前全国有500多个隶属海关。

在关检合并后，海关的基本职能主要有五项。

1. 监管。根据国家法规，对进出关境的货物、物品、运输工具等实施监督管理。

2. 出入境检验检疫。这包括出入境商品检验、卫生检疫、动植物检疫、进出口食品安全监管等。

3. 征税。海关征收的税费主要有：（1）进出口关税；（2）进口环节税，即在进口环节由海关代征的增值税和消费税；（3）其他，包括海关规费、海关监管手续费、滞报金、滞纳金等。海关规费是进出口货物收发货人要求海关派人员到监管区域外办理海关手续、执行监管任务时，海关按规定收取的费用。海关监管手续费指海关对减免税货物和保税货物进行监管收取的费用。

4. 查缉走私。这包括拟定反走私社会综合治理政策措施并组织实施，查处走私、违规案件，侦办走私罪案件，开展缉私情报工作；开展打击走私国际（地区）间合作，承担世界海关组织情报联络工作。海关总署设有缉私局（全国打击走私综合治理办公室），该局受公安部和海关总署双重领导，以公安部领导为主，缉私业务工作由海关领导负责。

5. 编制海关统计。海关统计是国民经济统计的重要组成部分，是国家实施海关管理、制定对外贸易政策、进行宏观经济调控的重要依据，是研究我国对外贸易和国际经济贸易关系的重要资料。海关统计按《中华人民共和国海关统计商品目录》分类，该目录按商品名称及编码协调制度编制。进口货物按CIF（成本加保险费、运费）统计，出口货物按FOB（船上交货）统计。为了便于统计，报关单内容要以电子数据形式向海关申报。

### 4.1.3 国家外汇管理局

其前身是1979年成立的国家外汇管理总局，直属国务院。1983年，国家外汇管理总局开始隶属中国人民银行，改称国家外汇管理局。1988年，国家外汇管理局列入国务院组成序列，由中国人民银行归口管理。

目前，国家外汇管理局在各省、自治区、直辖市、部分副省级城市设有34个分局和2个外汇管理部（北京外汇管理部、重庆外汇管理部）；此外，还在有一定外汇业务量、符合条件的部分地（市）设立了中心支局，在部分县（市）设立了支局。国家外汇管理局的分支机构与当地中国人民银行分支机构合署办公。

国家外汇管理局的主要职能是：制定或参与制定我国外汇管理的方针、政策、法规；对我国的外汇收支、买卖、借贷、转移，以及国际结算、外汇汇率和外汇市场等实行监督和管理。

### 4.1.4 国家税务总局

国家税务总局的前身是1949年政务院建立的税务总局，1988年改为国家税务局，1993年改为国家税务总局。1994年实行分税制改革时，将省级及省级以下的税务机构分设为国家税务局和地方税务局（个别地方税务局与财政局合署办公，被称为财税局）。其中国家税务局系统由国家税务总局垂直领导；省级地方税务局受省级人民政府和国家税务总局双重领导，省级以下地方税务局由省级地方税务机关垂直领导。

2018年3月，国家税务局与地方税务局又重新合二为一。第十三届全国人民代表大会第一次会议通过的国务院机构改革方案，将省级和省级以下国税和地税机构合并，具体承担所辖区域内的各项税收、非税收入征管等职责。国税和地税机构合并后，实行以国家税务总局为主与省（区、市）人民政府双重领导管理体制。

国税和地税合并对企业来说好处很多。例如，纳税人通过一个窗口纳税，不需要两头跑，更加方便；办事效率提高，可以避免重复税务检查；纳税人为了履行纳税义务所要支出的成本也大大降低。

## 4.2 有关促进机构

我国对外贸易的促进机构有中国国际贸易促进委员会、中国国际商会、进出口商会、中国进出口银行、中国银行等，这里只介绍前面两个。

### 4.2.1 中国国际贸易促进委员会、中国国际商会

中国国际贸易促进委员会（China Council for the Promotion of Internatioal Trade, CCPIT），简称“中国贸促会”，成立于1952年，是由中国经济贸易界的代表人士、企业和团体组成的全国民间对外贸易投资促进机构。

20世纪60—70年代，中国贸促会主要致力于发展我国同世界各国的民间贸易关系，改革开放后，工作范围扩大到经济贸易和投资领域，并在各省、自治区、直辖市增设了分会和支会。

1988年，为加入国际商会（International Chamber of Commerce, ICC），中国贸促会组建了中国国际商会（China Chamber of International Commerce, CCOIC），各地方分会、支会也相继组建了中国国际商会分支机构，并开始建立行业分会，以促进有关行业进出口贸易、经济技术交流与合作。

1994年，国际商会同意我国加入并组建国际商会中国国家委员会（ICC China）。1995年，国际商会中国国家委员会正式成立，主席单位为中国国际商会，创始会员为

171 家工商组织、经贸团体及企业（包括中国国际商会在内）；委员会秘书处设在中国国际商会。

目前，中国贸促会已同世界上 200 多个国家和地区的工商企业界建立了广泛的经贸联系，与 300 多个对口组织签订了合作协议，同一些国家的商会建立了联合商会，还在十几个国家和地区设有驻外代表处。在国内，中国贸促会在各省、自治区、直辖市，建立了约 50 个地方分会、600 多个支会和县级国际商会，在机械、电子、轻工、纺织、农业等领域建立了约 20 个行业分会，在全国有会员企业近 7 万家。

中国贸促会的主要职责是：落实国家有关重大发展战略，开展各种活动，促进对外贸易、双向投资和经济技术合作；在外经贸领域代言工商，参与经贸政策法规制定，参与对外经贸谈判和国际商事规则的制定；开展法律顾问、商事调解、经贸和海事仲裁等工作；签发出口商品原产地证明书、对外贸易有关文件和单证；提供专利申请、商标注册、诉讼维权等知识产权服务；组织产业和企业应对经贸摩擦；提供经贸信息、经贸培训等。

**中国国际商会**　中国国际商会成立于 1988 年，是我国从事国际商事活动的企业、团体和其他组织组成的全国性商会组织，业务主管单位是中国国际贸易促进委员会。

中国国际商会又是代表我国参与国际商会工作的国家商会。1994 年，国际商会同意中国加入，1995 年由中国国际商会牵头组建成国际商会中国国家委员会，中国国际商会在开展与国际商会的业务时，使用国际商会中国国家委员会的名称。

中国国际商会的主要职责是：促进中外经贸交流与合作，代表中国工商界向国际组织和中外政府部门反映利益诉求，参与国际经贸规则的制定和推广，提供国际交流、法律咨询、市场信息、会展策划、项目招商、业务培训、ATA 单证册、原产地证书、仲裁等服务，在企业界积极倡导社会责任与公益事业等。

中国国际商会实行会员制。截至 2019 年 6 月底，已有会员 21.6 万家，包括绝大多数中央企业、全国性金融机构，以及一大批知名民营企业和外资企业，是我国国会员最多、国际影响力最大的涉外商会组织之一。

### 4.2.2　进出口商会

进出口商会是我国进出口企业的行业自律性组织。我国从 20 世纪 80 年代开始建立进出口商会，到目前为止，主要有六大进出口商会：中国机电产品进出口商会（CCCME）、中国五矿化工进出口商会（CCCMC）、中国纺织品进出口商会（CCCT）、中国轻工工艺品进出口商会（CCCLA）、中国食品土畜进出口商会（CFNA）、中国医药保健品进出口商会（CCCMHPIE）。

进出口商会的主要职责是：提供与对外贸易有关的生产、营销、信息、培训等方面的服务，发挥协调和自律作用，依法提出有关对外贸易救济措施的申请，维护成员和行业的利益，向政府有关部门反映成员有关对外贸易的建议，开展对外贸易促进活动。①

① 参见《中华人民共和国对外贸易法》第九章第五十六条。

## 复 习 题

1. 我国对外贸易的经营主体有哪些？按专业范围这些经营主体可分为哪几种类型？

2. 简要说明下列经营方式的概念和基本业务流程：外贸公司自营出口、生产企业自营出口、代理出口；外贸公司自营进口、生产企业自营进口、代理进口。

3. 名词解释：审批制、备案登记制、国营贸易管理、指定经营管理、海关企业信用管理、对进出口货物的分类管理。

4. 我国的进出口商检机构可以分为哪两类？什么是法定的检验和非法定的检验？

5. 简述我国现行的对贸易外汇的管理政策和监管方式。

6. 说明我国海关的三个层级和基本职能。

## 问题与案例

1. 阅读以下案例，回答后面的问题：

1998 年 12 月 24 日，某专业外贸公司受国内某钢材经销商委托代理进口热轧卷板。在进口前，外贸公司经理要业务员一方面了解国家相关进口政策，看是否允许进口、是否需要进口许可证；另一方面向国外某钢铁公司询价。

业务员在了解情况后告知外贸公司经理该商品可以进口，但需要进口许可证。1998 年 12 月 30 日，外贸公司与国内钢材经销商签订了进口代理协议，与国外钢铁公司签订了进口合同，装期为 1999 年 3 月 15 日之前。之后外贸公司开出了信用证。

1999 年 2 月 25 日，国内钢材经销商告知外贸公司，听说 3.0mm 以上规格热轧卷板不允许进口。外贸公司经理马上向国家相关管理部门咨询，结果证实国家不允许进口 3.0mm~10.00mm 规格的热轧卷板。外贸公司经理又询问业务员，业务员回答当时咨询的是某报关行，并没有查看相关文件。

发现该重大失误后，外贸公司经理立刻与国外钢铁公司联系，希望得到谅解，撤销合同，并表示我方愿意支付每吨 20 美元赔偿金。国外钢铁公司回复货物已集港，马上要装船，要求我方按时接货，认真履行合同。

由于货物不能通关，外贸公司只好决定在货物到港后先进保税仓库，再寻找其他国家进口商转口。由于业务员对相关进口政策没了解清楚，外贸公司最后遭受了很大损失。①

问题：（1）该案例采用的是哪一种进口经营方式？（2）开始业务员找报关行了解的情况是该商品可以进口，但需要进口许可证。按这种说法，该商品属于进出口商品分类管理中的哪一类商品？（3）后来外贸公司经理向国家相关管理部门咨询，证实国家不允许进口 3.0mm~10.00mm 规格的热轧卷板，这说明该商品实际上属于进出口商品分类管理中的哪一类商品？

① 摘编自：宫桓刚，屈丽英. 中国进口贸易风险分析——来自辽宁的典型案例. 东北财经大学学报，2005（6）.

2. 阅读以下新闻报道，回答后面的问题：

2009 年 1 月，国家质检总局公布了《出入境检验检疫机构实施检验检疫的进出境商品目录（2009 年）》。新增的被纳入该目录的产品中，近九成涉及纺织服装企业，这部分商品在 2007 年的出口额共计 299 亿美元，涉及出口企业近 3 万家。

其后，中国纺织品进出口商会与国家质检总局进行了沟通和反映。国家质检总局称，此次政策出台较仓促，国家质检总局将对新增法检产品做进一步评估，在过渡期后将做必要调整。过渡期是指在 2009 年 6 月 30 日前，企业在出口时，只需要提前向当地检验检疫机构申报、领取出境货物通关单，而不需要支付检验检疫费；从 2009 年 7 月 1 日起，将按国家质检总局有关规定正式实施检验检疫。

2009 年 2 月 9 日，记者从中国纺织品进出口商会方面获悉，本月底，中国纺织品进出口商会将组织纺织出口企业再次与国家质检总局座谈，将企业的现状反映给国家质检总局，希望能够调整政策。

但上海飞马进出口贸易有限公司（简称飞马公司）总经理陆龙生告诉本报记者，目前在过渡期内，新增货物的报关已经平添了一些间接费用，比如手续的申办和人力成本。在过渡期后，如果政策不做调整，新政涉及飞马公司约 5 000 万元的货品，相应的出口检验成本将增加 60 万元左右。

无锡外贸企业负责人何女士告诉记者，新规意味着每出口一次，不论产品数量多少，都要先进行商检。“每次去上海报关时都要交 150 元的费用，这些费用，不是按照出口额的多少来收，而是按照报关次数收取。这对小企业特别不利，”何女士强调，“小企业收到的单子往往量不大，但次数较频繁，分散的小单非常多。以公司为例，500 多件的单子收得最多，几乎每两天就要去报一次关，费用比出口退税提高节省的费用多多了。”何女士所在的外贸企业，一年的销售额为 300 万～500 万美元，客户绝大部分位于欧美。[①]

问题：（1）《出入境检验检疫机构实施检验检疫的进出境商品目录（2009 年）》是一个什么目录？（2）中国纺织品进出口商会是什么性质的组织？从本报道可以看出它有哪些作用？（3）国家质检总局的出入境检验检疫职能和队伍现在已划入哪个机构？

① 摘编自：沈玮. 出口退税率上调给纺企减压　质检新规加压. 21 世纪经济报道，2009-02-11.

第 2 部分

# 实务操作的基础知识

02

第2篇

# 国际贸易术语的基本知识

本篇只有一章，介绍国际贸易术语的基本知识，包括与国际贸易术语有关的国际惯例、《国际贸易术语解释通则2020》、贸易术语的使用和选择等。在国际贸易中，许多环节都要与国际贸易术语打交道，国际贸易术语的知识是从业者必须掌握的最基本的知识。

第3章

# 国际贸易术语

在国际贸易中，经常会遇到一些三个英文字母的缩写，如FOB、CFR、CIF等，这就是国际贸易术语。国际贸易术语是应实际的需要产生的，在国际贸易中要磋商的问题很多，如买卖双方在什么地方交接货物、风险在何处转移、责任和费用如何划分等。如果每一次交易都要就这些问题逐一磋商，那就十分麻烦，而且会提高交易成本。为解决这一问题，大约在19世纪初，欧洲的商人们开始使用一些英文缩写来规定合同的主要交易条件和商品的价格构成，从而产生了国际贸易术语。

国际贸易术语的使用简化了交易手续，节约了交易成本，因而得到广泛应用，现在已成为国际贸易从业者必须掌握的基本知识。

## §1 概 述

### 1.1 与国际贸易术语有关的国际惯例

国际贸易术语是一套规则，这套规则是靠有关国际惯例来规定的。因此，学习国际贸易术语就是要学习某种与国际贸易术语有关的国际惯例。在我国的国际贸易教科书中，常被提到的国际贸易术语惯例有三个。

1.《1932年华沙-牛津规则》(Warsaw-Oxford Rules 1932)。该惯例是国际法协会于19世纪中叶制定的，专门解释CIF，共21条。当时CIF已经用得相当普遍，但各国的商人们对CIF的解释却不统一。为此，1928年国际法协会在波兰首都华沙开会制定了《1928年华沙规则》，后来该规则在1930年的纽约会议、1931年的巴黎会议、1932年的牛津会议上又做过修订，最后定名为《1932 年华沙-牛律规则》。

2.《1941 年美国对外贸易定义修订本》（Revised American Foreign Trade Definitions 1941）。该惯例是美国几个商业团体于 1919 年在纽约制定的，原名《美国出口报价及其缩写条例》，1941 年修订后更改为现名。该惯例包括六种贸易术语：（1）Ex Point of Origin: 产地交货；（2）FOB（Free on Board）：运输工具上交货；（3）FAS（Free Along Side）：运输工具旁交货；（4）C&F（Cost and Freight）：成本加运费；（5）CIF（Cost Insurance and Freight）：成本加保险费、运费；（6）Ex Dock（Named Port of Importation）：目的港码头交货。该惯例主要在美洲国家使用，它对贸易术语的解释，特别是对 FOB、FAS 的解释与下面介绍的《国际贸易术语解释通则》有明显差异，需要加以注意。

3.《国际贸易术语解释通则》（International Rules for the Interpretation of Trade Terms, INCOTERMS）。该惯例起源于 20 世纪初。1921 年，为了统一各国对贸易术语的解释，国际商会成立了一个贸易术语委员会，开始搜集和编撰各国对贸易术语的解释，1923 年出版了第一版，该版汇集了几个国家对 6 种贸易术语的解释；1929 年又出版了第二版，这一版搜集范围扩大到 35 个国家对 6 种术语的解释。1936 年，在此基础上国际商会（ICC）编撰了第一个《国际贸易术语解释通则》（INCOTERMS 1936）供各国采用，该通则得到了世界各国的广泛认可，并于 1953 年、1967 年、1976 年、1980 年、1990 年、2000 年、2010 年、2020 年做过多次修订，成为世界上影响最大的国际贸易术语惯例。

## 1.2 2020 通则[①] 概览

由于《国际贸易术语解释通则》影响最大，本书只介绍这个惯例，在该惯例的不同版本中，又只介绍最新的 2020 通则。

《国际贸易术语解释通则》大约每 10 年修订一次，因此，从 2016 年开始，国际商会（ICC）就启动了 2010 通则的修订工作。修订小组由八名成员组成，分别来自中国、美国、欧盟成员国、澳大利亚和土耳其。经过在全球范围广泛征询意见，与来自各个国家和地区的法律、保险、银行、进出口、海关等行业的专家研讨，2018 年 10 月修订小组完成了 2020 通则的最终稿，2019 年 9 月国际商会将其向全球发布，2020 年 1 月 1 日生效。

### 1.2.1 基本内容和编排体例

与 2010 通则一样，2020 通则的内容也分为引言和 11 种贸易术语两个部分。引言是对通则的总体介绍，但不构成贸易术语的规则，构成规则的是 11 种贸易术语。

与 2000 通则按每个贸易术语开头字母将 13 个贸易术语分为四组的做法不同，2020 通则和 2010 通则一样，按适用的运输方式将 11 个贸易术语分为两组：第一组是适用于任一或多种运输方式的 7 个贸易术语，第二组是适用于海运和内河水运的 4 个贸易术语

① 为论述简洁，本书在介绍《国际贸易术语解释通则》的不同版本时，将使用“2010 通则”“2020 通则”“INCOTERMS 2010”“INCOTERMS 2020”，甚至“2010”“2020”这样的简称。

（见表 3－1）。

**表 3－1 2020 通则的 11 个贸易术语**

| 分 组 | 缩写 | 英文全名 | 中译名 |
|---|---|---|---|
| 第一组<br>适用于任何运输方式或多种运输方式的术语 | EXW | Ex Works | 工厂交货 |
| | FCA | Free Carrier | 货交承运人 |
| | CPT | Carriage Paid To | 运费付至 |
| | CIP | Carriage and Insurance Paid To | 运费和保险费付至 |
| | DAP | Delivered at Place | 目的地交货 |
| | DPU | Delivered at Place Unloaded | 目的地卸货后交货 |
| | DDP | Delivered Duty Paid | 完税后交货 |
| 第二组<br>适用于海运和内河水运的术语 | FAS | Free Alongside Ship | 船边交货 |
| | FOB | Free on Board | 船上交货 |
| | CFR | Cost and Freight | 成本加运费 |
| | CIF | Cost Insurance and Freight | 成本、保险费加运费 |

11 个贸易术语又各成一篇，每篇分为两个部分：一是“用户解释说明”（Explanatory Notes for Users），介绍每个术语的特点、提出使用建议和注意事项，但也不构成贸易术语的规则；二是“买卖双方的义务”，这才是构成贸易术语规则的部分。与 2010 通则一样，2020 通则也将其分为 10 个项目，每个项目将买卖双方的义务用 A、B 编号对应列出，A 代表卖方的义务，B 代表买方的义务（见表 3－2）。

**表 3－2 2020 通则买卖双方义务的 10 个项目**

| 卖方的义务 | 买方的义务 |
|---|---|
| A1 一般义务 | B1 一般义务 |
| A2 交货 | B2 提货 |
| A3 风险转移 | B3 风险转移 |
| A4 运输 | B4 运输 |
| A5 保险 | B5 保险 |
| A6 交货、运输单据 | B6 交货、运输单据 |
| A7 出口、进口清关 | B7 出口、进口清关 |
| A8 查验、包装、标记 | B8 查验、包装、标记 |
| A9 费用划分 | B9 费用划分 |
| A10 通知 | B10 通知 |

在 2020 通则中，买卖双方的义务虽然各有 10 个项目，但关键点只有几个，例如，卖方在何处交货，风险在何时转移，由谁办理运输，由谁办理保险，谁负责出口清关，谁负责进口清关等。在初学时可以重点掌握这些关键点（见表 3－3）。

**表 3-3 2020 通则 11 个贸易术语的关键点**

| 贸易术语 | 适用的运输方式 | 交货点/风险转移的界限 | 将货物交买方的点 | 办理运输 | 办理保险 | 出口清关 | 进口清关 |
|---|---|---|---|---|---|---|---|
| EXW | 任何运输方式 | 卖方所在地或其他地点 | 同左 | 买方 | 买方 | 买方 | 买方 |
| FCA | 任何运输方式 | 出口国约定的地点 | 同左 | 买方 | 买方 | 卖方 | 买方 |
| CPT | 任何运输方式 | 出口国约定的地点 | 进口国约定的地点 | 卖方 | 买方 | 卖方 | 买方 |
| CIP | 任何运输方式 | 出口国约定的地点 | 进口国约定的地点 | 卖方 | 卖方 | 卖方 | 买方 |
| DAP | 任何运输方式 | 进口国约定的地点 | 同左 | 卖方 | 卖方 | 卖方 | 买方 |
| DPU | 任何运输方式 | 进口国约定的地点 | 同左 | 卖方 | 卖方 | 卖方 | 买方 |
| DDP | 任何运输方式 | 进口国约定的地点 | 同左 | 卖方 | 卖方 | 卖方 | 卖方 |
| FAS | 海运或内河水运 | 指定装运港船边 | 同左 | 买方 | 买方 | 卖方 | 买方 |
| FOB | 海运或内河水运 | 指定装运港船上 | 同左 | 买方 | 买方 | 卖方 | 买方 |
| CFR | 海运或内河水运 | 指定装运港船上 | 指定目的港 | 卖方 | 买方 | 卖方 | 买方 |
| CIF | 海运或内河水运 | 指定装运港船上 | 指定目的港 | 卖方 | 卖方 | 卖方 | 买方 |

## 1.2.2 2020 通则的主要变化

与 2010 通则比较，2020 通则的变化主要有以下几个方面。

1. 内容和形式上的变化。主要有：

（1）对某些义务条款进行了整合。例如，取消了 2010 通则中“许可证、授权、安检通关和其他手续”条款（A2/B2）和“协助提供信息及相关费用”条款（A10/B10），将相关内容纳入 2020 通则的 A4/B4、A7/B7 条款下；对有的条款标题也做了修改。经过整合，各条款更加整齐、清楚、易于把握（见表 3-4）。

**表 3-4 2010 通则与 2020 通则买卖双方义务条款的比较**

| 2010 通则 | 2020 通则 |
|---|---|
| A1/B1 一般义务 | A1/B1 一般义务 |
| A2/B2 许可证、授权、安检通关和其他手续 | A2/B2 交货/提货 |
| A3/B3 运输合同与保险合同 | A3/B3 风险转移 |
| A4/B4 交货/收取货物 | A4/B4 运输 |
| A5/B5 风险转移 | A5/B5 保险 |
| A6/B6 费用划分 | A6/B6 交货、运输单据 |
| A7/B7 通知买方/通知卖方 | A7/B7 出口、进口清关 |
| A8/B8 交货凭证/交货证据 | A8/B8 查验、包装、标记 |
| A9/B9 查对、包装、标记/货物检验 | A9/B9 费用划分 |
| A10/B10 协助提供信息及相关费用 | A10/B10 通知 |

（2）调整了条款的排列顺序。2020通则取消了2010通则的某些条款，调动了有关条款的位置。例如，将2010通则中的“交货”和“风险转移”条款移到了“运输”和“保险”条款前，将“通知”条款调到了最后（见表3-4）。调整后，线索更加清晰，逻辑性更强。

（3）第一次新增了“横排”格式。2020通则以前的版本都只有按贸易术语分类的格式，2020通则第一次增加了横排格式，即按买卖双方的10项义务将各术语的相关内容组织在一起。例如，将11个贸易术语的“交货”义务排列在一起。这种横排格式可以帮助使用者对不同贸易术语的相同义务做横向比较。

2. 用DPU（Delivered at Place Unloaded）替代了2010通则的DAT（Delivered at Terminal）。二者的不同有：（1）DPU从字面上就可以看出卸货义务，DAT从字面上则看不出卸货义务。（2）DAT的目的地是运输终端，DPU的目的地是运输终端到买方所在地之间（包括两端在内）的约定地点，或者说DPU与DAP、DDP的目的地范围一致。这样修改更符合实际需要。（3）在2010通则中，DAT在DAP之前；在2020通则中，DPU（替代DAT）被移到DAP之后，前面的卖方不用卸货，后面的要卸货，责任逐渐加大，更符合逻辑。为了帮助读者更好地理解DPU，我们将2010通则中DAT与DAP做一个比较。

**专 论**

### 2010通则中DAT与DAP的区别

DAT（Delivered at Terminal）和DAP（Delivered at Place）是2010通则新增的两个贸易术语，许多人认为二者的唯一区别是在指定目的地是否要负责卸货，笔者认为，二者的区别其实有两点。

1. 交货点和风险转移的界限不同。DAT的交货点是运输终端，DAP的交货点是运输终端到买方所在地之间（包括两端在内）双方约定的地点。如果DAP的交货点在运输终端，则“DAP=DAT”，如果DAP的交货点在运输终端外，则“DAP=DAT+进口国转运”。正因为如此，2010通则在DAT的使用说明中指出，如果双方希望由卖方承担由运输终端至另一地点间运送和受理货物的风险和费用，应当使用DAP或DDP。

2. 卸货义务的划分不同。DAT卖方在运输终端要负责卸货；DAP卖方在指定目的地不用卸货，只要将运输工具上已做好卸货准备的货物交给买方处置即完成了交货义务。

由于DAT卖方在运输终端有卸货的麻烦，在实践中使用得没有DAP多。DAP主要用于两种场合：一是在边境口岸过境点交货的交易，如我国与俄罗斯、哈萨克斯坦、越南、缅甸、蒙古国等国之间的贸易，在国境站交货时常用DAP；二是在进口国运输终端外指定目的地交货的交易，这时卖方要负责将货物转运至指定目的地。

3. FCA的A6/B6增加了一个附加选项——买卖双方可以约定，由买方指示其承运人向卖方签发已装船提单[①]，然后由卖方将其提交给买方（通常通过银行）。增加这个选项的原因是：集装箱海运采用FCA，由于货物交给承运人时尚未装船，承运人一般不能签

① 在买方承担费用与风险的情况下，承运人有时会同意买方的这一要求。

发已装船提单。而在以信用证或托收结算的交易中，银行出于控制物权的需要可能要求卖方提交已装船提单；另外，有时候卖方出于转让在途货物和融资的需要也希望承运人签发已装船提单。因此，FCA 增加了这一选项。

4. 对费用的规定更清晰。2010 通则的费用条款是 A6/B6，2020 通则将其改为 A9/B9。2010 通则的 A6/B6 对费用的归纳不完整；2020 通则的 A9/B9 归纳了所有费用，目的是为使用者提供一个"一站式费用清单"，以便能轻松了解某个术语的全部费用。另外，2020 通则仍然保留了散见于各义务条款下的相关费用，以满足了解某项费用的需要。

5. 在 CIP 下卖方可以投保的最低险别提高了。在 2010 通则中，CIF、CIP 卖方可以投保的最低险别是《协会货物条款》（Institute Cargo Clauses）（C）或类似条款的最低险别。在 2020 通则中，CIF 卖方可以投保的最低险别不变，但将 CIP 卖方可以投保的最低险别提高到《协会货物条款》（A）或类似条款的同类险别，当然双方也可以商定较低的险别。这样修改的原因是：CIF 更多地被用于海上大宗商品的贸易，而 CIP 更多地被用于多式联运和制成品的贸易。

6. FCA 和 D 组术语增加了"安排运输"的选项。在 2010 通则中，无论是买方还是卖方办理运输，这几个贸易术语都推定使用第三方承运人，未考虑有时候买方或卖方可以使用自己的运输工具运输货物。针对这种情况，2020 通则在这几个贸易术语下增加了卖方或买方"安排运输"的选项：DAP、DPU、DPP 卖方可以"安排运输"，FCA 买方可以"安排运输"。

7. 对安全方面的内容做了调整。在 2010 通则中，安全方面的内容主要体现在 A2/B2 和 A10/B10 中，2020 通则取消了这两个条款，将有关安全方面的内容纳入 A4 和 A7 中（见表 3－4），在 A9/B9 中对由此产生的费用分摊做了更明确的规定。

8. 再次指出国际贸易术语可用于国内贸易。2010 通则就指出国际贸易术语可以用于国内贸易，2020 通则又用"国际商会国内与国际贸易术语使用规则"的副标题指明了这一性质。其主要原因是：（1）在世界许多地区，像欧盟一样的贸易同盟已使不同成员国之间的边界显得不重要；（2）在实践中国际贸易术语经常被用于国内买卖合同；（3）在美国的国内贸易中，出现了用国际贸易术语取代《美国统一商法典》中的运输和交货术语的现象。

# §2　2020 通则六个常用的贸易术语

2020 通则有十一个贸易术语，我们分两节介绍：本节先介绍六个常用的贸易术语，下一节介绍其他五个贸易术语。对每个贸易术语我们首先介绍关键点，其次说明买卖双方的基本义务，最后提出使用该术语的注意事项。

## 2.1　装运港船上交货的三个贸易术语

装运港船上交货的三个贸易术语——FOB、CFR、CIF——是最古老的贸易术语，但在今天的国际贸易中仍然使用得十分普遍。

### 2.1.1　FOB（船上交货）

FOB（Free on Board），译为“船上交货”，后跟指定装运港。该术语仅适用于海运或内河水运。

**关键点**

FOB 的交货点是指定装运港或之内的装船点（如有）的船上，一般由卖方决定，如果买方有权指定，应给予卖方充分通知，否则卖方可以自行选择。

风险划分的界限与交货点相同。长期以来，FOB、CFR、CIF 风险划分的界限是“船舷”，由于在现代集装箱海运和多式联运的情况下以“船舷”为界已没有实际意义，因此，从 2010 通则开始将其改为“船上”。需要注意的是：风险划分的规则只适用于自然灾害或意外事故造成的损失，不适用于卖方的过失造成的损失。

**【案例 3－1】**

有一份 FOB 合同，在装船时，一包货物在装运过程中因起重机吊索断裂落在了货轮的甲板上。按 2020 通则该货损由谁负责？按 2000 通则该货损由谁负责？

**【案例 3－2】**

M 化工进出口公司以 FOB 大连向美国加利福尼亚 N 化学制品公司出口化工原料。M 公司在规定的装期将货物装上了 N 公司指定的某新加坡船公司的海轮。装船前检验货物的品质良好，符合合同规定。但货到目的港旧金山后，N 公司提货时发现部分货物变质。经商检机构检验，是货物包装不良所致。N 公司于是向 M 公司索赔，但 M 公司拒赔，理由是：货物装船前检验合格，品质变化是货物装上船后发生的，按 2020 通则 FOB 的规则，风险已经转移给买方。M 公司的申辩是否有道理？为什么？

使用该术语，卖方主要承担出口清关的责任及相关费用；买方主要承担运输、保险、进口清关的责任及相关费用（见图 3－1）。

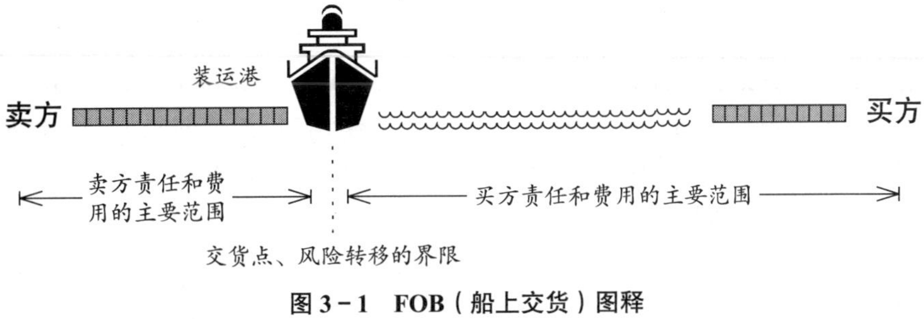


**图 3－1　FOB（船上交货）图释**

FOB 大约出现在 18 世纪末，当时买方亲自到装运港租一条船，请卖方将货物交到船上。然后买方在船上对货物进行清点、查验，如果与合同、样品相符，就立即付款给卖方。

**买卖双方的基本义务**

在 2020 通则中，买卖双方的义务各有 10 条。对此我们不打算照抄，只对买卖双方的主要义务做一个概括。因此，下列条款的编号与 2020 通则的条款的编号没有对应关系。

**A. 卖方的基本义务**

1. 向买方提供货物和商业发票及其他单据。如果双方约定，这些单据可以是纸质或电子形式；如未约定，则按照惯例提供。[①]

2. 在约定的时间、装运港或之内的交货点（如有）将货物置于买方指定的船上，或以“取得”[②] 已经如此交付的货物的方式交货。

3. 应买方要求，向买方提供安排运输所需的信息，包括安全要求方面的信息。应买方要求，向买方提供办理保险所需要的信息。

4. 办理出口清关。应买方要求并由其承担风险和费用，协助买方取得过境、进口清关所需的单据和信息，包括安全要求和装运前检验的单据和信息。

5. 支付为了交货所需的查验费用。以适合货物运输的方式对货物进行包装和标记，除非所售货物无需包装，或双方已经约定好包装和标记的要求。

6. 使用该术语，卖方支付的全部费用为：（1）完成交货前与货物相关的所有费用；（2）向买方提供已交货证明的费用；（3）出口清关的关税、税款和其他费用；（4）买方协助卖方获取与出口清关有关的单据和信息的费用。

7. 就已经交货或买方指定的船舶未在约定期限内提货，给予买方充分通知。

**B. 买方的基本义务**

1. 按合同支付价款。根据双方约定，买方提供的单据可以是纸质或电子形式，如未约定，则按惯例提供。[③]

2. 承担交货时起货物灭失或损坏的一切风险；但如果买方未履行 B6[④] 的通知义务；或买方指定的船舶未准时到达，或未接受货物，或早于买方通知的时间停止装货：买方则要自相应的时间起承担货物灭失或损坏的一切风险。

3. 自负费用订立从装运港起的运输和保险合同。

4. 应卖方要求，协助其获取与出口清关有关的单据和信息，包括安全要求和装运前检验的单据和信息。办理过境和进口清关手续。

5. 该术语买方要支付的全部费用包括：（1）交货时起与货物相关的费用。（2）卖方协助买方获取有关单据及信息的费用。（3）办理过境或进口清关的关税、税款和其他费用。（4）以下原因之一发生的额外费用：①买方未履行 B6 的通知义务；②买方安排的船舶未准时到达、未提取货物或早于通知的时间停止装货。

6. 就与运输相关的安全要求、船名、装货点以及约定期限内的交货时间（如有）给

---

① 该项义务是卖方的一般义务，对所有的贸易术语相同，故以后的术语不再说明。

② “取得”一词适用于链式销售，以后不再说明。

③ 该项义务是买方的一般义务，所有的贸易术语相同，故以后不再说明。

④ 这里的 B6 表示本书买方基本义务的第 6 条，与 2020 通则的 B6 无关，其他依此类推，不再说明。

予卖方充分通知。

**使用注意事项**

1. 把握好承运人。FOB出口由买方办理运输，这为一些不法进口商与不法船公司或货代勾结诈骗提供了可乘之机。因此，卖方应采取一些风险防范措施。例如，可以向买方建议船公司，或规定买方指定的船公司要经过自己的认可，采用信用证结算等。

**【案例3-3】**

国内某出口公司向韩国出口1万吨水泥，价值40万美元，FOB成交，由韩国买方租用越南籍货轮将水泥从青岛港运至韩国某港口，即期信用证结算。后因国内货源紧张，我公司请求韩方延迟派船。买方同意我方要求，但提出信用证不能展期，付款方式可改为随证托收，我方只好同意。

信用证过期后，买方船到，我方装货后取得提单，然后随附其他单证送中国银行某分行办理随证托收。单据寄到韩国开证行后，开证行向进口商按D/P方式提示付款。但韩国进口商拒不付款赎单，并声称货物已失踪。后经我方调查，韩国进口商在无提单情况下早已从船方手中将货提走。该船从此再也未到中国港口来，我方也不能申请法院扣船拍卖。最后造成货、款两空的结果。问在该交易中卖方有哪些失误？

买方办理运输有“指定船公司”或“指定货代”两种方式（参见第16章第3节）。一般来说，指定船公司的风险比指定货代小。

**【实例】**

A公司与乌克兰B公司合作了两年多，客户一直坚持用FOB成交。开始由于对客户不太了解，A公司坚持要客户采用“指定船公司”的方式办理运输。在一年多的时间里，客户付款很及时，A公司也比较放心了。到2004年底，客户提出“指定船公司”不如“指定货代”方便，要求从2005年开始改用“指定货代”办理运输。鉴于客户信用还不错，A公司同意了。

2005年8月，A公司与B公司签订了一笔价值20万美元的合同，付款方式为预付20%，其余80%见提单复印件后T/T电汇，A公司通过客户指定的货代办理运输。发货后，A公司给客户传真了提单复印件，但一直到10月还没有收到货款。A公司于是与客户联系，客户表示近期资金有点紧张，过些天可以支付，并说提单正本还在A公司手里，A公司可以放心。

但直到2006年4月客户才付款，以后再也没有和A公司联系。A公司觉得奇怪，因为提单正本还在自己手里，客户怎么提的货？后来才知道，货物到港后客户就将货物提走，货代是无单放货。值得庆幸的是客户还比较守信用，将货款付给了A公司。①

① 改编自：王新华，陈丹凤. 50种出口风险防范. 北京：中国海关出版社，2009.

2. 搞好船货衔接。使用该术语，买方要安排好运输，并将船名、装船点和在约定期间内选择的交货时间（如有）及时通知卖方。卖方则应及时备货，并在约定的时间，指定装运港将货物交到买方指定的船上。如果买方未履行上述义务，则要承担由此给卖方造成的一切损失；如果卖方没有履行上述义务，则要承担由此给买方造成的一切损失。

3. 正确选用 FOB。FOB 使用得非常普遍，实际上，在集装箱运输和多式联运的情况下选择 FOB 并不合适（CFR、CIF 也一样）。因为在集装箱运输方式下，集装箱并不是交到“船上”，而是交到了承运人指定的集装箱码头堆场（CY）。这样就有一段货物已不在卖方的掌控之下而风险却未转移给买方的“空白”。多式联运也是如此，如果第一程不是海运，这段“空白”就更长。因此，2020 通则指出，FOB 不适合货物在交到船上前已经移交给承运人的情况，在这种情况下，采用 FCA 更合适。

### 2.1.2 CFR（成本加运费）

CFR（Cost and Freight），译为“成本加运费”，后跟指定目的港。该术语仅适用于海运或内河水运。

**关键点**

CFR 的交货点与 FOB 一样，但多一个在目的港承运人将货物交给买方的点。需要注意的是，风险是在装运港的交货点转移，而不是在目的港的交货点转移。

**【案例 3-4】**

某出口公司以 CFR 伦敦向英国出售一批核桃仁，买方开来的信用证规定：卖方须保证货物不迟于 12 月 2 日到达，否则，买方有权撤销合同并提出损害赔偿。问这一规定与 2020 通则对 CFR 的规定是否有矛盾。

---

以上是只涉及一个承运人或多式联运的情况，如果涉及多个承运人，双方则应约定卖方在何处完成交货义务、风险在何处发生转移；如果未约定，则推定卖方将货物交给第一承运人时完成交货义务，风险转移给买方。

**【案例 3-5】**

从中国香港出口一批货物到英国南安普顿（Southampton），CFR 南安普顿成交，货物先由承运人从香港运到上海，再由远洋船舶从上海运到南安普顿。按 2020 通则，卖方在何处完成交货义务？风险在何处转移？

---

使用该术语，卖方比 FOB 增加了办理从装运港到目的港的运输的责任和费用。卖方主要负责出口清关、运输及相关费用；买方主要负责进口清关及相关费用。在目的港的卸货费用视运输合同而定——如果已包含在运输合同中，由卖方承担；如果未包含在运输合同中，由买方承担（见图 3-2）。

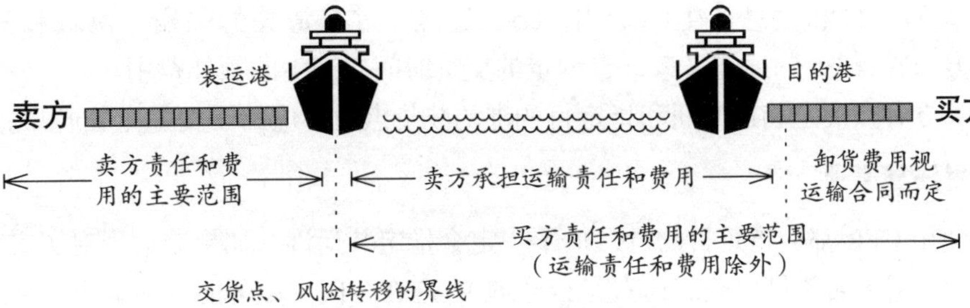


**图 3-2　CFR（成本加运费）图释**

**买卖双方的基本义务**

**A. 卖方的基本义务**

1. 在约定时间，按该港习惯的交货方式，以将货物装上船，或以取得已经如此交付的货物的方式交货。

2. 自负费用办理自装运港到目的港的运输。按照通常条款签订运输合同，经由通常航线，用通常运输该类货物的船舶运送货物。遵守与运输有关的安全要求。

3. 应买方要求，向买方提供办理保险所需要的信息。

4. 向买方提供到目的港的运输单据。该单据应使买方能在目的港向承运人提货，并使买方能以向其下家买方转让单据或通知承运人的方式转卖在途货物。当该运输单据是以可转让形式签发并有数份正本时，必须向买方提交全套正本。

5. 办理出口清关手续。应买方要求并由其承担风险和费用，协助买方取得过境、进口清关需要的单据和信息，包括安全要求和装运前检验的单据和信息。

6. 支付为了交货所需要的查验费用。自付费用以适合货物运输的方式对货物进行包装和标记，除非所售货物无需包装，或双方已经约定好包装和标记要求。

7. 该术语卖方必须支付的全部费用包括：（1）交货前与货物相关的所有费用；（2）运费和相关费用，包括装船费以及与运输相关的安全费用；（3）运输合同规定由卖方负担的在卸货港的卸货费用；（4）运输合同规定由卖方承担的过境费用；（5）向买方提供已交货证据的费用；（6）办理出口清关的关税、税款和其他费用；（7）买方协助卖方获取与出口清关有关的单据和信息产生的费用。

8. 向买方发出已交货和买方收取货物所需要的通知。

**B. 买方的基本义务**

1. 承担交货时起货物灭失或损坏的一切风险。但如果买方未履行 B5 的通知义务，则要自约定的交货时间起承担货物灭失或损坏的一切风险。

2. 自负费用订立保险合同。

3. 应卖方要求并由其承担风险和费用，协助卖方取得与出口清关有关的单据和信息，包括安全要求和装运前检验的单据和信息。办理过境和进口清关手续并支付费用。

4. 该术语买方支付的全部费用包括：（1）交货时起与货物相关的费用；（2）过境费用，除非根据运输合同该项费用由卖方负担；（3）包括驳运费和码头费在内的卸货费用，除非根据运输合同该项费用由卖方承担；（4）卖方协助买方获取与保险和进口清关有关的单据和信息产生的费用；（5）过境、进口清关的关税、税款和其他费用；（6）买方未履行 B5 的通知义务，自约定的交货时间起产生的额外费用。

5. 买方有权决定装运时间和指定目的港的装货点时，应给予卖方充分通知。

**使用注意事项**

1. 使用 CFR 都会指定目的港，但不一定会指定装运港。如果装运港对买方有特殊意义（例如，买方希望借以确定运费是否合理），应在合同中尽可能准确地指定装运港。

2. 如果在指定目的港内还有具体的交货点，应尽可能约定。这样有利于卖方更准确地办理到达交货点的运输，并估算运费。

3. 卖方在货物装船后应及时向买方发装运通知，以便买方能及时办理保险和准备接货。否则，卖方要承担由此造成的损失。发装运通知的时间一般在货物装船以后、出运前一天。以 FOB、CIF 出口的卖方虽然也应及时发装运通知，但其作用主要是为了使买方做好接货准备，不涉及办理保险的问题。

【实例】

一企业以 CFR 出口法国一批抽纱台布，货值 8 万美元，支付方式为 D/P 即期。货物于 2018 年 3 月 1 日上午装船。当天因经办该项业务的外销员工作较忙，忘记给买方发装船通知。第二天法商收到我装船通知后向当地保险公司投保，不料保险公司获悉装运货物的船只已于 3 月 2 日凌晨在海上遇难而拒绝承保。于是法商要求我方承担该批货物的损失，并应赔偿其利润及费用损失 8 000 美元。不久我方通过托收银行寄去的全套单据也被代收行退回，理由是进口商拒不付款赎单。

4. 与 FOB 一样，CFR 不太适合集装箱运输和多式联运（理由参见 FOB 的使用注意事项），在这种情况下，采用 CPT 更合适。

### 2.1.3 CIF（成本、保险费加运费）

CIF（Cost，Insurance and Freight），译为“成本、保险费加运费”，后跟指定目的港，该术语仅被用于海运或内河水运。

**关键点**

与 FOB、CFR 一样，CIF 的交货点也在装运港的船上；与 CFR 一样，CIF 也有一个在目的港承运人将货物交给买方的点。但风险在装运港的交货点转移，而不是在目的港的交货点转移。

使用该术语，卖方主要承担出口清关、运输和保险的责任和费用；买方主要承担进口清关的责任和费用。在目的港的卸货费用视运输合同而定——如果已包含在运输合同中，由卖方负担；如果未包含在运输合同中，由买方负担（见图 3－3）。

以上是运输只涉及一个承运人或多式联运的情况，如果运输涉及多个承运人，双方应约定卖方在何处完成交货义务、风险转移给买方；如未约定，则推定卖方将货物交给第一承运人时完成交货义务、风险转移给买方。

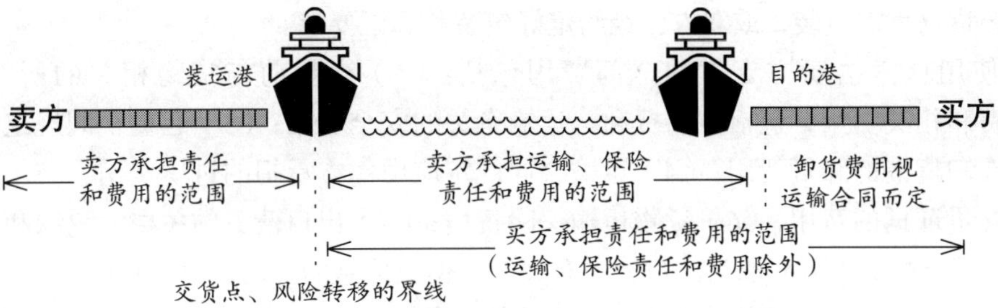


图3－3 CIF（成本、保险费加运费）图释

【案例3－6】

一出口企业按CIF条件向日本出口服装。合同规定由我方投保人投保海运条款一切险，并采用信用证结算。我出口企业在信用证规定的装期，指定的装运港装船完毕，然后凭船公司签发的提单向中国银行议付了货款。第二天，客户来电称装货的海轮在海上失火，服装全部烧毁，请我企业出面向中国人民保险公司索赔，否则要求我方退回全部货款。按2020通则，日本客户的要求是否合理?

买卖双方的基本义务

A. 卖方的基本义务

1. 在约定的时间，按港口的习惯方式，以将货物装上船，或以取得已经如此交付的货物的方式交货。

2. 自负费用办理自装运港到目的港的运输。按照通常条款订立运输合同，经由通常航线，用通常用于运输该类货物的船舶运送货物。遵守与运输有关的安全要求。

3. 自付费用办理保险。应投保《协会货物条款》（Institute Cargo Clauses）（C）或其他条款的类似险别；应向信誉良好的保险公司投保，并使买方或其他对货物具有可保利益的人有权直接向保险人索赔。

应买方要求，并由其提供所需信息和费用，为买方投保任何附加险，如《协会战争险条款》（Institute War Clauses）、《协会罢工险条款》（Institute Strike Clauses）或其他条款的类似附加险。

投保的最低保险金额应为合同价格另加10%（即110%），并采用合同货币。

保险范围应从交货点起至少到指定的目的港为止。

向买方提供保险单或其他保险凭证。

应买方要求并由其承担风险和费用，向买方提供买方办理额外保险所需的信息。

4. 向买方提交到目的港的运输单据。该运输单据应使买方能够在目的港向承运人索取货物，并使卖方能以向其下家买方转让该单据或通知承运人的方式转卖在途货物。当该运输单据是以可转让形式签发并有数份正本时，必须向买方提交全套正本。

5. 办理出口清关。应买方要求并由其承担风险和费用，协助买方取得过境、进口清关需要的单据和信息，包括安全要求和装运前检验的单据和信息。

6. 支付为了交货所需的查验费用。自付费用以适合货物运输的方式包装和标记货物，除非所售货物无需包装，或双方已经约定好包装和标记要求。

7. 使用该术语卖方支付的全部费用包括：（1）交货前与货物相关的所有费用；（2）运费和相关费用，包括装船费和与运输有关的安全费用；（3）运输合同规定由卖方负担的在卸货港的卸货费用；（4）运输合同规定应由卖方承担的过境费用；（5）向买方提交已交货证据的费用；（6）货物运输保险费用；（7）出口清关的关税、税款和其他费用；（8）买方协助卖方获取与出口清关有关的单据及信息的费用。

8. 向买方发出已交货及买方收取货物所需的通知。

**B. 买方的基本义务**

1. 承担交货时起货物灭失或损坏的一切风险。如果买方未履行 B5 的通知义务，则要自约定的交货时间起承担货物灭失或损坏的一切风险。

2. 如果买方要求投保任何附加险，应向卖方提供投保附加险所需的信息。

3. 应卖方要求并由其承担风险和费用，协助卖方取得与出口清关有关的单据和信息，包括安全要求和装运前检验的单据和信息。办理过境和进口清关并支付费用。

4. 使用该术语买方要支付的全部费用包括：（1）自交货时起与货物相关的费用；（2）过境费用，除非根据运输合同该项费用由卖方负担；（3）包括驳运费和码头费在内的卸货费用，除非根据运输合同该项费用应由卖方承担；（4）买方要求投保附加险发生的费用；（5）卖方协助买方取得办理额外保险和进口清关所需的单据及信息的费用；（6）过境、进口清关的关税、税款和其他费用；（7）买方未履行 B8 的通知义务，自约定的交货时间起产生的额外费用。

5. 买方有权决定装运时间和指定目的港的装货点时必须给予卖方充分通知。

**使用注意事项**

1. 使用 CIF 虽然会指定目的港，但不一定会指定装运港。但指定装运港有时候对买方有特殊意义，如果这样应尽可能准确地指定装运港。

2. CIF 的目的港内如果还有具体的交货点，双方应约定。这样有利于卖方尽可能安排完全符合该选择的运输，有利于核算运费。

3. 2020 通则规定，CIF 卖方仅需投保《协会货物条款》（C）或其他条款的最低险别，如我国《海洋运输货物保险条款》（CIC）的平安险（Free from Particular Average, FPA）；并且只需以合同价格的 110% 作为保险金额。如果买方需要更多保险保护，应与卖方约定，或者自行做出额外的保险安排。

**【案例 3 - 7】**

某公司以 CIF 条件出口一批瓷器给加拿大客户，合同中未规定投保的险别，卖方自行决定投保了我国《海洋运输货物保险条款》（CIC）的平安险和战争险。后来货物在海运途中遭风浪袭击导致部分瓷器破碎，但因不在平安险的责任范围内，保险公司不赔偿。加拿大客户认为是我方投保的险别太低，要求卖方赔偿。按 2020 通则卖方是否要赔偿？

4. CFR 不太适合集装箱班轮运输和多式联运（理由参见 FOB 的使用注意事项），在这种情况下，采用 CIP 更合适。

## 2.2 货交承运人的三个贸易术语

货交承运人的三个贸易术语——FCA、CPT、CIP——近年来使用得越来越多。

### 2.2.1 FCA（货交承运人）

FCA（Free Carrier），译为“货交承运人”，后跟指定的交货地点。这里的“承运人”可以是实际承运人、契约承运人或货运代理人等。该术语适用于任何运输方式，也适用于多种运输方式。

**关键点**

该术语的交货点由买卖双方在出口国约定，可以是卖方所在地，也可以是其他地点。如果是卖方所在地，卖方要负责装货，货物被装上买方指定的运输工具时完成交货义务，风险转移给买方；如果在其他地点交货，卖方不负责卸货，只要将尚处于运输工具上但已做好卸货准备的货物交由买方指定的承运人或其他人处置即完成交货义务，风险即转移给买方（见图3－4）。如果在约定的交货地内还有可供选择的交货点，双方应约定；如果未约定，或在买方有权决定时未给予卖方充分通知，卖方可以自行选择。

使用该术语，卖方主要负责出口清关及相关费用；买方主要负责运输、保险、进口清关及相关费用。

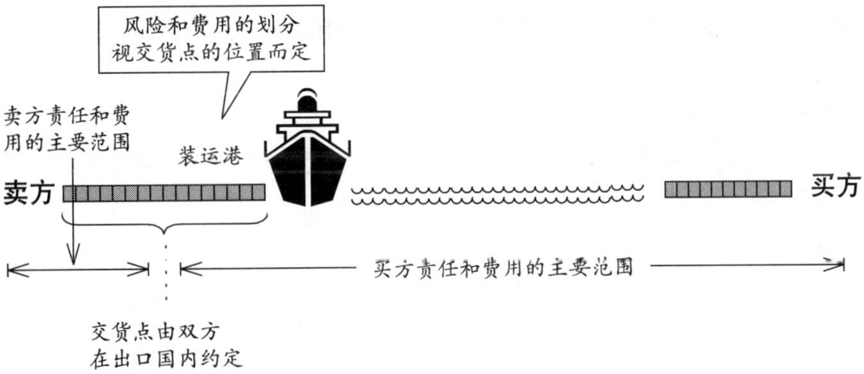


**图3－4 FCA（货交承运人）图释**

注：FCA适用于任何运输方式，这里仅以海运为例，后面的CPT、CIP同此，不再说明。

**【案例3－8】**

江苏某食品进口公司与越南金兰市某出口公司签订了购买2 350公吨咖啡豆的合同，交货条件为FCA金兰，每公吨870美元。我方指派越南的一家货代公司到卖方所在地金兰提货，卖方将已装箱的货物放在其临时的敞篷仓库中，让我方自己装货，而我方认为装货应该是卖方的义务，结果发生争议。根据2020通则应该由谁负责装货？

**买卖双方的基本义务**

**A. 卖方的基本义务**

1. 在约定的时间、交货地或其中的交货点（如有）向买方指定的承运人或其他人交货，或以取得已经如此交付的货物的方式交货。

2. 应买方要求并由其承担风险和费用，向买方提供安排运输所需的信息，包括与运输有关的安全要求。

如果买方要求，并由其承担费用和风险，卖方可以代办运输；在这种情况下，卖方必须按照惯常条款订立运输合同，遵守与运输有关的安全要求。如果卖方拒绝代办运输，应立即通知买方，以便买方另作安排。

3. 应买方要求并由其承担风险或费用，向买方提供办理保险所需的信息。

4. 自付费用向买方提供已交货证明。应买方要求并由其承担风险和费用，协助买方取得运输单据。如果买方指示其承运人向卖方出具已装船提单，卖方必须向买方提交这一单据。

5. 自负费用办理出口清关。应买方要求并由其承担风险和费用，协助买方获取过境、进口清关所需的单据和信息，包括安全要求和装运前检验的单据和信息。

6. 支付为了交货所需要的查验费用。以适合该货物运输的方式对货物进行包装和标记，除非货物无需包装，或双方已经约定好包装和标记要求。

7. 使用该术语卖方支付的全部费用包括：（1）完成交货前与货物相关的所有费用；（2）向买方提供已交货证明的费用；（3）出口清关的关税、税款和其他费用；（4）买方协助卖方获取与出口清关有关的单据和信息产生的费用。

8. 就已经交货，或买方指定的承运人未在约定期限内提货，给予买方充分的通知。

**B. 买方的基本义务**

1. 承担自交货时起货物灭失或损坏的一切风险。但如果买方未指定承运人或其他人；或未履行 B6 的通知义务；或指定的承运人或其他人未接管货物，则应自特定的时间起承担货物灭失或损坏的一切风险。

2. 自负费用订立运输合同，或安排货物运输。自负费用订立保险合同。

3. 如经双方约定，必须自担费用和风险指示承运人向卖方签发已装船提单。

4. 应卖方要求，协助其获取与出口清关有关的单据和信息，包括安全要求和装运前检验的单据和信息。自负费用办理过境、进口清关。

5. 使用该术语买方应支付的全部费用包括：（1）自交货时起与货物相关的费用；（2）卖方协助买方获取有关单据及信息的费用；（3）从交货地开始的运输和保险费用；（4）过境、进口清关的关税、税款和其他费用；（5）由于以下原因之一发生的额外费用：①买方未履行 B6 的通知义务；②卖方指定的承运人或其他人未接管货物。

6. 通知卖方下列事项：（1）指定的承运人或其他人的名称；（2）收取货物的时间；（3）使用的运输方式及与运输相关的安全要求；（4）在指定交货地的收货点。

**使用注意事项**

1. 卖方应及时备货，否则卖方要承担由此造成的损失；买方要及时指定承运人或安排运输，并将指定承运人或其他人的有关信息充分通知卖方，否则，买方要承担由此给卖方造成的损失。

2. 在实践中，FCA 常被错误地认为只适用于陆运和空运，实际上，它适用于任何运输方式。而且，在集装箱海运和多式联运情况下，使用 FCA 比 FOB 更合适（理由参见 FOB 的使用注意事项）。

3. 在海运的情况下，使用 FCA，卖方得到的一般是“货物收据”或“收妥待运提单”，而不是已装船提单。而采用托收或信用证结算，银行一般只接受已装船提单；另外，卖方有时也希望得到已装船提单来控制物权和获得融资。为满足银行和卖方的需要，2020 通则在 FCA 下增加了一个附加选项——买卖双方可以约定，由买方指示其承运人向卖方签发已装船提单，而卖方必须向买方（通常通过银行）提交这一提单。因此，卖方如果有签发已装船提单的需要，应事先与买方约定。

### 2.2.2　CPT（运费付至）

CPT（Carriage Paid To），译为“运费付至”，后跟指定的目的地。该术语适用于任何运输方式，也适用于多种运输方式。

**关键点**

CPT 的交货点与 FCA 相同，也是由双方在出口地约定，但 CPT 比 FCA 多一个在进口地承运人将货物交给买方的点，这个点由双方在进口地约定。需要注意的时，风险在出口地的交货点转移，而不是在进口地的交货点转移。如果在出口地和进口地的交货点内还有可供选择的更具体的交货点，双方应约定，否则，卖方可以自行选择。

以上是运输只涉及一个承运人或多式联运的情况，如果运输涉及多个承运人，双方应约定卖方在何处完成交货义务，风险在何处转移；如果未约定，则推定卖方将货物交给第一承运人时完成交货义务，风险转移给买方。

该术语是卖方在 FCA 的基础上增加了办理运输的责任和费用。卖方主要承担出口清关、运输的责任及相关费用；买方主要承担保险、进口清关的责任及相关费用。在指定目的地的卸货费用视运输合同而定——如果已包含在运输合同中，由卖方负担；如果未包含在运输合同中，由买方负担（见图 3－5）。

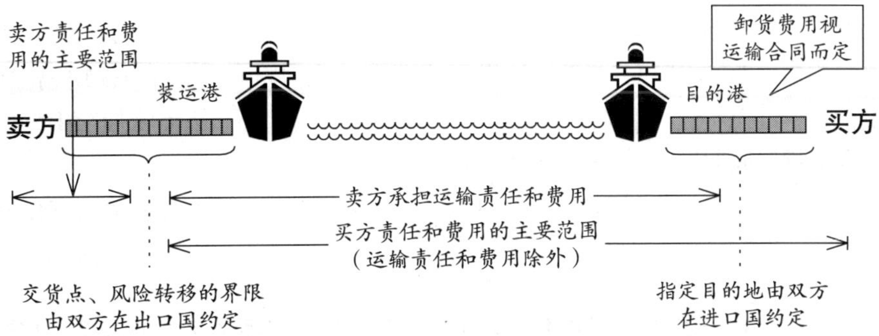


**图 3－5　CPT（运费付至）图释**

**买卖双方的基本义务**

**A. 卖方的基本义务**

1. 在约定的时间和地点将货物交给承运人，或以取得已经如此交付的货物的方式交货。

2. 自负费用签订或取得从交货地到目的地的运输合同。必须按通常条件办理运输，经由通常航线，采用适合该货物的惯常运输方式运送货物，并遵守与运输有关的安全要求。

3. 应买方要求并由其承担风险和费用（如有），向买方提供办理保险所需的信息。

4. 向买方提交运输单据。该单据应使买方能在目的地向承运人索取货物，并使买方能够以向其下家买方转让单据的方式，或以通知承运人的方式来转卖在途货物。当该运输单据是以可转让形式签发并有数份正本时，必须向买方提交全套正本。

5. 办理出口清关。应买方要求并由其承担风险和费用，协助买方取得过境、进口清关需要的单据和信息，包括安全要求和装运前检验的单据和信息。

6. 支付为了交货所需要的查验费用。自付费用以适合该货物运输的方式对货物进行包装和标记，除非所售货物无需包装或双方已经约定好包装和标记要求。

7. 使用该术语卖方必须支付的全部费用包括：（1）交货前与货物相关的所有费用；（2）运费和相关费用，包括装货费和与运输相关的安全费用；（3）运输合同规定由卖方负担的在目的地的卸货费用；（4）运输合同规定应由卖方承担的过境费用；（5）向买方提供已交货证据的费用；（6）出口清关的关税、税款和其他费用；（7）买方协助卖方获取与出口清关有关的单据和信息产生的费用。

8. 向买方发出已交货和买方收取货物所需要的通知。

**B. 买方的基本义务**

1. 承担自交货时起货物灭失或损坏的一切风险。但如果买方未履行 B5 的通知义务，则要自约定的交货时间起承担货物灭失或损坏的一切风险。

2. 自负费用订立货运保险合同。

3. 应卖方要求并由其承担风险和费用，协助卖方取得与出口清关有关的单据和信息，包括安全要求和装运前检验的单据和信息。办理过境、进口清关并支付费用。

4. 使用该术语买方要支付的全部费用包括：（1）自交货时起与货物相关的费用，（2）过境费用，除非根据运输合同该项费用由卖方负担；（3）卸货费用，除非根据运输合同该项费用由卖方承担；（4）卖方协助买方获取办理保险和进口清关的单据和信息产生的费用；（5）过境、进口清关的关税、税款和其他费用；（6）买方未履行 B5 的通知义务，自约定交货时间起产生的额外费用。

5. 如果买方有权决定发货时间及 / 或指定目的地的收货点时，应给予卖方充分通知。

**【案例 3－9】**

某出口企业空运一批货物到国外，以 CPT ×× 目的空港成交。按照 2020 通则，目的空港的卸货费和清关费由谁负担？

**使用注意事项**

1. 买卖双方应尽可能在合同中准确地约定交货地点和指定目的地，如果在两个地点内还有可供选择的具体交货点，应尽可能约定；卖方应尽量取得完全符合这两点的运输合同。

2. 卖方装货后应及时发装运通知，以便买方及时办理货运保险，并做好收取货物的准备。否则，卖方要承担由此造成的一切损失（参见 CFR 的注意事项）。

### 2.2.3 CIP（运费和保费付至）

CIP（Carriage and Insurance Paid To），译为“运费和保费付至”，后跟指定目的地。该术语适用于任何运输方式，也适用于多种运输方式。

**关键点**

与 CPT、FCA 一样，CIP 的交货点也是出口地双方约定的一个点；与 CPT 一样，CIP 也有一个在进口地承运人将货物交给承运人的点，但风险是在出口地的交货点转移，而不是在目的地的交货点转移。

以上是运输只涉及一个承运人或多式联运的情况。如果涉及多个承运人，双方应约定卖方在何处完成交货义务，风险在何时转移；如果未约定，则推定卖方将货物交给第一承运人时完成交货义务，风险转移给买方。

该术语卖方在 CPT 的基础上增加了保险的责任和费用。卖方主要负责出口清关、运输和保险及相关费用；买方主要负责进口清关及相关费用。在目的地的卸货费用视运输合同而定——如果已包含在运输合同中，由卖方支付；如果未包含在运输合同中，由买方支付（见图 3－6）。

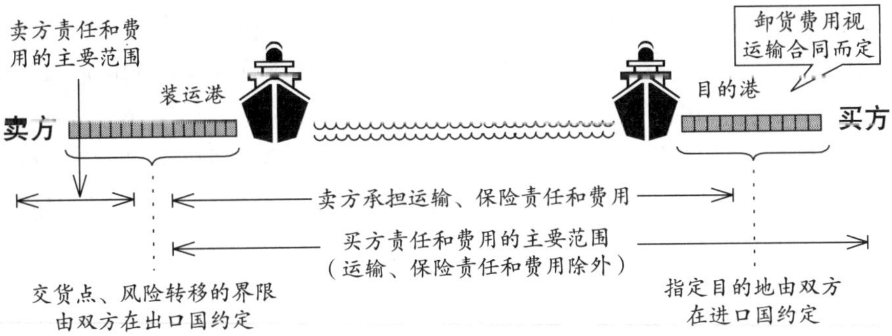


**图 3－6 CIP（运费和保险费付至）图释**

**【案例 3－10】**

某医院通过外贸代理进口美国通用电气的螺旋 CT，CIP 成交，60 万美元。在货物运达医院后，双方就卸货费由谁负担发生争议。请根据 2020 通则分析卸货费用应由谁负担？

**买卖双方的基本义务**

**A. 卖方的基本义务**

1. 在约定的时间和地点将货物交给承运人，或以取得已经如此交付的货物的方式交货。

2. 自负费用签订或取得从交货地到目的地的运输合同。必须按通常条件办理运输，经由通常航线，采用适合该货物的惯常运输方式运送货物，并遵守与运输有关的安全要求。

3. 自付费用办理货运保险。应投保《协会货物条款》(A) 或其他条款的类似险别；应向信誉良好保险公司投保，并使买方或任何其他对货物具有可保利益的人有权直接向保险公司索赔。

如果买方要求且能够提供所需信息和费用，应为买方投保任何附加险，如《协会战争险条款》、《协会罢工险条款》或其他条款的类似附加险。

投保的最低保险金额应为合同价格另加 10%（即 110%），并采用合同货币。

保险范围应从交货点起至少到指定的目的地为止。

向买方提供保险单或其他保险凭证。

应买方要求并由其承担风险和费用，向买方提供买方取得额外保险所需的信息。

4. 向买方提交运输单据。该单据应使买方能在目的地向承运人索取货物，并使买方能够以向其下家买方转让该单据的方式，或以通知承运人的方式来转卖在途货物。当运输单据是以可转让形式签发并有数份正本时，必须向买方提交全套正本。

5. 办理出口清关。应买方要求并由其承担风险和费用，协助买方取得过境、进口清关需要的单据和信息，包括安全要求和装运前检验的单据和信息。

6. 支付为了交货所需要的查验费用。自付费用以合适货物运输的方式对货物进行包装和标记，除非所售货物无需包装或双方已经约定好包装和标记要求。

7. 使用该术语卖方支付的全部费用包括：（1）交货前与货物相关的所有费用；（2）运费和相关费用，包括装货费和与运输相关的安全费用；（3）运输合同规定由卖方负担的在目的地的卸货费用；（4）运输合同规定应由卖方承担的过境费用；（5）向买方提供已交货证据的费用；（6）取得货运保险的费用；（7）出口清关的关税、税款和其他费用；（8）买方协助卖方获取与出口清关有关的单据和信息产生的费用。

8. 向买方发出已交货和收取货物所需要的通知。

**B. 买方的基本义务**

1. 承担交货时起货物灭失或损坏的一切风险。如果买方未履行 B5 的通知义务，则要自约定的交货时间起承担货物灭失或损坏的一切风险。

2. 如果要求投保附加险，应向卖方提供投保附加险所需的信息。

3. 应卖方要求并由其承担风险和费用，协助卖方取得与出口清关有关的单据和信息，包括安全要求和装运前检验的单据和信息。办理过境、进口清关并支付费用。

4. 该术语买方支付的全部费用包括：（1）自交货时起与货物相关的费用；（2）过境费用，除非根据运输合同该项费用应由卖方负担；（3）卸货费用，除非根据运输合同该项费用应由卖方承担；（4）买方要求投保附加险发生的费用；（5）卖方协助买方取得额外保险和进口清关所需的单据及信息产生的费用；（6）过境、进口清关的关税、税款和其他费用；（7）如果买方未履行 B5 的通知义务，自约定交货时间起产生的额外费用。

5. 如果买方有权决定发货时间及 / 或指定目的地的收货点时，必须给予卖方充分通知。

**使用注意事项**

1. 使用 CIP，双方应尽可能准确地约定交货地和目的地，或其中的交货点（如有）。卖方应尽量取得完全符合该选择的运输合同。

2. 如果运输过程涉及多个承运人，买卖双方应约定何处是交货点；如果未约定，则推定货交第一承运人时完成交货义务，风险转移给买方。

3. 卖方必须为买方办理至少从交货地到目的地的货物运输保险，如果目的地国家要求在本地购买保险，应考虑使用 CPT。

4. 应注意，在 2010 通则中，CIP 卖方应投保的最低险别是《协会货物条款》（C）险或其他条款的类似险别，2020 通则将其提升到《协会货物条款》（A）险或其他条款的类似险别。如果双方希望投保较低的险别，应在合同中约定。

## 2.3 六个常用贸易术语的比较

以上是 2020 通则中六个常用的贸易术语，其中装运港交货的三个贸易术语与货交承运人的三个贸易术语有一定的对应关系，下面我们对其做一个比较（见表 3－5）。

**表 3－5 2020 通则六个常用贸易术语的比较**

| 贸易术语 | 运输责任和费用 | 保险责任和费用 | 交货点 / 风险转移 | 适用的运输方式 |
|---|---|---|---|---|
| FOB | 买方 | 买方 | 指定装运港船上 | 海洋运输或内河运输 |
| FCA | 买方 | 买方 | 出口国双方约定的地点 | 任何运输方式 |
| CFR | 卖方 | 买方 | 指定装运港船上 | 海洋运输或内河运输 |
| CPT | 卖方 | 买方 | 出口国双方约定的地点 | 任何运输方式 |
| CIF | 卖方 | 卖方 | 指定装运港船上 | 海洋运输或内河运输 |
| CIP | 卖方 | 卖方 | 出口国双方约定的地点 | 任何运输方式 |

从表 3－5 中可以看出，在责任和费用的划分方面，FOB 与 FCA、CFR 与 CPT、CIF 与 CIP 完全相同，区别仅在于交货点、风险转移的界限和适用的运输方式不同。

由于习惯的缘故，目前在海运中使用得较多的还是 FOB、CFR、CIF，实际上这三个贸易术语都是在传统杂货班轮运输的背景下产生的，在现代集装箱班轮运输、多式联运或内陆地区出口的情况下，使用这三个术语都不太合适。因为在这些运输方式下，托运人都不是将货物直接交到“船上”。因此，2020 通则在三个术语的使用说明中都指出，它们可能不适合货物在上船前已经交给承运人的情况，例如，集装箱海运通常是在集装箱码头堆场交货，在这种情况下，使用 FCA、CPT、CIP 更合适。

【案例 3－11】

某外贸公司以 CIF 向澳大利亚客户出口一个 40 英尺集装箱的货物，外贸公司将集装箱交给了集装箱码头堆场，不料货物在集装箱堆场遭到损失。根据 2020 通则该货损由谁负责？如果采用 CIP 由谁负责？

# §3　2020 通则的其他贸易术语

## 3.1　其他五个贸易术语

除了以上六个贸易术语，2020 通则中的其他五个贸易术语是 EXW、FAS、DAP、DPU 和 DDP。

### 3.1.1　EXW（工厂交货）

EXW（Ex Works），译为“工厂交货”，后跟指定交货点（如工厂或仓库等）。该术语适用于任何运输方式，也适用于多种运输方式。

**关键点**

该术语的交货点可以是卖方所在地，也可以是出口国内其他指定地点。如果在指定交货点内还有具体的交货点，双方应约定；如果未约定，或买方有权决定但没有给予卖方充分通知，卖方有权自行选择。

EXW 是 2020 通则中卖方责任最小、买方责任最大的贸易术语。卖方只需将货物置于交货点让买方处置即完成交货义务，风险即转移给买方。买方则要承担从提货开始的全部责任和费用，主要包括装货、出口清关、办理运输和保险、进口清关（见图 3－7）。

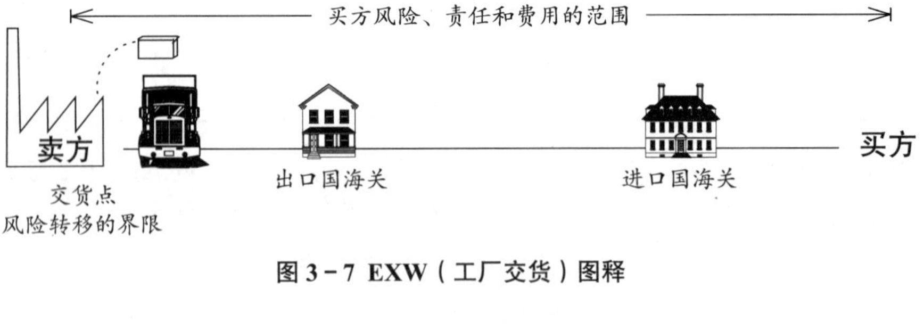


图 3－7 EXW（工厂交货）图释

【案例 3－12】

深圳某企业出口一批旅游鞋到香港，贸易条件为 EXW 深圳。在预定的交货期，港商派卡车来深圳工厂来接货。结果双方在装车问题上发生争议。深圳企业要港商装车，港商认为应该由深圳企业装车。根据 2020 通则应由何方装车？

**买卖双方的基本义务**

**A. 卖方的基本义务**

1. 在约定的时间和地点将货物交由买方处置。

2. 应买方要求并由其承担风险和费用，向买方提供办理运输所需要的信息，包括与运输有关的安全要求。

3. 应买方要求并由其承担风险和费用，向买方提供办理保险所需要的信息。

4. 应买方要求并由其承担风险和费用，协助买方获取与出口、过境、进口清关有关的单据和信息。

5. 支付为了交货所需要的查验费用。自付费用以适合货物运输的方式对货物进行包装和标记，除非所售货物无需包装或双方已经约定好包装和标记要求。

6. 使用该术语卖方必须支付完成交货前与货物相关的所有费用。

7. 向买方发出买方提货所需的通知。

**B. 买方的基本义务**

1. 承担自交货时起货物灭失或损坏的一切风险，但如果买方未履行 B7 的通知义务，则要自约定的交货时间起承担货物灭失或损坏的一切风险。

2. 自负费用订立运输合同，或安排从指定交货地起的货物运输。

3. 自付费用订立保险合同。

4. 向买方提供已提取货物的适当证据。

5. 办理出口、过境、进口清关并支付相关费用。

6. 使用该术语买方支付的全部费用包括：（1）自交货时起与货物相关的所有费用；（2）卖方协助买方获取与运输、保险、出口清关、过境和进口清关有关的单据和信息产生的费用；（3）出口、过境、进口清关的关税、税款和其他费用；（4）买方未提取已交由其处置的货物或未履行 B7 的通知义务而产生的额外费用。

7. 当买方有权决定在约定交货期限内的交货时间，在指定地点的提货点时，必须给予卖方充分通知。

**使用该术语应注意**

1. EXW 由买方负责装货，卖方没有装货义务。但实践中很多时候是由卖方负责装货，因为在交货地一般只有卖方才有装货设备，或者出于安全方面的考虑卖方不让其他人员进入其工厂或仓库。但卖方即使负责装货，大多数时候也不负责装货过程中货物灭失或损坏的风险。因此，在卖方负责装货时，双方应约定由哪方承担装货过程中发生的风险。如果买方想让卖方装货并负责装货过程的风险，可以考虑采用 FCA。

2. EXW 卖方不负责出口清关，只有应买方请求，才有协助买方取得与出口清关有关的单据或信息的义务。因此，如果买方不能直接或间接地办理出口清关，应该选择 FCA。

3. 使用该术语，买方仅有限地负有向卖方提供货物出口相关信息的责任。但卖方出于缴税或申报等目的，可能需要这方面的信息。

4. 在实践中，EXW 用得还比较多，主要原因是很多出口商认为它操作简单，而实际上由于买方难以办理出口清关，EXW 更适合于国内贸易。在国际贸易中，如果以简便为主要目的，采用 FCA 更适合。

### 3.1.2 FAS（船边交货）

FAS（Free Alongside Ship），译为“船边交货”，后跟指定装运港，该术语仅适用于海运或内河水运。

**关键点**

该术语的交货点在指定装运港买方指定的船边，如果船舶不能靠岸作业，卖方应负责用驳船将货物驳至停在港口外的船边，并支付驳船费。风险转移的界限与交货点一致。

**【案例 3－13】**

某公司按 FAS 条件进口一批木材。货物装运后，国外卖方来电要求我方支付货款和装船时的驳船费。我方认为驳船费应由卖方支付，于是发生争议。按 2020 通则，驳船费应由哪方负担?

该术语卖方主要负责出口清关及相关费用；买方主要负责装船、运输、保险、从他国过境和进口清关及相关费用（见图 3－8）。

**图 3－8　FAS（船边交货）图释**

**买卖双方的基本义务**

**A. 卖方的基本义务**

1. 在约定的时间，在买方指定的装运港内的装货点（如有），按照港口的习惯方式，以将货物置于买方指定的船边，或以取得已经如此交付的货物的方式交货。

2. 应买方要求并由其承担风险和费用，向买方提供安排运输所需的信息，包括与运输有关的安全要求。如果双方约定由卖方代办运输，由买方承担风险和费用，卖方必须按通常条款订立运输合同，遵守与运输有关的安全要求。

3. 应买方要求并由其承担风险和费用，向买方提供办理保险所需的信息。

4. 自付费用向买方提供已经交货的证明。除非上述证明是运输单据，否则，应买方要求并由其承担风险和费用，必须协助买方获取运输单据。

5. 办理出口清关并支付费用。应买方要求并由其承担风险和费用，协助买方取得与过境、进口清关有关的单据和信息，包括安全要求和装运前检验的单据和信息。

6. 支付为了交货所需要的查验费用。自付费用以适合货物运输的方式包装和标记货物，除非所售货物无需包装或双方已经约定具体的包装或标记要求。

7. 使用该术语卖方必须支付的全部费用包括：（1）完成交货前与货物相关的所有费用；（2）向买方提供已经交货的证据的费用；（3）出口清关的关税、税款和其他费用；（4）买方协助卖方获取与出口清关有关的单据和信息产生的费用。

8. 就已经交货或船舶未在约定时间内提货给予买方充分通知。

**B. 买方的基本义务**

1. 承担交货时起货物灭失或损坏的一切风险。但如果买方未履行B5的通知义务；或买方指定的船舶未准时到达，或未接受货物，或早于通知的时间停止装货：买方则要自相应的时间起承担货物灭失或损坏的一切风险。

2. 自付费用订立运输和保险合同。

3. 应卖方要求并由其承担风险和费用，协助卖方获取与出口清关有关的单据和信息，包括出口国需要的安全要求和装运前检验的单据和信息。办理过境、进口清关并支付费用。

4. 使用该术语买方支付的全部费用包括：（1）完成交货时起与货物相关的所有费用；（2）卖方协助买方获取与运输、保险有关的信息，取得运输单据，取得与出口、过境、进口清关有关的单据和信息产生的费用；（3）过境、进口清关的关税、税款和其他费用；（4）买方未履行B5的通知义务；买方指定的船舶未准时到达，未提取货物，早于通知的时间停止装货，而产生的额外费用。

5. 通知卖方与运输相关的安全要求、船名、装货点以及约定期限内所选择的交货时间（如有）。

**使用该术语应注意**

1. 由于卖方承担在装货点交货前的费用，这些费用或相关作业费可能因各港口习惯的不同而不同，因此，买卖双方应尽可能清楚地约定指定装运港内的装货点。

2. 本术语不适合货物在交到船边前已经交给承运人的情况。例如，在集装箱运输时，货物在集装箱终端交给承运人。在这种情况下，使用FCA更合适。

3. 买方必须就船名、装船点和在约定期间内的交货时间（如需要）及时向卖方发出充分的通知，以便卖方能够交货。

### 3.1.3　DAP（目的地交货）

DAP（Delivered at Place），译为“目的地交货”，后跟指定目的地。该术语适用于任何运输方式，也适用于多种运输方式。

**关键点**

DAP的交货点由买卖双方在进口国内运输终端到买方所在地之间（包括两端在内）约定，如果是铁路运输，交货点通常是铁路口岸，例如，我国对俄罗斯的铁路运输常采用“DAP Manzhouli，China”（DAP中国满洲里）。如果在指定目的地内还有可供选择的交货点，双方应约定；如果未约定，也不能由惯例推定，卖方可自行选择。

卖方在指定目的地将处于运输工具上尚未卸载的货物交由买方处置即完成交货义务，风险转移给买方。

该术语卖方主要负责运输、保险、出口清关及相关费用；买方主要负责进口清关、卸货、转运及相关费用。如果在目的地的卸货费用已包含在运输合同中，则由卖方负担（见图 3－9）。

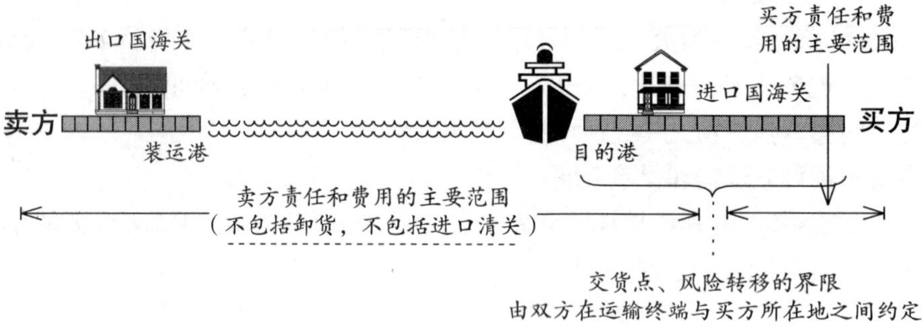


**图 3－9 DAP（目的地交货）图释**

注：DAP 适用于任何运输方式，这里仅以海运为例，下面的 DPU、DDP 同此，不再说明。

### 买卖双方的基本义务

**A. 卖方的基本义务**

1. 在约定的时间、指定的目的地或之内的交货点（如有），将抵达的运输工具上做好卸货准备的货物交由买方处置，或以取得已经如此交付的货物的方式交货。

2. 自付费用签订运输合同或安排运输，将货物运至指定目的地或之内的交货点（如有），必须遵守与运输有关的安全要求。

3. 自负费用签订保险合同。

4. 自付费用向买方提交所要求的单据，以便买方能够接管货物。

5. 办理出口和过境清关并支付费用。应买方要求并由其承担风险和费用，协助买方获取与进口清关相关的单据和信息，包括安全要求和装运前检验的单据和信息。

6. 支付为交货所需要进行的查验费用。自付费用以适合该货物运输的方式对货物进行包装和标记，除非所售货物通常无需包装或双方已经约定好具体的包装或标记要求。

7. 使用该术语卖方应支付的全部费用包括：（1）完成交货前与货物及其运输相关的所有费用；（2）运输合同规定的在目的地的卸货费用；（3）提供交货 / 运输单据的费用；（4）办理出口或过境清关的关税、税款和其他费用；（5）买方协助卖方获取与保险有关的信息产生的费用；买方协助卖方获取与出口、过境清关有关的单据和信息产生的费用。

8. 向买方发出收取货物所需要的通知。

**B. 买方的基本义务**

1. 承担自交货时起货物灭失或损坏的一切风险。如果买方未履行 B3 的义务，则要承担由此造成的货物灭失或损坏的一切风险；如果买方未履行 B5 的通知义务，则要承担自约定的交货时间起货物灭失或损坏的一切风险。

2. 应卖方要求并由其承担风险和费用，向卖方提供办理保险所需的信息。

3. 应卖方要求并由其承担风险和费用，协助卖方获取与出口、过境清关有关的单据和信息，包括安全要求和装运前检验的单据和信息。办理进口清关并支付费用。

4. 使用该术语买方必须支付的全部费用包括：（1）完成交货时起与货物相关的所有费用；（2）在指定目的地的卸货费用，除非根据运输合同该费用应由卖方承担；（3）卖方协助买方获取进口清关的有关单据和信息产生的费用；（4）进口清关有关的关税、税款和其他费用；（5）买方未履行 B3 的义务，或未履行 B5 的通知义务，导致卖方发生的额外费用。

5. 买方有权决定约定交货期限内的交货时间和指定目的地的交货点，必须给予卖方充分通知。

**使用注意事项**

1. 双方应尽可能清楚地约定目的地或其中的点（如有），因为货物灭失或损坏的风险在此转移，费用在此划分，卖方必须签订运输合同或安排运输到该点。

2. 该术语由买方负责进口清关。如果买方未履行该义务，致使货物被滞留在目的地国的港口或内陆运输终端，则要承担货物重新起运前灭失和损坏的一切风险。如果买方希望避免这种风险，应采用 DDP。

3. 采用 DAP 出口，卖方要负责将货物运到进口国的目的地，由买方办理进口清关。因此，进口国最好有比较完善的法制和基础设施，否则有较大的风险。

【案例 3－14】

2010 年 9 月，我国东北一外贸公司以 DAP Manzhouli，China（中国满洲里）向俄罗斯出口 8 000 吨矿石，交货期为当年 12 月。签约后，外贸公司于 12 月 31 日前通过铁路运输分批发运了货物。买方在收到货物后，认为我方有三处违约，向我方索赔：（1）没有支付在目的站的卸货费用；（2）经检验货物有短量现象；（3）有部分货物是在 2011 年 1 月才到达满洲里的，超过了合同规定的交货期。我方拒绝赔偿，理由是：（1）DAP 卸货费用应由买方负担；（2）我方发货时货物没有短量，有铁路运单和商检证书为证，至于货物到达后的短量不应由我方负责；（3）所有批次的货物都是在 12 月 31 日前发运的，符合合同 12 月装运的规定，有铁路运单为证。分析我方的说法是否正确？（2010 通则和 2020 通则对 DAP 的规定是一样的，可以根据 2020 通则分析。）

### 3.1.4 DPU（目的地卸货后交货）

DPU（Delivered at Place Unloaded），译为“目的地卸货后交货”，后跟指定目的地。该术语适用于任何运输方式，也适用于多种运输方式。

**关键点**

DPU 的交货点与 DAP 一样，由买卖双方在进口国运输终端到买方所在地之间（包括两端在内）约定。如果在交货点内还有更具体的交货点，双方应约定；如果未约定，卖方可自由选择。

该术语是 2020 通则中唯一要求卖方在指定目的地卸货的贸易术语，当卖方在指定目的地将货物从抵达的运输工具上卸下交由买方处置时才完成交货义务，风险才转移给买方。

该术语卖方主要负责运输、保险、出口清关、卸货及相关费用；买方主要负责进口清关、转运及相关费用（见图 3－10）。

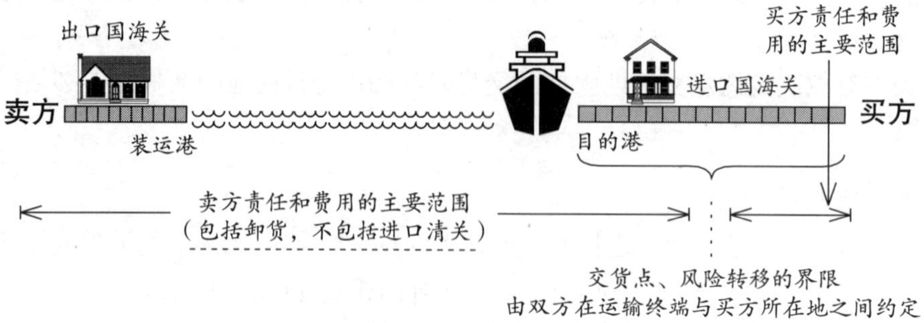


**图 3－10 DPU（目的地卸货后交货）图释**

## 买卖双方的基本义务

**A. 卖方的基本义务**

1. 在约定的交货时间、指定目的地或之内的交货点（如有），以将货物从抵达的运输工具上卸下交由买方处置，或以取得已经如此交付的货物的方式交货。

2. 自付费用签订运输合同或安排运输，将货物运至指定目的地或之内的交货点（如有），遵守运输过程中的安全要求。

3. 自付费用办理货运保险。

4. 自付费用向买方提交所要求的单据，以便买方能够接管货物。

5. 办理出口、过境清关并支付费用。应买方要求并由其承担风险和费用，协助买方获取与进口清关有关的单据和信息，包括安全要求和装运前检验的单据和信息。

6. 支付为了交货所需进行的查验费用。自付费用以适合货物运输的方式对货物进行包装和标记，除非所售货物无需包装或双方已经约定好包装或标记要求。

7. 使用该术语卖方必须支付的全部费用包括：（1）完成交货前与货物及其运输相关的所有费用；（2）提供交货或运输单据的费用；（3）办理出口、过境清关有关的关税、税款或其他费用；（4）买方向卖方提供办理保险所需的信息，协助卖方获取出口、过境清关所需的单据及信息产生的费用。

8. 向买方发出收取货物所需的通知。

**B. 买方的基本义务**

1. 承担自交货时起货物灭失或损坏的一切风险。如果买方未履行 B3 的义务，则要承担由此造成的货物灭失或损坏的一切风险；或买方未履行 B5 的通知义务，则要承担自约定的交货时间起货物灭失或损坏的一切风险。

2. 应卖方要求并由其承担风险或费用，向卖方提供取得保险所需的信息。

3. 应卖方要求并由其承担风险或费用，协助卖方获取出口、过境清关的单据和信息，包括安全要求和装运前检验的单据和信息。办理进口清关并支付费用。

4. 使用该术语买方支付的全部费用包括：(1) 完成自交货时起与货物相关的所有费用；(2)卖方协助买方获取进口清关的有关单据及信息产生的费用；(3)进口清关的关税、税款和其他费用；(4) 买方未履行 B3 的义务，未履行 B5 的通知义务，导致卖方发生的额外费用。

5. 如果买方有权决定交货期限内的交货时间和指定目的地的提货点，必须给予卖方充分通知。

**使用注意事项**

1. DPU 是 2020 通则新增的贸易术语，代替了 2010 通则中的 DAT。二者的相同点是：卖方在指定目的地都要负责卸货；不同点是：DAT 的交货点是运输终端，DPU 的交货点可以是运输终端，也可以是运输终端到买方所在地之间的其他地点。若指定目的地不是运输终端，卖方应确保在指定的交货地点能够组织卸货。如果卖方不想承担卸货的责任和费用，应该使用 DAP。

2. 双方应尽可能清楚地约定目的地或之内的交货点(如有)。因为货物灭失或损坏的风险在此转移，买卖双方的责任和费用在此划分。另外，这也是卖方签订完全符合该交货点的运输合同的前提。

3. 该术语由买方负责进口清关、支付进口关税。如果买方未及时办理进口清关，使货物滞留在目的地国家的港口或内陆运输终端，则买方要承担货物重新起运到指定目的地之前灭失和损坏的一切风险。如果双方希望卖方负责进口清关，则应使用 DDP。

### 3.1.5 DDP(完税后交货)

DDP(Delivered Duty Paid)，译为“完税后交货”，后跟指定目的地。该术语适用于任何运输方式，也适用于多种运输方式。

**关键点**

DDP 的交货点与 DAP、DPU 一样，也由双方在进口国运输终端与买方所在地之间(包括两端在内)约定，通常是买方的营业场所或仓库。风险转移的界限与交货点一致，当卖方在约定的交货点将尚处于运输工具上但已做好卸载准备的货物交由买方处置时完成交货义务，风险转移给买方。

如果在约定的交货地内还有跟具体的交货点，双方应约定。如果未约定，也不能由惯例推定，卖方可自由选择。

DDP 是 2020 通则中卖方责任最大的贸易术语，卖方要负责出口清关、运输、保险、进口清关及相关费用；买方主要负责指定目的地的卸货费用，如果卸货费用已经包含在运输合同中，则由卖方负担(见图 3－11)。

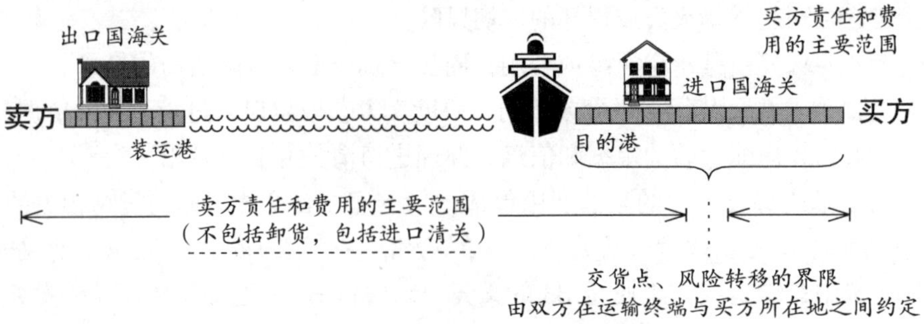


图 3－11　DDP（完税后交货）图释

## 买卖双方的基本义务

**A. 卖方的基本义务**

1. 在约定的时间、指定目的地或之内的交货点（如有），以将抵达的运输工具上做好卸货准备的货物交由买方处置的方式交货，或以取得已经如此交付的货物的方式交货。

2. 自付费用签订运输合同或安排运输，遵守与运输有关的安全要求。

3. 自付费用办理货物运输保险。

4. 自付费用向买方提交所要求的任何单据，以便买方能够接管货物。

5. 办理出口、过境、进口清关手续并支付费用。

6. 支付为了交货所需要的查验费用。自付费用以适合该货物运输的方式对货物进行包装和标记，除非所售货物无需包装，或双方已经约定好具体的包装或标记要求。

7. 使用该术语卖方支付的全部费用包括：a）完成交货前与货物及其运输相关的所有费用；b）运输合同规定由卖方承担的在目的地的卸货费用；c）提供交货、运输单据的费用；d）出口、过境、进口清关的关税、税款和其他费用；e）买方向卖方提供办理保险的信息，协助卖方获取出口、过境、进口清关的单据和信息产生的费用。

8. 向买方发出收取货物所需的通知。

**B. 买方的基本义务**

1. 承担自交货时起货物灭失或损坏的一切风险。如果买方未履行 B3 的义务，则要承担由此造成的货物灭失或损坏的一切风险；如果买方未履行 B5 的通知义务，则要自约定的交货时间起承担货物灭失或损坏的一切风险。

2. 应卖方要求并由其承担风险和费用，向卖方提供取得保险所需的信息。

3. 应卖方要求并由其承担风险和费用，协助卖方取得出口、过境、进口清关的单据或信息。

4. 使用该术语买方支付的全部费用包括：（1）完成交货时起与货物相关的所有费用；（2）在指定目的地的卸货费用，除非该费用已经包含在卖方订立的运输合同中；（3）买方未履行 B3 和 / 或 B5 的通知义务，导致卖方发生的任何额外费用。

5. 当买方有权决定约定期限内的交货时间和指定目的地的提货点时，必须给予卖方充分的通知。

**使用注意事项**

1. 双方应尽可能清楚地约定目的地或之内的交货点（如有）。因为此点是风险、费用划分的界限；另外，也有利于卖方尽量签订完全符合该交货点的运输合同。

2. 使用 DDP，卖方一般是委托货代进口清关。因此，合作的货代在目的地应有自己的分公司或代理，并具有进口清关、安排内陆运输、转运的能力。另外，货代在办理进口清关时一般是以买方的名义进行的，因此，卖方应请买方提供与进口清关有关的单据和信息。如果买方在进口国没有清关资质，货代或出口商自己就必须具有这样的资质。否则，就不能使用 DDP，只能使用 DAP 或 DPU。

3. DDP（实际上包括整个 D 组术语）卖方要将货物一直运到进口国指定目的地，并负责进口清关。由于责任和风险很大，出口商应谨慎使用。如果要使用，交易对象国一般应有比较完善的法律环境和基础设施。

## 3.2　十一个贸易术语的比较

在本章概述部分我们指出，2000 通则按每个贸易术语的开头字母将十三个贸易术语分为四组，2020 通则和 2010 通则按适用的运输方式将十一个贸易术语分为两组。实际上这两种分组方法各有长处：2020 通则和 2010 通则的分组方法有利于掌握每个贸易术语适用的运输方式，2000 通则的分组方法有利于了解每个贸易术语的一些重要特点，有其独特的价值。为了帮助读者更好地掌握贸易术语，下面借用 2000 通则的分组方法，对 2020 通则的十一个贸易术语做一个比较（见表 3－6）。

**表 3－6　采用 2000 通则的分类方法对 2020 通则的贸易术语进行分组比较**

| 合同性质 | 分组 | 英文名称 | 中文名称 |
|---|---|---|---|
| 起运合同 | E 组 | EXW: Ex Works | 工厂交货 |
| 装运合同——象征性交货 | F 组<br>主要运费未付 | FCA: Free Carrier<br>FAS: Free Alongside Ship<br>FOB: Free on Board | 货交承运人<br>船边交货<br>船上交货 |
| | C 组<br>主要运费已付 | CFR: Cost and Freight<br>CIF: Cost，Insurance and Freight<br>CPT: Carriage Paid To<br>CIP: Carriage and Insurance Paid To | 成本加运费<br>成本、保险费加运费<br>运费付至<br>运费和保险费付至 |
| 到达合同——实际交货 | D 组 | DAP: Delivered at Place<br>DPU: Delivered at Place Unloaded<br>DDP: Delivered Duty Paid | 目的地交货<br>目的地卸货后交货<br>完税后交货 |

从上表可以看一些重要的规律。

1. E 组贸易术语只有一个 EXW，属于“起运合同”，是十一个术语中卖方责任最小、买方责任最大的贸易术语。

2. F 组贸易术语有三个，其共同特点是“主要运费未付”（Main Carriage Unpaid），即凡是 F 开头的术语卖方都不负责运输，或者说都是由买方办理运输。

3. C 组贸易术语有四个，其共同特点是“主要运费已付”（Main Carriage Paid），即凡是C开头的术语都由卖方负责运输，其中CIF和CIP还要负责保险。

4. F组和C组贸易术语又都属于“装运合同”（Shipment Contract）、“象征性交货”（Symbolic Delivery）。其意思是：卖方只要在合同规定的时间，在出口国的交货点，将货物装上买方或卖方安排的运输工具或交给承运人即完成了交货义务，风险即转移给买方。卖方即可以凭手中的物权单据向买方收取货款（一般是通过银行）。由于卖方交货时货物还未实际到达买方，货物所有权的转移是以物权凭证的交付为标志的，这种交货被称为“象征性交货”，这种合同被称为“转运合同”。

5. D组贸易术语有三个，其共同点可以概括为“到达合同”（Arrival Contract）、“实际交货”（Physical Delivery）。其意思是：卖方要在规定的时间，将货物安全地运达进口国约定的目的地才算完成交货义务，风险才转移给买方。由于货物所有权的转移是以实物的交接为标志的，这种交货被称为“实际交货”，这种合同被称为“到达合同”。

另外，DDP是十一个贸易术语中卖方责任最大、买方责任最小的贸易术语。

**专 论**

**“象征性交货”与“实际交货”**

“象征性交货”、“实际交货”与货物所有权的转移问题有密切关系。在现代市场经济高度发达的情况下，货物所有权的转移不一定与实物的交接一致。例如，交易已经达成，有关物权凭证已经交付，货物的所有权已经归买方，但实物仍可以暂时寄存在卖方的仓库；或货物已经在买方手中，但物权凭证没交付，货物的所有权仍属于卖方。

在远距离国际贸易中，货物所有权的转移与实物的交接不一致的情况更多，例如，在FOB、CFR、CIF条件下，货物已交至船上，但还在运输途中，买方并没有收到，此时卖方可以通过向银行提交提单完成交货义务（提单是物权凭证），此外，即使货物已经到达买方，如果提单尚未交付给买方，货物的所有权仍未转移。

在法律上货物所有权的转移有两种方式：一是实物的交接，二是物权凭证的交付，前者即所谓实际交货，后者即所谓象征性交货。实际交货所有权的转移以实物的交接为标志，买方凭货付款（Cash on Delivery）；象征性交货以物权凭证的交付为标志，买方凭单付款（Cash on Documents）。

在国际贸易中，只有海运提单是物权凭证，陆、空运单只是运输交接凭证，不是物权凭证。银行一般不接受陆、空运单叙做押汇就是这个道理。在采用非物权凭证的运输单证时，货物的发运即是货物所有权转移的标志。

# §4 贸易术语的使用和选择

## 4.1 使用贸易术语要注意的问题

1. 要采用正确的表述方法。2020通则指出，在合同中贸易术语的正确表述方法为：

“贸易术语＋指定地点＋选用的版本”，例如，

**CIF Shanghai INCOTERMS ®2020**

其中“CIF”是选用的贸易术语，“Shanghai”是指定目的港的名称，“INCOTERMS®2020”是选用的通则版本，“®”表示“INCOTERMS”是国际商会（ICC）的注册商标。

**【案例 3－15】**

下面是正确的贸易术语表述：“FCA 38 Cours Albert ler，Paris，France INCOTERMS® 2010”。请指出它依次由哪几个部分组成？

2. 应正确理解贸易术语与合同的关系。由于贸易术语规定了许多重要的交易条件，在实践中人们常用贸易术语来称呼合同。例如，“FOB 合同”“CFR 合同”“CIF 合同”等。但必须清楚，贸易术语并不能代替合同，因为它没有也不可能规定所有的合同条件。例如，它没有说明应付的货款和支付方式，也没有涉及货物所有权的转让或违约的后果等问题，这些仍然要根据合同的约定和适用的法律来处理。而且强制适用的本地法可能推翻合同的任何条款，包括贸易术语在内。贸易术语的规则还可能会受到特定港口或地点惯例的影响。

3. 应尽可能准确的规定每个贸易术语的交货点和指定目的地。因为前者是风险、责任、费用划分的界限，后者是卖方将货物运交买方的地方。两个地点规定得越清楚，贸易术语就越能发挥作用。例如，FOB 的交货点如果不清楚，买方就不知道向何处派船，卖方就不知道在何处装船；CPT 的指定目的地如果不清楚，卖方就难以签订正好到达该目的地的运输合同，也难以准确计算运输费用。

## 4.2　怎样选择贸易术语

影响贸易术语选择的因素很多，下面是一些常见的因素。

1. 风险、责任和费用的划分。例如，如果双方希望风险在货物装上船时转移，可选择 FOB、CFR、CIF；如果希望风险在交给承运人时转移，则可选择 FCA、CPT、CIP。又如，如果双方希望卖方负责运输和保险，可选择 CIF、CIP；如果希望买方负责运输和保险，可选择 FOB、FCA；如果希望卖方将货物一直送到进口国指定地点，并承担除进口清关外的一切风险、责任和费用，可以选择 DAP、DPU；如果连进口清关也想让卖方办理，则应该选择 DDP。

2. 运输方式。例如，采用海运，可选择 FOB、CFR、CIF；采用空运和铁路运输，则不适合采用这三个贸易术语。另外，在海运中，FOB、CFR、CIF 又比较适合杂货班轮运输，不适合集装箱运输；在集装箱海运和多式联运方式下，采用 FCA、CPT、CIP 更合适。

3. 出口商所在地。例如，出口商在沿海地区，选用装运港船上交货的三个术语（FOB、

CFR、CIF）比较合适；如果在内陆地区，则选用货交承运人的三个术语（FCA、CPT、CIP）比较合适。因为，（1）内陆出口采用装运港船上交货的三个术语，要等货物上船后风险才转移，出口商要承担内陆运输的风险，除非是内河运输；而采用货交承运人的三个术语，在内陆将货物交给承运人后即完成交货义务，风险即转移。（2）对于装运港船上交货的三个术语，银行和进口商只接受提单、海运单或内河运输单据；内陆出口采用这三个术语，要在货物装上船后才能拿到这些单据，因而不能及时结汇，除非是内河运输；而采用货交承运人的三个术语，银行和进口商可以接受任何单据，出口商可以及时结汇。

**【案例 3-16】**

我国内陆某公司于2000年2月向日本出口30吨甘草膏，每吨40箱共1 200箱，每吨售价为1 800美元，FOB新港，共54 000美元，即期信用证，装期为2月25日之前，货物必须装集装箱。该出口公司在天津设有办事处，于是在2月上旬便自己安排运输将货物运到天津，由天津办事处负责订箱装船。不料货物在天津存仓后的第三天着火，1 200箱甘草膏全部被焚。办事处立即通知内地公司总部尽快补发30吨，但货源不济，公司只好请求日商将信用证的效期和装期各延长15天。请用2020通则分析本案应吸取的教训。（有关背景：该公司处在铁路干线上，外运公司和中远公司在该市都设有集装箱中转站，既可接受整箱货，也可接受拼箱货。）

4. 进出口清关。买方如果不能直接和间接地办理出口清关，就不能采用EXW；卖方如果不能直接或间接地办理进口清关，就不能采用DDP。

5. 风险的防范。如果客户的资信不佳，或对客户的资信不太了解，最好采用自己办理运输、保险的贸易术语，如出口采用CIF，进口采用FOB等，以降低风险。

## 复习题

1. 与2010通则比较，2020通则主要有哪些变化？
2. 简述2020通则中六个常用贸易术语的关键点。
3. 比较FOB-FCA、CFR-CPT、CIF-CIP三对贸易术语的异同。
4. 说明2020通则的DPU与2010通则的DAT有什么不同。
5. 比较2020通则的F组、C组贸易术语的异同？
6. 解释下列名词：装运合同、到达合同、象征性交货、实际交货。
7. 选用贸易术语要考虑哪些因素？

## 问题与案例

1. 我国某公司以FOB出口一批荔枝到日本，合同规定：“3月15—25日装运”，但直至3月31日仍未见日本方面指定船公司或货代，于是我方将荔枝转售他国，并向日方提出撤销合同并要求损害赔偿，我方是否有权这样做？

2. “CIF 俗称到岸价，卖方要承担货物运到目的港之前的一切风险、责任和费用。”这句话对吗？为什么？

3. 某外贸公司以 FOB 出口皮衣，装船前检验品质良好，但货到目的港后客户发现有部分皮衣发霉，经检验是包装不良引起货物受潮所致。于是客户向外贸公司索赔，外贸公司认为，货物在装船前检验合格，发霉是越过船舷后发生的，风险已转移给买方，自己没有责任。外贸公司的说法是否有道理？为什么？

4. 有一份 CFR 合同，货物完全按合同规定的时间和地点装船，但受载船只离港四小时后触礁沉没。卖方凭提单等要求买方付款，买方以货物已全部损失为由拒付。问买方是否可以拒付？为什么？

5. 某外贸公司以 CIF 鹿特丹向外商出口一批货物，国外来证有如下条款：“Payment under this Credit will be made by us only after arrival of goods at Rotterdam.”（该信用证下的款项在货到鹿特丹后由我行支付。）受益人在审证时未发现，后来货物在运输途中被烧毁，我方在交单议付时遭到开证行拒付。问开证行是否有权拒付？

03

第3篇

# 国际贸易结算

国际贸易结算是国际贸易的中心环节，国际贸易的其他许多环节都是围绕结算来进行的。本篇介绍国际贸易结算的基础知识，主要包括：国际贸易结算的工具——票据（第4章）；国际贸易结算的三种基本方式——汇付、托收和信用证（第5章、第6章）；与国际贸易结算有关的其他工具——银行保函、备用信用证、国际贸易融资和出口信用保险（第7章）。

# 第4章
# 票　据

广义的国际贸易结算方式有三种：一是易货，这是一种古老的结算方式，也是一种贸易方式，今天仍然十分流行，但现代易货贸易的内涵有很大的不同（参见第31章）；二是付现，即用现金结算，这种方式极不方便，且风险很大；三是银行结算，即通过银行了结债权债务，这是现代国际贸易结算的主流，是本章将要介绍的。

银行结算一般不用现金，大多用票据。票据是由出票人制作的，无条件地约定由他本人或委托他人，在一定时间内支付一定金额给票据上的收款人或持票人的有价证券。其作用主要有三个方面：（1）支付作用，即代替现金支付。国际贸易金额一般较大，用现金结算很不方便，用票据代替现金支付可以避免这个缺点。（2）提供信用。例如，卖方可以开立见票后6个月付款的汇票给买方先行承兑，买方在汇票到期日再付款，这就为买方提供了6个月信用；也可以由买方向卖方开立6个月后付款的本票，买方在本票到期日再付款。（3）流通作用。早期的票据不能流通，背书制度产生后才有了流通功能。例如，X公司购买了Y公司100万美元的货物，可以开一张100万美元的汇票给Y公司用于支付，Y公司可以再将汇票背书给Z公司用于支付，这就代替了现金的流通。

国际贸易结算中使用的票据有汇票、本票和支票，其中用得最多的是汇票。

## §1　汇　票

汇票（Bill of Exchange，or Draft）是由出票人签发的，委托付款人在见票时或将来的某一时间，无条件地支付确定金额给收款人或持票人的票据。

## 1.1 当事人和基本内容

**汇票的基本当事人** 汇票的基本当事人有三个：（1）出票人（Drawer），即开立汇票的人，它对付款人来说是债权人，对收款人来说是债务人；（2）付款人（Payer），又称"受票人"（Drawee），是受出票人委托支付票据款项给收款人的人，在国际汇票上一般跟在"to"后面；（3）收款人（Payee），又称"受款人"，是接受付款人支付的款项的人，在国际汇票上一般跟在"Pay to"后面。

【案例 4-1】

某信用证业务中使用的汇票如图 4-1 所示，指出它的三个基本当事人。

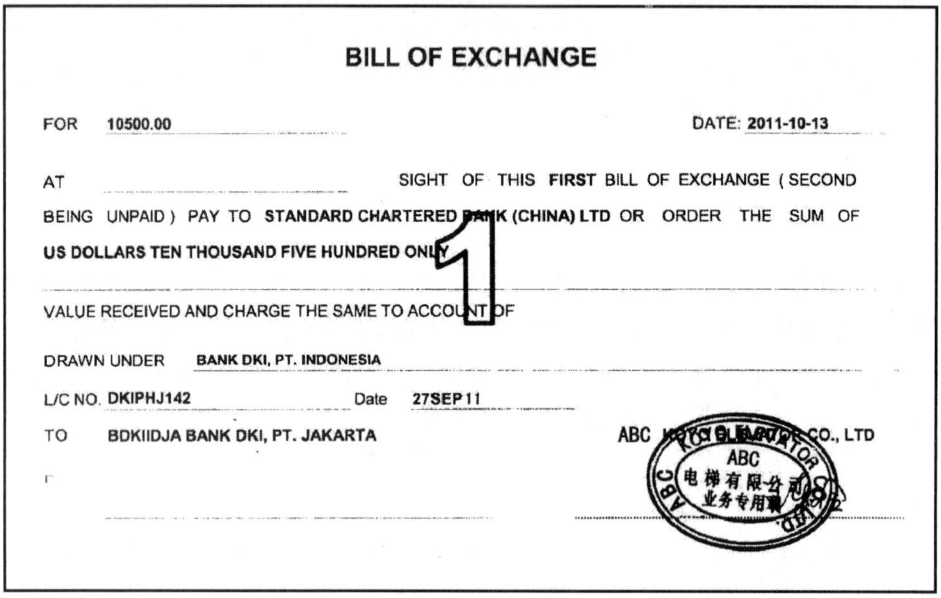

BILL OF EXCHANGE

FOR 10500.00 DATE: 2011-10-13

AT ________ SIGHT OF THIS FIRST BILL OF EXCHANGE (SECOND BEING UNPAID) PAY TO STANDARD CHARTERED BANK (CHINA) LTD OR ORDER THE SUM OF US DOLLARS TEN THOUSAND FIVE HUNDRED ONLY

VALUE RECEIVED AND CHARGE THE SAME TO ACCOUNT OF

DRAWN UNDER BANK DKI, PT. INDONESIA

L/C NO. DKIPHJ142 Date 27SEP11

TO BDKIIDJA BANK DKI, PT. JAKARTA

ABC [illegible] CO., LTD



图 4-1 某信用证业务中使用的汇票

**汇票的内容** 汇票是一种要式证券，必须包括法定的内容，否则无效。但目前世界各国票据法还不统一，汇票的内容要根据准据法来确定。一般地说，国际贸易中使用的汇票主要包括以下内容：

1. 汇票的字样：如"BILL OF EXCHANGE"。

2. 汇票编号（No.）：可以与发票号相同，也可以另外编制。为了便于留档查阅，一般与发票号相同。

3. 出票日期和地点（Date and Place of Issue）：通常列于汇票右上方。信用证下汇票的出票日期是议付日期，不得早于其他单据的日期，不得晚于信用证的有效期和装后交单期；出票地点是议付地或出票人所在地。大多委托议付行在议付时代填。

4. 汇票金额（Amount）：小写金额位于"EXCHANGE FOR"后，可保留 2 位小数；大写金额位于"THE SUM OF"后，句首要加"SAY"，句末要加"ONLY"，美元后的小数用"CENTS ×"，不用"POINT ×"。例如"USD 46 980.13"，应写成"SAY US DOLLARS

FORTY SIX THOUSAND NINE HUNDRED AND EIGHTY CENTS THIRTEEN ONLY”。

5. 付款期限（Tenor）：在“At________SIGHT OF”的横线上表示。如果是即期汇票（Sight Draft），则横线上不写字；如果是见票若干天付款的远期汇票（Usance Draft），则在“At”后的横线上写延期付款的天数，如“At____60____DAYS SIGHT”。

6. 收款人（Payee）：跟在“PAY TO”后，在信用证业务中，一般为议付银行或指定银行。

7. 对价条款：跟在“VALUE RECEIVED FOR”后，列明票款的对价，在国际贸易中，即出口货物，如“VALUE RECEIVED FOR: 1 639 CTNS OF 4 ITEMS OF CHINESE CERAMIC”。

8. 出票条款（Drawn Clause）：跟在“DRAWN UNDER”后，在信用证下为相关信用证的信息，如“DRAWN UNDER: L/C NO.2SS/LC/01/0034 DATED 27 JUNE 2020 ISSUED BY EON BANK HERHAD”。

9. 付款人（Drawee）：跟在“TO”后，在信用证业务中，付款人是开证行或开证行指定的其他付款行。

10. 出票人签章（Signature of the Drawer）：汇票必须签章，否则无效。在信用证业务中，汇票的签字人应为受益人的法人代表或其他有权签字的人。信用证对汇票签字的要求有“签字”（Signed）、“正式签字”（Duly Signed）及“手签”（Manually Signed），前两种可以盖章或签字，后一种必须手签。

**【案例 4-2】**

指出案例 4-1 中所列汇票的基本内容。

## 1.2 抬头和付款日期

在汇票的各项内容中，抬头和付款日期很重要，下面进一步说明。

**汇票的抬头** 汇票的抬头指汇票的收款人，有三种写法：

1. 限制性抬头。例如，“PAY A CO. ONLY”及“PAY A CO. NOT TRANSFERABLE”。这种抬头的汇票叫记名汇票，只能由收款人收款，不能再背书转让，在国际贸易中使用不多。

2. 指示抬头。例如，“PAY TO THE ORDER OF A CO.”及“PAY A CO. OR ORDER”。这种抬头的汇票叫指示汇票，它既可以由收款人收款，也可以由收款人再背书转让。另外，还有一种“PAY A CO.”的写法也是指示汇票。这种汇票既有流通的便利，又要经过背书才能流通，比较方便和安全，因此在国际贸易中使用得最多。

3. 来人抬头。例如，“PAYABLE TO BEARER/HOLDER”。这种抬头的汇票叫无记名汇票，它不需要背书，仅凭交付就可以转让，风险较大，在国际贸易中很少使用。

**汇票的付款日期** 汇票的付款日期有四种确定方法：

1. 定日付款（Fixed Date），即规定一个确定的付款日期（见示样 4-1）。

**示样 4－1　定日付款的汇票示意**

| | |
|---|---|
| 汇票金额 10 000 美元 | 上海 2018 年 3 月 5 日 |
| 凭票于 2018 年 4 月 20 日付给 C 先生壹万美元，对价收讫。 | |
| 此致：B 先生 | |
| | A 先生（签名） |

2. 见票即付（Sight Bill），即于持票人提示汇票时付款（见示样 4－2）。

**示样 4－2　见票即付的汇票示意**

| | |
|---|---|
| 汇票金额 10 000 美元 | 上海 2018 年 3 月 5 日 |
| 见票即付 C 先生壹万美元，对价收讫。 | |
| 此致：B 先生 | |
| | A 先生（签名） |

3. 出票后定期付款（After Date），即从出票日起算，于一定时期内付款（见示样 4－3）。

**示样 4－3　出票后定期付款的汇票示意**

| | |
|---|---|
| 汇票金额 10 000 美元 | 上海 2018 年 3 月 5 日 |
| 于出票后一个月即付给 C 先生或其指定人壹万美元，对价收讫。 | |
| 此致：B 先生 | |
| | A 先生（签名） |

4. 见票后定期付款（After Sight），即于付款人见票后一定时期内付款（见示样 4－4）。

**示样 4－4　见票后定期付款的汇票示意**

| | |
|---|---|
| 汇票金额 10 000 美元 | 上海 2018 年 3 月 5 日 |
| 见票后 90 天付给 C 先生或其指定人壹万美元，对价收讫。 | |
| 此致：B 先生 | |
| | A 先生（签名） |

在以上几种付款日期的汇票中，见票即付的汇票是即期汇票，其余的都是远期汇票。即期汇票指付款人见票后立即付款的汇票，远期汇票指付款人在出票或见票后一定时间或特定的时间付款的汇票。

**专　论**

## 信用证和托收下即期汇票和远期汇票的表示方法

信用证下见票即付的汇票，在 at 与 sight 之间打印虚线或“*”字符；见票后若干天付款，在 at 与 sight 之间打印“× days after”；出票后若干天付款的汇票，在 At 后打印“× days after date”，将汇票上的“sight”划掉；提单日后若干天付款的汇票，在 at 后打印“× days after date of B/L”，划去 sight。

即期付款交单（D/P at Sight）的汇票，在 D/P at 和 sight 之间打印虚线或“*”字符；远期付款交单（D/P at After Sight）的汇票，在 D/P at 与 after sight 之间打印付款的天数，如“D/P at 90 days after sight”；承兑交单（D/A）的汇票，在 at 与 after sight 之间打印付款天数，如“D/A at 60 days after sight”。

**远期汇票到期日的计算** 远期汇票到期日的计算主要有三种情况：

1. 按日表示的远期汇票。不算头要算尾。例如，出票后30天付款的汇票，3月31日出票，则从4月1日开始计算，到期日是4月30日。见票后多少天、特定事件后多少天的远期汇票，其付款日的计算方法与此相同。

2. 以月为单位表示的远期汇票。不考虑一个月的具体天数，一律以相应月份的同一天为到期日。例如，出票后一个月付款的远期汇票，2月5日出票，其到期日为3月5日。如果相应月份没有同一天，则以该月最后一天为到期日。例如，1月31日承兑的见票后一个月付款的远期汇票，到期日为2月28日（闰年为29日）。

3. 以整月加半月表示的远期汇票。先按整月算，再算半月，半月以15天计算。例如，8月31日交单的交单后一个半月到期的远期汇票，先算整月到9月30日，再算15天到10月15日到期。

经过计算，到期日如果恰逢节假日等银行的非营业日，则顺延到其后的第一个营业日。

## 1.3 汇票的使用环节

汇票的使用包括出票、提示、付款、承兑、背书和追索六个环节。

### 1.3.1 出票、提示、付款、承兑

出票（Issue）指出票人制作汇票并将其交付给收款人的行为。出票人要承担保证汇票被付款或承兑的法律责任，如果汇票被拒付或拒绝承兑，持票人可以要求出票人支付汇票金额、利息和有关费用。出票人与付款人应有债权与债务的基础关系，否则就是欺诈。

**提示（Presentation）** 指持票人将汇票提交给付款人要求付款或承兑的行为，分付款提示（Presentation for Payment）和承兑提示（Presentation for Acceptance）。即期汇票只要做付款提示；远期汇票要先做承兑提示，汇票到期时再做付款提示。

远期汇票及时做承兑提示具有重要意义，因为：（1）见票后定期付款的远期汇票的付款日期要由承兑日期确定；（2）如果付款人拒绝承兑，持票人可以及时向出票人行使追索权；（3）未经承兑的远期汇票，由于付款责任没有确定，因此难以流通转让。

**付款（Payment）** 指付款人向持票人支付票款消灭票据关系的行为。持票人可以自己收款，也可以委托银行收款，无论谁收款，持票人都应在规定的时间内做付款提示。委托银行收款的，银行将代收的汇票金额转入持票人账户时视同签收。

付款人应在收到付款提示的当日足额付款。付款人可以自己付款，也可以委托银行付款。委托银行付款的，银行从付款人账户支付汇票金额给持票人。

付款后票据关系消失，持票人应在汇票上签收，并将其交给付款人作为收据，付款人也可要求持票人另外出立一份收款凭证。

**承兑（Acceptance）** 指远期汇票的付款人将到期付款的意思记载于汇票上的行为。远期汇票要做承兑，否则其主债务人仍然是出票人，而不是付款人。承兑的方法是：付款人在汇票正面横写承兑（Accepted）字样，然后注明承兑日期并签名。其中最重要的

是签名，只有承兑字样没有签名不能算承兑；而有签名，即使未写承兑字样也构成承兑。

### 1.3.2 背书、追索

**背书（Endorsement）** 指汇票的持票人在汇票背面或粘单上记载有关事项并签名盖章的行为。背书可从不同角度分类，从背书的目的来看，可分为非转让背书和转让背书。非转让背书不是为了转让票据，而是为了其他目的；转让背书是为了转让票据权利而做的背书，实践中大多数背书是这一类。

背书的种类不同，其作用也不同，在这里只讨论本章第 1.2 节提到的“指示汇票”的背书。指示汇票的背书的作用主要是将汇票的权利转让给被背书人（Endorsee），或者说，指示汇票的流通必须经过持票人的背书。下面用一则国内汇票使用的实例说明。

【实例】

1996 年 5 月 5 日，南华公司业务员王某自带汇票到某市购粮，其汇票记载：收款人王某，支付地为某市建行，兑付地为东郊建行，金额为人民币 100 万元。购粮中间介绍人徐某（已被收审）以办理住宿和发运粮食需要抵押为理由，将王某的身份证及该汇票要到手，交给了某市粮油对外贸易公司经理谭某做抵押。1996 年 6 月 5 日，谭某派人私刻了王某的私人名章，并通过自身在当地银行的关系，将该 100 万元汇票带到东郊建行要求结付。东郊建行在该汇票收款人王某没有到场、汇票上没有背书人背书和被背书人签字盖章的情况下，将该汇票项下 100 万元款结付给了某市粮油对外贸易公司，该公司用此款偿还了其他银行的贷款。此后，南华公司多次要求东郊建行还款无果，即以上述事实向某市中级人民法院提起诉讼。

某市中级人民法院经审理，查明上述事实属实，认为东郊建行在收款人南华公司业务员王某未到场、汇票没列背书人背书、亦无被背书人签字盖章的情况下，直接将南华公司的 100 万元汇票兑付给他人，违反了中国人民银行有关金融业务结算的法规政策，侵犯了南华公司的合法权益，其票据兑付行为无效，应向南华公司承担民事法律责任，赔偿南华公司 100 万元汇票款及利息损失。①

---

背书的内容包括背书人（Endorsor）的名称、背书日期和背书人的签章三个部分，其中最重要的是背书人的签章，没有背书人的签章的背书无效。

根据如何写被背书人，可以将背书分为三类：

1. 记名背书（Special Endorsement），又称“完全背书”或“特别背书”。这种背书写明被背书人的名称或凭其指定，如“Pay to Bank of China，Hong Kong Branch”及“Pay to Bank of China，Hong Kong Branch or order”。这种背书的汇票只能转让给被背书人，但被背书人还可以再背书转让。

2. 空白背书（Blank Endorsement），又称“无记名背书”或“略式背书”。这种背书不写被背书人的名称。这种背书的汇票可以转让给任何人，不需要再背书。

3. 限制性背书（Restrictive Endorsement）。这种背书对被背书人做了限制，如“Pay

① 改编自：王卫国. 商法概论案例教程. 北京：知识产权出版社，2002.

to × CO. only”及“Pay to × bank，not transferable”。这种背书的汇票只能由指定的被背书人收款，不能再背书转让。

**追索（Recourse）** 指汇票遭到拒付或拒绝承兑时，持票人向其前手背书人或出票人请求偿付票款的行为。所谓“前手”和“后手”是相对的概念，持票人前面的出票人和汇票转让人都是其前手，后面的汇票转让人和接受人都是其后手。追索的对象一般是直接前手，但各国票据法规定，持票人也可以不按先后顺序，向前手中的一人、数人或者全体追索。被追索人清偿债务后可以再向其他汇票的债务人追索。

行使追索权需要具备下列条件：（1）汇票遭到拒绝付款或承兑；（2）持票人已在法定的期限内向付款人或承兑人做过提示；（3）已在法定的期间内做成拒绝证书（Protest）；（4）已在法定期限内将拒绝证书通知其前手。

拒绝证书是付款人拒绝付款或承兑的证书，由付款地公证机关、法院或银行等出具。其办理手续如下：持票人将票据交给公证人；公证人再向付款人提示；如果遭到拒付，公证人即按规定格式制作拒绝证书，连同票据一起交给持票人。

### 1.4 汇票的种类

汇票可以从不同角度分类，下面是主要种类：

1. 银行汇票（Banker’s Draft）和商业汇票（Commercial Draft）。银行汇票是出票人和付款人都是银行的汇票，一般为光票；商业汇票是出票人是企业或个人，付款人可以是企业、个人或银行的汇票。在信用证和托收业务中使用的汇票都是商业汇票，出票人是出口商。

2. 即期汇票和远期汇票。见本章第 1.2 节。

3. 商业承兑汇票（Commercial Acceptance Bill）和银行承兑汇票（Banker’s Acceptance Bill）。商业承兑汇票是银行以外的企业或个人承兑的远期汇票，是商业信用，不容易流通，托收中经进口商承兑的远期汇票即为此种汇票。银行承兑汇票是银行承兑的远期汇票，是银行信用，容易流通，信用证中经开证行或承兑行承兑的远期汇票即为此种汇票。

4. 光票（Clean Bill）和跟单汇票（Documentary Bill）。光票指不附带商业单据的汇票，一般用于贸易从属费用、货款尾数、佣金等的结算；跟单汇票又称押汇汇票，指附带商业单据的汇票，国际贸易中使用的主要是跟单汇票。

5. 国内汇票（Inland Draft）和国外汇票（Foreign Draft）。出票地点和付款地点均在同一国家的汇票是国内汇票。出票地点和付款地点不在同一国家的汇票是国外汇票。

## §2 本票和支票

本票和支票在国际贸易中使用不多，只做简要介绍。

## 2.1 本票

本票（Promissory Note）是出票人签发的，承诺自己在见票时或在未来的某一时间无条件地支付一定金额给收款人或持票人的票据（见示样 4－5）。

**示样 4－5　本票示样**

| |
|---|
| 上海 2018 年 9 月 5 日<br>兹经本人允诺于见票时即付给 C 先生或其指定人 10 000 美元，对价收讫。<br>A 先生（签章） |

本票与汇票的区别是：（1）本票是自付证券，是一种允诺式票据，只有出票人和收款人两个基本当事人（出票人就是付款人）；汇票是委托式票据，有出票人、收款人和付款人三个基本当事人。（2）远期汇票要承兑；远期本票的出票人就是付款人，不需要承兑。（3）本票始终由出票人负责付款；远期汇票在承兑前由出票人负责付款，承兑后由承兑人负主要付款责任，出票人负次要付款责任。

本票的使用环节与汇票差不多，也有出票、提示、付款、背书、追索环节，各环节遵循的规则也差不多，但本票没有承兑环节。

本票可分为商业本票（Commercial Promissory Note）和银行本票（Banker's Promissory Note，or Cashier's Order）。商业本票又称"一般本票"，签发人为企业或个人，是商业信用。由于在企业破产倒闭或资金短缺时，本票常遭拒付和退票，所以商业本票的使用很少。大企业签发的本票还有可能被接受，中小企业签发的本票则很难被接受。一般本票又分为即期本票和远期本票。

银行本票的签发人为银行，是银行信用，通常为即期付款，流通性与纸币现钞相似。因此，有些国家规定只能开出一定金额以上的大额本票，以免该类本票被当作纸币流通，扰乱金融市场。另外，各国往往禁止银行签发大额不记名的本票，以防引起通货膨胀。国际贸易中使用的本票主要是银行本票。《中华人民共和国票据法》（简称《票据法》）规定，在我国只能签发银行本票，不能签发商业本票。

**文摘**

### 本票在国际贸易结算中的运用

改革开放初期，一些外国企业就是用本票作为支付工具与我国出口企业结算的，特别是在深圳经济特区比较多。具体的做法是：由买方开出本票，作为支付工具，清偿其债款。如新加坡某企业购买我国北海进出口贸易公司的棉坯布，开出本票，卖方在收妥货款后立即发货。

用本票结算的好处是：对买方来说，不必开立信用证，节省开证费用，免除开证手续和麻烦。对卖方来说，收到本票后发货，相当于预付货款，单据可以直接航寄或随船带给买方，没有到银行交单议付的麻烦。远期本票不需要提示承兑和承兑，外国本票退票时不需要拒绝证书。

本票与信用证结算的相同点是：开立银行本票，买方在银行要有足够存款，买方不付款，银行可以从存款中扣除。开立信用证一般也要预交开证保证金。

本票与信用证结算的不同点是：本票结算，卖方按合同制单没那么严格，不需要单证相符；信用证结算，必须单证相符。由于不需要单证相符，卖方交货的品质、数量、规格、发货时间就没有保障。因此，本票结算在国内使用得较多，在国际贸易中使用得较少。

在国际贸易中使用本票结算应该注意如下几点：（1）买方必须资信好；（2）收到货款后再发货；（3）必须签好合同，作为处理纠纷或争议的法律依据。

资料来源：顾民. 本票在国际贸易中的运用和利弊. 国际贸易，1987（4）.

## 2.2 支票

支票（Cheque，or Check）是由出票人签发的，委托银行（或其他金融机构）于见票时无条件向收款人或持票人支付一定金额的票据。支票的基本当事人与汇票相同，也是出票人、付款人和收款人。支票的出票人必须在银行开有往来账户（Current Account），支票的实质是存款人向存款银行支取存款的票据。因此，支票的收款人可以与出票人相同，这种情况一般是出票人从银行提取现金，或从某一账户转往另一账户。

支票与汇票都是一项无条件的支付命令，都是委托式票据，都有三个当事人，二者的不同点是：（1）支票的付款人是银行或其他金融机构；汇票的付款人可以是银行，也可以是企业或个人。（2）支票都是见票即付的，汇票有即期和远期之分。但在国际贸易中，有时会有远期支票。这种远期支票并不是在支票上载有未来的付款日期，而是支票上填写的出票日期比实际签发日期晚（还有出票日期是后来填上去的）。例如，实际签发日期是3月6日，支票上填写的出票日期却是6月5日，收款人在出票日期到银行支取货款。（3）支票只有支付功能；汇票除了支付功能外，还有提供信用的功能。（4）支票的出票人与付款人之间必须有资金关系，如A公司签发一张以B银行为付款人的支票，A公司则必须在B银行有足够的存款，若A公司签发的支票金额超过了其在B银行的存款，就是签发空头支票。各国法律都禁止签发空头支票。而汇票的出票人与付款人之间不必先有资金关系。

支票可以从不同角度分类，其主要分类有：

1. 记名支票（Cheque to Order）和不记名支票（Cheque to Bearer）。记名支票的抬头为“付给某人”（Pay to A Co.）或“付给某人或其指定人”（Pay to the Order of A Co.），可以背书转让；不记名支票又称“空白支票”，抬头为“付给来人”（To Bearer），这种支票仅凭交付就可以转让。

2. 普通支票和划线支票（Crossed Cheque）。普通支票又称“公开支票”（Open Cheque）或“未划线支票”（Uncrossed Cheque），持票人可以向付款银行提取现金，也可以委托银行转账收款。划线支票指由出票人或持票人在普通支票上划两条平行线的支票，这种支票只能委托银行转账收款，不能提取现金。

3. 保付支票（Certified Cheque）。为避免出票人开空头支票、保证支票提示时得到付款，支票的收款人或持票人可要求银行对支票保付。支票一经银行保付即成为保付支票，保付支票的正面盖有银行的保付戳记。在支票经保付后，保付的银行成为主债务人（原来出票人是主债务人），为了降低自己的风险，银行会将票款从出票人的账户转入一个专户以备付款，所以，保付支票一般不会遭到退票。支票的信誉因此大大提高，流通性随之增强。

4. 空头支票。支票的签发者在银行必须有足够的存款或允许透支的额度，否则就是签发空头支票。各国法律都禁止签发空头支票。在实践中，常有不法分子利用空头支票进行诈骗。

【实例】

我国某公司出口货物给国外某商人，金额为 5 000 加拿大元。国外某商人开出以加拿大皇家银行（Royal Bank of Canada）为付款人的支票一张，支票背面条款为："在提交此支票并附有空运 / 船运单据副本的 48 小时内将款项电汇到持票人账户。"（Please release the fund by T/T to the above bearer A/C within 48 hours presentation of the Cheque and attaching with the Copy of Airway Bill/Shipping Documents.）

我国公司发货后，将支票和单据寄到加拿大皇家银行请求电汇货款，但遭到拒付，理由是账户无法确定（Unable to Locate A/C）。

这显然是一起伪造支票的诈骗案。国外这类骗术常见的手法是：（1）利用伪造票据或利用空头支票；（2）利用空运单不是物权凭证的特点尽快取得货物；（3）许以优惠条件，引诱对方。如本例的提交支票 48 小时内 T/T 货款。①

## 复习题

1. 什么是汇票？按抬头汇票可分为哪三类？说明各类的概念。

2. 汇票的付款日期有哪四种确定方法？什么是即期汇票、远期汇票？

3. 名词解释：提示、承兑、背书、追索；记名背书、空白背书、限制性背书；商业汇票、银行汇票；商业承兑汇票、银行承兑汇票。

4. 本票与汇票有什么区别？什么是商业本票、银行本票？

5. 支票与汇票有什么异同？什么是普通支票、划线支票、保付支票、空头支票？

## 问题与案例

1. 图 4－2 列示了一张信用证下的汇票，请指出各部分的内容，说明还缺少什么。

① 改编自：方向南. 国际结算入门（三）票据抬头. 广东金融，1990（8）.

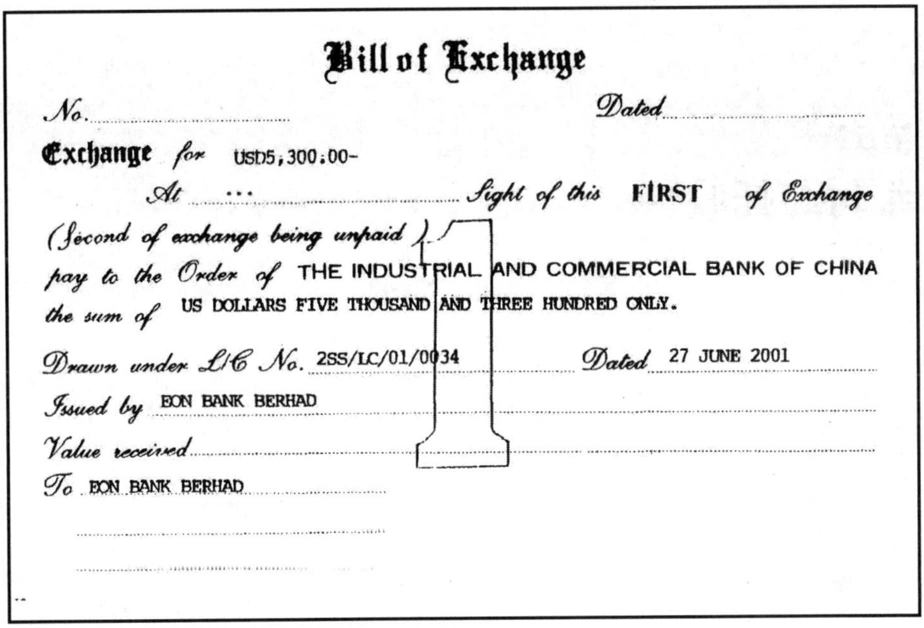

Bill of Exchange

No. Dated

Exchange for USD5,300.00-

At ... Sight of this FIRST of Exchange

(Second of exchange being unpaid)

pay to the Order of THE INDUSTRIAL AND COMMERCIAL BANK OF CHINA

the sum of US DOLLARS FIVE THOUSAND AND THREE HUNDRED ONLY.

Drawn under L/C No. 2SS/LC/01/0034 Dated 27 JUNE 2001

Issued by EON BANK BERHAD

Value received

To EON BANK BERHAD

图 4－2 一张信用证下的汇票

2. 下面是远期汇票付款日期的三种写法。问各应在什么时候付款？

（1）At 30 days after sight；

（2）At 30 days after date；

（3）At 30 days after date of bill of lading。

3. 下面是汇票抬头的几种写法。哪些抬头的汇票要经过背书转让？

（1）Pay A Co.only；

（2）Pay to the order of A Co.；

（3）Pay A Co. or order；

（4）Payable to bearer/holder。

第5章

# 汇付与托收

本章介绍国际贸易结算三种基本方式之汇付与托收。

## §1 汇 付

汇付（Remittance）指汇款人委托银行将款项汇交收款人，或使用某种票据作为支付工具将款项支付给收款人的结算方式。汇付属于顺汇。

根据银行发送汇付指令所用的手段不同，可以将汇付分为信汇（Mail Transfer，M/T）、电汇（Telegraphic Transfer，T/T）和票汇（Remittance by Banker's Demand Draft，D/D），其中，信汇目前已基本被淘汰，因此，本章只介绍电汇和票汇。

### 1.1 电汇

电汇是汇出行使用电信手段发送汇款指令给汇入行（一般是汇出行在目的地的分行或代理行）的汇付方式。电汇使用的电信手段有加押电报（Tested Cable）、电传（Telex）或 SWIFT。加押电报目前已基本不用，用得最多的是 SWIFT。SWIFT 是环球银行金融电讯协会（Society for Worldwide Interbank Financial Telecommunication）的英文缩写，它有专门的国际金融电信网络供银行间办理各种金融电信业务。关于 SWIFT 的情况我们将在第 6 章进行介绍。

### 1.1.1　当事人和业务流程

电汇的基本当事人有四个：（1）汇款人（Remitter），也称付款人，指委托银行汇出款项的人，一般是进口商；（2）收款人（Payee or Beneficiary），指收取款项的人，一般是出口商；（3）汇出行（Remitting Bank），指受汇款人委托汇出款项的银行，通常在汇款人所在地；（4）汇入行（Paying Bank），指接受汇出行委托解付一定金额给收款人的银行，又称解付行、付款行，通常是汇出行在国外的联行或代理行。

以国际贸易中的电汇为例，其业务流程如下（见图5－1）：

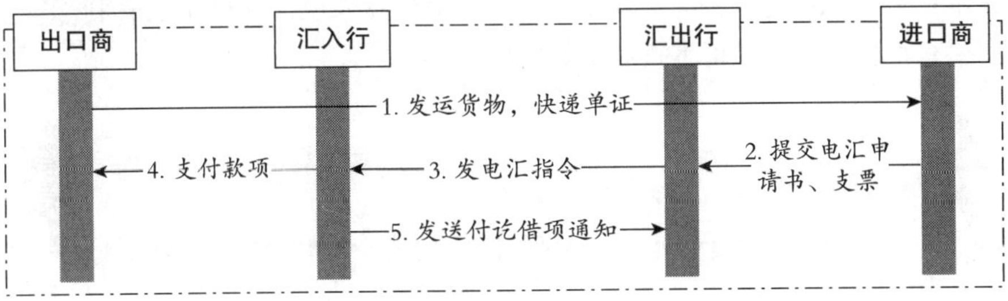


**图5－1　电汇（以后T/T为例）的业务流程**

1. 出口商发运货物，将全套单据快递给进口商。

2. 进口商向银行提交电汇申请书，并按发票金额和约定的币种开支票向汇出行缴款。

3. 汇出行按电汇申请书，用电信手段发汇款指令给汇入行，指示其对出口商付款。

4. 汇入行核验印押后，解付款项给收款人——如果出口商在汇入行有账户，则将货款打入出口商的账户；如果出口商在汇入行无账户，则将货款划转至出口商在其他银行的账户，或缮制通知书或电话通知收款人取款。

5. 汇入行向汇出行发送付讫借项通知。

实际上信汇也是这个流程，只是发送汇款指令的手段不同。

### 1.1.2　国际贸易中的电汇方式

从理论上来说，国际贸易中的电汇方式有四种：

1. 预付货款（Payment in Advance）。进口商先将货款全部电汇给出口商，出口商收款后再发货。这种做法对出口商最为有利，但对进口商不利。其使用场合有：出口商信誉较好，进口商又急需其货物；跨国公司内部结算等。

2. 货到付款（Payment after Arrival of the Goods）。出口商先发货，进口商收到货物后或过一段时间后再将货款电汇给出口商。这种做法对进口商最为有利，但对出口商不利。其使用场合有：客户进口量大，信誉好，利润较丰厚；产品处于买方市场（供大于求）等。为了降低收汇风险，出口商可以叙做出口保理业务。

3. 凭单付现（Cash against Documents）。该种电汇方式有两种做法：

（1）“后T/T”（T/T after delivery）。指出口商发货后将正本货运单据快递给进口商，进口商收到正本单据后电汇货款（见图5－2）。对出口商来说，这种做法比前文中的货到付款减少了资金占用的时间，但有寄单后进口商不付款的风险。

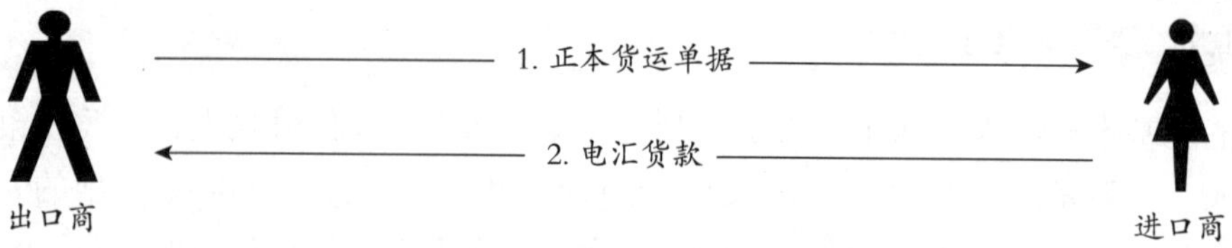


**图 5－2　后 T/T：凭正本货运单据电汇货款**

（2）"前 T/T"（T/T in advance）。指出口商在发货后将货运单据传真给进口商（即不快递正本）；进口商在收到货运单据的传真件后电汇货款给出口商；出口商收到货款后再快递正本货运单据给进口商（见图 5－3）。对出口商来说，这种做法有利于安全收汇，但进口商要冒汇款后收不到正本货运单据的风险。

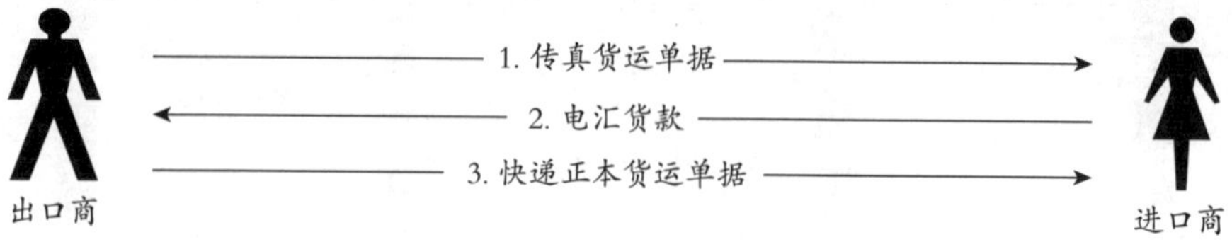


**图 5－3　前 T/T：凭货运单据传真件电汇货款**

4. 凭单付汇（Remittance against Documents）。指进口商先将货款汇到汇入行，但指示汇入行暂不要将货款划给出口商，等出口商提交了正本货运单据后才划款给出口商。这种做法可以防止出口商收到货款后不交单或不按时交单的风险。但银行一般不愿意这么做，因为它要承担审单等责任。

在以上四种电汇方式中，实践中用得最多的是前 T/T，在操作时一般采用下列程序（见图 5－4）：

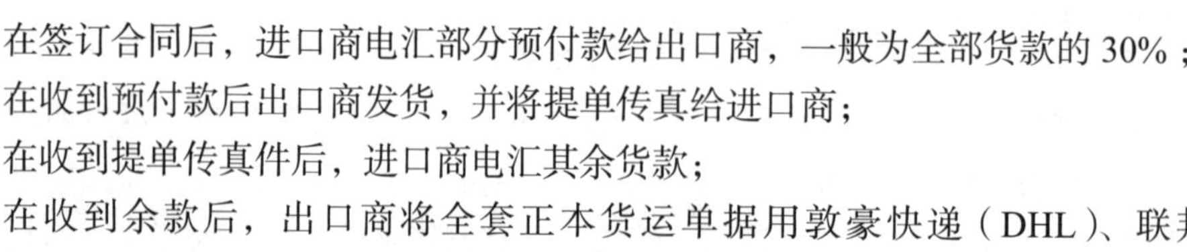


**图 5－4　实践中常用的电汇程序**

1. 在签订合同后，进口商电汇部分预付款给出口商，一般为全部货款的 30%；
2. 在收到预付款后出口商发货，并将提单传真给进口商；
3. 在收到提单传真件后，进口商电汇其余货款；
4. 在收到余款后，出口商将全套正本货运单据用敦豪快递（DHL）、联邦快递（FedEx）、联合包裹（UPS）、天地快递（TNT）等快递给进口商。

总的来说，电汇的速度快、效率高。在一般情况下，无论在世界何地将一笔款项汇到另一地，仅需要 1~3 个银行工作日；但电汇的费用也较高（见本章第 1.2 节票汇与电汇的比较）。

## 1.2 票汇

票汇是进口商向进口地银行（出票行）购买银行即期汇票寄给或带交出口商，出口商凭此向汇票上指定的出口地银行（付款行）兑付票款的汇付方式。票汇使用的票据也可以是本票或支票。例如，进口商可以向所在地银行（出票行）购买一张银行本票寄给或带交出口商，也可以签发一张支票寄给或带交出口商。但在实践中最常见的是银行即期汇票，这就是票汇被简称为 D/D 的原因。

**票汇的业务流程** 在国际贸易中，以银行即期汇票作为支付工具的票汇业务流程见图 5－5。

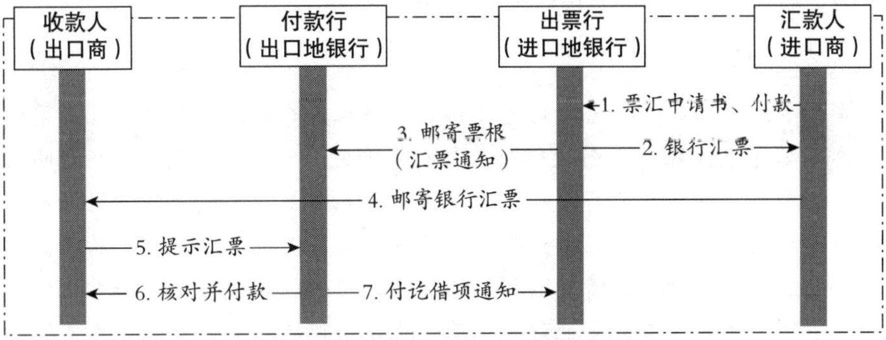


**图 5－5 票汇的业务流程**

1. 进口商向出票行提交票汇申请书，请出票行开立银行即期汇票，并开支票转移资金；

2. 出票行开立以付款行（一般是出票行在国外的分行或代理行）为付款人的银行即期汇票交进口商；

3. 出票行向付款行寄送汇票通知（票根），现在许多银行已不寄票根，而以加押电报证实书替代。

4. 进口商将汇票寄交或直接带给出口商；

5. 出口商（或持票人）在收到汇票后向付款行提示，要求付款①；

6. 付款行在核对汇票和票根后付款；

7. 付款行邮寄付讫借项通知给出票行。

**票汇与电汇的比较** 票汇与电汇比较，主要有下列不同点：

1. 手续。电汇要求境外有账户，有收款人姓名；票汇不要求有境外账户，只要有收款人姓名就可以。电汇是直接汇给收款人，票汇可以将汇票寄交收款人，也可以带交收款人。如果票汇的付款行在收款人所在地以外的第三国，则要办理票据托收，手续比较麻烦。

2. 速度。电汇速度快，一般 1~3 天可到。以中国银行为例，汇到中国银行的海外分支机构 24 小时可以到账；汇到与其有合作关系的国外银行，一般需要 3~5 个工作日到账。票汇的速度比较慢。

3. 费用。电汇费用高，票汇价格便宜一些。电汇分为外汇汇款和外钞汇款，目前中

---

① 在票汇业务中，付款行也可以是出口地银行以外的第三国银行。如果是第三国银行，出口商则要委托当地的一家银行办理光票托收。

国银行外汇汇款的手续费一般为汇款金额（人民币或者美元按当时汇率折算人民币）的千分之一（手续费最低为人民币 50 元，最高为人民币 260 元）；电报费为人民币 150 元（汇到港澳地区为人民币 80 元）；外钞汇款除千分之一的手续费和电报费外，还要加收一定的“钞转汇”的费用，按汇款当天“钞卖汇买”的差价收取。票汇不收电报费，其他收费项目和标准与电汇相同。

4. 流通性。电汇不能流通；票汇的汇票可以流通，有时候比较灵活。例如，进口商可以带汇票到购货地看货，如果满意，提货时将汇票背书给出口商即可。

5. 安全性。票汇没有电汇安全：电汇只要汇出行发送了电汇指令，出口商收款就有了保障；而票汇有一定风险，付款人没有足够的资金也可以向银行申请开立汇票或支票，付款人对票款在三个月内有追索权，票据可以伪造。

【实例】

某年 4 月，某市工业总公司收到尼日利亚一个客户寄来的烤箱订单及汇票和银行证明书，汇票签发行为 A 银行，付款行为 B 银行，金额为 4 873 美元，银行证明书由出票行出具。在订单中，尼日利亚商人称，因为这是首笔交易，不能确定烤箱在尼日利亚的市场前景，因此只需要一些样品做广告、办展销，所寄汇票为几台样品的担保款，要求我方尽快以空运方式发货，并将空运单据随汇票一同托收。尼日利亚商人还称，如果烤箱市场前景不错，即开信用证大批订购。负责烤箱销售的业务人员向该市某银行进行了咨询。

银行在仔细审查后，发觉该业务有欺诈之嫌，银行要求公司暂不发货，理由是：（1）出票行和付款行资信不详，仍需要进一步查询。（2）尼日利亚商人要求先空运货物和托收汇票。汇票如系伪造或遭拒付退票，货物一旦被尼日利亚商人取走，公司将处于钱货两空的局面。而且在订单中，尼日利亚商人一再强调只有空运样品后才能托收汇票，这种偿付条件明显有问题。（3）尼日利亚是汇票诈骗的多发地区。（4）尼日利亚商人的大批订货是一种诱惑手段。

于是银行建议将汇票先寄送至纽约清算中心托收，待货款收妥后再发货。不久纽约清算中心电告该银行，尼日利亚方面汇票的出票人签字系伪造，汇票遭到拒付。[①]

## 1.3 汇付的特点及风险防范

总的来说，汇付（主要指电汇）的手续简便、速度快、费用比较低。在我国的对外贸易中，中小企业采用电汇结算的占 60% 以上。但汇付是商业信用，银行只提供汇款服务，不承担付款责任。另外，银行对邮递过程中的延误、遗失，对货物及代表货物的单据也不负责。因此，汇付有一定风险，不法商人常利用汇付进行诈骗，下面是一些常见的欺诈手段。

1. 进口商要求货到付款，到货后，再以质量、规格等不符为由拒绝付款或压价，或要求货物销售后再付款。

2. 进口商先下几笔小单，并守信用地付款，骗得出口商信任后再下一个大单，然后

① 改编自：杨长春. 国际金融欺诈案例集. 北京：对外经济贸易大学出版社，2002.

以资金短缺、交货期紧等为由要求做货到付款，等货到后就杳无音信了。

3. 进口商利用本国海关关于出口商要求退货或转卖需要征得进口商同意的规定，等货到后不付款、不提货，也不同意出口商退运或转卖，使货物长期滞港，然后要挟出口商降价。

4. 进口商与本地不法承运人或货代勾结，使其无单放货，然后拒绝付款。

【实例】

X公司与Y公司签订了6万美元的服装出口合同，付款方式为先电汇30%货款为定金，其余货款在收到提单复印件后付清。X公司收到定金后发货，然后将单据复印件传给了Y公司。客户来电称：由于市场价格急剧下跌，要求降30%才付款。X公司不同意，决定联系船公司将货物退运，但船公司告知无法办妥货物退运手续，因为该国海关规定退货必须征得原进口方同意，无奈之下X公司只好同意了对方降价30%的要求。

防范汇付风险，一般应注意下列事项：

1. 做好客户资信调查，如果客户资信不佳或者是新客户，则不轻易采用汇付。

2. 一般应采用图5－4中的电汇程序。

3. 对一些较大的订单，可以采用“分批发货、分批付款”的方法防范风险（见下面的文摘）。

4. 必要时可以做国际保理业务或投保出口信用险。

5. 掌握好汇付的使用场合。汇付主要用在下列场合：与少数有长期业务往来、资信良好的客户之间的结算；小额贸易、贸易从属费用（如预付款和订金、货款尾数、佣金和回扣、贸易退赔等）的结算；跨国公司内部的结算；分期付款或延期付款的结算等。

文摘

## 降低汇付风险的一种方法

在浙江省的义乌、柯桥等地常用的汇付方法是：买卖双方签订合同后，由买方先付50%~60%的定金。工厂先开工生产，等到货物出运后，再以交付提单为凭据支付其余40%~50%的货款。

定金的多寡，视买卖双方的信任程度而定。如果是老客户，那么对方所付定金可为货款的30%~40%，有的甚至允许进口商在收货、验货后再支付余款。

我在绍兴柯桥工作的时候，曾经遇到过一个实例，某印度尼西亚客户到绍兴欲购80万美元的纺织品面料，但在签订合同时只肯预付10%（即8万美元）的定金。这应该说是一笔数额不小的订单。可不少厂商都不敢接这个订单，因为对方只肯付10%的定金，数量、金额又这么大。其实，这个订单还是可以接的，例如，出口商可采取“分批出运，分批收汇”的方法。第一批先出价值十多万美元的货，在第一批货物的货款收妥后再发运第二批货，第三批的发货视第二批的收汇情况而定。这样一来，对方实际上等于预付了70%以上的货款。

资料来源：摘自世贸人才网上的《国际结算中各种付款方式比较》一文。

# §2 托 收

## 2.1 托收概述

托收（Collection）指出口商在发运货物后，将单据和汇票交给银行，委托银行向进口商收取货款的结算方式。其基本当事人有四个：（1）委托人（Principal），也称本人、托收人，是委托银行收取货款的人，即出口商。（2）托收行（Remitting Bank），又称寄单行，指接受委托人的委托代为收取货款的银行，一般是出口地的银行。（3）代收行（Collecting Bank），指接受托收行的委托向进口商或付款人代为收取货款的银行，一般是托收行在进口地的分行或代理行。（4）付款人（Drawee），指支付货款的人，即进口商。

托收业务中其他可能的当事人还有：（1）提示行（Presenting Bank），指向付款人提示汇票和单据的银行，又称“交单行”。在一般情况下，代收行就是提示行。但有时代收行与付款人无往来关系，而与付款人的往来银行有账户关系。这时，为便于付款人向往来银行融资，或为了能如期收款，代收行可以应付款人的请求，委托其往来银行充当提示行。（2）需要时代理（Principal’s Representative in Case of Need），是委托人为了避免付款人拒付时无人照顾货物而在付款地指定的代理人，委托其在付款人拒付时办理货物存仓、保险、转售、运回等事宜。按国际惯例，如果委托人在托收指示中指定了需要时代理，则应同时注明该代理人的权限。如果不注明，那么银行将不接受该代理人的任何指示。

托收的基本业务流程见图 5－6。

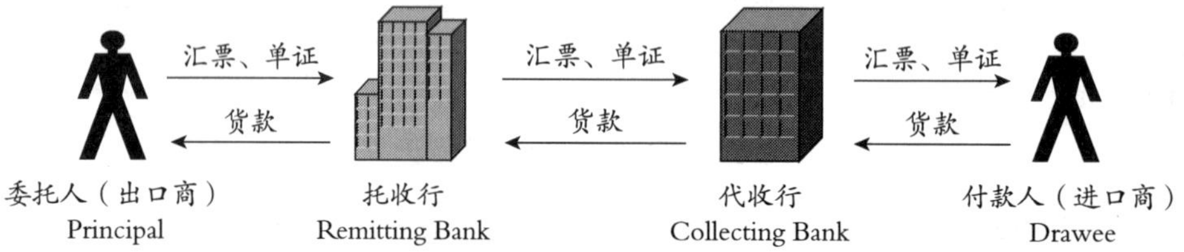


**图 5－6 托收的基本业务流程**

在国际结算中，结算工具与资金流向一致的支付方式叫“顺汇”，相反的叫“逆汇”，因此，托收与后文中要介绍的信用证都是逆汇，前文中介绍的汇付是顺汇。

托收可分为光票托收与跟单托收两大类。光票托收（Clean Collection）指不随附商业单据，仅凭财务单据的托收。[①] 财务单据指汇票、本票、支票；商业单据主要指代表物权的提单。光票托收也可以附带某些不代表物权的商业单据（如发票、装箱单等）。光票托收主要用于收取货款尾数、样品费、佣金等贸易从属费用。

跟单托收（Documentary Collection）指除了财务单据,还随附商业单据的托收。例如，商业汇票加发票、提单、装箱单、品质证书、保险单和其他单据等。跟单托收可以用于贸易、非贸易、贸易从属费用的结算。跟单托收是国际贸易的一种主要结算方式。跟单

① 参见国际商会 URC522 第 2 条 C 款。

托收又分为付款交单（Documents against Payment，D/P）和承兑交单（Documents against Acceptance，D/A）两类。付款交单又分为即期付款交单（D/P at Sight）和远期付款交单（D/P after Sight）。托收的分类见图 5－7。

与跟单托收有关的国际惯例是 URC522。该惯例最初由国际商会制定于 1958 年，名为《商业单据托收统一规则》，后来又做过修订，并更名为《托收统一规则》（Uniform Rules of Collection，URC），目前使用的是 1995 年的版本，以国际商会第 522 号出版物出版，故简称为 URC522。

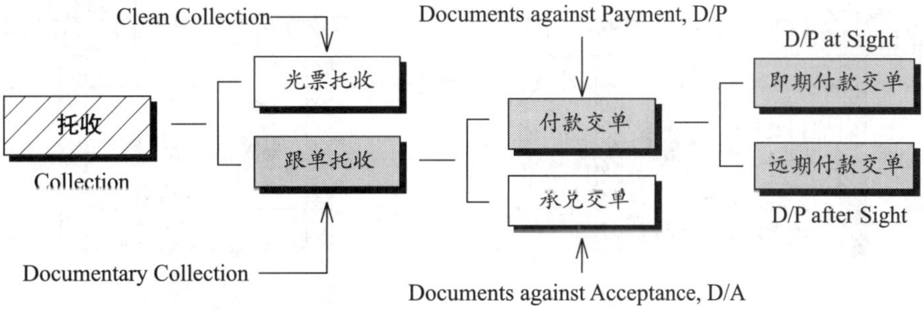


**图 5－7　托收的分类**

注：带灰色底纹的是在实践中常用的托收方式。

## 2.2　付款交单

付款交单指只有在进口商支付货款后才交出单据的托收方式，它是跟单托收的主要种类，又分为即期和远期。

**即期付款交单**　其特点是：出口商开立即期汇票，进口商见票即付，付款后立即交出单据。其业务流程见图 5－8。

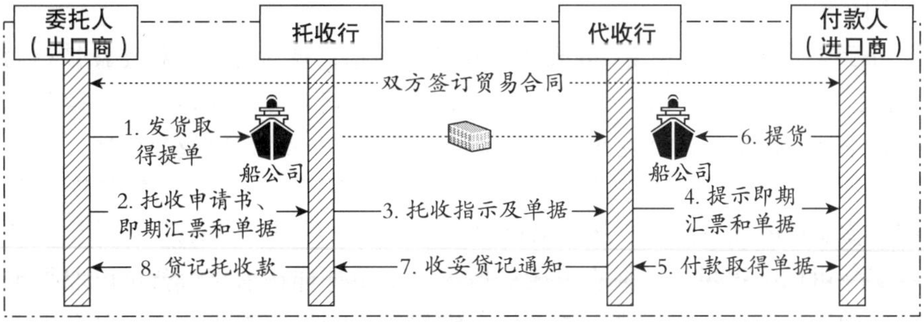


**图 5－8　即期付款交单的业务流程**

在图 5－8 中的第 5 步，付款人收到提示的单据并审核后，如接受单据，则必须立即付款。代收行收款后交单。如果付款人拒绝接受单据，则应提出拒付理由，单据暂由代收行代保管，代收行应立即将拒付情况及理由电告托收行，等候其进一步指示。

【案例5-1】

某出口商以即期付款交单向日本客户出口一批鞋子，货物装箱发运后，日本进口商发来传真，要求出口商先把1/3正本提单寄给他。这样是否有风险？如果出口商要方便日本进口商，应如何避免风险？①

**远期付款交单** 其特点是：出口商开立远期汇票，进口商见票后先行承兑，于汇票到期日付款，付款后取得单据。其业务流程见图5-9。

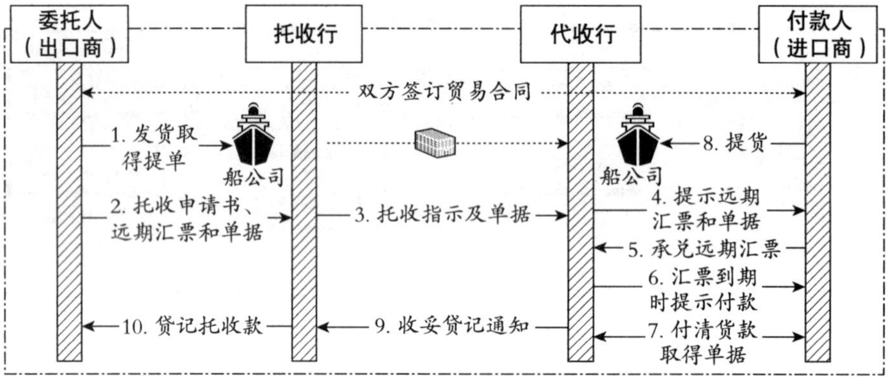


**图5-9 远期付款交单的业务流程**

远期付款交单付款日期的确定方法主要有："D/P at...days after sight""D/P at...days after date""D/P at...days after B/L date"。第一种付款日期从付款人见票起算，付款人何时见票，收款人、托收行都无法事先得知，因此比较被动；对于第二种、第三种付款日期，收款人、托收行可以事先推算出，因此比较主动。

远期付款交单下远期汇票到期日的计算方法见第4章第1.2节。

【案例5-2】

某公司于4月9日开出见票30天的远期汇票一张，连同有关单据委托银行向国外客户收款（D/P见票30天）。国外代收行于4月19日向国外客户提示汇票，国外客户于当日办妥承兑手续。问国外客户应在什么时候付清货款？什么时候取得单据？

远期付款交单的优缺点可以从进出口两方面来看，对进口商来说，在资金有困难时，远期付款交单可以推迟付款，但它也无法像承兑交单那样在承兑后就可以取得单证。如果货物已经到港，不及时提货则可能产生滞港费等。如果要提货，那么只有提前付款或凭信托收据（Trust Receipt，T/R）向代收行借单，而代收行一般不愿意借单。因此，在实践中，进口商并不欢迎远期付款交单，而更喜欢承兑交单。对代收行来说，也不欢迎远期付款交单，因为要在远期汇票到期前保管单据，增加了手续和责任。对出口商来说，远期付款交单比承兑交单安全，但无法立即取得货款。

有人认为，按URC522的规定，托收中没有远期付款交单这个种类，其根据大概是

① 摘自：鲍传萍. 外贸业务解惑500例. 北京：对外经济贸易大学出版社，2005.

URC522 第 7 款的有关规定。现将这些规定摘录如下：

1. 附有商业单据必须在付款时交出的托收提示，不应该包含远期汇票。

2. 如果托收包含远期付款的汇票，托收指示则应列明商业单据凭承兑而非凭付款交给付款人。如果未说明，商业单据则只能是付款交单，而代收行对由于交付单据的任何延误所产生的后果将不承担责任。

3. 如果托收包含远期付款汇票，而且托收指示列明应凭付款交出商业单据，那么单据只能凭该付款才能交付，而代收行对由于交单的任何延误所产生的任何结果将不承担责任。

本书认为，从以上三条规定并不能得出 URC522 中没有远期付款交单这个种类的结论。以上三条规定的意思是：付款交单一般不应该包含远期汇票，如果包含远期汇票，则最好采用承兑交单；如果包含了远期汇票，托收指示又指明是付款交单或没有说明是承兑交单，则代收行只能做远期付款交单，但代收行对延迟交单产生的后果不负责。也就是说，由于远期付款交单可能导致进口商无法及时提货，因此 URC522 不建议采用远期付款交单，但并不是没有这个种类。

需要注意的是：有些国家的银行（主要是拉美国家银行）按本国法律规定，常将远期付款交单变成承兑交单来操作，这是 URC522 所允许的。URC522 第 1 条第 1 款指出，它只适用于双方没有另外约定，或不与某一国家、某一政府，或不与当地法律和尚在生效的条例有所抵触的情况。因此，要采用远期付款交单，应先了解进口国的有关规定。

【案例 5－3】

2010 年 2 月，A 公司与英国 B 公司签订了一份销售合同，支付方式为 D/P 见票 120 天。货物发运后，A 公司将单据交本国托收行寄出，但直到 2010 年 9 月尚未收到货款。于是，A 公司要求托收行指示代收行退单，但代收行说它已根据英国银行的规定凭 B 公司的承兑将单据放给了 B 公司。后来 A 公司与 B 公司沟通，但 B 公司以种种理由不付款。A 公司于是找托收行，托收行指责代收行将付款交单变成了承兑交单，要代收行付款。但代收行不答复，直到 2010 年 10 月，才告诉托收行 B 公司已经破产，并寄来了法院的破产通知书。结果 A 公司落得货款两空。问 A 公司有哪些失误？

## 2.3　承兑交单

承兑交单是跟单托收的另一类，其特点是：出口商开立远期汇票，进口商见票后承兑，承兑后取得单据，远期汇票到期时再付款。其业务流程见图 5－10。

承兑交单付款日期的确定方法主要有：“D/A at...days after sight”“D/A at...days after date”“D/A at...days after B/L date”。第一种付款日期从付款人见票起算，付款人何时见票，收款人、托收行都无法准确得知，因此比较被动；第二种、第三种付款日期可以事先推算，因此比较主动。

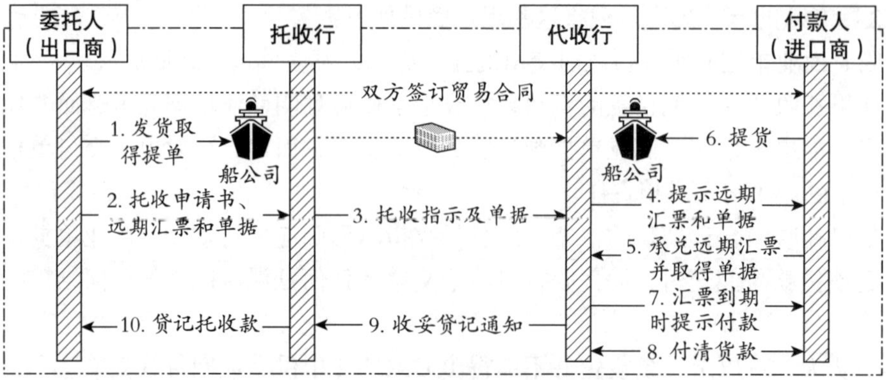


**图 5-10 承兑交单的业务流程**

承兑交单下远期汇票到期日的计算方法见第 4 章第 1.2 节。

**【案例 5-4】**

一笔托收业务，提单日为 2017 年 7 月 10 日，付款人收到单据的日期为 2017 年 7 月 15 日。请计算：（1）“D/A at 30 days after sight”的付款日期；（2）“D/A at 30 days after B/L date”的付款日期。

承兑交单与远期付款交单的相同点是：都是开立远期汇票，进口商都要先承兑汇票，都是汇票到期时付款。不同点是：承兑交单是在进口商承兑汇票后就交出单据，远期付款交单是在进口商付清货款后才交出单据。因此，承兑交单的风险比远期付款交单大得多。进口商承兑汇票时并未付款，如果取得单据提货后经营不善或破产倒闭，那么最终可能会付不出款。如果交易金额较大，那么出口商还可以凭手中的承兑汇票与进口商打国际官司（但十分麻烦）；如果交易金额较小，那么打国际官司就得不偿失。因此，出口商要慎用承兑交单。

**【案例 5-5】**

G 公司与国外进口商签订了一笔玩具合同，金额为 USD 25 100，结算方式为 D/A 60 天。两周后代收行来电称国外进口商已经承兑汇票，但 60 天过去了，国外进口商并没有付款。于是托收行要求代收行催促国外进口商付款。一周后，代收行回电说由于货物的市场行情不好，国外进口商将在下月付款，但后来还是没有付款。最后代收行回电说国外进口商拒绝付款，请委托人自行联系国外进口商，并要求付清来往电报费。G 公司十分恼怒，要求代收行承担责任。托收行不同意，并强行划扣了 G 公司账户上 45 美元给代收行。问 G 公司应吸取什么教训？

## 2.4 托收的特点与风险防范

托收的特点可以从进出口双方来看，对出口商来说，托收是商业信用，银行只提供服务，不承担付款责任，出口商是否能收到货款，主要看进口商是否守信用；另外，托收占用资金的时间长，出口商需要垫付资金备货、装运，直到收回货款。但对出口商来说，托收（主要指付款交单，下同）的安全性比后 T/T 好。这是因为，后 T/T 是进口商取得正本单据后付款；托收是进口商付款后取得正本单据，如果进口商不付款，那么正本单据还在出口商手里，它可以在进口国另寻买主或将货物运回。即使是承兑交单，也比后 T/T 安全，如果进口商取得单据后不付款，则至少还有进口商承兑的汇票在出口商手里。

对进口商来说，托收则非常有利。因为它总是先发货后付款，进口商不仅没有风险，而且得到了短期融资；如果是承兑交单，得到融资的时间则更长。正因为如此，出口商常将采用托收结算作为增强出口竞争力的手段。

由于托收也是一种商业信用，因此存在一定的风险，风险主要有：

1. 进口商不收货，不付款；或在提取货物后不付款。

2. 进口商破产或倒闭，无力付款。

3. 出口货物价格下跌，进口商找种种借口不付款或拒绝承兑，要求出口商降价。

4. 货物发运后，进口商无法领到进口许可证，或无法获得付款所需要的外汇。

5. 代收行不按托收指示办事，在没有收取货款的情况下擅自放单给进口商。

6. 有些国家的银行依据其国内法，常将远期付款交单变成承兑交单来处理。

7. 在承兑交单方式下，进口商取得单据后到期拒付。出口方虽然可以凭进口商承兑的汇票提起诉讼，但打国际官司得不偿失。

**【案例 5－6】**

D 公司与国外进口商签订了一笔冻鸡贸易合同，金额为 USD 16 300，结算方式为付款交单。D 公司发货后将单据交托收行托收，由于和国外客户是第一次做生意，为掌控物权，D 公司将海运提单的收货人打成国外代收行。一个月后，货物到达进口国，但此时进口国市场冻鸡价格下跌，国外进口商于是不到代收行付款赎单。眼看海关的免费存放期将到，D 公司想起提单的收货人是代收行，于是请代收行代它提货并联系冰库存放。但代收行说它没有这种义务。D 公司只好派业务员前往处理，最后亏本贱卖了货物。后来 D 公司提出，代收行作为提单的收货人没有尽责，于是请托收行向代收行索赔，托收行没有答应。问 D 公司的要求是否合理？代收行是否要承担责任？[①]

---

防范托收风险，应注意下列问题：

1. 做好客户资信调查，根据客户的信用、经营能力和作风决定是否采用托收和托收金额的大小。

2. 严格按合同规定制单，否则买方有权拒付。

3. 尽量采用即期付款交单，慎用远期付款交单和承兑交单。

4. 尽可能选择信誉好的银行做代收行。

5. 了解进口国的贸易法规、外汇管理条例和银行习惯；了解客户是否能取得有关进口许可证或批件，是否能取得外汇或用汇批件。

---

① 改编自：庄乐梅. 出口商如何保障安全收汇. 北京：中国海关出版社，2008.

6. 提单一般应做成指示抬头（to order, to order of × bank），以便在进口商拒绝付款或承兑时控制物权。

7. 出口商在进口国最好有代理人，以便在进口商拒付时，有人代办存仓、保险、转运或运回等手续。

8. 也可以让客户先电汇一部分定金以降低风险。

9. 如有必要，则可以做国际保理业务或投保出口信用保险。

## 复习题

1. 汇付有哪三种方式？用得最多的是哪种方式？
2. 简述电汇和票汇的业务流程。
3. 在国际贸易中，电汇有哪四种方式？什么是前 T/T、后 T/T？
4. 常见的汇付欺诈手段有哪些？如何防范汇付风险？
5. 画出下列托收方式的业务流程：即期付款交单、远期付款交单、承兑交单。
6. 托收为什么可以作为增强出口竞争力的一种手段？
7. 防范托收风险，应注意哪些问题？

## 问题与案例

1. 有两笔业务，结算方式为：（1）D/P 见票 30 天，（2）D/A 见票 30 天。两笔业务的国外客户均于 8 月 1 日办理了承兑手续，问客户各自可以在何日取得货运单据？

2. 在即期付款交单、远期付款交单、承兑交单三种托收方式中，哪种托收方式对卖方风险最大？为什么？

3. 我国某外贸公司向国外 C 公司出口货物，付款条件为 D/P 见票 45 天付款。当汇票及单据通过托收行寄达代收行后，C 公司履行了承兑手续，同时出具信托收据向代收行借得单据提货。后来 C 公司因经营不善失去偿付能力，代收行建议我国外贸公司直接向 C 公司索取货款。代收行的说法是否正确？为什么？

4. A 公司与国外客户签订了出口合同，金额为 101 200 欧元，以即期付款交单方式结算。A 公司发货后将单据与合同交托收行办理托收。托收行审核单据与合同相符，然后将其寄交国外代收行。但过了一个多月代收行没有回音，托收行于是去电询问，代收行回电称：进口商拒绝付款赎单，单据将被退回。托收行立即通知 A 公司。A 公司认为“单同相符”（单据与合同相符），代收行必须付款，于是请托收行要求代收行付款。但托收行不答应，最后托收行将代收行退回的单据退还给了 A 公司。问 A 公司是否有权以“单同相符”要求代收行付款？为什么？

# 第 6 章
# 信用证

信用证（Letter of Credit，L/C）大约出现在 19 世纪后半叶的西欧，至今已有 100 多年的历史，它不仅可以用于国际贸易结算，也可以用在其他方面，这里只介绍国际贸易中使用的信用证。

信用证是国际贸易最重要的结算方式，在今天的国际贸易中，80% 以上的交易都是采用信用证结算的。

## §1 信用证的基本知识

### 1.1 信用证的概念和当事人

通俗地说，信用证是银行应进口商的请求开立给出口商的一个有条件的付款保证书。"有条件"指受益人必须在规定的时间内向银行提交符合信用证要求的单据。在信用证业务中，一般担保和银行的保证不同。一般担保是在主债务人不履行债务时由从债务人代为履行；在信用证业务中，银行的保证是第一位的，即只要出口商在规定的时间内提交了符合要求的单据（相符交单），开证银行就必须向出口商付款，而不管进口商是否付款给它。

国际商会第 600 号出版物《跟单信用证统一惯例》（UCP600）第 2 条给信用证下的严谨定义是：信用证指一项不可撤销的约定，无论其名称或描述如何，该约定都构成开证行对相符交单予以承付的确定承诺。承付是指：a. 如果信用证为即期付款信用证，见单即付；b. 如果信用证为延期付款信用证，承担延期付款责任并到期付款；c. 如果信用证为承兑信用证，承兑受益人开出的汇票并到期付款。

为了便于理解，我们找了一份简单的传统信开信用证的中译本供参考（见示样 6－1）。

**示样 6－1　一份简单的传统信开信用证的中译本**

汇丰银行

中国北京　　　　美国 1984 年 1 月 1 日

中国工艺品进出口总公司　　　　信用证号 84705

**不可撤销信用证**

本信用证通过中国银行通知受益人。

本行受美国威龙敦有限公司的委托，开立以你公司为受益人的不可撤销信用证，金额不超过 $20 000（贰万美元）。你公司可凭本证按发票金额 100% 开立以我行为付款人的即期汇票，并附交下列各项单证：

① 商业发票一式三份；

② 全套清洁已装船提单，并应注明“运费已付”，凭指定，空白背书；

③ 海运保险单或保险凭证一式二份，投保协会货物条款（基本险），保险价值包括 CIF 价值加 10%。

货物的装船日期不得迟于 1984 年 2 月 10 日，由中国港口运往纽约。

不允许分批装运、不允许转船。

按本信用证开立的汇票须于 1984 年 2 月 25 日或在该日期之前在中国提示议付。

货物细目

棉针织手提包 100 件，合同号 APJ83A401 号。

汇丰银行保证：凡按本信用证各项条件所开出的汇票，本行将到期付款。

汇丰银行

经理 ×（签字）

以常见的议付信用证为例，信用证业务的基本当事人有五个：

1. 开证申请人（Applicant）。又称“开证人”（Opener），指请求银行为它开立信用证的人，一般是进口商。

2. 开证行（Opening Bank, or Issuing Bank）。指接受开证申请人的请求开立信用证的银行，一般是进口商的开户行。

3. 通知行（Notifying Bank, or Advising Bank）。指应开证行的请求将信用证通知给受益人的银行，一般是出口商的开户行。

4. 议付行（Negotiating Bank）。又称“押汇行”或“贴现行”，指根据开证行的授权，愿意买入出口商开立的汇票及单据的银行，可以是通知行，也可以是其他银行。

5. 受益人（Beneficiary）。指有权享受信用证的权益的人，一般为出口商，其享有按信用证规定签发汇票向开证行索取货款的权益。

**【案例 6－1】**

请指出示样 6－1 所列信用证中的基本当事人。

---

信用证业务可能涉及的其他当事人还有：

1. 付款行（Paying Bank, or Drawee Bank）。指承担信用证下的付款责任的银行。在需要汇票的信用证下，付款行通常是汇票的受票人。付款行可以是开证行，也可以是开证行委托的其他银行如出口地、开证地或该信用证货币清算中心的银行等。

2. 偿付行（Reimbursement Bank）。又称“清算银行”（Clearing Bank），指受开证行的指示或授权，对付款行或议付行的索偿予以偿付的银行。偿付行通常是信用证货币清算中心的银行，或开证行在出口地的分支机构。在开证行与议付行或付款行之间没有相应的货币账户关系时，就需要借助偿付行达到付款与清算的目的。

3. 保兑行（Confirming Bank）。指应开证行的请求对信用证加具保兑的银行。

4. 承兑行（Accepting Bank）。指承兑信用证下对受益人签发的远期汇票进行承兑的银行。承兑行可以是开证行本身，也可以是通知行或其他指定银行。

5. 交单行（Presenting Bank）。又称“寄单行”，指受开证行或受益人委托，将单据寄交开证行或其指定银行的银行，它不承担议付或付款责任，仅起传递单据的作用。

以上这些当事人的概念有的要在了解信用证的种类后才能更加清楚。

## 1.2 信用证的操作过程

### 1.2.1 基本业务流程

信用证的种类不同，业务流程也有所不同，下面以实践中采用得最多的议付信用证为例，其业务流程如下（见图6-1）。

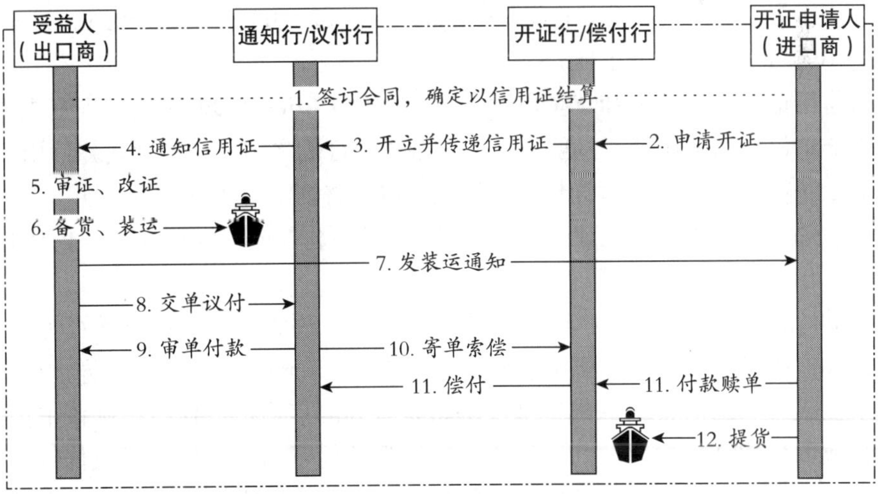


图6-1 信用证（议付）的业务流程

1. 双方签订合同，约定以信用证结算。出口商将自己开户行的名称、地址、SWIFT代码等提供给进口商。

2. 进口商根据合同填写开证申请书交开证行申请开证，并缴纳保证金或提供其他担保。

3. 开证行审核无误后依据开证申请书开证，并交进口商审核，然后传递给通知行。

4. 通知行核对印鉴或密押无误后通知受益人（出口商），受益人可以前往领取原件，也可以领取复印件将原件保留在银行。

5. 出口商审证，发现问题及时联系开证申请人改证，直到改妥为止。

6. 出口商根据信用证要求备货、装运，取得提单。

7. 货物上船后、出运前一天，出口商向进口商发装运通知。

8. 出口商缮制、汇集信用证要求的全套议付单据，开立汇票，在信用证有效期内向议付行交单议付（议付行与通知行可以是同一银行，也可以是不同的银行）。

9. 议付行审单。如果单证相符，则在扣除垫款利息后购入跟单汇票（假定是 UCP600 规定的议付，见本章第 1.2.3 节）；如果单证不符，则要涉及不符点的处理（参见第 23 章）。

10. 议付后，议付行将单据和汇票快递给开证行（或偿付行）索偿。

11. 开证行收到单据后初审，然后通知开证申请人领取单证副本复审。如果没有不符点，开证行则对外付款，并将正本单据交给开证申请人；如果有不符点，则要涉及不符点的处理（参见第 25 章）。

12. 进口商取得单据后提货。

### 1.2.2 信用证的开立和传递

信用证的开立和传递是上述信用证基本业务流程中的两个环节，下面做进一步说明。

**信用证的开立** 信用证的开立方式有两种：（1）信开（Open by Airmail），指以信函开立并通过航空邮件传递信用证。早期的信用证大多为信开，目前除了一些经济落后国家的小银行还有采用，已基本不用；（2）电开（Open by Teletransmission），指以电信手段开立和传递信用证，电信手段有电报（Cable）、电传（Telex）和 SWIFT，目前采用得最多的是 SWIFT（见本章第 2 节）。

电开信用证有“简电”和“全电”之分。简电（Brief Cable）指只列有主要条款、不能用来交单议付的信用证，一般供受益人备货、订舱之用，又称预通知信用证（Pre-advised Credit），证内一般有“详情后告”或“以邮寄证实书为准”等声明。全电（Full Cable）指列有全部条款的信用证，证内没有“详情后告”或“以邮寄证实书为准”等申明，全电是可以用来议付的信用证。

UCP600 第 11 条 a 款规定：经证实的信用证或修改的电信文件将被视为有效的信用证或修改，任何随后的邮寄证实书将被不予置理。若电信文件声明“详情后告”（或类似词语）或声明随后寄出的邮寄证实书将是有效的信用证或修改，则该电信文件将被视为无效的信用证或修改。开证行必须毫不迟延地开出有效信用证或修改，且条款不能与电信文件相矛盾。UCP600 第 11 条 b 款规定：只有预备开立有效信用证或修改的开证行，才可以发出开立信用证或修改的“预先通知”。发出预先通知的开证行不可撤销地承担毫不迟延地开出有效的信用证或修改的义务，且条款不能与预先通知书相矛盾。

**【案例 6－2】**

有一电开信用证，证内未申明“以邮寄文本为准”，受益人按照信用证发运了货物，并将符合信用证要求的全套单据提交给通知行议付。不料通知行拿出刚收到的开证行寄来的邮寄文本，并以电开本与邮寄文本不符拒付。随后，通知行又与开证行联系，开证行回电也称“以邮寄文本为准”。问通知行和开证行能否拒付？

**信用证的传递**

信用证大都通过通知行传递给受益人，因为银行之间互换了印鉴和密押，可以鉴别信用证的真伪。将信用证直接寄给受益人的情况很少见，如果遇到这种情况，受益人应将信用证立即拿到银行去鉴别真伪。

【案例 6－3】

某出口商向尼日利亚客户出口手动工具，客户开了 3 万美元的信用证，开证行将信用证直接寄给了出口商，出口商应该如何处理？

通知行通知信用证会附一张信用证通知书，列明信用证的主要内容和注意事项，然后将其和相关信用证一起交给受益人（参见参考资料 6.1、6.2）。

UCP600 第 9 条对通知行的有关责任做了规定：（1）通知行如果愿意接受开证行的邀请承担通知信用证的工作，则应负责鉴别信用证表面的真实性；（2）通知行如不愿意通知或者无法鉴别信用证表面的真实性，则应毫不迟延地告诉开证行；（3）通知行如果无法鉴别信用证表面的真实性，又决定将信用证通知给受益人或第二通知行，则应该在通知时告知受益人或第二通知行它未能鉴别信用证表面的真实性。由此可见，受益人在收到信用证时，只要通知行没有申明无法鉴别信用证表面的真实性，信用证表面的真实性就有了保证。

### 1.2.3　议付与索偿

本节再对信用证基本业务流程中的议付和索偿两个环节做一些说明。

议付（Negotiation）指受益人将信用证要求的单据交给议付行要求付款，议付行在单证相符的情况下付款给受益人的行为。在我国对外贸易中，议付有三种做法：

1. 押汇。指议付行在相符交单的情况下，按汇票金额扣除从议付日到估计收到票款日的垫款利息及银行费用后，将净额有追索权地垫付给受益人。议付行买入跟单汇票后，即成为汇票的持有人，可以凭跟单汇票向开证行或偿付行索偿。

押汇实际上是银行对出口商提供的一种短期融资（参见第 7 章），我国银行办理押汇的主要条件是：开证行资信良好，提交的单证相符，开证行所在的国家或地区不属于外汇短缺或有严重政治经济危机的国家或地区。

2. 收妥结汇。指在相符交单的情况下，议付行先向开证行寄单索偿，收到开证行将货款划入自己账户的通知后，再将货款划转给受益人。

押汇与收妥结汇基本流程的比较见图 6－2。

3. 定期结汇。指在相符交单的情况下，议付行按事先规定的期限将货款支付给受益人，而不管议付行是否得到了开证行的偿付。该期限自交单日起算，长短按不同国家或地区索汇的邮程分别制定（一般为 7~14 天）。

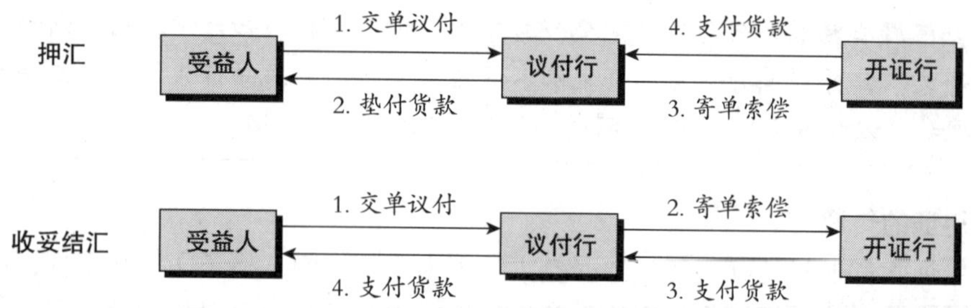


图 6－2　押汇与收妥结汇的比较

在以上三种做法中，目前我国银行主要采用收妥结汇，尤其是在应用有电索条款的信用证时，因为在可以电索的情况下收汇较快。

**专　论**

## 电索条款

在收妥结汇的情况下，如果出口商想要提早收汇，加快企业资金周转，减少企业贷款利息，则可以要求进口商在信用证中加列电索条款（T/T Reimbursement Clause）。

电索条款指开证行在信用证中授权议付行在相符交单情况下，通过电报、电传要求开证行或偿付行立即用 T/T 汇款的条款。如“If documents are in accordance with the L/C，you can reimburse the payment by T/T”，或者“T/T reimbursement allowed”。议付行在电报或电传中应申明单据与信用证条款相符，并已按照信用证规定寄送。出口商一般要将全套单据交给议付行，议付行寄单后一般三天内就可结汇。开证行收到单据后如果发现有不符点，则有权向议付行追索。

在进口业务中，我国银行一般不开有电索条款的信用证。

但收妥结汇不是 UCP600 规定的议付，UCP600 第 2 条指出，议付是指在指定银行获得偿付的银行营业日当天或之前在相符交单的情况下，指定银行买入汇票（向指定银行以外的一家银行出具的）和 / 或单据，向受益人预付或同意预付资金。由此可见，UCP600 规定的“议付”应该是押汇而不是收妥结汇。

收妥结汇使议付信用证丧失了“一手交钱、一手交货”（象征性交货）的好处，议付行实际上变成了寄单行，议付信用证变得与托收差不多，只是安全性好一些。

索偿（Claim Reimbursement）指议付行（以议付信用证为例）凭跟单汇票向开证行或偿付行请求偿付的行为。UCP600 规定：在议付的情况下，议付行要先购入跟单汇票，然后向开证行索偿；在收妥结汇的情况下，议付行不购入跟单汇票，直接将其寄给开证行索偿。

议付行向偿付行索偿的程序是：（1）开证行开证后向偿付行发偿付授权书，通知其授权付款的金额、信用证号码、偿付费用由何方承担等。（2）议付行购入跟单汇票后（假定是 UCP600 规定的议付）将单据寄给开证行，同时向偿付行发索偿书，告之开证行名称、信用证号码等。（3）开证行收到单据审核无误后，指示偿付行付款给议付行。如有不符点，则要涉及不符点的处理，开证行暂不给偿付行发偿付指令。

## 1.3 信用证的内容和格式

### 1.3.1 信用证的内容

**信用证的一般内容** 信用证内容没有统一的规定，因交易的不同而有所不同。从一般的角度来说，主要包含下列内容：

1. 信用证的性质和种类。如能否撤销（一般为不可撤销）、转让，是否需要保兑。

2. 信用证本身的说明。如信用证的编号、开证日期、信用证的到期日（有效期）、到期地点、交单期限等。

3. 信用证的当事人。包括开证申请人、开证行、受益人、通知行，付款行、议付行等。

4. 对汇票的说明。如汇票的出票人、受票人、付款期限、出票日期、票面货币种类及金额等。

5. 兑付方式的说明。如即期付款、迟期付款（延期付款）、承兑、议付等。

6. 货物的描述。如货物的名称、规格、数量、包装、单价、总价、贸易术语等。

7. 信用证使用的货币和总金额。信用证使用的货币一般为可自由兑换货币，总金额可以根据需要规定上下浮动的幅度。

8. 运输条款。如起运港、目的港、转运港、最终目的地、最迟装运期、可否分批装运、可否转运等。

9. 保险条款。如买方投保还是卖方投保，投保的比例或金额、险种、适用的保险条款、赔付地点、赔付使用的货币种类等。

10. 对单据的要求。要求提交的单据通常有商业发票、装箱单、运输单据、保险单、产地证明、受益人证明等。

11. 特别条款。如货物应由指定船公司装运，运输船只不准停靠某港口，受益人装运后应寄一份副本单据给开证申请人，信用证限制在某银行议付，通知行应对本证加具保兑，信用证的有关银行费用由谁承担等。

12. 信用证的偿付方式及寄单条款。要明确是开证行付款还是偿付行或付款行付款，议付行是一次寄单还是二次寄单，邮递方式是快邮还是普通邮递，并列明开证行的收单地址。

此外，还有信用证遵循的国际惯例、印鉴和密押等。

了解信用证的内容，可以查看 SWIFT 信用证的报文格式 MT700，该格式将信用证可能涉及的内容归纳成许多条款（见本章第 2 节），通过它可以较全面地了解信用证的内容。

【案例 6－4】

分析示样 6－1 中所列的信用证，指出它包括哪些内容。

---

**三个重要日期** 在信用证的内容中有三个重要日期需要特别注意：

1. 信用证的有效期（Expiry Date），俗称“效期”，是受益人必须交单议付的最后期限，超过该期限信用证则失效。信用证必须有有效期，否则无效。UCP600 第 6 条规定：信用证必须规定交单的有效期限，规定的承付或议付的有效期限将被视为交单的有效期限。

信用证的效期一般规定在装运期后 15 天，以便出口商有时间制单结汇。如果信用证的效期正好是当地的法定节假日，则可以顺延至银行重新开业的第一个银行工作日。[①]但因不可抗力导致的营业中断不可以顺延。[②]

**【案例 6－5】**

2008 年，某公司收到从欧洲开来的信用证，证内规定交单有效期为 2009 年 1 月 26 日，恰好这一天是春节的大年初一，银行不上班。问这一信用证是否可以在下一个营业日议付？

**【案例 6－6】**

1976 年，天津某出口公司收到一份信用证，证内规定交单有效期为 1976 年 7 月 29 日。发运货物后受益人已备好全套单据，拟于 1976 年 7 月 29 日上午向银行交单议付，但 1976 年 7 月 28 日天津发生大地震，银行在 1976 年 7 月 29 日无法营业。问受益人能否以“不可抗力”为由要求银行在下一个营业日议付？

与效期关联的是到期地点（Expiry Place），俗称“效地”。例如，一份信用证的有效期是某年某月 15 日。如果到期地点是 X 地，那么出口商就必须在 15 日前（包括 15 日，下同）将单证送到 X 地；如果到期地点是 Y 地，那么就必须在 15 日前将单证送到 Y 地。信用证的效地应规定在出口国内，不能规定在出口国外，因为寄单到国外所需要的时间很难被准确估计。信用证可以没有效地，在这种情况下，UCP600 第 6 条规定：可以有效使用信用证的银行所在的地点为交单地点，可在任何银行兑付的信用证，其交单地点为任何银行所在地。

2. 装运日期（Shipment Date），俗称“装期”，指货物的装运期限。它可以是一段时间，也可以是一个最后期限（参见本书第 20 章第 1 节）。出口商装运货物的日子不能超过这个期限，否则就是“单证不符”，开证行可以拒付。

如何确定货物是什么时候装运的？ UCP600 规定，货物的装运日期按提单的签发日期或提单上包含装运日期的装船批注确定；其他运输单据（包括非转让海运单，租船合同提单，航空运输单据，公路、铁路或内陆水运单据，快递收据，邮政收据或邮寄证书）装运日期的确定规则与海运提单相同。[③] UCP600 中的装运日期与前文中所说的装期不是同一个概念，装运日期是指货物是在哪一天装运的。换句话说，货物的装运日期（具体的日子）必须在信用证规定的装运日期（即装期）之内，否则就违反了信用证的规定。

信用证的装期不能超过效期，但可与效期是同一天。信用证可以没有装期，在这种情况下，出口商可以让进口商提出装期，也可以抓紧时间装运，赶在信用证的效期前向银行交单。

---

① 见 UCP600 第 29 条 a 款。

② 见 UCP600 第 36 条。

③ 见 UCP600 第 19、20、21、22、23、24、25 条。

【案例6-7】

某出口公司收到一份信用证，该信用证没有规定装期，只有效期，而且出口商与买家联系不上，这时候出口商应该怎么办？

3. 装后交单期，指在货物装运后必须向银行提交单据的期限，习惯上规定在装期后15天，以便出口商有时间制单。如果客户对单证有特殊要求，装后交单期则应相应延长。

【案例6-8】

中东客户开来一份信用证，要求出口商办理原产地证明并在进口国驻出口国使馆认证，同时规定交单期只有10天，此条款有什么问题？

信用证可以没有装后交单期，在这种情况下，按UCP600第14条c款规定，出口商必须在装运日期后的21个日历日内交单，但在任何情况下不得迟于信用证的到期日。

### 1.3.2 信用证的格式

世界各国的信用证格式还不统一，从使用过的情况看，主要有三种：

1. 书信格式。这是早期的格式，看起来像一封书信（见示样6-1），内容和排列方法都没有严格规定，现在已基本被淘汰。

2. 国际商会标准格式。1951年，国际商会就制定了跟单信用证的标准格式并推荐各国银行采用。该格式随《跟单信用证统一惯例》的修订而修订，最近一版是国际商会第516号出版物《为UCP500制定的新版标准跟单信用证格式》（The New Standard Documentary Credit Forms for the UCP500），简称“ICC516格式”。后来由于SWIFT信用证的广泛流行，该格式也用得不多。

3. SWIFT格式。这是由环球银行金融电讯协会制定的信用证格式，出现在20世纪70年代，之后迅速发展为使用得最广泛的信用证格式，我们将在后文中做专门介绍。

## 1.4 信用证的特点、作用和局限

**信用证的特点** 信用证业务有三个显著的特点。

1. 开证行负首要付款责任。信用证是银行信用，银行开立了信用证就承担了第一付款人的责任。只要受益人提交了相符交单，它就必须付款，而不管开证申请人是否付款给它。

【案例6-9】

某公司按信用证要求将货物装出，但在将单据交当地银行议付前突然接到开证行的通知。该通知说：因开证申请人已倒闭，因此它不再承担付款责任。开证行的说法是否正确？

2. 信用证业务是一项自足文件。信用证是根据合同开立的，但一旦开出即独立于合同，成为一项新的、开证行与受益人之间的契约。在处理信用证业务时，银行只管信用证，不管合同。UCP600 第 4 条指出，就性质而言，信用证与可能作为其依据的销售合同或其他合同是相互独立的交易。即使信用证中提及该合同，银行亦与该合同完全无关，且不受其约束。

【案例 6－10】

中国香港 A 公司向美国 B 公司出口一批服装，在合同中，B 公司要求 A 公司出具原产地证明，但 B 公司在开立信用证时遗漏了这一条。后来，A 公司议付时没有提供原产地证明，中国香港议付行议付了货款，美国开证行偿付了议付行。于是 B 公司对开证行提出异议，要求其赔偿损失。问美国开证行是否要负责？

3. 信用证业务是纯粹的单据业务。银行在处理信用证业务时只管单据，不管与单据有关的货物。UCP600 第 5 条指出，银行处理的是单据，而不是单据可能涉及的货物、服务或履约行为。而且，银行对单据也只负责其表面的真实性，不负责单据的真伪。UCP600 第 14 条指出，按指定行事的指定银行、保兑行（如果有）及开证行须审核交单，并仅基于单据本身确定其是否在表面上构成相符交单。

【案例 6－11】

美国纽约一公司向意大利购买一批智利产的全鱼粉，CFR 成交，信用证结算。议付时，意大利出口商提交的商业发票上的货物名称是鱼粉，而不是全鱼粉。问开证行是否可以拒付？

【案例 6－12】

开证行在审核受益人提交的各项单据后认为单证相符，于是对外付款。但进口商向开证行付款赎单时发现提单的日期是倒签的，于是立即要求开证行退回货款并赔偿损失。问开证行是否要负责？

**信用证的作用**　信用证的出现极大地推动了国际贸易的发展，其积极作用主要有：

1. 极大地缓解了买卖双方不信任的矛盾。汇付和托收都是商业信用，在双方不熟悉的情况下，不敢贸然采用；信用证是银行信用，有了银行居间保证，便使得相互不熟悉的进出口商，或信用较低的中小企业也能做国际贸易了，从而极大地缓解了买卖双方不信任的矛盾。

2. 降低了收汇风险。在信用证业务中，银行承担了第一付款人的责任，只要单证相符银行就必须付款，从而降低了收汇风险。例如，以 FOB 出口，存在不法进口商与承运人串通诈骗的可能。但只要采用信用证结算，不管进口商与承运人是否串通，只要出口商向银行提交了相符交单，银行就必须付款。又如，在进口国实行外汇管制的情况下，存在出口商发货后，进口商的用汇得不到批准的风险。但采用信用证结算，只要进口商开出了信用证，就意味着用汇已经得到了批准。

3. 有利于进出口融资。采用信用证结算的业务比较容易获得金融机构的融资。例如，出口商在发运货物前可以凭信用证做打包放款；发运货物取得单据后可以做出口押汇；如果是远期信用证，在汇票或债权得到开证行承兑或承付后可以做远期汇票贴现；进口商如果信誉良好，开证时可以申请授信开证，收到卖方的单据后可以做进口押汇（参见第 7 章）。

**信用证的局限** 信用证并不是一种完美无缺的结算方式，也存在局限。

1. 手续麻烦，费用高。在国际贸易的三种基本结算方式中，信用证的手续最麻烦，费用最高。因此，一些相互比较熟悉的进出口商一般都不愿意采用信用证结算。

2. 不能完全防范结算风险。第一，银行不管合同、货物和单证真伪，给某些不法商人带来了可乘之机；第二，即使交付的货物与合同完全相符，如果单证有瑕疵，则也会遭到银行拒付；第三，开证行本身的资信有高低，一些实力较弱的银行也有破产倒闭、丧失偿付能力的可能；第四，受政治经济形势的影响，开证行也有付不出款的时候。

3. 专业性强，容易出错。信用证的专业性很强，不熟悉的人容易出错。出错后进口商可以拒付，即使进口商愿意接受不符点，开证行对每个不符点也要罚款 50 美元左右，由出口商负担。另外，还有一些不法商人利用其专业性强、容易出错的特点故意在信用证中设置“软条款”，以达到拒付或迫使出口商降价贱卖的目的。

**【案例 6-13】**

X 公司向国外 Y 公司购买生产灯泡的生产线。合同规定：分两批交货、分批开证，X 公司应于货到目的港后 60 天内复验，若与合同不符，则可以凭商检证书向 Y 公司索赔。合同签订后，X 公司申请开出了首批货物的信用证。Y 公司在第一批设备装船后凭合格的单证议付了货款。在第一批货物到达目的港前，X 公司又申请开出了第二批货物的信用证。

首批货物到达目的港后，经检验 X 公司发现货物与合同规定严重不符，于是立即通知开证行拒付第二份信用证下的货款。但开证行收到议付行寄来的第二份信用证下的单据并审核无误后，再次偿付了货款。于是 X 公司对开证行提出异议，并拒绝付款赎单。问 X 公司是否可以拒绝付款赎单？

## 1.5 与信用证有关的国际惯例

与信用证有关的国际惯例主要有三个。

（1）《跟单信用证统一惯例》（Uniform Customs and Practice for Documentary Credits, UCP）。这是国际商会制定的、有关跟单信用证使用规则的最重要的国际惯例。最初制定于 1929 年，名为《商业跟单信用证统一规则》（Uniform Regulations for Commercial Documentary Credits）。其后做过多次修订，1933 年修订后更名为《商业跟单信用证统一惯例》（Uniform Customs and Practice for Commercial Documentary Credits），1962 年修订后更名为《跟单信用证统一惯例》，即目前的名称。现在使用的是 2007 年的修订本，以国际商会 600 号出版物出版，简称 UCP600。

UCP 是国际惯例，没有法律的强制约束力。但它被许多国家和地区的银行采用，是有关跟单信用证的最重要的国际惯例。

（2）《关于审核跟单信用证项下单据的国际标准银行实务》（International Standard Banking Practice for the Examination of Documents under Documentary Credits, ISBP）。这是国际商会银行委员会制定的一个关于审核跟单信用证下单据的标准的国际惯例，是对 UCP 的补充和细化。

在跟单信用证业务中，由于各国银行对 UCP 的理解不统一，在审单过程中经常发生争议。为了解决这一矛盾，2000 年 5 月，国际商会银行委员会成立了一个专门的工作组，对世界主要国家银行使用的审单标准加以搜集、研究，于 2002 年编撰了《关于审核跟单信用证项下单据的国际标准银行实务》，将其作为 UCP500 的配套惯例，以国际商会第 645 号出版物出版，简称 ISBP645。由于当时 UCP500 正在修订，国际商会银行委员会紧接着就对 ISBP645 进行了相应的修订，产生了 ISBP681，与 UCP600 一起于 2007 年实施。ISBP681 的实施，降低了信用证下单据的拒付率，促进了跟单信用证业务的健康发展。由于国际贸易的形势不断变化，从 2008 年开始，国际商会银行委员会又对 ISBP681 进行修订，到 2013 年通过了 ISBP745，这是目前 ISBP 与 UCP600 配套的最新版本。

UCP600 对信用证下银行审单标准规定得比较笼统，ISBP 则详细得多，而且用大量实例对 UCP600 的某些条款进行了阐述。它不仅可以帮助银行审单员正确审单，还可以帮助进出口商准确理解 UCP600 的规定，正确缮制信用证下的单据。正因为如此，ISBP 被各国银行和贸易界广泛采用。但国际商会不建议在信用证中直接援引 ISBP，因为当事人选择了 UCP 就意味着适用 ISBP。

（3）《〈跟单信用证统一惯例〉电子交单补充规则》（Supplement to the Uniform Customs and Practice for Documentary Credits for Electronic Presentation, eUCP）。该惯例是国际商会银行委员会在 UCP 的基础上就电子交单问题制定的一个补充规则。

自 UCP500 实施以来，在信用证业务中，电子交单日益增多，为适应这一形势，国际商会银行委员会于 2000 年在 UCP500 的基础上起草了《〈跟单信用证统一惯例〉电子交单补充规则 1.0 版》（简称 eUCP1.0），该规则于 2002 年生效。在修订 UCP500 的过程中，国际商会银行委员会对 eUCP1.0 也做了修订，产生了 eUCP1.1，该规则于 2007 年实施。

eUCP 是对 UCP 的补充，不是替代。受 eUCP 约束的信用证（即 eUCP 信用证）也受 UCP 的约束，而不需要在信用证中另外说明。但如果使用 eUCP 和 UCP 时会产生不同结果，则优先使用 eUCP。此外，如果 eUCP 信用证允许受益人在交单时选择纸制单据或电子记录，受益人选择仅提交纸制单据，则该交单只适用 UCP；如果 eUCP 信用证只允许提交纸制单据，则该交单只适用 UCP。

# § 2　SWIFT 信用证

## 2.1　什么是 SWIFT

SWIFT 是环球银行金融电讯协会（Society for Worldwide Interbank Financial Telecommunication）的英文缩写，该协会成立于 1973 年，由北美和西欧 15 个国家的 239 家银行发起，总部设在比利时的布鲁塞尔，目前 200 多个成员国家或地区、8 000 多家成员金融机构、世界上 80% 的银行都加入了 SWIFT。

SWIFT 有专门的国际金融电信网供银行之间办理各种金融电信业务，如外汇买卖、证券交易、电汇、托收、信用证、账务清算、资金调拨等，这些业务可分为十大类（见表 6－1）。

表 6－1　SWIFT 可以办理的金融电信业务

| 类别 | 业务的中英文名称 |
|---|---|
| 第 1 类 | 客户汇款与支票（Customer Payments & Checks） |
| 第 2 类 | 金融机构间头寸调拨（Financial Institution Transfers） |
| 第 3 类 | 资金市场交易（Treasury Markets——FX，MM，Derivatives） |
| 第 4 类 | 托收与光票（Collections & Cash Letters） |
| 第 5 类 | 证券（Securities） |
| 第 6 类 | 贵金属（Precious Metals） |
| 第 7 类 | 跟单信用证和保函（Documentary Credits and Guarantees） |
| 第 8 类 | 旅行支票（Traveler's Checks） |
| 第 9 类 | 现金管理与账务（Cash Management & Customer Status） |
| 第 0 类 | SWIFT 系统电报 |

SWIFT 环球计算机数据通信网在荷兰的阿姆斯特丹、美国的纽约、中国的香港均设有运行中心，在各成员国家或地区设有地区处理站，有来自 55 个国家或地区的 2 000 多名专业人员。

SWIFT 金融电信业务安全、快捷、费用低。其密押比电传密押更加安全可靠，同样多的内容，SWIFT 的费用只有电传的 18% 左右，只有电报的 2.5% 左右。但在不能使用 SWIFT 的国家或地区，还是要使用电传。

SWIFT 金融电信业务要使用专门的报文格式（Message Type，MT），它是 SWIFT 成员银行之间数据交换的标准语言。表 6－1 所列的十大类业务使用的报文格式有 240 种以上。报文格式由 3 位数字代码组成：代码的第一位表示业务的大类。例如，与信用证业务有关的开头都是 7，与托收业务有关的开头都是 4，与电汇有关的开头都是 1 或 2；代码的第二位、第三位表示大类业务中的小类。例如，MT700 和 MT701 是开立信用证的格式；MT707 是修改信用证的格式；如果后面两位数是 99，则是自由格式。

每个成员银行参加 SWIFT 都要一次性地交参加费、安装费，还要购买接口设备，支付培训费用。我国的中国银行于 1983 年首先加入 SWIFT，成为该组织的第 1 034 个成员银行，1985 年 5 月正式开通使用该业务。20 世纪 90 年代后，我国商业银行、上海证券交易所和深圳证券交易所、可以办理国际银行业务的外资和侨资银行以及地方性银行也纷纷加入 SWIFT，可以开办 SWIFT 业务的范围从总行逐步扩大到分行。

## 2.2 SWIFT 信用证

SWIFT 信用证是按 SWIFT 的报文格式开立、用其金融电信网传递的信用证。

### 2.2.1 SWIFT 信用证的报文格式

**与信用证业务有关的报文格式** 与 SWIFT 信用证业务有关的报文格式有 17 种之多，各种报文格式的代码和用途如表 6－2 所示。

**表 6－2 与 SWIFT 信用证业务有关的报文格式及其用途**

| 报文格式 | 用 途 |
|---|---|
| MT700、MT701 | 开立信用证 |
| MT705 | 信用证预先通知 |
| MT707 | 信用证修改 |
| MT710、MT711 | 通知由第三家银行开立跟单信用证 |
| MT720、MT721 | 转让跟单信用证 |
| MT730 | 确认收妥跟单信用证，并证实已通知受益人 |
| MT732 | 发报行通知收报行有关单据已被开证申请人接受 |
| MT734 | 发报行通知收报行单证不符的拒付通知 |
| MT740 | 发报行授权收报行偿付信用证项下款项，即偿付授权 |
| MT742 | 发报行向收报行索偿 |
| MT750 | 发报行通知收报行有关单据不符点，即所谓“电提” |
| MT752 | 发报行授权收报行在单据没有其他不符点的情况下，可以付款 / 承兑 / 议付，该报文是对 MT750 的答复 |
| MT754 | 发报行通知收报行单证相符，已对有关单据进行付款 / 承兑 / 议付，并已按批示寄单，即所谓“通知电” |
| MT756 | 发报行通知收报行，已进行了偿付 / 付款 |

在上述报文格式中，与进出口商关系密切的是 MT700、MT701 和 MT707。

**MT700** MT700（见表 6－3）是开立信用证的报文格式，它将信用证可能涉及的内容归纳为许多条款，给予每个条款固定的编号（Tag）和名称（Field Name），如“59：Beneficiary”（信用证的受益人）及“46A: Documents Required”（单据要求）。开立信用证时，就在每个条款下填写相关的内容。因此，开好的 SWIFT 信用证的条款格式可以概括为“编号＋名称＋内容”。

在实际业务中，用报文格式开证是银行的事情，并不是进口商自己按报文格式开证。进口商还是按原来的方法填写开证申请书，由银行职员按开证申请书的内容用报文格式开证，然后登录 SWIFT 服务器，按指定的 BIC（SWIFT CODE）收发电文。

进出口商学习报文格式的目的主要是阅读和审核信用证。这种格式使得对信用证的阅读和审核都十分方便，例如，要了解信用证的有效期和到期地点，直接查看“31D: Date and Place of Expiry”下的内容即可。

表 6－3 MT700 ISSUE OF A DOCUMENTARY CREDIT（MT700 跟单信用证的开立）

| M/O（必选项目 / 可选项目） | Tag（编号） | Field Name（名称） | Content/Options（内容 / 选择） |
|---|---|---|---|
| M | 27 | Sequence of Total（合计次序） | 1n/1n |
| M | 40A | Form of Documentary Credit（跟单信用证的类型） | 24x |
| M | 20 | Documentary Credit Number（跟单信用证的编号） | 16x |
| O | 23 | Reference to Pre-advice（预通知参考号） | 16x |
| O | 31C | Date of Issue（开证日期） | 6n |
| M | 40E | Applicable Rules（适用规则） | 4*35x |
| M | 31D | Date and Place of Expiry（到期日和到期地点） | 6n29x |
| O | 51a | Applicant Bank（开证申请人的银行） | A or D |
| M | 50 | Applicant（开证申请人） | 4 * 35x |
| M | 59 | Beneficiary（受益人） | [/34] 4 * 35x |
| M | 32B | Currency Code，Amount（货币代码、金额） | 3a15n |
| O | 39A | Percentage Credit Amount Tolerance（信用证金额允许加减的百分比） | 2n/2n |
| O | 39B | Maximum Credit Amount（信用证最高限额） | 13x |
| O | 39C | Additional Amounts Covered（附加金额） | 4 * 35x |
| M | 41a | Available with ... by ...（兑付银行和兑付方式） | A or D |
| O | 42C | Draft at ...（汇票的付款期限） | 3 * 35x |
| O | 42a | Drawee（汇票的付款人） | A or D |
| O | 42M | Mixed Payment Details（混合付款指示） | 4 * 35x |
| O | 42P | Deferred Payment Details（迟期付款指示） | 4 * 35x |
| O | 43P | Partial Shipments（分批装运） | 1 * 35x |
| O | 43T | Transshipment（转运） | 1 * 35x |
| O | 44A | Loading on Board/Dispatch/Taking in Charge at /from ...（装船、发运和接受监管地点） | 1 * 65x |
| O | 44E | Port of Loading/Airport of Departure（装运港 / 始发机场） | 1 * 65x |
| O | 44F | Port of Discharge/Airport of Destination（卸货港 / 目的机场） | 1 * 65x |
| O | 44B | Place of Final Destination/of Delivery（最终目的地 / 交货地） | 1 * 65x |
| O | 44C | Latest Date of Shipment（最迟装运期） | 6n |
| O | 44D | Shipment Period（装运期） | 6 * 65x |
| O | 45A | Description of Goods and/or Services（货物和 / 或服务描述） | 100 * 65x |
| O | 46A | Documents Required（单据要求） | 100 * 65x |
| O | 47A | Additional Conditions（附加条件） | 100 * 65x |
| O | 71B | Charges（费用负担） | 6 * 35x |
| O | 48 | Period for Presentation（交单期限） | 4 * 35x |
| M | 49 | Confirmation Instructions（保兑指示） | 7x |
| O | 53a | Reimbursement Bank（偿付行） | A or D |
| O | 78 | Instruction to the Paying / Accepting / Negotiating Bank（对付款 / 承兑 / 议付行的指示） | 12 * 65x |
| O | 57a | “Advise Through” Bank（收电银行以外的通知行） | A，B or D |
| O | 72 | Sender to Receiver Information（发报行对收报行的附言） | 6 * 35x |

下面对上表中有关符号做一些解释。

M/O : M 表示必选项目（Mandatory Field），O 表示可选项目（Optional Field）。

Tag: 项目的编号，由两位数字或两位数字加字母组成，如“59、51a、44C”等。如果两位数字后是一个小写字母，那么在报文中必须从“Content/Options”栏下选择大写字母替换。选择的大写字母不同，条款要求填写的内容也不同，例如，“41a Available with...by...”（兑付银行和兑付方式），如果以 A 替代 a，兑付银行则应填写其 SWIFT 代码；如果以 D 替代 a，兑付银行则应填写其名称和地址。

Field Name: 项目的名称，即条款的标题，如“59”中的“Beneficiary”。

Content/Options: 项目的内容或选择，其中，

n: 表示阿拉伯数字。如“1n/1n”，表示前后都只能填 1 个阿拉伯数字。

a: 表示字母。如“3a15n”，表示最多填 3 个字母、15 个阿拉伯数字。

x: 表示 SWIFT 电信中允许出现的任何一个字符（包括 10 个数字、26 个字母、标点符号、空格键、回车键和跳行键）。

*: 表示行数。如“4*35x”，表示最多填写 4 行，每行最多 35 个字符。

A or D: 表示 Tag 中的小写字母在报文中应由 A 或 D 替代。

**MT701**　在采用 MT700 开证时，有时候 45A、46A、47A 三个条款的内容会超过限制，这时就要用若干个 MT701 来补充（最多用 3 个），在 MT701 中三个条款的编号是 45B、46B、47B，如表 6－4 所示。在这种情况下，三个条款的内容只能出现在 MT701 中，而不能一部分出现在 MT700 中，一部分出现在 MT701 中。

**表 6－4　MT701 ISSUE OF A DOCUMENTARY CREDIT（MT701 跟单信用证的开立）**

| M/O（必选项目 / 可选项目） | Tag（编号） | Field Name（名称） | Content/Options（内容 / 选择） |
|---|---|---|---|
| M | 27 | Sequence of Total（合计次序） | 1n/1n |
| M | 20 | Documentary Credit Number（跟单信用证的编号） | 16x |
| O | 45B | Description of Goods and/or Services（货物和 / 或服务描述） | 100 * 65x |
| O | 46B | Documents Required（单据要求） | 100 * 65x |
| O | 47B | Additional Conditions（附加条件） | 100 * 65x |

为了帮助读者了解 SWIFT 信用证，我们在本章参考资料中收录了一份用 MT700 开立的 SWIFT 信用证供大家参考（见参考资料 6.2）。

### 2.2.2　SWIFT 信用证的结构和银行代码

从整体上看，SWIFT 信用证由报头（Header Block）、正文（Text Block）、报尾（Trailer Block）三个部分组成。报头又分基本报头、应用报头和用户报头，主要说明报文的收报行、发报行和报文的输入编号等，由计算机自动生成，供银行阅读。正文是带编号（如 31C、46A 等）的信用证条款，这是受益人应该认真阅读的部分。报尾是对付款 / 承兑 / 议付行、收报行等的指示，还有密押（MAC）、校验（CHK）信息等，也主要供银行阅读。

SWIFT代码（SWIFT Code）又称SWIFT Address，是SWIFT成员银行（包括每个分行、支行）在SWIFT网络上的地址和身份识别码，相当于电子邮箱地址，有了它银行之间才能收发电文。因此，在办理SWIFT业务前，应向对方提供自己银行的SWIFT代码。

SWIFT代码由8位或11位英文字母或英文字母加阿拉伯数字组成。如果只有8位，则是银行总行的代码；如果有11位，则是银行分行的代码。11位的SWIFT代码可分为四个部分：前4位是银行代码，5、6位是国家（或地区）代码，7、8位是地区代码，9、10、11位是分行代码，分行代码可以由三个字母或数字组成。例如，“中国银行北京分行”的SWIFT代码是“BKCHCNBJ110”，其中，BKCH是银行代码，CN是国家代码，BJ是地区代码，110是北京分行代码。如果只有前8位，就是中国银行总行。

**【案例6-14】**

中国工商银行上海分行的SWIFT代码是ICBKCNBJSHI，请指出各部分的含义。

# §3 信用证的种类

信用证首先可分为光票信用证和跟单信用证。光票信用证（Clean Credit）指开证行仅凭受益人提交的不附带商业单据的汇票付款的信用证，它一般用于跨国公司内部、贸易从属费用及非贸易费用的结算。跟单信用证（Documentary Credit）指开证行凭受益人提交的跟单汇票或仅凭商业单据付款的信用证。作为国际贸易的基本结算方式的信用证主要指跟单信用证。跟单信用证的种类很多，涉及的专业知识比较复杂，下面我们将其分为常见的和特殊的两类进行介绍。

## 3.1 常见的信用证种类

常见的信用证种类有不可撤销信用证、可撤销信用证，付款信用证、承兑信用证、议付信用证，以及保兑信用证。

### 3.1.1 不可撤销信用证、可撤销信用证

这是从信用证的性质来划分的。在UCP500中有不可撤销信用证和可撤销信用证的分类。不可撤销信用证（Irrevocable Letter of Credit）指一经开出，在有效期内未经受益人及有关当事人同意，不得擅自修改和撤销的信用证。可撤销信用证（Revocable Letter of Credit）指信用证开出后，开证行不必征得受益人和其他当事人同意就可以修改或撤销的信用证。但开证行必须通知通知行，因为只有在通知行收到有关通知后，撤销或修改才能生效。另外，如果信用证已经付款、议付或承兑，则不能撤销和修改。

由于可撤销信用证实际意义不大，在UCP600中已将其删除。因此，适用UCP600的信用证都是不可撤销的。

【案例 6-15】

2011 年，某出口公司收到进口商开来的信用证后开始备货，但不久又收到了进口商要求修改信用证内商品规格的通知。出口公司的业务员马上与工厂联系，但工厂说产品已进入生产线，难以修改。问出口商是否可以不接受进口商对信用证的修改？

### 3.1.2 付款信用证、承兑信用证、议付信用证

这是从信用证的兑付方式来划分的，是信用证最重要的分类方法。UCP600 指出，信用证必须规定它是以即期付款、延期付款、承兑或议付中的哪一种方式兑付。[①]

#### 3.1.2.1 付款信用证

付款信用证（Payment Credit）指不需要开立汇票，也没有议付行参与，付款行仅凭相符交单就无追索权地付款的信用证，又分为即期付款信用证和延期付款信用证两种。

**即期付款信用证（Sight Payment L/C）** 指付款行见相符交单就立即付款的信用证，证内有“available by payment at sight”字样。

即期付款信用证的业务流程与什么银行担任付款行有关，主要有三种情况：

1. 开证行担任付款行。其业务流程见图 6-3。

图 6-3　即期付款信用证的业务流程一（开证行担任付款行）

图 6-3 中交单行（Presenting Bank）是接受开证行或受益人的委托，将信用证下的单据寄给开证行或其指定银行的银行，又称寄单行，它只负责交单，不承担议付或付款责任。即使它根据出口商的请求叙做押汇，也与开证行无关，开证行只对受益人负责。交单行一般由受益人的账户行担任。

与议付信用证（真正的议付）比较，这种即期付款信用证对受益人不太有利，因为出口商要等开证行付款后才能取得货款，还要承担寄单遗失或延误的风险。

2. 通知行担任付款行。其业务流程见图 6-4。

图 6-4　即期付款信用证的业务流程二（通知行担任付款行）

这种即期付款信用证对受益人最为有利。因为受益人交单后马上就可以得到付款，而且是无追索权的足额付款（只扣手续费，不扣垫款利息）。另外，受益人在交单时发现

① 见 UCP600 第 6 条 b 款。

不符点拿回去修改也方便。

然而，通知行一般不愿意担任付款行，因为它的付款无追索权。如果遭到开证行拒付或寄单遗失，它还可能陷入纠纷。

3. 开证行和通知行以外的第三家银行担任付款行。其业务流程见图6－5。

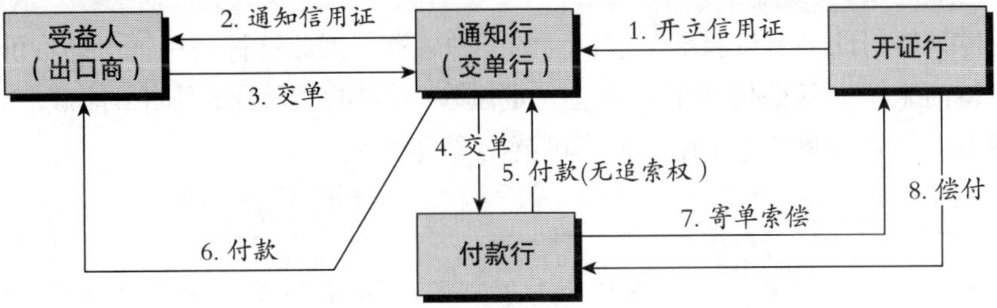


图6－5 即期付款信用证的业务流程三（第三家银行担任付款行）

如果第三家银行（付款行）在出口国内，这种即期付款信用证则对受益人也比较有利；如果在国外，则不太有利，因为取得货款的时间长，还有寄单遗失或延误的风险。但一般银行也不愿意担任这种付款行，原因与通知行不愿意担任付款行相同。

在以上三种即期付款信用证中，常见的是第一种，即开证行担任付款行。

**延期付款信用证（Deferred Payment L/C）** 它是远期信用证的一种，又称迟期付款信用证。这种信用证不要求受益人出具远期汇票，付款时间由开证行在信用证中规定，如提单日后若干天付款，收单日后若干天付款等。这种信用证的业务流程见图6－6。

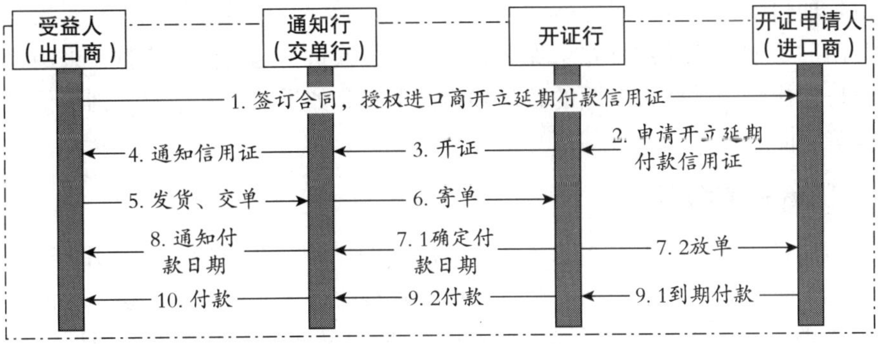


图6－6 延期付款信用证的业务流程

1. 出口商与进口商签订合同，授权进口商开立延期付款信用证；
2. 进口商申请开立延期付款信用证；
3. 开证行开证，在信用证中规定延期付款的天数；
4. 通知行（交单行）将信用证通知出口商；
5. 出口商按信用证发货，然后向交单行交单；
6. 交单行将单证寄交开证行；
7. 开证行审单无误后，向交单行确定付款日期（7.1），同时放单给进口商提货（7.2）；

8. 交单行通知出口商付款日期，出口商可以在交单行做某种形式的融资（参见第 7 章）；

9. 在付款到期日，进口商向开证行付款（9.1），开证行向交单行付款（9.2）；

10. 交单行将货款打入出口商账户，如果交单行已为出口商做了某种形式的融资，则将货款归还融资款。

延期付款信用证是出口商给予进口商的一种融资，因此这种信用证下的货价较高。

对出口商来说，延期付款信用证有一定风险，例如，开证行到期可能破产，进口国的政治和经济形势可能发生变化，汇率可能出现波动等。

【实例】

2008 年 6 月，A 公司与乌克兰 B 公司签订了一笔 10 万美元的出口合同，采用延期付款 L/C 120 天付款，以提单日起算。收到 B 公司的信用证后，A 公司安排工厂生产，由于工厂需要向地震灾区提供震后重建物资及奥运限产，直到 2008 年 9 月 5 日才交货，而信用证规定的装期是 2008 年 9 月 10 日。因船期无法达到要求，A 公司只好请客户将信用证的装期改为 2008 年 9 月 30 日，且将信用证的有效期顺延。

客户改证后，A 公司发运了货物，提单日期是 2008 年 9 月 15 日。A 公司通过交单行将单据交到开证行，开证行确定的付款日是 2009 年 1 月 13 日。但到 2009 年 1 月 18 日，A 公司还没有收到款项，于是要求交单行去电询问。开证行回电说，“由于金融危机导致乌克兰外汇储备不足，暂时没有能力偿付此款项，等形势好转后再支付此款。”后来 A 公司直到 2009 年 2 月初才获得付款。

---

防范延期付款信用证的风险应注意下列问题：做好开证行资信调查；对信誉不高的小银行开出的延期付款信用证要求保兑；要求买方预付一定比例的货款；采用套期保值或投保出口信用险；关注进口国的政治和经济形势，如果形势不稳定，则尽量避免使用延期付款信用证。

#### 3.1.2.2 承兑信用证

承兑信用证（Usance L/C）也是远期信用证的一种。在使用这种信用证的过程中，受益人于交单时开立远期汇票，承兑行在单证相符的情况下先承兑汇票，在汇票到期日再付款给受益人。因承兑远期汇票的是银行，所以又叫“银行承兑信用证”（Banker's Acceptance L/C）。

承兑信用证的承兑行可以是开证行，也可以是开证行委托的其他银行，例如，在信用证货币清算中心的银行，或开证行在出口地的分支机构或代理行。对于开证行的委托，其他银行有权决定是否接受，如开证行信誉不佳，则可以拒绝接受。

承兑信用证的业务流程与什么银行担任承兑行有关，主要有两类情况。

1. 开证行担任承兑行，其业务流程如下：

（1）进口商申请开立承兑信用证；

（2）开证行开证后通过通知行（交单行）将其传递给出口商；

（3）出口商发货后，开立远期汇票，连同单据提交给交单行；

（4）交单行将汇票和单证寄交开证行；

（5）开证行审单无误后向交单行发承兑电（为了简化手续和节省费用，承兑行一般用发加押承兑电文表示承兑，而不将承兑过的汇票寄回交单行或受益人，但如果交单行或受益人坚持要求已承兑的汇票，承兑行则应照办），出口商可以用汇票贴现等方法提前取得货款；

（6）开证行通过某种进口融资方式（参见第7章）放单给进口商提货，进口商到期向开证行偿付货款；

（7）在远期汇票到期日，开证行向通知行付款；

（8）通知行将货款打入出口商账户，如果出口商已在通知行做了出口融资，通知行则将收到的货款归还融资本息。

2. 指定银行（假定是通知行）担任承兑行，其业务流程见图6－7。

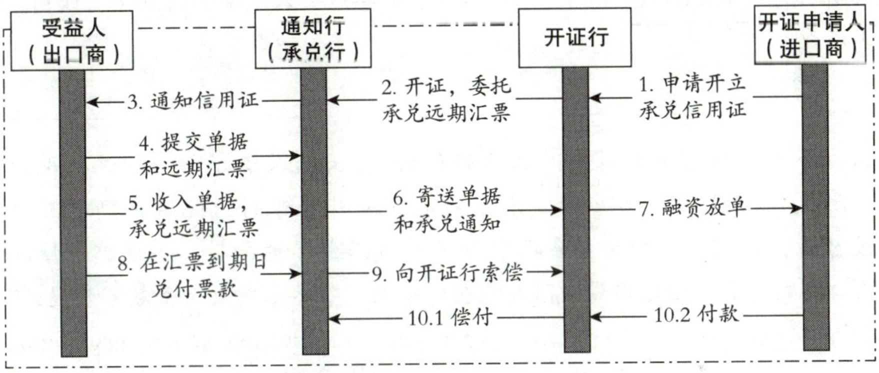


**图6－7 承兑信用证的业务流程（承兑行是通知行）**

（1）进口商申请开立承兑信用证；

（2）开证行开立信用证，并委托通知行为承兑行；

（3）通知行将信用证通知给受益人；

（4）出口商发运货物后开立远期汇票，连同单据交通知行；

（5）通知行审单无误后收入单据、承兑远期汇票，然后将汇票退还给受益人；

（6）通知行向开证行寄送单据和承兑通知；

（7）开证行审单无误后，通过某种进口融资方式（参见第7章）放单给进口商提货；

（8）在远期汇票到期日，受益人到通知行兑付票款（出口商如果急需资金，也可以在通知行承兑汇票后做远期汇票贴现，在汇票到期日由贴现行向通知行要求兑付）；

（9）通知行兑付远期汇票后向开证行索偿；

（10）开证行偿付通知行（10.1），进口商付款给开证行（10.2）。

#### 3.1.2.3 议付信用证

议付信用证（Negotiation L/C）指开证行授权受益人将跟单汇票卖给指定银行或任何银行的信用证。

从信用证的本意看，出口商发运货物后本应将单据直接交给开证行。如果单证相符，那么开证行付款即可。但开证行在国外，而且它在出口国不一定有分行或代理行代它付款，在这种情况下，作为一种替代措施，开证行于是允许出口商以跟单汇票为质押，在出口国内向它指定的银行或任何银行去“商借”一笔垫款，这就是“negotiation”一词的由来。正因为如此，UCP600 规定“议付”应该是“购入”跟单汇票的行为。

根据开证行是否指定了议付行，可以将议付信用证分为两类：（1）限制议付信用证（Restrict Negotiation Credit）。这种信用证只能在开证行指定的银行议付，证内有相应的表述。开证行限制议付行的原因主要有：担心自己的资信不高，开出的信用证不能被所有银行接受；为避免收到伪造的单据，所以指定自己熟悉的银行议付；为自己在出口国的分支机构或代理行招揽业务。限制议付信用证对受益人的缺点是：丧失了自由选择议付行的权利，如果开证行指定的议付行离受益人所在地远，则会给受益人带来不便，并增加费用。（2）自由议付信用证（Freely Negotiation Credit）。这种信用证又称公开议付信用证（Open Negotiation Credit），它可以在任何愿意买入跟单汇票的银行议付，证内也有相关表述。

【实例】

某出口公司将全套单据送到一家银行议付，3 天后被退了回来。银行说这是限制在通知行议付的信用证。通知行是在上海的一家外资银行，此时离到期日只有 2 天了，经过努力，后来该出口公司勉强将全套单据送到了通知行。造成这种情况的原因是，该出口公司没有看出信用证中限制议付的条款。有些限制议付条款不明显，如“The L/C is available with you”和“The credit is available with advising bank by negotiation against presentation of the documents”两句都表示该证限制在通知行议付，但前一句容易被看错。①

议付信用证与付款信用证的区别是：议付信用证要扣垫款利息；付款信用证不扣垫款利息，只扣手续费。议付行对付款有追索权，付款行对付款无追索权。议付信用证有限制议付和公开议付之分，付款信用证没有这种分类。议付信用证有汇票，付款信用证无汇票。

### 3.1.3 保兑信用证

保兑信用证（Confirmed L/C）是开证行应开证申请人的请求，请另一家银行对它开出的信用证加以保证承付或议付的信用证。UCP600 指出，保兑指保兑行在开证行承诺之外做出的承付或议付相符交单的确定承诺。② 保兑与一般担保不同：一般担保是在主债务人不履行债务时由从债务人履行；而保兑行承担的是第一付款责任，并且没有追索权，未经受益人同意，保兑也不得撤销。换句话说，保兑信用证是有两家银行保证付款的信用证，受益人可以向其中任何一家要求付款。

① 改编自：鲍传萍. 外贸业务解惑 500例. 北京：对外经济贸易大学出版社，2005.

② 见 UCP600 第 2 条。

【案例 6－16】

有一份保兑信用证，当受益人向保兑行交单议付时，保兑行说受益人应先到开证行议付，如果开证行无力付款，那么再由它付款。这种解释对不对?

出口商请求进口商开立保兑信用证的原因有：对开证行的资信不放心，对进口国家的政治经济形势有担忧等。

保兑行一般由通知行担任，也可以由出口地其他银行或第三国银行担任。通知行保兑的方法有两种：一是在信用证通知书上申明保兑，二是在信用证上加盖已保兑的印章并签署。其他银行常采用出具“保兑通知书”的方法保兑。

保兑费的高低与开证行的信誉、实力、信用证金额、付款期限长短、开证行所在的地区等因素有关，一般在信用证金额的 1%~5%，比议付费常高出 10 倍以上；而且一经保兑就要交保兑费，即使单据有不符点导致保兑失效也不能免。保兑费由保兑行向开证行收取，但最终由出口商负担。因此，如果开证行资信良好，成交金额不大，则没有必要开保兑信用证。

开证行怕影响自己的声誉，一般不愿意请另一家银行对自己开的信用证加具保兑。在我国的出口业务中，除非开证行资信不佳或该国政治和经济明显不稳定，一般不要求对信用证加具保兑；在进口业务中，国内银行信誉较好，一般不愿意请国外银行对自己开出的信用证加具保兑。

## 3.2　特殊的信用证种类

特殊的信用证主要有可转让信用证、背对背信用证、对开信用证、循环信用证。

### 3.2.1　可转让信用证

可转让信用证（Transferable L/C）指信用证的受益人（第一受益人）通过开证申请人请求开证行授权转让行（承担付款、承兑或议付的银行）将信用证的全部和部分转让给一个或数个受益人（第二受益人）使用的信用证，证内有“transferable”字样。

可转让信用证只能按原信用证的条款转让，但信用证的金额、商品单价、到期日、交单日、装运日等可以减少或缩短。第一受益人有权以自己的发票、汇票等替换第二受益人的发票、汇票等。

我们假设一个案例来说明可转让信用证的业务流程：假定中国香港 B 公司与国外 C 公司签订了 110 万美元的贸易合同；随后与国内 A 公司签订了 100 万美元的贸易合同，国内 A 公司为真正的出口商，香港 B 公司为中间商，国外 C 公司为真正的进口商；A 银行为国内 A 公司的通知行，B 银行为香港 B 公司的账户行，C 银行为国外 C 公司的开证行。可转让信用证的业务流程见图 6－8。

1. 香港 B 公司与国外 C 公司签订 110 万美元的贸易合同，规定开立可转让信用证。

2. 香港 B 公司与国内 A 公司签订 100 万美元的贸易合同，规定信用证转让给国内 A 公司履行。

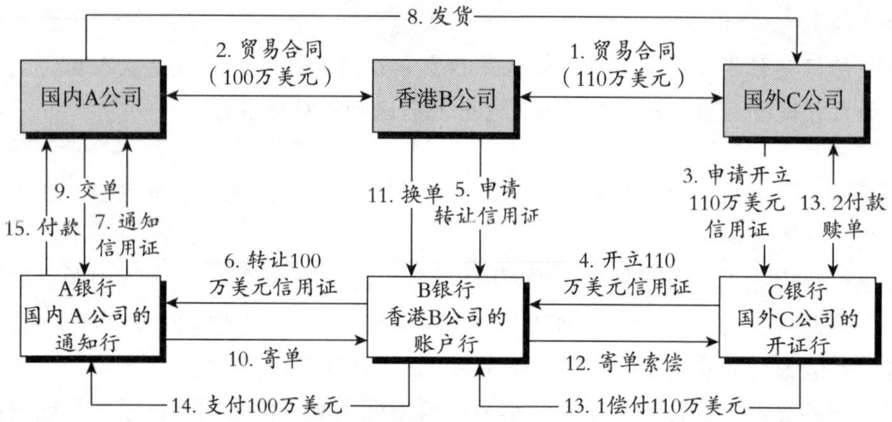


**图 6－8　可转让信用证的业务流程**

3. 国外 C 公司向 C 银行申请开立 110 万美元的可转让信用证。

4. C 银行开立 110 万美元的信用证给 B 银行（转让行），B 银行通知香港 B 公司。

5. 香港 B 公司向 B 银行提出转让信用证申请。

6. B 银行采用打印面函或修改原信用证条款等方法转让信用证（转让信用证的金额为 100 万美元），并通知 A 银行。

7. A 银行将 100 万美元信用证通知国内 A 公司。

8. 国内 A 公司按转让的信用证规定发运货物给国外 C 公司。

9. 国内 A 公司将提单、100 万美元发票、汇票、装箱单等提交 A 银行（A 银行为交单行或寄单行）。

10. A 银行将单据、汇票寄给 B 银行（转让行）。

11. B 银行审单无误后，通知香港 B 公司换单；香港 B 公司将 100 万美元发票、汇票等替换为 110 万美元发票、汇票等。

12. B 银行将换过的单据寄 C 银行索偿。

13. C 银行审单后，偿付 110 万美元给 B 银行（13.1）；国外 C 公司向 C 银行付款赎单（13.2）。

14. B 银行支付 100 万美元给 A 银行，将 10 万美元差额打入香港 B 公司（中间商，第一受益人）的账户。

15. A 银行将 100 万美元打入国内 A 公司（第二受益人）的账户。

可转让信用证主要被用于中间商做转手买卖。中间商做转手买卖一般是先买进再卖出，但这样要办理进口和出口两道手续，还要垫付一笔资金；而采用可转让信用证，中间商只要办理单证交接手续即可，且不用垫付资金，相当于得到了一笔融资。

对出口商来说，采用可转让信用证被中间商拿去了一部分利润，但在自己客户资源不足的情况下，出口商可以利用中间商的渠道扩大销售。

对进口商来说，采用可转让信用证虽然多支付了一笔钱给中间商，但在自己没有货源渠道的情况下，可以利用中间商的渠道获得自己需要的货物。

但对第二受益人来说，可转让信用证的风险比一般信用证大。因为转让行没有付款责任，要等开证行付款后它才付款；即使第二受益人提交了相符交单，如果中间商换单发生差错，第二受益人也可能遭到损失；虽然第二收益人可以凭与中间商签订的合同向中间商索赔，但手续十分麻烦，而且不少中间商实力薄弱，无法承担责任。

【实例】

2004年，国内A公司通过中国香港中间商B公司向孟加拉国C公司出口烧碱，合同金额为51万美元。2004年12月4日，A公司收到由孟加拉国C银行开出的、香港B银行作为转让行的可转让信用证。B公司为信用证的第一受益人，A公司为第二受益人。

2004年12月30日，A公司按照信用证的要求发运了货物，并将全套结汇单据交国内A银行，A银行审单合格后，将全套单据提交B银行。

2005年1月11日，B银行将经过B公司换单的全套单据寄给C银行，C银行于2005年1月20日提出"箱单上没有装船前检验机构的确认"，拒绝付款。

A银行在收到B银行关于"不符点"的电文后，核查了信用证条款及单据留存件，认为C银行提出的不符点在信用证条款中并未规定，A公司提交的单据完全符合信用证要求。于是A银行多次致电B银行，要求其敦促C银行履行付款义务。

B银行回电说，它也认为C银行提出的不符点不是实质性的，已向C银行提出交涉，要等C银行答复。之后虽经A银行反复催款，C银行始终没有付款。最后A公司只好将货物降价6万美元卖给了原买家。[①]

### 3.2.2 背对背信用证

背对背信用证（Back to Back Credit）又称"转开信用证"，指受益人（第一受益人）收到信用证后，请求通知行或其他银行以原证为基础，另开一份内容相似、以其为开证申请人的新信用证给第二受益人，该新证叫背对背信用证。

背对背信用证与可转让信用证的区别是：（1）背对背信用证是以原信用证（简称原证）为基础开出的一个新证，与原证是两个信用证；可转让信用证是对原证的转让，与原证是一个信用证。（2）在背对背信用证业务中，对第二受益人承担付款责任的是开立背对背信用证的中间银行，第二受益人与原证的开证行无关；在可转让信用证业务中，对第二受益人承担付款责任的是原证的开证行，第二受益人与原证的开证行有关。（3）开立背对背信用证不需要经过原开证行同意，也不用注明是背对背信用证；开立可转让信用证要经过原开证行授权，证内要注明"transferable"字样。

我们仍以本章第3.2.1节假设的案例来说明背对背信用证的业务流程。假定中国香港B公司与国外C公司签订了110万美元的贸易合同，随后又与国内A公司签订了100万美元的贸易合同。在这笔交易中，国内A公司为真正的出口商，香港B公司为中间商，国外C公司为真正的进口商；A银行为国内A公司的通知行，B银行为香港B公司的账户行，C银行为国外C公司的开证行。背对背信用证的业务流程见图6－9。

① 改编自：中国出口信用保险公司福建分公司网站的《可转让信用证风险浅析》一文。

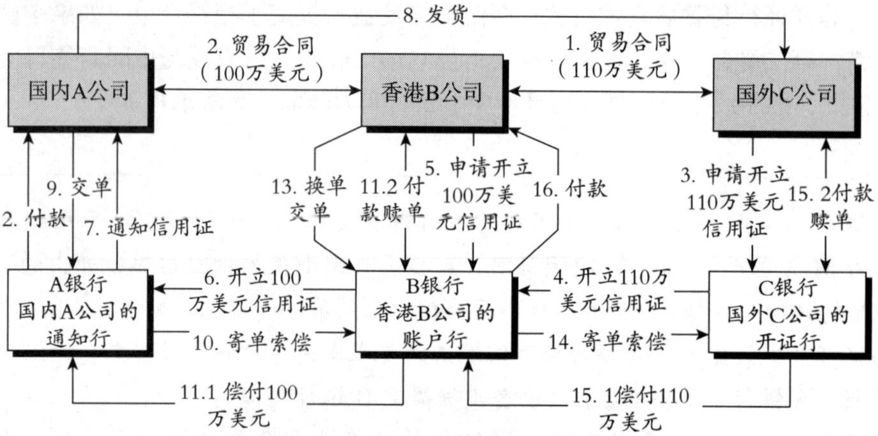


**图 6－9　背对背信用证的业务流程**

1. 香港 B 公司与国外 C 公司签订 110 万美元的贸易合同，确定以信用证结算。

2. 香港 B 公司与国内 A 公司签订 100 万美元的贸易合同，确定以信用证结算。

3. 国外 C 公司向 C 银行申请开立 110 万美元的信用证。

4. C 银行开立 110 万美元的信用证给 B 银行，B 银行通知香港 B 公司。

5. 香港 B 公司以母证做抵押或提供其他担保，依据母证和与国内 A 公司之间的贸易合同向 B 银行申请开立一份以国内 A 公司为受益人的 100 万美元背对背信用证。

6. B 银行开出 100 万美元的背对背信用证给 A 银行。

7. A 银行将 100 万美元背对背信用证通知国内 A 公司。

8. 国内 A 公司按照背对背信用证发运货物给国外 C 公司。

9. 国内 A 公司将提单、100 万美元的发票、汇票、装箱单等提交 A 银行议付。

10. A 银行审单无误后，将单据寄 B 银行索偿。

11. B 银行审单无误后，向 A 银行偿付 100 万美元（11.1），同时通知香港 B 公司付款赎单，香港 B 公司付款赎单后取得全套单据（11.2）。

12. A 银行将货款打入国内 A 公司账户。

13. 香港 B 公司对领回的单据进行替换，将发票和汇票（如果有）换成 110 万美元的发票和汇票并替换其他需要替换的单证，然后向 B 银行议付。

14. B 银行审单无误后向 C 银行寄单索偿。

15. C 银行审单无误后，偿付 110 万美元给 B 银行（15.1）；同时通知国外 C 公司付款赎单（15.2）。

16. B 银行将 110 万美元打入香港 B 公司的账户。

背对背信用证也主要用于中间商做转手买卖，一般在进口商或实际供货人不愿意开立或接受可转让信用证，或中间商不希望真正的供货商和进口商绕开自己直接联系时采用。在后一种情况下，中间商可以通过换单的方法来隔断二者之间的联系。如果中间商不介意二者的直接联系则不需要这样，但原信用证必须加列“third party documents acceptable”的条款。

【实例】

某出口商甲公司收到 G 银行通知的一份国外开来的信用证，但因某种原因不能执行该信用证，便想把该信用证转给国内出口商乙公司。通过背对背信用证转让，其操作过程如下（假定甲公司不忌讳乙公司与国外进口商直接联系）。

甲公司通过 G 银行重新开立一个以乙公司为受益人的背对背信用证，条款与原证相似（也可以根据需要调整），甲公司可以以原证做抵押，少交保证金或不交保证金。等到出口单据被乙公司交到 G 银行后，G 银行付款给乙公司，然后通知甲公司付款赎单，甲公司付款取得单据后拿回去换单，除保留提单和其他不能换的单据，如产地证、检验证等外，把其余单据如发票、汇票等换成以甲方为抬头的单据交给 G 银行，G 银行将换过的单据寄到国外开证行（这样做信用证里要列明“third party documents acceptable”），开证行付款后，G 银行将货款打入甲公司账户。

背对背信用证对中间商虽然有一定的好处，但它要承担两个方面的风险：一是进口商倒闭或拒付的风险；二是出口商不能准时交单，或单证出现不符点，或货物质量不符合要求的风险，因此要慎用。

### 3.2.3 对开信用证、循环信用证

**对开信用证（Reciprocal Credit）** 对开信用证指两份相互关联的信用证：第一份信用证的受益人是第二份信用证（也称回头证）的开证申请人，第二份信用证的受益人是第一份信用证的开证申请人；第一份信用证的开证行是第二份信用证的通知行，第二份信用证的开证行是第一份信用证的通知行（见图 6－10）。

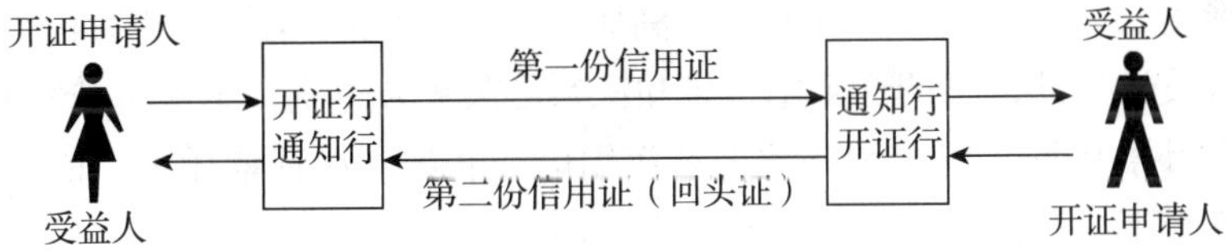


**图 6－10 对开信用证简单示意**

对开信用证常用于来料加工（参见第 30 章）。来料加工业务包含料件的进口和成品的出口两个方面，如果双方不是十分熟悉，则都会有所担心。委托方担心在发运料件后不仅拿不到加工的成品，而且料件也可能有去无回，因此要求加工方先支付料件费。而加工方担心如果自己先支付料件费，万一将来委托方不讲信誉，不要成品，不支付成品费，自己则会变成单方面进口料件。而且成品是按照委托方的要求加工的，到市场上去处理也不容易。

为了解决这种矛盾，在实践中常采用对开信用证的方法，具体操作过程如下：在委托方发运料件前，加工方开远期信用证支付料件费。在加工方发运成品前，委托方开即期信用证支付成品费。但由加工方在开出支付料件费的远期信用证时设置一个这样的条款将两证关联起来：“我们保证对符合本信用证所列条款而开出的汇票在提示时给予承兑，但在到期日的付款，要等我方收到委托方开出的以我方为受益人的回头证时方予履行。”

这样，委托方不开支付成品费的即期信用证，加工方支付料件费的远期证就不需要付款；一旦委托方开出了支付成品费的即期信用证，加工方的成品费和委托方的料件费就都有了保障（见图 6－11）。

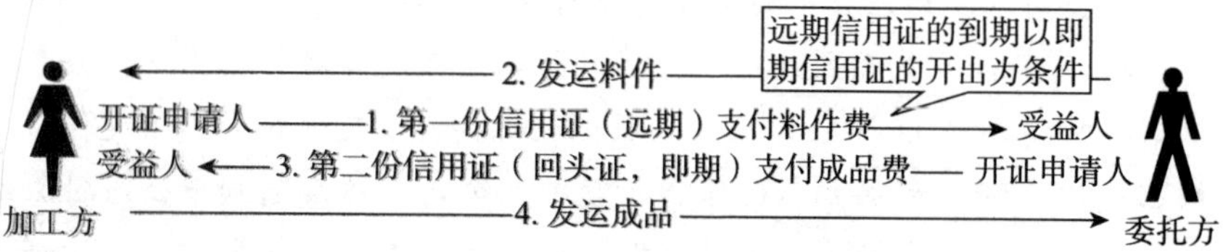


**图 6－11　来料加工中对开信用证的操作过程**

在结算时，远期信用证下的料件费并不用实际支付，而是从委托方支付成品费的即期信用证金额中扣除，余额就是委托方支付给加工方的加工费。

**循环信用证（Revolving L/C）** 循环信用证指信用证的部分或全部金额用完后能恢复原金额再度使用的信用证，直到规定的次数或总金额被用完为止，它比一般信用证多一个循环条款，该条款用来说明循环的方法、次数与总金额。

循环信用证常被用于一个大合同的货物分多次装运的情况：对进口商来说，可以避免多次开证的手续和费用；对出口商来说，可以避免多次审证的麻烦。

循环信用证的循环方式主要有：（1）按时间循环。其特点是，受益人在一定时段内（如一个月）可支取信用证规定的金额，直到规定的时段结束为止。例如，“本证为按月循环信用证，每月可支取最高不超过 10 万美元，并于每个日历月的第一天被自动恢复。本行在此循环信用证项下的最大责任不超过 12 个月，总值为 120 万美元，每个月未使用的余额不能移至下一个月合并使用。”（2）按金额循环。其特点是，信用证的金额使用完毕后又可以恢复到原有的金额再度使用。例如，“本证为循环信用证，我行收到单据并做出付款后，将发送加押证实的通知电，告知汇票已被买方付讫，金额将被恢复。”

另外，循环信用证还可分为积累循环信用证和非积累循环信用证。前者上次未用完的余额可以移至下次使用，后者不能移至下次使用。

## 复 习 题

1. 什么是信用证？银行在信用证中的保证与一般担保有什么不同？
2. 什么是电开信用证？什么是简电、全电？
3. 简述议付信用证的业务流程。议付有哪三种形式？
4. 信用证有哪三种格式？目前使用得最多的是哪种格式？
5. 什么是 SWIFT 信用证？开立和修改 SWIFT 信用证的报文格式是什么？
6. 简述信用证的特点、作用和局限。
7. 付款信用证与议付信用证有什么不同？
8. 比较承兑信用证与延期付款信用证的异同。
9. 什么是保兑信用证？一般在什么情况下采用？

10. 可转让信用证与背对背信用证有什么不同？

11. 在来料加工中，对开信用证的两个信用证应该如何衔接？

## 《问题与案例》

1. 在船货俱备的情况下，出口商收到买方的电开信用证，证内既没有“有效电开”（operative instrument），也没有“详情后告”及“以邮寄证实书为准”的字样，这时船期紧迫，出口商是否可以凭该信用证装船出运？

2. 某出口公司收到国外银行用航空挂号直接寄来的信用证，应如何处理？

3. 请指出下列情况下信用证是否有效：（1）有有效期，但无装运期；（2）无有效期，但有装运期；（3）装运期与有效期是同一天。

4. 美国某公司向印度尼西亚某公司购买香料，通过一家美国银行开出即期信用证。印度尼西亚公司的业务员未看清信用证要求“两个或两个以上检验人”（Experts）出具的品质检验证，将其当成了“一个检验人”（Expert）出具的品质检验证，结果遭到美国开证行拒付。美国开证行是否可以拒付？

5. 某公司从国外进口一批钢材，分两批装运，每批由中国银行开立一份即期信用证进行支付。第一批货物发运后，中国银行对议付行做了偿付。但我方收到第一批货物后发现质量有问题，于是立即要求开证行对第二份信用证下的单据拒付。开证行是否可以拒付？

6. 2008年7月，某外贸公司与外商签订了一份出口合同，以不可撤销信用证付款，2008年8月装运。2008年7月28日，外商开来信用证，外贸公司开始备货。但不久外贸公司又收到了外商通过银行转来的信用证修改通知，将装期改为2008年8月15日前。由于外贸公司已预订了8月25日的班轮，对修改通知未予理睬，还是按预定的船期发货。但交单时开证行以提单的装期与信用证修改通知不符为由拒付。开证行是否可以拒付？

7. 某出口企业收到国外开来的信用证，由国内某外资银行通知并加具保兑。出口企业发运货物后，正拟将有关单据交保兑行议付，忽然接到保兑行的通知。该通知说，由于开证行已宣告破产，它不再承担对该信用证议付的责任，但可为我出口公司办理托收。这种说法对不对？

## 参考资料

### 6.1 信用证通知书

China Construction Bank Corporation
Shanghai Branch

信 用 证 通 知 书

**ADVICE OF A LETTER OF CREDIT**

致TO: [redacted] IMP. AND EXP. CO., LTD.

日期DATE:24 OCTOBER 2008

我行编号OUR REF:31613110014782

信用证编号（L/C No）:LCTK0801479

开证日期(Issuing Date):24 OCTOBER 2008

信用证金额（Amount）:USD 9,431.50

信用证效期(Date of Expiry): 10 DECEMBER 2008

最后装船期(Latest Shipment Date): 25 NOVEMBER 2008

| |
|---|
| 开证行 (Issuing Bank):BANK OF CHINA(TOKYO BRANCH),TOKYO<br>付款人(Drawee):BKCHJPJT<br>BANK OF CHINA(TOKYO BRANCH),TOKYO |

兹通知信用证一份，内容见附件。
WE HAVE PLEASURE IN ADVISING YOU A DOCUMENTARY CREDIT WHICH IS ATTACHED TO THIS ADVISING LETTER.

如贵公司发现本信用证有无法办到的条款和条件，或发现信用证存在错误，请直接与开证申请人联系，进行必要的修改，以避免在交单时产生困难。
IF YOU FIND ANY TERMS AND CONDITIONS IN THE L/C WHICH ARE UNABLE TO COMPLY WITH, OR IF YOU FIND ANY ERROR(S), IT IS SUGGESTED THAT YOU CONTACT THE APPLICANT DIRECTLY FOR NECESSARY AMENDMENT(S) SO AS TO AVOID ANY DIFFICULTIES WHICH MAY ARISE WHEN DOCUMENTS ARE PRESENTED.

本通知不构成我行其他任何责任和义务。
OUR ADVICE OF THE ABOVE L/C CONVEYS NO FURTHER ENGAGEMENT OR OBLIGATION ON OUR PART.

本信用证的通知依照国际商会《跟单信用证统一惯例》（2007年修订版）第600号出版物。
THIS ADVICE IS SUBJECT TO UNIFORM CUSTOMS AND PRACTICE FOR DOCUMENTARY CREDITS. (2007 REVISION) ICC PUBLICATION NO.600.

中国建设银行股份有限公司
CHINA CONSTRUCTION BANK CORPORATION

签章
AUTHORIZED SIGNATURES

1/4 OUR REF. 31613110014782.

## 6.2 与参考资料 6.1 中信用证通知书有关的 SWIFT 信用证

China Construction Bank Corporation
Shanghai Branch

MT700
SENDER:
BKCHJPJT
BANK OF CHINA(TOKYO BRANCH),TOKYO
RECEIVER:
PCBCCNBJSHX
CHINA CONSTRUCTION BANK
SHANGHAI BR.INT'L DIV.
L/C ARRIVAL DATE: 24 OCTOBER 2008
27: SEQUENCE OF TOTAL
1/1
40A: FORM OF L/C (Y/N/T)
IRREVOCABLE
20: DOCUMENT CREDIT NO
LCTK0801479
31C: DATE OF ISSUE
081024
40E: APPLICABLE RULES
UCP LATEST VERSION
31D: DATE AND PLACE OF EXPIRE
081210IN CHINA
50: APPLICANT
[redacted] CORPORATION
[redacted]
59: BENEFICIARY
[redacted] IMP. AND EXP.
CO., LTD. [redacted] PLAZA,
[redacted] ROAD, PUDONG NEW
AREA, SHANGHAI, CHINA
32B: CURRENCY CODE,AMOUNT
USD9431,50
41D: AVAILABLE WITH..BY
ANY BANK
BY NEGOTIATION
42C: DRAFTS AT
SIGHT FOR 100 PCT INVOICE VALUE
42A: DRAWEE
BKCHJPJT
43P: PARTIAL SHIPMENT
ALLOWED
43T: TRANSSHIPMENT
PROHIBITED
44E: PORT OF LOADING
SHANGHAI PORT OR AIRPORT
44F: PORT OF DISCHARGE

2/4 OUR REF. 31613110014782

China Construction Bank Corporation
Shanghai Branch

TOKYO/YOKOHAMA PORT OR NARITA AIRPORT
44C: LATEST DATE OF SHIPMENT
081125
45A: DESCRIPTION OF GOODS
LADIES' KNIT WEAR FOR PINK MOUSSEUX 335PCS
FOR QUALITE 120PCS

PRICE TERMS: FOB SHANGHAI

46A: DOCUMENTS REQUIRED
1. SIGNED COMMERCIAL INVOICE IN 1 ORIGINAL AND 1 COPY, INDICATING APPLICANT'S CONTRACT NO.P0442518,P0442528.
2. IN CASE OF SHIPMENT BY SEA:
2/3 SET(S) OF CLEAN ON BOARD OCEAN BILLS OF LADING MADE OUT TO ORDER AND BLANK ENDORSED AND MARKED ''FREIGHT COLLECT'' AND NOTIFY ACCOUNTEE DEPT [redacted]
AND/OR
IN CASE OF SHIPMENT BY AIR:
AWB CONSIGNED TO APPLICANT, MARKED ''FREIGHT COLLECT'' AND NOTIFY APPLICANT [redacted]
3. PACKING AND WEIGHT LIST IN 1 ORIGINAL AND 1 COPY.
4. BENEFICIARY'S CERTIFICATE STATING THAT 1 SET OF NON NEGOTIABLE SHIPPING DOCUMENTS AND 1/3 SET OF ORIGINAL B/L (OR 1 COPY OF AWB) HAVE BEEN SENT TO THE BUYER (TBJ11) WITHIN 5 DAYS AFTER B/L DATE (OR AWB DATE) BY REGISTERED AIRMAIL.

47A: ADDITIONAL CONDITIONS
1)ALL DOCUMENTS MUST BE SENT TO US AT BOC BLDG [redacted] BY COURIER SERVICE.
2)A FEE FOR USD50.00 OR EQUIVALENT IN THE CREDIT CURRENCY WILL BE DEDUCTED FROM PAYMENT ON EACH SET OF DOCUMENTS CONTAINING DISCREPANCIES.
3)T.T.REIMBURSEMENT IS NOT ACCEPTABLE.
4)5 PCT MORE OR LESS IN QUANTITY AND AMOUNT ARE ALLOWED.

71B: CHARGES
ALL BANKING CHARGES OUTSIDE JAPAN INCLUDING REIMBURSEMENT COMM. STAMP DUTY ARE FOR BENEFICIARY'S ACCOUNT.

48: PERIOD FOR PRESENTATION
DOCUMENTS TO BE PRESENTED WITHIN 15 DAYS AFTER THE DATE OF SHIPMENT HOWEVER WITHIN THE CREDIT VALIDITY.

49: CONFIRMATION INSTRUCTION
WITHOUT

China Construction Bank Corporation
Shanghai Branch

78: INSTR TO PAY/ACCEP/NEG
ALL DRAFTS DRAWN HEREUNDER MUST INDICATE THE NUMBER, DATE OF ISSUE AND NAME OF ISSUING BANK OF THIS CREDIT. THE AMOUNT OF EACH DRAWING UNDER THIS CREDIT MUST BE ENDORSED BY PRESENT/PAY/ACCPT/NEGO BANK ON THE REVERSE HEREOF.
WE HEREBY ENGAGE WITH DRAWERS, ENDORSERS AND BONA FIDE HOLDERS OF DRAFTS DRAWN UNDER AND IN COMPLIANCE WITH TERMS OF THIS CREDIT THAT SUCH DRAFTS WILL BE DULY HONORED UPON PRESENTATION TO THE DRAWEE.

57D: ADVISE THROUGH BANK
YR LIULI SUB-BRANCH

72: SENDER TO RECEIVER INF
THIS IS THE OPERATIVE INSTRUMENT.
NO MAIL CONFIRMATION WILL BE FOLLOWED.

4/4 OUR REF. 31613110014782

第7章

# 与国际贸易结算有关的其他工具

除了汇付、托收和信用证，还有一些与国际贸易结算有关的其他工具，如银行保函、备用信用证、国际贸易融资和出口信用保险。

## §1　银行保函、备用信用证

### 1.1　银行保函

银行保函（Banker's Letter of Guarantee，L/G）是银行或其他金融机构应申请人的申请向受益人开立的保证申请人履行某项义务的文件，如果申请人未履行其义务，受益人则可以凭保函向银行或其他金融机构索赔。

#### 1.1.1　银行保函的当事人

银行保函的基本当事人有四个：（1）委托人（Principal），是向银行申请开立保函的人，又叫"申请人"。（2）担保人（Guarantor），是应委托人的申请向受益人开立保函的银行或其他金融机构。（3）受益人（Beneficiary），是享有保函担保的人。它与委托人有某项约定，为了避免对方不履约，它要求委托人开立银行保函加以担保。（4）通知行（Advising Bank），又称"转递行"（Transmitting Bank）。与信用证一样，银行保函也不直接寄给受益人，而是通过通知行传递给受益人。通知行的作用主要是：核验保函的真伪，按担保人的要求和指示将保函通知受益人，发生索赔时向担保银行转交索赔文件或其他书面单据。

银行保函可能涉及的其他当事人还有：（1）反担保人（Counter Guarantor）。在国际银行保函业务中，有的国家的法律只允许受益人接受本国银行开立的保函，而有的国家的受益人由于对国外银行或其他金融机构不了解，也希望接受其本国银行或其他金融机构开立的保函。在这种情况下，要由委托人请本国的银行转托受益人所在国的银行向受益人开立保函。为此，本国的银行必须向受益人所在国的银行提供担保，这种担保叫“反担保”，本国的银行叫“反担保人”或“指示方”（Instructing Party），受益人所在国开立保函的银行叫“担保人”或“转开行”（Reissuing Bank）。在担保人遭遇索赔时，反担保人必须立即给予担保人赔偿。反担保人赔偿担保人后，再向委托人追偿。（2）保兑人。在银行保函业务中，有时候受益人会要求担保人对它开立的保函加具保兑。这时，应担保人的邀请，为保函加具保兑的银行或其他金融机构就叫作“保兑人”。受益人要求对保函加具保兑的原因一般是对担保人的信誉不放心，或受益人所在国的法律规定必须对保函加具保兑。保函一经保兑，在担保人拒绝付款及破产倒闭等情况下，保兑人就必须承担付款责任。保兑人付款后，有权向担保人追偿。

### 1.1.2　银行保函的分类

银行保函可以从不同角度分类，常见的分类有两种。一是从与基础合同的关系上，可分为独立保函和从属保函；二是从用途上，可分为投标保函、履约保函、预付款保函、付款保函、借款保函、租赁保函、关税保付保函等。下面只介绍前一种分类。

独立保函（Letter of Independence Guarantee）又叫“无条件保函”（Unconditional L/G）、见索即付保函。这种保函根据基础合同开出，但开出后即独立于基础合同，成为担保人与受益人之间的另一个契约。受益人的索赔仅依据独立保函本身的条款，而不管委托人基础合同履行的情况如何，这种特点与信用证相同。独立保函与信用证的不同点是：信用证要求受益人提交一套与货物有关的单据，而独立保函只要求受益人提交委托人违约的证明。

独立保函的优点可以从两方面看：从担保银行看，从属保函索赔时，担保银行要调查基础合同的履行情况，其人手和经验都不够，还有卷入合同纠纷甚至诉讼的风险。从受益人看，从属保函索赔时，委托人可能提出不可抗力等理由来对抗索赔，受益人的权益得不到充分保障。而对于独立保函，不管委托人是否履行合同，只要受益人按独立保函规定提供了索赔文件，就能够得到赔偿。这样，受益人的权益比较有保障。正因为独立保函具有这个优点，所以它成为第二次世界大战后国际担保的主流。目前国际经贸往来中使用的保函绝大多数都是独立保函。

但独立保函的优点也正是它的缺点：由于不管委托方在基础合同履行中是否违约，受益人只要提交了保函要求的文件就能得到赔偿，因此这样更容易发生无理索赔和欺诈，使委托人和担保人的利益得不到充分保障。

有鉴于此，国际商会于 1992 年制定的《见索即付保函统一规则》（URDG458）第 20 条规定，保函项下的任何付款要求都应当采用书面形式，且（除了保函可能规定的其他单据外）应当辅之以书面声明（或者在付款要求内做出，或者在随附于付款要求的单独的单据中做出，并在付款要求中提及）：（ⅰ）声明被担保人违反了基础合同项下的义务，或者在投标保函的情况下违反了投标条件；（ⅱ）指明被担保人的违约情形。按照这一规定，受益人索偿时必须采用书面形式声明被担保人违约，并具体指明是在哪一方面违约。在被担保人无违约的情况下，要出具这样一份书面声明，受益人就不得不考虑这是一种恶意的欺诈行为，从而起到一定的制约作用。在 2010 年 URDG458 的修订本 URDG758 中也有类似的规定（参见 URDG758 第 15 条）。

【实例】

2004 年 6 月，A 公司在境外参与工程投标，中标后根据合同规定需要对外开立履约保函。2004 年 6 月 11 日，担保人 I 银行应 A 公司申请，在其缴存全额保证金后以信开方式出具了以境外招标方 B 公司为受益人、N 银行为通知行的履约保函，担保金额为 16 880.00 美元，担保有效期至 2005 年 7 月 30 日。该保函约定适用国际商会制定的 URDG458。

2005 年 7 月 25 日，I 银行收到 B 公司通过 N 银行递送的该保函下的索赔文件，索赔金额为 16 880.00 美元，索赔单据表面上与保函规定一致。I 银行立即联系 A 公司，了解到 A 公司与 B 公司对质量标准存在分歧，未能对是否违约达成一致，A 公司认为其暂时不应承担付款责任。I 银行为防止见索即付保函被滥用，于是根据 URDG458 第 20 条的规定向 N 银行发报指出 B 公司的索偿单据有瑕疵——未提供 A 公司在哪些方面违约的具体声明。

2005 年 8 月 18 日，N 银行将 B 公司补交的 A 公司产品质量未达标准的书面声明寄达 I 银行，A 公司也已与 B 公司协商一致，同意支付保函项下索偿款项。此时，I 银行才将索偿款项付出，较好地处理了这一独立保函业务。①

---

**从属保函（Letter of Accessory Guarantee）** 又称“有条件保函”（Conditional L/G），它从属于基础合同，对于受益人的索赔，银行先要调查基础合同的履行情况，看委托人是否违约，只有确实违约才给予受益人赔偿。受益人只有在证实委托人未履行基础合同义务时（例如提供一份仲裁裁决）才能要求银行赔偿。

从属保函对受益人的欺诈性索赔有一定的限制作用，其缺点是：银行没有人手和经验调查合同履行的情况；另外，委托人可以以不可抗力等进行抗辩，受益人的利益较无保障。因此，在第二次世界大战以后，国际担保业务中使用的主要是独立保函，从属保函主要在国内使用。

### 1.1.3 银行保函的用途和适用的国际惯例

**银行保函的用途** 在国际商事活动中，有许多场合需要提供担保，银行保函正是为适应这种需要而产生的。银行保函的用途很广，可用于国际货物贸易、服务贸易、工程承包、招标投标、预付款、借贷、租赁、来料加工、补偿贸易等许多领域。从总体来看，银行保函主要用于国际货物贸易以外的其他国际商事活动，但有时候也用于国际货物贸易结算。

① 改编自：原擒龙. 国际结算与贸易融资案例分析. 北京：中国金融出版社，2010.

【实例】

我国某建筑工程公司欲承包巴基斯坦的一项水电站建筑工程。该项目吸引了众多的外国公司。通过比较，巴基斯坦政府对我国的建筑工程公司过硬的技术、踏实的作风颇有好感，但其认为中国的建筑工程公司是国外企业，还是不如本国公司放心。我国的建筑工程公司看出了对方的担忧，于是提出愿意提供中国某银行的保函作为履约保证，担保承包人诚信、善意、及时地履行合同。如果我国的建筑工程公司不能按合同规定完成所承建的水电站，那么银行将向业主支付合同金额 10% 的款项作为损害补偿。履约保函打消了业主的顾虑，我国的建筑工程公司成功地承揽了水电站建设项目。

【实例】

某出口商与进口商约定以“后 T/T”付款，但进口商必须开立银行保函，保证收到货物后电汇货款。但进口商在收到货物后没有电汇货款，出口商的银行于是向开保函的银行发出索款电文，开保函的银行收到索款电文后立即支付了货款。

**与银行保函有关的国际惯例** 20 世纪 60—70 年代，银行保函的应用越来越广泛，由于各国有关银行保函的法规有差异，产生的纠纷也越来越多。在这种背景下，国际商会先后制定了多个与银行保函有关的国际惯例，希望将各国有关银行保函的法规统一起来，其中影响较大的有：

1. 1978 年制定的《国际商会合同担保统一规则》(ICC Uniform Rules for Contract Guarantees)，国际商会第 325 号出版物，简称“URCG325”，适用于从属保函。

2. 1992 年制定的《国际商会见索即付保函统一规则》(ICC Uniform Rules for Demand Guarantees)，国际商会第 458 号出版物，简称“URDG458”，适用于非从属保函。

3. 1993 年制定的《国际商会合同保函统一规则》(ICC Uniform Rules for Contract Bonds)，国际商会第 524 号出版物，简称“URCB524”，适用于从属保函。

4. 1998 年制定的《国际商会国际备用信用证惯例》(ICC International Standby Practices)，国际商会第 590 号出版物，简称“ISP98”。该惯例虽然是备用信用证惯例，但它规定，任何备用信用证或类似独立担保书，不论其如何称谓或者描述，只要明确注明根据备用信用证惯例（ISP98）开立，则适用于备用信用证惯例。因此，ISP98 也适用于非从属担保（独立保函），但不适用从属担保（非独立保函）。

5. 2010 年制定的《国际商会见索即付保函统一规则》(ICC Uniform Rules for Demand Guarantees)，国际商会第 758 号出版物，简称“URDG758”，是对 URDG458 的修订，适用于非从属保函。

## 1.2 备用信用证

备用信用证（Standby L/C）是开证行保证开证申请人履行某种义务的担保，如果开证申请人未履行义务，受益人只要向开证行出具汇票并随附开证申请人未履行义务的证明即可得到开证行偿付。如果开证申请人履行了义务，就不需要使用该信用证，故名备用信用证。

### 1.2.1 备用信用证与银行保函、跟单信用证的比较

备用信用证是美国商业银行创造的一种以融通资金、保证债务为目的的金融工具。19 世纪初，美国有关法律限制银行办理保函业务，但实际中又有银行担保的需要，美国商业银行于是创造了备用信用证来规避法律管制。可见备用信用证实际上就是一种银行保函性质的支付承诺。

备用信用证与银行保函虽然都是一种银行担保，但二者又有若干不同：（1）银行保函有独立保函与从属保函之分，备用信用证无此区分。备用信用证与跟单信用证一样，是一种独立的、自足的文件。开证行对受益人的索赔是否赔偿，仅根据信用证本身，而不管基础合同。（2）备用信用证的开证行承担的是第二性的付款责任；从属保函承担的也是第二性的付款责任，但独立保函承担的付款责任可以是第一性的，也可以是第二性的，具体要看保函中的索偿条款是怎么写的。在实践中，受益人常将备用信用证和其他商业信用付款方式（如汇付与托收）结合使用，受益人首先要求申请人付款，当申请人不付款或无能力付款时，再要求备用信用证的开证行付款。（3）备用信用证适用的国际惯例有 ISP98、UCP，银行保函适用的国际惯例是 URDG458、URDG758（见索即付保函）和 URCG325、URCB524（从属保函）。[①] 在开立备用信用证时，要列明适用的国际惯例。如果备用信用证中指明同时适用 ISP98 和 UCP，根据 ISP98 第 1120 条（b）项的规定，在备用信用证也受其他行为规则制约，而其规定与本规则相冲突时，以本规则为准。因此，应优先适用 ISP98 的条款。

备用信用证与跟单信用证的相同点是，都有开证申请人、开证行和受益人三个当事人，都是纯粹的单据业务。二者的不同点是：跟单信用证的开证行承担的是第一性的付款责任，备用信用证的开证行承担的是第二性的付款责任；跟单信用证要求提交商业单据，备用信用证要求提交开证申请人违约证明；跟单信用证适用的国际惯例是 UCP，备用信用证适用的国际惯例是 ISP98，也适用 UCP；备用信用证主要用于担保，跟单信用证主要用于国际结算（从这一点看，备用信用证与银行保函更为接近）；跟单信用证的开证申请人是进口方，受益人是出口方，备用信用证的开证申请人或受益人既可以是进口方也可以是出口方。

### 1.2.2 备用信用证的分类和用途

备用信用证与银行保函一样，种类繁多。从用途看，其主要有：履约保证备用（Performance Standby）信用证、预付款保证备用（Advance Payment Standby）信用证、反担保备用（Counter Standby）信用证、融资保证备用（Financial Standby）信用证、投标备用（Tender Bond Standby）信用证、直接付款备用（Direct Payment Standby）信用证、保险备用（Insurance Standby）信用证、商业备用（Commercial Standby）信用证等。一份进出口贸易中担保申请人付款的备用信用证的中译本见示样 7－1。

---

① 为简洁起见，这里的一些国际惯例都直接用英文缩写，其中英文全称参见本章第 1.1.3 节。

**示样 7-1　一份进出口贸易中担保申请人付款的备用信用证的中译本**

**备用信用证**

我行兹开立号码为＿＿＿＿＿、金额为＿＿＿＿＿、以＿＿＿＿＿为受益人、＿＿＿＿＿为申请人的、有效期为＿＿＿＿＿的备用信用证。

在本备用信用证项下，我行将凭议付行的加押电传或 SWIFT 付款，同时请提交受益人的声明，该声明内容为开证申请人未履行＿＿＿＿＿＿合同项下的付款。

当收到与本备用信用证条款及条件相符的单据后，我行将按你方指示付款。

本信用证根据《跟单信用证统一惯例》（2007 年版），国际商会第 600 号出版物开立。

总的来说，备用信用证主要用于国际经济合作中的担保，但有时候也可以用于国际贸易结算。

【实例】

A 公司与外国公司签订了一份补偿贸易合同，约定从国外公司引进一条生产线，价格为 100 万美元。A 公司以 20% 现金及该生产线生产的产品作为支付，合同的履行期限为 4 年，国外公司要求 A 公司开立备用信用证做担保。A 公司请国内某银行开出了一份以国外公司为受益人，金额为 80 万美元的备用信用证。在收到备用信用证后，补偿贸易合同即生效。后来 A 公司未能在合同规定的期限内履约，国外公司于是签发汇票并随附 A 公司未履约证明交给国内某银行，该银行审查有关资料无误后即向国外公司偿付了 80 万美元。

【实例】

2003 年，某出口公司与印度尼西亚客户做一笔汽车配件生意，金额为 20 万美元，支付方式为电汇。为保证印度尼西亚客户按时电汇货款，出口公司要求印度尼西亚客户开立备用信用证。印度尼西亚客户开证后，我公司分三次出货，但印度尼西亚客户没有电汇货款。于是我公司在备用信用证有效期内向议付行提交索款电文，议付行发电报向开证行索汇，不久就得到了偿付。

## §2　国际贸易融资

国际贸易的特点之一是交易周期长，如果是远期收汇，交易周期则更长。这不仅占压了企业的流动资金，限制了企业的经营能力，还加大了收汇风险。因此，国际贸易结算常常伴有融资活动。国际贸易融资包括进出口商之间的融资、银行和其他金融机构对进出口商的融资、政府政策性金融机构提供的信贷等。这里主要介绍银行或其他金融机构对进出口商的融资。另外，国际贸易融资可分为短期融资和中长期融资，与一般进出口关系密切的是短期融资。因此，下面先分出口和进口两个方面介绍短期融资然后介绍中长期融资。

## 2.1 短期融资：出口

出口短期融资指银行或其他金融机构向出口商提供的期限在 1 年以内的融资。出口短期融资的品种很多，下面介绍一些常见的。

### 2.1.1 打包放款、订单融资

**打包放款（Packing Finance）** 又称“打包贷款”（Packing Loan）或“信用证抵押贷款”，指在信用证结算方式下，出口商凭借国外银行开来的信用证向银行申请短期贷款，供出口货物的生产、采购、装运等用。由于该贷款是以还处于“打包”阶段的货物作为还款来源，故称打包放款。打包放款既适用于即期信用证，也适用于远期信用证。

在正常情况下，打包放款以信用证下的收汇款为还款来源。如果到时候出现企业不能从国外收回货款的情况，则必须用其他款项偿还银行贷款的本息。

打包放款只能用于信用证下出口货物的生产、采购、装运等；金额最高不超过信用证金额的 80%；期限一般不超过半年；利率一般与同期、同档次本外币流动资金贷款利率相同。

打包放款不收手续费，只收贷款利息。打包放款利息计算公式为：

$$\text{打包放款利息} = \text{信用证金额} \times \text{打包放款比例} \times \text{融资年利率} \times \frac{\text{打包天数}}{360}$$

打包天数一般为办理打包日至信用证最迟装运日的天数（打包日当日不计入内）加 30 天。

【实例】

出口商在 2018 年 9 月 5 日向银行办理打包放款，信用证的最迟装运日为 2018 年 10 月 30 日，问打包天数是多少？

【解答】2018 年 9 月 5 日至 2018 年 10 月 30 日总计 55 天（打包日当日不计入内）。

打包天数 =55 天 +30 天 =85 天。

---

打包放款可贷人民币，也可贷外币。根据外汇管理规定，允许打包放款结汇成人民币使用。因此，当外汇贷款利率低于人民币贷款利率时，可选择贷外汇。在需要使用人民币时，可以将打包放款的外汇资金结汇成人民币。

打包放款的抵押物是信用证，而信用证只是一个有条件的保证，只有出口商能满足信用证的条件，开证行才会付款。因此，对银行来说，打包放款可以说是一种无抵押的信用贷款，有一定风险。正因为如此，银行办理打包放款都有一定的条件，例如，企业信誉良好，没有不良记录；信用证本身没有软条款，没有过期，没有其他问题；开证行所在国的政治、经济稳定等。可转让信用证下的被转让信用证不能办理打包放款。

另外，银行只对在本行议付的信用证做打包放款，以便将来能以出口商提交的单据对外索汇，扣还贷款。

【实例】

G 公司凭国外银行开来的不可撤销即期信用证向 A 银行申请金额为 200 万元人民币的打包放款，用于生产该信用证项下的出口产品。A 银行收到申请后，对信用证的真实性、信用证条款等内容及 G 公司提交的出口合同等证明文件进行审核，结果表明信用证真实有效，条款清晰明确，符合 A 银行有关规定。另经 A 银行信贷部门审查，该出口商财务状况良好，信誉可靠，履约能力亦符合规定，于是 A 银行为 G 公司办理了 200 万元人民币的贷款。

【实例 a】

A 公司在 M 银行有 80 万美元的打包放款额度。某年 3 月 1 日，A 公司收到国外客户开来的一份金额为 100 万美元、见票后 90 天付款的远期信用证。信用证下的货物安排在 2 个月后装运。因资金周转困难，A 公司向 M 银行申请打包放款，用来向国内供货商支付货款。应 A 公司申请，M 银行向其发放了 80 万美元的打包放款，同时扣减 A 公司打包放款额度。该年 5 月 1 日，货物装运出口，A 公司向 M 银行提交了全套单证，M 银行向国外开证行寄单索汇。该年 5 月 15 日，M 银行接到开证行承兑通知电文，到期日为 8 月 15 日。该年 8 月 15 日，开证行付款后，M 银行用其偿还了打包放款的本息，同时恢复 A 公司在 M 银行的打包放款额度。[①]

打包放款的作用是：在出口商资金紧缺而又无法取得预付货款的情况下，可以帮助出口商顺利组织货源、开展业务、把握贸易机会，在备货阶段不占用出口商的自有资金。

**订单融资**　指在以汇付、托收等非信用证结算的出口业务中，出口商凭信用良好的买方订单，以该订单下预期收汇款作为第一还款来源，向银行申请短期贷款。该贷款只能用于订单下的原材料采购、组织生产、货物运输等。它实际上是汇付、托收等非信用证结算方式下的打包放款。

订单融资的作用主要是：（1）在外贸公司资金紧缺而又无法争取预付货款的情况下帮助公司开展业务，把握贸易机会。（2）使企业在备货阶段不必占用自有资金，从而缓解企业流动资金的压力。（3）为非信用证结算方式下的融资提供了一种途径。

订单融资的办理流程如下：（1）外贸公司填写《订单融资业务申请书》，提供国外买方的订单或双方的买卖合同、出口批文或许可证（如果需要）及银行要求的其他材料。（2）银行审核申请，与外贸公司签订《订单融资合同》。（3）放款后，银行对外贸公司用款进行监督，确保专款专用。（4）外贸公司收汇后归还订单融资本息。

订单融资的比例最高不得超过订单金额（扣除预付款后）的 70%；融资期限自支取贷款之日起到预计收到货款之日止，最长不超过 90 天。如果需要展期，一般不超过 30 天。

### 2.1.2　出口押汇、出口贴现

**出口押汇（Outward Bill）**　指货物装运后，出口商将符合信用证或合同要求的汇票

① 摘编自：融资通网站上的《某公司融资案例分析》一文。

和全套单据卖给银行，银行扣除从押汇日到预计收汇日的利息及有关费用后，将净额有追索权地垫付给出口商。银行买入汇票和单据后，即成为汇票持有人，可凭汇票向付款行或付款人索取票款。信用证与托收都可以做出口押汇，二者的区别是：信用证下的出口押汇有开证行的付款保证，是银行信用；托收下的出口押汇是商业信用，没有银行的付款保证，风险较大。为控制托收下出口押汇的风险，银行通常要根据出口方的资信、还款能力等对其核定相应的授信额度，仅在授信额度内叙做出口押汇。

出口押汇的期限一般不超过 180 天，押汇比例由银行根据具体情况核定，最高为单据金额的 100%。

出口押汇与打包放款的区别是：（1）出口押汇是在货物装运之后，打包放款是在货物装运之前。（2）出口押汇以货运单据为质押，打包放款以信用证正本和交易的货物为还款来源。（3）出口押汇银行垫付的是扣除押汇利息和费用后的金额；打包放款银行贷款金额最高不超过信用证金额折成人民币计算的 80%。（4）出口押汇出口商需要填写总质权书和申请书，有时还要提供担保；打包放款出口商在提交信用证正本或合同后只需要签订一份合同即可。

【实例】

某年 3 月，A 银行收到 B 银行开来的信用证，受益人为 S 公司，金额为 75 万美元，A 银行核对密押后通知了 S 公司，S 公司审证后没有提出修改意见。

该年 4 月 17 日，S 公司发运货物后向 A 银行交单议付，A 银行审单时发现信用证要求《国际公路运输合同公约》单据（简称 CMR 运输单据），对于 S 公司提交的运输单据是不是 CMR 运输单据没有把握，于是打电话询问承运人，承运人答复说是 CMR 运输单据。于是 A 银行为 S 公司办理了押汇手续，并向 B 银行寄单索偿。S 公司向 A 银行做了书面承诺：“出口单据如因单证不符或其他原因遭拒付，我公司保证立即偿还你行已付的出口单据下的本息及各项费用。”

该年 4 月 29 日，B 银行以运输单据不是 CMR 运输单据拒付。A 银行于是要求 S 公司偿还押汇款及利息，但遭到 S 公司拒绝。S 公司认为，A 银行应对审单不严造成的后果负责。A 银行于是向法院起诉。

法院认为，我国未参加《国际公路运输合同公约》，中方承运人根本无法出具 CMR 运输单据。但 S 公司审证时没有提出修改，应负主要责任；A 银行仅凭电话询问承运人就轻信单证相符，未尽合理谨慎地审核单据的义务，也应负部分责任。最后判令 S 公司返还押汇款，A 银行承担押汇款被拒付后的利息损失和与 B 银行交涉的费用。①

出口押汇可以帮助出口商提前得到货款；可以增加企业当期现金流入量，改善财务状况，提高融资能力；可以根据不同货币的利率水平选择融资币种，实现财务费用最小化；可以提前办理外汇结汇，规避汇率风险；手续比流动资金贷款更简便。

【实例】

现将本章实例 a 改为出口押汇：A 公司在 M 银行有 80 万美元的出口押汇额度。某年

① 改编自：胡波. 国际汇兑与结算实训. 北京：对外经济贸易大学出版社，2003.

3 月 1 日，A 公司收到国外客户开来的一份金额为 100 万美元、见票后 90 天付款的远期信用证。信用证下的货物安排在 2 个月后装运。该年 5 月 1 日，货物装运出口，A 公司向 M 银行提交了全套单证，因资金周转困难，A 公司向 M 银行申请叙做出口押汇。经审核，M 银行同意向 A 公司提供 80 万美元的出口押汇中小企业融资，同时扣减其出口押汇额度。押汇后，M 银行向国外开证行寄单索汇。该年 5 月 15 日，M 银行接到开证行承兑通知电文，到期日为该年 8 月 15 日。该年 8 月 15 日，开证行付款后，M 银行用其偿还了出口押汇本息，同时恢复了 A 公司的出口押汇额度。

---

**出口贴现（Export Discounting）** 指银行购入出口商未到期的远期汇票或其他远期债权，从票面金额中扣除贴现利息及相关手续费后，将余款有追索权地支付给出口商的短期融资方式。

出口贴现可以接受的债权形式主要有：出口信用证下银行已经承兑的未到期远期汇票，或银行已经承付的未到期远期债权，跟单托收下银行已经保付的未到期远期债权等。但最常见的是远期信用证下已承兑的远期汇票和跟单托收下已加具保付签字的远期汇票[①]。另外，我国银行不办理没有贸易背景且用于投资目的的票据贴现。

贴现利息和贴现所得金额的计算公式为：

$$\text{贴现利息} = \text{票据金额} \times \text{贴现利率} \times \frac{\text{贴现天数}}{360}$$

$$\text{贴现所得金额} = \text{票据金额} - \text{贴现利息}$$

在上述公式中，贴现利率（简称贴现率）以贴现日当天银行公布的利率为准，大约为 5%，贴现天数是自银行向贴现单位支付贴现票款日起至汇票到期日前一天止的天数。

【实例】

出口商有一张 10 万美元的承兑汇票，需要向银行办理贴现，已知贴现年利率为 5%，贴现天数为 100 天。请计算贴现利息和出口商的贴现所得金额。

【解答】

$$\text{贴现利息} = \text{票据金额} \times \text{贴现利率} \times \frac{\text{贴现天数}}{360}$$

$$= 100\,000 \times 5\% \times \frac{100}{360} = 1\,389\text{（美元）}$$

$$\text{贴现所得金额} = \text{票据金额} - \text{贴现利息}$$

$$= 100\,000 - 1\,389 = 98\,611\text{（美元）}$$

---

出口贴现与出口押汇的区别是：出口押汇是以代表物权的单据为质押向银行贷款，出口贴现是将银行已经承兑 / 承付 / 保付的远期债权变现；出口押汇是在寄单以前，出口贴现是在收到国外银行承兑 / 承付 / 保付的电文或寄回的已承兑汇票以后。

出口贴现手续简单，不需要提供额外担保；可以即期收回远期账款，加快资金周转；

① 指除了有付款人承兑外，还有其账户行加上保付签字的远期商业汇票。

可以采用远期支付方式成交，扩大贸易机会；可以根据不同货币的利率水平选择融资币种，节约财务费用。

在承兑信用证等结算方式下，出口商如遇临时资金周转困难，或遇到新的投资机会，且预期投资收益率高于贴现利率，则可以选择出口贴现。

【实例】

现将本章实例 a 改为出口贴现：某年 3 月 1 日，A 公司收到国外客户开来的一份金额为 100 万美元、见票后 90 天付款的远期信用证。信用证下的货物安排在 2 个月后装运。该年 5 月 1 日，货物装运出口，A 公司向 M 银行提交了全套单证，M 银行向国外开证行寄单索汇。该年 5 月 15 日，M 银行接到开证行承兑通知电文，到期日为该年 8 月 15 日。由于资金周转困难，A 公司向 M 银行申请办理出口贴现，M 银行同意了 A 公司的申请并为其办理了出口贴现。该年 8 月 15 日，M 银行收到了开证行付款，并用其偿还了出口贴现本息。

### 2.1.3 国际保理业务

**概念和分类** 国际保理业务（International Factoring）又称承购出口应收账款业务，指出口商在采用赊账（Open Account，O/A）、托收等商业信用结算方式时，为避免收汇风险和提前取得部分货款[①]，在货物出运后，将代表应收账款的单据卖给国际保理商（银行或其他金融机构），由它们去催收账款并提供资金融通、进口商资信评估、销售账户管理、信用风险担保等一系列服务中的一种或数种的综合性金融服务。

国内外有关保理业务的定义都强调保理业务的综合性。例如，国际保理商联合会（Factoring Chain International，FCI）认为，保理业务是融合了资金融通、账务管理、应收账款收取和坏账担保四项业务的综合性金融服务 。又如，我国的《商业银行保理业务管理暂行办法》（简称《办法》）认为，保理业务是以债权人转让其应收账款为前提，集应收账款催收、管理、坏账担保及融资于一体的综合性金融服务。该《办法》还指出，债权人将其应收账款转让给商业银行，由商业银行向其提供应收账款催收、应收账款管理、坏账担保、保理融资中至少一项的，即为保理业务。

国际保理业务可以从不同的角度分类。如有追索权的保理、无追索权的保理；融资保理、到期保理；公开型保理、隐蔽型保理；单保理、双保理；出口保理、进口保理；国际保理、国内保理等。这里只介绍两种分类。

1. 有追索权的保理和无追索权的保理。

有追索权的保理（Recourse Factoring）指卖方将应收账款转让给保理商后，如果买方拒绝付款或无力付款，保理商则有权要求卖方偿还预付的货款，或者说可以要求卖方回购应收账款，因此有追索权的保理又称“回购型保理”。其特点是，保理商不负责审核买方资信，不核定信用额度，或者说不提供坏账担保，只提供包括贸易融资在内的其他服务。

无追索权的保理（Non-Recourse Factoring）指卖方将应收账款转让给保理商后，如

① 国际保理业务的融资期限一般在 180 天以内，贴现金额一般不超过 80%。

果买方拒绝付款或无力付款，保理商则无权要求卖方偿还预付的货款，因此无追索权的保理又称“买断型保理”。其特点是，保理商要对买方进行资信调查，为每个客户核定信用额度，在核定的信用额度内为出口商提供坏账担保。

一项保理业务究竟属于有追索权的保理还是无追索权的保理，要看保理协议的条款。

国际保理业务大多是无追索权的保理。欧美国家大多采用无追索权的保理，我国大多采用有追索权的保理。

2. 单保理和双保理。

单保理是只有一个保理商参与的保理。例如，在直接进口保理中，出口商与进口保理商打交道；在直接出口保理中，出口商与出口保理商打交道。

双保理是有两个保理商参与的保理。国际保理业务大多是双保理。其特点是：出口商先向本国出口保理商申请保理，然后本国出口保理商从进口国的保理商中选择进口保理商，与之签订代理协议，请其参与保理业务。在整个业务过程中，进口商和出口商只与各自的保理商打交道。

**当事人和业务流程** 国际保理业务（指双保理）的当事人有四个：出口商、进口商、出口保理商和进口保理商。四个当事人之间的关系是：

1. 出口商与进口商是货物买卖关系，它们之间的契约是货物买卖合同。

2. 出口商与出口保理商是保理业务关系，它们之间的契约是出口保理协议。

3. 出口保理商与进口保理商是再保理关系，它们之间的契约是相互保理协议。根据该协议，出口保理商将从出口商手中购买的应收账款转卖给进口保理商。

4. 进口保理商与进口商之间本来没有关系，但在进口保理商从出口保理商手中购买了出口商对进口商的应收账款后，它就合法地成为进口商的债权人，进口商就成为它的债务人。

国际保理业务的种类不同，业务流程也有所不同。下面以国际贸易中常见的国际双保理业务为例，其业务流程见图7-1。

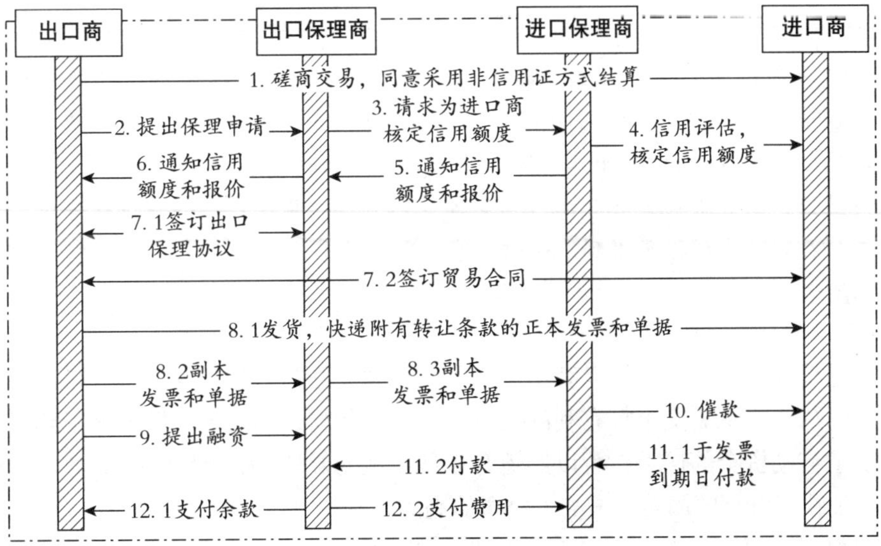


**图7-1 国际双保理的业务流程**

1. 出口商与进口商洽谈交易，允诺采用非信用证方式结算。

2. 出口商向出口保理商申请保理，请其为进口商核准信用额度。

3. 出口保理商选择国外进口保理商，请其对进口商做信用评估，核定信用额度。

4. 进口保理商对进口商进行资信评估，核定信用额度。

5. 进口保理商将为进口商核定的信用额度、有关条件及自己的报价通知出口保理商。

6. 出口保理商将进口保理商核定的信用额度通知出口商，并提出自己的报价。

7. 出口商在接受报价后，与出口保理商签订出口保理协议（7.1）；与进口商签订贸易合同（7.2）。

8. 出口商发货，并将附有转让条款的正本发票和有关单据快递给进口商（8.1）；将副本发票及有关单据（根据进口保理商的要求）交给出口保理商（8.2）；出口保理商将其交给进口保理商（8.3）。

9. 如果出口商有融资要求，此时可向出口保理商要求融资，融资额度最多不超过发票金额的 80%。

10. 在发票到期日前若干天，进口保理商开始向进口商催收。

11. 进口商于发票到期日向进口保理商付款（11.1）；进口保理商收款后付给出口保理商（11.2）。如果进口商在发票到期日 90 天后仍未付款，进口保理商则要做担保付款。

12. 出口保理商收款后，扣除融资本息（如果有）及其他费用后将余款支付给出口商（12.1），并向进口保理商支付相关费用（12.2）。

**作用和适用场合** 国际保理业务的作用可以从进出口双方来看。

1. 从出口商看，国际保理业务可以使它放心大胆地采用有竞争力的结算方式，通过调查进口商的资信可以帮助出口商降低交易风险，可以优化财务报表，可以获得一定比例的预付款，可以提前办理退税，可以解除应收账款催收和结算的麻烦。对出口商的缺点是：等待的时间长，在出货前要先向出口保理商申请额度，至少要 3 周；不能全额贴现；如果是有追索权的保理，出口保理商则可能讨回已贴现的款项。

【实例】

山东 E 公司拟向马来西亚出口拖拉机，进口商 I 公司要求采用赊销（O/A）结算，延期付款 60 天。为避免风险，E 公司向中国银行申请出口保理。中国银行选择了马来西亚银行为进口保理商，请其为进口商核定信用额度。通过资信调查，马来西亚银行发现 I 公司规模很小，而且有拖欠货款的习惯，因此不肯批信用额度，并将情况告诉了中国银行。山东 E 公司从中国银行得到上述信息后，取消了与 I 公司的交易。半年后，I 公司果然破产倒闭了。

2. 从进口商看，进口商可以利用自己的信誉和良好的财务表现获得进口保理商的信用额度，以赊销、承兑交单等有利的结算方式进口货物，相当于无抵押就得到了贸易融资，减少了流动资金的压力；可以避免开立信用证的麻烦，简化结算手续，不提供开证保证金，加快了资金的周转，增加了公司的利润。

国际保理主要适用于下列场合：对进口商的资信不清楚；出口商品处于买方市场，

进口商坚持要采用付款交单、赊销、承兑交单等非信用证结算方式，否则就转向其他出口商；出口商希望解除账务管理和应收账款追收的麻烦，避免坏账损失等。

【实例】

S 公司是一家民营企业，生产家用炊具。2002 年，公司考虑拓展海外市场。当时 S 公司的品牌在海外知名度不高，美欧等地的进口商均拒绝开证，要求 O/A 90 天。S 公司既要对进口商提供优惠的付款条件，又担心进口商的信用风险，还面临资金周转的问题。S 公司带着这些问题向中国银行寻求解决方案。

中国银行向 S 公司推荐了出口双保理，利用与美国保理商的良好合作关系，为 S 公司在美国的进口商核准了保理额度。2003 年，S 公司的业务量超过 1 500 万美元。之后，中国银行又为 S 公司对欧洲和中国香港的出口提供了出口双保理业务，帮助 S 公司成功开拓了海外市场。S 公司的销售额和利润率节节上升，于 2004 年成功上市。①

---

国际保理业务的费用主要包括:（1）保理商的佣金。其中出口保理商的佣金为发票金额的 0.1%~0.4%；进口保理商的佣金为发票金额的 0.4%~1%。不同保理商的佣金率会有所不同。（2）融资利息。如果出口商要融资，则还要收取一定的融资利息。（3）银行费用。按每单发票收取，这是一般情况。不同银行会有所不同，有的多一些项目，有的少一些项目，但保理商的佣金和融资利息是都有的。

国际保理业务的费用比信用证要高得多，但出口商和进口商都可以获得许多好处。这也是欧美发达国家国际保理业务蓬勃发展的原因。

## 2.2 短期融资：进口

### 2.2.1 授信开证、提货担保、进口押汇

**授信开证（Issuing of L/C with Credit Limit）** 指开证行应进口商申请，在开证授信额度内，为客户减收或免收开证保证金开证。

开证授信额度是开证行为客户核定的开立信用证的授信额度。核定开证授信额度要考虑企业的资信、清偿能力、与银行的业务往来、提供的抵押品的数量和质量等。企业在开证授信额度内申请开证，可免收或减收开证保证金。例如，A 银行给 B 客户核定的开证授信额度是 600 万美元内开证只需要缴纳 5% 的保证金，那么，只要 B 客户不超过这个额度开证，就只要缴纳 5% 的保证金。

开证授信额度有两种：一是普通信用证额度（General L/C Limit），这种额度可以在一定的期限内（通常为 1 年）无限循环使用。二是一次性开证额度（One Time L/C Limit），它是银行为进口商的一个或几个贸易合同核定的开证额度，不能循环使用。一般是当进口商成交了一笔大额交易，普通开证额度不够用时，银行根据其资信状况和质押品为其核定的一次性的开证额度。

---

① 摘自中国银行官网。

有人认为，授信开证不能算一种融资，因为银行并没有付出资金或贷款给企业。这种理解不正确，因为如果银行不授信开证，要求企业提供100%的开证保证金，那么这就要占压企业的周转资金。如果企业没有这笔钱，就必须向银行贷款。从这种角度看，授信开证可以说是银行给予企业的一笔特别贷款。

开证行受理授信开证的条件是：进口商有进出口经营权，在开证行有结算账户，业务及收付汇状况良好、资信可靠，能够提供银行可以接受的担保，在开证行有开证授信额度。

如果进口商流动资金不充裕，又不能从出口商处取得商业信用，也不能从银行取得其他形式的融资，则可以考虑采用授信开证。

**【实例】**

W公司委托代理公司从德国进口一批先进设备，开证金额高达700多万欧元，W公司资金本来就流转不畅，于是向银行求助。银行对W公司的资信进行了调查，认为其营运基本正常，但短期偿债能力一般，因此该笔业务的担保有一定风险，于是建议W公司利用其母公司的开证授信额度申请授信开证，最后为W公司节约财务费用200多万元人民币。

---

**提货担保（Shipping Guarantee）** 指在货到单未到的情况下，银行应进口商请求，为其向承运人开立提货保函，进口商凭此先行提货，等单据到达后再以正本提单向承运人换回保函。

提货担保多见于近洋运输，在我国与日本、韩国和东南亚等国家或地区的贸易中运用比较普遍。因为这些国家或地区到我国的航程一般只要2~7天，经常发生货物先于单据到达的情况。

提货担保的操作过程如下：（1）进口商向银行提出申请，提供提货担保申请书、船公司到货通知、致船公司的预先提货保证书，以及提单和发票的复印件等材料，必要时还要提供保证金。在申请书中，进口商必须保证信用证下的单据到达后，无论有无不符点，均不得拒付。（2）银行审核通过后，向承运人或其代理人出具提货担保书。（3）进口商凭提货担保书提货、销售。（4）单据到达后，进口商立即付款赎单，然后持正本提单向承运人或其代理换回提货担保书并退还银行。

对进口商来说，提货担保可以帮助它及时提货转卖，抢占市场先机，避免货物滞港造成的费用和损失，加快资金周转。

办理提货担保的条件是：一般只适用于信用证业务，而且信用证还应该是提供担保的银行开立的；申请人在银行有足够的授信额度；运输单据必须是全套海运提单；有的银行还要求进口商出具信托收据（见“进口押汇”）。

**进口押汇（Import Bill Advance）** 指银行收到信用证、托收或汇付项下的单据后，以其为质押先垫款代进口商对外支付，同时凭进口商提供的信托收据（Trust Receipt, T/R）借单（主要是物权单据）给进口商先行提货，进口商到期再偿还银行押汇款本息。

信托收据是进口商将货物所有权转让给银行的确认书。其大致内容是：承认货物的所有权属于银行，表示愿意以银行受托人的身份代银行提货和处理货物，直到付清银行的垫款取回信托收据为止。信托收据可以在进口押汇和提货担保等业务中使用，由进口商向开证行或代收行提供，也可以单独使用，但风险较大。

进口押汇主要可分为信用证下的进口押汇、托收下的进口押汇。

1. 信用证下的进口押汇。指开证行以信用证下交来的单证相符的单据为质押，代进口商先行对外付款的一种融资方式。其操作过程如下：（1）信用证下的单据到达后，开证行经审核单证相符，通知进口商付款赎单；（2）进口商因资金周转困难等原因，无法立即付款赎单，于是以该信用证下代表货权的单据为质押，向开证行申请进口押汇；（3）开证行审核同意后，先垫款对外支付，同时凭信托收据借单给进口商先行提货销售；（4）进口押汇到期后，进口商归还开证行押汇本息。

【实例】

R 公司向银行申请开立了 500 万美元的即期信用证。信用证下的单据到达后，R 公司向银行提出进口押汇申请。经银行审查，单据为信用证项下全套单据，且完全符合信用证的要求；R 公司系银行贸易融资重点客户，银行为其核有 1 000 万美元的进口押汇客户授信额度，可直接办理此笔业务，不需要进行信贷审查。银行于是同意为 R 公司办理进口押汇。R 公司与银行签订了进口押汇协议，向银行出具了信托收据。办妥上述手续后，银行放单给 R 公司，并先行对外付款。

2. 托收下的进口押汇。指代收行以托收行寄来的单据为质押，代进口商先行对外付款，同时借单给进口商提货销售的一种融资方式。其操作过程如下：（1）托收行寄来的单据到达后，进口商向代收行申请进口押汇；（2）代收行审核同意后，与进口商签订进口押汇协议和信托收据，先行对外垫付，同时凭信托收据将单据借给进口商；（3）进口商凭借得的单据提货转卖；（4）押汇到期时，进口商归还代收行押汇本息。

进口押汇有下列特点：押汇款必须用于履行信用证或托收下的对外付款；押汇期限一般不超过 90 天；押汇百分比由银行按情况决定；押汇利率按银行当期流动资金贷款利率计收；通常不收手续费，只收押汇利息；与普通贷款比，手续简便。

进口押汇的作用是：可以使进口商在无法立即付款赎单时先行提货加工销售，抢占市场先机；不占压企业的流动资金，加快资金周转。

叙做进口押汇，进口商应使押汇期限与进口货物转卖期限相匹配，以便将销售回笼款作为归还押汇款的主要来源。

### 2.2.2　假远期信用证

承兑信用证可分为真远期信用证和假远期信用证。真远期信用证也称卖方远期信用证（Seller’s Usance Credit），这种信用证下卖方开立的远期汇票要到汇票到期日买方才付款。如果要贴现，贴现利息和有关费用由卖方负担，卖方将贴现利息和有关费用打入货价中。

假远期信用证也叫买方远期信用证（Buyer’s Usance Credit）、远期汇票即期付款信用证（Usance Letter of Credit Payable at sight），这种信用证下卖方开立的远期汇票可以得到即期付款，贴现利息由买方负担。对卖方来说，这种信用证名义上是远期，实际上是即期，故名假远期信用证。

假远期信用证是开证行（或付款银行）对进口商的一种融资方式。其操作方法如下：在谈贸易合同时，买卖双方约定做即期交易，货物价格也按即期付款确定。但信用证中规定受益人开立远期汇票，开证行承诺向受益人即期付款。等收到出口商远期汇票和单证相符的单据后，开证行立即付款，同时将货运单据放给买方提货销售，待远期汇票到期时，买方再向开证行支付货款。远期汇票的贴现利息和费用由买方负担。

判断是不是假远期信用证主要是看证中有无“远期信用证可即期付款”之类的条款。这是因为假远期信用证除了含有“远期信用证可即期付款”的条款外，与即期信用证没什么区别。下面举几个这类条款的例子：

“远期汇票按即期议付，贴现及承兑费由进口商承担。”（Usance draft can be negotiated at sight，discount and acceptance fee will for account of the applicant.）

“远期汇票按即期议付，由本银行（开证银行）贴现，贴现及承兑费由进口商承担。”[Usance drafts to be negotiated at sight basis and discounted by us（issuing bank），discount charges and acceptance commission are for importer’s account.]

“授权议付银行议付远期汇票，依票面额即期付款。”（The negotiating bank is authorized to negotiate the usance drafts at sight for the face amount.）

假远期信用证的业务流程见图 7－2。

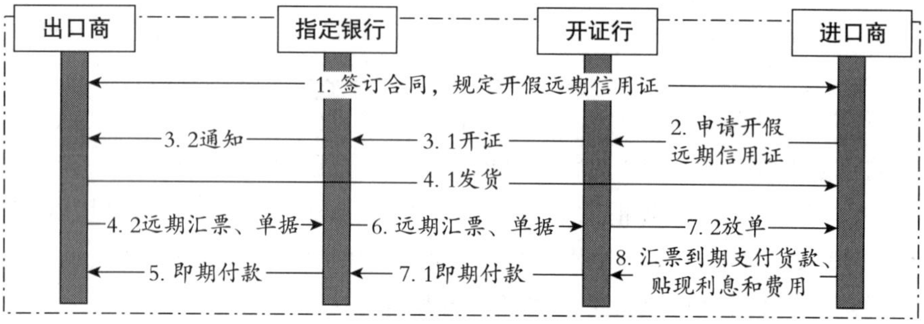


**图 7－2　假远期信用证的业务流程**

1. 进口商与出口商签订合同，规定开假远期信用证。

2. 进口商申请开远期信用证，在开证申请书中注明“本信用证为假远期信用证，由开证行或指定的偿付行即期对外付款，利息和银行费用由进口商承担”。

3. 开证行开证，在证中加列一个“在相符交单的情况下出口商可以得到即期付款”的条款（3.1），通过通知行将信用证通知出口商（3.2）。

4. 出口商发货后（4.1），开远期汇票，连同单据交指定银行议付（4.2）。

5. 指定银行审单，如果单证相符，则立即付款给出口商。

6. 付款后，指定银行将远期汇票和单据寄开证行索偿。

7. 开证行审单，如果单证相符，则一方面立即偿付指定银行，对远期汇票开证行不需要承兑和寄回（7.1）；另一方面立即放单给进口商提货，此时进口商不需要付款（7.2）。

8. 在远期汇票到期日，进口商向开证行支付货款、贴现利息和费用。

假远期信用证是一种灵活的融资方式，在交易时，出口商都希望尽快收到货款，而进口商则希望得到货物后尽量推迟付款。即期信用证和远期信用证都无法同时满足买卖双方的要求，而假远期信用证能满足这种要求。但从根本上看，它还是一种进口融资方式，出口商不过是配合进口商而已。在假远期信用证下，开证行即期付款时并不借记进口商账户，而是利用自有资金对外付款，实际是为进口商提供了一笔类似于押汇的贸易融资。通过开立假远期信用证，出口商可以即期收款，进口商可以远期付款，开证行可以增加中间业务收入。

做假远期信用证，进口商应使融资期限与进口货物转卖期限相匹配，以便将销售收入作为归还银行贷款的来源。

## 2.3　中长期融资

国际贸易中长期融资指期限在 1~5 年（中期）或 5 年以上（长期）的进出口贸易融资，金额较大，一般进出口商采用较少，主要形式有出口信贷和福费廷。

### 2.3.1　出口信贷

出口信贷指一国政府为推动本国大中型机电设备或成套设备等资本类商品的出口，在政府的支持下，由该国的出口信贷管理机构、专业银行及商业银行，向本国出口商、外国进口商或进口商的银行提供的中长期优惠贷款。

1980 年，中国银行首先开办了出口信贷，支持机电产品出口。1994 年，我国成立了归口办理出口信贷的政策性银行——中国进出口银行，实现了政策性金融和商业性金融的分离。2001 年后，中国建设银行、中国工商银行、国家开发银行、中国农业银行等许多商业银行也陆续开办了出口信贷。

出口信贷主要有卖方信贷、买方信贷和混合信贷三种形式。

**卖方信贷**　指由出口国银行或其他金融机构向本国出口商提供的中长期优惠贷款。出口商凭此允许进口商用延期付款的方式购买自己的产品和设备。

卖方信贷的特点是：贷款期限长，起码在 1 年以上，通常为 5~10 年；贷款金额大；贷款额最多为合同金额的 85%，进口商必须支付不低于合同总金额 15% 的预付款；贷款利率低于相同条件下资金贷放市场利率，利差由出口国银行或其他金融机构向本国政府有关部门申请利差补贴；通常由本国出口信用保险机构提供出口信贷保险。

卖方信贷的费用包括贷款利息、保险费、承担费、管理费等，由出口商支付。出口商将其计入货价中转移给进口商。因此，出口信贷支持下的出口货物价格比现汇支付下高 3%~4%，甚至 8%~10%。

**买方信贷**　指由出口国银行或其他金融机构向进口商或进口商的银行提供的中长期优惠贷款，供进口商以即期付款方式购买本国的产品和设备。

买方信贷的特点是：贷款额最多为合同金额的 85%，进口商必须支付不低于合同总金额 15% 的预付款；贷款期限一般在 1 年以上，最多不超过 10 年；贷款利率一般使用经济合作与发展组织（OECD）公布的商业参考利率或以伦敦银行间同业拆借利率（LIBOR）为基础的浮动利率；贷款币种为美元或经银行同意的其他货币；通常由本国出口信用保险机构提供出口买方信贷保险。买方信贷有两种形式。

1. 贷款给进口国银行，其业务流程如下：（1）进口商与出口商签订贸易合同，规定进口商要先向出口商支付合同总金额 15% 的现汇定金；（2）合同签订后、预付定金前，出口国银行和进口国银行签订贷款协议；（3）进口商预付定金后，出口国银行向进口国银行发放贷款，进口国银行将其转贷给进口商，进口商以此向出口商支付现汇货款（在实践中，为避免周折和风险，贷款实际上是由出口国银行直接发放给出口商的，进口国银行得到的只是一个信贷额度，有了这个额度，出口国银行就替它向出口商做了支付）；（4）出口国银行向政府申请利差补息等政策优惠（因为出口信贷的利率低于一般商业市场的贷款利率）；（5）进口商分期向进口国银行偿还贷款，进口国银行分期向出口国银行偿还贷款。

2. 直接贷款给进口商，其业务流程如下：（1）出口商与进口商洽谈贸易合同，规定进口商要先支付合同总金额 15% 的现汇定金；（2）贸易合同签订后、预付定金前，进口商与出口国银行签订贷款协议（进口商要提供银行担保）；（3）出口国银行发放贷款给进口商，进口商用借得的款项以现汇条件支付货款给出口商（进口商得到的也是一个贷款额度，贷款也是由出口国银行直接发放给出口商）；（4）进口商按贷款协议分期偿还出口国银行贷款。

买方信贷的费用包括贷款利息、保险费、承担费、管理费等，由进口商支付。它比卖方信贷更有利于进口商了解真实货价，核算进口成本。

从根本上看，买方信贷是进口商直接负债，进口商相当于进行现汇交易；卖方信贷是出口商直接负债，进口商相当于进行延期付款交易。因此，出口商更喜欢买方信贷，但买方信贷操作时间比较长，而且进口商不一定愿意接受。

**混合信贷** 指政府信贷与卖方信贷或买方信贷的结合使用。政府信贷是一国政府用财政资金向另一国政府提供的优惠贷款，利率比出口信贷更低，因此，混合信贷的利率低于卖方信贷或买方信贷。在混合信贷中，政府信贷的比重为 15%~50%。

在出口信贷的三种形式中，常见的是买方信贷；在买方信贷的两种形式中，常见的是贷款给进口国的银行，因为银行与银行打交道更加容易。

### 2.3.2 福费廷

**什么是福费廷** 福费廷是英语“Forfeiting”的音译，该词源于法语，意为“包买票据”，指银行或其他金融机构（包买商）从出口商那里无追索权地买入或代理买入因商品、服务或资产交易产生的未到期债权，扣除各种费用后予以贴现的一种中长期贸易融资形式。

福费廷可以接受的债权形式有：出口商出具的并已被进口商承兑的汇票，进口商出具的以出口商为收款人的本票，由包买商可接受的担保人出具的独立保函所保付的以进口商为付款人的汇票等，但最常见的还是承兑信用证下经开证行或保兑行承兑的远期汇票。

福费廷的特点是：（1）属于中长期融资。传统福费廷票据期限一般在 1~5 年，但近年来扩展到 1 个月至 10 年。（2）融资金额大。范围为 10 万美元至 2 亿美元，因此一般用于大型成套设备的出口，中小企业较少采用。（3）融资币种为可自由兑换货币，固定利率买断。叙做福费廷后，出口商就将利率风险、汇率风险、政治风险都转移给了包买商。（4）无追索权。这是福费廷的最大特点，也是其优势所在。叙做福费廷后，就将收取账款的权利、责任和风险都转移给了包买商，除非出口商有欺诈行为，或进口商所在地法院止付，否则不能追索。（5）债权凭证须经进口地银行担保。福费廷的票据不仅需要开证行承兑，而且需要进口商请进口地一流银行担保。可以在已承兑的汇票或本票上签字担保，也可以出具单独的保函担保。

**福费廷与出口贴现、保理业务的比较**　福费廷与出口贴现都是汇票贴现，都是对出口商的融资，二者的区别是：（1）出口贴现有追索权，福费廷无追索权。（2）福费廷是中长期融资，多用于大型设备的出口，涉及的票据通常是成套的；出口贴现是短期融资，用于一般的对外贸易，涉及的票据单一。（3）出口贴现的票据只需要银行或著名的大公司承兑，一般不需要其他银行担保；福费廷的票据不仅需要开证行承兑，而且需要有包买商认可的一流的银行担保。（4）出口贴现手续简单，风险较小，只向贴现人预扣贴现息，贴现率比较低；福费廷手续比较复杂，风险较大，贴现率高于出口贴现率，除了收取贴现利息外，还要收取承诺费、宽限期贴息等。

福费廷与保理业务也都是对出口商的融资，二者的区别是：（1）福费廷多用于大型成套设备的交易，金额大，融资期限长；保理业务多用于一般进出口贸易，金额不大，相对于福费廷而言，融资期限比较短。（2）福费廷的票据要求进口商所在地的一流银行担保，保理业务的票据不要求担保。（3）叙做福费廷要经过进出口双方协商，叙做保理业务可由进口商或出口商单方面决定。（4）福费廷提供的服务单一，保理业务提供的服务包括数种金融服务。

**福费廷对出口商、进口商的好处与缺点**　福费廷对出口商的好处是：无追索权，固定利率买断；不占用授信额度；将远期收汇变为当期现金流入，改善财务报表；将远期收汇可能产生的利率、汇率、买方信用、国家风险等全部转移给了包买商；有利于出口商以延期付款条件争取贸易机会；可以提前办理外汇核销及出口退税；可以提前了解银行的融资报价并将相应的成本转移到出口商品价格中去。福费廷对出口商的缺点是：费用较高，等待时间长。

福费廷对进口商的好处是：能够得到较长时间、较大金额延迟付款的融资。福费廷对进口商的缺点是：融资成本高，福费廷业务的费用要计算在货价中，最终由进口商负担；手续麻烦，进口商要找一流的银行做担保，要向银行交付一定的担保费或抵押品。

【实例】

2009 年，M 机械设备制造公司拟向中东某国 N 公司出口机械设备，该设备市场为买方市场，M 公司面临以下问题：（1）N 公司资金紧张，在其国内融资成本很高，希望 M 公司给予 1 年的远期付款便利，但 M 公司正处于业务快速发展期，对资金需求较大，在各银行的授信额度已基本用完。（2）N公司规模不大，信用状况一般，虽然同意采用信用证结算，但开证银行B银行规模较小，M公司对该银行了解很少。（3）M公司预计人民币在1年内将升值，如1年后再收回货款，则面临较大汇率风险。

带着这些问题，M公司向中国银行A分行（以下简称A分行）求助。A分行根据M公司融资、规避风险、减少应收账款等多种需要为其设计了福费廷融资方案。M公司采纳了该方案，并在商业谈判中成功地将融资成本计入商品价格中。该福费廷业务的操作过程如下：

1. B银行开来见票360天付款的承兑信用证；
2. M公司备货发运后将单据交A分行；
3. A分行审单无误后寄单至B银行；
4. B银行发来承兑电，确认到期付款责任；
5. A分行占用B银行授信额度，为M公司进行无追索权贴现融资，并结汇入账；
6. A分行为M公司出具出口收汇核销专用联，M公司凭此办理出口收汇核销和退税；
7. 在付款到期日前A分行向B银行索汇；
8. B银行将款项付给A分行。

通过以上的福费廷业务，M公司用远期付款条件赢得了客户；在不需要占用其授信额度的情况下获得了无追索权融资，解决了资金紧张问题；有效规避了买方信用风险、国家风险、汇率风险等远期收汇项下的风险；提前办理了出口收汇核销和出口退税；成功将应收账款转化为现金，优化了公司财务报表。①

---

**福费廷的费用** 福费廷的费用一般包含贴现利息、宽限期贴息和承诺费。

1. 贴现利息。贴现利息的计算公式为：

$$贴现利息=票据金额\times贴现利率\times\frac{贴现天数}{360}$$

贴现利率一般以伦敦同业拆借利率为基准，再根据进口国国家风险、开证行所在地区、开证行的信用等级、贴现期限长短等因素加一定点数形成。伦敦同业拆借利率每天都有变动，但幅度很小。

2. 宽限期贴息。从票据到期日到实际收款日的期限被称为宽限期，一般为7天，包买商通常将宽限期记入贴现期中，收取贴息。

3. 承诺费。从出口商和包买商达成福费廷协议到票据实际买入之日这段时间叫承诺期，在此期间，包买商要筹措资金，形成实际资金成本和机会成本，因此要向出口商收取承诺费。承诺费的计算公式为：

$$承诺费=票据金额\times承诺费率\times\frac{承诺天数}{360}$$

承诺费一般每月收取一次，如果承诺期少于一个月，则可同贴现利息一并收取。

福费廷属于中长期贸易融资，因此一般适合资本货物的出口，对100万美元以下的出口项目优越性不明显。

---

① 改编自：中国银行官网案例《中国银行，贸易融资》。

# §3　出口信用保险

## 3.1　出口信用保险概述

出口信用保险（Export Credit Insurance）简称“出口信用险”，是各国政府为推动本国出口、对外投资和工程承包等而设立的政策性保险，是世界贸易组织（WTO）允许的贸易促进措施。

出口信用保险与国际货运保险的区别是：（1）保险标的不同。国际货运保险的保险标的是进出口货物，出口信用保险的保险标的是出口企业的应收账款和海外投资。（2）承保的风险不同。国际货运保险承保的是自然灾害、意外事故及某些社会风险。出口信用保险承保的是商业信用风险和政治风险，这些风险无法计算概率，一般商业保险公司不愿承保，因此，很多国家都主要由政府支持的出口信用保险机构承保。在我国，国家全权委托中国出口信用保险公司来承保。（3）保险目的不同。国际货运保险的目的主要是盈利，出口信用保险的目的主要是支持本国对外经济贸易的发展。

出口信用保险的作用主要是：（1）保障收汇安全。投保出口信用保险，发生收汇风险时，信用保险公司可以帮助企业追讨应收账款，追讨不回也可以得到信用保险公司的补偿。（2）增强国际市场竞争力。近年来，国际市场上采用付款交单、承兑交单、赊销等非信用证结算方式的企业越来越多，采用这些结算方式虽然增强了企业的竞争力，但也加大了收汇风险。投保出口信用保险可以使企业大胆地采用这些结算方式，从而增强企业在国际市场上的竞争力。（3）有利于加强风险管理。投保出口信用保险，信用保险公司要对国外买家进行资信调查，评估出口风险，这些工作有利于企业加强风险管理。（4）有利于企业融资。投保出口信用保险，企业的收汇风险显著降低，通过信用保险公司与融资银行间的赔款转让安排，企业以应收账款向银行融资变得更加容易。

出口信用保险出现于 20 世纪初，最早的出口信用保险机构是 1919 年成立的英国出口信用担保局（Export Credits Guarantee Department, ECGD），其他早期的出口信用保险机构还有美国进出口银行（Export-Import Bank of the United States，US EXIM）、法国外贸银行等。之后各国纷纷仿效。目前，全球贸易额的 12%~15% 是在出口信用保险支持下实现的，有的国家超过了出口总额的 1/3。

我国从 20 世纪 80 年代开始发展出口信用保险。1988 年，中国人民保险集团股份有限公司设立了出口信用保险部。1994 年，中国进出口银行成立，其业务也包括出口信用保险。2001 年 12 月，以上两家机构的出口信用保险业务合并，组建成我国第一家专门的官方出口信用保险机构——中国出口信用保险公司（简称中国信保，英文名为 Sinosure），目前该公司仍然是我国唯一的出口信用保险机构。

中国信保自成立以来发展迅速，2002 年，中国信保的承保总额为 25.75 亿美元，2014 年为 3 650.73 亿美元，2016 年为 4 731.2 亿美元。2016 年，中长期出口信用保险新增承保金额为226.1亿美元，海外投资保险承保金额为426.5亿美元，短期出口信用保险承保金额为3 752.4亿美元。[①] 2017年，中国信保的承保规模首次突破5 000亿美元。

截至2017年末，中国信保累计支持的国内外贸易和投资规模超过3.3万亿美元，为超过11万家企业提供了信用保险及相关服务，累计向企业支付赔款108.4亿美元，累计带动200多家银行为出口企业融资超过2.9万亿元人民币。[②]

目前，中国信保已建立了一个比较完善的信用风险管理体系，成立了专门的国别风险研究中心和资信评估中心，每年发布《国家风险分析报告》及《全球投资风险分析报告》、全球国家风险评级和主权信用评级，资信数据库覆盖全球1 000余万家企业、4万余家银行、800余个行业，拥有国内外各类信息渠道约150家，资信报告、追偿渠道覆盖200多个国家和地区。[③] 现在，在全球官方出口信用保险机构中，中国信保已居首位（不算非官方经营的出口信用保险公司）。

但与发达国家相比，我国出口信用保险的发展水平还比较低。目前，我国出口信保对出口的覆盖率在10%左右，而发达国家为40%~60%。中国信保在2018年《国家风险分析报告》中指出，在当前的形势下，中国出口企业应用好出口信用保险工具，在开拓多元化国际市场的同时，加强海外市场风险防范。

## 3.2 中国信保的产品

中国信保的主要产品和服务有：中长期出口信用保险、海外投资保险、短期出口信用保险、国内贸易信用保险、与出口信用保险相关的担保、应收账款管理及信息咨询等。这里我们只介绍与国际货物贸易关系密切的短期出口信用保险和中长期出口信用保险。

### 3.2.1 短期出口信用保险

短期出口信用保险为以信用证、非信用证方式从中国出口的应收账款提供收汇风险保障，承保业务的信用期限一般为一年以内。

**承保的风险和赔偿比例** 短期出口信用保险承保的风险分为商业风险和政治风险两类。

商业风险主要包括：买方破产或无力偿付债务；买方拖欠货款；买方拒绝接收货物；开证行破产、停业或被接管；单证相符、单单相符时开证行拖欠；远期信用项下开证行拒绝承兑。

政治风险主要包括：买方或开证行所在国家、地区禁止或限制买方或开证行向被保险人支付货款；禁止买方购买的货物进口或撤销已颁发给买方的进口许可证；买方所在国发生战争、内战或者暴动，导致买方无法履行合同或开证行不能履行信用证项下的付款义务；买方支付货款须经过第三国颁布延期付款令。

---

① 章添香，关晶. 中国出口信用保险对贸易出口影响的区域差异研究. 湖北大学学报（哲学社会科学版），2017（4）.

②③ 中国出口信用保险公司官网。

短期出口信用保险的损失赔偿比例为：政治风险造成的损失的最高赔偿比例为 90%；破产、无力偿付债务、拖欠等其他商业风险造成的损失的最高赔偿比例为 90%；买方拒收货物造成的损失的最高赔偿比例为 80%；出口信用保险（福费廷）的保险单下的最高参与比例可以达到 100%；中小企业综合保险下的最高赔偿比例为 90%。

**可供选择的产品**　在短期出口信用保险下，出口企业可以选择的保险产品或方案如下。

1. 综合保险。该产品补偿出口企业按合同约定或信用证约定出口货物后，因政治风险或商业风险发生而导致的直接损失。

2. 中小企业综合保险。该产品承保中小企业所有信用证和非信用证支付方式出口的收汇风险。

3. 小微企业信用保险。该产品是中国信保为小微企业量身定制的专属出口收汇风险的保障方案。其特点为：零门槛，零限制，一次交费，保障全年，计费方式简单，赔款支付及时。

4. 出运前风险保险。该产品是短期出口信用保险综合保险的附加产品，主要承保货物出运前发生的信用风险。

在短期出口信用保险下，融资银行可以选择的保险产品如下。

1. 出口信用保险（银行）保险单。该产品以银行为被保险人，保障银行在买入出口企业的应收账款（银行出口保理业务）后，因国外买方的商业风险及其所在国政治风险导致的直接损失。

2. 出口信用保险（福费廷）保险单。该产品以银行为被保险人，保障银行在福费廷业务项下无追索权地买入出口企业在远期信用证项下已经承兑或承诺付款的未到期债权后，因国外开证行到期不付款而导致的直接损失。

**业务流程**　短期出口信用保险的品种不同，业务流程也有所不同。这里只介绍短期出口信用保险综合保险的业务流程。

1. 投保。出口商填写《短期出口信用保险综合保险投保单》并随附有关资料向当地的中国信保营业机构（简称“信保”）投保；信保同意后签发《短期出口信用保险综合保险单》。

2. 申请买方信用限额。在收到保险单后，出口商要为保险单适用范围内的全部海外新旧买家申请信用限额。信保为买家核定信用限额后签发《短期出口信用综合险买方信用限额审批单》。

3. 申报出口。出口商应在买家信用限额生效后出口。在每批货物发运后，出口商应于 15 日内逐批填写《短期出口信用综合险出口申报单》申报。申报单的填写应实事求是，否则保险公司有权对申报的出口损失拒赔。

【实例】

某年 2 月，国内 A 公司与中国信保签订了综合保险保单。该年 5 月，A 公司就其对美国买家 B 公司的出口向中国信保申请买方信用限额 OA（赊销）60 天 50 万美元。该年 6 月，A 公司按合同如期发货 40 万美元，买家提货后于该年 7 月申请破产保护。

A公司在获悉买方申请破产保护后第三日向中国信保通报了可能损失，同时提出索赔申请。

中国信保在审理贸易合同时发现：A公司与B公司签订合同的时间是该年3月，合同中约定的实际支付方式是20%预付款加80% OA 60天，B公司在合同中承诺于该年4月底前支付A公司20%预付款。但截至破产之日，B公司也没有将预付款支付给A公司。在审理买卖双方往来贸易函电时还发现：A公司向B公司催讨的货款不但包括已向中国信保申报的40万美元，还包括双方以往交易过程中B公司对A公司的欠款20万美元。但A公司在该年5月初向中国信保申请B公司信用限额时，不仅对以往交易过程中B公司的拖欠行为只字未提，而且对B公司此次交易中未支付预付款也未说明，存在故意隐瞒不良交易记录和知险后出运的情况，严重影响了中国信保对其收汇风险的评估和判断。最后，中国信保以A公司在履行如实告知义务上存在重大瑕疵为由，拒绝对A公司的出运损失承担赔偿责任，并不退还保费。①

---

4. 缴纳保费。申报出口后，出口商应在10日内缴纳保费。

5. 填报《可能损失通知》(简称《可损通知》)。货物出运后，如获悉买方破产、无力偿付、拒绝收货或发生了保单所列的政治风险，出口商则应在10日内向信保公司提交《可损通知》。对买方拖欠货款，应在2个月内提交《可损通知》。在提交《可损通知》后的赔偿等待期间，出口商应根据信保公司的指示努力催收货款，并及时通知信保公司追讨的进程和结果。对可损金额较大的案件，出口商可委托信保公司追讨；如果自己追讨，则应在规定的自行追讨期限（1个月）内向信保公司通报有关情况。

6. 索赔。如果追讨无效，保险条款规定的赔偿等待期届满，出口商则应尽快填写《短期出口信用保险索赔申请书》并随附有关资料向信保公司索赔。对保险责任范围内的损失，保险公司按保单明细表所列商业信用风险和政治风险所致损失的赔偿百分比赔偿，但以不超过批准的买方信用限额的上述百分比为限。

【实例】

2004年9月，大连A公司向G国B公司出口7票货物，合同金额为32万美元，结算方式为OA 60天。出口前A公司在中国信保辽宁分公司（简称辽宁信保）投保了短期出口信用保险，并获得保险人批复的买方信用限额35万美元。

货物抵达目的港后不久，A公司就收到了B公司的托管人的破产保护通知，A公司立即向辽宁信保报告了出险情况。辽宁信保随即呈请中国信保总部，并在第一时间内积极联系海外追偿渠道，请其协助尽快处理货物，以最大限度减少损失。

2004年12月，中国信保总部通过在G国追偿渠道的多次斡旋，成功地从破产托管人处取出了价值32万美元的货物，并在G国当地以28万美元转卖，仅损失4万美元。

2005年1月4日，在受理A公司索赔申请不到7个工作日，辽宁信保即按保单规定对A公司最终损失的4万美元进行了理赔。②

---

① 刘德标. 外贸实务案例精华80篇. 北京：中国海关出版社，2009.

② 中国信保长沙营业管理部网站。

### 3.2.2 中长期出口信用保险

中长期出口信用保险为金融机构、出口企业、租赁公司收回融资协议或商务合同或租赁协议项下应收款项提供风险保障，承保业务的保险期限一般为 2~15 年。

中长期出口信用保险的种类主要有：出口买方信贷保险、出口卖方信贷保险（又称出口延付合同保险）、再融资保险和海外融资租赁保险等。

中长期出口信用保险承保的风险也是商业风险和政治风险两类。

商业风险包括：债务人宣告破产、倒闭、解散或拖欠商务合同或贷款协议项下应付款项。

政治风险包括：（1）债务人所在地政府或还款必经的第三国（或地区）政府禁止或限制债务人以约定货币或其他可自由兑换货币偿还债务。（2）债务人所在地政府或还款必经的第三国（或地区）政府颁布延期付款令，致使债务人无法还款。（3）债务人所在地政府发生战争、革命、暴乱或保险人所认定的其他政治事件。

中长期出口信用保险的损失赔偿比例为：（1）出口买方信贷保险、再融资保险的最高赔偿比例为 95%。（2）出口卖方信贷保险的最高赔偿比例为 90%。（3）金融机构（含金融租赁公司）作为被保险人的海外融资租赁保险的最高赔偿比例为 95%，非金融机构作为被保险人的海外融资租赁保险的最高赔偿比例为 90%。

中长期出口信用保险主要用于支持我国高科技、高附加值的机电产品和成套设备等资本货物的出口和海外工程项目承包，支持银行等金融机构为出口企业提供出口信贷。

## 《复习题》

1. 银行保函和备用信用证怎样用于国际贸易结算？
2. 名词解释：打包放款、出口押汇、出口贴现、国际保理业务。
3. 出口押汇与打包放款、出口贴现有什么区别？
4. 名词解释：授信开证、提货担保、进口押汇、假远期信用证。
5. 出口信贷有哪三种形式？最常见的是哪种形式？
6. 什么是福费廷？它有哪些特点？
7. 出口信用保险与国际货运保险有什么不同？
8. 简述短期出口信用保险综合保险的业务流程。

## 《问题与案例》

1. 某公司向日商以 D/P 见票即付方式推销商品。对方回复，如我方接受 D/P 见票 90 天付款，并通过它指定的银行代收则可接受。试分析日商提出此项要求的意图。

2. 分析以下案例，回答后面的问题：

某年 5 月 14 日，A 银行收到 B 银行开来的一份受益人为 H 公司，金额为 3 万美元的信用证，A 银行将其通知 H 公司。

该年7月30日，A银行应H公司申请，在审核其交来的单据无误后，同意为其叙做出口押汇。H公司向A银行书面承诺："全套单据及货权均转让你行，你行有权根据情况自行处理单据和货物，并可向我公司补收不足之差额。如属你行直接过失（单据中的差错未能审出），造成对方拒付、迟付、扣付者，则应由你行承担责任。"

该年7月31日，A银行扣除利息及费用后将押汇款划入H公司的账户，押汇到期日为该年8月20日。同时，A银行向B银行寄单索汇。

该年8月8日，B银行以质量确认书没有申请人签字为由拒付，A银行通知H公司自己与客户联系。

该年8月21日，B银行通知A银行，开证申请人不接受不符点。随后将单据退回A银行，A银行通知H公司归还押汇款赎单，H公司拒绝。此时出口货物因滞港被国外港口拍卖处理。

该年9月14日，A银行诉至法院，要求H公司返还押汇款及利息。H公司辩称：A银行没有尽合理谨慎地审核单据的义务，致使单证不符被拒付，应由其承担责任；此外，拒付发生后，A银行未能及时处理货物，导致货物被强制拍卖，应承担处理不当的责任。

法院认为：信用证并未明确规定质量确认书需要有申请人签字，A银行审单并无不当。就押汇的性质看，A银行在开证行拒付时对押汇款有追索权，况且受益人也有审单义务。最后判令H公司返还A银行押汇款及利息。①

问题：根据案例谈谈什么是出口押汇的追索权，以及押汇银行行使追索权需要什么条件。

3. 某外贸公司在广交会上结识了一位以色列客户，双方达成了交易意向，但是客户要求采用后T/T付款，否则不愿意成交。出口公司为了取得订单，投保了出口信用保险，使交易顺利达成。一年多来，该外贸公司与以色列客户的贸易总额已经超过300万美元。结合该案例谈谈什么是出口信用保险及其作用。

① 胡波. 国际汇兑与结算实训. 北京：对外经济贸易大学出版社，2003.

04

第 4 篇

# 国际货物运输和保险

本篇介绍国际货物运输（简称国际货运）和保险方面的基础知识。国际货运方面共四章：第 8 章论述国际货运的一般知识；第 9 章、第 10 章介绍海洋运输（简称海运）和海运单据；第 11 章介绍国际航空货物运输、国际铁路货物运输、国际多式联运和国际快递。国际货运保险方面共两章：第 12 章论述国际货运保险的基本知识；第 13 章介绍中国保险条款和协会货物条款。

## 第 8 章
# 国际货运概述

这里的国际货运指国际贸易物资的运输，又称“国际贸易运输”，从一国的角度看，就是对外贸易运输。国际货运是国际贸易的重要环节，各种货物只有通过运输才能送达买方。

## § 1　国际货运的有关知识

### 1.1　国际货运的特点和方式

国际货运与国内货运有很大不同：（1）距离远。例如，从我国到欧美的海运要 20~30 天。即使到周边国家，距离一般也比国内货运远。（2）风险比较大。国际货运要经过不同的国家和地域，沿途遭遇自然灾害、意外事故、社会风险的可能性比国内货运大，例如，2021 年 3 月，台湾长荣海运公司的货轮“长赐号”（EVER GIVEN）在苏伊士运河搁浅，堵塞了世界上最重要的国际海运航道，导致 400 多艘船只滞留在运河两端，许多货物的交付时间延长，给众多货主带来极大损失。因此，国际货运大多数都要办理货运保险。（3）专业性强、操作复杂。首先，国际货运要涉及世界地理、运输工具、单证制作、有关国际条约和惯例、各国海关管理制度等方面的知识；其次，要与承运人、海关、商检、仓储、报关行等许多管理部门和专业机构打交道。正因为如此，进出口商大都通过国际货代办理运输。（4）费用高。国际货运的费用一般占进出口商品价格的 10% 左右，价值不高的货物运费所占的比例更高，有的占到 30%~40%，对进出口商品的价格有举足轻重的影响。

国际货运的方式可归纳为水上运输、陆上运输、航空运输和其他运输四大类，各类又包含若干小类，详细情况见图 8－1。

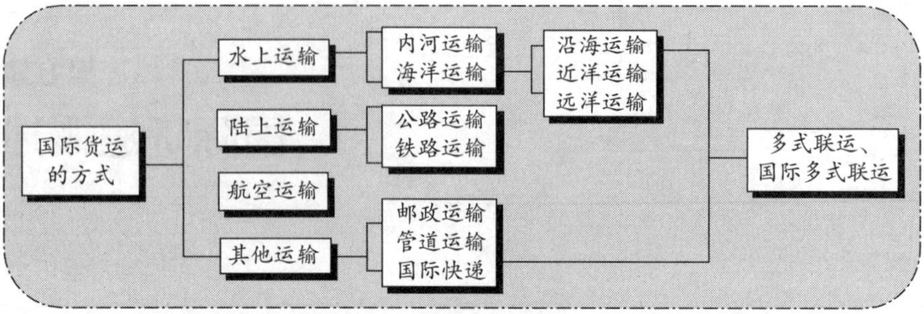


**图 8－1　国际货运的方式**

在以上运输方式中重要的是海洋运输（简称海运）、航空运输（简称空运）和铁路运输。这些运输方式各有不同的特点，适合不同货物、不同地区的运输，在选择时一般要考虑下列因素。

1. 货物的性质和数量。例如，粮食、煤炭、矿砂、钢材、木材等大宗低值货物，件杂货物一般适合海运或铁路运输；鲜活、贵重、时效要求高的货物适合空运；石油、天然气等适合管道运输；样品、单证、文件等适合国际快递。

2. 客户所在的位置。例如，我国对欧美的进出口贸易可采用海运和空运（到欧洲还可以采用铁路联运）；到俄罗斯、蒙古国、东欧及其他周边国家的货物可采用铁路运输或公路运输。

3. 时效要求。例如，鲜活、易腐的水产品，以及瓜果、花卉等时效要求高的货物可采用空运，时效要求不高的货物可以采用海运、铁路运输或公路运输。

4. 运输成本。在满足其他条件的情况下，还要考虑运输成本，尽量选择运费低廉的运输方式。

5. 对物权的控制要求。在各种运输单据中，海运提单是物权凭证，可以较好地控制物权；空运单和陆运单不是物权凭证，通常要采用保障安全收汇的措施。

## 1.2　国际货运的当事人

国际货运涉及的当事人很多，但主要有四类。

1. 货主（Cargo Owner）。即进出口商，它们是进出口货物的收发货人，是运输服务的需求方。

2. 承运人（Carrier）。可分为两类：一是实际承运人，即各种运输企业，它们拥有主要的运输工具，从事实际的货运工作。实际承运人有很多，例如，海运方面的马士基航运（MSK，简称马士基）、中国海洋运输（集团）总公司（COSCO，简称中远）、中海集装箱运输股份有限公司（CSCL，简称中海）、东方海外（OOCL）等；空运方面的韩国大韩航空公司（简称大韩航空）、国泰航空有限公司（简称国泰航空）、新加坡航空有限公司（简称新航）、韩亚航空公司（简称韩亚）、中国南方航空集团有限公司（简称南航）、中国国际航空公司（简称国航）等。二是契约承运人，主要是以承运人身份出现的国际货运代理，它们没有主要的运输工具，也不承担主要的运输任务，却以承运人的身份承揽货运，并通过实际承运人来完成运输任务。

3. 运输代理人。它们是货主和实际承运人之间的中介企业，可分为三类：（1）货运代理人（Freight Forwarder，or Freight Agent），简称“货代”，它们是为进出口商和承运人办理与货运相关的业务的企业。货代在办理运输业务时，有时候以代理人的身份出现，有时候以契约承运人的身份出现。（2）船舶代理人（Ship's Agent，or Owner's Agent），简称“船代”，它们是代理与船舶有关业务的企业，例如中国外轮代理公司。在海运行业中，不管多强的船舶所有人或经营人，都不可能也没有必要为自己的船舶在停靠的每一个港口设立分支机构，都是通过挑选合适的船代来处理相关业务。船代的业务范围十分广泛，例如，代办船舶进出港、订舱、签发提单、改单、进口换单、放箱等，船代的业务范围一般会事先公布。在实践中，一家船代可以服务于众多的船公司，根据它们为船公司提供服务的时间长短，又可以分为航次代理、长期代理等。（3）租船经纪人（Shipping Broker），它们是租船市场上的中介，为租船人和船公司代办船舶租赁业务，从中赚取佣金。

4. 装卸公司和理货公司。装卸公司（Stevedoring Company）是接受船公司或货主的委托，在码头从事货物装卸的企业。理货公司（Tally Company）是接受船公司委托，在货物装卸时负责核对标志、检查残损、监督装船积载、办理交接签证、提供理货证明等的企业。

**文摘**

**理货公司的由来**

理货的英文是 Tally，意思是计数的筹码。早期在船舶装卸货物时，人们是用木、竹制的筹码来计数的。由此可以看出，早期的理货就是计数。

最初的理货是买卖双方自己办理的。在水上贸易运输时，卖方随船去目的港，与买方当面清点货物，办理交接。随着贸易的发展，船方理货代替了卖方随船理货，即由船方分别与买卖双方计数交接货物。船方理货人员开始由船员兼任，后来在船上配备了专职的理货人员，最后演变为委托港口的理货机构代办。

如今的理货工作已超出了单纯计数，还包括核对标志、检查残损、监督装船积载、办理交接签证、提供理货证明等内容。

# § 2 国际货运代理

在国际货运当事人中，与进出口商关系最密切的是国际货代，在国际贸易中，托运、报关、商检、投保等许多环节的工作都可以委托国际货代做。

## 2.1 国际货代的分类

国际货代可以从不同的角度分类，下面介绍两种常见的分类。

### 2.1.1 一级货代和二级货代

这是从国际货代与实际承运人的关系的角度来分的。一级货代是可以直接向实际承运人订舱、签订运价协议的国际货代，相当于实际承运人的批发商。它们从实际承运人那里批发舱位，然后销售给下级货代或直接客户。海运和空运都有一级货代。

海运一级货代是能够直接向船公司订舱、签订运价协议的国际货代（并不是可以向所有的船公司订舱，只能向几家有关系的船公司订舱）。其业务主要是向二级货代出售舱位，它们与船公司签订运价协议（又称“约价”），以此价从船公司批发舱位，然后加上自己的利润销售给二级货代。另外，船公司还根据一级货代销售箱量的大小给予一级货代不同的运价折扣，俗称“箱扣”。海运一级货代的其他业务还有：将舱位直接销售给货主，俗称“直客”；在国外设立分支机构，开发海外客户；在FOB出口时做国外货代的指定代理等。

空运一级货代是能够直接向航空公司订舱、签订运价协议、办理货物交接、直接报关的国际货代。它们与航空公司签订协议运价，从航空公司批发舱位，将其加上自己的利润后销售给二级货代或直客。

二级货代相当于实际承运人的零售商，数量很多，直接面向广大客户，以挂靠一级货代的形式承揽业务。海运和空运都有二级货代。

海运二级货代的运作方式是：收到客户的货运委托书后向一级货代订舱；一级货代订好舱位后将集装箱发放 / 设备交接单和配舱回单交二级货代；二级货代安排提取空箱、装箱、报关、货物出运等，直到从船公司取得提单后交货主，或者签发自己的提单给货主。

空运二级货代收到客户的委托书后也是向一级货代订舱，它们没有直接的地面交接权和报关权。有的空运非一级货代也可以向航空公司订舱，并获得优惠运价，但没有交接权，必须找一家一级货代做挂靠，用它的名义办理交接。空运的交接权应向当地机场的地面代理申请。

在实践中，海运国际货代和空运国际货代并不是截然分开的，许多国际货代兼做海运和空运，以争取更多的业务。

### 2.1.2 单纯的代理人和独立经营人

这是从国际货代的法律地位的角度来划分的。《中华人民共和国国际货物运输代理业管理规定实施细则》（简称《实施细则》）[①] 第二条第1款规定，国际货物运输代理企业可以作为进出口货物收货人、发货人的代理人，也可以作为独立经营人，从事国际货运代理业务。由此可见，从国际货代的法律地位来看，可以分为单纯的代理人和独立经营人两类。

**单纯的代理人** 《实施细则》第二条第2款对单纯的代理人的定义是：国际货运代理企业作为代理人从事国际货运代理业务，是指国际货运代理企业接受进出口货物收货人、发货人或其代理人的委托，以委托人名义或者以自己的名义办理有关业务，收取代理费

① 《实施细则》最初由商务部于1998年颁布，现在使用的是2004年1月1日实施的修订版（商务部公告2003第82号）。

或佣金的行为。从该定义可以看出，国际货代作为单纯的代理人有两种情况。

1. 以委托人的名义办理有关业务。相当于大陆法的直接代理。直接代理是指，代理人在代理权限范围内，以被代理人的名义与第三方发生法律行为，其后果直接由被代理人承担。在这种情况下，国际货代与货主签订的是代理合同，与承运人签订的是运输合同，但运输合同的当事人是货主和运输公司（见图 8－2）。

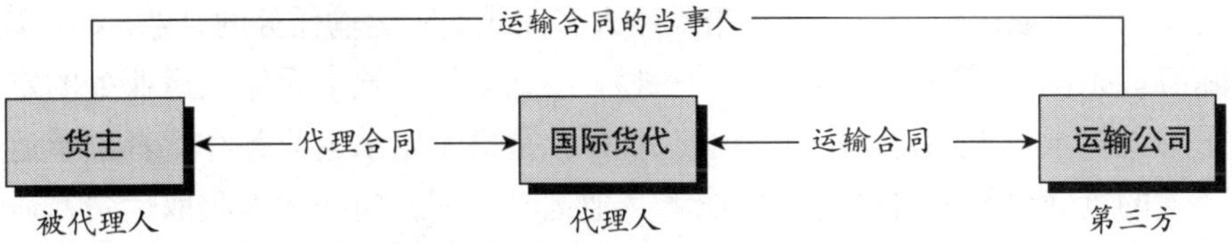


**图 8－2　国际货代作为代理人的形式之一：直接代理**

注：在图中，第三方除了运输公司，还可能是其他当事人，这里以运输公司为例，下同。

2. 以自己的名义办理有关业务。相当于大陆法的间接代理。间接代理是指，代理人根据被代理人的委托，为了被代理人的利益，在代理权限范围内以自己的名义与第三人发生法律行为，该行为的后果先由代理人承担，再由代理人转移给被代理人。在这种情况下，国际货代与货主签订的仍然是代理合同，与运输公司签订的是运输合同，运输合同的当事人是国际货代，但实际责任人是货主（见图 8－3）。

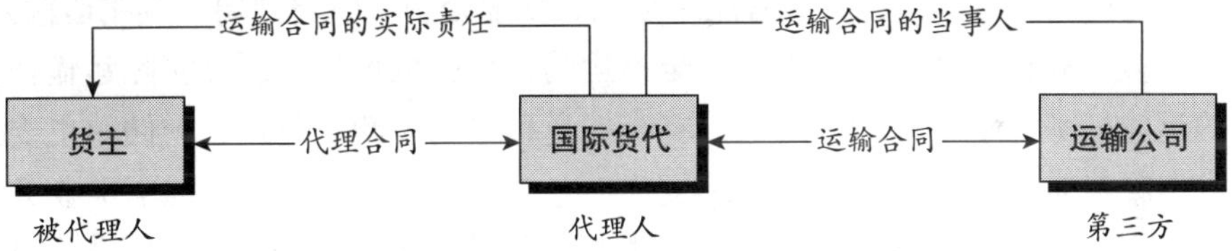


**图 8－3　国际货代作为代理人的形式之二：间接代理**

**独立经营人**　《实施细则》第二条第 3 款对独立经营人的定义是：国际货运代理企业作为独立经营人从事国际货运代理业务，是指国际货运代理企业接受进出口货物收货人、发货人或其代理人的委托，签发运输单证、履行运输合同并收取运费以及服务费的行为。

以独立经营人身份出现的国际货代与货主之间已不是委托代理关系，而是运输合同关系。此时国际货代具有双重身份：对于货主来说它是承运人（契约承运人），享有承运人的权利，承担承运人的责任和义务，收取运费；对于实际承运人来说它是托运人，享有托运人的权利，承担托运人的责任和义务。在两个运输合同中，国际货代分别处于不同的法律地位（见图 8－4）。

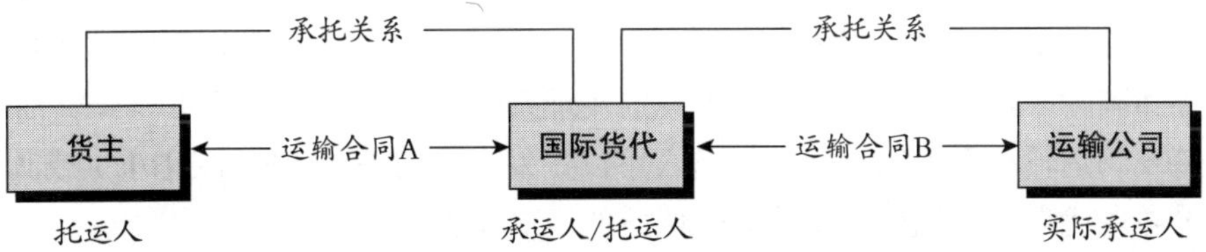


**图 8－4　国际货代作为独立经营人时的法律关系**

### 2.1.3 无船承运人与多式联运经营人

作为独立经营人的国际货代又分为无船承运人与多式联运经营人两类，这两类存在一定的交叉重叠关系。

**无船承运人（Non Vessel Operating Common Carrier，NVOCC）** 简单地说，无船承运人指自己没有船舶，却以承运人的身份出现，接受货主的货载，签发自己的提单或其他运输单证，收取运费，并通过有船承运人来完成实际运输任务的企业。《中华人民共和国国际海运条例》（简称《国际海运条例》）第七条第2款中无船承运业务的定义有助于我们了解无船承运人的特性：无船承运业务，是指无船承运业务经营者以承运人身份接受托运人的货载，签发自己的提单或者其他运输单证，向托运人收取运费，通过国际船舶运输经营者完成国际海上货物运输，承担承运人责任的国际海上运输经营活动。

无船承运人可以是专营无船承运业务的企业，也可以是兼营该业务的国际货代或其他经营海运辅助业务的公司等。无船承运人可以从事单一方式的运输业务，也可以从事多式联运。

**多式联运经营人（Multimodal Transport Operator，MTO）** 多式联运经营人是多式联运业务的经营者。《联合国国际货物多式联运公约》指出，多式联运经营人是指本人或通过其代表订立多式联运合同的任何人，他是事主，而不是发货人的代理人或代表或者参加多式联运的承运人的代理人或代表，并且负有履行合同的责任。

多式联运经营人有两类：一是有船承运人，如船公司、航空公司、铁路运输公司等，它们在接受多式联运委托后，负责安排全程运输，自己也承担一部分实际运输任务，并将其余的运输任务分包给区段承运人，将交接过程中的装卸、包装、仓储等也委托给其他企业去做。二是无船承运人，如国际货代、仓储业者、其他经营海运辅助业务的企业等，它们没有主要运输工具，却以承运人身份接受多式联运委托，负责安排全程运输，收取全程运费，对全程可能发生的货损负责，然后将各区段运输委托给区段的分承运人去做，分承运人只与多式联运经营人发生关系，不与原货主发生关系。

### 2.1.4 单纯的代理人和独立经营人的区别

作为单纯的代理人的国际货代与作为独立经营人的国际货代的主要区别如下。

1. 适用的法律不同。独立经营人与货主是合同关系，适用于合同法和有关国际运输合同公约；单纯的代理人与货主之间是委托代理关系，适用于代理法。

2. 权利、责任和义务不同。独立经营人享有承运人的权利，承担承运人的责任和义务；单纯的代理人享有代理人的权利，承担代理人的责任和义务。

3. 经营范围不同。作为单纯的代理人的国际货代与作为独立经营人的国际货代的经营范围既有相同的地方，又有不同之处，例如，作为独立经营人的国际货代可以经营拼箱货业务和国际多式联运业务，作为单纯的代理人的国际货代则不能。

4. 签发的运输单据不同。独立经营人可以签发自己的提单（House B/L）或其他运输单据，单纯的代理人则无权签发承运人性质的运输单据。

5. 收入方式不同。独立经营人向货主收取运费，单纯的代理人只能收取代理费或佣金。

需要说明的是，在实际业务中，国际货代的身份并不是固定不变的。有时候它们以单纯的代理人的身份出现，有时候又以独立经营人的身份出现。即使是在同一业务的不同阶段和环节，国际货代也可以以不同身份出现。因此，判断国际货代的身份应视具体情况而定，常见的判断标准有：运输单据的性质、国际货代的行为、报酬的性质等。

【实例】

2010年，A公司（外贸公司）与B公司（国际货代）签订了一份货物运输合同，主要内容为：托运人A公司，承运人B公司；凭收货人指示，运输对象为A公司6万美元货物，起运地为A公司在M地的基地仓库，目的地为汉堡港，运费从M地的基地仓库装完货开始计算（包括陆运与海运），货物装船后支付。

合同签订后，B公司委托M地一家汽车运输公司用卡车将已装入集装箱的货物从A公司在M地的基地仓库运至装运港，不料卡车在途中坠入河里，所装货物全部报废。

事故发生后，A公司向B公司索赔6万美元的等值人民币。B公司辩称，造成货损的是汽车运输公司，B公司仅是货运代理人，并非实际承运人，不应承担货损责任；并称即使要赔偿，也只能赔偿该货物的国内销售价。A公司遂诉至法院。

法院认为：A公司与B公司签订的是运输合同，B公司为承运人；B公司安排从M地的基地仓库到目的地汉堡港的全程运输，并收取全程运费，因此是多式联运经营人。《中华人民共和国海商法》（简称《海商法》）第一百零三条规定：多式联运经营人对多式联运货物的责任期间，自接收货物时起至交付货物时止。《海商法》第一百零四条又规定：多式联运经营人与参加多式联运的各区段承运人，可以就多式联运合同的各区段运输，另以合同约定相互之间的责任。但是，此项合同不得影响多式联运经营人对全程运输所承担的责任。因此，B公司应对A公司的货损负赔偿责任。

另外，《中华人民共和国合同法》（简称《合同法》，现已废止）第一百一十三条规定：当事人一方不履行合同义务或者履行合同义务不符合约定，给对方造成损失的，损失赔偿额应当相当于因违约所造成的损失，包括合同履行后可以获得的利益，但不得超过违反合同一方订立合同时预见到或者应当预见到的因违反合同可能造成的损失。根据这一规定，B公司应赔偿A公司6万美元。

## 2.2 国际货代可以提供的服务

国际货代可以为进出口商提供服务，也可以为承运人提供服务，这里只介绍国际货代为进出口商提供的服务。

国际货代可以为出口商提供的主要服务如下。

1. 货物发运前：提供船期、航班、运价、装运港和目的港的管理规定方面的信息；为托运人选择运输方式、路线和承运人；确认运费和其他相关费用；审核发货人提供的货运资料，提醒发货人准备进出口国家或地区要求的许可证、检验证明等；为发货人准备通关查验的单据等。

2. 货物发运中：提供订舱、安排货物进港、仓储（必要时）、计量、检验、包装和标记（需要时）、清关、保险（需要时）服务；掌握货物装船情况、离港到港的时间、客户提货情况等；为出口商代交运费及杂费、取得提单或运单。

3. 货物发运后：跟踪货物运输过程中，如果发生货物损坏、短缺和灭失，可以协助发货人向承运人索赔等。

国际货代可以为进口商提供的主要服务如下。

1. 货物到达前：接受进口商委托，与目的地船代保持联系，查询货物到港信息；与进口商保持联系，做好提货文件、单证、费用等方面的准备工作。

2. 货物到达后：提供进口清关、查验和提货；安排货物仓储和到"门"运输；拆箱和分拨，安排转运；协助进口商就货物短缺、损坏等向承运人索赔。

以上是从一般角度来说的，在实践中，不同国际货代提供的服务范围不同，下面是一家国际货代的自我介绍。

文摘

### 一家国际货代的自我介绍

我公司是专业从事国际集装箱进出口危险品货运代理业务的货代公司，主要经营进出口贸易运输订舱、配载、报关、报检、制单、签单、集装箱门到门、装箱、拆箱、仓储、中转与分拨、国际多式联运及国内大型工程物流项目等业务。公司现拥有广泛的与货、船、港、关、检、代、储、车合作的业务网络，通过年轻精干的员工队伍和现代科学管理的操作系统，以准确的时间、迅捷的速度、便利的手续、经济的运价、优良的信誉和可靠的实力为广大客户提供托运、报关（检）、装船一条龙的优质服务。

以上是传统国际货代提供的服务，现代货运代理业的一个发展趋势是向第三方物流（Third-Party Logistics，3PL 或 TPL）发展。第三方物流企业与传统国际货代的区别从字面上可以看出：传统国际货代提供的是与货物运输有关的各种服务，它们是承运人与货主之间的第三方；第三方物流企业提供的是综合性的物流服务，是物流系统或供应链的组织与管理（运输的组织与管理是其中的主要业务之一），它们是生产者和消费者之间的第三方。通俗地说，第三方物流是在传统国际货代提供的运输服务的基础上，将业务范围向运输前、运输中、运输后三个方面拓展。

第三方物流是社会经济发展的必然结果：随着现代社会分工的不断深入，越来越多的工商企业为了把更多的精力集中于主营业务，开始把运输、仓储、报关、检验、租船、结汇以及物流方案设计等业务都外包给第三方，从而促进了第三方物流的发展。

## 复习题

1. 国际贸易运输有哪些运输方式？选择运输方式要考虑哪些因素？

2. 国际货运的当事人主要有哪些？解释各类当事人的概念。

3. 名词解释：一级货代、二级货代、单纯的代理人、独立经营人、无船承运人、多式联运经营人。

4. 多式联运经营人有哪两种类型？
5. 国际货代作为单纯的代理人和作为独立经营人有哪些区别？
6. 第三方物流企业与传统国际货代有什么区别？

## 《问题与案例》

1. 某服装进出口公司委托货代将一批服装从天津新港运到新加坡，货代向某远洋运输公司托运后以自己的名义签发了货代提单（H-B/L）给进出口公司。货物运抵目的港后，收货人发现部分服装湿损，问收货人应向船公司还是货代索赔？

2. 中国香港某出口商委托某货代将一批纺织品从香港经孟买转运至印度新德里。货代作为多式联运经营人在某货运站将纺织品装入三个集装箱，签发了清洁提单。货物经海运到达孟买时发现两个集装箱外表损坏。货代在孟买的代理人将情况通知了负责从孟买到新德里运输的铁路承运人。货到新德里后，外表损坏的两个集装箱内的货物严重受损。香港出口商于是向货代索赔。问货代是否应赔偿，为什么？

第9章

# 海洋运输 I

海洋运输（简称海运）是国际贸易最重要的运输方式，在国际贸易货运总量中，海运占 2/3 以上；在我国对外贸易货运总量中，海运占 90% 以上。

20 世纪 50 年代，我国的贸易对象主要是苏联和东欧国家，进出口货物以铁路运输为主。20 世纪 60 年代，我国的贸易对象转向西方，进出口货物也转而以海运为主。当时我国缺乏远洋船队，由我方派船的交易主要靠中国租船公司对外租船解决。与此同时，我国也开始发展自己的海运。

改革开放后，我国海运业获得了巨大的发展，今天我国已经是世界公认的海运大国：海运船队已跃居世界第四位；已有国际和沿海航线几千条，国际集装箱班轮航线 2 000 余条；港口货物吞吐量和集装箱吞吐量已多年保持世界第一位；已有亿吨大港 16 个，有 7 个港口进入世界港口前十位。海运的对外开放也达到了世界较高水平，外资可独资或控股经营码头、船舶管理、海运仓储业务；全球排名前 20 位的国际班轮公司都在我国开辟了业务；从事进出我国港口国际班轮运输业务的 60% 以上为境外经营人。① 但现在我国还不是海运强国，今后的任务是向海运强国迈进。

## §1　海运概述

### 1.1　海运的特点和方式

海运的特点是：（1）运量大。据有关统计，一艘万吨轮的运载量大约相当于 250 个

① 摘编自：中研网《我国海运业在国民经济和国际市场中的地位显著提升》一文。

火车车皮，或 200 架常规货运飞机，或 500 辆汽车。今天超巨型油轮已达到 50 万 ~70 万吨，散装船达到 16 万 ~17 万吨，第五代集装箱船的载箱能力已超过 5 000TEU[①]，第六代集装箱船已经下水，载箱能力达到 6 000~12 000TEU。（2）通行范围广。海运利用的是世界上广大的自然海域，可以到达世界各大洲的大多数国家。（3）运费低。运量大，利用自然海域等特点决定了海运的运费是各种运输方式中最低廉的。据有关统计，海运运费只相当于铁路运费的 1/5，公路运费的 1/10，航空运费的 1/30。（4）适合运输的货物种类多。可以说，除了鲜活、易腐、时效要求高的货物，海运几乎适合于所有货物的运输，大至煤炭、钢铁、石油、火车头，小至一般件杂货。海运的缺点是速度比较慢，还容易受气候变化的影响。

海运的方式可分为班轮运输与租船运输两大类，两大类之下的小类见图 9－1。

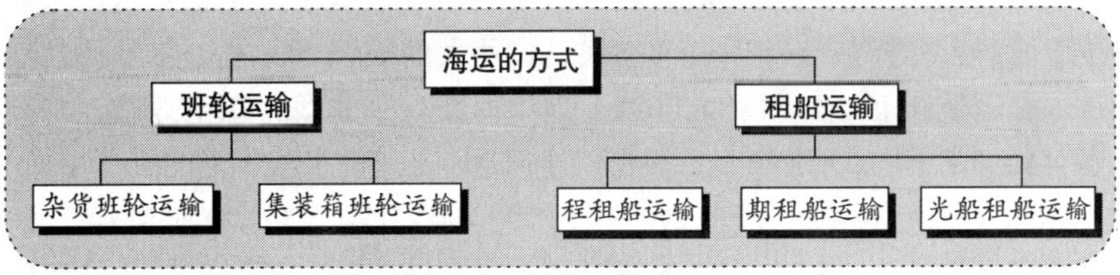


**图 9－1　海运的方式**

1. 班轮运输（Liner Transport）。其又称“定期船运输”，指按固定航线、港口和事先公布的船期表（liner schedule）营运的海运方式，又分为杂货班轮运输与集装箱班轮运输。

班轮运输的特点是：（1）“四个固定”，即航线、船期、停靠的港口、运费基本固定；（2）不签运输合同，只签提单，提单即班轮运输的运输合同；（3）货物的装卸由班轮公司统一负责，装卸费打入运费，不计算装卸率、滞期费和速遣费。

班轮运输的优点是：（1）手续简便，不必考虑装卸等问题；（2）对货物数量的大小、挂靠港口的多少、直运或转运都没有很多限制，特别适合于一般进出口货物的运输；（3）“四个固定”的特点为进出口商核算商品价格提供了方便。

以上是正规的班轮运输，实践中还有一类“非固定的班轮运输”，又称“定线班轮运输”。这种班轮运输航线固定，但不事先编制船期表；船舶抵离各港的时间也不固定；挂靠港口只有几个主要的事先固定，其余的根据各航次货源情况决定是否挂靠。集装箱班轮运输大多是正规的班轮运输，杂货班轮运输大多采用非固定的班轮运输。

从在国际贸易运输总量中的占比来看，班轮运输约占 20%，但它运送的大多是价值较高的货物，是一般进出口贸易的主要运输方式。

2. 租船运输（Shipping by Chartering）。这是租用船舶来运输货物的方式，又分为程租船运输、期租船运输和光船租船运输。其特点是：船期、航线、装运港和目的港等均由租船人和船东双方商定，故又称“不定期船运输”。

① TEU 是“Twenty-foot Equivalent Unit”的缩写，指 20 英尺集装箱，也称国际标准箱，常作为国际计量单位，用来统计船舶装载能力和港口吞吐量。一个 40 英尺集装箱等于 2TEU。

租船运输的优点是：运输量大，运费比班轮运输低廉，可以选择直达航线，因此是大宗低值货物的主要运输方式。租船运输运送的主要是干散货和液散货。干散货主要是原材料和初级产品，如铁矿石、煤炭、粮谷、铝矾土和磷矾土等；液散货包括原油、成品油、液化石油气、天然气、化学品等。

从国际贸易运输总量来看，租船运输大约占 80%，但它运送的主要是大宗低值货物，一般进出口货物较少采用。

## 1.2 航线、港口和承运人

从事海运，要熟悉海运航线、港口和承运人。海运航线是受自然、社会、政治、经济等条件的影响而形成的船舶航行路线。海运航线有很多，从世界角度来看，主要有太平洋航线、大西洋航线和印度洋航线，这些大的航线下又有许多具体航线。从我国角度看，海运航线有奥新线，北非线，地中海线，东非线，东南亚线，东欧、黑海线，港澳台线，韩国、朝鲜线，红海线，加拿大线，美东线，美西线，南非线，欧洲线，日本线，西北欧线，西非线，印巴线，远东线，中东波斯湾线，中南美线等。我国习惯上把亚丁港以东地区的亚洲和大洋洲航线称为近洋航线，其他称为远洋航线。

海运港口是供船舶进出、停靠、装卸货物的地方。国外著名的港口有：荷兰的鹿特丹（Rotterdam），美国的纽约（New York）、新奥尔良（New Orleans）、休斯敦（Houston），日本的神户（Kobe）、横滨（Yokohama），法国的马赛（Marseilles），新加坡的新加坡（Singapore），比利时的安特卫普（Antwerp），英国的伦敦（London），德国的汉堡（Hamburg），澳大利亚的悉尼（Sydney），韩国的釜山（Busan）、仁川（Inchon）等；我国主要的海运港口有：上海、宁波—舟山、广州、天津、苏州、青岛、大连、连云港、秦皇岛、厦门、营口、唐山、深圳港、基隆（台湾）、高雄（台湾）和香港等。

海运承运人即船公司，如丹麦的马士基，瑞士的地中海航运（MSC，简称地中海），法国的达飞集团（CMA，简称达飞），新加坡的美国总统轮船（APL，简称美总）、太平洋船务（PIL，简称太平），德国的赫伯罗特（HLC）、汉堡航运（Hamburg Süd），日本的商船三井（MOL）、日本邮船（NYK）、川崎汽船（Kline，简称川崎），韩国的韩进（HJS）、现代商船（HMM），以色列的以星航运（ZIM，简称以星），我国的中远（COSCO）、中海（CSCL）、长荣海运（EMC，简称长荣）、阳明海运（YML，简称阳明）、万海航运（WHL，简称万海）、东方海外（OOCL）等。

这里对海运航线、港口、承运人不做详细介绍，下面从锦程物流网运价查询网页上截取查询条件部分供大家参考，显示了由我国出发的海运航线，以及美西线（以美西线为例）上的全部目的港和承运人（见图 9－2）。

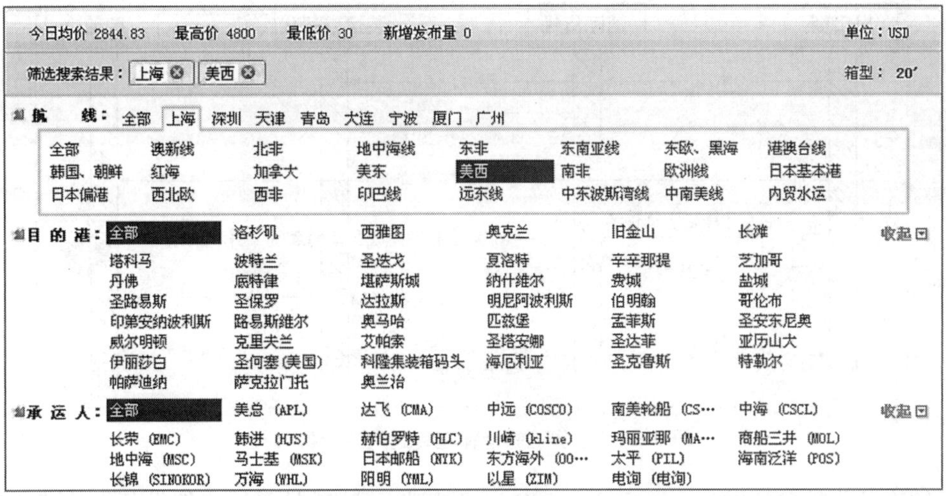


**图 9-2　锦程物流网运价查询网页查询条件部分截图**

# §2　杂货班轮运输

杂货班轮运输是以运送件杂货为主的班轮运输，也包括一些散货、重大件和特殊货物，故又称“件杂货班轮运输”或“散杂货班轮运输”。件杂货指有包装的货物，如箱装、桶装等；散杂货指煤炭、矿石等没有包装的货物，但不包括散装原油及其他液态和气态化工品。

早期的班轮运输都是杂货班轮运输，20 世纪 60 年代后，集装箱班轮运输发展起来，杂货班轮运输的地位逐渐下降。但无论是现在还是将来，杂货班轮运输都不可能完全被取代，因为它有无法替代的特点，能够运送一些集装箱不能运送的货物。

## 2.1　杂货班轮运输的业务流程

对杂货班轮运输的业务流程，我们分装运港和卸货港来介绍。

### 2.1.1　在装运港的业务流程

出口商可以自己办理运输，也可以委托货代办理运输，委托货代办理杂货班轮运输的业务流程如下（见图 9-3）：

1. 托运。出口商填写货运委托书（俗称托书），并随附相关单证向货代托运。

2. 订舱。货代根据托书，结合船公司发布的船期表，填写托运单（Booking Note, B/N）向船公司的代理（简称船代）订舱；船代接受订舱后，签发装货联单给货代，货代填写装货联单交船代。[1]

---

① 托运人也可以口头或函电订舱，但通常是向船代提交书面的托运单，船代接受后在托运单上签章确认，然后签发装货联单给托运人，托运人（假定是货代）再根据货主的货运委托书或货物明细表、买卖合同、信用证等填写装货联单交船代。我国各港口使用的装货联单不尽相同，但一般由托运单及其留底、装货单、收货单等构成。船代承运后对其编号并签发装货单。

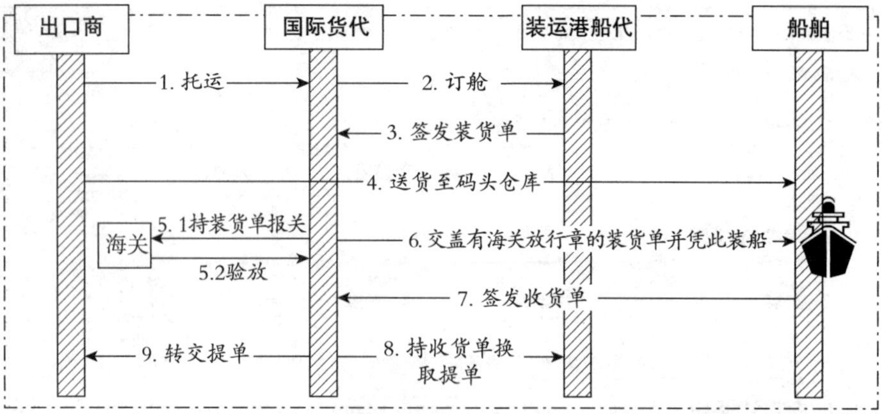


**图 9－3　杂货班轮运输在装运港的业务流程**

3. 签发装货单（Shipping Order，S/O）。船代收到装货联单后，签发其中的装货单给货代确认订舱，此时承托双方的运输合同成立。

4. 送货。货代通知货主按规定时间将货物送至指定的码头仓库（货代也可以代为送货）。

5. 报关。货物到达码头仓库后，货代委托报关行报关（5.1）；海关查验放行后在装货单上盖放行章（5.2）。

6. 装船。货代将盖有海关放行章的装货单交码头装卸公司并凭此装船，装卸公司在代表船方的理货员的安排下将货物装船。

7. 签发收货单（Mate’s Receipt，M/R）。货物装船后，理货长将装货单交大副，大副核对货物后签发收货单。如果货物没有短少或包装受损等问题则不做批注，反之则在收货单上做批注。理货长将收货单转交给货代。

8. 签发提单（Bill of Lading，B/L）。货代持收货单到船代处付清运费（运费预付的情况下）及有关费用后换取提单；如果收货单上没有批注，则换取清洁提单。如果有批注，船代则要将其转注在提单上，即为不清洁提单。

9. 货代将提单转交货主，货主付清运费和有关费用。

**专　论**

## 装货单

装货单是办理货运业务的重要单证，俗称“下货纸”，是船公司或其代理人在接受托运人提出的托运申请后，向托运人签发的命令船长接受货物装船的单证。

装货单的作用主要表现在三个方面：（1）装货单是承运人确认订舱的证明。承运人签发了装货单，意味着已同意承运货物，运输合同已告成立。（2）装货单是海关对出口货物进行监管的单证。托运人在出口报关时必须向海关提交装货单，海关查验放行后在装货单上加盖放行章，托运人只有向船公司提交了加盖海关放行章的装货单，货物才能装船出口。因此装货单又被称为“关单”。（3）装货单是承运人通知船长接受货物装船的命令。

装货单的内容主要有编号和日期、船名和航次、目的港、装入何舱、实收货物的情况等。

### 2.1.2　在卸货港的业务流程

杂货班轮运输在卸货港的业务流程如下：

1. 轮船抵港前向卸货港船代发船舶预期抵港电报，船代通知收货人船舶预计到港日期、换单时间和地点。

2. 收货人在接到通知后到开证行付款赎单（在信用证支付方式下）；然后将正本提单、报检、报关资料和委托书等交货代，委托其办理接货手续。

3. 货代持正本提单到船代处付清有关费用后换取提货单（Delivery Order，D/O）。

4. 货代填写进口货物报关单，随附提货单、发票、装箱单、合同等向海关报关，海关查验放行后在提货单上加盖放行章。

5. 货代持有海关放行章的提货单到码头仓库或船边提货并送收货人。

**专　论**

**提货单**

提货单是进口业务中收货人凭正本提单（或副本提单与有效的担保）向船公司或其代理人换取的，用来向港口仓库或装卸公司提取货物的凭证。提货单与提单不同，它没有流通的性质。

提货单的作用主要有：（1）船公司或其代理人指令仓库或装卸公司向收货人交付货物的凭证。（2）海关对进口货物进行监管的单证。进口商或其代理人向海关报关时必须提交提货单，海关查验放行后在提货单上盖放行章。进口商或其代理人持盖有海关放行章的提货单才能向海关监管仓库提货。

提货单的内容主要分为两个部分：第一部分为运输和货物的相关信息，包括收货人的信息、与运输相关的信息、与货物相关的信息；第二部分为签章栏，包括收货人章、海关章、检验检疫章，以及需要的其他签章。

## 2.2　杂货班轮运费

杂货班轮的运输费用包括运费和杂费，运费是其中主要的部分，又由基本运费（Basic Freight）和附加费（Additional or Surcharge）组成。但这是从班轮公司运价本运价的角度来说的，因为在实践中，货主大多数通过货代办理运输，它们得到的运价是货代的报价，而货代的报价是在与班轮公司（或上级货代）协议运价的基础上加上自己的利润和其他有关费用后制定的。其中，协议运价又是班轮公司与货代在运价本运价的基础上协商制定的。因此，本节讨论的只是班轮公司运价本运价的构成和计算方法，并不是实践中杂货班轮运费的计算方法。

### 2.2.1　基本运费

基本运费是班轮公司运费的主要部分，它是运输一票货物收取的基本费用。其计算与货物的等级、计费标准和费率等因素有关。

1. 货物的等级和计费标准。这两个因素反映在班轮公司运价本的货物分级表中。杂货班轮运输将货物分为20级（Class），级别越高，运价越高。不同等级的货物又按照一定的计费标准（Basis）计费，常见的计费标准有：

（1）重量（W）。按货物的毛重（Gross Weight）计，以公吨（T）[①]为单位，也有以长吨（英制，合1 016千克）或短吨（美制，合907.2千克）为单位的。重货常采用这种计费标准。

（2）体积（M）。以立方米（M）或40立方英尺为单位。轻泡货常采用这种计费标准。

在海运业务中，人们常将公吨称为"重量吨"（Weight Ton），将立方米称为"体积吨"（Measurement Ton）或"容积吨"，二者统称为"运费吨"（Freight Ton，缩写FT）。

（3）从价法（A V或Ad Val）。按货物的FOB价的一定百分比（一般不超过5%）计，价值较高的货物常采用这种计费标准。

（4）选择法。这也就是从两种以上的计费标准中选择一种。最常见的是W/M，表示在货物的毛重和体积中选择较大的作为计费标准。其他的还有W or Ad Val或M or Ad Val，前者表示在按货物的毛重计算的运费和按货物的FOB价计算的运费之中选择高的作为运费；后者表示在按货物的体积计算的运费和按货物的FOB价计算的运费之中选择高的作为运费。类似的还有W/M or Ad Val，表示在按货物毛重、体积和FOB价计算的运费中选择最高的作为运费。

**【案例9-1】**

从上海运一批门锁到肯尼亚蒙巴萨港，共300箱，每箱体积为20厘米×30厘米×40厘米，毛重为20千克，燃油附加费为30%，港口拥挤附加费为10%。门锁属于小五金类，计费标准是W/M，等级为10级，10级货的航线费率为每运费吨433港元，请计算运费。

**【案例9-2】**

某货物计费标准为W/M or Ad Val，甲地至乙地的基本运费率为每运费吨25美元或FOB价的1.5%。现装运一批该货物，体积为4立方米，毛重为3.6公吨，FOB价为8 000美元，请计算运费。

以上是常见的计费标准，其他计费标准还有：（1）计件法。按货物的件数计，如牲畜和动物按每头（Per Head）计，车辆按每辆（Per Unit）计。（2）综合法。如W/M plus Ad Val，表示首先在货物的毛重和体积中选择较大的计算运费，然后加上按FOB价的一定百分比计算的运费。（3）议定法（Open Rate）。价格由承托双方临时议定，一般适用于大宗低值货物，如粮食、豆类、煤炭、矿砂等。

2. 费率（即运价）。该因素反映在班轮公司运价本的航线费率表中。杂货班轮的费率按货物等级、航线、目的港制定。

### 2.2.2 附加费

附加费是班轮公司根据货物性质、种类、提供的服务、燃油价格的涨跌等因素在基

① 1公吨=1吨。

本运费以外加收的费用，反映在运价本的附加费率表中，名目很多，下面是一些主要的。

1. 港口附加费（Port Additional；or Port Surcharge，PSC）。因港口条件差、装卸效率低或其他原因加收的费用。

2. 港口拥挤附加费（Port Congestion Surcharge，PCS）。因港口拥挤造成船舶靠泊时间长加收的费用。

3. 转船附加费（Transshipment Surcharge，TSC）。对运往非基本港，需要在中途转船到目的港的货物加收的费用，包括换装费、仓储费和二程船运费等。

4. 直航附加费（Direct Additional）。对运往非基本港的货物，一次达到一定数量时，船公司可以安排直航加挂某一非基本港，对此要加收的费用。

**专　论**

### 基本港和非基本港

基本港（Base Port）指班轮要定期挂靠的港口。其大多数为较大口岸，港口设备条件好，货载多而稳定，运费相对便宜。例如，欧洲的鹿特丹、汉堡。运往基本港的货物一般为直达，不需要中途转船。但有时因货量太少，船方也有自行安排中途转运的，由船方承担转船费用，按基本港运费率向货方收取运费，不加收转船附加费，并签发直达提单。

非基本港（Non-Base Port）指基本港以外的港口，班轮不定期挂靠。非基本港一般设备较差，容易拥挤和堵塞，航次较少，运费相对较高。对运去非基本港的货物，班轮公司除按基本港收费外，还需要加收转船附加费，达到一定货量则加收直航附加费。

**【案例 9－3】**

中国某港运往克罗地亚里耶卡港（非基本港）的货物需要在马赛或热那亚转船。第一程运费要加收 13% 的燃油附加费，转船附加费（基本运费的 50%）也要加收 13% 的燃油附加费。这批货物为 2 公吨、4 立方米，计费标准为 M、8 级，第一程运费为 213.5 港元，求全程运费。

5. 选卸港附加费（Additional for Optional Destination）。有些托运的货物列有两个以上的卸货港，要等开航后买方才能选定卸货港。这增加了船舶积载难度，甚至会造成舱容浪费，对此船公司要加收选卸港附加费。集装箱运输不接受选择卸货港。

**【案例 9－4】**

从广州托运人造纤维，体积为 20 立方米、毛重为 17.8 公吨，运往欧洲某港口，要求选择卸货港鹿特丹或汉堡，两港都是基本港，基本运费率为每运费吨 80 美元，三个以内选卸港附加费率为每运费吨 3 美元（W/M）。计算托运人应支付多少运费。

6. 变更卸货港附加费（Additional for Alteration of Destination）。有些托运的货物，由于收货人、交货地点变更，或清关等方面的问题，货方在货物装船后要求变更原提单上的卸货港，在船方同意的情况下，对此要加收变更卸货港附加费。

7. 绕航附加费（Deviation Surcharge）。它是指受战争、海盗袭击、运河关闭、航道阻塞等影响，船舶需要绕航时加收的费用。

8. 超重附加费（Heavy Lift Additional）。它是指单件货物毛重超过规定的重量要加收的费用。超重货物如果要转船，则每转船一次加收一次。

9. 超长附加费（Long Length Additional）。它是指单件货物的长度超过规定长度时加收的费用。超长货物如果要转船，每转船一次加收一次。

如果某件货物既超重又超长，则按其中收费高者收取附加费。

10. 燃油附加费（Bunker Adjustment Factor，BAF；or Bunker Surcharge，BS；or Fuel Adjustment Factor,FAF）。它是指因船舶燃油价格上涨加收的费用。这是最常见的附加费，有的航线按基本运费的百分比收取，有的按每运费吨加收一定金额收取。

【案例 9－5】

出口货物一批，计 100 箱，每箱重 40 千克，体积为 60 厘米 ×50 厘米 ×30 厘米，由天津装船去伦敦／鹿特丹／汉堡港口。查该货等级为 9 级，计费标准为 W/M，基本费率为每运费吨 109 港元，另有燃油附加费 20%，选卸港附加费 10%。求该批货物的运费。

11. 货币贬值附加费（Devaluation Surcharge or Currency Adjustment Factor，CAF，日本航线有时写成 YAS）。它是指因运费使用的货币贬值加收的费用。这种附加费的计算基础包括基本运费和其他附加费。

【案例 9－6】

某公司出口到澳大利亚悉尼港某商品 100 箱，每箱毛重为 30 千克，体积为 0.035 立方米，运费计算标准为 W/M，该商品等级为 10 级，10 级货直运悉尼基本运费为每运费吨 200 元，加货币贬值附加费 37%、燃油附加费 28%、港口拥挤费 25%，求运费。

12. 旺季附加费（Peak Season Surcharge，PSS）。也称高峰附加费，指在运输旺季时加收的费用，这是集装箱班轮运输常见的附加费。

13. 自动舱单系统（Automatic Manifest System，AMS）录入费。又称“反恐附加费”。在 2001 年“9・11”事件后，美国出台了严厉的港口安全检查制度，规定从 2003 年 2 月 1 日起，启程前往美国港口的集装箱船舶承运人必须在国外港口装货前 24 小时，以电子方式通过美国设置的自动舱单系统向美国海关提交准确完整的货物申报单，即“24 小时规定”。自动舱单系统录入费是将货物申报单录入自动舱单系统所需要收取的费用。

14. 码头操作费（Terminal Handling Charge，THC）。又称集装箱码头操作费，指班轮公司向货主收取的船舶与码头堆场之间的集装箱装卸、搬运费用。收取该费用在我国货主和班轮公司之间引起了很大争议。

### 2.2.3 杂货班轮运费的计算步骤

杂货班轮运费是基本运费和附加费的和，其计算公式为：

$$F=F_b+\Sigma s_i$$

其中，$F$ 为总运费；$F_b$ 为基本运费；$s_i$ 为某一项附加费。

有的教科书将基本运费进一步表示为：

$$F_b=fQ$$

其中，$f$ 为相应的航线费率；$Q$ 为运费吨。

这种表示是有问题的，因为基本运费并不都是航线费率和运费吨的乘积，计费标准还有从价法、计件法、议价法等。

有的教科书还将附加费公式表示为基本运费的一定百分比，这也是不正确的，因为有的附加费并不是基本运费的一个百分比。

下面对杂货班轮运费的计算步骤做一个图释（见图9－4）。

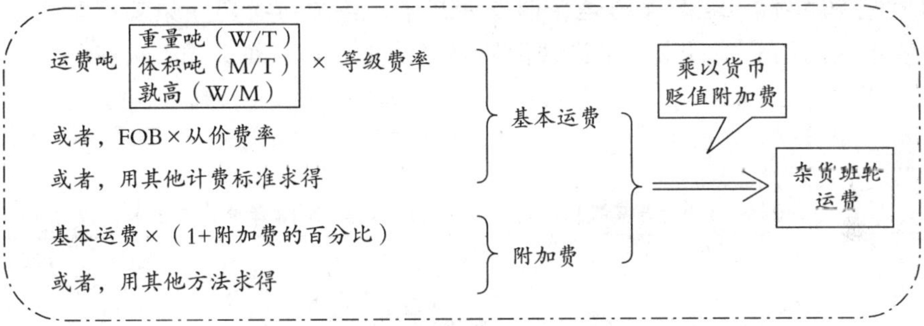


**图9－4 杂货班轮运费的计算步骤**

【案例9－7】

出口商品1 000箱到科威特，每箱体积为40厘米×30厘米×20厘米，毛重为30千克。查船公司运价表，该商品计费标准为M/W，等级为10级，查中国至科威特航线费率，10级货基本运费为每公吨222港元，燃油附加费为26%。计算该批商品的运费。

杂货班轮运费的收取时间与贸易术语有关，如果是CIF或CFR出口，运费则由卖方预付，提单上注明“Freight Prepaid”，货代一般在货物装船后向货主收取，但也有与货主半个月或一两个月结算一次的。如果是FOB出口，运费则由买方到付，提单上注明“Freight to Collect”。

# §3 集装箱班轮运输

集装箱运输是国际贸易最重要的运输方式。在今天的国际贸易班轮运输总量中，集装箱班轮运输占80%以上；在我国对外贸易的运输总量中，集装箱班轮运输占90%以上。

## 3.1 集装箱班轮运输概述

### 3.1.1 集装箱运输的起源和发展

集装箱运输起源于20世纪初，首先出现在铁路运输中。1900年，英国首先在铁路运输中采用了简单的集装箱。之后美国、德国、法国相继效仿，并在铁路与公路运输中结合使用，极大地推动了二者运量的增长，取得了极好的经济效益。

集装箱运输在铁路和公路的成功很快影响到海运。1956 年，美国海陆运输公司（SeaLand Shipping Co.，其前身为大西洋轮船公司）将一艘 T-2 型油轮改装成集装箱船，在纽约至休斯敦航线上进行试航，3 个月下来装卸效率提高了 2 倍，每吨装卸费用从 5.83 美元下降到 0.15 美元。1957 年，该公司又将一艘 C-2 型油轮改装成吊装式集装箱船，可载 226 个 35 英尺集装箱，能将火车和卡车上的集装箱直接吊装到船上。该船被认为是世界上第一艘集装箱船。

20 世纪 70 年代，集装箱海运普遍发展起来，各国纷纷建立集装箱船队、专用码头和集装箱内陆站，并且出现了许多世界著名的集装箱班轮公司，全球集装箱班轮公司 20 强（截至 2018 年 9 月 3 日）见表 9－1。今天集装箱船已发展到第六代，可以装载 12 000TEU。①

**表 9－1　全球集装箱班轮公司 20 强（截至 2018 年 9 月 3 日）**

| 排名 | 公司 | 总计 | | 自有船舶艘数 | 租赁船舶 | | 订造船舶 | |
|---|---|---|---|---|---|---|---|---|
| | | TEU 总数 | 艘数总计 | | 艘数 | 比例（%）① | 艘数 | 比例（%）② |
| 1 | 马士基航运（MSK，包括汉堡南美） | 4 022 851 | 714 | 312 | 402 | 43.2 | 8 | 2.0 |
| 2 | 地中海航运（MSC） | 3 245 594 | 514 | 194 | 320 | 66.4 | 18 | 10.2 |
| 3 | 中远（COSCO）+东方海外（OOCL） | 2 815 815 | 480 | 156 | 324 | 54.3 | 18 | 9.5 |
| 4 | 达飞集团（CMA） | 2 652 180 | 508 | 130 | 378 | 62.5 | 16 | 9.1 |
| 5 | 赫伯罗特（HPL） | 1 583 626 | 220 | 112 | 108 | 33.9 | — | — |
| 6 | 海洋网联船务（ONE line） | 1 536 680 | 224 | 80 | 144 | 62.0 | 8 | 7.3 |
| 7 | 长荣海运（EMC） | 1 160 191 | 203 | 115 | 88 | 50.0 | 73 | 43.1 |
| 8 | 阳明海运（YML） | 648 431 | 103 | 40 | 63 | 71.7 | 35 | 38.5 |
| 9 | 太平洋船务（PIL） | 421 706 | 138 | 112 | 26 | 33.6 | 6 | 11.6 |
| 10 | 现代商船（HMM） | 414 290 | 73 | 14 | 59 | 68.8 | 20 | 93.7 |
| 11 | 以星航运（ZIM） | 413 728 | 83 | 7 | 76 | 92.6 | — | — |
| 12 | 万海航运（WHL） | 260 034 | 97 | 70 | 27 | 35.2 | 12 | 12.9 |
| 13 | 伊朗国航（IRISL） | 154 415 | 50 | 46 | 4 | 37.6 | — | — |
| 14 | 高丽海运（KMTC） | 142 416 | 67 | 29 | 38 | 57.7 | 8 | 10.1 |
| 15 | 安通控股（泉州安盛船务） | 140 325 | 115 | 48 | 67 | 27.0 | 22 | 22.9 |
| 16 | 新加坡（X-Press Feeders Group） | 135 342 | 82 | 26 | 56 | 71.1 | — | — |
| 17 | 中谷物流（Zhonggu Logistics） | 133 444 | 98 | 34 | 64 | 36.1 | 8 | 12.4 |
| 18 | 海丰国际（SITC） | 112 750 | 82 | 51 | 31 | 37.1 | 12 | 18.2 |
| 19 | SM 商船（SM Line Corp） | 83 239 | 22 | 13 | 9 | 30.1 | — | — |
| 20 | 德翔航运（TS Lines） | 73 153 | 38 | 5 | 33 | 86.9 | 6 | 10.9 |

注：①是租赁船舶 TEU 占 TEU 总数的比例。②是订造船舶 TEU 占 TEU 总数的比例。

资料来源：摘编自法国海运咨询机构 Alphaliner 公司的统计，该表根据船公司控制的集装箱船舶（包括租赁船舶和自有船舶）的运力排名。

① 集装箱船的分代如下。第一代：长度为 100 米左右，载箱量为 500~1 000TEU；第二代：长度为 100 米 ~150 米，载箱量为 1 000~2 000TEU；第三代：长度为 150 米 ~200 米，宽 32 米，称“巴拿马型船舶”，载箱量为 2 000~3 000TEU；第四代：长度为 200 米 ~250 米，宽度长于 32 米，称“超巴拿马型船舶”，载箱量为 3 000~4 000TEU；第五代：长度为 250 米 ~300 米，宽度达到 42 米，载箱量为 4 000~6 000TEU；现在第六代超级集装箱船已经下水，长度超过 380 米，载箱量为 12 000TEU。

我国的集装箱班轮海运也是 20 世纪 70 年代发展起来的。1956 年，我国就在沿海、内河与铁路的水陆联运和江海联运中进行过小型的集装箱运输试验，但正式的集装箱班轮运输起源于 20 世纪 70 年代。1973—1975 年，我国在上海和天津至日本横滨、大阪、神户的航线上开展了集装箱班轮试运。1978 年 9 月，我国在上海至澳大利亚港口的海运中建立了第一条集装箱班轮运输航线。之后集装箱海运迅猛发展，目前我国已有国际集装箱班轮航线 2 000 余条，港口集装箱吞吐量已连续多年保持世界第一。

### 3.1.2 集装箱班轮运输的特点

与传统班轮运输比较，集装箱班轮运输有巨大的优越性，主要表现在：

1. 装卸效率高。传统班轮每小时只能装卸 35 吨左右的货物，集装箱班轮每小时可装卸 400 吨货物；一艘传统万吨轮，因装卸需要在港口停泊 10 天左右；集装箱班轮只需要停泊 24 小时左右。装卸效率高极大地提高了码头的利用率和吞吐量。

2. 运输速度快。由于采用集装箱，计量、整理、保管、检验、交接等手续都简化了，从而大大地提高了运输速度，进而加速了商品流通，减少了资金的占压时间。

3. 能充分地利用运输工具。集装箱是一个规则的立方体形状的大柜子，可以在运输工具上整齐地堆码摆放，最大限度地利用车船的载重量和容积。

4. 节省包装费用。集装箱本身就是一个坚固的外包装，不怕日晒雨淋、中途偷窃。因此集装箱内部货物的包装可以大大简化。据有关统计，在门到门运输的情况下，货物的包装费可节省 50% 以上。

5. 有利于开展国际多式联运。货物装在集装箱内，不需要拆箱就可以方便地从一种运输工具换装到另一种运输工具，这就为开展国际多式联运创造了条件。

集装箱班轮运输虽然有上述优点，但开展集装箱运输需要一定的条件：

1. 航线上要有大量适合集装箱运输的货源，并且两端货量要基本平衡，否则会造成大量空箱运输。

2. 要有集装箱船舶、码头、堆场、装卸和搬运机械等专用设备。有人统计，建造一座集装箱专用码头的资金大约相当于建造通用码头的 2.5 倍，所以集装箱运输是一种资金密集型的现代化运输方式。

3. 内陆运输条件要配套。例如，铁路和公路运输要有接受大型集装箱的能力，否则集装箱运输的优势发挥不出来。

4. 要有较高的管理水平。集装箱班轮运输又是一种技术密集型的现代化运输方式。

另外，并不是所有的货物都适合集装箱运输，有人根据是否适合集装箱运输将货物分为四类：

1. 最适合集装箱运输的货物。这类货物货价和运费都比较高，如针织品、酒、医药品、打字机、各种小型电器、光学仪器、电视机、收音机、小五金等。

2. 比较适合集装箱运输的货物。这类货物货价和运费比上一类低一些，如纸浆、天花板、电线、电缆、面粉、生皮、炭精、金属制品等。

3. 不太适合集装箱运输的货物。这类货物货价和运费都比较低，用集装箱运输不合算。

4. 不适合集装箱运输的货物。这主要是指形状、大小等不能用集装箱装载的货物，如废钢铁、大型卡车、桥梁、铁塔、发电机、原木等。

### 3.1.3 海运集装箱的种类和规格

集装箱（Container）是一个标准化的大箱子（见图 9－5），能装载各种有包装或无包装的货物，使之成为一个整体，便于机械装卸和搬运。集装箱在各种运输方式中都可以使用（但有的运输方式使用的集装箱有所不同），其中用得最多的是海运，这里只介绍海运集装箱。

**图 9－5 集装箱示样**

海运集装箱的种类有很多。按能装的货物分，有干货集装箱（Dry Cargo Container）、散货集装箱（Bulk Container）、液体货集装箱、汽车集装箱等。按材质分，有钢制、铝合金、玻璃钢集装箱等。按结构分，有固定式、折叠式、薄壳式集装箱等。按用途分，有冷藏集装箱（Reefer Container，RF）、挂衣集装箱（Dress Hanger Container）、开顶集装箱（Open Top Container，OT）、框架集装箱（Flat Rack Container，FR）、罐式集装箱（Tank Container，TK）、平台集装箱（Platform Container）等。

在上述种类中，用得最多的是干货集装箱，也称杂货集装箱、普通集装箱、通用集装箱（General Propose Container，GP）。这种集装箱可以用来装载除液体和需要调节温度的货物以外的几乎所有杂货，如文化用品、化工产品、电子机械、工艺品、医药、日用品、纺织品、仪器等。据有关统计，在世界使用的集装箱中，80% 以上是干货集装箱。

海运集装箱的规格有很多，常用的干货集装箱主要有 20 英尺（20GP）和 40 英尺（40GP）两种规格，有时还有 40 英尺高箱（40HQ）和 45 英尺高箱（45HQ）。四种集装箱的有关参数见表 9－2。

**表 9－2 干货集装箱的主要规格**

| 箱型 | 内容积 | 配货毛重 | 体积 |
|---|---|---|---|
| 20GP | 5.69 米 ×2.13 米 ×2.18 米 | 一般为 17.5 吨 | 24~26 立方米 |
| 40GP | 11.8 米 ×2.13 米 ×2.18 米 | 一般为 22 吨 | 54 立方米 |
| 40HQ | 11.8 米 ×2.13 米 ×2.72 米 | 一般为 22 吨 | 68 立方米 |
| 45HQ | 13.58 米 ×2.34 米 ×2.71 米 | 一般为 29 吨 | 86 立方米 |

表 9－2 中的配货毛重只是理论上的，实践中各船公司在不同航线上都有自己的限重。

20GP 又称“小箱”，一般装载体积小、重量大的货物，或一次出运较少只能装一个 20GP 的货物；40GP 又称“大箱”，容积等于两个 20GP，但不能装两个 20GP 的重量，一般装载体积大而重量小的轻货；40HQ、45HQ 比 40GP 高一些，主要装载体积和重量比悬殊的轻泡货。也就是说，大箱或高箱能装载的货物重量与小箱并没有多大差别，差别在体积。

在国际货运中，集装箱大多由承运人提供，也有厂商自备或向集装箱租赁公司租的。为避免占用集装箱的时间过长，承运人提供的集装箱都规定了使用期限，在使用期限内可以免费，超过的要收取滞箱费，不同承运人规定的使用期限有所不同。

## 3.2　集装箱班轮运输的方式

集装箱班轮运输的方式由三种因素构成。

1. 整箱货和拼箱货。整箱货（Full Container Load，FCL）指以整箱为单位的集装箱海运方式。其特点是，货物由托运人自己装箱、计数和铅封，承运人以整箱接受和交付货物，承运人只对集装箱外表的状况负责，对箱内的货物状况不负责。正因为如此，整箱货提单上有“托运人装箱、计数和加铅封”（Shippers Load，Count and Seal，SLCAS）的条款，即所谓“不知条款”（Un-Known Clause）。

拼箱货（Less than Container Load，LCL）指不足一个整箱的小票货物的集装箱海运方式。其操作过程大致如下：货主将小票货物交给经营拼箱货业务的货代（集拼经营人），货代对小票货物进行整理，将去同一目的港的不同货主的零星货物拼成一个整箱，然后向船公司办理整箱货托运；货到目的港后，由货代在目的港的代理人拆箱后分拨给不同收货人。另外，买方订购的是一个整箱，但箱内货物是两个以上出口商的；或卖方出口的是一个集装箱，但在目的港分别交付给不同的收货人，也属拼箱货运输。

2. 交接地点。集装箱班轮运输的交接地点有三个：（1）集装箱堆场（Container Yard，CY），指集装箱码头堆场；（2）门（Door），指货主的工厂或仓库；（3）集装箱货运站（Container Freight Station，CFS），一般就是货代的仓库。将以上三个地点连接起来可以得到九种交接地点的组合（见图 9－6）。

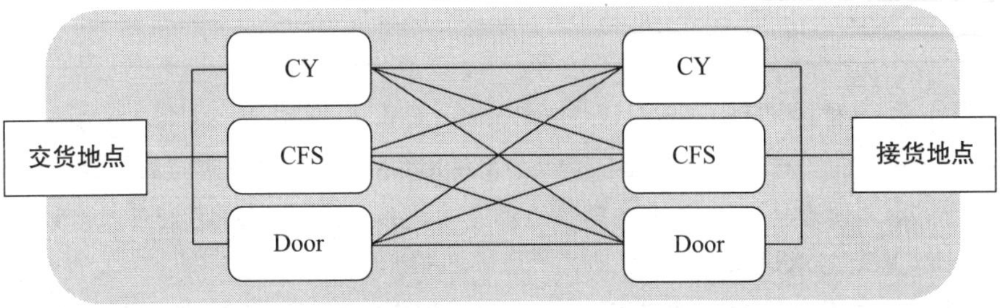


**图 9－6　集装箱班轮运输的九种交接地点组合**

但这九种组合是从理论上来说的，有的组合在实践中用得不多，常见的只有场到场

（CY to CY）、门到门（Door to Door）和站到站（CFS to CFS）三种。前两种是整箱货的交接组合，后一种是拼箱货的交接组合。

3. 交接方式。集装箱班轮运输的交接方式有四种：（1）“整箱交、整箱接”（FCL/FCL），（2）“拼箱交、拆箱接”（LCL/LCL），（3）“整箱交、拆箱接”（FCL/LCL），（4）“拼箱交、整箱接”（LCL/FCL）。但这也是从理论上来说的，常见的只有前面两种，第一种是整箱货的交接方式，第二种是拼箱货的交接方式。

现在我们将以上三个方面的因素匹配起来，即可得到如表 9－3 所列的九种集装箱班轮运输方式。

**表 9－3　集装箱班轮运输的方式**

| 运输方式 | 交接地点 | 交接方式 |
|---|---|---|
| 整箱货运输 | 场到场（CY to CY）、门到门（Door to Door）、门到场（Door to CY）、场到门（CY to Door） | 整箱交、整箱接 |
| 拼箱货运输 | 站到站（CFS to CFS） | 拼箱交、拆箱接 |
| | 门到站（Door to CFS）、场到站（CY to CFS） | 整箱交、拆箱接 |
| | 站到门（CFS to Door）、站到场（CFS to CY） | 拼箱交、整箱接 |

在表 9－3 中，“交接地点”下的第一行、第二行为常见的集装箱班轮的运输方式，一共五种。第一行的四种是常见的整箱货运输方式，其中场到场（CY to CY）是单一的海运，班轮公司大多数采用这种方式；门到门（Door to Door）、门到场（Door to CY）、场到门（CY to Door）是多式联运，多式联运经营人可以是无船承运人或有船承运人。第二行是常见的拼箱货运输方式，只有站到站（CFS to CFS）一种。第三行、第四行的运输方式不多见。

【实例】

表 9－4 是从提单上摘取的四种交接地点，分析其可能的运输方式。

**表 9－4　从提单上摘取的四种交接地点**

| 收货地（Place of Receipt） | 装货港（Port of Loading） | 卸货港（Port of Discharge） | 卸货地（Place of Discharge） |
|---|---|---|---|
| 北京 | | 旧金山 | |
| 北京 | 天津 | 旧金山 | 芝加哥 |
| | 天津 | 旧金山 | |
| | 天津 | 旧金山 | 芝加哥 |

【解答】第一种为“铁—海”联运（Door to CY）；第二种为“铁—海—铁”联运（Door to Door）；第三种为“港—港”海运（CY to CY）；第四种为“海—铁”联运（CY to Door）。除第三种为单一海运外，其他的都是多式联运。多式联运经营人可以是有船承运人，也可以是无船承运人。

第一种、第二种的出口商在北京，货物在收货地，即“Door”交给多式联运经营人，多式联运经营人签发多式联运单。第三种、第四种的出口商在装运港所在地天津，船公司在装运港集装箱堆场（CY）接收货物并签发海运提单（第三种）或多式联运提单（第四种）。

从 20 世纪 80 年代开始，多式联运发展迅速，过去单一的港至港海运提单（Marine/Ocean Bill of Lading）已经不能适应需要，在这种情况下，许多船公司的海运提单使用两用格式，提单的名称也改为"Bill of Lading, For Combined Transport Shipment or Port to Port Shipment"。这种提单既能用于港至港运输，也能用于多式联运。有的提单还增设了前程运输工具（Pre-carriage）和最后目的地（Final Destination）。

## 3.3 集装箱班轮运输的业务流程

### 3.3.1 整箱货运输的业务流程

整箱货运输的业务流程与贸易术语、结算方式、交接地点、交接方式等因素有关，下面假定是 CIF 出口，信用证结算，场到场（CY to CY），整箱交、整箱接（FCL/FCL）。

**在装运港的业务流程**　整箱货运输在装运港的业务流程如下（见图 9－7）：

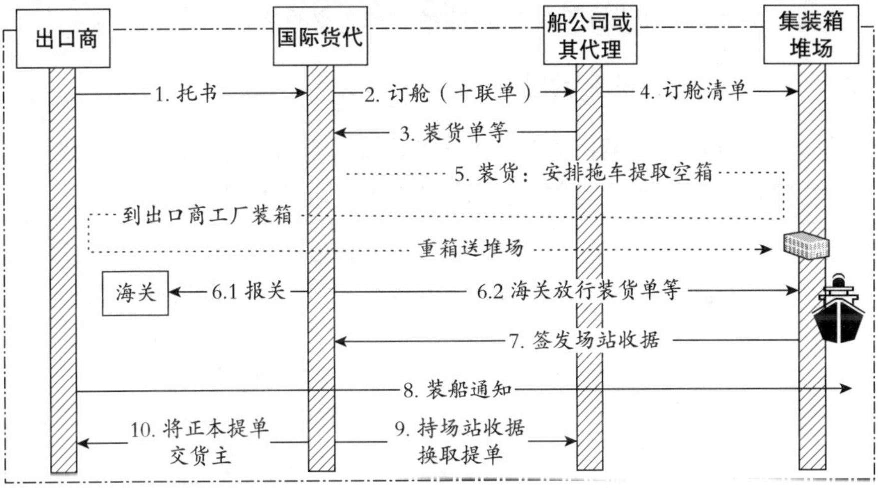


图 9－7　整箱货运输在装运港的业务流程

1. 出口商填写国际货运委托书（简称"托书"），并随附有关资料向货代托运；如要委托货代报检、报关，应提交报检、报关委托书和相关资料。

2. 货代根据托书缮制集装箱货物托运单（Container Booking Note，B/N），俗称"十联单"，向船代订舱。

3. 船代在十联单的装货单上签章确认订舱，然后将十联单的后半套退还货代。

4. 船代编制订舱清单（也叫预配清单）送集装箱码头堆场，安排发放空箱、办理货运交接等事宜。

5. 货代安排拖车到船公司指定的堆场提空箱，到出口商工厂装箱（假定在工厂装箱）；然后将重箱送集装箱码头堆场，与堆场办理交接（有些港口要先报关再进港）。

6. 货代持装货单、大副联、场站收据（D/R）（十联单的 5~7 联）等向海关报关（也可以委托报关行报关）（6.1）；海关在装货单上盖章放行（6.2）。

7. 货代将装货单、大副联、场站收据交集装箱码头堆场，堆场凭此装船，然后留下装货单和大副联，签发场站收据给货代。

8. 货物装船后，出运前一天，货主传真装运通知给收货人。

9. 货物离港后，货代持场站收据找船代换取正本已装船提单（B/L）。

10. 货代将换来的正本提单交出口商。

**在卸货港的业务流程** 整箱货运输在卸货港的业务流程如下：

1. 船舶抵港前向卸货港船代发船舶抵港电报。

2. 船代通知收货人船舶预计到港的日期、换单的时间和地点等。

3. 收货人到银行付款赎单（如果收货人已经付款赎单，则不需要这一步），取得提单。

4. 收货人将正本提单和报检（法定检验的商品需要）、报关资料交货代（假定委托货代办理接货）。

5. 货代持正本提单向船代换取提货单（Delivery Order，D/O）。

6. 货代持提货单向海关报关（法定检验的商品报关前要报检），海关放行后在提货单上盖放行章。

7. 货代持海关放行的提货单到集装箱堆场提箱送交收货人。

### 3.3.2 拼箱货运输的业务流程

拼箱货运输存在两种关系：从发货人与货代来看是拼箱货运输，从货代与实际承运人来看是整箱货运输。拼箱货运输的业务流程如下（见图 9－8）：

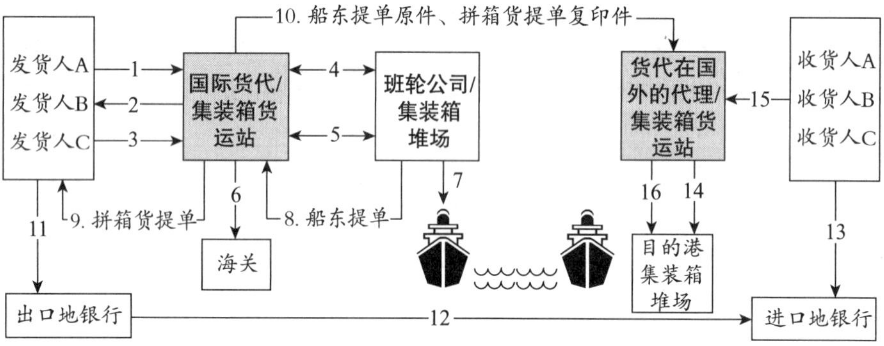


图 9－8 拼箱货运输的业务流程

1. 发货人 A、发货人 B、发货人 C 填写订舱委托书并传真给货代。

2. 货代传真进仓单给发货人 A、发货人 B、发货人 C，指示其在规定的时间内将货物送到指定的集装箱货运站，将报检、报关资料寄到指定地点。

3. 发货人 A、发货人 B、发货人 C 将货物送到指定的集装箱货运站，将报检、报关资料寄到指定的地点。

4. 货代对发货人 A、发货人 B、发货人 C 的货物进行预配，然后向船代订舱，船代在装货单上签章确认。

5. 货代到船公司指定的集装箱堆场提空箱到集装箱货运站，将去同一目的港的货物拼成整箱送集装箱堆场。

6. 货代对发货人 A、发货人 B、发货人 C 的报检和报关资料进行整理，委托口岸报关行集中报检、报关。

7. 海关验放后在装货单上盖放行章，货代将装货单交集装箱堆场并凭此装船。

8. 货物出运后，船代签发船东提单（Master B/L）给货代。

9. 货代签发拼箱货提单（House B/L）给发货人 A、发货人 B、发货人 C。

10. 货代将船东提单原件与拼箱货提单复印件及有关单据快递给自己在卸货港的代理人，通知其船舶预计到达时间等。货代也可以将货物电放给国外代理人。

11. 发货人 A、发货人 B、发货人 C 持拼箱货提单及有关单据向出口地银行议付。（如果是托收，则交给托收行托收；如果是前 T/T，则将拼箱货提单传真给进口商；如果是后 T/T，则将拼箱货提单直接快递给进口商。）

12. 议付行（出口地银行）将单据寄国外开证行（进口地银行）索偿。

13. 收货人 A、收货人 B、收货人 C 到开证行付款赎单，取得各自的拼箱货提单。

14. 货物到达后，货代的国外代理持船东提单到卸货港集装箱堆场提整箱到自己的集装箱货运站拆箱。

15. 收货人 A、收货人 B、收货人 C 持拼箱货提单到货代的国外代理的集装箱货运站提货。

16. 货代的国外代理将空箱送回卸货港集装箱堆场。

## 3.4 集装箱班轮运费的计算

集装箱班轮运费也由基本运费加附加费构成，附加费的名称和种类与杂货班轮差不多，但拼箱货没有选卸港附加费和变更卸货港附加费。以上是从班轮公司的角度来说的，实践中货主得到的也是货代的报价，货代的报价也是在与船公司协议运价的基础上加上自己的利润和其他费用后制定的。对集装箱班轮运费的计算，我们以货代的报价为基础进行讨论。

### 3.4.1 整箱货运费的计算

整箱货运费的计算包括总运费的计算和单位运费的计算。

**总运费的计算** 总运费等于集装箱个数乘以相应的费率。集装箱海运有 FAK、FCS、FCB 三种费率形式：FAK（Freight for All Kinds）指均一费率，即不管是什么货物都是一个价；FCS（Freight for Class）指等级费率，即按货物等级制定的费率；FCB（Freight for Class & Basis）指不仅分等级（Class）而且分计费标准（Basis）制定的费率。整箱货大多采用 FAK 包箱费率（Box Rate），按 20GP/40GP/40HQ 三种箱型制定（见图 9 9），计算总运费只要将集装箱个数乘以相应的包箱费率即可。

**单位运费的计算** 单位运费指集装箱内每件商品的运费，它主要用于出口报价。单位运费计算的主要工作是计算装箱量。

集装箱对装载的货物体积和重量都有限制，因此，计算装箱量应先按货物的体积和重量分别计算，然后从中取其小者。如果货物的包装内不止一件商品，则还要乘以包装内货物的件数。在计算装箱量时还要注意：（1）如果计算结果有小数，则不能“四舍五入”，要“舍位取整”。（2）装箱量除了要受集装箱容积和配货毛重的限制，还要受各国码头限重的限制。如果货物要经过内陆运输，则还要注意内陆集装箱运输的限重。

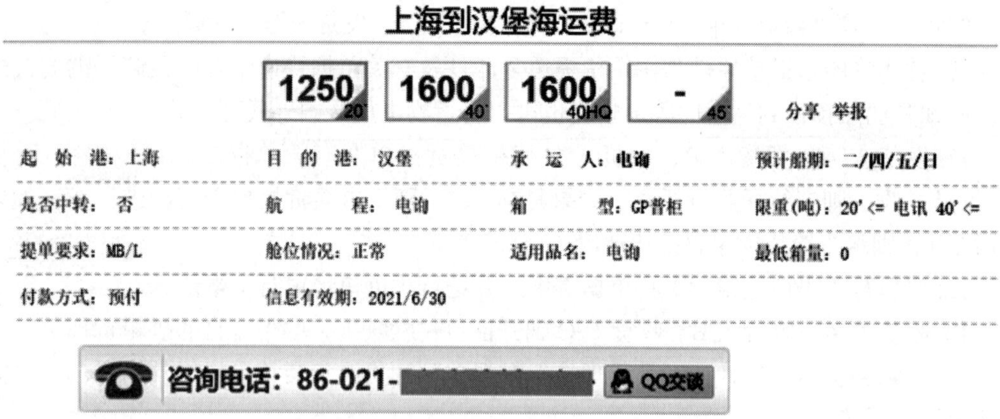


图 9－9 锦程物流网上一家货代的报价

【案例 9－8】

从上海出口打字机到德国汉堡，包装方式为 4 台装 1 纸箱，纸箱尺码为 44 厘米×44 厘米×30 厘米，每箱毛重为 22 千克。现要出口一个 40 英尺集装箱，货代的报价是 40 英尺集装箱 3 450 美元，假定 40 英尺集装箱的有效容积为 55 立方米，配货毛重为 24 500 千克。计算每件商品的单位运费（结果保留 4 位小数）。

### 3.4.2 拼箱货运费的计算

拼箱货运费的计算方法与杂货班轮差不多，即用运费吨乘以相应的费率。

【案例 9－9】

某货物 2 台装 1 纸箱，纸箱尺码为 30 厘米 ×44 厘米 ×44 厘米，每箱毛重为 61.5 千克，现要出口 300 台到汉堡，采用拼箱货运输，货代的报价为：计费标准为 W/M，到汉堡为 72 美元 / 运费吨。计算总运费和单位运费。

以上是已确定为整箱货或拼箱货运输时运费的计算。有时候并不知道成交的数量适合于整箱货还是拼箱货运输，这时要先计算适合哪种方式，再计算运费。

【案例 9－10】

从上海出口儿童踏板车到加拿大多伦多港，6 辆装 1 纸箱，每箱体积为 0.057 6 立方米，毛重为 21 千克。假定 20 英尺集装箱的有效容积为 25 立方米，限重为 17 500 千克；40 英尺集装箱的有效容积为 55 立方米，限重为 24 500 千克。货代报价为，拼箱货：计费标准为 W/M，按 M 计为 151 美元 / 运费吨；按 W 计为 216 美元 / 运费吨。整箱货：

20 英尺集装箱为 3 360 美元；40 英尺集装箱为 4 200 美元。请计算成交量为 1 000 辆和 2 604 辆的海运费（先估算两种成交量适合整箱货运输还是拼箱货运输，再计算运费）。

# §4　租船运输

租船运输的概念、特点和重要性见本章第 1 节，本节只论述租船运输的方式和租船业务的有关问题。

## 4.1　租船运输的方式

租船运输的基本方式有三种——航次租船、定期租船和光船租船，这里再加一个包运合同。

### 4.1.1　航次租船

航次租船（Voyage Charter）又称定程租船，简称程租船或程租，它是按航程租用船舶运输货物的方式，可以租用船舶的全部舱位，也可以租用部分舱位。航次租船由船方负责船舶的驾驶、经营管理和货物的运输，具体又分为以下几种形式。

1. 单航次租船（Single Voyage Charter）。这是指只租用一个航次，船舶所有人将指定的货物从一个港口运到另一个港口，卸货结清相关费用后合同即告结束。

2. 来回航次租船（Round Voyage Charter）。这是指租用一个往返航次，合同在船舶返回且结清相关费用后才告结束。

3. 连续航次租船（Consecutive Voyage Charter）。这是指在同一条航线上连续租用几个单航次或来回航次，按航次规定双方的权利义务、计算装卸时间和相关费用。这种方式的平均航次租金比单航次租金低，适用于货主的货运量较大、一个航次运不完的情况。

航次租船的费用主要包括租金、装卸费、滞期费和速遣费三个部分。

1. 租金。一般按装运的货物数量计算，也有按航次包租金额计算的。

2. 装卸费。装卸责任和费用由双方在合同中划分，有四种条款：（1）班轮条款（Gross Terms，or Liner Terms，or Berth Terms），指按班轮的做法做，即装卸责任和费用由船东承担。（2）舱内收货条款（Free in，FI），指船方不负责装货，装货责任和费用归货主。（3）舱内交货条款（Free out，FO），指船方不负责卸货，卸货责任和费用由货主承担。（4）舱内收货和交货条款（Free in and out，FIO），指船方不负责装货和卸货，二者都归货主承担。在这种情况下，理舱费和平舱费习惯上也由货主负担，因此常写作“FIOST”（Free in and out，Stowed，Trimmed）。

3. 滞期费（Demurrage）和速遣费（Dispatch Money）。在租船方负责装卸的情况下，装卸速度的快慢会影响船方的利益，因此，要在合同中规定装卸期限或装卸率、滞期费和速遣费。滞期费指当货方的实际装卸时间超过了规定的装卸时间时，船方要向货主征收的罚金；速遣费指当货方的实际装卸时间少于规定的装卸时间时，船方要向货主支付的奖金。按国际航运界的惯例，速遣费通常为滞期费的 1/2（Dispatch Half Demurrage，DHD）。

装卸时间或装卸率、滞期费和速遣费的问题是航次租船业务中最容易发生争议的问题。

### 4.1.2 定期租船

定期租船（Time Charter，or Period Charter）简称期租船或期租，它是按时间租用船舶的方式，租期可以从数月到数年不等。在租期内，租船人可以用船舶运输货物，也可以从事班轮运输或程租船运输，还可以转租给他人，租期结束后还船。租金按租期计算，每 30 天或半个月预付一次。

在定期租船中，租船人负担船舶的燃料费、港口费、拖轮费等营运费用；船东负担船舶的维修、保险、配备船员和船员的给养等固定费用。

【实例】

1995 年 12 月 1 日，原告广州海晖运贸公司（以下简称 A 公司）与被告香港展宏船务有限公司（以下简称 B 公司）签订《定期租船合同》。该合同约定：B 公司租用 A 公司所属“东运 705”轮，租期 6 个月，从船舶交付之日起计算；租方负责劳务费、燃油费、船舶港口使用费等；租金为每月 185 000 港元，不足一天的按比例计算；租方应在船抵起运港时预付 15 天租金 92 500 港元，15 天后付清 1 个月租金；合同签订后 2 天内租方先付 20 000 港元作为定金，在第一期租金中扣回；如租期未满还船，租方须按约定租金的 75% 支付从还船之日起至租约期满之日止实际天数的租金。同日，双方签订《补充协议》，B 公司同意 A 公司在办妥“东运 705”轮的有关证书之前，调派同类型的“东运 706”轮替代，租金不变。

合同签订后，B 公司向 A 公司交付了定金 20 000 港元，并于 1995 年 12 月 4 日通知 A 公司指派“东运 706”轮开往香港装货。1995 年 12 月 5 日，“东运 706”轮抵香港待装，但 B 公司无备货。1995 年 12 月 11 日，B 公司电话通知 A 公司货源落空。“东运 706”轮遂于 1995 年 12 月 12 日返回广州待命。

1996 年 1 月 11 日，B 公司书面通知 A 公司解除《定期租船合同》。随后 A 公司多次去函 B 公司催付租金及有关费用，但 B 公司没有支付。A 公司向海事法院提起诉讼，请求法院判令 B 公司赔付租金 222 000 港元、耗油费 5 000 港元、代理费 1 600 港元、劳务费 1 500 港元、违约金 138 750 港元，共 368 850 港元。

B 公司答辩认为，《定期租船合同》约定 A 公司提供刚出厂的新船“东运 705”轮给 B 公司使用，但 A 公司谎称“东运 705”轮的证书未办齐，并调派“东运 706”轮顶替。该轮抵香港后，B 公司发现与 A 公司提供的“东运 705”轮的资料记载相差太远，运输安全没有保障，决定不予使用，并于 1996 年 1 月 11 日传真通知 A 公司终止《定期租船合同》。合同未履行是由于 A 的违约所造成的，B 不承担责任。

海事法院认为，《定期租船合同》虽然约定 B 公司租用 A 公司的“东运 705”轮，但

B公司在《补充协议》中同意A公司用“东运706”轮顶替，因此，A公司交付“东运706”轮并不违约。被告已接受并实际使用了“东运706”轮，应当支付租金。B公司因货源落空造成“东运706”轮无货装运，与A公司无关，不能免除被告支付租金的义务。

“东运706”轮的实际使用期应自1995年12月5日该轮抵香港待货时起，至1996年1月11日B公司解除合同时止共37天，依合同约定按月租185 000港元计算，租金为228 166.67港元，A公司请求222 000港元，未超过被告应付租金，予以支持。

租船合同又约定租期为6个月，如租期未满还船，租方须按租金约定的75%，支付从还船之日起至租约期满之日止实际天数的租金。B公司租用“东运706”轮后，因货源落空在租期未满时提前解除合同还船给A公司，B公司应按合同的约定支付从1996年1月12日还船之日起至1996年6月3日租约期满时止共143天的租金。按月租185 000港元的75%计算共为661 375港元，A公司请求138 750港元，亦未超过B公司应付数额，亦予支持。

此外，B公司还应按合同的约定支付租船期间的船舶燃油费，A公司请求耗油费5 000港元基本合理，予以支持。A公司请求代理费1 600港元、劳务费1 500港元，因证据不足，不予认定。

据此，海事法院依照《中华人民共和国民法通则》（现已废止）第一百一十二条的规定，于1997年3月10日判决：B公司支付A公司船舶租金222 000港元、违约金138 750港元、耗油费5 000港元，共计港币365 750元。判决后，双方当事人均未上诉。[1]

### 4.1.3 光船租船

光船租船（Bare-Boat Charter）简称光船租或光租，也是按时间租用船舶的方式，但与期租不同，它是将一条不带船长、船员，不负责保险和其他营运费用的“裸船”租给租船人使用，由租船人自己配备船员，负责船舶的经营管理和航行事宜；船东按租期收取租金。实际业务中光租使用不多是因为：一方面，船东不放心将一条光船租给租船人使用；另一方面，租船人要自己聘请船长、船员，负责船舶的经营管理也很麻烦。

班轮运输和三种租船运输方式的比较如表9-5所示。

**表9-5 班轮运输和三种租船运输方式的比较**

| | 班轮（定期船） | 租船（不定期船） | | |
|---|---|---|---|---|
| | | 航次租船 | 定期租船 | 光船租船 |
| 船长 | 船东任命 | 船东任命 | 船东任命 | 租船人任命 |
| 船员 | 船东雇用 | 船东雇用 | 船东雇用 | 租船人雇用 |
| 承运人 | 船东 | 船东 | 租船人 | 租船人 |
| 承运方式 | 部分舱位 | 整船或部分舱位 | 整船 | 整船 |
| 运输契约 | 提单 | 租船合同 | 租船合同 | 租船合同 |
| 运费 | 根据运价表按货物数量计算 | 根据合同协议费率按货物数量计算 | 根据合同协议费率按租期计算 | 根据合同协议费率按租期计算 |

① 摘编自：110法律咨询网《“东运705”轮定期租船合同纠纷案》。

### 4.1.4 包运合同

包运合同（Contract of Affreightment，COA）又称吨位合同（Tonnage Contract）或数量合同（Quantity Contract），指承租双方签订总量包干分批运输的合同，由船东指派船舶在约定的时间内，将一大批货物从装运港运至目的港，直到全部运完为止。它具有期租船的特征，但采用航次租船的运作模式。

包运合同运输的通常是大宗低价值散货，适用于经常有大量货物要运输的货主。采用这种租船方式，货主可以避免运力紧张的影响，简化多次租船的手续，得到较好的运价，有利于安排生产和销售；船东可以得到稳定的货源，在经营上也比较灵活，可以用自有船舶来承运，也可以租用其他船舶来承运。

## 4.2 租船业务

租船是通过租船经纪人在租船市场上进行的，租船市场可以是一个具体市场，也可以是虚拟市场。在通信技术十分发达的今天，租船大多数是在虚拟的市场上进行的。

租船合同的磋商过程包括询价、报价、还价、接受、签订订租确认书、签署正式租船合同六个环节，与贸易合同磋商的不同点是：（1）双方一开始就要磋商使用哪种标准合同。（2）在接受做出后、会签正式租船合同前，按习惯要由船东编制一份包括谈妥的主要条款的订租确认书供双方签字确认，然后由船东或其经纪人根据格式合同编制正式的租船合同供双方会签。（3）在询价、报价和还价阶段，货主与船东一般是通过租船经纪人背对背谈判，在签订订租确认书和签署正式租船合同阶段，租船经纪人才披露双方的名称。

租船格式合同可分为两类：一是标准格式合同（Standard C/P Form），它是一些国际或国家航运组织制定的格式合同；二是非标准格式合同（Non-Standard C/P Form），它是标准格式合同以外的但也经常被采用的格式合同。具体的租船格式合同有很多，例如，航次租船方面有统一杂货租船合同（GENCON）、谷物泊位租船合同（Baltime Form C）、北美谷物航次租船合同（NORGRAIN）、澳大利亚谷物租船合同（AUSTRAL）、油船航次租船合同（ASBATANKVOY）等；定期租船方面有巴尔的摩统一定期租船合同（BALTIME）、纽约土产交易所定期租船合同（NYPE）、中租1980年定期租船合同（SINOTIME1980）等；光船租船方面有光船租船A式合同2001（BARECON A，2001）、光船租船B式合同2001（BARECON B，2001）等。选择租船格式合同要考虑货物、航线等因素。

## 复习题

1. 海运有哪些特点和方式？
2. 什么是班轮运输？它有哪些特点？什么是杂货班轮运输？
3. 杂货班轮运费由哪两部分构成？常见的计费标准有哪些？

4. 集装箱班轮运输有哪些优点？哪些货物适合集装箱运输，哪些货物不适合？

5. 常见的通用集装箱有哪几种箱型？

6. 什么是整箱货运输、拼箱货运输？常见的集装箱运输方式有哪些？

7. 名词解释：航次租船、定期租船、光船租船；Liner Terms、FI、FO、FIO、FIOST；滞期费、速遣费。

## 《问题与案例》

1. 从天津新港运门锁 500 箱往莫桑比克首都马普托，每箱体积为 0.025 立方米，毛重为 30 千克，计费标准为 W/M，每运费吨 450 港元，另收燃油附加费 20%、港口附加费 10%。计算该批门锁的总运费。

2. 出口货物 100 公吨，每公吨 2 000 美元 FOB 上海，客户要求改报 CFR 伦敦，已知该货物为 5 级，计费标准为 W，基本费率为每运费吨 100 美元，燃油附加费为 10%，货币贬值附加费为 20%。若要保持外汇净收入不变，则应报价 CFR 伦敦多少美元？

3. 在下列集装箱班轮运输交接地点组合中，哪一种最常用，哪一种是单一的海运方式，哪些是多式联运方式：CY to CY，Door to Door，Door to CY，CY to Door？

4. 某货物 30 套装 1 纸箱，纸箱为 68 厘米 ×35.5 厘米 ×86 厘米，每箱毛重 25 千克。现在要出口一个 40 英尺集装箱的该货物到新加坡，货代的报价是 40 英尺集装箱 890 美元。计算每件商品的单位运费（假定 40 英尺集装箱的有效容积为 55 立方米，限重为 24 500 千克）。

# 第10章
# 海洋运输Ⅱ

本章介绍海运单据的有关知识，包括海运提单、海运单和电放。

## §1　海运提单

海运提单（Ocean Bill of Lading，B/L，简称提单）是海运承运人或其代理人在货物装船后或收到货物后签发给托运人的运输单据。在海洋货物运输中，班轮运输要签发提单，租船运输有时候也会签发提单，但二者的性质不同，这里介绍的是班轮运输的海运提单。

### 1.1　海运提单的内容和性质

#### 1.1.1　海运提单的内容

海运提单是由各班轮公司自己制定的，内容上有一些差异，但基本相同，可分为正面和背面。正面主要是各种需要填写的记载事项，主要包括：提单编号，托运人、收货人的名称和地址，通知人的名称、地址和联系方式，货物的名称、毛重、尺码、件数、包装和唛头，船名和航次，装运港和目的港，收货地和交货地（对多式联运而言），运费条款，已装船批注，正本提单的签发日期、地点及份数，承运人或其代理人的签字、盖章等。从法律上看，这些记载事项可分为“必要记载事项”和“一般记载事项”两类，前者是《海牙规则》《汉堡规则》《维斯比规则》等国际公约或有关国家的国内法规定必须有的事项，后者是承运人可以根据业务需要自由记载的事项。

海运提单的背面是承运人事先印就的运输合同条款，规定承运人、托运人、收货人或提单持有人的权利、责任和义务。有的船公司的提单有三十多条，有的有二十多条，主要有：定义条款（对提单中有关用语做出定义），首要条款（说明提单适用的国际公约或国内法），管辖权条款（说明有关提单的争议由哪国法院管辖及适用什么法律），承运人的责任、责任期间条款，装货、卸货和交货条款，运费和其他费用条款，自由转船条款（说明在发生不可抗力的情况下，承运人有权采取自由转船等措施的条款），选港条款（说明收货人选择卸货港的有关规则），赔偿责任限额条款，危险货物条款，舱面货条款等。从法律上看，背面条款可分为"强制性条款"和"任意性条款"两类。前者指必须遵循有关国际公约、港口惯例和某国国内法规定的条款，后者指可以自行拟定的条款。

### 1.1.2　海运提单的性质

海运提单是国际贸易中最重要的单据，它有三个基本性质。

1. 海运提单是承运人接管货物的收据。承运人签发了提单表明它收到了提单上记载的货物，如果交付的货物与提单的记载不符，则要负责赔偿。但《海牙规则》规定，对托运人来说，提单只是承运人收到提单上记载的货物的初步证据；在交付的货物与提单记载不符时，如果承运人能够证明它收到的货物就是如此，则可以免责。《维斯比规则》和《汉堡规则》对上述规定又做了补充——如果提单已被转让给善意受让人，提单则是承运人收到提单上所载货物的最终证据，与此相反的证据将不予采用。这主要是为了保护提单的善意受让人，而且只有这样提单才能流通转让。

我国《海商法》第七十七条的规定与上述规定相同：承运人或者代其签发提单的人签发的提单，是承运人已经按照提单所载状况收到货物或者货物已经装船的初步证据；承运人向善意受让提单的包括收货人在内的第三人提出的与提单所载状况不同的证据，不予承认。

**【案例 10－1】**

提单上注明 100 箱货物，但船到目的港短交 5 箱。经船公司查核大副收据（M/R）及其他文件，均证明船公司实际收到的货物只有 95 箱。问托运人是否有权向船公司索赔？如果提单已转让，提单的善意受让人是否有权要求船公司赔偿？

2. 海运提单是承托双方订立的运输合同的重要组成部分。提单是班轮运输的运输合同，它规定了承托双方的权利、责任和义务；但严格地说，提单只是班轮运输合同的一个重要组成部分，并不是全部。因为班轮运输合同是在托运人向承运人或其代理人订舱，且承运人或其代理人签发装货单予以确认时成立的，而且从那时起已经开始履行；而提单是在货物装船后才签发的。也就是说，装货单等也是运输合同的组成部分。现行的国际贸易实务和国际商法教材常将提单的这一性质表述为"提单是承托双方订立的运输合同的证明"，本书认为采用"重要组成部分"这种表述更恰当。这不仅仅是一个文字表述问题，它关系到在承托双方发生争议时如何看待提单条款的法律效力，对此本书不做深入论述。

3. 海运提单是货物所有权的凭证（Documents of Title）。提单是物权凭证，提单的持有人可以向承运人要求提货，也可以通过转让提单来出售货物。没有提单，即使是货物的真正主人也不能提货。如果承运人将货物交给了一个非提单持有人，则要承担“无单放货”的责任。

海运提单一般签发三份正本（Original）和三份副本（Copy），其中任何一份正本提货后其他两份正本即告失效。副本仅供办理业务用，不能提货。

## 1.2 海运提单的种类

海运提单可以从不同的角度分类，下面介绍一些主要的种类。

### 1.2.1 船东提单、货代提单

船东提单（Master Bill of Lading，M-B/L）是船公司或其代理人签发的提单（参见参考资料 10.1），其抬头为船公司的名称等。船东提单的持有人在目的港可以直接向船公司换取提货单提货。船东提单的信誉比较高。

货代提单（House Bill of Lading，H-B/L）是货代以无船承运人身份出现时签发的提单，其抬头为货代的名称等。货代提单的持有人在目的港要先找货代在目的港的代理换取船东提单，然后才能提货。货代提单的信誉没有船东提单高。

**专 论**

**船东提单与货代提单的区别**

船东提单就是以船公司为抬头的提单，例如，提单的抬头是 EVERGREEN，就是长荣签发的船东提单。船东提单下面签章的一般是船代，签章处注有 AS AGENT FOR THE CARRIER × MARINE CORPORATION 的字样。货代提单就是以货代为抬头的提单，货代签发了提单后要承担相当于承运人的责任。

船东提单在目的港可以直接向船公司提货，一般不需要什么费用；货代提单必须先向目的港货代的代理换取船东提单（俗称“换单”）然后才能提货，并要收取换单费。以上是整箱货运输，在拼箱货运输的情况下，收货人直接凭货代提单找货代在目的港的代理人提货，不存在换单的问题。

### 1.2.2 记名提单、不记名提单、指示提单

记名提单（Straight B/L）指收货人栏内列有特定收货人的提单，例如，“Consigned to ABC Co.，Ltd”“Delivered to ABC Co.，Ltd”“Onto ABC Co.，Ltd”等，它只能由收货人提货，不能转让。在国际贸易中，除了一些特别的场合，很少采用记名提单，因为它不利于出口商和银行控制物权。在一些国家，记名提单的收货人甚至可以不用提单，仅凭身份证明就可以提货。

不记名提单（Bearer B/L，or Open B/L，or Blank B/L）是收货人栏内填写“to the bearer”或“to the holder”的提单，这种提单不需要背书就可以转让，谁持有这种提单都

可以向船公司提货，因此风险较大，在国际贸易中基本不用。

指示提单（Order B/L）指收货人栏内填写"to order"或"to order of ×"的提单。可分为两类：

1. 不记名指示提单，指收货人栏内填写"to order"的提单，这种提单承运人按托运人的指示交货，由托运人向银行交单时背书转让。

2. 记名指示提单，指收货人栏内填写"to order of ×"的提单，这种提单承运人按记名指示人的指示交货，由记名指示人背书转让。

记名指示提单又有下面几种写法：（1）"to order of shipper"，这种写法与"to order"的意思相同，收货人都由托运人指示，都由托运人在向银行交单时背书转让；（2）"to order of issuing bank"，这种写法的收货人由开证行指示，由开证行向进口商交单时背书转让；（3）"to order of applicant"，这种写法的收货人由开证申请人（进口商）指示，由开证申请人背书转让。在以上三种写法中，前两种比较常见，第三种基本不用。

提单的背书是将提单的权益转让给他人的行为，指示提单的转让需要经过背书。背书的方法有两种：（1）空白背书（Endorsement in Blank），这种背书只在提单背面签章并注明日期，不写被背书人的名称。空白背书的提单可以转让给任何人，受让人再转让时也不需要再背书。（2）记名背书（Special Endorsement），这种背书除了签章并注明日期，还要写上被背书人的名称。记名背书的提单只能转让给被背书人，被背书人再转让时要再背书，以保持背书的连续性。

【案例 10－2】

L/C 规定：B/L made to order of shipper and endorsed to order of bank of America NT&SA。该提单的收货人（Consignee）一栏应该如何填写？应该如何背书？

### 1.2.3　清洁提单、不清洁提单

清洁提单（Clean B/L）是承运人或其代理人未加批注的提单。UCP600 第 27 条规定，清洁运输单据指未载有明确宣称货物或包装有缺陷的条款或批注的运输单据。"清洁"一词并不需要在运输单据上出现，即使信用证要求运输单据为"清洁已装船"的。我国《海商法》第七十六条规定，承运人或者代其签发提单的人未在提单上批注货物表面状况的，视为货物的表面状况良好。

在国际贸易中，买方和银行都要求出口商提供清洁提单，因为它表示货物的表面状况没有问题；另外，它还是转让提单的必要前提。

【案例 10－3】

一批货物共 100 箱，自广州装运至纽约，船公司签发了"已装船清洁提单"，但货到目的港，收货人发现下列情况：（1）5 箱欠交；（2）10 箱包装严重破损，内部货物已散失 50%；（3）10 箱包装外表完好，箱内货物有短少。承运人要对哪些情况负责？

不清洁提单（Unclean B/L，or Foul B/L）指承运人或其代理人加有批注的提单。我

国《海商法》第七十五条规定：承运人或者代其签发提单的人，知道或者有合理的根据怀疑提单记载的货物的品名、标志、包数或者件数、重量或者体积与实际接收的货物不符，在签发已装船提单的情况下怀疑与已装船的货物不符，或者没有适当的方法核对提单记载的，可以在提单上批注，说明不符之处、怀疑的根据或者说明无法核对。

在国际贸易中，买方和银行都不接受不清洁提单，因为它表示货物的表面状况有问题。因此，如果签发了不清洁提单，出口商就难以结汇。对此有两种解决办法：一是对有缺陷的货物进行修补或更换，以换取清洁提单；二是凭保函请船公司签发清洁提单。后一种办法承运人要承担一定风险，因为保函不能用来对抗提单的善意受让人。如果提单的受让人提出异议，承运人则必须先赔偿受让人，然后才能凭保函向托运人追偿。如果托运人无力赔偿，那么承运人也得不到法律保护，因为这种做法违反了诚信原则。

但在托运人资信良好，货物表面虽然有问题但不影响货物质量的情况下，承运人也可以考虑凭保函签发清洁提单，以加快港口货物流通，为托运人提供便利。

【案例 10－4】

一批出口货物，船方发现收货单上理货员批注“包装桶破旧易损，并有基础渗漏”，准备在提单上加注。后托运人提供了保函，船公司出具了清洁提单。货到目的港后，买方验货时发现货物残损，便向船公司索赔。船公司是否要赔偿收货人？为什么？

### 1.2.4 已装船提单、备运提单

已装船提单（On Board B/L）是货物全部装上船后签发的提单，提单上有船名和装船日期。买方和银行都要求提供已装船提单，因为它对安全收货有保障。

备运提单（Received for Shipment B/L）又称收货待运提单，指承运人收到货物后、未装船前签发的提单，提单上没有船名和装船日期。买方和银行不愿意接受备运提单，因为没有装船日期，到货时间没有保障；没有船名，在承运人违约时难以向法院申请扣船；如何处理备运提单签发后、货物装船前发生的货损及货差也没有相关的法律规定。

备运提单可以转化为已装船提单。我国《海商法》第七十四条规定，货物装船前，承运人已经应托运人的要求签发收货待运提单或者其他单证的，货物装船完毕，托运人可以将收货待运提单或者其他单证退还承运人，以换取已装船提单；承运人也可以在收货待运提单上加注承运船舶的船名和装船日期，加注后的收货待运提单视为已装船提单。

【案例 10－5】

信用证规定出口商必须提交已装船提单。船公司签发了一张备运提单，签发日期为 5 月 28 日，货物装船后，船公司又在该提单上加注了 6 月 3 日装船和船名。该提单是否符合信用证的要求？

### 1.2.5 直达提单、转船提单、联运提单、多式联运提单

直达提单（Direct B/L）是货物从起运港直接运到目的港时签发的提单。

转船提单（Transshipment B/L）是货物在中途要由承运人换装其他船舶并运到目的港的提单，提单上有“在某港转船”的字样。它由第一程承运人签发，第一程承运人负责安排全程海运，但只对自己这一程的货损负责。

【案例 10－6】

有一批货物从香港海运到纽约，船公司签发了一张由香港经横滨至纽约（From Hong Kong via Yokohama to New York）的提单，这是什么提单？

---

联运提单（Through B/L）是联运方式下签发的提单。联运指两种以上的运输方式联合起来完成货物的运输，其特点是：第一程是海运，海运承运人作为总承运人安排全程运输，收取全程运费，签发包括全程运输的联运提单；但海运承运人只对自己这一段的风险负责，其他区段的风险由各区段承运人负责。前文中介绍的转船提单其实也是一种联运提单，不过是“海—海”联运提单而已。

多式联运提单（Multimodal Transport B/L，or Combine Through B/L，or Intermodal Transport B/L）是多式联运方式下签发的提单。多式联运的概念和有关知识参见第 11 章。

多式联运与联运的相同点是：都是两种以上运输方式的联合运输；都由一个经营人安排全程运输，收取全程运费，签发包括全程的运输单据。不同点是：（1）联运的第一程必须是海运；多式联运的第一程不一定是海运。（2）联运的经营人是有船承运人，它负责第一程海运；多式联运的经营人可以是有船承运人，也可以是无船承运人，它可以承担一部分运输任务，也可以不承担。（3）联运经营人只对自己这一程的货损负责；多式联运经营人对全程运输的货损负责。（4）联运单据的名称是联运提单；多式联运单据可以签发为多式联运提单，也可以签发为多式联运单（参见第 11 章）。

### 1.2.6 倒签提单、预借提单、顺签提单、过期提单

倒签提单（Anti-dated B/L，or Anti-time B/L）指提单上的装船日期（on Board Date）被移到实际的装船日期之前的提单。例如，货物是 12 月 19 日装的船，但提单上批注的装船日期是 12 月 17 日。在国际贸易中，常常会遇到倒签提单，主要原因是：由于备货、订舱等方面的耽误，导致货物装船日期超过了信用证规定的装期（Latest Date of Shipment）。在这种情况下，为了能够顺利结汇，出口商往往向船公司提供保函，请它倒签提单。

但倒签提单对出口商和承运人都有风险。例如，在商品的市场价格下跌时，进口商可以以伪造提单为由拒收货物，并要求损害赔偿；它还可以起诉承运人欺骗。但有时候又确实有倒签提单的需要，在这种情况下，出口商最好是与客户联系，请求它接受不符点或允许自己倒签。只要倒签的时间不长，没有实质性影响，进口商一般也会接受。

预借提单（Advanced B/L）是货物还没有装船或没有装船完毕时签发的提单。它与倒签提单一样，都是提单上批注的装船日期比实际装船日期早。但倒签提单是货物装船后签发的，预借提单是货物装船前或未装完时签发的。因此，预借提单的风险比倒签提单更大，因为：（1）预借提单不仅签发时间提前了，而且是未经大副检验就签发的清洁提单，这会增加承运人的赔偿责任。（2）如果预借提单签发后，原船因某种原因不能到港装货，要改装其他船只，提单上的船名则会不对，而这时卖方很可能已凭提单押汇，无法改动提单上的船名了。如果这样，收货人则可以控告欺诈。（3）许多国家的法律规定，签发预借提单，承运人不仅要承担赔偿责任，而且丧失了享受责任限制和援引免责条款的权利。（4）托运人提供的保函不能对抗收货人，也不受法律保护。

**【案例 10－7】**

某年，某粮油进出口公司向日本 B.E. 株式会社出口一批玉米，来证规定：Latest shipment April，30th，交单期不得超过 5 月 10 日。按计划船应在 4 月 26 日到港，预计 29 日可装完。但因天气影响，船于 5 月 1 日才到港，5 月 5 日天气转晴后才开始装船。经与船公司研究，粮油进出口公司出具保函，船公司于 5 月 5 日出单，倒签为 4 月 30 日，船于 5 月 8 日才装完起航。

船于 5 月 13 日抵达目的港，买方产生怀疑，又逢玉米市场价格下跌，于是请律师登船查核航行日志及装货单日期，发现提单日期系伪造，于是要求卖方赔偿损失 51 000 美元。粮油进出口公司为防止对方向法院起诉而更加被动，只得同意了买方的请求。[①]

本案的船公司签发的是什么提单？粮油进出口公司应吸取什么教训？

---

顺签提单（Post-date Bill of Lading）是货物装船后，应托运人的请求，承运人将提单的签发日期往后移的提单。换句话说，提单上的签发日期晚于实际装船日期。顺签提单一般出现在货物的装船日期早于信用证规定的装期的情况下，它也是违法的行为。

过期提单（Stale B/L）指超过了信用证规定的装后交单期提交的提单（装后交单期的概念见第 6 章）。如果信用证没有规定装后交单期，则指超过了装运日后 21 个日历日提交的提单。UCP600 规定，单据中包含一份或多份正本运输单据，必须由受益人或其代表在不迟于装运日期后 21 个日历日交单，但在任何情况下不得迟于信用证到期日。[②]

**【案例 10－8】**

信用证的有效期为某年 5 月 31 日，装期为 4 月和 5 月。5 月 4 日，全部货物装船，受益人取得了 5 月 4 日签发的已装船清洁提单。5 月 30 日，受益人凭信用证要求的全套单据向银行议付，但遭到银行拒付。问银行有无权利拒付？

---

① 摘编自：屈韬. 外贸单证处理技巧. 北京：中国海关出版社，2008.

② 参见 UCP600 第 14 条 c 款。

### 1.2.7　全式提单、简式提单

全式提单（Long Form B/L）又称繁式提单，指既有正面内容又有背面条款的提单。

简式提单（Simple B/L）又称短式提单、略式提单，它只有正面的内容，没有背面的条款。一般有“简式，承托双方的权利、义务参阅本公司全式提单”的说明，其法律效力与全式提单相同。

简式提单主要用在下列场合：（1）提单副本；（2）租船提单，租船运输双方要签订租船合同，因此提单背面不需要再另外印制运输合同条款；（3）为简化提单的备制工作而签发简式提单。

## 1.3　与提单有关的国际公约

提单是各国船公司自己制定的，内容不太统一，这种情况不利于国际航运和国际贸易的发展。为了统一提单的内容，有关国际组织制定过一些有关提单的国际公约，供各国的船公司共同遵循，这样的公约主要有三个。

1.《海牙规则》。全称为《统一提单的若干法律规定的国际公约》（International Convention for the Unification of Certain Rules of Law Relating to Bills of Lading）。由国际法协会于 1921 年在海牙起草；1922 年、1923 年又做过修订；1924 年，26 个国家在布鲁塞尔首先签订了该公约，因在海牙起草，故简称《海牙规则》（The Hague Rules），于 1931 年 6 月生效。

该公约一共 16 条，第 1~8 条规定承托双方的权利与责任，第 9 条是对承运人赔偿限额的货币单位的解释，第 10 条规定适用范围，第 11~16 条规定缔约国批准、退出、修改《海牙规则》的程序。各国在参照《海牙规则》制定国内法时，主要参照第 1~8 条。

《海牙规则》是目前海上运输法方面影响最大的国际公约，它有 80 多个缔约方，包括欧美许多航运大国。许多船公司的提单的首要条款都规定适用《海牙规则》，它对统一国际海上运输法起到了积极作用。但它较多地偏袒承运人的利益，因此一直受到主要作为货主的不发达国家的批评。

2.《维斯比规则》。全称为《修订统一提单的若干法律规定的国际公约的议定书》（Protocol to Amend the International Convention for the Unification of Certain Rules of Law Relating to Bills of Lading），简称《维斯比规则》（The Visby Rules）。该公约是对《海牙规则》的修订，修订工作最初在维斯比进行，1968 年在布鲁塞尔通过，1977 年生效，目前有 20 多个缔约方。

该公约一共 17 条，第 1~5 条是对《海牙规则》的修改和补充，第 6~17 条是加入、退出以及解决纠纷的程序。因《维斯比规则》对《海牙规则》的修改不大，因此常被统称为《海牙–维斯比规则》（The Hague-Visby Rules）。

3.《汉堡规则》。由于《维斯比规则》对《海牙规则》的修改不大，发展中国家仍要求对其进行修改。在这种情况下，联合国国际贸易法委员会于 1976 年拟定了《联合国海上货物运输公约草案》。该草案于 1978 年在汉堡会议上通过，更名为《联合国海上货物运输公约》（United Nation’s Convention on the Carriage of Goods by Sea），简称《汉堡规则》（The Hamburg Rules），于1992年11月生效。

该公约一共34条，第1~26条是对《海牙规则》的修订和补充。第27~34条是加入、退出和修改公约的程序。《汉堡规则》对《海牙规则》做了较大的修订，较多地加重了承运人的责任，维护了货主的利益。但由于主要的航运大国均未参加，因此影响不大。

我国没有加入以上三个公约，但三个公约对我国海运的影响很大。我国《海商法》第四章第二节至第六节有关提单合同的规定就是参照《海牙规则》和《维斯比规则》制定的，并吸收了《汉堡规则》的一些条款。我国海事法院在审理有关案件时也常引用三个公约的规定。

【实例】

1985年4月，福建厦门M公司与香港某公司订立买卖合同，约定由香港公司出售一批钢材给M公司，提交空白背书全套已装船清洁提单。1985年5月，钢材在联邦德国汉堡港装上比利时某班轮公司（以下称承运人）的货轮，承运人签发了已装船清洁提单。提单上注明适用《海牙规则》及《维斯比规则》。1985年8月，货轮抵达厦门港卸货。M公司发现钢材短少102吨，随即向承运人索赔，但承运人迟迟不予答复。1986年6月，M公司在中国某海事法院对承运人提起诉讼，要求赔偿因少交钢材造成的损失。问承运人是否要赔偿？[①]

【解答】本案提单签发地所在国联邦德国是《海牙规则》及《维斯比规则》的缔约国，提单上还注明适用这两个国际公约。虽然我国不是两个公约的缔约国，但根据当事人的合意选择，应该适用这两个公约。《维斯比规则》规定，提单所载内容对善意的提单受让人来说是最终证据，因此，承运人应承担赔偿责任。

专　论

### 《鹿特丹规则》

《鹿特丹规则》是由联合国国际贸易法委员会制定的，于2008年12月在第63届联合国大会第67次会议上获得通过，全称《联合国全程或部分海上国际货物运输合同公约》（UN Convention on Contract for the International Carriage of Goods Wholly or Partly by Sea），简称《鹿特丹规则》。该公约从2009年9月23日开始在荷兰鹿特丹开放签署，在20个国家批准后生效。

在国际班轮货物运输方面，目前主要有《海牙规则》、《维斯比规则》和《汉堡规则》三个国际公约。其中前两个公约被称为“海牙体系”，它对统一班轮运输的法律起了积极作用。但由于前两个公约偏重承运人的利益，一直受到主要作为货主的发展中国家的批评，由此产生了《汉堡规则》，然而由于《汉堡规则》较多地偏袒货主的利益，主要航运大国又未参加。另外，由于时代的发展，三个公约中的一些条款已经过时。《鹿特丹规则》就是在这种背景下产生的。

① 改编自：赵一民. 国际私法案例教程. 北京：知识产权出版社，2001.

《鹿特丹规则》共18章96条，是目前条文最多、涉及范围最广、创新条款最多的国际海上货物运输合同公约。截至2012年11月21日，已有24个国家签署，但其中批准的仅有2个。因此公约何时能够生效尚不得而知；但一旦生效，必将对国际海洋货物运输和国际贸易产生重大影响。有人认为，它将结束“海牙时代”，开启一个新的“鹿特丹时代”。

考虑到《鹿特丹规则》可能对我国航运、贸易和港口产生的影响，中华人民共和国交通运输部（简称交通运输部）和商务部对该规则高度重视，先后组织了多个课题组，从法律、港口、航运、战略政策、贸易等方面对该公约进行了研究和评估。目前我国有关方面对加入《鹿特丹规则》的利弊和是否要马上加入还存在较大分歧。

# §2 海运单、电放

## 2.1 海运单

海运单（Sea Waybill）也是海运承运人签发的运输单据。其内容与提单差不多，正面是各种记载事项，背面是事先印就的运输合同条款。也有的没有背面条款，只写明参照某种提单的规定。

海运单与海运提单的区别是：（1）海运提单有收据、运输合同和物权凭证三个性质。海运单只有前面两种性质，没有物权凭证性质。海运单的收货人仅凭到货通知和身份证明就可以提货，与空运单和铁路运单一样。（2）海运提单有记名提单、不记名提单和指示提单之分，后两种可以流通转让。海运单必须写明收货人，不能流通转让。（3）海运提单一般在货物装船后签发，有三份正本。海运单可以在货物装船后签发，也可以在收到货物时签发，通常只有一份正本。

海运单的优点是：只涉及托运人、承运人和收货人三方，操作简便；不能流通转让，可以防止单据遗失和伪造单据的风险；收货人仅凭身份证明就可以提货，可以解决近洋运输下货到提单未到的问题；没有物权凭证的性质，可以为推广电子数据交换（Electronic Data Interchange，EDI）提单创造条件。

海运单的缺点是：出口商或银行不能控制物权，发货后就等于将货物交给了进口商。如果进口商不讲诚信，拒付货款，出口商则面临货款两空的风险。因此，目前海运单用得不多，据有关统计，在中日集装箱班轮航线上，使用海运提单的约占90%，使用电放的约占8%，使用海运单的约占2%。许多船公司甚至没有海运单。

海运单主要适用于下列场合：跨国公司内部业务往来，先付款后发货的交易，赊销，金额小的交易，对买方有债务的交易，与往来已久、充分信任的客户的交易。

与海运单有关的国际惯例是1990年国际海事委员会制定的《国际海事委员会海运单统一规则》（CMI Uniform Rules for Sea Waybills）。

## 2.2 电放

电放（Telex Release）指托运人不领取正本提单，请船公司用电信手段通知其在目的港的代理人直接将货物交付给收货人的做法。在我国，电放的做法大约出现在20世纪90年代初。

电放的业务流程如下：（1）托运人向船公司提出电放申请，表示不领取正本提单，请船公司直接将货物交付给收货人并提供保函，保证电放产生的一切后果自负。如果托运人在船公司已签发提单后申请电放，则要将全套正本提单交回船公司。（2）船公司接受申请后，一方面，签发电放提单给托运人；另一方面，以电信手段（如电报、电传、电子邮件等）通知其在目的港的代理某票货物不需要凭正本提单放货。（3）托运人取得电放提单后将其传真给收货人。（4）货物到达目的港后，收货人凭身份证明或加盖公司章的电放提单传真件向目的港船代换提货单提货。

电放提单是一种注有“Surrendered”或“Telex Release”字样的提单副本。“Surrender”的意思是“放弃”，指放弃提单的物权凭证功能。注有“Surrendered”的电放提单，收货人凭身份证明提货。“Telex Release”表明提单的交付方式，注有“Telex Release”的电放提单，收货人凭加盖本公司章的电放提单传真件提货。

电放的原理很简单：只要能收回正本提单，承运人就可以交付货物。在一般情况下，承运人在目的港收回正本提单后交付货物；在电放的情况下，承运人在装运港未签发正本提单（或收回了已签发的正本提单），因此，在目的港可以将货物直接交付指定的收货人。

电放主要用于近洋运输，解决“货到单未到”的问题。例如，从我国到日本、韩国等近洋国家的集装箱班轮运输一两天就到了。如果要等承运人签发正本提单，再寄到进口商手里，则会出现货等单的情况，从而发生滞港费等费用，还可能导致买方贻误商机。在运用电放时应注意两个问题：（1）它一般只能用于信誉良好的客户，或者先收款后发货的交易，因为电放等于将货物直接交给了进口商。如果进口商不讲信誉，出口商则有货款两空的风险。（2）它一般用于T/T结算，信用证或托收一般不用，因为在信用证或托收方式下，银行要求控制物权。如果要在信用证下做电放，则必须让买方向银行做出书面承诺，保证对卖方提交的单据，不论其是否有不符点，都必须付款赎单；然后由开证行向出口商做出相同的保证。

电放也存在一些问题，例如，不签正本提单，提单条款对当事人是否还有约束力；提单的背书转让功能如何实现等。另外，电放只是一种约定俗成的做法，没有相关的国际条约和惯例规范。如果发生争议，则缺乏解决问题的法律依据。

### 复习题

1. 海运提单的基本性质是什么？与海运提单有关的国际公约有哪些？
2. 名词解释：船东提单、货代提单；记名提单、不记名提单、指示提单；清洁提单、不清洁提单；已装船提单、备运提单；倒签提单、预借提单、顺签提单、过期提单。

3. 联运与多式联运有什么区别？

4. 海运单与海运提单有什么不同？海运单有哪些优缺点，主要用在哪些场合？

5. 简述电放的业务流程。电放主要用在什么情况下？要注意什么问题？

## 《问题与案例》

1. 以下是提单收货人一栏的三种写法：（1）to order；（2）to order of × Bank；（3）Delivered to ABC Co.，Ltd。说说三者有什么不同？

2. 某船公司承运 6 000 吨白糖，发现 10% 有脏色，大副在收货单上做了批注。因白糖容易变质，L/C 又将过期，托运人于是出具保函请船公司签发了清洁提单。货到目的港后，收货人发现货物有脏色，于是向船公司索赔。问船公司面临怎样的风险？

3. 一份信用证的装运期为 3 月，有效期为 4 月 15 日。该信用证下的货物在 3 月 7 日装船出运，出口商于 4 月 13 日向银行交单议付，遭到银行拒付。问银行是否可以拒付？

4. W 公司与外商达成一份出售农产品 3 500 公吨的合同，每公吨 24 英镑 CIF 鹿特丹，共 84 000 英镑。信用证规定的装运期为某年 12 月至次年 1 月。在运输过程中，由于原订货船发生故障，不能在预定的时间到达我国口岸，因此临时改派香港某公司期租船装运。又因连日风雪，货物到次年 2 月 11 日才装完，船于次年 2 月 13 日开航。为了取得符合信用证要求的提单，W 公司凭保函请外轮代理公司按次年 1 月 31 日签发提单，并凭此向银行办理了议付。货到鹿特丹后，外商对装船日期发生怀疑，请律师上船查阅航海日志，发现提单的签发日期是伪造的，于是向当地法院起诉，法院发出扣船通知。经过四个月谈判，W 公司与外商达成庭外和解：由 W 公司支付赔偿金 20 600 英镑，外商撤销起诉。W 公司应该吸取什么教训？

## 参考资料

### 10.1 海运提单

**HANJIN SHIPPING BILL OF LADING**

Hanjin Internet Service
www.hanjin.com (ORIGINAL)

SHIPPER/EXPORTER(COMPLETE NAME AND ADDRESS)
BOXING KELIAN NEW MATERIAL CO.LTD
NO.6 SHUNHE ROAD, INDUSTRY ZONE,
BOXING,SHANDONG, CHINA

| BOOKING NO. | (DOCUMENT NO.) | EXPORT DEC |
|---|---|---|
| TATJ11228200 | TAO2082300044 | Y |

EXPORT REFERENCES

CONSIGNEE(COMPLETE NAME AND ADDRESS/NON-NEGOTIABLE UNLESS CONSIGNED TO ORDER)
TO THE ORDER OF STATE BANK OF
HYDERABAD, TFCPC,SECUNDERABAD

FORWARDING AGENT REFERENCES(COMPLETE NAME AND ADDRESS)

NOTIFY PARTY(COMPLETE MAILING ADDRESS)
IVAX PAPER CHEMICALS LIMITED
H. NUMBER. 6-3-248/B, ROAD NUMBER.1
BANJARA HILLS HYDERABAD,A.P, INDIA
I A

POINT AND COUNTRY OF ORIGIN

ALSO NOTIFY(NAME AND FULL ADDRESS)/DOMESTIC ROUTING

| PIER OR PLACE OF RECEIPT * | PRE-CARRIAGE BY * |
|---|---|
| QINGDAO, CHINA | |

| VESSEL VOY (FLAG) | PORT OF LOADING | TYPE OF MOVE | CONTAINERIZED(Vessel only) |
|---|---|---|---|
| SCI PRESTIGE 0022W | QINGDAO, CHINA | | ☑ Yes ☐ No |

| PORT OF DISCHARGE | PLACE OF DELIVERY (BY ON CARRIER) * | FINAL DESTINATION(FOR THE MERCHANT'S REFERENCE ONLY) |
|---|---|---|
| CHENNAI SEAPORT, INDIA | CHENNAI SEAPORT, INDIA | |

PARTICULARS FURNISHED BY SHIPPER

| CONTAINER NO. SEAL NO MARKS & NOS. | | NO OF PKGS. OR CONTAINERS | HM | KIND OF PACKAGES;DESCRIPTION OF GOODS | TOTAL GROSS WEIGHT KGS (POUNDS) | TOTAL MEASUREMENT CBM(CFT) |
|---|---|---|---|---|---|---|
| | | | | =SHIPPER'S LOAD & COUNT= | 48,192.000 | 78.000 |
| HJCU2108912 | CY/CY | 1920 | | BAGS IN TOTAL | | |
| S/CH8737012 | 640BG | 3X20ST | | CONTAINER(S) SAID TO CONTAIN: | | |
| 16064.000KGS | 26.000CBM | | | ALKYL KETENE DIMER | | |
| HJCU8343734 | CY/CY | | | | | |
| S/CH8737011 | 640BG | | | THE GOODS HAVE BEEN SHIPPED | | |
| 16064.000KGS | 26.000CBM | | | FREIGHT PREPAID | | |
| TRLU9363241 | CY/CY | | | LC NO.2102412IM0000696 DD 20120814 | | |
| S/CH8727304 | 640BG | | | SAY: ONE THOUSAND NINE HUNDRED AND TWENTY BAGS | | |
| 16064.000KGS | 26.000CBM | | | ONLY. | | |
| ALKYL KETENE DIMER | | | | | | |
| NET WT. 25KGS | | | | | | |
| GR. WT. 25.1KGS | | | | | | |

ORIGINAL

=FREIGHT PREPAID=
CY/CY

Optional Declared Value for increased freight charges to avoid Package Limitation US$ ________

TOTAL NO. OF PACKAGES OR CONTAINERS(IN WORDS): 3X20ST CONTAINER(S) ONLY

| FREIGHT AND CHARGES | RATED AS | RATE | PER | PREPAID | COLLECT |
|---|---|---|---|---|---|
| HANJIN SHIPPING (CHINA) QINGDAO BRANCH | | | | HANJIN SHIPPING (CHINA) QINGDAO BRANCH | |
| AS AGENT FOR CARRIER (1) | | | | AS AGENT FOR CARRIER (1) | |

LADEN ON BOARD THE VESSEL
Date 31Aug2012
BY Vivian ZHANG

PLACE OF B(s)/L ISSUE
QINGDAO,SHANDONG,CN

NO.OF ORIGINAL B(s)/L SIGNED
THREE (3)

DATE OF B(s)/L ISSUE
31Aug2012

BILL OF LADING NO.
HJSCTATJ11228200

TOTAL

AT

**RECEIVED** by the Carrier from the Shipper in apparent good order and condition unless otherwise indicated herein, the Goods, or the container(s) or package(s) said to contain the cargo herein mentioned, to be carried subject to all the terms and conditions provided for on the face and back of this Bill of Lading by the Vessel named herein or any substitute at the Carrier's option and/or other means of transport, from the place of receipt or the port of loading to the port of discharge or the place of delivery shown herein and there to be delivered to Consignee or on-carrier on payment of all charges due thereon.

**If REQUIRED** by the Carrier, this Bill of Lading duly endorsed must be surrendered in exchange for the Goods or delivery order None of the terms of this Bill of Lading can be waived by or for the Carrier except by written waiver signed by a duly authorized agent of the Carrier.

**IN ACCEPTING THIS BILL OF LADING** the Merchant agrees to be bound by all the stipulations, exceptions, terms and conditions on the face and back hereof, whether written, typed, stamped or printed, as fully as if signed by the Merchant any local custom or privilege to the contrary notwithstanding.

**IN WITNESS WHEREOF**, the undersigned, on behalf of **Hanjin Shipping Co., Ltd.** the master and the owner of the Vessel has signed the number of Bill(s) of Lading stated above all of the same tenor and date, one of which being accomplished, the others to stand void. (Terms of Bill of Lading Continued on Back Hereof).

* Applicable only when used for **multimodal** or through transportation. * * Check "HM" column if hazardous material.

**HANJIN SHIPPING CO.,LTD.**
As Carrier
BY ________

第 11 章

# 其他运输方式

除了海运之外，国际贸易还有一些其他运输方式，比较重要的有国际航空货物运输、国际铁路货物运输、国际多式联运和国际快递。

## §1 国际航空货物运输

国际航空货物运输简称“空运”，起源于 20 世纪初，但在第二次世界大战以前运输的对象主要是邮件和救急物资；在第二次世界大战以后，随着宽体飞机和全货机的出现，空运才成为一种国际贸易物资的重要运输方式。

与其他运输方式相比，空运有下列优点：（1）速度快。例如，从我国到美国的海运要 30~40 天，而空运只要 4~8 天。距离越远，速度快的优点越突出。（2）安全，货损、货差少。飞机出事的概率只有三百万分之一。空运比较平稳，加上货物在途中的时间不长，发生货损、货差的概率较小。（3）不受地面条件的影响，因此特别适合一些交通不便的地区的货物运输。（4）节省包装、保险、仓储、利息等费用。空运的主要缺点是运价高、一次能装载的货物少，因此不适合大宗低值货物的运输。空运主要用来运送时效要求高、季节性强、附加值高、能承受一定运价的货物。

### 1.1 空运的工具

空运的工具主要是飞机和航空集装器。

**飞机（Aircraft）** 用于空运的飞机一般分为主舱和下舱：主舱用来装运旅客，也叫客舱；下舱用来装货，也叫货舱。少数飞机如波音 747 还有上舱。飞机可以从不同的角度分类，下面介绍两种常见的分类：

1. 宽体飞机和非宽体飞机。宽体飞机指机身宽 4.72 米以上的飞机，其主舱内有两条通道，可坐三排旅客，下舱装货。宽体飞机可收运的货物每件一般不超过 250 千克，体积一般不超过 100 厘米 ×100 厘米 ×140 厘米。非宽体飞机指机身宽 3 米左右的飞机，其主舱内只有一条通道，可坐两排旅客；下舱装货。非宽体飞机可以收运的货物每件一般不超过 80 千克，体积一般不超过 40 厘米 ×60 厘米 ×100 厘米。

2. 客货两用飞机和全货机。客货两用飞机（Combination Carrier）即普通客机，其主舱用来装运旅客，下舱用来装货（有的客机主舱后半部也可以装货）。普通客机的优点是班次多、准时，但舱位少且一次能运输的货物有限。全货机（All Cargo Carrier）一般为宽体飞机，其主舱、下舱都用来装货，主舱可以装载大型集装货物。全货机的优点是能装载的货物多，缺点是营运成本高，只能在货源充足的航线上经营。

**航空集装器（Unit Load Devices，ULD）** 即空运的成组化包装，主要有三种：

1. 集装板。集装板又称托盘，是一块中间夹铝合金的板子，上面用来堆码货物，用网套罩住，网套固定在集装板的卡锁上形成一个单元（见图 11－1）。集装板有不同的规格型号，每种规格型号对可以堆码的货物的体积和重量都有限制。不同规格型号的集装板适用于不同的机型。

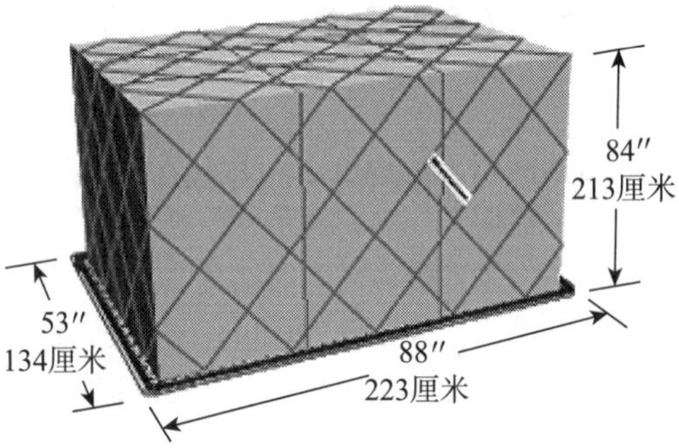


**图 11－1　集装板示样**

2. 集装棚。为了充分利用飞机空间，保护飞机内壁，有的集装板还可以增加一个棚罩。这就是集装棚，可分为非结构式集装棚和结构式集装棚。非结构式集装棚无底，前端敞开，套在集装板与网套之间；结构式集装棚与集装板固定成一体，不需要再加网套。

3. 航空集装箱。由于受飞机舱位形状和载重量的限制，一般海运和陆运用的标准集装箱在空运中很少见（除了大型宽体全货机偶尔使用外）；空运使用的集装箱大多是尺寸、容积、形状各异的铝制航空专用集装箱，其规格型号很多，这里不做介绍。

航空集装器可分为注册的与非注册的。注册的指由经国家有关部门授权的集装器生产厂家生产的集装器，这种集装器有适航证书，不容易对飞机造成损害；非注册的指由未经国家有关部门授权的生产厂家生产的集装器，这种集装器没有适航证书，与飞机不匹配，一般不允许装入飞机的主货舱内，只能在某些特定飞机的特定货舱内使用。

## 1.2 空运的基本方式和灵活做法

### 1.2.1 空运的基本方式

空运的基本方式有班机运输和包机运输两种。

**班机运输（Scheduled Airline）** 指有固定航线、开航时间、始发、途经、目的站的空运方式，与海运的班轮运输类似。国际贸易中的空运大多数是班机运输。

班机运输的优点是迅速、准时、安全、可靠，有利于掌握货物出发和到达时间，有利于进出口商进行价格核算；缺点是舱位有限，运价较高。因为从事班机运输的主要是普通客机，它主要载运旅客，只附带地载运一些货物。也有一些大航空公司在一些货源充足的航线上经营全货机班机。

**包机运输（Chartered Carrier）** 指租用航空公司的飞机运输货物的方式，类似于海运的程租船运输，又分为包整机和部分包机。包整机是一家空运代理（简称空代）或货主包用航空公司的整架飞机；部分包机是几家空运代理或货主联合起来包租一架飞机，也可以是航空公司把一架飞机上的舱位分别出售给几家空运代理或货主。

包机运输运量大，可以解决班机运输舱位不足的问题，运费也比班机运输运费低。其缺点是：要按往返程收费，如果只有单程货载，经济上不合算。另外，办理包机手续比较麻烦，要提前向航空公司提出申请，以便航空公司安排飞机，向起降机场及有关政府部门申办过境或入境手续。

### 1.2.2 空运的灵活做法

空运还有一些灵活做法，主要有集中托运和包舱包板。

**集中托运** 指空代将去同一目的站的若干个货主单独发运的货物集中起来作为一个整批，填写一份航空总运单（Master Airway Bill，MAWB）向航空公司托运。货物到达后，由空代在目的站的代理接货，然后按空代签发的航空分运单（House Airway Bill，HAWB）将货物分拨给各个收货人。空运的集中托运与海运的拼箱货运输类似，空代相当于海运的无船承运人——对货主来说，它们是承运人；对航空公司来说，它们是托运人。班机运输和包机运输都可以办理集中托运。集中托运在空运中用得非常普遍，是空代的主要业务之一。

对空代来说，集中托运可以从航空公司得到优惠运价，它们将这种优惠的一部分作为自己的利润：一部分与目的港代理分享，一部分让与下级货代或直接客户。对货主来说，集中托运除了可得到较低的运价，还可以凭空代签发的航空分运单提早结汇。但有时候集中托运的货物出运时间不能确定，因此不适合鲜活易腐、时效要求高的货物的运输；另外，按航空公司规定，只有普通货物才能办理集中托运，贵重物品、危险品、活动物等不能办理；书籍等本来可以享受优惠运价的货物，采用集中托运后不能享受优惠运价。

**包舱包板** 指空运一级代理在一定时期内，包租航空公司某条航线某航班上一定的货舱或集装板或集装箱来运输货物的方式，又分为两种。（1）固定包舱包板，又称“死包”，其特点是：一旦签订合同，不管是否有货物运输，都必须向航空公司支付规定的运费。（2）非固定包舱包板，又称“软包”，其特点是：在合同签订后、航班起飞前 72 小时内，如果空代没有确定舱位，航空公司则可以将舱位销售给其他人。

通过包舱包板，空代可以获得比散货价格低的集装货物运价，可以根据市场供需情况改变自己的定价策略，从而“成为不是航空公司的航空公司”。但空代必须有充足、稳定的货源，否则会造成空舱。另外，一些大的一级空代给二级空代的价格较低，会造成部分货量小的一级空代的成本运价反而比二级空代的成本高。

通过包舱包板，承运人可以减少经营风险，保证收入稳定，有利于一些回程航线、新开辟航线、冷僻航线的市场开发；但空代在一定程度上掌握了舱位价格的制定权，打乱了航空货运市场的价格，不利于承运人实现收益最大化。

## 1.3 班机运输的运费

班机运输的总费用包括运费和杂费，运费是从一个机场到另一个机场的运输费用，杂费是运费以外的其他费用。与班轮运费一样，班机运费也由基本运费和附加费两个部分组成，但空运的附加费没有海运那么复杂。本节只介绍基本运费，不介绍附加费。

班机运输的基本运费等于计费重量与运价的乘积。

### 1.3.1 计费重量

空运的计费重量以千克或磅为单位，在货物的实际重量和体积重量（Volume Weight）中取其高者。空运货物体积重量的折算步骤是：（1）不管货物的几何形状，以厘米或英寸为单位，分别测量出货物的最长、最宽和最高，小数点后数字四舍五入。（2）将货物的最长、最宽、最高相乘得出货物的体积。（3）将货物的体积折算成千克或磅，折算公式为：6 000 立方厘米 = 1 千克，或 366 立方英寸 = 1 千克，或 166 立方英寸 = 1 磅。

【案例 11－1】

一票货物的实际重量为 500 千克，体积为 3.5 立方米，求该票货物的计费重量。

国际航空运输协会（International Air Transport Association，IATA）规定：计费重量以 0.5 千克为最小单位，尾数不足 0.5 千克的，按 0.5 千克计；0.5 千克以上不足 1 千克的，按 1 千克计。如果计费重量以磅为单位，则以 1 磅为最小单位，不足 1 磅的，按 1 磅计。

【案例 11－2】

某公司出口货物三箱，总体积为 1 789 200 立方厘米，毛重为 250 千克，体积重量的折算率为 6 000 立方厘米 = 1 千克，求这批货物的计费重量。

**专　论**

### 空运的重货和轻货

空运的重货（High Density Cargo）指每 6 000 立方厘米或每 366 立方英寸重量超过 1 千克，或者每 166 立方英寸重量超过 1 磅的货物，重货的计费重量就是它的毛重。空运的轻货（Low Density Cargo）又称轻泡货物，指每 6 000 立方厘米或每 366 立方英寸重量不足 1 千克，或者每 166 立方英寸重量不足 1 磅的货物，轻货的计费重量是它的体积重量。

如果是集中托运，同一运单下有多件货物，其中有重货也有轻货，其计费重量则是该批货物的总毛重或总体积重量中较高者。

### 1.3.2　运价

**运价的种类**　空运运价有不同的种类，如国际航空运输协会运价（IATA 运价）、航空公司的运价本运价、航空公司与货代的协议运价、航空货运代理（简称航空货代）的运价等。这些运价既有联系又有区别。

IATA 运价是由国际航空运输协会制定的供所有航空公司会员参考的运价，目的是统一和协调各国航空公司的运价；航空公司的运价本运价是参照 IATA 运价制定的运价；航空公司与货代的协议运价是航空公司在自己运价的基础上与航空货代协商制定的运价；航空货代的运价又是在与航空公司协议运价的基础上加上自己的利润和其他费用后制定的运价。

在实践中，大多数货主得到的都是航空货代的报价。但以下讨论以航空公司的运价本运价为基础，因为这样能够更好地了解航空运价的分类和构成原理。航空公司的运价本运价是按 IATA 运价的分类体系制定的，分为公布的直达运价和非公布的直达运价两大类。

**公布的直达运价（Published Through Rate）**　指航空公司在运价本中直接列明的运价，又分为四种。

1. 普通货物运价（General Cargo Rate，GCR）。这是适用于一般货物的运价，也是平时用得最多的运价，它按重量分段制定，以 45 千克（或 100 磅）为基本分界点（Breakpoint）：N（Normal General Cargo Rate）代表 45 千克以下的运价；Q（Quantity General Cargo Rate）代表 45 千克以上的运价（包含 45 千克），还可以进一步分为 Q45、Q100、Q300、Q500、Q1 000 等重量段。重量越大，运价越低。

**【案例 11－3】**

北京某公司出口一票货物到东京，货物毛重为 38.4 千克，体积尺寸为 82 厘米 × 48 厘米 × 32 厘米，北京至东京的 N 运价为 CNY38.67，Q 运价为 CNY 29.04，计算该票货物的航空运费。

有时候一批货物按其实际计费重量和适用的普通货物运价计算出来的运费反而比按其上一重量段的起始重量和适用的运价计算出来的运费高。在这种情况下，航空公司允许采用上一重量段的起始重量和适用的运价计算运费，这种做法叫“靠等级”。

【案例 11－4】

有普通货物一件，毛重为 280 千克，要从重庆空运至布鲁塞尔。查重庆机场普通货物运价表，重庆到布鲁塞尔的有关运价如下。N: CNY40；Q45: CNY36；Q100: CNY32；Q300: CNY29。计算该件货物的运费。

---

2. 特种商品运价（Specific Commodity Rate，SCR）。又称“指定商品运价”，它是承运人根据在某一航线上经常运输某类货物的托运人的请求，或为促进某地区某种货物的运输，经国际航空运输协会同意后提供的优惠运价，比普通运价低。

适用特种商品运价的商品一般是运量较大、经常运输的商品，国际航空运输协会用 4 位数字对其进行编码。我国适用特种商品运价的主要是出口到日本、美国、加拿大和新加坡的纺织品、食品、海产品、药品等。

特种商品运价除了对航线、始发地和目的地、商品有限制，还有最低运量的限制（如 100 千克）。如果货物没有达到最低运量，又想采用这种运价，计费重量就要按最低运量计。

如果某种商品既有普通货物运价又有特种商品运价，一般应选择特种商品运价。但有时按特种商品运价计算出来的运费反而比按普通货物运价特定重量段运价计算出来的运费高，在这种情况下可以选择普通货物运价。

【案例 11－5】

从北京运送一批鲜橙（0008 类货物）到名古屋，实际毛重为 326 千克，体积为 561 000 立方厘米，公布的运价如下，M（Minimum Charge）: CNY230；N: CNY37.51；Q45: CNY28.13。经查：0008 类货物 300 千克以上的可以适用于特种商品运价，相应的运价为 18.80 元。计算该批货物的空运费。

---

3. 等级货物运价（Class Cargo Rate，or Commodity Classification Rate）。是一种用于特定地区内部或地区之间少数货物的运价。这些货物有：a. 活动物、装活动物的箱子和笼子；b. 贵重物品；c. 尸体；d. 报刊，书籍，商品目录，盲、聋、哑人专用设备；e. 作为货物托运的行李。

等级货物运价用在普通货物运价的基础上增减一定的百分比表示，可分成两类：一是附加等级货物运价（包括既不附加也不附减），代号为 S（Surcharge），按 45 千克以下普通货物运价的 150%~200% 收取，适用上述 a~c 类货物。二是附减等级货物运价，代号为 R（Reduction），按 45 千克以下普通货物运价的 50% 收取，适用这种运价的是对社会有益的货物或旅客随身携带的行李，如上述 d、e 类货物。

【案例 11－6】

从北京空运 500 千克杂志到东京，杂志属附减等级货物运价，其公布的运价如下。

M: CNY230.00；N: CNY37.51；Q45: CNY28.13；附减比例为 N 运价的 50%，求这批货物的运费。

---

选择以上三种公布直达运价的原则是：如果只适用于一种运价，就只能选择这种运价；如果适用于两种以上的运价，则按"特种商品运价、等级货物运价、普通货物运价"的先后顺序选择；如果按普通货物运价计算出来的某些重量段的运费低于按特种商品运价计算出来的运费，则应采用普通货物运价。

4. 集装货物运价（Unit Load Device Rate）。这是适用于托盘或集装箱货物的运价。

**非公布的直达运价（Un-Published Through Rate）** 指航空公司没有在运价本上直接注明的两地之间的运价，在两地间没有公布的直达运价时采用，分为比例运价和分段相加运价两种。

1. 比例运价（Construction Rate）。指在运价本上公布的一种不能单独使用的附加数，在两地间没有公布的直达运价时，就将这种附加数与某种公布的直达运价相加来求得两地间的运价。

2. 分段相加运价（Combination of Rate）。指在两地间没有公布的直达运价和比例运价时，就在两地间选择合适的计算点，分别计算出始发地到该点，该点至目的地的运价，然后将两段运价相加得出全程运价。

选择非公布的直达运价的原则是：先选择比例运价，再选择分段相加运价。

### 1.3.3 最低运费

最低运费（Minimum Charge，M）又称"起码运费"，代号为"M"，指在两地间运输一批货物收取的最低费用，类似最低消费。无论运输的货物适用于哪一种运价，托运人支付的运费都不得低于最低运费。

【案例 11－7】

从上海空运一批玩具到巴黎，毛重为 5.6 千克，体积为 40 厘米 ×28 厘米 ×22 厘米，公布运价如下。M: CNY320.00；N: CNY50.37；Q45: CNY41.43；Q300: CNY37.90。计算该批玩具的空运费。

---

## 1.4 航空运单、与空运有关的国际公约

### 1.4.1 航空运单

航空运单是空运承运人签发给托运人的单据。其主要内容有：收发货人的名称和地址，签单承运人的代理人的名称及城市，起航机场、指定航线和目的机场，会计结算情况，费用币制，供运输使用的申报价值，供海关使用的申报价值，商品名称、包装件数、毛重，费率及运费总额，发货人或其代理人签名，承运人或其代理人签字及签发运单的日期、地点等。

与海运提单不同，航空运单只有货物收据和运输合同两个性质，没有物权凭证性质，它必须指定收货人，不能转让。货物到达目的站后，收货人凭承运人发出的到货通知和身份证明就可以提货。因此，在采用空运出口时，如果对客户不是非常信任，则必须采取保证安全收汇的措施，例如，让客户先电汇全部货款再发货。

【案例 11－8】

2005 年，A 公司和一个智利客户谈妥了一笔生意，客户要求空运一部分样品，以确定产品的质量。此产品属于非常规规格，需要专门定制。考虑到样品的特殊性，A 公司与客户商定：客户见空运单复印件后支付样品费和空运费。货物发运后，A 公司通知客户航班号等信息并传真了运单复印件。但货物到港后 10 多天，A 公司仍没有收到样品款和运费款。A 公司向航空公司查询，航空公司答复说货物已经被客户提走。之后 A 公司无论怎样跟客户联系都联系不上了。[①] 问 A 公司有什么失误？

航空运单一般签发三份正本和六份以上副本，三份正本是：第一份承运人联（Original 1 for Issuing Carrier），绿色，航空公司留存；第二份收货人联（Original 2 for Consignee），粉红色，随货物一起带到目的站交给收货人；第三份托运人联（Original 3 for Shipper），蓝色，托运人留存。副本运单的用途在运单底部说明。

根据签发人的不同，航空运单可分为总运单（Mater Air Waybill，MAWB）和分运单（House Air Waybill，HAWB）。总运单是航空公司签发的运单，分运单是航空货运代理签发的运单，两者的内容和法律效力基本相同。在集中托运、指定货代、客户需要做到付等情况下会涉及两种运单。

### 1.4.2 与空运有关的国际公约

与国际航空运输有关的国际公约主要有三个：

1.《华沙公约》（Warsaw Convention）。全称为《统一国际航空运输某些规则的公约》（Convention for the Unification of Certain Rules Relating to International Carriage by Air），1929 年在华沙签订，1933 年生效。该公约共 5 章 41 条，适用于旅客、行李和货物运输。该公约是航空领域影响最大的国际公约，目前有 140 多个成员，我国于 1958 年加入。

2.《海牙议定书》（Hague Protocol）。全称为《修订 1929 年 10 月 12 日在华沙签订的统一国际航空运输某些规则的公约的议定书》（Protocol to Amend the Convention for the Unification of Certain Rules Relating to International Carriage by Air Signed in Warsaw on 12 October 1929），1955 年在海牙签订，1963 年开始实施。它是对《华沙公约》的修订和补充。目前有 130 多个成员，我国于 1975 年加入。

3.《瓜达拉哈拉公约》。全称为《统一非缔约承运人所办国际航空运输某些规则以补充华沙公约的公约》（Convention Supplement to the Warsaw Convention for Unification of Certain Rules Relating to International Carriage by Air Performed by a Person Other

① 摘编自：王新华，陈丹凤．50 种出口风险防范．北京：中国海关出版社，2009.

Than the Contracting Carrier)，1961 年在墨西哥的瓜达拉哈拉签订，1964 年生效。该公约把《华沙公约》中承运人的各项规定扩大到非合同承运人，我国尚未加入该公约。

# §2 国际铁路货物运输

在国际贸易运输中，国际铁路货物运输（简称铁路运输）的地位仅次于海运。其特点是：运量比较大，远超过飞机和汽车；速度比海运快；受自然条件影响不大，可以全天候运行；出发和到达的时间比较准确；运价比海运高，比空运低。我国境外贸易的铁路运输主要包括国际铁路货物联运和对港澳地区的铁路运输两个部分。

## 2.1 国际铁路货物联运

国际铁路货物联运（International Railway Through Goods Traffic）指两个以上国家的铁路部门联合起来完成一票货物的运输。其特点是：由单一的铁路运输构成；使用一份统一的国际铁路联运单据；由一国铁路向另一国铁路交接货物时不需要收发货人参与；对运输途中的货损、货差采用“统一责任制”，即由各参加国铁路段对整个运输过程中的货损、货差负连带责任。

### 2.1.1 与国际铁路货物联运有关的国际公约

国际铁路货物联运需要不同国家的铁路部门紧密配合，这只有通过缔结相关的国际条约才能实现。目前世界上这样的国际条约有两个：

1.《国际铁路货物运送公约》。其前身是 1890 年在瑞士首都伯尔尼签订的《国际铁路货物运送规则》，简称《伯尔尼公约》；1934 年修订后更名为《国际铁路货物运送公约》，简称《国际货约》。1980 年，伯尔尼会议将它与《国际铁路旅客和行李运送公约》合二为一，但习惯上仍称《国际货约》。《国际货约》的成员主要是西欧国家，也包括部分西亚和北非国家。

2.《国际铁路货物联运协定》。1951 年，苏联、阿尔巴尼亚、保加利亚、匈牙利、民主德国、波兰、罗马尼亚和捷克斯洛伐克 8 国在华沙签订了《国际铁路货物联运协定》和《国际旅客联运协定》，简称《国际货协》和《国际客协》。20 世纪 50 年代，我国、朝鲜、蒙古国、越南加入了这两个协定。1956 年，《国际货协》组建了铁路合作组织，简称铁组，在波兰华沙设立了常驻机构。1991 年，铁组签订了《关于〈统一过境运价规程〉的协议》，决定《统一过境运价规程》不再从属于《国际货协》，并将运价的计价货币由卢布改为法郎。20 世纪 80 年代末至 90 年代初，东欧形势发生变化，民主德国、匈牙利、捷克斯洛伐克、罗马尼亚先后退出《国际货协》；苏联解体后，除亚美尼亚外，其余 14 个国家仍然是《国际货协》的成员。1997 年，伊朗加入《国际货协》。

【实例】

1987 年，洛阳轴承厂通过中国技术进出口公司从民主德国米克罗扎设备机器厂购进 4 台磨床。米克罗扎设备机器厂将磨床分装成 18 箱托运，交民主德国铁路运输部门以国际联运方式运往中国洛阳，收货人为洛阳轴承厂。货物从民主德国运出后，途经联邦德国、波兰、苏联和蒙古国等国铁路沿线，各国铁路运输部门对货物的交接换装均无异议。

货物运达中国二连站时，蒙古国和中国的铁路工作人员在货物交接过程中发现运单项下的货物少了 1 箱。经证实，货物丢失的责任者为蒙古国铁路运输部门。二连站编制了商务记录，载明货少 1 箱。蒙古国的铁路工作人员在该记录上签字确认。

货物换装中方货车后，二连站又将其余货物续运。货物运达洛阳站之后，收货人洛阳轴承厂领取了货物，并按合同支付了各过境国路段和国内的运输费用，以及货物换装费用。1988 年 7 月，洛阳轴承厂持运单及商务记录向呼和浩特铁路局索赔。呼和浩特铁路局将索赔材料转寄给责任方所在国蒙古国的乌兰巴托铁路局处理。洛阳轴承厂在提出索赔要求半年之后仍无结果的情况下，在中国某法院对呼和浩特铁路局提起诉讼，要求其赔偿因货物短少而给原告造成的损失。

法院认为，本案中的铁路货物运输合同是依据《国际货协》订立的，民主德国、波兰、苏联、蒙古国和中国都是《国际货协》的缔约国。诉讼在中国提起，中国作为《国际货协》缔约国，其法院应该适用《国际货协》的规定处理本案。

《国际货协》规定：按（联）运单承运货物的铁路部门，应负责完成货物运达终点的全程运输，其间每一续运铁路部门自接收附有（联）运单的货物时起，即作为参加该运输合同关系的当事人承担运输义务。

《国际货协》规定：托运人托运的货物在从铁路部门承运时起直到在终点站交付时为止，其间如全部或部分发生灭失或损害，则由铁路部门承担赔偿责任。赔偿请求由托运人向始发国路段铁路部门提出，或由收货人向终点国路段铁路部门提出，诉讼只能向受理该赔偿请求的铁路部门所属国家的法院提出。

根据上述规定，被告是本案运输关系的连带责任人，应承担承运人未按（联）运单记载向收货人交付货物的违约责任。至于本案中丢失货物的实际责任人——蒙古国路段的铁路运输部门，被告在赔偿原告之后可依《国际货协》有关规定向其索偿清算。①

### 2.1.2 国际铁路货物联运的范围

国际铁路货物联运的范围就是两个公约的适用范围。《国际货协》的适用范围是：（1）《国际货协》成员之间的铁路运输。（2）未参加《国际货协》，但按《国际货协》规定办事的国家之间的铁路运输。（3）《国际货协》成员与非成员之间的铁路运输。在这种情况下，成员之间可以按《国际货协》的规则办理到最后一个成员的出境站，再由进出口收发货人委托的收转人办理转运到终点站。（4）通过《国际货协》成员的港口向成员或非成员的运输。在这种情况下，国际铁路货物联运只能办理到最后一个成员的港口为

① 改编自：赵一民. 国际私法案例教程. 北京：知识产权出版社，2001.

止（反方向就是从这个成员的港口开始），由港口站的收转人转运。

但国际铁路货物运输的范围还要受国家边境口岸通行能力、海关及铁路管理等条件的限制，因此，在上述范围内也不是任何铁路车站都可以办理国际铁路货物联运。

从我国的角度看，国际铁路货物联运主要用于我国与俄罗斯、哈萨克斯坦、蒙古国、朝鲜、越南、阿富汗，以及部分西欧、北欧和中东国家之间的贸易。我国与邻国直接相连的铁路干线，以及相关的我国口岸及邻国口岸见表 11－1。

**表 11－1　我国与邻国直接相连的铁路干线，以及相关的我国口岸及邻国口岸**

| 我国 / 邻国 | 我国铁路干线 | 我国口岸名称 | 邻国口岸名称 |
|---|---|---|---|
| 中俄 | 滨洲线 | 满洲里 | 后贝加尔 |
| | 滨绥线 | 绥芬河 | 格罗迭科沃 |
| | 珲马线 | 珲春 | 卡梅绍娃亚 |
| 中哈 | 北疆线 | 阿拉山口 | 多斯特克 |
| 中蒙 | 集二线 | 二连浩特 | 扎门乌德 |
| 中朝 | 沈丹线 | 丹东 | 新义州 |
| | 长图线 | 图们 | 南阳 |
| | 梅集线 | 集安 | 满浦 |
| 中越 | 湘桂线 | 凭祥 | 同登 |
| | 昆河线 | 山腰 | 老街 |

在我国，也不是所有的铁路车站都可以办理国际铁路货物联运。例如，广东就只有广州大朗站、佛山东站和深圳北站可以办理国际铁路货物联运。

### 2.1.3　国际铁路货物联运的种别、运费和运单

**种别**　国际铁路货物联运可以办理的种别有：（1）整车（Full Car Load，FCL），凡一批货物的重量、体积、性质或形状等需要以一辆或一辆以上的货车装运的，都应按整车办理。这是国际铁路货物联运办理的主要种别。（2）零担（Less than Car Load，LCL），凡重量、体积、性质和形状等不够整车运输的，除可使用集装箱外，都应该按零担办理。在国际铁路货物联运中承办零担的不多，目前我国除北京、乌鲁木齐等车站利用客车承办国际零担业务外，大多数车站未开办国际零担业务。（3）集装箱。除危险品、鲜活货物外，其他货物均可办理集装箱运输。

**运费**　国际铁路货物联运运费由发送路、过境路、到达路的运费构成，其计算规则如下：（1）发送路和到达路的运费按其所在国国内的规定办，以当地货币计算；并在发站或到站向发货人或收货人收取。（2）过境路的运费按《统一过境运价规程》的规定计算。如果有几个过境路，可由发货人支付一部分，收货人支付一部分。（3）如果在《国际货协》成员与非成员之间运送货物，非成员则可按其所参加的另一种联运协定的规定计算运费。

**运单**　国际铁路货物联运运单是由《国际货协》或《国际货约》统一制定的，正面是各种记载事项，背面是事先印就的运输合同条款。《国际货协》的运单一共五联，各联的名称、作用及流转程序如表 11－2 所示。

表 11－2 《国际货协》运单各联的名称、作用及流转程序

| 运单联次 | 作用 | 流转程序 |
| --- | --- | --- |
| 第一联：运单正本（给收货人） | 运输合同的证明 | 与货物一起至到站，在到站与第五联和货物一起交给收货人。流转程序为：发货人→发站→到站→收货人 |
| 第二联：运行报单（给到达路） | 各承运人办理交接、划分责任等的依据 | 随货物一起至到达路，并留在到达路。流转程序为：发货人→发站→到站→到达路 |
| 第三联：运单副本（给发货人） | 承运人的收据，发货人办理结汇的单证 | 在发站由承运人加盖发运戳记后交给发货人。流转程序为：发货人→发站→发货人 |
| 第四联：货物交付单（给到达路） | 承运人履行合同的证明 | 随货物至到达路，并留存在到达路。流转程序为：发货人→发站→到站→到达路 |
| 第五联：货物到达通知单（给收货人） | 进口报关、收货人存查的文件 | 随货物一起至到站，并与第一联和货物一起交给收货人。流转程序为：发货人→发站→到站→收货人 |

国际铁路货物联运运单只有收据和运输合同两个性质，没有物权凭证的性质，与空运单一样。其收货人一栏必须填写收货人的名址，不可流通转让。货物到达后，收货人仅凭身份证明就可以提货。因此，采用铁路运输出口必须对收汇有把握，否则应采取保证安全收汇的措施，例如，可以让客户预付全部货款。

【实例】

2002 年，朝鲜某进口商与我国一家出口公司洽谈，想从中国进口彩电，采用铁路运输，我国出口公司不敢接；另一家俄罗斯企业有意从我国进口水泥，也要求采用铁路运输，这家出口公司也不敢接。因为当时朝鲜和俄罗斯经济情况不太好，又是外汇管制国家，铁路运单（Railway Bill）不代表货权，货物一旦进了车皮就等于交给了进口商，如果进口商拒付，出口商就要面临货款两空的风险。①

## 2.2 对港澳地区的铁路运输

**对香港的铁路运输** 内地对香港的铁路运输由内地段铁路运输和港段铁路运输组成，由中国外运长航集团有限公司（简称中国外运长航）各地分支机构和香港中国旅行社有限公司（简称港中旅）联合组织，其操作过程可概括为“租车过轨、两票运输”：

1. 发货人在内地车站将货物托运到深圳北站，以中国外运长航深圳分公司为收货人。

2. 中国外运长航深圳分公司作为发货人的代理人，在口岸与铁路部门办理票据交接，并向铁路局租车，报关后将货物过轨至香港。

3. 货车过轨后，由中国外运长航公司深圳分公司在香港的代理——香港中旅货运有限公司向香港海关报关，并向香港铁路有限公司（简称港铁）重新起票办理港段铁路运输。

4. 货物到达目的地后，由香港中旅货运有限公司将货物卸车交给实际收货人。

内地对香港的铁路运输费用分为内地段运费和港段运费两个部分：内地段运费包括

① 改编自：鲍传萍. 外贸业务解惑 500例. 北京：对外经济贸易大学出版社，2005.

铁路运费、深圳过轨租车费和中国外运长航深圳分公司劳务费，以人民币计算；港段运费包括铁路运费、港段终点站卸货费、港段调车费及劳务费等，以港币计算。

**对澳门的铁路运输**　其操作过程如下：发货人将货物发运到广州南站，以中国外运长航广东分公司为收货人；货物到达后，由中国外运长航广东分公司办理水运或公路中转手续，将货物转运到澳门目的地。

# §3　国际多式联运

## 3.1　国际多式联运概述

1980 年，在联合国国际联运会议上通过的《联合国国际货物多式联运公约》(United Nations Convention on International Multimodal Transport of Goods)[①] 给国际多式联运下的定义是：国际多式联运是指按照多式联运合同，以至少两种不同的运输方式，由国际多式联运经营人将货物从一国境内接管货物的地点运至另一国境内指定交付货物的地点。

国际多式联运有下列特点：(1) 有一份多式联运合同。(2) 使用一份全程多式联运单据。(3) 是两种或两种以上不同运输方式的连续运输。(4) 是国家间的货物运输。(5) 由一个国际多式联运经营人对全程运输负责。(6) 采用全程单一的运费费率。通俗地说，国际多式联运是一种将海、陆、空等两种以上运输方式结合起来，通过一次托运、一次计费、一份单证、一次保险、一次索赔，由各区段承运人共同完成一票货物全程运输的现代化运输组织形式。

国际多式联运起源于 20 世纪 60 年代，美国首先开办了贯穿东西海岸和内陆地区的海陆集装箱国际多式联运，受到货主的普遍欢迎，取得了良好的经济效益。之后国际多式联运便在北美、欧洲和远东发展起来。到 20 世纪 80 年代，包括我国在内的许多发展中国家也开始发展国际多式联运。据有关统计，在目前的国际集装箱货运总量中，国际多式联运占 10%~15%。

国际多式联运的优点可以从托运人和承运人两个方面看。从托运人方面看：(1) 手续简便。无论距离多远，采用多少运输方式，对于各种手续托运人都只要办理一次。(2) 运输质量高。一方面，国际多式联运是建立在集装箱运输的基础上的，中途即使多次转运，也不涉及箱内的货物；另一方面，国际多式联运将各区段承运人组织起来，衔接紧凑，中转及时，货物在途停留的时间大大减少，还可以提供门到门的服务，从而使运输质量大大提高。(3) 节省费用。由于各种手续都只要办理一次，可以节省托运、制单、索赔、包装等费用；由于运输速度提高，可以减少资金占压，节省利息支出。从承运人方面看，在传统的区段运输模式下，承运人各自为政，业务范围受到很大限制；在国际多式联运模式下，承运人联合起来，业务范围拓展到更广的区域，从而提高了经济效益。

---

① 《联合国国际货物多式联运公约》是 1980 年 5 月 24 日在日内瓦举行的联合国国际联运会议第二次会议上，经与会的 84 个联合国贸易和发展会议（简称贸发会议）成员一致通过的。

从世界范围来看，目前开办国际多式联运较多的主要是远东—欧洲、远东—北美的路线，之下又分为许多小的路线。从我国的角度看，目前开办国际多式联运的路线主要有：从我国经海运往返日本、美国、非洲、西欧、澳大利亚的路线；从我国经西伯利亚大陆桥陆运往返伊朗，以及西欧、北欧各国的路线。

## 3.2 国际多式联运的组织形式

国际多式联运是多种运输方式的结合，概括起来主要有下列几种组织形式。

### 3.2.1 小陆桥运输

这是"海—陆"联运的形式，因比下面介绍的大陆桥运输的"海—陆—海"的形式少一段海运，故名小陆桥运输。世界上著名的小陆桥有北美小陆桥和北美微桥。

北美小陆桥（U.S.Mini-land Bridge）的运输路线是：远东—经太平洋海运—北美西海岸（简称美西）港口—经美国大陆陆运—北美东海岸（简称美东）港口或墨西哥港口（或反方向）。该小陆桥运输的主要是从日本到北美东海岸港口或墨西哥港口的集装箱货物，或从欧洲到美西或墨西哥港口的大西洋航线转运货物。如果从我国出发，则要先将货物海运至日本港口，再转运到美西港口交铁路承运人陆运到美东港口。北美小陆桥运输避免了绕道巴拿马运河到美东的全程海运，缩短了运输距离和时间。

北美微桥（U.S.Micro-land Bridge）的运输路线与北美小陆桥相似，只是交货点在北美内陆，故称微桥或半陆桥（Semi-land Bridge）。例如，从日本到美东内陆城市匹兹堡的集装箱运输，可先从日本海运至美西海岸港口，如奥克兰，再通过铁路陆运到匹兹堡。北美微桥运输的优越性比北美小陆桥运输更大，节省的运输时间和费用更多。

小陆桥运输一般以船公司为主体，由船公司组织全程运输，签发国际多式联运提单。

### 3.2.2 大陆桥运输

这是一种"海—陆—海"联运，它以横贯大陆上的铁路、公路为桥梁，将大陆两边的海运连接起来，故名大陆桥运输。

大陆桥运输起源于20世纪60年代。一方面，当时苏伊士运河封闭、巴拿马运河堵塞，远东到欧洲的海运不得不绕航南非好望角或南美，大大增加了运输距离、时间和费用；加上当时油价上涨，更是雪上加霜。另一方面，当时集装箱运输正在兴起，又为开展国际多式联运创造了必要条件。大陆桥运输就是在这种背景下产生的。1967年，国际航运界将从远东经苏伊士运河到欧洲的单一海运改为"远东—美国西海岸—美国东海岸—欧洲"的"海—陆—海"多式联运，就是最初的北美大陆桥运输。它缩短了运输距离，降低了运输成本，取得了良好的经济效益，从此大陆桥运输便发展起来。

目前世界上最重要的大陆桥有北美大陆桥和西伯利亚大陆桥，两条大陆桥都是远东至欧洲的多式联运路线。

北美大陆桥（North American Land Bridge）又分为美国大陆桥与加拿大大陆桥。美国大陆桥的陆上部分有两条路线，一是从美国西海岸到美国东海岸的铁路和公路运输路线；二是从美国西海岸到美国东南部墨西哥湾沿岸的铁路和公路运输路线。加拿大大陆桥的陆上部分是从加拿大西海岸温哥华到东海岸蒙特利尔或哈利法克斯的陆上运输路线。

西伯利亚大陆桥（Siberian Land Bridge，SLB）又称亚欧大陆桥，它以横贯俄罗斯西伯利亚的大铁路为桥梁，将远东到欧洲的运输连接起来，又分为第一亚欧大陆桥、第二亚欧大陆桥。

第一亚欧大陆桥是世界上最长的大陆桥，全长 13 000 公里，东起太平洋远东地区符拉迪沃斯托克（别称海参崴）的纳霍德卡和东方港，西至波罗的海、黑海沿岸及西欧大西洋口岸，将远东地区与整个欧洲大陆、中近东地区连接起来。其国际多式联运的组织形式有“海—铁—铁”、“海—铁—海”、“海—铁—公”和“海—公—空”四种。第一欧亚大陆桥将从远东经苏伊士运河到欧洲的海运（约为 20 000 公里）缩短了 7 000 公里，该桥一头是经济快速发展的中国、韩国和日本，另一头是庞大的欧洲消费市场，目前承运的主要是中国、韩国、日本到俄罗斯的货物。

第二亚欧大陆桥又称新亚欧大陆桥，由江苏连云港经新疆与哈萨克斯坦铁路连接，途径俄罗斯、波兰、德国至荷兰的鹿特丹，将太平洋和大西洋的海运连接起来，辐射 20 多个国家和地区，全长 10 900 公里，因与古丝绸之路重合，又称“新丝绸之路”。第二亚欧大陆桥比第一亚欧大陆桥总运距缩短了 2 000~2 500 公里，运输时间缩短了 5 天，运费节省了 10% 以上。第二亚欧大陆桥在我国境内的路线长 4 131 公里，贯穿我国 10 个省份、40 多个城市，对我国的经济发展具有十分重要的意义。

### 3.2.3 “陆—空”联运、“海—空”联运

“陆—空”联运是将货物先陆运到某一航空港，然后空运到目的地。例如，我国内地对欧美的货物运输，一些就是先用火车、卡车运到香港，再从香港空运到欧美目的地。

“海—空”联运又称空桥运输（Air Bridge Service），它是将货物先海运到某一港口，再空运到目的地。这种运输组织形式速度比全程海运快，运费比全程空运低。

## 3.3 国际多式联运经营人

### 3.3.1 概念和分类

国际多式联运是由国际多式联运经营人（International Multimodal Transport Operator）组织的，《联合国国际货物多式联运公约》第 1 条第 2 款指出，多式联运经营人是指其本人或通过其代表订立多式联运合同的任何人，他是事主，而不是发货人的代理人或代表或参加多式联运的承运人的代理人或代表，并且负有履行合同的责任。

国际多式联运经营人可分为两类：一是有船承运人，如船公司、航空公司、铁路运输公司等。它们有自己的运输工具，接受货主的托运后，负责安排全程运输，自己在其中也承担一部分实际运输任务，并将其余的运输任务分包给区段承运人；将交接过程中的装卸、包装、仓储等工作也委托给其他企业去做。这类多式联运经营人既是契约承运人，又是实际承运人。二是无船承运人，如国际货代、仓储业者等。它们没有主要的

运输工具，却以承运人的身份接受委托，安排全程运输，收取全程运费，实际运输工作则委托给区段承运人去做，区段承运人只与国际多式联运经营人发生联系，不与原货主发生联系。这种国际多式联运经营人只是契约承运人，不是实际承运人。

国际多式联运经营人需要具备一定的条件，例如，在国内外要有完善的分支机构或代理网络，要有比较好的计算机管理系统，要有一支专业队伍，要有雄厚的资金等。因此，不是任何企业都可以经营国际多式联运业务，申请国际多式联运经营人资格比无船承运人难。

### 3.3.2 赔偿责任制

国际多式联运经营人不仅要负责组织全程运输，还要对全程运输发生的货损负责赔偿。这里就有一个按什么标准来确定责任范围和赔偿限额的问题，这就是国际多式联运经营人的赔偿责任制。具体有三种制度：

1. 统一责任制（Uniform Liability System）。又称“同一责任制”，指国际多式联运经营人对无论哪个区段发生的货损都按一个标准来确定责任范围和赔偿限额。这对货主非常有利，也最符合国际多式联运的特点，但对国际多式联运经营人不利。因为不同国家或地区适用的国际公约或国内法可能不同，都按一个标准来办，国际多式联运经营人的风险较大。

2. 网状责任制（Net Work Liability System）。又称“分段责任制”，指国际多式联运经营人对运输过程中发生的货损，按其发生的区段适用的法律来确定责任范围和赔偿限额。例如，海上按《海牙规则》确定；铁路按《国际货约》或《国际货协》确定；航空按《华沙公约》确定；没有相应国际公约的区段，则按区段的国内法确定；如果无法确定货损发生的区段，则依据“隐蔽损害一般原则”处理，即按海上区段的规则或按双方约定的规则确定。这种责任制对国际多式联运经营人有利，因为它对货主承担的赔偿责任与区段承运人对它承担的赔偿责任一致。

3. 修正的统一责任制（Modified Uniform Liability System）。又称“混合责任制”，它在确定责任范围方面采用统一责任制，在确定赔偿限额方面采用网状责任制。

在以上三种制度中，目前采用得最多的是网状责任制。我国《海商法》在这方面也规定采用网状责任制。

**【案例 11－9】**

阅读下面的案例，回答后面的问题：

2001 年 11 月 18 日，华映公司与特灵台湾公司签订了进口 3 套冷水机组的贸易合同，交货方式为 FOB 美国西海岸，目的地为吴江。2001 年 12 月 24 日，华映公司向中国人保吴江公司投保一切险。2001 年 12 月 27 日，东方海外公司从美国西雅图港以国际多式联运方式承担了运输装载于三个集装箱内的冷水机组经上海到吴江的任务。东方海外公司签发了空白指示提单，发货人为特灵台湾公司，收货人为华映公司。

货物到达上海港后，2002 年 1 月 11 日，东方海外公司与中国外运公司江苏分公司约定，由东方海外公司支付陆路直通运费、短驳运费和开道车费等共计 9 415 元，将提单下的货物陆运至目的地吴江。中国外运长航江苏分公司又将货物交由吴淞公司实际运输，并向吴淞公司汇付了 8 900 元运费。

2002 年 1 月 21 日，货到目的地，华映公司发现两个集装箱破损，货物严重损坏。于是依据保险合同向中国人保吴江公司索赔，保险公司理赔后取得代位求偿权，向东方海外公司进行追偿。东方海外公司向保险公司赔偿了 11 万美元后，对事故进行了调查，发现货物在上海港卸船时的理货单记载“集装箱和货物完好”，集装箱发放 / 设备交接单（出场联和进场联）显示“集装箱出堆场完好，运达目的地破损”，据此认为中国外运长航江苏分公司在陆路运输中存在过错，因此要求它赔付保险公司 11 万美元及利息损失，结果与中国外运长航江苏分公司发生争议，最后向上海海事法院提起诉讼。

上海海事法院经审理认为，涉案货物从美国运至中国吴江，经过了海运和陆路运输，属于国际多式联运。原告是国际多式联运经营人，其与被告（中国外运长航江苏分公司）之间订立的合同属国际多式联运下的陆路运输合同，被告应按合同全面适当地履行运输义务。涉案两个集装箱货物的损坏发生在上海至吴江的陆路运输区段，故被告应对货物在其责任期间内的损失承担赔偿责任。据此，判决被告向原告赔偿 11 万美元及其利息损失。①

问题:（1）本案的国际多式联运组织形式是什么？（2）本案的国际多式联运经营人是谁？它是有船承运人还是无船承运人？（3）本案的分承运人是谁？它与国际多式联运经营人是什么关系？

---

## 3.4 国际多式联运单据和运费

国际多式联运单据（International Multimodal Transport Document，or International Combined Transport Document）的名称、格式目前尚不统一，有的叫多式联运提单（Multimodal Transport B/L，or Combined Transport B/L），有的叫多式联运运单。头程是海运时，一般签发多式联运提单。

国际多式联运单据可签发为可转让的和不可转让的两类，由发货人自己选择。签发为可转让的又分为指示抬头和不记名抬头，前者通过背书转让，后者仅凭交付转让。可转让的国际多式联运单据类似于海运提单，具有货物收据、运输合同和物权凭证三个性质，收货人凭国际多式联运单据提货。不可转让的国际多式联运单据类似于海运单，只具有货物收据、运输合同两个性质，收货人一栏必须列明收货人，收货人凭身份证明就可以提货。

国际多式联运运费由以下几个部分组成:（1）装运港包干费，包括在装运港将货物装上船之前的所有费用；（2）各区段运费；（3）中转地费用，指货物在中转地由一种运输工具转移至另一种运输工具时所产生的各种费用，如途运费、堆存费、吊卸吊装费等；（4）特殊费用，指除（1）、（2）、（3）中费用以外的其他费用；（5）国际多式联运经营人的利润。

① 改编自：多式联运货损责任莫忽视交接单. 中国交通报，2005-10-17.

# §4 国际快递

国际快递与国际贸易有密切的关系。在国际贸易中，有关单证、票据、文件、样品等大多使用国际快递来传递；一些价值高、体积小、重量小的货物，还可以直接通过快递来运输。另外，国际快递在跨境电商中也发挥着十分重要的作用。因此，本书将国际快递作为国际贸易运输的一个重要组成部分。

## 4.1 我国快递业的发展

20 世纪 80 年代初，中国邮政（EMS）首先开办了国内外快递业务，成为我国快递业的开创者。但我国快递业的大发展是 20 世纪 90 年代，当时快递领域的邮政专营被打破，一批国内专业运输公司、民营企业开始进入快递市场，如顺丰、申通、中通等。与此同时，全球四大快递巨头（简称四大巨头）——敦豪快递（DHL）、联邦快递（FedEx）、联合包裹（UPS）、天地快递（TNT）也先后进入我国快递市场。

目前，我国快递业的经营主体有三类：一是外资，主要是四大快递巨头，这类企业实力雄厚，有遍布全球的网络和丰富的经验，主要经营国际快递；二是国有企业，如中国邮政、民航快递（CAE）、中铁快运（CRE）等，这类企业有得天独厚的背景和遍布全国的网络，主要经营异地快递，也经营国际快递；三是民营快递企业，大型的如顺丰、中通、圆通、百世、韵达、申通、宅急送、天天、快捷等，这类企业起源于特定的区域，逐渐发展壮大，有较强的竞争力，主要经营异地快递，有的也经营部分国家的国际快递。小型民营快递企业则很多，它们的规模和实力都比较小，主要经营同城快递。

总的来说，目前在我国经营国际快递的主要是四大巨头、中国邮政和少数大型民营快递企业。四大巨头占我国国际快递市场 70% 以上的市场份额；中国邮政占 20% 左右；少数大型民营快递企业，如顺丰、韵达、申通等占有其他部分。

2017 年我国快递业务量为 400.6 亿件，快递业务收入 4 950 亿元，已连续四年居世界第一，其中同城、异地、国际 / 港澳台快递业务量分别占 23.1%、74.8% 和 2.1%。

## 4.2 国际快递的特点和交接方式

**国际快递的特点** 与国内快递相比较，国际快递有下列特点：（1）经营难度大。国际快递要跨不同的国家或地区，各国的法律法规、风俗习惯、语言文化、科技发展水平都不同，硬件设施也有很大差异，这就增加了经营的难度。（2）手续复杂。国际快递的运输距离都比较远，一般需要多种运输方式配合完成，要涉及不同国家的海关、港口、交通运输、商检、保险公司、银行等多个部门和环节，手续比国内快递要复杂得多。（3）风险大。国际快递要经过不同国家和地区的长距离运输，沿途遭遇社会动乱、自然灾害和意外事故的风险自然也大。以上这些特点决定了经营国际快递的公司必须有强大的实力、广泛的网络和丰富的经验。例如，敦豪快递的快递网络覆盖了 120 000 个目的地，可以把快件送达全球 220 个国家及地区。因此，在我国经营国际快递的主要是四大巨头和中国邮政，大型民营快递企业只能做部分国家或地区的快递业务。

从运输方式来看，国际快递是一种以空运为主的联合运输，但它与一般航空货运又有所不同：（1）收件的范围不同。国际快递主要是运送文件和包裹，而且重量和体积不能太大；航空货运主要运输进出口货物，重量和体积比快件大。（2）经营者不同。国际快递的经营者是国际快递公司，航空货运的经营者是航空公司和空运代理。（3）经营方式不同。国际快递大多数是在跨国公司内部完成，航空货运是在航空公司完成。（4）使用的单据不同。国际快递使用的是交付凭证（Proof of Delivery，POD），航空货运使用的是航空运单（Air Waybill）。（5）服务质量不同。国际快递的服务质量通常要优于航空货运。

**国际快递的交接方式**　国际快递的交接方式有三种：一是机场到机场，即快递公司只负责从某一机场到另一机场的运输，由发货人自己将包裹送到始发机场，然后用电话等通知收货人到目的机场取货。二是门到门，发货人打电话给快递公司，由快递公司上门取货；货物到达目的机场后，由快递公司在目的机场的代理提货，然后派专人快速送到收货人手中。三是随机送货，快递公司派专人随机送货到目的地交给收货人。在以上三种方式中最常见的是第二种，即门到门。

## 4.3　国际快递的费用

国际快递的总费用由基本运费、附加费、折扣和其他费用等构成。

### 4.3.1　基本运费

基本运费是国际快递公司收取的基本费用，它是计费重量与运价的乘积。

**计费重量**　与空运一样，四大巨头的计费重量也是在货物的实际重量和体积重量中取其高者。实际重量是货物的毛重，包括包装。体积重量是货物的体积所换算成的重量。四大巨头均按 5 000 立方厘米 = 1 千克换算，货物的体积重量的换算公式为：

货物的体积重量（千克）= 货物的长（厘米）× 宽（厘米）× 高（厘米）/5 000

如果货物的包装不规则，则按货物的最长、最宽、最高计算体积。

**【案例 11－10】**

一箱国际快递货物毛重为 3 千克，箱体的长、宽、高分别为 40 厘米、35 厘米、25 厘米。求该箱货物的计费重量。

---

**计费单位**　四大巨头将货物分为两类：一是 21 千克以下的货物，即“小货”。小货以 0.5 千克为计费单位，不足 0.5 千克的按 0.5 千克计。例如，一件 6.2 千克的货物就算为 6.5 千克。二是大于 21 千克（含 21 千克）的货物，即“大货”。大货以 1 千克为计费单位，不足 1 千克的按 1 千克计。例如，一件 21.5 千克的包裹就算为 22 千克。

**【案例 11－11】**

一纸箱长 55 厘米，宽 50 厘米，高 48 厘米。装满东西后实际重量为 15 千克。求该箱货物的计费重量。

---

**运价** 运价列在国际快递公司的运价表中。它受到达的国家或地区、小货还是大货、文件还是样品、大货的重量段等因素影响。敦豪快递运价表的部分截图见图 11－2。

**DHL国际快递价格表**

以下价格为参考报价，具体折扣请与在线客服联系，或者来电咨询：400-921-6983

| 区域 | 到达国家或地区 | 文件 | | 货样 | | 21-30 | 31-70 | 71-300 | 300以上 |
|---|---|---|---|---|---|---|---|---|---|
| | | 首重 | 续重 | 首重 | 续重 | | | | |
| | | 0.5 | 0.5 | 0.5 | 0.5 | | | | |
| 1区 | 香港、澳门 | 100 | 35 | 165 | 36 | 66 | 56 | 51 | 46 |
| 2区 | 韩国 | 141 | 56 | 233 | 52 | 110 | 98 | 93 | 92 |
| 3区 | 日本 | 132 | 50 | 220 | 58 | 110 | 98 | 93 | 87 |

**图 11－2 敦豪快递运价表的部分截图**

资料来源：上海睿赫国际货运代理有限公司网站。

图 11－2 中左边第一列是区域，一般来说，国家或地区所在的区域越高，运价则越高。

右边的文件和货样是小货，以 0.5 千克为计费单位，第一个 0.5 千克叫首重（又叫“起重”），后面的每一个 0.5 千克叫续重，首重的价格比续重高。

右边 21 千克以上的是大货，以 1 千克为计费单位，分重量段计价，重量段越大，则运价越低。

**基本运费的计算** 基本运费的计算公式为：

基本运费 = 计费重量 × 运价

但由于小货和大货的计费单位不同，其基本运费的计算公式也有所不同：

小货的基本运费 = 首重运价 + [ 货物的重量（千克）×2－1] × 续重运价

大货的基本运费 = 货物的重量（千克）× 每千克运价

需要注意的是，以上两个公式中的重量都是计费重量，也就是货物的体积重量和实际重量（毛重）中的大者。

【实例】

一票货物快递到韩国，计费重量为 26 千克，查快递公司 21~30 千克的货物运价为 110 元 / 千克，则该票货物的快递费用为：26 × 110 = 2 860（元）。

---

【案例 11－12】

一文件快递到香港，计费重量为 2 千克，计费单位为 0.5 千克，起重运价为 100 元，续重运价为 35 元 / 千克。计算该票快件的基本运费。

---

### 4.3.2 附加费、总费用

**附加费** 国际快递常见的附加费有：

1. 燃油附加费。它反映燃料价格变动的附加费，一般是基本运费的一个百分比。例如，2018 年 11 月，四大巨头的燃油附加费为：敦豪快递 19.255%，天地快递 19%，联合包裹 20.75%，联邦快递 19%。如有折扣，燃油附加费也打折。中国邮政没有燃油附加费。

2. 包装费。国际快递的包装一般由快递公司免费提供，但对于一些贵重、易碎物品，快递公司要加收一定的包装费。如有折扣，包装费不打折。

3. 偏远地区附加费。一般是每千克多少元，或最低收费多少元，具体以快递公司的偏远地区费率表为准。

**【案例 11－13】**

一国际快递包裹计费重量为 15 千克，查运价表，首重运价为 150 元，续重运价为 28 元 / 千克，快递公司当月的燃油附加费为 23.5%，计算总运费。

---

**总费用** 国际快递的总费用包括基本运费、附加费、折扣和其他费用等，其计算公式为：

国际快递的总费用 =（基本运费 + 燃油附加费）× 折扣 + 包装费 + 其他费用

**【案例 11－14】**

一票货物实际重量为 60 千克，体积为 60 厘米 ×80 厘米 ×70 厘米。每千克运价为 23 元，当月燃油附加费为 23.5%。计算该国际快递的总费用。

---

以上是普通包裹，如果是特殊商品，如国际航空限制物品，则要与快递公司另行议价。发货量大的，也可以另行议价。

国际快递费用大多由发件人预付，但也有到付的。如果是到付，发件人则必须先征得国外客户同意，并让其出具同意到付的书面证明。因为一旦国外客户拒付，快递公司就会回过头来向发件人收取费用。

另外，国际快递运价表不含向收件人收取的目的地进口关税、消费税、额外报关费、仓储费等。这些费用由收件人支付，如果收件人拒付，则会自动改为由寄件人支付，寄件人不得拒付。

### 4.3.3 国际快递的有关规定

四大巨头都有一些规定，这里选几条主要的。

1. 国际快递单件货物的围长必须小于 330 厘米，即 1 长 +2 宽 +2 高 <330 厘米；每箱（件）不得超过 68 千克（各快递公司的要求不尽相同）。

2. 如果有以下情况则需要预先订舱：a. 货物单件围长超过 330 厘米；b. 货物单件重量超过 68 千克；c. 货物单件不超过 330 厘米，重量不超过 68 千克，但一票货超过 300 千克。

3. 快递的文件只能是一般资料，不接受提单或银行票据等有价证券。

4. 发件人必须提供物品的商业发票并注明中英文名称、数量、申报价值，否则对于造成的延误、扣关等快递公司不负责。

## 4.4 EMS 国际速递

EMS（Express Mail Service）是由中国邮政集团公司经营的速递服务。中国邮政集团公司的业务主要分为邮政储蓄银行、邮政普邮业务（简称邮政）和速递物流业务三大块，其中的速递物流业务由中国邮政集团公司旗下的中国邮政速递物流股份有限公司经营，EMS 是速递物流业务中的速递业务，又分为国内速递和国际速递。本节只介绍 EMS 国际速递的费用计算。

EMS 国际速递一般以货物的实际重量为计费重量，但在邮件的长、宽、高三边中有一边达到 60 厘米以上（含 60 厘米）时要计算体积重量。体积重量的换算公式为：

货物的体积重量 = 货物的长（厘米）× 宽（厘米）× 高（厘米）/6 000

EMS 国际速递不分小货和大货，所有货物均以 0.5 千克为计费单位，不足 0.5 千克的按 0.5 千克计。EMS 将货物分为“文件”和“物品”，二者的首重运价有差别，续重的价格相同（图 11－3）。重量不超过 500 克的单件物品，可按文件类计价。

| 资费区 | *起重500克及以内 | | 续重500克或其零数 |
|---|---|---|---|
| | 文件 | 物品 | |
| 一区 | 90 | 130 | 30 |
| 二区 | 115 | 180 | 40 |
| 三区 | 130 | 190 | 45 |

**图 11－3　EMS 国际速递运价表截图**

资料来源：EMS 官网。

EMS 国际速递没有燃油附加费、偏远地区附加费等。其总费用的计算公式为：

EMS 国际速递总费用 = 首重运价 +[ 货物的重量（千克）×2－1]× 续重运价

**【案例 11－15】**

一件货物为 25.1 千克，采用 EMS 国际速递到日本。EMS 国际速递到日本的公布价是：首重 180 元，续重 40 元 / 千克。请计算总费用。

EMS 国际速递规定，一件包裹不能超过 30 千克，围长（1 长 +2 宽 +2 高）不能超过 330 厘米。

## 复 习 题

1. 名词解释：班机运输、包机运输、集中托运、包舱包板。
2. 什么是国际铁路货物联运？与国际铁路货物联运有关的国际公约有哪两个？
3. 航空运单、铁路运单与海运提单的性质有什么不同？

4. 什么是国际多式联运？它有哪些组织形式？

5. 什么是国际多式联运经营人的赔偿责任制？它有哪三种形式？

6. 国际快递与航空货运有哪些不同？

## 《问题与案例》

1. 一票空运货物体积为 54 000 立方厘米，毛重为 8 千克，体积重量的折算率为 6 000 立方厘米 =1 千克，求该票货物的计费重量。

2. 一批货物计费重量为 90 千克，Q45 运价为 CNY22.72，Q100 运价为 CNY14.72。计算该批货物的空运费。

3. 从北京空运一批零件至阿姆斯特丹，毛重为 39 千克，体积为 189 000 立方厘米，公布的运价为：M: CNY32.00；N: CNY50.22；Q45: CNY41.53；Q300: CNY37.52。计算该批货物的运费。

4. 从北京空运一批零件到新加坡，毛重为 42.6 千克，体积为 101 厘米 × 58 厘米 × 32 厘米，公布的运价如下：M: CNY200；N: CNY30.50；Q45: CNY22.49。计算该批货物的运费。

第12章

# 国际货运保险的基本知识

国际货运风险较大，而且国际贸易交易的金额一般不在少数，如果发生损失，进出口商则很难承受。因此，国际货运绝大多数都要办理货运保险。

## §1 保险的基本原则

在保险业中，有一些各类保险都要遵循的基本原则，国际货运保险也不例外。

### 1.1 最大诚信原则

最大诚信原则（Utmost Good Faith）是指，在保险活动中，投保人和保险公司都要讲诚信，如果不讲诚信，保险合同则无效。最大诚信原则虽然是对保险双方说的，但更偏重于被保险人。因为保险标的具有多样性和复杂性，保险公司由于人手的限制，在决定是否承保之前不可能对保险标的进行全面的调查。它对保险标的的了解主要是靠被保险人自己陈述的。如果被保险人不讲诚信，隐瞒或谎报保险标的的有关情况，保险公司则要遭受重大损失。根据英国1906年《海上保险法》[①]，被保险人履行最大诚信原则应该做好如下两点：

① 在国际货运保险领域，还没有世界各国普遍遵循的国际公约，只在某些方面出现了个别国际惯例，如国际海事委员会（International Maritime Committee）制定的《约克－安特卫普规则》（The York-Antwerp Rules），它是国际海上货物运输中共同海损理算方面的规则。国际货运保险主要是依靠各国的国内法来调整的，其中影响最大的是英国1906年《海上保险法》，许多国家的海上保险法都深受其影响，《中华人民共和国保险法》（简称《保险法》）也不例外。

1. 陈述和披露。被保险人投保时应将自己知道或理应知道的与保险标的有关的重要情况向保险公司报告。不如实报告就是“误告”，存在“误告”的保险合同无效，保险公司可以拒绝赔偿。

2. 保证（Warranty）。分为两类：一是明示的保证（Express Warranty），指保单中写明的条款，或以特约形式附加于保单之内的条款；二是默示的保证（Implied Warranty），指保单虽然没有列明，但按惯例应遵循的保证。英国 1906 年《海上保险法》规定，不管保证的内容对风险是否重要，必须确切照办，被保险人违反了保证可以使保险人宣告保单无效，但是保险人对于违反保证前所发生的损失仍要负责赔偿。①

【实例】

某商人投保了一批罐头的一切险，保单上写明所有罐头由工厂打上出厂日期，但实际上许多罐头没打出厂日期。后来该商人发现部分罐头变质，于是向保险人提出索赔，但保险人以被保险人违反所有罐头打上出厂日期的保证为由成功拒赔。

最大诚信原则虽然偏重对被保险人的要求，但同时是对保险人的要求。保险合同是一种附合合同，其条款大多是保险公司单方面拟定的，保险的专业性很强，一般投保人很难充分了解。这就要求保险公司拟定保险合同时要讲诚信，并将保险条款的内容如实告知被保险人，并如实地履行合同义务。

## 1.2 可保利益原则

可保利益又称保险利益（Insurable Interest），通俗地说，就是被保险人对保险标的有利害关系。可保利益原则的意思是，被保险人在投保时或货物受损时必须具有保险利益，否则，保险公司有权拒绝承保或赔偿。由于国际贸易的特殊性（在 CFR 下运输与保险相分离），在国际货运保险中，可以允许投保人在投保时没有保险利益，但在货物受损时必须具有保险利益，否则保险公司可以不赔。

【案例 12－1】

有一份 CFR 合同，货物装船后卖方向买方发出装船通知，买方向保险公司投保了中国人保《海洋运输货物保险条款》的一切险。后来发现货物在从卖方仓库运往码头的途中被暴风雨淋湿了 10%，卖方于是以该险的责任起讫是仓至仓为由要求保险公司赔偿，但遭到保险公司的拒绝；卖方又请求买方以投保人的名义凭保险单向保险公司索赔，也遭拒赔。问保险公司是否有理由？

## 1.3 近因原则

近因（Proximate Cause）指造成保险标的损失的根本原因。在保险业务中，造成保

① 英国 1906 年《海上保险法》第 33 条。

险标的损失的原因往往不止一个。如果这些原因都在保险公司的责任范围内，保险公司则自然要赔偿。如果都不在保险公司的责任范围内，保险公司则自然不赔偿。但有时候有的原因在责任范围内，有的不在，这时就要看导致损失的根本原因是否在保险的责任范围内。如果在，保险公司负责赔偿；如果不在，保险公司可以不赔。这就是近因原则。

【实例】

第二次世界大战期间，"考克斯沃德"油轮被政府征用以从事类似战争的行为，该油轮在政府控制下运送石油，驶往海军基地那维克，因恐遭敌舰袭击，由四艘军舰护航，并委任一名海军军官指挥这支船队。在一次航途中，该油轮突然得到一艘敌人的潜艇可能来袭击的情报，于是改变了航线。由于当时大雾，"考克斯沃德"油轮迷航，从而触礁沉没，招致全损。当时战争危险很大，私营保险业者不敢承保战争险，只保水险，故该油轮的战争险是由政府承保的。出险后，相关负责人诉诸法院要求划清责任。法院判定灭失的近因是战争危险，因而应由承保战争险的政府兵险集团（Government War Risk Pool）负责。①

## 1.4 赔偿原则

赔偿原则（Principle of Indemnity）指保险理赔只能使被保险人大致恢复到未受损失的状况，不能比未受损失时更优越，具体体现在以下几个方面：（1）赔偿应以实际损失为限，不能超过实际损失；（2）赔偿应以保险金额为限，不能高于保险金额；（3）赔偿应以被保险人对标的的保险利益为限（见可保利益原则）；（4）在重复保险情况下，保险标的的损失由各保险人按比例分摊。

文摘

### 什么是重复保险

重复保险是指投保人对同一保险标的、同一保险利益、同一保险事故分别与两个以上保险人订立保险合同，且保险金额总和超过保险价值的保险。

根据我国《保险法》第五十六条第二款规定：重复保险的各保险人赔偿保险金的总和不得超过保险价值。除合同另有约定外，各保险人按照其保险金额与保险金额总和的比例承担赔偿保险金的责任。

例如，投保人将其总价值100万元的房子分别向A、B两家保险公司投保，保险金额分别为80万元、120万元。之后房子被大火全部烧毁，根据权利义务对等原则，A保险公司应该赔偿40万元，B保险公司应该赔偿60万元，不会出现A公司赔偿80万元，B公司同时赔偿120万元的情况。否则投保人就会获取额外利益100万元，这会诱发道德风险。

除财产险可能存在重复投保情况外，医疗费用型的保险也可能存在重复投保的情况，

① 资料来源：张圣翠. 国际商法. 上海：上海财经大学出版社，2012.

如发生理赔也要参照财产保险的补偿原则。正因为如此，在各家保险公司的医疗费用保险条款中，均明确要求提供医疗费原始凭证作为获取医疗费赔偿的必要条件，复印件或其他收费凭证均不被受理。投保人即便在多家公司投保了该类保险，也只能依次向各保险公司逐一理赔，最后获得的赔偿金总额不会超过实际花费（以发票为准）。例如，某人分别在三家保险公司各投保 1 万元的意外医疗保险，之后不幸摔伤，在医院发生 1 万元的医疗费用，那么三家保险公司对此次意外事故的赔付总额不会超过 1 万元。

但是，重疾险、定期寿险、意外伤害险就不存在重复投保的情况，因为人的生命很难与金钱数额画上等号——生命是无价的。

资料来源：中山网《生命无价，重疾险、定期寿险、意外伤害险可重复投保》一文。

## 1.5　代位求偿、委付

代位求偿和委付是保险业中与赔偿原则有关的两种基本做法。

**代位求偿（Subrogation）** 指在保险标的的损失是由第三方造成的情况下，保险公司在赔偿了被保险人之后，被保险人应将向第三方追偿的权利转让给保险公司。其目的有两个：一是防止被保险人在获得保险公司的赔偿后再从第三方获得赔偿，从而获得超过实际损失的双重补偿；二是防止造成损失的实际责任人因与他毫不相干的保险合同而免责。

代位求偿的有关规则是：（1）无论是全损还是部分损失，保险公司只有赔偿了被保险人之后，才能取得代位求偿权。（2）在定值保险情况下，保险公司从第三方获得的赔款如果少于它对被保险人的赔款，该款项则全部归保险公司；如果多于它对被保险人的赔款，多出的部分则归被保险人。（3）在部分损失和实际全损的情况下，被保险人只要向保险公司转让代位求偿权，就不需要办理委付；在推定全损的情况下，被保险人除了要转让代位求偿权，还要办理委付。（4）被保险人可以取得保险公司赔付前的利息损失，保险公司可以取得赔付后到获得第三方赔款期间的利息损失，也可以根据保险合同约定处理利息问题。

**委付（Abandonment）** 指在发生推定全损的情况下，被保险人将保险标的残值转让给保险公司。因为在推定全损的情况下货物并没有完全灭失，还有一定的残值。如果不将残余货物委付给保险公司，被保险人就可以通过出售残余物获得超过它实际损失的补偿。

在遭受推定全损时，被保险人可以要求保险公司按部分损失赔偿，也可以要求按全损赔偿。如果按部分损失赔偿，被保险人则不需要委付；如果按全损赔偿，则要委付。

委付与代位求偿的区别是：（1）只有在推定全损的情况下才可能发生委付，而不论是实际全损、推定全损、部分损失，只要损失是第三方造成的，都要代位求偿。（2）委付转让的是货物的所有权，代位求偿转让的是对第三方的诉权。（3）委付在保险公司赔付前办理，代位求偿在保险公司赔付后办理。

【实例】

1987 年，浙江茶叶公司与联邦德国进出口商签订了一笔 CIF 汉堡茶叶出口合同。浙江茶叶公司委托中国外运公司上海分公司将750箱红茶运往汉堡。中国外运长航上海分公司向上海外轮代理公司（简称上海外代）订舱。作为广州远洋公司的代理人，上海外代接受订舱并指派了三个20英尺集装箱。中国外运长航上海分公司作为发货人的代理人全权负责对集装箱的检查、货物的点数、积载、装箱和铅封。

收到三个满载的集装箱后，上海外代代船方签发了清洁提单。在发货前，发货人向中国人保浙江分公司投保了一切险和战争险。货到汉堡后，收货人拆箱后发觉茶叶串味，即向中国人保在汉堡的检验、理赔代理人申请查勘，结果表明250箱红茶受精萘污染。中国人保在汉堡的检验、理赔代理人赔付了收货人损失的7 476.63英镑，以及1 881联邦德国马克。

在检验货物时，船方的代表也参加了。此后查明，一个集装箱在前一航次曾装载精萘从法国的敦刻尔克至上海。中国人保浙江分公司认为：由于承运人提供了不洁集装箱，中国外运长航上海分公司作为装箱人未尽职检查，致使茶叶串味，中国人保浙江分公司已赔付了收货人损失，故取得代位求偿权，要求承运人和发货代理人赔偿中国人保浙江分公司遭受的全部经济损失。

承运人认为：该提单下集装箱运输条款为整箱货，由发货人负责装箱、点数、铅封。承运人所提供的集装箱应被视为货物的包装，箱体检查应为发货人的职责。

中国外运长航上海分公司认为：中国外运长航上海分公司受发货人委托装箱，只对装箱过程负责，不对以后发生的损失负责。按惯例承运人应该提供清洁、干燥、无味的集装箱，而且法律并未规定需要对集装箱进行检查，对于不可预知的损失不承担赔偿责任。

最后法院对该案的审理结果如下：(1)《中华人民共和国海上国际集装箱运输管理规定》第十二条规定，集装箱所有人、经营人应……以保证提供适宜于货物运输的集装箱。上海外代作为承运人（广州远洋公司）的代理人，向中国外运长航上海分公司提供了一个在前一航次中装载精萘的集装箱，其工作有严重漏洞，对损失负有主要责任。(2)《中华人民共和国海上国际集装箱运输管理规定》第十七条规定：托运人或承运人在货物装箱前应当认真检查箱体，不得使用影响货物运输、装卸安全的集装箱。中国外运长航上海分公司未能尽到认真检查箱体的责任，也应承担责任。最后判决广州远洋公司承担60%的责任，中国外运长航上海分公司承担40%的责任，赔偿中国人保浙江分公司遭受的全部经济损失。本案诉讼费共计人民币1 052.09元，也按上述比例由双方分摊。[①]

---

## §2 海运风险、损失和费用

在国际货运保险条款中，保险公司的责任范围是以“承保某些风险造成的某些损失或费用”这样的格式来表述的。因此，从事国际货运保险，要了解“风险、损失和费用”

① 资料来源：王建军. 外销员实用手册. 北京：中国经济出版社，1991.

的概念。下面以海运为例来介绍这些概念，因为海运是国际贸易用得最多的运输方式，而且其他货运保险都是从海运发展起来的。

## 2.1　海运风险

海运风险指海运途中可能遇到的各种危及货物安全的事故，其分类见图 12－1。

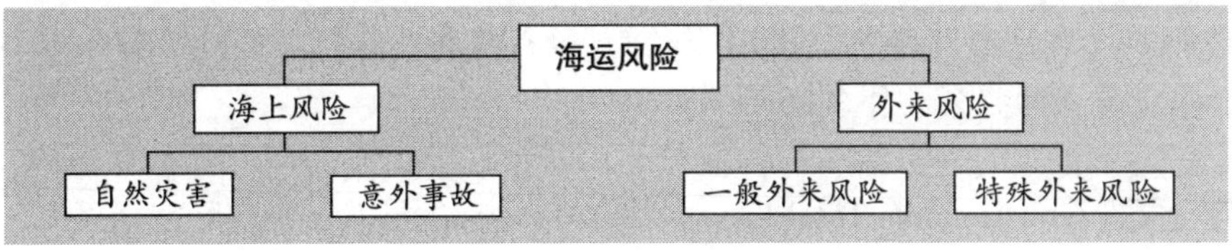


图 12－1　海运风险的分类

**海上风险**　包括海运途中的自然灾害（Natural Calamities）和意外事故（Fortuitous Accidents）。自然灾害指具有破坏力的自然力量，如恶劣气候、雷电、海啸、地震、洪水、火山爆发等。应将它与一般自然现象区别开来，如普通刮风、下雨、海浪等都是自然现象，不能算自然灾害。意外事故指一些没有料想到的事故，如运输工具搁浅、触礁、沉没、火灾、爆炸、与流冰或其他物体碰撞等。

**外来风险**　指除上述海上风险以外的其他外部风险，包括一般外来风险和特殊外来风险。一般外来风险是由普通外来原因造成的风险，如盗窃、雨淋、短量、沾污、破碎、受潮、受热、渗漏、串味、锈损、钩损、包装破裂等。特殊外来风险是由特殊外来原因造成的风险，如战争、罢工、禁运、交货不到、拒收等。但由货物自身缺陷或自然属性引起的自然损耗或变质等不属于外来风险。

## 2.2　海运损失

海运损失（Marine Losses）指货物在海运途中因海运风险造成的损坏和灭失，按惯例，与海运连接的陆上运输和内河运输过程中的损坏和灭失也包含在内，其分类见图 12－2。

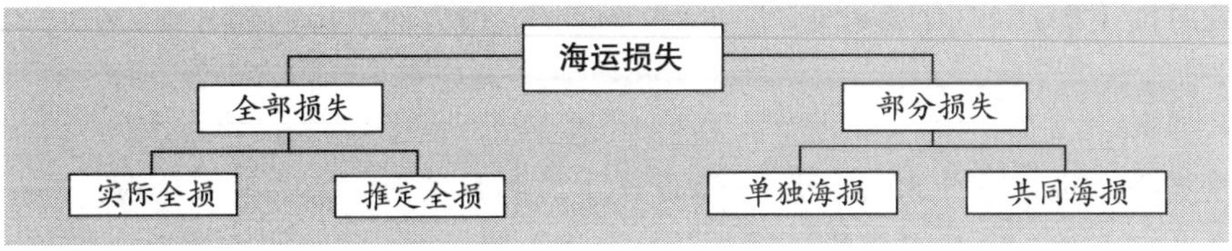


图 12－2　海运损失的分类

### 2.2.1　全部损失

全部损失（Total Loss）简称“全损”，指整批货物或不可分割的一批货物的完全灭失，又分为实际全损和推定全损两类。

**实际全损（Actual Total Loss）** 指被保险货物实际完全灭失，包括：（1）被保险货物全部灭失，如船舶沉没及货物沉入大海；（2）被保险货物全部丧失，如货物全部被海盗掠去、被敌方扣押；（3）被保险货物全部质变，失去了原来的使用价值，如茶叶全部被水浸泡，已不能用；（4）被保险货物失踪达到一定时间仍无音信。

对实际全损，如果在保险责任范围内，又是足额保险，保险公司则按全额赔偿。

【案例 12－2】

某纺织品进出口公司出口 1 000 件丝绸衬衫到马赛，装载货物的轮船在海上遇大风暴沉没。该批货物的损失属什么损失？

**推定全损（Constructive Total Loss）** 指被保险标的虽然没有实际完全灭失，但等同于全部灭失，包括下列情况：（1）被保险货物的实际全损已无法避免，或为了避免损失需要花费的施救等费用超过获救后货物的价值；（2）被保险货物失去了所有权，为收回所有权所需要花费的费用将超过收回后货物的价值；（3）被保险货物受损后，整理和续运到目的地的费用超过货物到达目的地的价值；（4）被保险货物受损后，修理费超过货物修复后的价值。

对于推定全损，被保险人可以要求保险公司按全损赔偿，也可以要求按部分损失赔偿。如果按全损赔偿，被保险人必须先签署权利转让书（Letter of Subrogation），将货物的残值委付给保险公司；如果按部分损失赔偿，则不需要办理委付。

【案例 12－3】

有精密仪器一台，货价为 15 000 美元，载运该货的海轮在航行中同另一海轮发生互撞事故，船身的激烈震动使得仪器受到损坏。事后专家检验认为，该仪器如修复原状，需要修理费用 16 000 美元；如拆卸为零件出售，可收回 5 000 美元。问这种损失属何种损失？如果该批货物办理了保险，那么保险公司应如何理赔？

### 2.2.2 部分损失

部分损失（Partial Loss）简称“分损”，指未达到全损程度的损失，分为单独海损与共同海损两类。

**单独海损（Particular Average）** 指由被保险人单方面承担的部分损失。

【案例 12－4】

某外贸公司出口茶叶 50 公吨，在海运途中遇到暴风雨，海水涌入舱内，部分茶叶受海水浸泡发霉变质。这种损失是什么损失？由谁负担？

**共同海损（General Average）** 指船货发生风险后，为了船货的共同安全，采取某些抢救措施而发生的部分损失和费用，这种损失和费用由船货各方按各自财产占总财产的比例来分摊。

【案例 12－5】

某货轮运输散装亚麻子到纽约港，不幸在南美飓风的冷风区内搁浅并被迫抛锚。船长发现，一旦船体裂缝漏水，亚麻子膨胀后有可能把船板胀裂，所以下令先后四次动用主机超负荷全速后退，终于脱浅成功。当货轮抵达纽约港后，对船体进行检修，发现主机和舵机受损严重，船方对损失核算后，要求货方分摊 6 451 英镑。问货方是否要分摊？

【案例 12－6】

有一艘货轮价值 500 万美元，租给一经营者使用。经营者运费收入为 15 万美元，船上有甲、乙、丙、丁四个货主的货物，甲、乙、丙、丁四个货主的货物价值分别为 60 万美元、55 万美元、43 万美元、20 万美元。后货轮搁浅，为了使船舶顺利航行，船长命令将丁货主的货全部抛入海中，问该损失如何分摊？

在实践中，有时候要判断一种损失是否属于共同海损并不是一件容易的事情。例如，2021 年 3 月长荣海运的租轮“长赐号”阻塞了苏伊士运河，经过 6 天施救才重新浮起。为此苏伊士运河管理局提出巨额索赔。“长赐号”船东日本正荣汽船认为，拖救费用应作为共同海损由货主共同承担，但是否能作为共同海损就是一个很难复杂的问题。一般来说，共同海损有下面几个特征：（1）它是为了解除船货各方的共同威胁造成的；（2）这种威胁必须是实际存在的，不是主观臆测的；（3）采取的施救措施必须是合理的。

【案例 12－7】

在航海途中，货轮装有树脂的舱内忽然冒烟，船长认为有火情，于是下令往舱内灌蒸气，结果造成舱内货物部分损坏。货轮到达目的港后，经检查舱内并没有着火的迹象。舱内货损是否属于共同海损？

【案例 12－8】

某船触礁后严重渗漏，需要立即进坞修理，但当时的潮水不适宜立即进坞，因为有可能造成码头损坏。但为了摆脱危险，船长还是下令立即进坞，结果造成码头损坏。码头损坏产生的赔偿费用是否可作为共同海损？

【案例 12－9】

某船在一河口搁浅，本来可以等潮水上涨后借助潮水重新起浮。但为了节省时间，船长下令使用主机强行摆脱搁浅，结果主机损坏。该损失是否属于共同海损？

共同海损和单独海损的区别是：（1）致损原因不同。单独海损是由风险直接导致的，共同海损是为解除或减轻风险导致的。（2）损失的承担者不同。单独海损由受损者单方面承担，共同海损由全体受益方按比例分摊。

【案例 12－10】

某货轮从天津新港驶往新加坡，途中船舶货舱起火。船长决定往舱中灌水。火被扑灭后，由于主机受损，船舶无法继续航行。船长又雇用拖轮将货轮拖回新港修理，修好后又重新驶往新加坡。在这次事故中，遭受的损失和支出的费用有：（1）1 000 箱货被烧毁；（2）600 箱货由于灌水受到损失，其中 40 箱有热熏痕迹；（3）主机和部分甲板被烧坏；（4）拖轮费用；（5）额外增加的燃料、船长及船员工资。这些损失各属于什么损失？

## 2.3 海上费用

海上费用可分为如下几类：

1. 施救费用（Sue and Labor Expense）。指保险标的在遭遇保险责任范围内的事故时，被保险人或其代理人、雇用人员、受让人等采取抢救措施以防止损失扩大而支出的合理费用。

2. 救助费用（Salvage Charge）。指保险标的在遭遇保险责任范围内的事故时，保险人和被保险人以外的第三方采取救助措施，获救方应向第三方支付的费用。

3. 特别费用（Special Charge）。指船舶遭遇风险后不能继续航行，必须把货物卸下存仓，修好后再由原船装载续运或由其他船舶代运等产生的费用。

4. 额外费用（Extra Charge）。指为保险索赔举证等支付的费用。此项费用在索赔案成立时由保险公司负责。

# §3 保险方式、保险费和赔付额的计算

## 3.1 国际货运保险方式

国际货运保险方式有逐笔保险和预约保险两种。逐笔保险（Specific Insurance）指每一批货物单独办理一次保险，适用于偶尔发生的交易。

预约保险（Open Cover）又称开口保险，它是对陆续运输的货物与保险公司订立一个总的保险合同，约定在一定时间内适用于各批货物的保险条件，在保险期间内发运的各批货物只要按规定办理了起保手续，就自动投保。

预约保险的保险期限可以是定期的，也可以是长期的（即永远开口的）。如果是长期的，则应在保险合同中订立一个终止条款，例如，提前 30 天或 3 个月发出取消保单的通知。预约保险虽然有保险期限，但仍然是航程保险，即各批货物都被视作单独的保险。保险费可以每笔结算，也可以到年底一起结算。

在国际贸易中，预约保险主要用于进口，适用于常年有货物进口的企业，它可以避免逐笔投保的麻烦，节省费用。下面引用一则国内运输预约保险的案例供参考。

【实例】

2002 年 12 月，在深圳从事专业货运的苏女士与保险公司签订了《货物运输预约保险合同》和《国内货物运输保险合同》。按照双方的合同约定，苏女士承运的所有货物向保险公司投保货物运输统保保险及承运人责任统保保险。为了方便，双方约定，苏女士在每次发货前填写预约保险的《起运通知书》，加盖公章后传真给保险公司，以示起保；保险公司在收到传真后，加盖公章回传给苏女士，以示承保。这样就不必每次发运货物前都签发保单，只要事后补签保单即可。如果货物出险，苏女士则可为该批出险货物补签保单作为索赔依据。

半年后，一直合作得不错的苏女士与保险公司却闹起了纠纷。2003 年 5 月，苏女士将一批树脂胶等货物从深圳运往济南，在运输途中因路面不平，卸货时发现全部树脂胶有不同程度的损坏，损失约 6 万元。当苏女士向保险公司索赔时，得到的回答却是拒赔，理由是这批货压根就没有上保险。经过一年多的交涉未果，苏女士一纸诉状将保险公司告上了罗湖区人民法院，要求保险公司支付该笔货物的保险赔偿及其利息等费用共 7 万余元。

法院经过审理认为，双方签订的《货物运输预约保险合同》有效成立，双方应遵循合同的有关规定。但苏女士没有举证证明其将预约保险《起运通知书》传真给了保险公司，更没有证据证明保险公司盖了章以示承保。因此，苏女士主张成立保险合同法律关系的理由不能成立。据此法院判决驳回苏女士的全部诉讼请求。①

## 3.2　保险费的计算

计算保险费（简称保费）先要了解保险价值和保险金额的概念。保险价值（Insurable Value）是保险公司与投保人约定的保险标的的价值，一般就是保险标的的实际价值。在国际货运保险中，进出口货物的保险价值由 FOB 价、运费、保费构成，即 CIF 价。

保险金额（Amount Insured）是保险公司与投保人约定的，在保险标的发生损失时保险公司负责赔偿的最高限额。在国际货运保险中，进出口货物的保险金额一般由 CIF 价另加 10% 构成，这个 10% 是为买方的预期利润和进行交易已经付出的经营费用（如开证费、电报费、借款利息等）购买的保险。买方也可以要求更高的投保加成率，但一般不能超过 30%，否则保险公司有可能不接受。

国际货运保险的保险费等于货物的保险金额乘以保险费率：

国际货运保险的保险费 = 保险金额 × 保险费率

= CIF 价 ×（1+ 投保加成率）× 保险费率

【案例 12－11】

一批出口货物 CIF 总金额为 30 000 美元，投保一切险（保险费率为 0.6%）及战争险（保险费率为 0.03%），保险金额按 CIF 总金额加 10%。计算保险费。

① 摘编自：法律快车网的《未按合同上保险　运输货物损坏被拒赔》一文。

有时候出口商以 FOB、CFR 报价，客户要求改报 CIF 价，这实际上是要将运费和保险费，或仅保险费加进去，也与保险费的计算有关，其换算公式如下：

CIF 价 = CFR 价 /[1－（1+ 投保加成率）× 保险费率 ]

CIF 价 =（FOB 价 + 运费）/[1－（1+ 投保加成率）× 保险费率 ]

【案例 12－12】

一批出口货物 CFR 价为 25 000 美元，现客户要求改 CIF 价，加二成投保海运一切险，我方同意照办。如果保险费率为 0.6%，计算 CIF 价、保险金额和保险费。

## 3.3 赔付额的计算

在财产保险中，根据订立保险合同时双方当事人是否约定了保险价值，可分为定值保险和不定值保险，二者的赔付方法不同。

**定值保险** 指在订立保险合同时双方当事人约定了保险标的价值，并已将其记载于保险合同之中的保险。它适用于保险标的价值在受损时不易确定的财产保险，如古玩、字画、船舶、进出口货物的保险等。定值保险可分为足额保险和不足额保险。

足额保险（Full Insurance）指保险金额等于保险价值的保险。在足额保险的情况下，如果货物遭受全损，保险公司则应赔偿保险金额的全部；如果遭受部分损失，则按损失赔偿。

不足额保险（Under Insurance）指保险金额小于保险价值的保险。在不足额保险的情况下，货物遭受损失，要先确定保险金额占保险价值的比例，然后以损失额乘以这个比例来计算赔偿额（无论是全损还是部分损失）。

定值保险不存在超额保险（Over Insurance），因为保险标的的价值已经确定，保险公司不接受超过保险价值的保险金额。

【案例 12－13】

张某就价值 100 万元的家庭财产向某保险公司投保财产险一年，投保金额为 50 万元。后来张某的房屋在一年内发生火灾，财产损失核定为 50 万元。问保险公司应赔偿多少？

**不定值保险** 指在订立保险合同时不确定保险价值，到事故发生后再按照保险标的的市场价格来确定保险价值的保险。不定值保险的保单上只有保险金额，没有保险价值。国际货运保险属于定值保险，但为了理解的方便，我们还是简单地介绍一下不定值保险。

在不定值保险的情况下，如果保险标的遭受损失，首先要评估事故发生时保险标的的保险价值，其次计算赔付额。不定值保险不仅有足额保险和不足额保险，还存在超额保险的可能。其中，足额保险和不足额保险的赔付方法与定值保险相同；至于超额保险，《保险法》规定，超额部分无效；如果是恶意超额，则是欺诈，可以使整个保险合同无效。

## 复习题

1. 名词解释：最大诚信原则、可保利益原则、近因原则、赔偿原则、代位求偿、委付。

2. 名词解释：自然灾害、意外事故、一般外来风险、特殊外来风险；实际全损、推定全损、单独海损、共同海损；施救费用、救助费用、特别费用、额外费用。

3. 国际货运保险有哪两种方式？什么是预约保险？

4. 解释保险价值和保险金额的概念，说明什么是国际货运保险的保险价值和保险金额。怎样计算国际货运保险的保险费？

5. 什么是定值保险和不定值保险？简要说明两类保险赔付额的计算方法。

## 问题与案例

1. 1990 年 5 月 12 日，我国某外贸公司（简称我公司）向法国出口 20 000 箱芦笋罐头，每箱 15.50 美元，FOB 厦门，合同总值 310 000 美元，收到信用证后 15 天内发货。1990 年 5 月 28 日，客户致电我公司，要求代它按发票金额 110% 投保一切险。1990 年 6 月 10 日，收到客户开来的信用证及派船通知，我公司遂于 1990 年 6 月 12 日向保险公司投保了一切险，保险单的被保险人为买方，起运地为供货厂商所在地龙岩市，目的港为法国马赛。1990 年 6 月 15 日，货物在自龙岩市运往厦门港的途中发生事故，10% 的货物受损。事后我公司以保险单中含有“仓至仓条款”向保险公司索赔，但遭到拒赔；随后请客户凭保险单向保险公司索赔，也遭到拒赔。于是我公司向 × 中级人民法院提起诉讼。问保险公司对出口商和国外进口商的索赔是否可以拒赔？为什么？ [①]

2. 一海轮舱面上载有 1 000 台拖拉机，航行途中遇到恶劣气候（Heavy Weather），海浪将 450 台拖拉机卷入海中，海轮出现严重倾斜，如不立即采取措施，则有翻船沉没的危险。船长于是下令将其余的 550 台拖拉机全部抛入海中。问前 450 台拖拉机和后 550 台拖拉机各属哪种损失，由谁负担？

3. 一海轮在航行中触礁，船身被撞出一个大洞，海水大量涌入，使部分货物遭到严重水渍损失，船舶有沉没的危险。为了船货的共同安全，船长立即下令将船舶驶上附近的浅滩，有意搁浅避免了船舶下沉。在这次事故中发生了三种损失：（1）船身被撞出一个大洞；（2）因船身撞穿带来的货物水渍损失；（3）船舶有意搁浅造成的损失。分析它们各属哪种海损。

4. 出口商报价某商品单价 CFR110 美元，后客户要求改报 CIF 价，已知投保加一成，保险费率为 0.5%。问出口商应改报 CIF 价多少才能保持外汇净收入不变？

---

① 摘编自：上海对外贸易协会. 对外经济贸易案例. 上海：立信会计出版社，1993.

第 13 章

# 国际货运保险条款

保险条款是保险公司说明自己的责任范围、除外责任、责任起讫等内容的文件。在我国的对外贸易中，用得最多的是中国保险条款（China Insurance Clauses，CIC）；但从世界范围来看，用得最多的是协会货物条款（Institution Cargo Clause，ICC）。

## §1　中国保险条款

中国保险条款是中国人保制定的各种与对外贸易运输有关的保险条款的统称，包括基本险与附加险。其中主要的基本险有：《海洋运输货物保险条款》《陆上运输货物保险条款》《航空运输货物保险条款》《邮包保险条款》《海洋运输冷藏货物保险条款》《陆上运输冷藏货物保险条款》《海洋运输散装桐油保险条款》《活牲畜、家禽的海上、陆上、航空运输保险条款》等。

中国保险条款的影响很大，在我国不仅大多数中资保险公司采用，许多进入我国的外资保险公司也采用。由于中国保险条款很多，我们只介绍其中的海运、陆运、空运基本保险条款和相关的附加险条款。在介绍时，我们主要引用中国人民财产保险股份有限公司（简称“人保财险公司”）2009 年向中国保险监督管理委员会[①] 备案的版本。

### 1.1 《海洋运输货物保险条款》

在中国保险条款中，与海洋货运有关的保险条款主要有《海洋运输货物保险条款》

① 2018 年，中国保险监督管理委员会（简称“保监会”）和中国银行业监督管理委员会（简称“银监会”）合并，组建为中国银行保险监督管理委员会（简称“银保监会”），统一监管银行业和保险业。

《海洋运输冷藏货物保险条款》《海洋运输散装桐油保险条款》《活牲畜、家禽的海上、陆上、航空运输保险条款》等，其中最基本的是《海洋运输货物保险条款》，我们只介绍这个条款。

1951年，中国人保就制定了首个海洋运输货物保险条款。1963年，中国人保又参照协会货物条款对其进行了修订。之后，该条款于1972年、1976年、1981年又做过多次修订，其中使用时间最长的是1981年的修订本。目前我国各保险公司向银保监会备案的都是在这个版本上略有修改的版本。1981年《海洋运输货物保险条款》结构上由“责任范围、除外责任、责任起讫、被保险人的义务、索赔期限”五个部分构成。

### 1.1.1 责任范围

《海洋运输货物保险条款》的责任范围包含平安险、水渍险及一切险。

**平安险（Free from Particular Average，FPA）** 英文直译为“单独海损不保”，它负责赔偿：

1. 被保险货物在运输途中由于恶劣气候、雷电、海啸、地震、洪水自然灾害所造成的整批货物的全部损失或推定全损。

2. 由于运输工具遭受搁浅、触礁、沉没、互撞、与流冰或其他物体碰撞以及失火、爆炸意外事故所造成的货物的全部或部分损失。

3. 在运输工具已经发生搁浅、触礁、沉没、焚毁等意外事故的情况下，货物在此前后又在海上遭受恶劣气候、雷电、海啸等自然灾害所造成的部分损失。

4. 在装卸或转运时由于一件或数件整件货物落海所造成的全部或部分损失。

5. 被保险人对遭受承保责任内危险的货物采取抢救、防止或减少货损的措施而支付的合理费用，但以不超过该批被救货物的保险金额为限。

6. 运输工具遭遇海难后，在避难港由于卸货所引起的损失以及在中途港、避难港由于卸货、存仓以及运送货物所产生的特别费用。

7. 共同海损的牺牲、分摊和救助费用。

8. 运输契约订有“船舶互撞责任”条款，根据该条款规定应由货方偿还船方的损失。

【案例13-1】

（1）一批货物投保了平安险，载运该货物的海轮在航行中发生了碰撞事故，使货物遭到部分损失，问保险公司是否要赔偿？（2）一批货物投保了平安险，载运该货物的海轮在航行途中遭遇了暴风雨，由于船舶颠簸，货物相互碰撞发生部分损失，问保险公司是否要负责赔偿？

【案例13-2】

请指出下列哪些损失属于平安险的责任范围，保险公司应如何赔偿：

（1）船舶触礁，海水涌进船舱，5 000公吨货物中有2 000公吨遭海水浸泡。

（2）船舶遭遇恶劣天气，海水涌进船舱，6 000公吨货物中有3 000公吨遭海水浸泡。

（3）船舶遭遇恶劣天气，海水涌进船舱，6 000公吨货物全部遭海水浸泡。

（4）在运输途中，船上自来水管破裂，8 000 公吨货物中有 3 000 公吨遭浸泡。

**水渍险（With Particular Average，WPA 或 WA）** 英文直译为“包括单独海损在内”，其责任范围除包括上列平安险的责任范围外，还包括被保险货物由于恶劣气候、雷电、海啸、地震、洪水 5 种自然灾害所造成的部分损失。

【案例 13－3】

某批货物投保了水渍险，运载该批货物的海轮在航行中遇到降雨，货物遭到水渍损失。问保险公司是否赔偿？

**一切险（All Risks，AR）** 其责任范围除包括上述平安险和水渍险的责任范围外，还包括被保险货物由于外来原因[①] 所造成的全损或部分损失。

【案例 13－4】

某公司以 CFR 进口一批玻璃器皿，投保了一切险，在海运途中部分玻璃器皿因碰撞而破碎，问保险公司是否要赔偿？如果投保的是水渍险，那么保险公司是否要赔偿？

### 1.1.2 除外责任

《海洋运输货物保险条款》对下列原因造成的损失和费用不负赔偿责任：

1. 被保险人的故意行为或过失所造成的损失。
2. 属于发货人责任所引起的损失。
3. 在保险责任开始前，被保险货物已存在的品质不良或数量短差所造成的损失。
4. 被保险货物的自然损耗、本质缺陷、特性，以及市价跌落、运输延迟所引起的损失或费用。
5. 承保保险公司海洋运输货物战争险条款和货物运输罢工险条款规定的责任范围和除外责任。

【案例 13－5】

某公司进口羊毛条一批，包装为毛球外套塑料袋，每四只毛球盛放于一只大塑料袋内，再用麻布包裹，并用 8 道铁皮捆扎，最后装入集装箱内，由 X 轮从蒙得维的亚港运抵上海。该批货物投保了《海洋运输货物保险条款》的一切险，货到集装箱堆场，集装箱封识完整，但箱内毛球受到不同程度水湿。经商检部门检验，发现集装箱顶部有十几个烂洞，最大的直径约 2 厘米，其相应部位的货物包装水湿、受潮。问此损失保险公司是否要赔偿？

① 对于什么是“外来原因”，有关专家认为，《海洋运输货物保险条款》并没有做出明确的解释，后来中国人民银行在有关的复函中将其解释为 11 种一般附加险，但不包括 6 种特别附加险和 2 种特殊附加险。在保险实务中，这种认识也非常普遍。但从主条款上根本看不出 11 种一般附加险与主条款的关联，这对被保险人来说是不公平的，这种解释曾引起法律、航运、保险界的争议。目前一致的理解是：一切险包括但不限于 11 种一般附加险。另外，也不能将“一切险”从字面上理解为承保所有外来原因造成的损失。外来原因指普通的风险，不是政治性的、社会性的、与货运习惯相抵触的风险（参见中国人民财产保险股份有限公司船舶货运保险部吕英才于 2009 年 11 月 3 日在系统内部的演讲）。

【案例 13－6】

A 公司以 CIF 条件与 B 公司签订了一单出口 2 000 吨食用糖的合同，投保了《海洋运输货物保险条款》的一切险。由于货轮陈旧，速度慢，加上船舶沿途加载货物，停靠码头的次数和时间多，结果航行 3 个月才到达目的港。卸货后食用糖变质，根本无法出售。问保险公司是否应赔偿？

### 1.1.3　责任起讫

责任起讫指保险公司对保险标的承担责任的期间，该条款的责任起讫可分正常和非正常两种情况。

1. 正常情况。责任起讫为“仓至仓”，即自被保险货物运离保险单所载明的起运地仓库或储存处所开始运输时生效，包括正常运输过程中的海上、陆上、内河和驳船运输在内，直至该项货物到达保险单所载明目的地收货人的最后仓库或储存处所或被保险人用作分配、分派或非正常运输的其他储存处所为止。如未抵达上述仓库或储存处所，则以被保险货物在最后卸载港全部卸离海轮后满六十天为止。如在上述六十天内被保险货物需要转运到非保险单所载明的目的地，则以该项货物开始转运时终止。

【案例 13－7】

1986 年，香港一皮革经销商购进内地某进出口公司的 400 只皮箱，投保了《海洋运输货物保险条款》的一切险，航程从南京至香港。货物运抵香港后，投保人又将其转口至沙特阿拉伯的吉达港。一个多月后到达吉达港时，货物发生水湿霉烂，损失达 8 000 余美元。香港皮革经销商于是向保险公司索赔。问保险公司是否要赔偿？[①]

该条款的保险期间虽然是仓至仓，但在实际业务中并不是在仓至仓期间发生的所有货损都能够得到保险公司的赔偿，因为还要受保险利益原则的限制（参见第 12 章）。

【案例 13－8】

某外贸公司向日本、英国两国商人分别以 CIF 和 CFR 出售蘑菇罐头，与日本商人的交易由卖方投保，与英国商人的交易由买方投保。两批货物自起运地仓库运往装运港的途中都遭受了损失。问两笔交易的损失保险公司是否都要赔偿？

2. 非正常情况。非正常情况是指，由于被保险人无法控制的运输延迟、绕道、被迫卸货、重新装载、转载，或承运人运用运输契约赋予的权限所做的任何航海上的变更或终止运输契约，致使被保险货物运到非保险单所载明目的地。在这种情况下，如果被保险人及时将获知的情况通知保险人，并在必要时加缴保险费，保险将继续有效，保险责任按下列规定终止：

（1）被保险货物如在非保险单所载明的目的地出售，保险责任至交货时为止，但任何情况均以被保险货物在卸载港全部卸离海轮后满六十天为止。

① 摘编自：张圣翠. 国际商法. 上海：上海财经大学出版社，2012.

（2）被保险货物如在上述六十天期限内被继续运往保险单所载原目的地或其他目的地，保险责任仍按（1）中所述规定终止。

### 1.1.4 被保险人的义务

被保险人应当履行的义务如下：

1. 在被保险货物运抵保险单所载明的目的港（地）后，被保险人应及时提货；当发现被保险货物遭受损失时，应立即向保险单上所载明的检验、理赔代理人申请检验；如发现被保险货物整件短少或有明显残损痕迹，应立即向承运人、受托人或有关当局（海关、港务当局等）索取货损货差证明。如果货损货差是由承运人、受托人或其他有关方面的责任造成的，应以书面形式向其提出索赔，必要时还应取得延长时效的认证。

2. 对遭受承保责任内危险的货物，被保险人和保险公司都迅速采取合理的抢救措施，防止或减少货物的损失，被保险人采取此项措施，不应视为放弃委付的表示，保险公司采取此项措施，也不得视为接受委付的表示。

3. 如遇航程变更或发现保险单所载明的货物、船名或航程有遗漏或错误，被保险人应在获悉后立即通知保险人并在必要时加缴保险费，保险才继续有效。

4. 在向保险人索赔时，必须提供下列单证：保险单正本、提单、发票、装箱单、磅码单、货损货差证明、检验报告及索赔清单。如涉及第三者责任，还应提供向责任方追偿的有关函电及其他必要单证或文件。

5. 在获悉有关运输契约中“船舶互撞责任”条款的实际责任后，应及时通知保险人。

### 1.1.5 索赔期限

本保险索赔时效，从被保险货物在最后卸载港全部卸离海轮后起算，最多不超过二年。

## 1.2 附加险条款

附加险是基本险的扩展，不能单独投保，只能在投保基本险的基础上加保。基本险责任终止，附加险的责任也终止。中国保险条款的附加险有一般附加险、特别附加险和特殊附加险三类。

### 1.2.1 一般附加险

一般附加险（General Additional Risk）承保由一般外来风险造成的全损或部分损失，共 11 种，下面简要介绍各附加险的责任范围。

1. 偷窃、提货不着险（Risk of Theft，Pilferage and Non-Delivery）。本保险对被保险货物遭受下列损失，按保险价值负责赔偿：（1）偷窃行为所致的损失；（2）整件提货不着；（3）根据运输契约规定船东和其他责任方免除赔偿的部分。

2. 淡水、雨淋险（Risk of Fresh Water and/or Rain Damage）。本保险对被保险货物因直接遭受雨淋或淡水所致的损失负责赔偿。

3. 短量险（Risk of Shortage）。本保险对被保险货物在运输过程中，因外包装破裂或散装货物发生数量散失和实际重量短缺的损失负责赔偿，但正常的途耗除外。

4. 混杂、沾污险（Risk of Intermixture and Contamination）。本保险对被保险货物在运输过程中，因混杂、沾污所致的损失负责赔偿。

5. 渗漏险（Risk of Leakage）。本保险对被保险货物在运输过程中，因容器损坏而引起的渗漏损失，或用液体储藏的货物因液体的渗漏而引起的货物腐败等损失负责赔偿。

6. 碰损、破碎险（Risk of Clash and Breakage）。本保险对被保险货物在运输过程中因震动、碰撞、受压造成的破碎和碰撞损失负责赔偿。

7. 串味险（Risk of Odour）。本保险对被保险食物、中药材、化妆品原料等货物在运输过程中，因受其他物品的影响而引起的串味损失负责赔偿。

8. 受潮受热险（Risk of Damage Caused by Sweating and Heating）。本保险对被保险货物在运输过程中因气温突然变化或由于船上通风设备失灵致使船舱内水汽凝结、发潮或发热所造成的损失负责赔偿。

9. 钩损险（Risk of Hook Damage）。本保险对被保险货物在装卸过程中因遭受钩损而引起的损失，以及对包装进行修补或调换所支付的费用均负责赔偿。

10. 包装破裂险（Risk of Loss for Damage Caused by Breakage of Packing）。本保险对被保险货物在运输过程中因搬运或装卸不慎、包装破裂所造成的损失，以及为继续运输安全所需要对包装进行修补或调换所支付的费用均负责赔偿。

11. 锈损险（Risk of Rust）。本保险对被保险货物在运输过程中发生的锈损负责赔偿。

所有 11 种一般附加险都是保单约定的货运险条款（简称“主险条款”）的一般附加险。保险责任的成立要受保险单约定的货运险条款的除外责任部分所制约。所有 11 种一般附加险的未尽事宜均以主险条款为准。

### 1.2.2　特别附加险

特别附加险承保的风险往往同政治、国家行政管理、政策措施、航运贸易习惯等因素相关联。中国保险条款的特别附加险有 6 种，下面简要介绍各条款的责任范围。

1. 交货不到险（Failure to Deliver Risk）。承保从货物装上船起算，满 6 个月仍未运抵原定目的地交货所造成的损失，不论任何原因保险公司均按全损赔偿。

2. 进口关税险（Import Duty Risk）。承保货物到达目的港时，遭受了保险责任范围内的损失，但仍须按完好货物一样缴纳进口关税所造成的损失。

3. 舱面险（On Deck Risk）。承保装载在舱面上的货物由于保险事故而导致的损失和货物因被抛弃或因风浪冲击落水的损失。

4. 拒收险（Rejection Risk）。承保货物由于在进口港被进口国政府或有关当局拒绝进口或没收造成的损失，保险人按被拒绝进口或没收货物的保险价值赔偿。

5. 黄曲霉素险（Aflatoxin Risk）。承保被保险货物因所含黄曲霉素超过进口国的限制标准被拒绝进口、没收或强制改变用途而遭受的损失。

6. 出口货物到我国香港（包括九龙在内）或澳门存仓火险责任扩展条款（Fire Risk Extension Clause，FREC——for Storage of Cargo at Destination Hongkong，Including Kowloon，or Macao）。这是人保财险公司开办的一种特别附加险。根据该条款，我国内

地出口到港澳的货物，如果直接卸货到保单载明的过户银行所指定的仓库，加保该险，则可以延长货物存仓期间保险人的火险责任。这是一种保障过户银行权益的险种。因为货物通过银行办理押汇，在货主未向银行归还押汇款前，货物的权益应属于银行，所以在该保险单上必须注明过户给放款银行。加保该险，在货物存仓期间如果发生火灾，则由保险人赔偿。

以上 6 种特别附加险条款都是保单约定的主险条款的特别附加险条款。特别附加险条款与保单约定的主险条款的任何条文有抵触时，以特别附加险条款为准；特别附加险条款的未尽事宜，以主险条款为准。

### 1.2.3 特殊附加险

特殊附加险（Special Additional Risk）有以下 2 种。

1. 海洋运输货物战争险条款。本条款负责赔偿：(1) 直接由于战争、类似战争行为和敌对行为、武装冲突或海盗行为所致的损失。(2) 由于上述第 (1) 款引起的捕获、拘留、扣留、禁制、扣押所造成的损失。(3) 各种常规武器，包括水雷、鱼雷、炸弹所致的损失。(4) 本条款责任范围引起的共同海损的牺牲、分摊和救助费用。本保险对下列各项不负赔偿责任：(1) 由于敌对行为使用原子或热核武器所致的损失和费用。(2) 根据执政者、当权者，或其他武装集团的扣押、拘留引起的承保航程的丧失和挫折而提出的任何索赔。

本保险责任起讫以水上为限，即自被保险货物装上保险单所载起运港的海轮或驳船时开始，到卸离保险单所载明的目的港的海轮或驳船时为止。如果被保险货物不卸离海轮或驳船，本保险责任最长期限则以海轮到达目的港的当日午夜起算满十五天为限。

本条款是《海洋运输货物保险条款》的特殊附加条款。本条款与主险条款中的任何条文有抵触时，均以本条款为准；本条款未尽事宜，以主险条款为准。

2. 货物运输罢工险条款。本条款对被保险货物由于罢工者或被迫停工工人或参加工潮、暴动、民众斗争的人员的行动，或任何人的恶意行为所造成的直接损失和上述行动或行为所引起的共同海损的牺牲、分摊和救助费用负赔偿责任。但本保险对下列各项，不负赔偿责任：在罢工期间由于劳动力短缺或不能履行正常职责所致的保险货物的损失，包括因此而引起的动力或燃料缺乏使冷藏机停止工作所致的冷藏货物的损失。

本条款是各主险条款的特殊附加条款，本条款与主险条款中的任何条文有抵触时，均以本条款为准；本条款未尽事宜，以主险条款为准。

**【案例 13－9】**

某公司出口冷冻食品一批，投保了平安险、战争险和罢工险。货到目的港遇到码头工人罢工，港口无人作业，货物无法卸载。不久因无法补充燃料，冷冻设备停机，罢工结束后，冷冻食品已变质。问保险公司对冷冻食品的变质是否要赔偿？

## 1.3 《陆上运输货物保险条款（火车、汽车）》

在中国保险条款中，与陆运有关的基本保险条款有《陆上运输货物保险条款（火车、汽车）》、《陆上运输冷藏货物保险条款》及《活牲畜、家禽的海上、陆上、航空运输保险条款》，此外还有专门的陆运特殊附加险——《陆上运输货物战争险（火车）》。其中，《陆上运输货物保险条款（火车、汽车）》是最基本的，我们只介绍这个条款。该条款结构上由责任范围、除外责任、责任起讫、被保险人的义务、赔偿处理五个部分构成，下面只介绍前三个部分。

**责任范围**　该条款的责任范围只包括以下两个险别。

1. 陆运险（Overland Transportation Risks）。本保险负责赔偿：（1）被保险货物在运输途中遭受暴风、雷电、洪水、地震自然灾害，或由于运输工具遭受碰撞、倾覆、出轨，或在驳运过程中因驳运工具遭受搁浅、触礁、沉没、碰撞，或由于遭受隧道坍塌、崖崩，或由于失火、爆炸意外事故所造成的全部或部分损失。（2）被保险人对遭受承保责任内危险的货物采取抢救、防止或减少货损的措施而支付的合理费用，但以不超过该批被救货物的保险金额为限。

2. 陆运一切险（Overland Transportation All Risks）。除包括上列陆运险的责任外，本保险还负责被保险货物在运输途中由于外来原因所致的全部和部分损失。

【案例 13 - 10】

有一批货物通过铁路运输投保了陆运险，货物到达后，有部分货物失窃，问保险公司是否要赔偿？

---

**除外责任**　本保险对下列损失不负赔偿责任：（1）被保险人的故意行为或过失所造成的损失。（2）属于发货人责任所造成的损失。（3）在保险责任开始前，被保险货物已存在的品质不良或数量短差所造成的损失。（4）被保险货物的自然损耗、本质缺陷、特性，以及市价跌落、运输延迟所造成的损失或费用。（5）本公司陆上运输货物战争险条款和货物运输罢工险条款规定的责任范围和除外责任。

**责任起讫**　本保险负"仓至仓"责任，自被保险货物运离保险单所载明的起运地仓库或储存处所开始运输时生效，包括正常运输过程中的陆上和与其有关的水上驳运在内，直至该项货物运达保险单所载目的地收货人的最后仓库或储存处所或被保险人用作分配、分派的其他储存处所为止，如果未运抵上述仓库或储存处所，则以被保险货物运抵最后卸载的车站满六十天为止。

## 1.4 《航空运输货物保险条款》

在中国保险条款中，与空运有关的保险条款有《航空运输货物保险条款》及《活牲畜、家禽的海上、陆上、航空运输保险条款》，此外还有专门的空运特殊附加险——《航空运输货物战争险》。其中，《航空运输货物保险条款》是最基本的，我们只介绍这个条款。该条款结构上由责任范围、除外责任、责任起讫、被保险人的义务、赔偿处理五个部分构成，我们只介绍前三个部分。

**责任范围** 该条款的责任范围只包括以下两个险别。

1. 航空运输险（Air Transportation Risks）。本保险负责赔偿：（1）被保险货物在运输途中遭受雷电、火灾或爆炸或由于飞机遭受恶劣气候或其他危难事故而被抛弃，或者由于飞机遭受碰撞、倾覆、坠落或失踪意外事故所造成的全部或部分损失。（2）被保险人对遭受承保责任内危险的货物采取抢救，防止或减少货损的措施而支付的合理费用，但以不超过该批被救货物的保险金额为限。

2. 航空运输一切险（Air Transportation All Risks）。除包括上列航空运输险的责任外，本保险还负责被保险货物由于外来原因所致的全部和部分损失。

**除外责任** 本保险对下列损失不负赔偿责任：（1）被保险人的故意行为或过失所造成的损失。（2）属于发货人责任所引起的损失。（3）保险责任开始前，被保险货物已存在的品质不良或数量短差所造成的损失。（4）被保险货物的自然损耗、本质缺陷、特性，以及市价跌落、运输延迟所引起的损失或费用。（5）本公司航空运输货物战争险条款和货物运输罢工险条款规定的责任范围和除外责任。

**责任起讫** 可分为正常情况与非正常情况。

1. 正常情况。在正常情况下，本保险负“仓至仓”责任，即自被保险货物运离保险单所载明的起运地仓库或储存处所开始运输时生效，包括正常运输过程中的运输工具在内，直到该项货物运达保险单所载明目的地收货人的最后仓库或储存处所或被保险人用作分配、分派或非正常运输的其他储存处所为止。如未运抵上述仓库或储存处所，则以被保险货物在最后卸载地卸离飞机后满三十天为止。如在上述三十天内被保险的货物需要转送到非保险单所载明的目的地，则以该项货物开始转运时终止。

2. 非正常情况。非正常情况是指由于被保险人无法控制的运输延迟、绕道、被迫卸货、重新装载、转载，或承运人运用运输契约赋予的权限所做的任何航行上的变更或终止运输契约，致使被保险货物运到非保险单所载目的地。在这种情况下，在被保险人及时将获知的情况通知保险人，并在必要时加交保险费，本保险仍继续有效，保险责任按下述规定终止：（1）被保险货物如果在非保险单所载目的地出售，保险责任则至交货时为止，但不论任何情况，均以被保险的货物在卸载地卸离飞机后满三十天为止。（2）当被保险货物在上述三十天期限内继续运往保险单所载原目的地或其他目的地时，保险责任仍按上述（1）中的规定终止。

## §2 协会货物条款

从世界范围来看，大约2/3的海运货物保险采用协会货物条款（Institute Cargo Clause，ICC）。协会货物条款也是一个统称，它指英国伦敦保险协会制定的各种货物运输保险条款。在此，我们用来专指其中的海洋运输货物保险条款。

## 2.1　起源和发展

协会货物条款起源于 1779 年英国劳合社制定的船货保险单（简称 S.G. 保单）。1906 年，该保险单被编入英国的 1906 年《海上保险法》。之后经过多次修订，1912 年初步形成了一套协会货物条款，作为 S.G. 保单的附加条款。当时只有水渍险和平安险；1963 年修订后又增加了一切险，该条款仍被作为船货保险单的附加条款。

但 1963 年的船货保险单和协会货物条款仍然存在不少问题，1978 年，联合国贸易和发展会议对此提出了批评。在这种情况下，英国劳氏保险人协会和伦敦海上保险人协会共同组成的联合货物保险委员会对 1963 年的船货保险单和协会货物条款做了修订，产生了协会货物新条款和与之相应的新保险单，于 1982 年生效。

1982 年的协会货物条款受到业界普遍欢迎。为了反映各方面情况的变化，2006 年，联合货物保险委员会又开始对 1982 年的协会货物条款进行修订，修订后的条款于 2009 年 1 月 1 日生效。

但就目前的情况来看，我国各保险公司向银保监会备案的大多数还是 1982 年的版本，因此本书仅介绍该版本。

协会货物条款由以下 6 个条款构成：（1）协会货物条款（A）[Institute Cargo Clauses（A），ICC（A），简称 A 险]；（2）协会货物条款（B）[Institute Cargo Clauses（B），ICC（B），简称 B 险]；（3）协会货物条款（C）[Institute Cargo Clauses（C），ICC（C），简称 C 险]；（4）协会战争险条款（货物）（Institute War Clauses Cargo，IWCC，简称战争险）；（5）协会罢工险条款（货物）（Institute Strikes Clauses Cargo，ISCC，简称罢工险）；（6）恶意损害险条款（Malicious Damage Clauses）。其中，A 险、B 险、C 险是基本险，可以单独投保；其余的是附加险，但战争险和罢工险有完整的结构，在征得保险人同意后也可以单独投保。

## 2.2　协会货物条款的基本险

协会货物条款的基本险结构上均由责任范围、除外责任、保险期间、索赔、保险利益、减少损失、防止延迟、法律和惯例八个部分组成，对此我们只介绍前面三个部分。

### 2.2.1　协会货物条款（A）

**责任范围**　这部分包括“风险”“共同海损”“船舶互撞责任”三个条款，规定的保险公司的责任范围如下：

1. 承保除列出的除外责任以外的一切风险所造成的保险标的的灭失或损坏。这里采用了“一切风险减除外责任”的方法来规定承保的风险，十分简单明了，投保人要了解该险承保哪些风险只要看除外责任部分就可以了。

2. 承保共同海损和救助费用，但除外责任或其他条款规定的不保责任除外。

3. 承保被保险人根据运输契约的“船舶互撞责任”条款，应赔偿船方的损失。

**除外责任**　这部分包括“一般除外责任”“不适航与不适货除外责任”“战争除外责

任”“罢工除外责任”四个条款。

1. 一般除外责任。一共七条，规定保险人对下列情况不负责：（1）被保险人的故意行为所造成的损失和费用。（2）保险标的的自然渗漏，重量或容量的自然损耗，或自然磨损。（3）由于保险标的包装或准备不足或不当造成的损失或费用。（4）由于保险标的固有缺陷或特性造成的损失和费用。（5）直接由延迟引起的损失或费用，即使延迟是由承保风险所引起。（6）由于船舶所有人、经理人、租船人或经营人破产或不履行债务造成的损失或费用。（7）由于使用任何原子或热核武器所造成的损失或费用。

2. 不适航与不适货除外责任。一共两条，规定保险人对下列损失和费用不负责任：（1）被保险人或其雇用人员在货物装船时已经知道船舶不适航，以及船舶、装运工具、集装箱或大型海运箱不适货的情况，由此而引起的损失或费用。（2）在被保险人或其雇用人员已经知情的情况下，承运人违反船舶必须适航适货的默示保证所造成的损失或费用，即使保险人放弃其提出关于船舶违反适航适货默示保证的权利。

3. 战争除外责任。一共三条，规定保险人对下列原因造成的损失和费用不负责：（1）战争、内战、革命、叛乱、造反或由之引起的内乱，或者交战国或针对交战国的任何敌对行为所造成的损失和费用。（2）捕获、拘留、扣留、禁制、扣押（海盗行为除外）以及这种行动的后果或这方面的企图所造成的损失和费用。（3）遗弃的水雷、鱼雷、炸弹或其他遗弃的战争武器造成的损失和费用。

战争险除外责任的各项均为战争险的承保范围，因为设置有货物条款，因此，A险、B险、C险都将战争险的责任范围列为除外责任。

4. 罢工除外责任。一共三条，规定保险人对下列原因造成的损失和费用不负责：（1）罢工者，或被迫停工工人，或参与工潮、暴动或民变人员造成的损失和费用；（2）罢工、被迫停工、工潮、暴动或民变造成的损失和费用；（3）任何恐怖主义者或者任何人出于政治目的采取的行动造成的损失和费用。

罢工除外责任中的各项均为罢工险的责任范围，因为设置有货物条款，因此，A险、B险、C险都将罢工险的责任范围列为除外责任。

**保险期间** 这部分分“运输条款”和“运输合同终止条款”两个条款来规定保险责任的起讫。

1. 运输条款。该条款规定如下。

（1）保险人对承保货物所承担的责任自货物运离保险单所载明的起运地仓库或储存处所时开始生效，并在正常运输途中继续有效，直至下述三种情况发生时终止：①至保险单载明目的地收货人的或其他的最后仓库或储存处所；②至保险单载明目的地或中途的任何其他仓库或储存处所，其由被保险人用作正常运输过程以外的储存或者分配、分派货物；③至被保险货物在最后卸货港全部卸离海轮后满60天。以上三种情况，以先发生者为准。

（2）货物在最后卸货港全部卸离海轮后，在本保险终止前，被转运到非保险单载明的目的地时，本保险仍受前述终止规定的制约，并于此种转运开始时终止。

（3）在发生被保险人无法控制的运输延迟、绕航、被迫卸货、重装、转运或承运人运用货物运输合同赋予他的权限所做的任何航海上的变更的情况下，保险责任继续有效，并且被保险人不需要通知保险人，也不需要加缴保费。

2. 运输合同终止条款。该条款规定：如果由于被保险人无法控制的情况，运输合同在保险单载明的目的地港口以外的其他港口或处所终止，或者运输过程在按运输条款规定交货之前已终止，保险责任则随之终止。除非在被保险人立即通知保险人且提出续保要求，并在必要时加交保险费的情况下，本保险继续有效，直至下述两种情况发生时终止：

（1）货物在该卸载港口或处所出售或交货，或者在货物到达该港口或处所后届满六十天，两者以先发生者为准。

（2）货物在上述六十天内继续运往保险单载明的目的地或其他目的地，保险责任仍按正常运输情况下的规定终止。

### 2.2.2　协会货物条款（B）

**责任范围**　由“风险”“共同海损”“船舶互撞责任”三个条款构成，后面两个条款的内容与 A 险完全一样，因此，我们只介绍“风险”条款部分。B 险的风险条款采用“列明风险法”，即将承包的风险逐条列出来，这些风险被分为三类：

1. 可以合理归因于由下列原因造成的灭失或损害：（1）火灾、爆炸；（2）船舶或驳船遭受搁浅、触礁、沉没或倾覆；（3）陆上运输工具的倾覆或出轨；（4）船舶、驳船或运输工具同水以外的任何外界物体碰撞；（5）在避难港卸货；（6）地震、火山爆发或雷电。

2. 由下列原因造成的灭失或损害：（1）共同海损牺牲；（2）抛货或浪击落海；（3）海水或湖水或河水进入船舶、驳船、运输工具、集装箱、起重运货车或储存处所。

3. 货物在船舶或驳船装卸时落海或跌落造成任何整件的全损。

**除外责任**　B 险的除外责任与 A 险基本相同，只在两项上有些差别：（1）A 险对被保险人的故意不法行为所造成的损失、费用不负责，但对被保险人之外的任何个人或数人故意损坏或破坏保险标的或其他任何部分负责（即 A 险包含附加险恶意损害险）；而 B 险对此均不负责（即 B 险不包括恶意损害险）。（2）A 险将海盗行为列入风险范围，B 险对海盗行为不负责。

**保险期间**　B 险的保险期间规定与 A 险完全相同。

### 2.2.3　协会货物条款（C）

**责任范围**　也由“风险”“共同海损”“船舶互撞责任”三个条款组成。后面两个条款的内容与 A 险完全一样，因此，我们只介绍“风险”条款部分。C 险的风险条款与 B 险一样也采用“列明风险法”，将承保的风险逐条列出来，这些风险被分为以下两类。

1. 可以合理归因于下列原因的灭失或损害：（1）火灾、爆炸；（2）船舶或驳船触礁、搁浅、沉没或倾覆；（3）陆上运输工具倾覆或出轨；（4）船舶、驳船或运输工具同水以外的任何外界物体碰撞；（5）在避难港卸货。

2. 由下列原因造成的灭失或损害：（1）共同海损牺牲；（2）抛货。

可见 C 险只承保七项重大意外事故造成的货物损失，不承保自然灾害及非重大意外事故造成的损失。

**除外责任** C险的除外责任与B险完全相同。

**保险期间** C险的保险期间的规定与B险和A险完全相同。

ICC（A）、ICC（B）、ICC（C）风险条款承保范围的比较如表13－1所示。

**表13－1 ICC（A）、ICC（B）、ICC（C）风险条款承保范围的比较**

| 风险条款承保的风险 | ICC（A） | ICC（B） | ICC（C） |
|---|---|---|---|
| 1. 火灾、爆炸 | √ | √ | √ |
| 2. 船舶、驳船的触礁、搁浅、沉没、倾覆 | √ | √ | √ |
| 3. 陆上运输工具的倾覆或出轨 | √ | √ | √ |
| 4. 船舶、驳船或运输工具同除水以外的任何外界物体碰撞 | √ | √ | √ |
| 5. 在避难港卸货 | √ | √ | √ |
| 6. 地震、火山爆发或雷电 | √ | √ | × |
| 7. 共同海损牺牲 | √ | √ | √ |
| 8. 抛货 | √ | √ | √ |
| 9. 浪击落海 | √ | √ | × |
| 10. 海水或湖水或河水进入船舶、驳船、运输工具、集装箱、起重运货车或储存处所 | √ | √ | × |
| 11. 货物在船舶或驳船装卸时落海或跌落造成任何整件的全损 | √ | √ | × |
| 12. 海盗行为 | √ | × | × |
| 13. 恶意损害行为 | √ | × | × |
| 14. 由于一般外来原因所造成的损失 | √ | × | × |

注：“√”表示在责任范围内；“×”表示不在责任范围内。

## 2.3 协会货物条款的附加险

协会货物条款的附加险有协会战争险条款（货物）、协会罢工险条款（货物）和恶意损害险条款。前两个条款在结构上也由八个部分组成，对此我们主要介绍责任范围、除外责任两个部分。

### 2.3.1 协会战争险条款（货物）

**责任范围** 这部分包括“风险”和“共同海损”两个条款，保险人的承保责任如下。

1. 除除外责任外由下列事项所致的保险标的的损失：（1）战争、内战、革命、叛乱、暴动或民争所致或任何交战势力所为或抵抗的任何战斗行为导致的损失。（2）由于（1）项所列的事项产生的捕获、查扣、拘押、禁制或征收，及其任何后果或其任何企图造成的损失。（3）遭弃水雷、鱼雷、炸弹或其他遭弃的战争武器所导致的损失。需要注意的是：保险人仅对战争行为及武器导致保险标的的直接损失负责赔偿，但不赔偿因此产生的费用。

2. 为避免本条款承保风险造成的损失所引起的共同海损和救助费用。

**除外责任** 这部分包括“一般除外责任”和“不适航与不适货除外责任”条款，其中不适航与不适货除外责任条款与A险同名条款的内容完全一样，因此我们只介绍“一般除外责任”条款。该条款与A险的同名条款的内容也基本相同，仅在两点上有一些差别：

1. 在一般除外责任中，增加了“航程挫折条款”，规定保险人对货物本身没有受损，但由于航程受阻而引起的货物的索赔不负责。也就是说，保险人只承保货物本身的损失，而不负责运输过程受阻带来的损失。

2. 规定对由于敌对行为使用原子、热核武器所造成的保险标的灭失或损坏不赔偿。

该条款保险期间的特点是以“水上危险”为原则，即保险责任自货物装上海轮时开始，直到卸离海轮时为止。若货物不及时卸离海轮，以海轮到最后港口或卸货港当日午夜起满十五天为止，两者以先发生者为准。

### 2.3.2　协会罢工险条款（货物）

**责任范围**　这部分包括“风险”和“共同海损”两个条款，其责任范围如下。（1）承保：①罢工工人，或被迫停工工人，或参与工潮、暴动或民变骚乱人员所造成的损失。②任何恐怖分子或任何人出于政治动机而采取行动所造成的损失。（2）由于上述风险所致的共同海损牺牲、分摊和救助费用。

**除外责任**　这部分包括“一般除外责任”和“不适航与不适货除外责任”两个条款。

1. 一般除外责任。这一部分在 A 险除外责任的基础上增加了下列内容：（1）由于罢工、停工、工潮、暴动或民变骚乱造成的工人缺勤、缺员或怠工引起的损失或费用，保险人不负责。（2）由于罢工原因造成航程终止，致使货物未能运到保险单所载明的目的地而引起的间接费用，保险人不负责。（3）由于战争、内战、革命、叛乱或由此引起的内战，或由交战力量引起的敌对行为所引起的损失或费用，保险人不负责。

2. 不适航与不适货除外责任。这一部分和 A 险中的规定完全一致。

该条款保险期间的特点是采用仓至仓原则，即保险人的责任从发货人的仓库开始，到收货人的仓库为止。

### 2.3.3　恶意损害险条款

该条款承保被保险人以外的其他人（如船长、船员）的故意破坏行动（如沉船、纵火等）造成的被保险货物的灭失或损失，但不包括有政治动机的人的恶意行为造成的损失。

恶意损害险是附加险，没有完整的结构，不能单独投保，只能在投保主险的基础上加保。由于该险的责任范围已包括在 A 险的责任范围内，因此，如果投保了 A 险，就没有必要再加保该险。而恶意损害险的责任范围在 B 险和 C 险中都是除外责任，因此，在投保 B 险或 C 险时，若保险标的需要得到这方面的保障，可以考虑加保该险。

## 复习题

1. 中国保险条款包括哪几个保险条款？

2. 简述《海洋运输货物保险条款》平安险、水渍险、一切险的责任范围。

3. 中国保险条款中的《陆上运输货物保险条款（火车、汽车）》及《航空运输货物保险条款》的基本险别是什么？

4. 协会货物条款主要有哪几个险别？其中哪些是基本险，哪些是附加险？

## 《问题与案例》

1. “《海洋运输货物保险条款》的水渍险对一般外来风险导致的全部损失和部分损失不负赔偿责任。”这句话对吗？

2. “《海洋运输货物保险条款》的一切险承保海运途中任何外来风险造成的货损。”这句话是否正确？

3. 某公司按CIF条件出口一批货物，价值50万美元，按发票金额加10%向中国人保投保了水渍险，货物在转船卸货过程中遇到大雨被淋湿了60%。收货人在收到货物后，凭保单向中国人保在当地的代理人索赔。问保险公司是否要赔偿？

4. 某公司出口坯布50包，投保了《海洋运输货物保险条款》的水渍险。在运输途中装载货物的舱内淡水管滴漏，使坯布的一半遭到水渍损失。问保险公司是否要赔偿？

第 3 部分

# 实务操作的过程

05

第5篇

# 交易前的准备

本篇到第9篇论述国际贸易的操作过程，按四大步骤论述，本篇论述交易前的准备。

无论是出口还是进口，在交易前总要做一些准备工作。具体要做哪些工作，是一个比较复杂的问题，它与许多因素有关，如企业的性质、采用什么经营方式、进出口业务在企业整个业务中所占的比重、企业的发展战略等。对此我们只从一般角度出发，论述申请外贸经营权，市场调查，准备有关产品认证，选择出口市场、产品和经营方式，找客户和客户资信调查几项工作。这些工作有的在进出口中是相同的，有的在进出口中有差异。为了避免重复，本书主要从出口的角度论述；对进出口有差异的地方，本书尽量增加对进口内容的说明。

# 第14章
# 交易前的准备 I

交易前的准备涉及的内容较多，我们将其分为两章来论述，本章先谈申请外贸经营权、市场调查、准备有关产品认证三项准备工作。

## §1　申请外贸经营权

企业要直接从事对外贸易，首先要申请外贸经营权；否则，就只能以委托代理、挂靠等方式间接地从事对外贸易。《对外贸易法》规定，我国对外贸经营权的管理实行备案登记制（参见第2章）。为指导其实施，2004年，商务部颁布了《对外贸易经营者备案登记办法》（商务部令2004年第14号，简称《备案登记办法》）。按照该办法，企业申请外贸经营权只要按一定程序向外经贸主管部门备案登记即可。但从总体上看，获得外贸经营权的过程包括办理有关工商手续、对外贸易经营者备案登记、办理开展对外贸易需要的其他手续三个步骤。

### 1.1　办理有关工商手续

企业在外贸经营权备案登记前，先要向工商行政管理部门办理相关的工商手续。申请外贸经营权的企业有两类：一是新成立的企业，二是已成立但无外贸经营权的企业。二者的工商手续不同，下面分开介绍。

**新成立的企业**　这类企业的工商手续是注册企业，并在经营范围上列明“货物进出口、技术进出口”。成立企业可以注册公司、个人独资企业、合伙企业或个体工商户等。

目前，我国注册公司的法律依据是《中华人民共和国公司法》（简称《公司法》）和《中华人民共和国公司登记管理条例》。可以注册的公司形式有有限责任公司和股份有限公司。有限责任公司的人数应在 2 人以上 50 人以下，最低注册资本为 3 万元。股份有限公司最低注册资本为 500 万元。《公司法》还允许设立一人有限责任公司（执照上是自然人独资），最低注册资本为 10 万元。

外贸企业大多数是注册有限责任公司。因此，从理论上来说，注册一个外贸公司最低只要有 3 万元即可。但这是从法律规定方面来说的，在实践中，注册资本太少会使外商不放心，一般来说，一家外贸公司的注册资金最好在 100 万元以上。

注册个人独资企业、合伙企业或个体工商户的法律依据是《中华人民共和国个人独资企业法》《中华人民共和国合伙企业法》《个体工商户条例》。这几种企业形式都没有注册资金的规定，经营者都要承担无限责任。

《对外贸易法》将外贸经营权下放到“个人”，但这里的“个人”不是自然人，而是个体经营者。因此，自然人从事对外贸易，先要注册为个人独资企业或个体工商户，然后才能进行外贸经营权备案登记。但个人从事对外贸易要承担无限责任，风险很大，因此最好具备一定的条件，如精通外贸业务，有一定数量、稳定的订单等。如果只是偶尔进出口，那么不如找一家外贸公司代理。

**已成立但无外贸经营权的企业**　这类企业的工商手续是到工商管理部门办理营业范围的变更，在营业执照上增加“货物进出口、技术进出口”。

## 1.2 对外贸易经营者备案登记

相关的工商手续办好后，即可以进行对外贸易经营者备案登记，其步骤如下：

1. 登录商务部网站，选择主管备案登记机关，在网上填写并提交对外贸易经营者备案登记表；
2. 从网上打印备案登记表，由企业法人代表或个体工商户负责人签字、盖章；
3. 备齐有关书面材料报主管备案登记机关审核；
4. 在备案登记机关通知的领表时间前往领取已加盖备案印章的备案登记表。

## 1.3 办理开展对外贸易需要的其他手续

对外贸易经营者备案登记后，还要凭备案登记表在一定时间内到其他部门办理一些开展对外贸易需要的手续。对外贸易经营者应凭加盖备案登记印章的登记表在 30 天内到当地海关、外汇、税务等部门办理开展对外贸易业务所需的有关手续。逾期未办理的，备案登记表自动失效（但 30 天内只要到上述一个部门办理了手续，备案登记表就继续有效）。主要手续如下。

1. 向海关办理注册登记 / 备案。原来是向海关办理报关资质，在出入境检验检疫局被划入海关后，海关总署将报关、报检资质的办理进行了合并。因此，现在向海关注册登记 / 备案后，可以获得报关和报检的双重资质（如果企业需要双重资质）。

2. 到国家税务局：（1）新注册的企业办理税务登记手续，已成立的企业办理税务登记变更手续；（2）办理出口货物退（免）税认定，申领出口退税登记证，有了该证才能办理出口退（免）税。

3. 到海关办理中国电子口岸入网手续，到有关部门办理中国电子口岸企业法人 IC 卡和企业操作员 IC 卡电子认证，以便登录中国电子口岸办理各种业务。

4. 到国家外汇管理局：（1）开立经常项目外汇账户；（2）办理贸易外汇收支企业名录登记，不在该名录中的单位不能直接在银行办理外汇收支业务（参见第 2 章）。

以上步骤是中资企业申请外贸经营权的过程，外资企业申请外贸经营权的过程与此基本相同，只是提交的材料有所不同。

**专　论**

**外贸经营权的限制**

有了外贸经营权并不等于可以经营任何产品的进出口贸易，经营者还要受到一些其他限制。例如，进出口业务必须与工商登记备案的经营范围一致，不一致的不能经营，或者只能委托其他有该业务经营权的企业代理经营。又如，企业不得经营进出口商品分类管理的“禁止类”进出口商品，经营“限制类”商品要取得相关的配额和许可证；未经批准，也不能经营实行“国营贸易管理”和“指定经营管理”的进出口商品等。

# §2　市场调查

市场调查是交易前的重要准备工作，交易是否能顺利进行并取得成功，在很大程度上依赖于市场调查是否充分。但市场调查不只是在交易前进行，在交易过程中也可能会进行。这里主要介绍交易前的市场调查，分出口和进口两方面。

## 2.1　出口市场调查

在实践中，出口市场调查的内容是多方面的，由交易的性质和调查要解决的问题等因素决定，这里只能从一般角度来谈。从一般角度看，出口市场调查的内容可以概括为进口国的贸易环境和本国的贸易环境两个方面。

### 2.1.1　进口国的贸易环境

要将商品出口到国外，先要了解进口国的贸易环境，这是不言而喻的。进口国的贸易环境可分为宏观与微观两个方面。宏观方面包括人口地理、自然条件、文化习俗、政治经济、贸易政策、相关的法律和法规、科技发展水平等因素；微观方面包括市场规模、消费者偏好、竞争对手的多少和强弱、竞争产品的质量和价格等因素。对此不可能做全面介绍，下面只举几个例子引导入门。

**进口国的经济类型** 它在很大程度上决定了进口国的市场规模和消费者的需求偏好。目前世界上主要有四种经济类型①：

1. 自给自足经济（Subsistence Economy）。这种类型的国家的大多数人从事简单的农业生产，人民消费自己生产出来的大部分产品。对国外商品的需求很少，因此贸易机会不多。

2. 原材料出口经济（Raw Material Exporting Economy）。这种类型的国家有一种或几种丰富的天然资源，但其他方面很贫乏，其收入主要来自资源出口，如智利出口锡和铜，沙特阿拉伯出口石油等。这类国家是大型设备、工具、器材、卡车等产品的最好市场。如果外国居民和当地富有的统治阶层的人数较多，那么这类国家也是奢侈品的消费市场。

3. 工业化经济（Industrializing Economy）。这类国家的制造业占整个经济的10%~20%，如埃及、菲律宾、印度、巴西等。它们需要进口很多纺织品原料、钢铁和重型机械。这些国家通常有一个新的富有阶层，以及一个虽然较小但不断增长的中产阶层，两个阶层都需要很多新型的进口商品。

4. 工业经济（Industrial Economy）。这类国家是工业产品、服务与投资的主要输出国，它们不仅相互之间进行大量贸易，还将工业产品输往其他经济类型的国家，以换取原料和半成品。这类国家的各种制造业和人数众多的中产阶层使它们成为各种商品的最佳市场。

【实例 a】

印度尼西亚是一个人口大国，截至2018年，人口大约为2.6亿人。美国一家饮料公司认为这是一个巨大的潜在市场，对当地竞争状况和政府态度的调查结果都非常乐观，于是决定把软饮料汁卖给一家瓶装商，由后者负责饮料的瓶装与分销。但销售状况非常糟糕，主要原因是公司忽视了两个重要因素：第一，印度尼西亚虽人口众多，但绝大多数生活在农村，处于前工业化阶段；第二，大多数印度尼西亚人喜欢甜饮料和以椰子汁为主要原料的软饮料，对美国风味的碳酸饮料不习惯。在印度尼西亚，欣赏美国风味饮料并有足够可自由支配收入的市场总共才800万人。

**进口国的政治形势、经济形势和贸易政策** 例如，进口国是什么政治体制？政局是否稳定？是否受到国际经济制裁？对对外贸易的态度和政策变化等。这些因素与交易风险、安全收汇等有密切的关系。

【实例】

2004年初，某出口商出口一个集装箱的蚕豆到墨西哥，货物装船出运后，业务员接到进口商的通知说，墨西哥正在调整进口政策，从即日起，蚕豆一类农产品暂停入关。业务员大惊，因为货物已在海上，只有被动等待转机了。20天过去了，墨西哥的进口政策还是没有变动，此时货物已抵达墨西哥。出口商不得不电告船公司，在返航时将货物运回。两个月后，墨西哥进口政策松动，出口商又将蚕豆复出口，但白白浪费了一笔海运费。②

① 菲利普·科特勒，加里·阿姆斯特朗. 市场营销原理（第11版）. 北京：清华大学出版社，2007.

② 摘编自：鲍传萍. 外贸业务解惑500例. 北京：对外经济贸易大学出版社，2005.

**进口国的文化习俗**　一国的文化习俗对消费者需求偏好和购买行为有直接的影响。例如，在本章实例 a 中，美国饮料公司经营失败的一个重要原因就是忽视了印度尼西亚消费者的饮食文化。有人认为，根据文化差异，可以将国际市场划分为美加、欧洲、日韩、东欧、中东、非洲市场。日韩市场（特别是日本）偏爱精致优质的产品，喜欢中国传统文化，具有中国民族特色的产品很受欢迎，也能接受高价，但需求量不太大；美国、加拿大、西欧、北欧、南欧等市场对产品品质的要求适中，喜欢简洁流畅、新奇多变的风格，能够接受的价格适中，但需求量比较大，是我国出口商的最好市场；中东市场对品质要求不高，审美方面较为朴实，能够接受的价格低，但量比较大；非洲市场弹性最大，本土文化与前英属殖民地文化、法属殖民地文化交织，口味复杂，奢侈品和品质极差的产品都能接受。①

**关税和非关税措施**　各国普遍对进口商品征收关税，这就是进口商品价格为什么比本国同类商品贵的一个重要原因，因为进口税最终是由消费者缴纳的，也就是说，进口国的进口关税水平直接影响到出口商品在进口国的市场竞争力，因此，出口商有必要了解进口国的关税水平，有时候还要调查其变化的趋势。

【实例】

A 公司主要从事冷轧薄板的出口，客户所在的市场区域很广泛。其中一名巴西客户与 A 公司合作了两年多，业务来往顺利。2009 年 5 月，A 公司根据客户的采购周期和计划提供了最新报价，客户未表示太多异议就对订单进行了确认。

由于工厂生产紧张，并且原料价格波动较大，A 公司在得到客户的回传订单后便与工厂签订了采购合同，确定了成交价格和交货期。正当工厂安排生产时，客户却打来电话说，巴西从 2009 年 6 月 5 日起提高了冷轧薄板等产品的进口关税，调整幅度高达 10%，希望 A 公司能调整价格并按期发货。A 公司很为难，因为这笔订单本来利润率就不高，而且价格已经和工厂敲定，工厂方面很难同意调整价格。最后只能向客户表示歉意，并将工厂加工的货物转卖给了其他客户。②

出口商不仅要调查进口国的进口关税水平，还要了解其非关税措施。非关税措施又称“非关税壁垒”（Non-Tariff Barriers，NTB），指关税以外的其他限制进口的措施，其内容十分广泛。早在重商主义（Mercantilism，流行于 16—18 世纪）时期就用非关税措施来限制进口，但其盛行是在 20 世纪 70 年代以后。主要原因是：关税及贸易总协定（General Agreement on Tariffs and Trade, GATT）和 WTO 举行的多轮谈判使世界关税水平大幅度降低，但各国客观上又有保护贸易的需要，于是求助于非关税措施。据 WTO 统计，20 世纪 70 年代初，非关税壁垒大约为 850 种，20 世纪 80 年代初增加到 900 多种，现在已发展到 3 800 多种。

与关税相比，非关税措施有下列特点：（1）更灵活。关税要通过立法程序制定，制定后在一定时期内要保持稳定，而非关税措施可以通过行政手段随时颁布。（2）更有针

① 黄海涛. 外贸七日通. 3 版. 北京：中国海关出版社，2008.

② 摘编自：王新华，陈丹凤. 50 种出口风险防范. 北京：中国海关出版社，2009.

对性。关税一般是针对所有国家的同类产品的，而非关税措施可以针对某国的具体产品。（3）限制作用更大。关税对进口的限制作用是通过提高进口商品的成本间接地实现的，如果出口商改进生产技术、降低生产成本，则可以在一定程度上降低关税的限制作用；而非关税措施对进口的限制作用是直接的。（4）更具有隐蔽性和复杂性。许多非关税措施都是合理的贸易管理措施的滥用，而在合理与滥用之间又没有明确的界限。（5）更具歧视性。关税一般是针对所有国家的同类产品的；而非关税措施往往是针对某个国家的某种产品的。

【实例】

法国只允许美国的小麦在法国的一个小港口登陆，这个港口小到大西洋航线的船不能靠岸，只能先将小麦卸在小船上才能靠岸，这样小麦的成本就提高了。德国政府规定，在德国出售进口车的经销商，在卖出的车报废时必须将废车运回原产国，从而达到限制进口汽车的目的。

---

非关税措施可分为四大类：（1）数量限制措施。如进口配额（Import Quota）、自动出口配额（Voluntary Export Quota）、进口许可证等。（2）技术贸易壁垒（Technological Barriers to Trade，TBT）。它指苛刻复杂的技术、环保、包装、标签、专利和商标保护、卫生检验检疫标准等。（3）政策限制措施。如进口管制、外汇管制、进出口贸易国家垄断、不合理的海关估价等。（4）道德壁垒。如欧盟的 SA8000 认证（全称社会责任管理体系），它要求企业不能使用 15 岁以下的童工，每天工作不能超过 10 小时，每周不超过 48 小时，7 天必须休息 1 天，每周加班时间不超过 12 小时；不能以任何理由收取工人的身份证明和押金；工人的工资由工会代表与资方谈判取得；不能因工人的性别、国籍、肤色、宗教信仰、性取向而歧视工人。只有达到这些要求才能通过 SA8000 认证。

在以上几类非关税措施中，当前最主要的种类是技术贸易壁垒，这也是我国现在和将来面临的主要贸易障碍。据有关统计，在各种非关税措施中，技术贸易壁垒约占 60%，其中技术标准又是主要内容。在国际贸易中，受非关税措施影响最大的是劳动密集型、附加值低的产品，如玩具、消费类电子产品、食品、农产品等，这些产品大多是从发展中国家出口的。

### 2.1.2 本国的贸易环境

出口市场调查也要调查本国的贸易环境，本国的贸易环境也分为宏观与微观两个方面，宏观方面如本国的政治形势和经济形势、贸易政策和管理制度、出口关税和退税等；微观方面如国内供货、原材料供应、国内同行竞争者的多少和强弱、竞争产品的质量和价格等。

【实例】

2008 年 2 月，Z 公司与客户签订了一份 500 吨的钢材出口合同，付款方式为 30% 预付、70% 见提单复印件付款，交货期为 2008 年 5 月。预付款到账后，Z 公司就给国内工厂传真了采购合同，安排生产。但在2008年4月9日，国家下发了关于钢材产品出口退税调整的通知，Z公司出口的热轧钢材取消退税。

钢材基本上属于薄利多销的产品，退税取消后，此单面临亏损。但出口合同早已签订，Z公司不可能再跟客户重新沟通价格，只能想办法减少损失。经过紧急磋商，Z公司决定先将货物运到保税区，然后出口。因为运到保税区就视同出口，就不会受出口退税调整的影响。但进入保税区仓库也需要支付费用，而且很多外贸公司都一拥而上赶出口，海运费也随之上涨了不少，最终合同的盈利大幅缩水。

## 2.2 进口市场调查

在实际业务中，进口调查的内容也要根据交易的性质和调查的目的来定，这里只能从一般角度介绍。从一般角度看，进口市场调查的内容也可以概括为两个方面：一是出口国的贸易环境；二是本国的贸易环境。

进口市场调查与出口市场调查的主要不同是：出口着重调查进口国的贸易环境，进口着重调查本国的贸易环境。主要原因有两个：首先，进口商品除了少数是为了自用外，大多数都是为了在国内市场转售谋利，这就必须了解进口商品在国内市场是否有销路，是否能卖出好价等；其次，各国对进口的管理都比出口严，尤其是大宗商品、生产资料的进口，因此，进口的管理政策和规章制度比出口多。这些决定了进口更要注重本国的贸易环境调查。例如，进口商应了解自己进口的商品是否属禁止类或限制类进口商品及是否属法定检验的商品，以及进口关税水平的高低等。

【实例】

1993年初，我国出现通货膨胀，尤其是房地产市场异常火爆，与之相关的建材产品几乎供不应求。在这种背景下，A外贸公司受省内用户委托代理进口3 000立方米三合板，成交价格为495美元/立方米，交货期为1993年6月15日前。当时三合板的国内市场销售价为70元/张，而进口成本价为58元/张，初算毛利达400万元以上。

不料，为避免通货膨胀引起金融风险，1993年6月24日，国务院下发了《关于当前经济情况和加强宏观调控的意见》，国家经济全面紧缩。三合板的市场价格直线回落，市场销售价降至55元/张，亏损已成定局。1993年7月12日，三合板到港，国内用户为逃避损失拒绝提货，并不知去向。到1994年初，A外贸公司只好拍卖了该批货物，亏损高达400多万元。①

了解本国进口管理政策和制度的一个方法是查阅海关总署每年公布的《中华人民共和国海关进出口税则》（简称《进出口税则》），其中有各种商品的进出口税率和海关监管条件（见表14-1）。

① 摘编自：宫桓刚，屈丽英. 中国进口贸易风险分析——来自辽宁的典型案例. 东北财经大学学报，2005（6）.

表 14-1 海关监管条件一览表

| 许可证或批文代码 | 许可证或批文名称 | 许可证或批文代码 | 许可证或批文名称 |
|---|---|---|---|
| 1 | 进口许可证 | G | 两用物项和技术出口许可证（定向） |
| 2 | 两用物项和技术进口许可证 | I | 精神药物进（出）口准许证 |
| 3 | 两用物项和技术出口许可证 | J | 金产品出口证或人总行进口批件 |
| 4 | 出口许可证 | O | 自动进口许可证（新旧机电产品） |
| 5 | 纺织品临时出口许可证 | P | 进口废物批准证书 |
| 6 | 旧机电产品禁止进口 | Q | 进口药品通关单 |
| 7 | 自动进口许可证 | S | 进出口农药登记证明 |
| 8 | 禁止出口商品 | T | 银行调运外币现钞进出境许可证 |
| 9 | 禁止进口商品 | W | 麻醉药品进出口准许证 |
| A | 入境货物通关单 | X | 有毒化学品环境管理放行通知单 |
| B | 出境货物通关单 | Z | 进口音像制品批准单或节目提取单 |
| D | 出/入境货物通关单（毛坯钻石用） | e | 关税配额外优惠关税税率进口棉花配额证 |
| E | 濒危物种出口允许证 | s | 适用信息技术协议（ITA）税率的商品用途认定证明 |
| F | 濒危物种进口允许证 | t | 关税配额证明 |

注：许可证或批文代码“J”中人总行指中国人民银行总行。

但进口也需要调查出口国的贸易环境，如出口国的政治形势和经济形势，贸易政策和管理制度，有关的法律和法规，出口商品的品质、技术、售后服务和价格等。各国对出口商品的管制多在技术、资源保护方面，尤其是高科技产品。进口这些产品，应注意了解出口国有哪些限制，国外出口商是否能取得相关的许可证、批准文件等。

【实例】

20 世纪 90 年代，A 公司拟进口涡旋式涡轮压缩机生产设备，该技术属于巴黎统筹委员会（简称巴统）对我国禁止出口范围。经询，德国某制造商称可取得出口许可。考虑国内市场的迫切需求，在对外方技术进行考察之后，A 公司遂以 FOB 汉堡 5 250 000 德国马克与德方签订了进口合同，交货期为收到定金后 4 个半月；80% 货款信用证支付；交货期前一个月开证。合同签订 30 天后，A 公司按约定以对方开来银行履约保函为条件对外支付了 78.75 万德国马克（合同总额的 15%）的定金，同时开始了该项目的基本建设及配套设备的采购，计划在设备到货后最短时间内使整个项目投入生产运行。但临近开证期时，A 公司得到日本某制造商同等设备的参考报价仅为 15 000 万日元，只有已签合同价的 40%。原因是巴统解散，此项技术对我国的封锁已解除。不仅日本，美国也有同类制造商可报极优惠的价格。由于没有了解巴统的动向，A 公司因此遭到了巨大的经济损失。①

① 摘自：王正华. 进出口业务操作解析. 北京：中国经济出版社，2011.

## 2.3　市场调查的方法

从资料来源看，市场调查可分为第一手资料调查和第二手资料调查。无论是出口还是进口，一般来说，都应先从第二手资料调查开始。因为有的资料是现存的，有的调查已经有人做过，还有的调查是一个企业无法做的。从第二手资料开始，可以充分利用现存的材料和别人已经做过的调查，或政府部门和相关科研机构所做的研究，这样可以避免重复劳动，节约相关调查费用。

第二手资料调查的获取途径有很多，例如：（1）查阅国内外发布的统计数据；（2）咨询本国驻外使领馆商务参赞；（3）咨询商业银行的国际部，它们可以通过国外关系银行了解客户的财务及信用状况；（4）咨询本国商会、贸易促进机构、行业协会等，它们可以提供不同国家的市场形势、进出口条件等；（5）咨询船公司、货代等，通过这种途径可以了解运费，各国港口、海关管理规定等方面的信息；（6）查阅各国的工商名录和电话黄页。

但出口和进口都还要有针对性地进行一些第一手资料的调查。进行第一手资料调查的两条途径是：（1）出国考察，要完全了解一个市场，这是最好的方法；（2）参加与本企业进出口商品有关的展览会、交易会等，通过这种途径可以搜集各国客商对自己的产品、竞争对手的产品的意见和看法，从而迅速把握国际市场行情（参见第 15 章）。

# §3　准备有关产品认证

产品认证制度起源于 20 世纪初的英国，现在已发展成为各国对产品安全、质量、环保等进行监督和管理的手段。

世界各国的产品认证可分为强制性认证和非强制性认证两类。强制性认证是依照有关法规实施的一种产品合格评定，认证的产品范围由有关组织制定专门的产品目录来规定。凡列入目录的产品，未获得指定认证机构的认证证书，未施加认证标志，就不得进口、出厂销售和使用。非强制性认证是企业的一种自愿行为，又称"自愿性产品认证"，没有它也能进入市场销售，但竞争不过那些有非强制性认证的产品，一般只能靠低价竞争。因此，在产品出口时，有的客户会要求做非强制性认证，有的公司为了提高产品的竞争力，也会主动去做这种非强制性认证。

国际上的产品认证很多，有的是某个国家的，有的是区域性或全球性的。一个出口或进口产品是否要做认证，以及要做哪种或哪些认证，应根据产品和产品拟进入的市场来决定。下面只从一般角度简单地介绍一些国内外主要的产品认证，从而起到引导入门的作用。

## 3.1　国外的有关认证

国外的认证主要对我国的出口有影响，下面以洲为单位介绍。

### 3.1.1 欧洲的有关认证

欧洲的欧盟是我国第一大贸易伙伴。[①] 欧洲的认证有两类：一是整个欧盟的认证，二是欧盟有关国家的认证。但欧盟有关国家的认证并不一定意味着只在该国有效，有的在整个欧盟、欧洲乃至全世界都得到认可。表 14－2 是欧洲的主要认证。

**表 14－2 欧洲的主要认证**

| 组织或国家 | 认证名称 | 组织或国家 | 认证名称 |
|---|---|---|---|
| 欧盟 | E-Mark 认证 | 奥地利 | OVE 认证 |
| | CE 认证 | 意大利 | IMQ 认证 |
| | IECEE（EMC）认证 | 波兰 | PCBC 认证 |
| | ROHS 认证 | 俄罗斯 | GOST 认证 |
| | REACH 认证 | 西班牙 | AENOR 认证 |
| 德国 | GS 认证 | 希腊 | ELOT 认证 |
| | VDE 认证 | 斯洛伐克 | EVPU 认证 |
| 英国 | BS 认证 | 捷克 | EZU 认证 |
| 挪威 | NEMKO 认证 | 乌克兰 | TECT 认证 |
| 法国 | NF 认证 | 斯洛文尼亚 | SIQ 认证 |
| 比利时 | CEBEC 认证 | 爱尔兰 | NSAI 认证 |
| 荷兰 | KEMA 认证 | 土耳其 | TSE 认证 |
| 瑞士 | ESTI 认证 | 匈牙利 | MEEI 认证 |

【实例】

出口产品到欧盟、德国、英国需要做哪些认证？到哪里做这些认证？

【解答】出口产品到欧盟必须取得 CE 认证，到德国必须取得 GS 认证，到英国必须取得 BS 认证，这是一般要求。具体到某种产品，除了上述认证，可能还要其他认证。

CE 是法语“Communate Europpene”的缩写，意为“欧洲统一”。CE 认证是一种安全认证，它表示有关产品在安全、卫生、环保和消费者保护等方面符合欧盟《技术协调与标准化新方法》指令的基本要求。

CE 认证是强制性认证，无论是欧盟内企业生产的产品，还是来自其他国家的产品，要想在欧盟市场销售都必须取得 CE 认证。另外，即使已取得 CE 认证进入欧盟的产品，如发现不符合 CE 认证的安全要求也必须从市场撤回，持续违反指令规定的将被迫退出市场。因此 CE 认证被看成进入欧洲市场的护照。

以前欧洲共同体（欧盟的前身）国家对进口产品的要求不统一，根据一国标准制造的商品在其他国家可能不能上市。CE 认证消除了这种贸易壁垒，只要通过了 CE 认证，各成员就不能再单独提出安全方面的要求，因此 CE 代表欧洲统一。

需要 CE 认证的国家包括欧盟成员国和欧洲自由贸易联盟（European Free Trade Association, EFTA）的 4 个成员国。目前，我国有以上认证的代理公司，产品通过这些机构化验或测试通过后就可以发证。

① 指 2011 年的情况。下同，不另外说明。

### 3.1.2　美洲的有关认证

美洲的美国是我国的第二大贸易伙伴，巴西也是我国的十大贸易伙伴之一。其他重要的伙伴还有加拿大等。表 14－3 是美洲的主要认证。

**表 14－3　美洲的主要认证**

<table>
<tr><th>国家</th><th>认证</th><th>国家</th><th>认证</th></tr>
<tr><td rowspan="7">美国</td><td>FCC 认证</td><td>加拿大</td><td>CSA 认证</td></tr>
<tr><td>UL 认证</td><td>阿根廷</td><td>IRAM 认证</td></tr>
<tr><td>ETL 认证</td><td>巴西</td><td>INMETRO_UCIEE 认证</td></tr>
<tr><td>FDA 认证</td><td rowspan="4">墨西哥</td><td rowspan="4">NYSEANCE 认证</td></tr>
<tr><td>DOT 认证</td></tr>
<tr><td>EnergyStar 认证</td></tr>
<tr><td>EPA 认证</td></tr>
</table>

【实例】

某公司要出口调味品到美国，需要做什么认证？

【解答】食品和药品出口到美国必须做 FDA 认证，是强制性的。FDA 是美国食品和药品管理局（Food and Drug Administration）的英文缩写。FDA 是由美国联邦政府授权，专门从事食品和药品管理的最高执法机关，其职责是确保美国本国生产或进口的食品、化妆品、药物、生物制剂、医疗设备和放射产品的安全。

FDA 被公认为世界上大型的食品和药品管理机构之一。其他许多国家都通过寻求 FDA 的帮助来促进、监控本国产品的安全。在美国等近百个国家中，只有通过了 FDA 认证的材料、器械和技术才能进行商业化临床应用。

FDA 负责监督检验的产品有食品、药品（包括兽药）、医疗器械、食品添加剂、化妆品、动物食品及药品、酒精含量低于 7% 的葡萄酒饮料、电子产品等。这些产品必须经过 FDA 检验证明安全后才能上市销售。FDA 在我国上海设有办事处和代理公司。

【实例】

出口灯具电源到美国需要哪些认证？

【解答】FCC 认证是必须做的电磁兼容方面的认证。UL 认证是非强制性的安全方面的认证，美国消费者十分看重，美国客户一般要求做此认证。

UL 是保险商试验所（Underwriters Laboratories Inc.）的缩写，该所创建于 1894 年，是一家民间的产品安全测试和认证机构，它是美国产品安全标准的创始者，是美国最权威的安全试验和鉴定机构，在世界上也很有名。

获得 UL 认证就等于得到了最挑剔的美国消费者的安全认可。UL 认证涉及的产品主要有信息技术设备、通信设备、家用产品、视听用品、电子、电源、电缆电线、塑料、汽车、工业控制设备、医疗和实验设备、零件和照明设备等。

目前，UL 在美国本土有五个实验室，总部设在芝加哥北部的诺斯布鲁克镇，在中国台湾和中国香港分别设立了相应的实验室。UL 认证业务覆盖了 70 多个国家和地区。

### 3.1.3 亚洲的有关认证

亚洲的东南亚国家联盟（简称东盟）、日本和韩国都在我国十大贸易伙伴之列，这些组织或国家的认证对我国出口影响很大。表 14－4 是亚洲的主要认证。

**表 14－4 亚洲的主要认证**

| 国家 | 认证 | 国家 | 认证 |
|---|---|---|---|
| 新加坡 | PSB 认证 | 以色列 | SII 认证 |
| 马来西亚 | SIRIM 认证 | 韩国 | EK-MARK 认证 |
| 日本 | VCCI 认证 | | KC-MARK 认证 |
| | PSE 认证 | 印度 | BIS/STQC 认证 |

【实例】

某公司出口充电器到韩国，客户说要做 KETI 认证，这是什么认证？

【解答】出口充电器到韩国要做安全 EK-MARK 认证和电磁兼容 MIC 认证，二者都是强制性认证。KETI 是韩国的一个认证机构，客户的意思是需要 KETI 的 EK-MARK 认证。

EK-MARK 认证是韩国电子产品安全认证。2000 年 7 月，韩国贸易、工业和能源部根据《韩国电器安全控制法》（Korean Electrical Appliance Safety Control Law）授权韩国电气电子检测研究院（KETI）、韩国产业技术检测院（KTL）、电磁兼容性研究所（ERI）开展该认证。《韩国电器安全控制法》修订后，将电子产品分成必须有 EK- 标志的强制性产品和必须有 K- 标志的非强制性产品两类，强制性产品中的所有电子类产品都必须有 EK- 标志才能在韩国市场上销售，并且每年都需要接受工厂审查和产品抽检测试。

### 3.1.4 其他认证

除了以上认证外，还有一些国际性的、洲的或国家的认证（见表 14－5）。

**表 14－5 其他有关认证**

| | | | |
|---|---|---|---|
| 国际 | CB 认证 | 沙特阿拉伯 | SASO 认证 |
| | EMC 认证 | 南非 | SABS 认证 |
| 澳大利亚 | C-Tick 认证 | 科威特 | PAI 认证 |
| | SAA 认证 | | |
| | MEPS 认证 | | |

【实例】

A 公司主要生产塑壳断路器与双电源，现在准备开发欧盟、迪拜、土耳其、俄罗斯等国家和地区的市场，需要做哪些认证？

【解答】出口欧盟要做 CE 认证和 ROHS 认证；出口俄罗斯要做 GOST 认证；土耳其是欧盟国家，也要做 CE 认证和 ROHS 认证；出口迪拜要做 SASO 认证。

## 3.2　我国的有关认证

我国的产品认证也分为强制性认证和非强制性认证两大类。强制性认证主要有 CCC 认证，非强制性认证主要有 CQC 认证。

### 3.2.1　CCC 认证

CCC 认证是中国强制性产品认证（China Compulsory Certification）的英文缩写，简称“3C 认证”。该认证不是质量认证，而是一种最基本的安全认证，它是国家对涉及人身安全、动植物生命安全、环境保护和国家安全的产品实施的合格性评定。该认证由国家公布统一目录，确定统一适用的国家标准、技术规则和实施程序，制定统一的标志标识，规定统一的收费标准。

3C 认证建立于 21 世纪初，2001 年 12 月，国家质检总局发布了《强制性产品认证管理规定》，以强制性产品认证制度（CCC）取代了原来的产品安全认证（CCEE）、进口安全质量许可制度（CCIB）和电磁兼容认证（EMC）。现在 3C 认证的标志分四类：（1）CCC+S（安全认证标志）；（2）CCC+EMC（电磁兼容类认证标志）；（3）CCC+S&E（安全与电磁兼容认证标志）；（4）CCC+F（消防认证标志）。

3C 认证的范围是列入《实施强制性产品认证的产品目录》中的产品，包括家用电器、汽车、安全玻璃、医疗器械、电线电缆、玩具等产品。凡列入该目录的产品，必须经过国家指定的认证机构认证合格，取得相关证书，并加施认证标志后才能出厂销售、进口和在经营性活动中使用。3C 认证产品的范围可登录中国质量认证中心网站“产品认证”的“CCC 认证”栏目查询。另外，列入《实施强制性产品认证的产品目录》的进口商品，如果符合中国国家认证认可监督管理委员会 2005 年第 3 号公告规定的几种特殊情况，则可申请《免于办理强制性产品认证证明》，免于认证。

办理 3C 认证的方式有两种：一是直接向中国质量认证中心办理；二是请 3C 认证代理机构办理。后者的速度比较快。

**【案例 14－1】**

某公司从国外进口液晶显示器，一般贸易方式，报检时需要提供什么证书？

---

**【案例 14－2】**

从国外进口电机，没有 3C 认证。电机在国内市场销售是需要 3C 认证的，这样在进口报关时会不会有问题？

---

### 3.2.2　CQC 认证

CQC 是认证机构中国质量认证中心（China Quality Certification Centre）的英文缩写，该机构在我国开展认证工作已有几十年，积累了丰富的认证工作经验。目前，它在国内外设有多个分支机构和签约检测实验室，并与许多国外认证机构签署了认证合作协议，拥有众多的各专业的专职、兼职审核员、检查员和技术专家，以及完善的服务网络。

CQC 认证又代表一种非强制性的、自愿的产品认证。中国质量认证中心以加施 CQC 标志的方式表明产品符合相关的质量、安全、性能、电磁兼容等认证要求。其认证的范围涉及机械电力设备、电器、电子产品、纺织品、建材等 500 多种产品。重点关注安全、电磁兼容、性能、有害物质限量（RoHS）等直接反映产品质量和影响消费者人身和财产安全的指标。获得 CQC 认证的作用主要有：（1）表明企业的产品完全满足或高于国家或行业的相关标准，可以提升企业的形象和产品质量；（2）CQC 认证的很多产品都是元器件，若通过 CQC 认证，则客户的整机产品做成品认证时，可以节省测试费用，降低测试风险；（3）获得 CQC 认证的产品更容易受到消费者的青睐。

CQC 认证是非强制性的，有的企业是在客户要求做的时候做，还有的企业为了提高自己的产品形象，主动进行认证。

## 复 习 题

1. 从总体上看，在我国获取外贸经营权的过程分为哪几个步骤？
2. 成立外贸公司大多数选择注册哪种公司形式？
3. 进口市场调查和出口市场调查的不同点是什么？
4. 什么是强制性认证、非强制性认证？
5. 名词解释：CE 认证、FDA 认证、UL 认证，3C 认证、CQC 认证。

## 问题与案例

1. 2008 年 8 月 8 日，俄格（即俄罗斯与格鲁吉亚）冲突后，格鲁吉亚政府宣布进入战时状态。A 公司的格鲁吉亚老客户于 2008 年 6 月和 2008 年 9 月分别下了两个订单，总金额超过 11 万美元，分批发运，付款方式为 20% 发货前预付，80% 见提单复印件付款。等货物快到港时，恰遇格鲁吉亚政局动荡的顶峰时期，银行付不出外汇，客户无法提货，加上紧接着发生的金融危机，导致超过 4 万美元的尾款无法收回，虽然提单仍在 A 公司手中，但不断累积的滞港费是一笔不小的费用，加上金融危机导致商品价格下跌，客户拒付其余货款、弃货的可能性越来越大。从该案例应吸取什么教训？

2. 2002 年初，因我国舟山地区的冻虾仁氯霉素含量超标，欧盟暂时全面禁止进口我国的虾、兔和家禽肉等动物源性食品和水海产品，导致 2002 年我国水产品出口大幅度下降。这是受到了哪一类非关税措施的影响？

3. 某企业想把产品打入国际市场，但没有取得国外有关产品认证，只能偶尔做一些小单，且利润微薄。问这里的认证是强制性的还是非强制性的？谈谈产品认证的作用。

## 第15章
# 交易前的准备Ⅱ

本章论述选择出口市场和产品，选择出口经营方式，以及找客户、客户资信调查。

## §1 选择出口市场和产品

企业将产品输出到国际市场有两种情况：一是偶尔出口，二是将出口作为企业的一项长期的发展战略。在后一种情况下，正确地选择出口市场和产品具有重要意义。

### 1.1 选择出口市场

选择出口市场首先要调查国外市场的贸易环境，包括宏观与微观两个方面，有关内容可参见第14章；其次要考虑企业自身的情况，因为一个好的外部市场不一定适合于特定的企业。有人认为，企业在决定进入一个国外市场前应回答三个问题：第一，进入该市场是否符合企业的长期发展战略？第二，企业是否有占领该市场的技术和资源？第三，与其他竞争者比较，企业是否有优势？这种看法是很有道理的。在选择出口市场时，国际贸易的经验也是一个值得考虑的因素，如果是初次涉足国外市场，则最好从欧美市场入手，因为欧美的市场环境较好，管理制度比较健全，贸易风险较小；如果已经积累了一定的外贸经验，则可以考虑选择其他市场。

一般来说，企业应避免介入下列国外市场：自己的产品不对那里的口味；对产品做出修改的成本大于需求量增加带来的收益；运输成本过高；关税与非关税壁垒大大降低了市场需求；提供售后服务及备用零部件的成本很高，或不可能。

【案例 15-1】

高露洁进入中国市场的理由似乎很简单：中国有十几亿人口，中国农村居民只有 20% 每天刷牙，如果高露洁和它的竞争者积极开展消费者教育，那么中国牙膏市场的潜力至少在 3.5 亿美元以上。但高露洁选择中国市场时不仅考虑了中国牙膏市场的巨大潜力，还考虑了许多其他因素，例如：它是否能克服文化障碍，让中国农村消费者有更多人坚持每天刷牙？中国是否能提供生产牙膏和分销产品所需要的技术？高露洁是否能同众多本地牙膏品牌竞争？中国政府是否能保持稳定并支持高露洁？高露洁在中国的成功表明对这些问题的回答都是肯定的。但高露洁在中国市场的未来仍然充满了未知。①
问：高露洁在选择中国市场前考虑了哪些因素？

选择出口市场还有一个数量选择的问题，即介入多少个国外市场。这方面应考虑的因素有：公司的发展战略，出口业务占公司整个业务的比重，公司的资源、能力和优势，公司从事对外贸易的经验等。一般来说，在开始阶段都应该从小规模做起，等在一两个市场站住了脚，积累了经验，再逐步增加国外市场的数目比较稳妥。

【案例 15-2】

一美国计算机公司想将产品打入国外市场，对国外计算机市场进行了调查，结果表明，英国、法国、德国和意大利是重要的市场。英国、法国和德国的潜在市场规模的大小都差不多，意大利市场的大小大约为这些国家中任何一个市场规模的三分之二。在周密考虑之后，该计算机公司决定先在英国建立一个点，因为英国市场所需要的产品和公司生产的产品完全一致。而且，英国的语言、法律都与美国类似。虽然英国与美国市场也有差异，可能会使美国的企业在那里失败，但英国与美国在商业环境方面的类似之处很多，美国公司不至于遇到灭顶之灾。问：（1）英国、法国、德国和意大利市场都是重要的市场，美国计算机公司为什么先在英国建立一个点，而不同时进入四国市场？（2）在四个国家的市场中，美国计算机公司为什么要先选择英国市场？

## 1.2 选择出口产品

严格地说，选择出口产品是对外贸公司来说的；对生产企业来说，应该是制定出口产品策略。下面分别叙述。

### 1.2.1 制定出口产品策略

生产企业将自己的产品打入国际市场，有时候要制定完整的营销组合策略②，但不同企业介入国际市场的方式和程度不同，营销组合的内容也不同。对一般企业来说，主要是制定出口产品策略。从理论上看，出口产品策略主要有三种基本类型：

① 菲利普·科特勒，加里·阿姆斯特朗. 市场营销原理（第 11 版）. 北京：清华大学出版社，2007.

② 经典的营销组合策略包括产品策略、价格策略、渠道策略、促销策略，即 4Ps。后来有人又将其发展为 6Ps、10Ps 等。

1. 直接产品延伸（Straight Product Extension）。即将企业现有的产品原封不动地搬到国外，或只做少许调整后搬到国外。例如，联合利华、宝洁公司的日化产品，吉列的剃须刀，IBM 的电脑就是采用这种策略。这种策略的主要优点是成本低，因为它需要的研发、调整生产设备的费用都比较少；另外，生产规模的扩大还可以降低成本。但采用这种策略有一个前提，即各国消费者对企业产品的需求差异不大。

2. 产品调整（Product Adaptation）。即根据国外消费者的需求差异对企业的产品做出某些调整后推向国外市场。在实践中，这种策略是最常见的策略，因为大多数国家的消费者在需求偏好上都有差异。例如，我国出口到国外的服装，在款式、规格、颜色等方面都要做某些调整，因此被叫作“外贸服饰”。这种策略的优点是可以更好地适应不同国家消费者的需求，获得更大的市场占有率；缺点是要增加调整产品和生产设备的成本。

【实例】

麦当劳在全世界所有的餐馆都采用相同的运营模式，但要根据本地顾客的口味设计菜单。在墨西哥，它用红辣椒酱代替汉堡里的番茄酱；在韩国，它在夹烤猪肉的小圆面包里使用大蒜味道的酱。在印度，牛被看作神圣的，因此麦当劳销售鸡肉、鱼肉、蔬菜汉堡及比萨。

3. 产品创新（Product Invention）。即为国外市场提供一种新的产品，具体有两种方式：一是将企业的某种老产品推向国外市场，但这种产品对国外消费者来说是新产品。其依据是产品生命周期理论，该理论认为，在某市场处于衰退期的产品在其他市场可能获得新的生命周期。例如，我国家电企业将在国内市场已处于饱和状态的家电出口到某些不发达国家却很受欢迎。二是针对国外消费者的需要，特别为他们开发一种新的产品。

制定出口产品策略要考虑的因素有很多，但最基本的是国外消费者的需求，因为只有符合消费者需求的产品才有销路。

### 1.2.2 选择出口产品

对外贸公司来说，只能选择出口产品。因为出口产品是生产企业生产的，外贸公司不可能对其进行调整或创新，除非与生产企业联合起来做。选择出口产品要考虑许多因素，如国外市场的销路、利润的高低、国内货源供应、出口退税等，其中最重要的是销路和利润。

【案例 15－3】

下面是从福步外贸论坛上摘编的一段关于选择出口产品的有趣的讨论。请分析大家在讨论时考虑了哪些因素。你是否还有新的见解？

提问者：本企业最近要换产品，现在有两个选择。一个是做玻璃，自己无工厂，但有合作工厂；另一个是做无纺布及制品，自己有工厂。选择哪个好？盼有经验者赐教！

回答 1：当然是做无纺布了，可以办理退税，当然也要看什么产品，退税率很高。

回答 2：我也觉得做无纺布好，自己有工厂方便。

回答 3：我也觉得做无纺布好，自己有工厂，价格就有优势，还可以退税。

提问者：谢谢。就退税而言，玻璃的大部分产品也是有退税的；主要是企业对无纺布这个产品还不熟悉，不知销路怎样。尤其是无纺布制品，就是超市购物袋等，不知道这种产品的销路和利润怎样。不知有没有了解无纺布产品的同行，盼指点一二。①

# §2 选择出口经营方式

从宏观的层面看，企业介入国际市场的基本方式有产品出口、许可合同交易、合资经营和直接投资四种。本书所讨论的只是其中的产品出口，但从理论上看，从业者首先应在四种基本方式中选择，以决定是否采用产品出口，其次是选择产品出口下的经营方式。

## 2.1 企业介入国际市场的四种基本方式

1. 产品出口（Exporting）。指企业将自己生产的产品或采购的产品出口到国外，这是企业介入国际市场的最初级、最常见的方式，也是本书所讨论的方式。这种方式操作简单、风险最小，企业在生产、组织结构、投资和战略等方面都不需要做大的变动。产品出口还可以分为两种状态，一是偶尔出口，二是将出口作为企业的长期发展战略。

2. 许可合同交易（Licensing）。指许证方（企业）向国外受证方提供生产技术、商标、专利、商业秘密等的使用权，受证方向许证方缴纳许证费或给予提成的介入方式。

对许证方来说，采用这种方式不用冒太大风险就可以获得可观的收益，但它不容易控制受证方，如受证方经营得很成功，许证方还会丧失很多本来可以自己获得的利益，当合同期满或终止时，许证方还可能发现为自己培养了一个强有力的竞争对手。为了防止这种情况发生，在实践中，许证方常将某些关键技术控制在自己手里。

对受证方来说，采用这种方式只要付出一定费用就能取得成熟的生产技术或名牌的使用权，比它自己从头做起要容易得多，但它要为此支付一笔许证费。

【实例】

1995年，耐克公司（简称耐克）在鞋和服装上的销售额达到56亿美元，其中32%的鞋是中国的工厂生产的，而1994年只有27%来自中国。为了降低劳动力成本，耐克公司将它的主要代理商的生产基地从日本移到韩国、印度尼西亚和中国，于1983年在中国香港设立了一家代表处，1987年将其中国总部迁至广州，1996年又将其总部迁往上海虹桥地区。

耐克自己没有在中国和其他地方生产过任何东西。耐克在中国的代理商的数目和身份（这些代理商绝大部分位于广东省和福建省）是一个商业秘密。其中一家公司据称是东莞的威尔克；另一家是月圆，该公司45%的股份由一家台湾公司拥有，这家台湾公司1995年的销售额为10亿美元。另外一家由台湾控股的大型工厂位于福建莆田。耐克所

① 资料来源：福步外贸论坛。

谓的生产部门仅限于监督和质量管理。公司的代表会因为质量问题而拒绝整船货物。他们依靠合同和律师来使其代理商遵守契约以保证产品质量。

耐克公司的生产部门还负责进口耐克的专利产品气垫，这种气垫产于美国的俄勒冈州，在中国用于组装成鞋。所有真正的耐克产品都必须具备某些关键配料，耐克的气垫与这种配料一样都是高度的商业机密。

在允许代理商将商标缝到鞋子上的同时，耐克的雇员花了很大力气去防止假冒者做同样的事情。在中国，一双假冒的耐克鞋售价为 100 元（12 美元），而一双真品耐克鞋售价为 500 元（60 美元），这就使得假冒成为一个有利可图的行业。耐克采用单独调查和法律武器来对付仿冒者。

耐克唯一的独立分销商是一家不知名的中国公司，它通过各种渠道从工厂里提取产品，并送到商店的货架上。①

---

3. 合资经营（Joint Venturing）。指国外投资者与当地投资者在东道国组建合资企业（Joint Venture），共同经营、共担风险，分享企业的所有权和利润。合资企业可以通过收购当地公司的股权建立，也可以由双方共同出资创建。通过这种方式介入国外市场的优点是：容易获得当地政府的支持，因为它解决了东道国的就业问题，还可以利用当地企业的工厂、工人、原材料来源、营销渠道、管理人才、银行信贷、品牌等资源；其缺点是：合资双方很难在战略目标、管理方式、利益分配等方面协调一致。

4. 直接投资（Direct Investment）。指企业直接到国外投资建厂生产和销售产品。它是企业介入国际市场参与程度最高、控制最难、风险最大、潜在报酬最高的方式。

直接投资的优点是：可以获得廉价劳动力和原料供应，获得外国政府的奖励，节省将产品运往国外的运费；有利于在东道国树立良好的企业形象，加强与东道国政府、顾客、当地供应商及经销商的联系；有利于了解当地消费者需求并及时改进产品；可以完全按自己的意志经营企业；在东道国规定只能购买本国产品的情况下，还是将产品打入东道国的一条途径。

但直接投资将大笔投资置于风险之下，如货币不能兑换、货币贬值、市场萎缩、工厂被当地政府接管没收的风险等。如果企业要压缩或中止营业，东道国则要求企业向员工支付高额的遣散费。

【实例】

20 世纪 80 年代末，联合利华进入中国比宝洁早，但发展不如宝洁。据中国市场数据库的资料：2000 年，联合利华主要产品之一的洗发水两大品牌的市场占有率是夏士莲为 8%（排名第 4）、力士为 4.8%（排名第 7）；而宝洁的四大品牌飘柔、潘婷、海飞丝、沙宣总市场占有率超过 50%（排名分别为第 1、第 2、第 3、第 5）。

造成上述局面的一个原因是进入战略。1986 年，联合利华在进入中国市场前，曾重金聘请咨询公司咨询进入战略。咨询公司的建议是：尽量与中国当地的厂商合资，利用品牌本土化战略和它们的营销网络打开市场。联合利华采纳了这个建议，从 1986 年到

① 改编自：英国经济学家情报社，等. 跨国公司在中国：赢家和输家. 北京：新华出版社，2000.

20 世纪 90 年代中期，花了很多时间寻找有知名品牌的中国厂商。由于这些企业基础较好，所以在谈判时不肯轻易让步。1995 年，联合利华与上海制皂厂合资成立了上海制皂有限公司，联合利华控股 25%。上海制皂有限公司是当时中国制皂行业中最大的合资企业，主要生产香皂、洗发水、洗衣皂等产品，著名品牌有蜂花、白丽、上海、扇牌等。

当时中国处于由计划经济向市场经济转型阶段，企业的管理和营销知识都比较缺乏，而联合利华有 80 多年的优秀管理基础和全球营销的先进经验，但由于合资而不能控股，只能看着合资公司自行其是。

而宝洁采用独资、引入全新品牌的方式进入中国市场，完全按自己的管理和营销经验来运作企业，结果后来居上。在 20 世纪 90 年代的中国轻化工市场上，民众普遍开始有了品牌意识，却没有品牌忠诚度，在这种情况下，好的产品很容易脱颖而出。后来联合利华改变了介入模式。[①]

---

以上是企业介入国际市场的四种基本方式，四种基本方式的介入程度、控制难度、风险、潜在报酬依次增大。一般来说，大多数企业都是先从最简单、风险最小的产品出口做起，在积累了一定的国际市场经验和实力后，再考虑采用其他介入方式。

## 2.2 产品出口下经营方式的选择

**产品出口下的经营方式** 产品出口[②]下的经营方式实际上在第 2 章已经介绍过，这里再做一个简要的回顾：无论是外贸企业还是生产企业，出口经营方式都不外乎自营和代理两种。具体来说，外贸企业的出口经营方式有自营出口和代理出口；生产企业的出口经营方式有自营出口、委托代理出口和被外贸企业收购。外贸企业和生产企业的出口经营方式及其对应关系如图 15－1 所示。

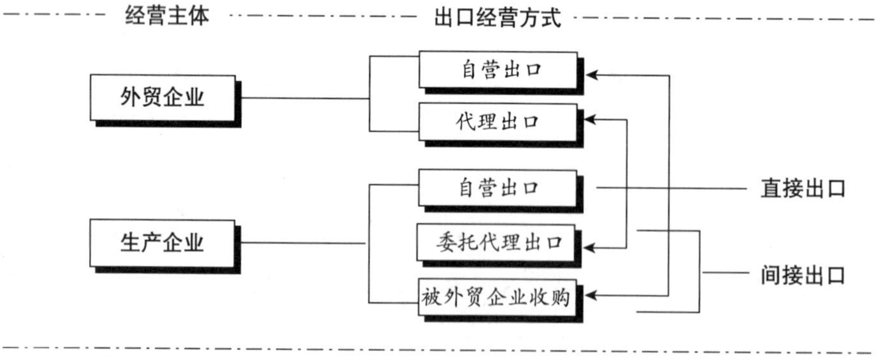


**图 15－1 产品出口下的经营方式及对应关系**

下面对产品出口下各种经营方式的优缺点做简要分析。

1. 生产企业自营出口（直接出口）。优点是：回报比委托代理出口高；不用支付代理

① 改编自：英国经济学家情报社，等. 跨国公司在中国：赢家和输家. 北京：新华出版社，2000.

② 实际上应为“产品进出口”，但在研究企业介入国际市场的经营方式时，都是从出口的角度来分析的，我们也遵照这一习惯。

费；各种单据上都写着自己的名称，有利于扩大企业和自有品牌的影响；有利于了解国际市场行情，及时调整产品结构和营销战略。缺点是：要自己承担各种风险办理外贸业务；要申请外贸经营权，聘用外贸专门人才；有时候还要建立自己的推销和售后服务系统等。

2. 生产企业委托代理出口（间接出口）。优点是：对没有外贸经营权的生产企业来说，它是拓展海外业务的一条便捷途径；操作简单，与外商谈妥主要交易条件后，只要找一家外贸企业代办出口即可；对没有外贸经验的企业来说，可以降低经营风险。缺点是：要支付给外贸企业一笔代理费；由于办理出口业务的需要，不得不把外商的资料、交易价格等商业秘密提供给外贸企业；票据上都写着外贸企业的名字，不利于扩大企业及其品牌的影响。

3. 生产企业被外贸企业收购（间接出口）。优点是：手续比委托代理出口更简单，风险更小，生产企业只要将产品卖断给外贸企业即可，与做国内贸易差不多。缺点是：比自营出口利润低；对国际市场和外贸业务的了解比委托代理出口更少，不利于积累外贸经验以便将来自己开展对外贸易业务。

4. 外贸企业自营出口和代理出口。一般来说，外贸企业自营出口的风险比代理出口大，回报率比代理出口高，垫付的资金比代理出口多。但对外贸企业来说，二者都是扩大业务的途径，没有多少优劣之分。

**怎样选择**　由于对外贸企业来说，自营和代理都是扩大业务的途径，没有优劣之分，因此下面主要讨论生产企业出口经营方式的选择。

1. 产品技术复杂、出口量大的大中型生产企业选择自营出口，即直接出口较好。

2. 外贸经验不足，没有外贸专业人才的小型生产企业，选择委托代理出口或被外贸企业收购较好，或者说选择间接出口较好。

3. 出口量不大、不经常出口的生产企业，直接出口的成本反而比间接出口高，因此，选择间接出口较好。

4. 一般来说，在介入国际市场初期，选择间接出口较好；在积累了一定的国际贸易经验之后，再选择直接出口较好。

以上几条原则也适用于生产企业选择产品进口的经营方式。（产品进口的经营方式见第 2 章。）

另外，生产企业自营出口（直接出口）还有一些不同的做法：（1）设立出口业务部处理外贸业务，这是最常见的；（2）定期派销售代表到国外争取业务；（3）在海外物色经销商或代理商，通过它们出口产品（参见第 31 章）；（4）在海外设立分支机构或子公司，处理产品分销、仓储、促销等。这种做法可以较好地把握海外市场，海外分支机构还可以作为商品的展示和客服中心。

## § 3　找客户、客户资信调查

找客户是交易前的重要的准备工作。找客户的途径很多，如参加展览会、交易会，在网上找，请朋友或老客户介绍，在报纸杂志上发布或搜索供求广告，请进出口商会、本国驻外使领馆介绍等，这里我们只介绍目前采用得最多的网络和展会两条途径，然后附带地谈谈客户资信调查。

## 3.1 通过网络找客户

现在在网上找客户的越来越多，将来还会更多。通过网络找客户至少有下列优点：（1）成本低，参加一次展会至少要几万元，多的数十万元，在网上找客户几乎不花什么费用。（2）接触面广、快捷。互联网将世界变成了地球村，无论哪里有潜在客户都可以在瞬间与之联系。（3）操作简便，不受时间和地点限制，只要有一台联网的计算机甚至手机就行，并且可以随时随地开展工作。在网上找客户的主要缺点是有关信息的诚信度难以把握，成功的概率没有参加展会等途径高。在网上找客户的途径主要有：在网上发布和搜索供求广告；建立公司的网站。

### 3.1.1 在网上发布和搜索供求广告

在网上发布和搜索供求广告是在网上找客户的最初级的方法。

**发布供求广告** 即将自己有什么东西要卖或要买的信息在网上一定的地方做广告，然后等客户找上门。供求广告可繁可简，简单的只说明自己是谁，有什么东西要卖或买，再加上几句引起客户兴趣的话即可；详细的还可以加上公司介绍、产品图片、成交记录、商品评价、交易方式、企业的诚信表现等。

制作供求广告，内容要实事求是，最好能附上有关企业诚信表现的材料，如阿里巴巴“诚信通会员”等；形式上要简洁、美观，最好图文并茂，但又不能过于花哨。供求广告发布后还要经常更新，以便能排在前面，被人看到。

发布供求广告的最佳地点是国内外各种 B2B（企业对企业）网站，这类网站有中文或外文的，开始阶段可以先在中文网站上发布，熟悉操作方法后再到外文网站上发布。

在 B2B 网站发布供求广告要先注册，可以注册免费会员或付费会员，二者的注册方法相同，但提供的服务不同。一般是先注册免费会员，如果使用效果不错，则再注册付费会员。

**搜索供求广告** 如果说发布供求广告是一种“等鱼上钩”的方法，搜索供求广告则是主动出击。搜索供求广告的方法主要有直接查找和用搜索引擎搜索两种。

1. 直接查找。如果原来已有长期关注的网站，则可以直接到上面去查找。各种 B2B 网站上都有自带的搜索引擎（Search for Trade Leads），可按时间、国别、供给、需求等条件进行精确查找（见图 15 - 2）。

2. 用搜索引擎搜索。如果无特别关注的网站，则可以用搜索引擎搜索。著名的搜索引擎有 Google、Baidu、Yahoo、MSN、LYCOS、AOL、Zhongsou、Yisou、GO、Buscapique、Slider Search 等。一般的搜索方法很简单，例如，要找“电动自行车”的买主，在 Google 内输入“电动自行车”和“求购”等关键词，就可以搜到几百万条信息。但这些信息大多数与“电动自行车”的买主无关。因为搜索时没做任何限制，而且允许“分词”（即允许计算机将关键词拆开来搜索），结果会将“求购”蔬菜的信息也包括在

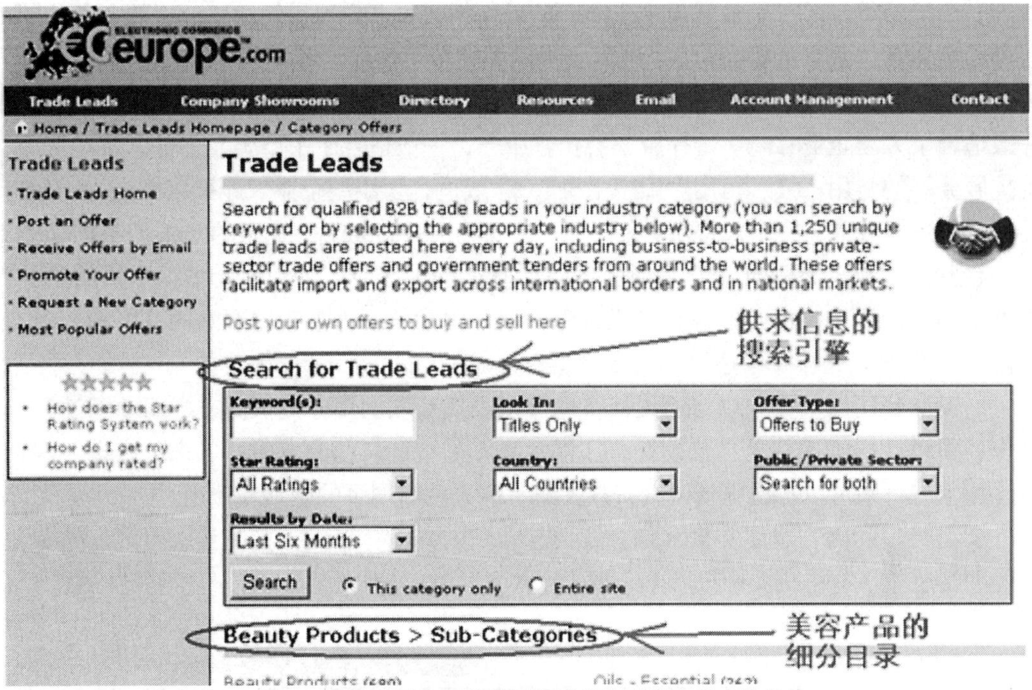


**图 15－2　欧洲电子商务网上的搜索引擎和供求信息**

内。因此，应采用一些提高搜索效率的方法和技巧，下面介绍几种：

（1）正确地使用关键词。例如，搜索“电动自行车”的买主，除了“电动自行车”和“求购”这样的关键词，还可以输入地区、批量、产品特点等关键词。

（2）利用高级搜索功能。一般搜索引擎都有“高级搜索”功能，可以对关键词的内容、出现位置、信息的时间、文档的格式、使用的语言等进行限制。

（3）利用图片搜索。大多数人都喜欢文字搜索，实际上图片搜索非常有用。因为包含产品名称的网页很多都与要搜索的信息无关，但包含产品图片的网页就基本上有关。

（4）运用关联搜索。指通过那些与对象有关的事物来搜索，例如，搜索电动自行车的卖家，不妨搜索一下普通自行车和摩托车的买家；搜索电高压锅的卖家，不妨搜索一下普通高压锅的买家；搜索皮革供应商，不妨搜索一下皮革的采购商等。

### 3.1.2　建立公司的网站

发布和搜索供求广告相当于在网上打游击，建立公司的网站相当于在网上开一个固定的店铺，它不仅可以提高找客户的效率，还可以增强客户的信任感。

**建立公司网站的步骤**　建立公司网站的过程可分为三步。

1. 注册域名。域名是公司网站在互联网上的地址。注册域名只要找一家互联网服务提供商（ISP）[①] 即可。域名的一般格式是“www.×.com”，其中“×”由企业自己取名。取名应注意的问题有：（1）尽量避免使用下划线、短横、英文字母“O”、数字“0”这

① ISP 是 Internet Service Provider 的缩写，译为互联网服务提供商，即向广大用户提供互联网接入业务、信息业务和增值业务的电信运营商。ISP 是经国家主管部门批准的正式运营企业，受国家法律保护。

些容易混淆的符号；（2）最好与企业和产品名称相关，这样一看就知道公司的业务范围，还可以增加被搜索到的机会；（3）外贸公司网站的域名还应该考虑国外客户的习惯。

2. 选择服务器。服务器是公司网站的“家”。选择服务器有三种做法：（1）自己架设，一般适合于大型企业；（2）选择服务器托管服务，一般适合于中型企业，可以节省管理、维护服务器的费用；（3）租用“虚拟主机”，一般适合于小型企业。虚拟主机指将一台高性能的服务器分成一台台虚拟服务器，每一台都有独立的域名、完整的 web 服务器功能，与一台独立的服务器一样。互联网服务提供商都提供注册域名和租赁虚拟主机的服务。外贸企业还可以选择海外的虚拟主机或服务器，因为从国外上我国网站的速度很慢，有时甚至打不开。

3. 设计公司网页。可以自己设计，也可以委托互联网服务提供商或专门的网站设计制作公司设计。但最好是自己设计，这样一来容易贯彻自己的意图；二来可以学习网页设计技术，将来可以自己更新网页，省去随时请人更新网页的麻烦和费用。

公司网站的内容也要实事求是，能引起客户的兴趣；形式上要简洁、美观。外贸企业的网站还应该有中英文两个版本。图 15－3 是广东一家电子技术有限公司的网站首页。

**图 15－3　广东一家电子技术有限公司的网站首页**

**公司网站的推广**　现在很多公司都重视建立公司的网站，但重视公司网站推广的不多。据有关统计，目前我国超过 80% 的公司网站每天的访问量都只有几人次，这些网站可以说都是“死网站”，其效果可想而知，其中一个重要的原因就是忽视了网站的推广。

网站推广可分为建立网站时和建立网站后的推广。一个好网站的特征是排名在前面，可以被迅速打开，内容对客户有吸引力。要做到这些，在建立网站时就要做一些工作，这就是建立网站时的推广。例如：（1）将公司的网页与搜索引擎捆绑在一起。（2）在网页的标题和内容中适当地多出现产品名称，因为搜索引擎一般是按网页标题、内容与关键词的关联度排序的，当然也不能因此堆砌关键词。（3）网页制作尽量简洁、美观。越复杂的网页，访问的速度越慢，对国外的访问者更是如此。（4）将公司的网站与行业网站相互链接和推荐等。

建立网站后的推广方法有在著名网站或搜索引擎登录，投放网络广告，与相关网站建立友情链接，在日常邮件、广告、产品目录、传真、电子邮件、名片上添加公司的网址等。这些工作有的很简单，有的比较复杂。公司可以自己做简单的，将复杂的外包给专业公司做。

## 3.2 通过展会找客户

通过展会找客户是寻找外贸客户的最重要的途径。有人认为，有了互联网就没有必要再参加从赶集发展来的展会了，这种看法是片面的。网络的出现的确向展会提出了挑战，但展会有许多网络不能替代的特点。

### 3.2.1 通过展会找客户的优点

通过展会找客户至少有下列优点：（1）效率高。它将行业中最重要的客商聚集在一起，不仅有直接交流，还有产品展示、现场讲解等，效果是一般找客户的途径达不到的，有的当场就能达成交易。（2）有利于调查市场行情。重要的展会汇集了同行业中许多重要的厂商、顾客和产品，通过现场观察、交流、搜集资料，可以迅速了解市场行情。（3）有利于扩大企业影响。重要的展会不仅有来自世界各国的同行，还有政府机构、新闻媒体、消费者和公众等，因此，企业通过参展可以迅速扩大自身在行业内外的影响，这是做很多广告都难以达到的。（4）展会对高科技产品的推广尤其有效。展会的主要缺点是成本高，但成本是相对于效果而言的，从效果来看，企业参展的成本也许并不高。

正因为有上述优点，国内外许多企业都非常重视参展。据美国贸易发展局统计，在美国的制造、通信和批发行业中，2/3 以上的企业经常参展；金融、保险等服务行业虽然只能展示资料和图片，但仍有 1/3 以上的公司将展会作为主要营销工具。

### 3.2.2 展会的分类

展会可以从不同角度分类，下面介绍几种主要的分类：

1. 贸易展、消费展、贸易消费综合展。贸易展主要面向工商企业，目的是交流信息、洽谈生意；消费展主要面向消费者，目的是直接销售；贸易消费综合展兼有贸易展和消费展两种性质。一般来说，经济欠发达国家的贸易消费综合展较多，经济发达国家的贸易展和消费展分得较开。

2. 综合展、专业展。综合展是有多种行业参加的展会，如农业展、轻工业展；专业展是只有一个行业甚至一项产品的展会，如啤酒展、电视机展。但综合与专业是相对的，例如，轻工业展对工业展来说是专业展，对只有某类轻工业品的展会来说又是综合展。现代展会的发展趋势是专业性越来越强。

3. 定期展、不定期展、长期展、短期展。定期展有一年四次、两次、一次的，也有两年一次的；不定期展举办的时间视情况而定；长期展有的三个月，有的半年，有的甚至常设；短期展一般不超过一个月。

其他分类还有国际展、国家展、地区展、地方展，室内展、室外展，巡回展、流动展等。

资料

**广交会和华交会**

目前，在我国对外贸易方面影响最大的两个展会是中国进出口商品交易会（简称“广交会”）和上海的华东进出口商品交易会（简称“华交会”）。

**广交会** 创办于1957年春季，每年春、秋两季在广州举办，迄今已有60多年历史，是我国历史最久、层次最高、规模最大、商品种类最全、国别地区最广、到会客商最多、成交效果最好、信誉最佳的综合性国际贸易展会。

广交会以出口贸易为主，也做进口贸易，还开展多种形式的经济技术合作与交流，以及商检、保险、运输、广告、咨询等业务活动。其贸易方式灵活多样，除传统的看样成交外，还举办网上交易会。

广交会每年举办春、秋两届，每年4月中下旬和10月中下旬举办，出口商在平均9平方米/间的一间或多间摊位上展览自己的产品。到2018年11月，广交会已举办过124届。2018年的秋季广交会有来自215个国家和地区的近19万名采购商参展，累计出口成交2 064.94亿元（折合298.6亿美元）。

参加广交会有一定的门槛限制，沿海地区只有上年度成交额达到200万~300万美元的外贸企业才有资格提出参展申请。中小企业可以采用与有资格参展的外贸公司联营的方式参加，也可以以参观者的身份参加，了解行情动态，还可以参加“网上广交会”。

**华交会** 华交会创办于1991年，由中华人民共和国商务部支持，上海市、江苏省、浙江省、安徽省、福建省、江西省、山东省、南京市、宁波市等华东九省市联合主办，每年3月在上海新国际博览中心举行。到2018年已成功举办了28届。

第28届华交会展览面积达12.6万平方米，设标准展位6 500余个，分服装服饰、家用纺织品、家庭用品、装饰礼品、现代生活方式、跨境电商等6个专业展区，参展企业有4 219家。第28届华交会有来自国外近120个国家和地区的45 615名客商和国内22 304余名专业客户到会洽谈，出口成交总额达23.2亿美元。

经过20多年的发展，华交会现已发展成为我国规模最大、客商最多、辐射面最广、成交额最高的区域性国际经贸盛会。

### 3.2.3 参展前的准备工作

参展是否能取得好的效果，在很大程度上取决于展前的准备工作是否做得充分。展前的准备工作主要有以下几项：

1. 展会调研。参展前首先要进行一定的展会调研，如该展会是哪种类型的展会、举办方是谁、有哪些企业参加、主要展出什么产品、有多大规模等。只有了解有关情况，才能正确地选择展会，制定参展战略和策略。展会调研的途径有：咨询当地商会、本国驻展会所在国使领馆商务处；查阅往届展会的资料和新闻报道，注意哪些公司参加过该展会以及是否每届都参加；向参加过该展会的同行打听等。

2. 确定参展目的。只有目的明确，才有可能取得好的参展效果。这方面存在两个常见的误区：一是将获取订单、找客户作为唯一目的。二是根本没有目的，只是受了某种影响才参展。例如，收到了展会举办方、行业协会或客户的邀请，展会的费用不高，人们的评价不错，有竞争对手参展等。

3. 展会选择。国内外各种展会很多，这就要正确地选择。选择错误不仅不能取得好的参展效果，还会造成人力和物力的浪费。选择展会要考虑的因素主要有：（1）展会的类型和性质。例如，展会的分类（见前文），展会的主题，面向的群体，展品的范围等。（2）展会的知名度和影响力。这方面可参考展会以往举办的次数、成交额、参展的国家数、企业数、有无本行业巨头参展等。另外，是否获得了国际展览联盟（Union of International Fairs，UFI）认证也可以作为一个参考因素。但获得了 UFI 认证的不一定就是知名展览公司和品牌展会，未获得 UFI 认证的也不一定就是不知名的展览公司或展会。（3）展会举办的时间和地点。一般来说，应选择那些与自己的目标市场范围接近的展会。（4）企业的经济实力。知名度高、影响力大的展会费用也高，例如，参加广交会一次少则十几万元，多则几十万元。对一些大型企业来说不成问题，对一些中小企业来说就是一个较重的经济负担；而且广交会还有门槛限制。因此，经济实力不强的中小企业也可以选择一些效果较好但费用不太高的展会。

【实例】

2006 年，A 公司将土工布、无纺布系列产品纳入新的业务增长点。为了拓展市场，了解国际市场的行情，A 公司决定在近期参加一个展会。业务员陈先生通过网络搜索和展览公司推荐，选择了在美国举办的 TECHTEXTILES 国际展（非工业用纺织品展会）。2006 年 3 月 26 日，陈先生一行四人带着两大皮箱的样品来到美国，立即着手布置展位。

但在展会开幕的第一天，A 公司的展位前就“门庭冷落”，虽然展会规模很大，参观的人很多，但参观 A 公司展位的人寥寥无几。究其原因主要是：该展会展览的大多数都是特种纤维、防化防毒类布料和成品等，A 公司的土工布主要用于铺设路面和大坝，与展会的主题相差甚远，A 公司在选择展会时只注意到了展会罗列的系列产品名称，而没有仔细研究具体的参展产品范围。

结果 A 公司在整个展会期间取得的效果很小，样品无人问津，运回去费用又太高。虽然 A 公司也得到了一些客户的名片、信息，但是经过半年的跟踪，都不能转变为意向客户。而四个人的费用加上准备展会的费用花掉将近 10 万元。①

4. 展位选择和展台设计。一个大型展会，摊位成百上千，要使注意和访问自己的客商多，展位选择和展台设计是两个关键因素。好的展位是客流量大、显眼的展位，但好的展位费用也高，因此选择展位的原则是在费用和效果之间找到平衡。展台设计可以自己做，也可以外包给展览会服务公司或广告公司做。展台设计的核心是要有创意，但有创意不是标新立异或盲目模仿国外知名品牌的展台设计。展台设计应符合参展目的，突出企业的形象和定位。

5. 展品选择和展示方式设计。展品选择的三条标准是：符合企业的参展目的，代表公司的技术水平，与同类产品有差异。展示方式有狭义和广义之分：狭义的展示方式指

① 改编自：王新华，陈丹凤．50 种出口风险防范．北京：中国海关出版社，2009.

对展品的说明或演示；广义的展示方式还包括展会期间举办的各种活动，如研讨会、招待会、邀请媒体采访等。好的展示方式设计应能增强展示效果、扩大企业影响、节约宣传成本。

6. 参展材料和参展人员的准备。参展材料包括产品目录、资料、样品、广告、光盘、纪念品、名片等。需要哪些参展材料，应根据参展的目的和产品等因素决定。参展人员的准备包括人员的选择和培训两个方面。选择参展人员的一般标准有：素质好、能力强、专业水平高、善于与客商打交道、有一定的外语水平、外在形象较好。一些专业性很强的产品，还要有技术人员的参加。

有人对各种参展因素对参观者的影响做过一个统计，其分类方法与我们介绍的不完全相同，但很有参考价值（见图 15－4）。

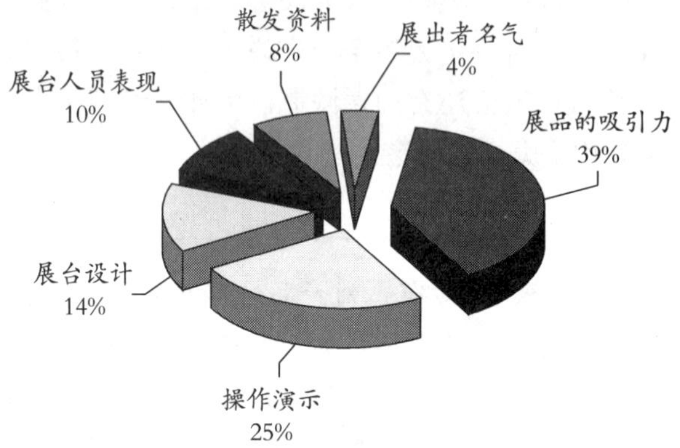


**图 15－4　各种展会因素对参观者的影响力**

资料来源：企业应如何参展. 中国包装采购网，2008-08-11.

7. 客户邀请。客户邀请有展会主办方的客户邀请和企业的客户邀请，二者的目的不同。前者主要是为了招揽更多的客商参展，后者主要是争取更多的目标客户参观自己的摊位，它对取得良好的参展效果具有重要的意义，还可以为企业节省出国拜访客户的费用，并且可以向客户证明自己的实力。据有关统计，收到过邀请的客户参观企业摊位的可能性比没有收到过邀请的客户大 4 倍。企业客户邀请的范围不仅应包括老客户，而且应该包括通过网络等途径认识的新客户，邀请的方式有发邀请函（见示样 15－1）、打电话、发电子邮件、邮寄展会资料等，但最常见的是发邀请函，因为它显得比较正式。客户邀请函应在开展前一个半月左右发出，开展前半个月再去电确认，对拟参展的客户还应该有针对性地做一些准备工作。

**示样 15－1　一封来自意大利客户的邀请函**

Fair invitation
Thanks for your help in the past and hoping we have bright business cooperation in future. Now we are exhibiting the "Interior designs" at Milan furniture fair. From 16 to 21 in April 2008. We sincerely invite you to visit our booth in which you can make a happy talking regarding the classic furniture. Especially you can experience our latest products, such as rattans furniture etc.
Address: Cosmit Spa-Foro Buonaparte 65—20121 Milano, Italia—P.IVA 12470590154

### 3.2.4　展中的注意事项和展后跟进

展中的注意事项主要有：（1）对来访客户热情周到。如果同时有几个客户造访，则应按先后顺序接待；对暂时不能接待的客户，可以安排他们先参观或翻阅资料，并表示歉意。（2）不仅要耐心回答访客提出的问题，也要主动了解有关情况，并做好记录。（3）做好名片的散发和索取工作，尽量多结识同行和有关人士。（4）对老客户不要忘记问两个问题，一是对企业的产品有何建议，二是还需要什么产品。（5）如果客户愿意，可以邀请客户一起留个影，这样既可以增进友谊，又有利于将资料与客户对上号。（6）抽空参观一下同行的摊位，了解竞争对手的产品特点和价格，这对改善参展策略和企业的营销战略都很有价值。（7）每天的展览结束后都应及时对当天获得的资料进行整理，并对当天的工作做一个小结。

展后跟进很重要。据有关统计，在展会上当场下订单的通常不到访问者的 1/10，参展的收获大多数是一叠名片，真正的成果很多都是通过展后跟进取得的。展后跟进主要有两项工作：第一，根据展会上搜集的资料、名片、记录和沟通情况等对客户进行分类。例如，可以将客户分为“老客户”“意向客户”“潜在客户”。老客户是原来有业务关系的客户，它们是企业的业务基础；意向客户是对企业的产品比较感兴趣的客户，它们可能是新业务的增长点；潜在客户是关注过企业的产品但并未表现出强烈兴趣的客户，它们有可能转化为意向客户。第二，给各类客户发函。给老客户发函的主要目的是维护和巩固已有的业务关系；给意向客户发函的主要目的是争取将其转变为老客户；给潜在客户发函的主要目的是探索将其转变为意向客户的可能性。

**【案例 15－4】**

上海 C 公司专营轻工产品出口，前不久在广交会上认识了一家韩国经销商，该经销商在韩国有广泛的销售渠道。在广交会上该经销商访问过公司的摊位，对公司新近开发的一款台式打火机颇感兴趣，并留下了名片。C 公司业务员从广交会上回来后，按名片上的地址给韩国经销商发函推荐上述产品，并随寄了产品目录和样品，不久就得到了对方的询盘。经过磋商，双方达成了台式打火机的第一笔交易。①

案例中的韩国经销商属于老客户、意向客户还是潜在客户？谈谈展后跟进的意义。

## 3.3　客户资信调查

客户资信调查是实务操作十分重要的环节，它是甄别虚假信息、避免盲目投入磋商而泄露商业秘密、防范贸易风险的重要手段。在实际业务中，不仅对新客户要进行资信调查，即便是交往多年的老客户，也要做一定的资信调查，因为老客户的资信也不是一成不变的。实践中许多风险的发生都与未做充分的客户资信调查有关。

**【案例 15－5】**

2001 年 1 月，我国 A 公司与瑞士 S 公司签订了一份进口一套价值 200 万美元设备的

① 引自：祝卫，等. 出口贸易模拟操作教程（第三版）. 上海：上海人民出版社，2008.

进口合同。S公司按照合同的规定将设备运到了我国，但A公司验收时发现该套设备存在严重的质量问题。于是与S公司交涉，要求其承担违约责任、赔偿经济损失。但S公司不理睬。A公司于是委托北京的一家调查公司对S公司的资产状况进行调查。

调查公司在瑞士的调查员通过调查发现，S公司是一家注册资金仅为4万瑞士法郎（折合人民币18.5万元）的私人有限责任公司，无固定资产，办公场所是租赁的，主要从事林业方面的商务咨询，兼营国内和国际贸易，贸易业务占公司收入比重很小，根本不具有提供所需设备的能力，S公司目前无可供执行的财产。问A公司有什么失误？

---

客户资信调查的内容没有统一规定，应具体情况具体分析。在这方面有人概括出一个“3C”：第一个“C”代表资本（Capital），包括企业的性质、注册资金、营业额和资产负债情况等；第二个“C”代表能力（Capacity），包括企业的历史、经营范围、经营能力和发展前景等；第三个“C”代表品格（Character），包括企业的商业道德、经营方针、经营作风和信誉等。这个“3C”框架很值得参考。

客户资信调查的途径有很多，例如：（1）通过对外贸易促进机构调查。（2）查看客户的公司网站。（3）委托国内外专业资信调查机构调查。（4）委托国内外银行调查。我国一般是委托中国银行，它与许多国家和地区的银行有业务关系，可以做客户资信调查。在国外，可以委托客户的往来银行，也可以委托其他银行。要注意的是，客户的往来银行对客户虽然比较了解，但一般不肯提供对自己的客户不利的资料。（5）请我国驻外商务机构调查。（6）向与国外客户有往来的其他同行了解。许多国外客户不仅与我国一家公司有往来，而且与我国其他公司有往来，可以向它们了解，从这种渠道得到的信息一般比较可靠。（7）向海关、商检局等部门或机构了解。

客户资信调查一般在写“建交函”前进行。建交函是第一次写给客户的信，目的是谋求与客户建立业务关系，俗称“开发信”，开头一般说明从何处取得对方的资料和写信的目的；主体介绍自己的公司和产品；结尾表达希望与对方建立业务关系并尽早得到回复的愿望。

本篇从一般角度介绍了交易前的准备工作，在正式开始磋商一笔交易前，进出口商一般还要制订一份书面的出口或进口经营方案，以指导交易按计划进行。但在实践中不同企业、不同交易的做法不同，有的小额交易也有不制订书面经营方案的。

## 复习题

1. 选择出口市场应考虑哪些因素？企业应避免进入哪些市场？

2. 出口产品策略有哪三种基本类型？其中采用得最多的是哪种类型？

3. 从宏观层面看，企业介入国际市场有哪四种基本方式？简述各种方式的优缺点。

4. 产品出口下生产企业和外贸企业有哪些经营方式？简述各种方式的优缺点，说明生产企业选择出口经营方式的原则。

5. 在网上找客户有哪些优缺点？有哪三条途径？

6. 简要说明：通过展会找客户有哪些优缺点，展前要做哪些准备工作，展中要注意哪些事项，展后跟进的意义和主要方法。

7. 什么是客户资信调查的“3C”？客户资信调查有哪些途径？

## 《问题与案例》

1. 阅读以下案例，回答后面的问题：

1979 年，我国放宽了对家电用品的进口限制，欧洲和日本电视机厂家都想进入中国（尤其是中国内地）的电视机市场。欧洲电视机厂家一向以中国香港高层消费者为对象，不重视一般工薪阶层。通过调查分析，它认为，中国内地人均收入不高，市场潜力不大。日本电视机厂家与此相反，经过调查分析，它认为：中国有 10 亿人口，虽然可任意支配收入还比较低，但中国人有储蓄习惯，已形成了一定的购买力；另外，当时中国人夜生活较少，有看电视的需求。因此，中国存在一个潜力很大的黑白电视机市场。

根据以上调查分析，日本电视机厂家做出了打入中国电视机市场的决策，并特别针对中国内地制定了相应的营销组合策略（4Ps）：（1）产品。中国内地电源与日本不同，要将 110 伏改为 220 伏；中国内地若干地区电力不足、电压不稳，电视机内要有稳压装置；为适合中国内地住房情况，以 12 英寸黑白电视机为宜；音量要大，要有售后服务保证。（2）分销。由于当时中国（尤其是中国内地）没有国营分销渠道可以利用，日本电视机厂家决定由港澳国货公司作为总代理，将电视机由专车直接送到广州流花宾馆发货。（3）促销。由于当时国外厂家不能直接到中国内地做广告，因此选择在中国香港《大公报》和《文汇报》上做广告，通过这两份报纸把信息带进中国内地。（4）价格策略。当时中国内地还没有与日本电视机厂家竞争的对手，价格可定得适当高一些。

结果日本电视机厂家捷足先登，率先进入了巨大的中国电视机市场。

问题：日本电视机厂家在选择中国电视机市场前调查分析了哪些方面的情况？当它决定打入中国电视机市场后，针对中国内地制定了怎样的营销组合策略（4Ps）？其中的出口产品策略属于哪一类？

2. 广东某企业生产摩托车、电动自行车、汽车、银行等用的电池，专门出口国外市场，每年产值近 2 亿美元。你认为该企业应采用自营出口还是代理出口的经营方式好？为什么？

3. 2009 年 4—5 月，A 公司参加了第 105 届广交会。会上有一位加拿大客户访问了公司的摊位，对公司的女士手提包很感兴趣，但当时好像有其他事情，没来得及详谈就离开了，只留下了一张名片。回来后，A 公司经理让业务员发个传真给这位客户，介绍一下 A 公司的情况，再附寄一些商品照片，并调查一下该客户的资信。[①] 问：该客户属于哪种类型的客户？发给这位客户的传真在外贸业界叫什么函？经理为什么要业务员调查一下该客户的资信？

4. D 公司与香港 W 公司签订了一笔大豆合同，总值 314 000 美元，FOB 大连，目的港为日本横滨港（香港 W 公司将货转售给日本商人），付款方式为 D/A 远期 120 天。

① 引自：祝卫，等. 出口贸易模拟操作教程 . 3 版 . 上海：上海人民出版社，2008.

D 公司按规定的装运期装运货物后，通过中国银行办理托收，中国银行委托香港地区某商业银行为代收行。单据到香港后，代收行向 W 公司提示承兑。W 公司承兑后取得提单，并通过转让提单向日本收货人收取了货款。远期汇票到期时，香港代收行向 W 公司提示付款，但 W 公司已宣布破产，并由香港地区破产管理处接管。经查 W 公司的注册资本仅为 260 000 港元，即使全部用来偿付 D 公司的货款也不够，而 W 公司又是有限责任公司，D 公司由此遭受严重损失。D 公司有哪些失误?

06

第6篇

# 交易的磋商与合同的签订

交易的磋商与合同的签订是实务操作四大步骤的第二步、第三步。

交易的磋商是买卖双方就一笔交易的各种条件进行谈判，它不仅关系到交易是否能够达成，还关系到按什么条件达成，这些都与双方的利益有关。从长远的观点看，它还关系到买卖双方是否能建立起长期的合作关系。

经过交易的磋商，如果买卖双方就各种交易的条件达成了一致，一般要签订一份书面的国际贸易合同，以便履行合同和解决将来可能发生的争议。

交易的磋商与合同的签订需要多方面的知识，如法律知识、国际商务谈判的知识、经济核算的知识、外贸函电写作的知识、国际贸易合同条款的知识等。对此本篇只介绍交易磋商的法律规则、交易磋商的经济核算、合同条款的知识、国际贸易合同的签订几项内容。

# 第16章 交易磋商的法律规则

在交易磋商的过程中，买卖双方都必须遵循一定的法律规则，否则交易磋商无法顺利进行。本章将对当前国际贸易合同磋商过程中遵循的法律规则做一个简要的介绍。在介绍这些规则之前，我们先对交易磋商的有关问题做一个概述。

## §1 交易磋商概述

### 1.1 交易磋商的内容和形式

交易磋商的内容是各种交易条件，即合同条款。一份国际贸易合同究竟应包括哪些条款并没有统一规定；但有一些条款是大多数合同都有的，这些条款我们将在第19章和第20章介绍。

需要指出的是，在实践中，买卖双方并不就一份合同的所有条款进行磋商，为简化手续、节约交易成本，一般只磋商那些每次交易都有差异的主要条款；对每次交易都差不多的条款，则用格式合同条款来规定。格式合同可以由卖方或买方提供，其中事先印就的条款称为"一般交易条件"（General Terms and Conditions）或"格式条款"。但并不是说格式条款不需要磋商，因为如果一方对对方提供的格式合同的格式条款有异议，则可以在会签合同的过程中提出来磋商。从这个角度来看，格式条款仍然是交易磋商的内容。

交易磋商的形式可分为口头磋商与函电磋商。口头磋商包括参展、出国访问或外商来访时的当面洽谈，也包括打国际长途、利用网络即时通信工具进行的洽谈；函电磋商包括用传真（Fax）、电子邮件（E-Mail）、电子数据交换（EDI）等手段进行的洽谈。在国际贸易中，由于双方的距离较远，口头磋商的时候较少，大多数是函电磋商，其中又以发传真和电子邮件居多。

## 1.2 交易磋商的过程

交易磋商的过程可以分为询盘、发盘、还盘、接受四个环节。

**询盘（Enquiry）** 指一方向对方询问有关交易条件。在各种交易条件中，双方最关心的一般是价格，因此询盘又叫“询价”。询盘可以由买方发出，也可以由卖方发出，但以买方先询盘的居多。买方发出的询盘英文叫“Invitation to make a bid”，卖方发出的询盘英文叫“Invitation to make an offer”。

询盘的特点是无法律约束力，即买方询盘不一定要买，卖方询盘不一定要卖。但为了树立良好的声誉，还是应尽量避免只询盘而不买或不卖。

询盘应注意下列问题：（1）不宜局限于个别客户，要货比三家，但也不能因此在同一地区多头询盘。因为几家中间商可能将询盘反馈到同一厂家，造成市场需求旺盛的假象，招致厂商抬价。一般是“订一询三”，即一份订单大约向三家询盘比较适合。（2）不宜流露购销心切，也不宜过早透露交易条件，以免陷入被动。（3）对技术、机械设备一般应尽量直接向供应商询盘，尽可能减少中间环节。（4）询盘的内容不应只限于价格，还应了解其他交易条件。（5）对他人的询盘虽然可以不答复，但出于礼貌一般都应该及时答复。

**发盘（Offer）** 指一方愿意按自己开列的条件与对方达成交易的表示，又称“发价”或“报价”，法律上叫“要约”。发盘可以由买卖双方的任何一方首先发出，但以卖方首先发盘的居多。卖方的发盘英文叫“Selling Offer”，买方的发盘英文叫“Buying Offer”或“Bid”（递盘）。发盘的特点是有法律约束力，一旦被对方接受，合同即宣告成立，发盘人不得赖账、反悔。发盘是交易磋商的主要环节，其法律规则我们将在本章第 2 节详细讨论。

**还盘（Counter Offer）** 指受盘人（也称被发盘人）就对方的发盘提出修改意见的表示，又称“还价”。还盘是对原发盘的拒绝，还盘一旦做出，原发盘即告失效，发盘人不再受原发盘约束。还盘又是从还盘人立场做出的一项新的发盘，如果还盘被对方接受，则合同宣告成立。

**【案例 16－1】**

甲公司拟进口一批货物，请乙公司发盘。6 月 1 日，乙公司发盘每件 5 美元，限 6 月 30 日前答复。甲公司还盘每件 4 美元，要求乙公司 6 月 20 日前答复，但直至 6 月 20 日，乙公司一直未答复。由于该货物价格看涨，甲公司 6 月 20 日去电乙公司，表示可接受 6 月 1 日的发盘。问该接受是否有效？

---

**接受（Acceptance）** 指一方愿意按对方的发盘或还盘开列的条件与对方达成交易的意思表示，法律上叫“承诺”，接受一旦做出，合同即宣告成立。接受也是交易磋商的重要环节，有关接受的法律规则我们将在本章第 3 节详细讨论。

交易磋商的四个环节是从理论上来说的，在实践中，并不都这样按部就班地进行。例如，可以不询盘而直接发盘，也可以不还盘而直接接受。新客户之间一般是收到对方的“开发信”后开始询盘。老客户之间一般是先由进口方传真一份制作某种产品的指示书，并快递原材料和款式样，看出口商是否能够照办。如果能够照办，双方再就价格和其他交易条件进行磋商。

**【案例 16－2】**

请指出下列来往函电中的询盘、发盘、还盘和接受。

某年，我国甲公司接法国乙公司来电，称对甲公司的麻油和豆油感兴趣。甲公司了解乙公司资信可靠后，寄去两种产品的规格、包装及品质检验方面的详细资料，一份空白销售确认书，列有一般交易条件，并快递参考样品各两瓶，供乙公司联系推销。

6 月 5 日，乙公司来电：函样收到，请发盘麻油 80 桶，豆油 60 桶。

6 月 6 日，甲公司去电：麻油 80 桶，豆油 60 桶，每千克 CIFC 3% 马赛 2 美元，船期 8/9 月、9/10 月各半，不可撤销即期信用证，9 日前复到。

6 月 8 日，乙公司来电：你 6 日电，麻油接受，信用证 90 天远期，豆油价格竞争激烈，汉城报 0.7 美元。

6 月 9 日，甲公司去电：你 8 日电，麻油只接受即期信用证，豆油鉴于首次交易最好价 0.9 美元，12 日前复到有效。

6 月 11 日，乙公司来电：你 9 日电，麻油确认，豆油还盘 0.8 美元，请 14 日复。

6 月 13 日，甲公司去电：你 11 日电，豆油接受，请告买方名称以便缮制合约。

6 月 14 日，乙公司来电：你 13 日电，为申请进口许可证请航寄形式发票一式三份，买方：麻油 AC 公司巴黎，豆油 GD 公司马赛。①

## 1.3　交易磋商遵循的法律

在这里，交易磋商指国际货物买卖合同的磋商。国际货物买卖合同的磋商遵循的是国际商法，包含有关的国际货物买卖法与合同法，其法律渊源包括有关的国际条约、惯例，以及相关的国内法。在这方面，最重要的是《联合国国际货物销售合同公约》（the United Nations Convention on Contracts for the International Sale of Goods，以下简称《公约》），因为目前世界各国在国际货物买卖合同的磋商、签订、违约及争议的处理方面主要是遵循《公约》的规定，因此本书将重点介绍《公约》。

### 1.3.1 《公约》的产生、内容和适用范围

早在 1930 年，罗马国际私法统一协会（UNIDROIT）就开始着手拟定一项国际货物买卖法方面的国际公约，以便将世界这个领域的法律统一起来，后来这项工作因第二次世界大战中断。战后罗马国际私法统一协会又重启这项工作，到 1964 年产生了两项公约——《国际货物买卖统一法公约》和《国际货物买卖合同成立统一法公约》（简称两项

① 引自：曲建忠，刘福祥. 国际贸易实务案例评析与疑难解答. 北京：中国石油大学出版社，1997.

公约），两项公约均于 1972 年生效。但实际效果并不理想，因为批准参加前一个公约的只有 8 个国家，批准参加后一个公约的只有 7 个国家。主要原因是，许多国家认为两项公约受大陆法影响较大，内容烦琐，有的还晦涩难懂。

两项公约没完成统一国际货物销售法的任务。从 1969 年开始，联合国国际贸易法委员会又在两项公约的基础上继续开展这一工作，到 1978 年产生了《联合国国际货物销售合同公约》，于 1988 年 1 月 1 日生效。由于《公约》较好地协调了大陆法与英美法的分歧，获得了各国的普遍认同。截至 2015 年，已有 80 多个国家参加，包括我国和世界的主要贸易大国。

《公约》一共 101 条，分为四个部分。第一部分：适用范围和总则。第二部分：合同的订立。阐明发盘和接受的规则。第三部分：货物销售。阐明买卖双方的义务、违约及补救措施。第四部分：最后条款。说明《公约》的签字、加入、批准、生效、退出、允许保留的事项、与其他国际条约的关系等。在以上四个部分中：第二部分可以说是合同法，本章在阐述交易磋商的法律规则时将主要引述这一部分的规定；第三部分可以说是买卖法，本书第 27、28 章在阐述买卖双方的义务、违约及救济措施时将主要引述这一部分的规定。

《公约》第 1 条第 1 款阐述了它的适用范围。本公约适用于营业地在不同国家的当事人之间所订立的货物销售合同：（a）如果这些国家是缔约国；（b）如果国际私法规则导致适用某一缔约国的法律。这段话有三个意思：第一，《公约》以营业地作为区分是不是国际货物销售合同的标准，而不考虑当事人的国籍等。在确定本公约的适用时，当事人的国籍和当事人或合同的民事或商业性质，应不予考虑。[①] 第二，《公约》只适用于国际货物买卖，不包括股票、债券、流通票据和其他权利财产的买卖，也不包括服务贸易。第三，《公约》除了适用于缔约国之间的货物买卖外，还适用于缔约国与非缔约国之间的货物买卖，如果国际私法规则导致适用某一缔约国的法律。

**【案例 16－3】**

2001 年 12 月，中国天津 A 公司与某国设在中国广州的外商独资企业 B 公司在大连签订了一份货物买卖合同，合同规定，由 B 公司向 A 公司出售一批移动电信设备，总金额为 200 万美元，交货地点在 A 公司设在沈阳的仓库。合同进一步规定，双方如果发生争议，适用的法律为《联合国国际货物销售合同公约》。问合同做出的法律选择是否恰当？

**【案例 16－4】**

A 国是《公约》的缔约国，B 国不是《公约》的缔约国，两国的商人在 A 国签订了一项 FOB 出口合同，合同未选择适用的法律。该合同是否适用于《公约》？

### 1.3.2 我国与《公约》的关系

我国是《公约》最早的缔约国之一，1986 年 12 月，我国就提交了《公约》的核准书，

① 《公约》第 1 条第 3 款。

但做了两项保留：一是关于适用范围方面的保留，我国只同意《公约》适用于缔约国之间的货物买卖；二是关于合同形式方面的保留。《公约》第 11 条规定：销售合同无须以书面订立或书面证明，在形式方面也不受任何其他条件的限制。销售合同可以用包括人证在内的任何方法证明。在批准参加《公约》时，我国与其他很多国家一样存在内外有别的两个合同法：一个是 1982 年开始实施的《中华人民共和国经济合同法》，它适用于国内经济合同；另一个是 1985 年颁布的《涉外经济合同法》，它适用于除运输以外的一切涉外经济合同，该法规定我国所有涉外经济合同必须采用书面形式，否则无效。因此当时对《公约》第 11 条做出了保留。但在 1999 年，我国已将内外有别的两个合同法合二为一，颁布了新的《合同法》，在新的《合同法》中对国际货物买卖合同已不再要求一定要有书面形式。

# §2　发盘的法律规则

交易磋商虽然包括四个环节，但与合同成立关系密切的是发盘与接受两个环节（还盘也可以看成发盘），《公约》和各国法律关于合同成立的规定主要是关于这两个环节的规定。本节先介绍发盘的法律规则，《公约》关于发盘的规定涉及发盘的构成条件、发盘的有效期、发盘的撤回和撤销、发盘的终止几项内容。

## 2.1　发盘的构成条件

《公约》指出，向一个或一个以上特定的人提出的订立合同的建议，如果十分确定并且表明发盘人在得到接受时承受约束的意旨，即构成发盘。[①] 根据这一定义和《公约》的其他规定，可以将发盘的构成条件归纳如下。

1. 有特定的对象。《公约》规定，非向一个或一个以上特定的人提出的建议，仅应视为邀请做出发盘，除非提出建议的人明确地表示相反的意向。[②] 其他国家的法律也有相同的规定，其目的是为了将发盘与寄送价目表、商业广告等区别开来。但各国合同法都认为悬赏广告是一项发盘。

**【案例 16－5】**

1977 年，原告收到一份寄自被告的广告函，其中附有若干种可供选择的购买普罗拉多牌商品的订单。广告函中说，每购买一种商品，买方均可得到相应的回扣，回扣依订单金额不同。如果购买 10 万磅重的普罗拉多牌产品，普罗拉多公司将赠送一辆 1978 年产全新的布依克－厄勒克特拉牌汽车和一架柯达一次成像相机。汽车和相机的零售价为 17 450 美元，而买主只要付 500 美元。

原告在阅读该广告函后，将一张认购 10 万磅以上的普罗拉多牌石油过滤器的订单寄

① 《公约》第 14 条第 1 款。

② 《公约》第 14 条第 2 款。

给被告，并要求得到上述回扣。收到这一订单后，普罗拉多公司打电话给原告说，该订单没有被接受。此后，被告没有交货和支付回扣，原告也没有付款。原告提起诉讼，要求被告履行合同义务。问被告是否要负责？[①]

2. 有签约的意旨。必须表明发盘人在得到接受时承受约束的意旨，这种意旨不一定要用文字表示，但必须可以从发盘的内容、语气、有效期等方面看出来。

3. 内容完整、确定。内容完整指必须包括交易的主要条件。《公约》规定，一个建议如果写明货物并且明示或暗示地规定数量和价格或规定如何确定数量和价格，即为十分确定。[②]可见，按《公约》规定，只要有货物的名称、数量和价格，或确定数量、价格的方法就算内容完整。但根据我国和大多数国家的习惯，一项发盘至少应包括货物、数量、价格、包装、交货和支付六个条件才算完整。内容确定指发盘中没有模棱两可的词语，如“indication price”“shipment is about Sep.”“by estimate we can supply”“subject to prior sale”等。

【案例16-6】

某外贸公司业务员向外商发出信函：“现有优质大豆5 000包，交货地大连，6月中旬交货，价格以交货当天国际市场价格为准……”该信函是否构成要约？

4. 必须送达受盘人。发盘只有送达受盘人才是有效的发盘，“发盘于送达被发盘人时生效”[③]。

**专 论**

## 实盘和虚盘

在我国贸易实践中，常使用实盘和虚盘两个名词。实盘（Firm Offer）即法律上所说的发盘（Offer）；虚盘指缺少某些必要条件或对某些条件有保留的发盘，它不能算作发盘，只能被看成一种要约邀请（Invitation for Offer）。

实盘行规上比较看重，一经报出，如果客户在报价所规定的有效期内回复接受，出价方就不可再做更改了。当然，有时候也有赖账成功的，但名声不好。实际上，在更多的时候，报价人会故意漏掉一些要素，让报价成为无最终效力的虚盘。

虚盘的好处很多，例如，可以留下较多的讨价还价的余地。举例来说，如碰上国际市场价格波动大的时候，报价后面加一句“offer subject to our final confirmation”，就灵活一些。有时候虚盘还可以作为打破僵局的小技巧。刚开始做外贸业务的人，常常会碰到这种情况：好不容易找到个客户信息，开发信也发了很多，可对方就是没反应。但这一点儿也不奇怪。客户只要不是第一次做外贸，就自然已经有了货源渠道。刚开始跟客户打交道，别说价格太高，就是价格与其目前的进货渠道持平，客户都不一定有兴趣联系。打破这种僵局，有效的办法之一就是报个让其动心的低价。但低价就挣不到钱，

① 摘自：党伟. 国际商法. 北京：中国财政经济出版社，2005.

② 《公约》第14条第1款。

③ 《公约》第15条第1款。

这时候，虚盘就上场了：单纯报个价格，其他什么也不说。等客户来兴趣了，再慢慢向其介绍情况，推销产品。可以按原来的低价给客户一点儿货，解释为“上批订单的货尾，数量不多，故特价销售”云云。僵局打破就好办了，接下来服务周到、态度殷勤，就有希望与其他竞争者在同等条件下竞争。

实际上，在很多情况下，客户都不会只询问一个产品。当确认客户会订购几种或几款产品时，业务员在价格上就不要抠得太死，可以根据客户订购的数量和单价做搭配组合，只要总值能大致持平，某一款产品单价便可灵活处理。但在做这种搭配的时候，必须跟客户落实好订货的数量。

资料来源：黄海涛. 外贸七日通. 3版. 北京：中国海关出版社，2008.

## 2.2 发盘的有效期

发盘的有效期指一项发盘可供受盘人接受的期限，同时也是发盘人受约束的期限。《公约》关于发盘的有效期的规定涉及四个方面的内容。

第一，有效期的作用。可以概括为三条：

1. 如果发盘规定了有效期，接受就只能在有效期内做出，逾期接受一般无效。

2. 如果发盘没有规定有效期，那么发盘只在“合理”的时间内有效。[①] 至于什么是合理的时间，《公约》未做规定，要根据商品的特性、市场行情、行业习惯等因素决定。

【案例16-7】

我国一公司曾在海湾战争前向科威特某公司发过一个实盘，未规定有效期。当时对方未做答复。但到海湾战争结束后，对方来函表示接受我方2年前的发盘。我方是否可以拒绝？为什么？

在实际业务中，发盘最好明确规定有效期，这样可以避免发生争议，对双方都有好处。对发盘人来说，有效期是一种自我保护，可以避免商品价格上涨带来损失，还可以敦促客户早日下订单；对受盘人来说，则可以得到一个有保障的时间来考虑是否接受发盘。

3. 口头发盘必须当场接受，否则无效。《公约》规定，对口头发盘必须立即接受，但情况有别者不在此限。[②] 口头发盘包括当面口头发盘和电话发盘。

【案例16-8】

广交会上，一法国商人某日上午走访我国某外贸公司的摊位，洽购某商品。我方口头发盘，对方未置可否，当天下午法国商人再次来访，表示接受我方上午的发盘。我方获知该商品的国际市场价格有上涨的趋势，于是将价格上调后重新向法国商人发盘。法国商人认为我方不能重新发盘，因为上午他并未还盘。法国商人的说法是否有道理？

①② 参见《公约》第18条第2款。

第二，发盘的有效期的规定方法。分为两种：一是规定一段时间，如“offer valid five days”；二是规定最后期限，如“offer subject reply seventh”。

发盘有效期的长短应根据货物的性质、市场行情、双方的距离和通信方式等决定。总的来说是既不能太长，也不能太短。太长了，发盘人承担的价格波动风险就大；太短了，受盘人又没有充分的时间来考虑是否接受。

**【案例 16－9】**

某年 11 月 15 日，美国一公司致电我公司询购 A 商品 200 吨，由于是经常往来，一般交易条件双方都清楚，我公司仅报价：“A 商品 200 公吨，每吨 1 785 美元 CFR 纽约，1、2 月装船，不可撤销信用证，19 日前复到有效。”

11 月 19 日，对方来电要求降价，我方重新发盘每公吨 1 782 美元，其他条件不变，限 11 月 25 日复到有效。

11 月 25 日，对方来电对我方 11 月 19 日发盘未置可否，仅要求将发盘的有效期延展至 12 月 15 日。我方复电表示同意。

12 月 14 日，对方来电表示接受我方发盘。

由于此时 A 商品的国际市场价格上涨，我方便电告对方说，收到你方接受电报前货物已经售出，我方的习惯做法是：接受应以我方的确认为准。

对方立即来电指出其接受是在发盘的有效期内做出的，撤销发盘不符合国际贸易规则。如果我方希望推迟一个月交货，那么它可以与买主商量，但不能保证有任何结果。

我方又回电深表歉意，并提出可另供 A 商品 150 公吨，每公吨 1 978 美元。

但对方不接受，并提出：“如你不履约交货，根据目前市场价格，应赔偿我方损失 × 美元，否则通过仲裁解决。”

最后我方只好按 11 月 19 日发盘的价格履约。

问我方应吸取什么教训？①

---

第三，发盘的有效期的起算时间。《公约》规定：发盘人在电报或信件内规定的接受期间，从电报交发时刻或信上载明的发信日期起算，如信上未载明发信日期，则从信封上所载日期起算。发盘人以电话、电传或其他快速通信方法规定的接受期间，从发盘送达被发盘人时起算。②

第四，接受期间的计算。《公约》规定：在计算接受期间时，接受期间内的正式假日或非营业日应计算在内。但是，如果接受通知在接受期间的最后一天未能送到发盘人地址，因为那天在发盘人营业地是正式假日或非营业日，则接受期间应顺延至下一个营业日。③

## 2.3 发盘的撤回和撤销

在《公约》中，“撤回”和“撤销”是两个概念。撤回指发盘人将受盘人还没有收到

① 摘编自：曲建忠，刘福祥. 国际贸易实务案例评析与疑难解答. 北京：中国石油大学出版社，1997.

② 《公约》第 20 条第 1 款。

③ 《公约》第 20 条第 2 款。

的发盘予以取消；撤销指发盘人将受盘人已经收到，但还没有做出接受决定的发盘予以取消（见图 16 - 1）。

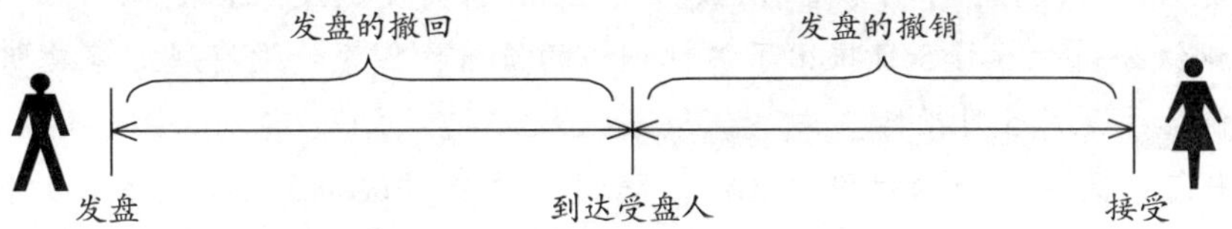


**图 16 - 1　发盘的撤回和撤销图释**

对于发盘的撤回，《公约》和各国法律都允许。《公约》规定，一项发盘，即使是不可撤销的，得予撤回，如果撤回通知于发盘送达被发盘人之前或同时，送达被发盘人。[①] 但在实际业务中，只有以信函、电报等方式发盘才有可能撤回；如果以电传、传真、电子邮箱等发盘，发送和到达则是同时的，不可能撤回。

**【案例 16 - 10】**

某年 6 月 2 日，上海一公司就出口一批货物向日本一公司以信函发盘，有效期为 6 月 10 日，发盘函于 6 月 5 日到达日本公司。但在此前的 6 月 3 日，上海公司又以电传通知日本公司要撤回 6 月 2 日的发盘。问该发盘是否能撤回？

对于发盘的撤销，各国法律分歧较大。英美法认为，发盘在被接受前的任何时候都可以撤销，除非受盘人已付出某种对价，或者是签字蜡封的发盘；大陆法认为，在发盘有效期内，发盘人不得撤销发盘，否则要负赔偿责任。《公约》对两大法系做了折中：

首先，《公约》规定，在订立合同之前，发盘得予撤销，如果撤销通知于被发盘人发出接受通知之前送达被发盘人。[②] 这照顾了英美法的规定。

其次，《公约》又规定，但在下列情况下，发盘不得撤销：（a）发盘写明接受发盘的期限或以其他方式表示发盘是不可撤销的；（b）被发盘人有理由信赖该项发盘是不可撤销的，而且被发盘人已本着对该项发盘的信赖行事。[③] 这又照顾了大陆法的规定。

**【案例 16 - 11】**

8 月 1 日上午，某公司以电报向一伦敦商人发出实盘，限 8 月 3 日复到有效，电报刚发出，收到总公司紧急通知，该商品于 8 月 1 日起提价 20%。我方立即电传通知撤回原发盘。8 月 2 日，我方收到对方电传通知："无条件接受 8 月 1 日发盘。"问我方是否只能按原发盘条件与对方成交？

**【案例 16 - 12】**

法国一建筑公司欲投标承包一个医院主楼的施工工程，需要一批钢材。为此，该法

① 《公约》第 15 条第 2 款。
② 《公约》第 16 条第 1 款。
③ 《公约》第 16 条第 2 款。

国公司于5月向一家德国钢铁公司发出电传，说明将要投标承包一个医院的工程，并列出了需要的钢材数量、型号等，请德国公司报价，并告诉德国公司：该批钢材将被用来计算投标价格，投标将在7月5日开始，7月25日将会发送投标结果。

德国钢铁公司于6月5日报出了该批钢材的价格，但报价没有规定有效期。法国公司接到报价后于7月5日投标。

7月中旬，国际市场钢材价格暴涨，德国钢铁公司认为自己6月5日的报价过低，便于7月15日以电传通知法国公司，撤销其6月5日的钢材报价，法国公司未做表示。

7月25日，法国公司得知自己中标的消息后立即通知德国钢铁公司，接受其6月5日的报价，德国钢铁公司表示拒绝。

问德国钢铁公司是否可以撤销6月5日的发盘？[①]

---

## 2.4 发盘的终止

发盘的终止又叫“发盘的失效”，发盘在下列情况下失效：（1）发盘的有效期已过。（2）发盘被受盘人拒绝或还盘。一项发盘，即使是不可撤销的，于拒绝通知送达发盘人时终止。[②]（3）发盘被发盘人有效地撤销。（4）出现了某种特定的情况，适用有关法律规定而失效。

**【案例16－13】**

我某公司向荷兰一公司发盘：中国松香×级，8月装船，100公吨，每公吨300美元CIF鹿特丹……有效期5天。两天之后对方复电，要求我方降价到每公吨250美元，我方未做答复。又过了两天，对方再次来电表示接受原发盘。我方回电把价格调整到每公吨320美元。对方认为它是在原发盘的有效期内做出接受的，合同已告成立，我方必须受原发盘的约束。荷兰公司的说法是否有道理？

---

# §3 接受的法律规则

《公约》关于接受的规定涉及接受的构成条件、接受生效的时间、逾期接受、对发盘内容有变更的接受、接受的撤回。

## 3.1 接受的构成条件

《公约》指出，被发盘人声明或做出其他行为表示同意一项发盘，就是接受。缄默或不行动本身不等于接受。[③]根据《公约》这一定义和其他规定，可以将接受的构成条件归纳如下。

① 党伟. 国际商法. 北京：中国财政经济出版社，2005.
② 《公约》第17条。
③ 《公约》第18条第1款。

1. 必须由受盘人做出。非受盘人做出的接受无效。

**【案例 16－14】**

6月1日，某公司向港商发实盘，限6月6日前复到有效。6月5日，该公司收到美商S按该公司发盘条件开来的信用证，同时收到港商来电称，“你方来盘已转美商S”。当时该商品国际市场价格猛涨，该公司将美商S的来证退回银行，并按新价直接向美商S发盘。美商S以信用证是在发盘有效期内到达的，属有效接受为由，拒绝接受新价，要求该公司按原发盘价格成交。问该公司可否驳回？为什么？

2. 内容必须与发盘一致。对发盘表示接受但载有添加、限制或其他更改的答复，即为拒绝该项发盘，并构成还盘。[①]

**【案例 16－15】**

M向N发盘，“供应50台拖拉机，100马力，每台3 500美元CIF香港，订立合同后两个月装船，不可撤销即期信用证付款，请电复。”N收到发盘后，立即电复说：“我接受你方发盘。在订立合同后立即装船。”但M未做任何答复，问双方合同是否成立？

3. 必须用某种方式表示出来。缄默或不行动本身不等于接受[②]，表示方式可以是申明，也可以是行为。

**【案例 16－16】**

我某外贸公司就出口鞋子向俄罗斯商人发盘，俄罗斯商人对发盘中的价格不满意，要求我方将价格下调5%；我外贸公司回电说只能下调2%，并限5日内复到。过了两天，接到俄罗斯商人开来的信用证。问合同是否成立？

4. 必须在发盘的有效期内送达发盘人，如果表示同意的通知在发盘人所规定的时间内（若未规定时间，在一段合理的时间内），未曾送达发盘人，接受就成为无效的。[③]

## 3.2　接受生效的时间

对接受生效的时间，英美法采用“投邮生效”的原则（Mail Box Rule），大陆法采用“到达生效”的原则（Receive of the Letter of Acceptance Rule）。《公约》和我国法律与大陆法一样，采用“到达生效”的原则。《公约》规定：接受发盘于表示同意的通知送达发盘人时生效，但如果接受是以行为的方式做出的，则于做出该行为时生效。[④]

① 《公约》第19条第1款。
② 《公约》第18条第1款。
③ 《公约》第18条第2款。
④ 参见《公约》第18条第2、3款。

【案例 16－17】

我国某进出口公司于5月10日向美国一贸易公司发盘成品衣100万美元。5月16日，美方回电要求降价至95万美元。我方于5月19日回电表示同意其要求，美方于5月20日收到我方的回电。问双方的合同是何时成立的？

【案例 16－18】

英商于5月3日向德商发盘商品一批，德商5月6日上午邮寄了接受通知。但英商发盘后发现该商品行情趋涨，于是于5月7日下午致电德商要求撤销其发盘。英商收到德商接受通知的时间是5月8日上午。问：（1）按英国法律，英商是否能够撤销该发盘？（2）按照《公约》，英商是否能够撤销该发盘？

## 3.3 逾期接受

逾期接受指超过了发盘有效期的接受。在一般情况下，《公约》规定逾期接受无效，但《公约》对逾期接受还有两条特殊规定。

1. 逾期接受仍有接受的效力，如果发盘人毫不迟延地用口头或书面形式将此种意见通知被发盘人。① 也就是说，发盘人愿意按照逾期接受达成交易也未尝不可。

【案例 16－19】

某外贸土特产品进出口公司向外商发盘土特产品一批，有效期为5天。但外商直到第7天才来电表示接受。如果进出口公司愿意按外商的逾期接受达成交易，应该怎样做？

2. 如果载有逾期接受的信件或其他书面文件表明，它是在传递正常、能及时送达发盘人的情况下寄发的，则该项逾期接受具有接受的效力，除非发盘人毫不迟延地用口头或书面通知被发盘人：他认为他的发盘已经失效。② 对这种情况要格外小心，并按下列方法处理：（1）如果发盘人愿意按接受达成交易，则可以去电确认，也可以不去电确认；（2）如果发盘人不愿意按接受达成交易，则应该毫不迟延地用口头或书面的形式通知对方原发盘已经失效。

【案例 16－20】

某出口公司于某年7月1日向美商发盘，限7月8日复到。美商于7月7日发电报表示接受，但由于传递过程中延误，我方于7月9日才收到接受电报。我方认为接受已逾期，未予理睬。此时，该商品的国际市场价格上涨，我方便以较高价格将该商品出售给了另一外商。7月22日，美商来电称，“信用证已开出，请立即装运”。我公司复电说，“你方接受已逾期，合同没有成立”，但美商坚持合同已成立。问哪一方有道理？

---

① 《公约》第21条第1款。

② 《公约》第21条第2款。

## 3.4　对发盘内容有变更的接受

在一般情况下，《公约》规定对发盘的内容做了变更的接受构成还盘。但《公约》对此也有特殊规定：对发盘表示接受但载有添加或不同条件的答复，如所载的添加或不同条件在实质上并不变更该项发盘的条件，除发盘人在不过分迟延的期间内以口头或书面通知反对其间的差异外，仍构成接受。如果发盘人不做出这种反对，合同的条件就以该项发盘的条件以及接受通知内所载的更改为准。①

对于什么是非实质性的变更，《公约》没有说明，只在第 19 条第 3 款规定，有关货物价格、付款、货物质量和数量、交货地点和时间、一方当事人对另一方当事人的赔偿责任范围或解决争端等的添加或不同条件，均视为在实质上变更发盘的条件。一般来说，要求增加某种单证或单证份数，要求在包装上刷制指定的标志等可以看成非实质性的变更。

对这种有非实质性变更的接受也要格外小心，并按下列方法处理：（1）如果发盘人愿意按变更后的条件达成交易，则可以去电确认，也可以不去电确认；（2）如果发盘人不愿意按变更后的条件达成交易，则应及时以口头或书面的形式通知对方。

**【案例 16－21】**

X 商向国外 Y 商发盘，Y 商复电表示接受，但在接受中增加了提供产地证的要求，X 商没有表示反对。两周后，X 商收到 Y 商开来的信用证，正准备按信用证发运货物，但接到商检机构的通知说，该商品因非本国产品而不能签发产地证。X 商于是去电 Y 商，请其修改信用证中要求提供产地证的条款，但 Y 商不同意。X 商指出，它的发盘根本没有提供产地证的内容，对对方提供产地证的要求也从未表示同意，因此没有提供产地证的义务。而 Y 商坚持 X 商有此义务。请根据《公约》（双方所在国均为《公约》的缔约国）的规定对此案做出裁决。

## 3.5　接受的撤回

《公约》第 22 条规定：接受得予撤回，如果撤回通知于接受生效之前或同时送达发盘人。但实际上，只有在采用信函、电报等方式发接受通知时才有可能撤回；在采用电传、传真、电子邮件等手段发接受通知时没有撤回的可能。接受没有撤销问题，因为接受一旦送达发盘人，合同即告成立，不像发盘那样在送达被发盘人后还有一段时间供被发盘人考虑是否接受。

## 复习题

1. 简述交易磋商的内容和形式。
2. 说明交易磋商过程四环节的法律特点。

① 《公约》第 19 条第 2 款。

2.《公约》可分为几个部分？与合同磋商有关的是哪个部分？与买卖双方的义务、违约和争议的处理有关的是哪个部分？

3. 简述《公约》关于发盘的构成条件、有效期、撤回和撤销、终止的规定。

4. 简述《公约》关于接受的构成条件、接受生效的时间、逾期接受、对发盘内容有变更的接受、接受的撤回的规定。

## 《问题与案例》

1. 中国化工集团有限公司与美国埃克森石油公司达成了一笔交易，双方营业地分别在中国和美国；中国五矿集团有限公司与澳大利亚一公司设在北京的独资公司达成了一笔交易，双方的营业地都在中国。问哪一笔交易适用于《公约》？

2. 某年 9 月 2 日，A 公司向美国 B 公司发盘 400 公吨咖啡豆，每公吨 1 800 美元 CIF 纽约，有效期为 14 天。9 月 14 日，A 公司收到 B 公司接受的电传，此时国际市场咖啡豆价格上涨了 30%。9 月 15 日，A 公司致电 B 公司将咖啡豆的价格提高为每公吨 2 300 美元。B 公司立即表示反对，A 公司于是将咖啡豆以每公吨 2 300 美元出售给了另一家美国公司。B 公司于是向我国法院提起诉讼，要求 A 公司赔偿其损失。A 公司辩称，它与 B 公司之间并没有签订合同，因此 B 公司无权索赔。A 公司的说法是否有道理？

3. D 公司于 7 月 16 日收到法国某公司发盘："马口铁 500 公吨，每公吨 545 美元 CFR 中国口岸，8 月装运，即期 L/C 支付，限 7 月 20 日复到有效。" D 公司 17 日复电："若每公吨 500 美元 CFR 中国口岸可接受，履约中如有争议，在中国仲裁。" 法国公司当日复电："市场坚挺，不能减价，仲裁条件可接受，速复。" 此时马口铁价格趋涨，D 公司 19 日复电："接受你方 16 日发盘，L/C 已由中国银行开出。" 但不久法国公司将 D 公司的 L/C 退回。问法国公司是否有权退回 D 公司的 L/C？

4. 5 日，我公司向国外客户以电报发出实盘，限 8 日复到有效。7 日，客户用电报向我方发出有效的接受通知，但由于电报局的耽误，我公司于 9 日才收到对方的接受通知。对此我公司应如何处理？

5. 根据下列往来函电，判断合同是否成立：

8 月 1 日：甲邮寄一有效发盘给乙；

8 月 5 日：甲邮寄一撤回通知给乙；

8 月 8 日：乙收到甲 8 月 1 日的发盘并发出接受通知；

8 月 12 日：乙收到甲 8 月 5 日的撤回通知。

第17章

# 交易磋商的经济核算：出口

经济核算是交易磋商的一项重要工作，出口和进口报价、还价都不是凭感觉来决定的，都要经过经济核算。但进出口报价、还价不能仅依据经济核算，还应考虑其他因素，如企业的发展战略、国内外经济形势、消费者的需求价格弹性、竞争者的产品质量和价格等，但我们只讨论经济核算。

对交易磋商的经济核算，本章先介绍出口经济核算，下一章再介绍进口经济核算。无论是出口还是进口，我们都从外贸公司自营出口的角度论述。

## §1 出口商品的价格构成

出口商品的价格由成本、费用和利润三个部分构成。一般来说，成本所占的比重最大，费用次之，利润最小。本节的利润主要指出口商的预期利润。

### 1.1 出口商品的成本

外贸公司自营出口的成本有“采购成本”与“实际采购成本”之分。采购成本指外贸公司从货源企业购买出口商品或委托工厂生产出口商品的成本，其中包含增值税，是含税成本；实际采购成本指从采购成本中减去出口退税后的成本，是不含税成本。

我国与其他国家一样实行出口退税的政策，货物出口后，国家要将出口商品中包含的增值税和消费税退给企业。因此，实际采购成本才是外贸公司自营出口的真正成本。下面是与外贸公司自营出口成本计算有关的几个公式（假定只含增值税）：

实际采购成本＝采购成本－出口退税

$$\text{出口退税}=\frac{\text{采购成本}}{1+\text{增值税税率}}\times\text{出口退税率}$$

$$\text{实际采购成本}=\text{采购成本}\times\frac{1+\text{增值税税率}-\text{出口退税率}}{1+\text{增值税税率}}$$

**【案例 17-1】**

某商品的单位采购成本为 28 元，包含 17% 的增值税，该商品的出口退税率为 13%，计算该商品的单位实际采购成本。

在上述公式中，将“采购成本”除以“1+增值税税率”的原因是：增值税的征收和退还都是以“货价”（不含税价）为基础，而不是以采购成本为基础的。在增值税专用发票上，采购成本是以价税分离的形式列出的（见图 17-1）。要获得出口退税，外贸公司在向货源企业采购商品时应提出交货时提供增值税专用发票的要求。若能提供增值税专用发票，则说明制造商缴纳了增值税，只有这样出口后才能退税。如果货源企业不能提供增值税专用发票，外贸公司就必须按照无退税条件进行成本核算。

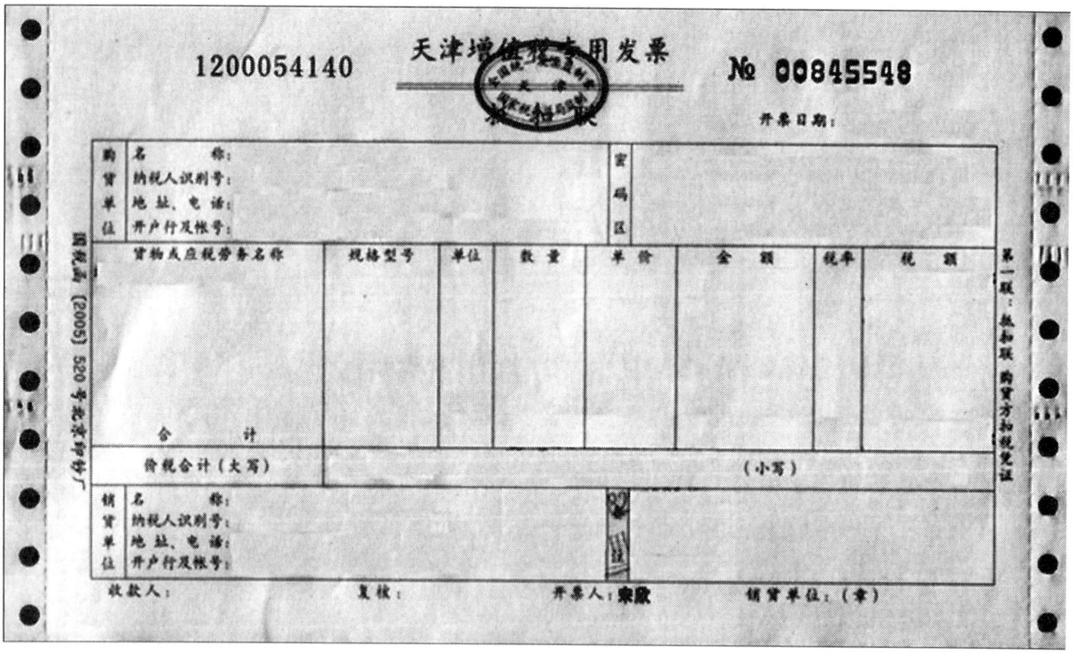
1200054140 天津增值税专用发票 № 00845548

开票日期：

购货单位：名称： 纳税人识别号： 地址、电话： 开户行及帐号： 密码区

| 货物或应税劳务名称 | 规格型号 | 单位 | 数量 | 单价 | 金额 | 税率 | 税额 |
|---|---|---|---|---|---|---|---|
| 合计 | | | | | | | |
| 价税合计（大写） | | | | （小写） | | | |

销货单位：名称： 纳税人识别号： 地址、电话： 开户行及帐号：

收款人： 复核： 开票人： 销货单位：（章）

第一联：抵扣联 购货方扣税凭证

图 17-1 增值税专用发票示样

**资料**

## 增值税专用发票与普通发票的区别

增值税专用发票是发票的一种，具有增值税一般纳税人资格的企业都可以到主管国税部门申请领购增值税专用发票，并通过防伪税控系统开具。具有增值税一般纳税人资格的企业可以凭增值税专用发票抵扣增值税。增值税专用发票是我国为了推行新的增值税制度而使用的新型发票，与日常经营过程中使用的普通发票比较，有如下区别：

1. 发票的印制要求不同。《中华人民共和国税收征收管理法》第二十二条规定：增值税专用发票由国务院税务主管部门指定的企业印制；其他发票，按照国务院主管部门的规定，分别由省、自治区、直辖市国家税务局、地方税务局指定企业印制。未经前款规定的税务机关指定，不得印制发票。

2. 发票使用的主体不同。增值税专用发票一般只能由增值税一般纳税人领购使用，小规模纳税人需要使用的，只能经税务机关批准后由当地的税务机关代开；普通发票则可以由从事经营活动并办理了税务登记的各种纳税人领购使用，未办理税务登记的纳税人也可以向税务机关申请领购使用普通发票。

3. 发票的内容不同。增值税专用发票除了具备购买单位、销售单位、商品或者服务的名称、商品或者劳务的数量和计量单位、单价和价款、开票单位、收款人、开票日期等普通发票所具备的内容外，还包括纳税人税务登记号、不含增值税金额、适用税率、应纳增值税税额等内容。

4. 发票的联次不同。增值税专用发票有四个联次和七个联次两种：第一联为存根联（用于销售方留存备查），第二联为发票联（用于购买方记账），第三联为抵扣联（用作购买方扣税凭证，是购买方向税务机关申请抵扣进项增值税的依据），第四联为记账联（用于销售方记账，是销售方缴纳销项增值税的依据）。七个联次的其他三联为备用联，分别作为企业出门证、检查和仓库留存用。普通发票则只有三联，第一联为存根联，第二联为发票联，第三联为记账联。

5. 发票的作用不同。增值税专用发票不仅是购销双方收付款的凭证，而且可以用作购买方扣除增值税的凭证；而普通发票除运费、收购农副产品、废旧物资按法定税率作抵扣外，其他的一律不予作抵扣用。

## 1.2 出口商品的费用

在出口商品价格构成的三个部分中费用部分最复杂：一是包含的项目多，二是各项费用的计算方法又不尽相同。

### 1.2.1 出口商品的费用的构成

出口商品的费用可分为国内费用与国外费用两个部分。

**国内费用** 在以 FOB、CFR、CIF 出口时，出口商品的国内费用包括将货物装上船之前的一切费用，一般有下列项目。

1. 包装费（Packing Charges）。一般包括在采购成本中。

2. 仓储费（Warehousing Charges）。需要提前采购或另外存仓的货物会产生仓储费。

3. 国内运费（Inland Transport Charges）。指从货源地到装运港之间的内陆运费，如车运费、内河运费、路桥费、装卸费等。

4. 港区港杂费（Port Charges）。指在港区码头发生的各种费用。

5. 认证费（Certification Charges）。办理出口许可证、配额、产地证等的费用。

6. 商检费（Inspection Charges）。办理商检的费用。

7. 捐税（Duties and Taxes）。主要是出口关税（见本章第 1.2.2 节）。

8. 垫款利息（Interest）。指从国内采购商品到收到国外货款期间因垫付资金所产生的利息支出。其计算公式如下：

$$垫款利息 = 采购成本 \times 贷款年利率 \times \frac{垫款天数}{年天数（按360天计）}$$

【案例 17－2】

某商品采购成本为每打 100 元，银行贷款年利率为 6%，垫款天数为 30 天，计算每打的垫款利息。

由于垫款利息比例很小，实践中常采用高估其他费用的方法对其忽略不计。

9. 银行手续费（Banking Charges）。委托银行收取货款、办理结算支付的费用。

10. 业务费用（Operating Charges）。又称“经营管理费”，如通信费、交通费、交际费、差旅费等。

另外，在计算出口商品的国内费用时还常用到下面两个概念：

1. 定额费用率。在实际业务中，有时候出口商对一些业务费用并不实际计算，而是根据往年的情况估算出一个业务费用占采购成本的百分比（通常在 5% 左右，不同商品不同），这就是定额费用率。在计算业务费用时，就用采购成本直接乘以定额费用率。

2. 国内包干费。指委托货代办理运输时，货代一次收取的国内费用，包括国内运费、港区港杂费、商检费、报关费、单证费等，一般按货物类别和装箱方式计算，以人民币收取。如每个 20 英尺集装箱若干元，每个 40 英尺集装箱若干元等。

**国外费用**　在以 FOB、CFR、CIF 出口时，出口商品的国外费用包括：

1. 国外运费（Freight Charges）。指从装运港到目的港的海洋运费。其计算方法见第 9 章。

2. 国外货运保险费（Insurance Premium）。指上述运输过程中的货物保险费。其计算方法见第 12 章。

3. 佣金（Commission）。在国外进口商是中间商时，支付给它的服务酬金（见本章第 1.2.3 节）。

### 1.2.2　出口关税

出口关税是上述国内费用中“捐税”下的一种。我国与世界各国一样，对出口商品征收关税的不多，征收的目的主要是为了调节出口。出口关税税额等于出口商品的完税价格乘以出口关税税率。

**出口商品的完税价格**　《中华人民共和国进出口关税条例》（简称《进出口关税条例》）规定，出口货物的完税价格由海关以该货物的成交价格以及该货物运至中华人民共和国境内输出地点装载前的运输及其相关费用、保险费为基础审查确定。出口货物的成交价格，是指该货物出口时卖方为出口该货物应当向买方直接收取和间接收取的价款总额。出口关税不计入完税价格。[1] 根据以上规定，我们可以将出口商品的完税价格简单地概括为"以成交价格为基础的 FOB 价减出口关税"，有人将其称为"FOB 净价"，即

出口商品的完税价格 = FOB 价 /（1+ 出口关税税率）

在计算出口商品的完税价格时，要从 FOB 价中减去出口关税的原因是：FOB 价中已经包含了出口关税，不能对出口关税再征收出口关税（见图 17－2）。

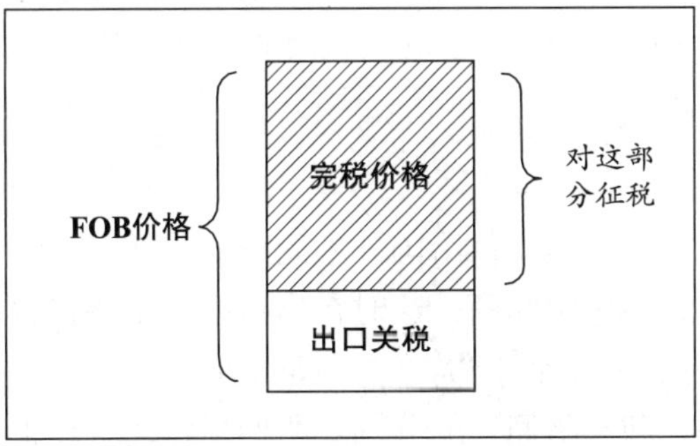


**图 17－2　出口商品的完税价格**

出口商品的成交价格由海关核定。《进出口关税条例》规定，出口货物的成交价格不能确定的，海关经了解有关情况，并与纳税义务人进行价格磋商后，依次以下列价格估定该货物的完税价格：（1）与该货物同时或者大约同时向同一国家或者地区出口的相同货物的成交价格；（2）与该货物同时或者大约同时向同一国家或者地区出口的类似货物的成交价格；（3）按照下列各项总和计算的价格：境内生产相同或者类似货物的料件成本、加工费用，通常的利润和一般费用，境内发生的运输及其相关费用、保险费；（4）以合理方法估定的价格。[2]

出口商品的完税价格以人民币计算，以外币计价的，要按照海关征收出口关税之日中国银行公布的现汇买入价和卖出价的中间价折算成人民币。这样，可以将出口商品的完税价格的计算公式进一步表述为：

出口商品的完税价格 = FOB 价 /（1+ 出口关税税率）
　　　　　　　　　=（FOB 美元价 × 汇率中间价）/（1+ 出口关税税率）

如果出口商品以 CFR 价、CIF 价成交，则要先将其换算为 FOB 价再计算完税价格。

**出口关税税率**　主要有出口税率和暂定税率两种。《进出口关税条例》规定，适用出口税率的出口货物有暂定税率的，应当适用暂定税率。[3]

**出口关税的计算**　下面是出口关税的计算公式：

出口关税税额（从价税）= 出口商品的完税价格 × 出口关税税率

出口关税税额（从量税）= 出口商品的数量 × 单位税额

出口关税的计算步骤如下：（1）根据税则归类原则查出商品的税号；（2）根据税号

---

① 《进出口关税条例》第二十六条。
② 《进出口关税条例》第二十七条。
③ 《进出口关税条例》第十一条第二款。

从税则目录中查出相应的出口关税税率；（3）计算出口商品的完税价格；（4）用出口商品的完税价格乘以适用的税率。

【案例 17－3】

某公司对香港出口甲苯 4 500 桶，每桶净重 100 公吨，毛重 102 公吨，每公吨售价为 7 610 港元 CFR 香港，申报的运费为每公吨 850 元。已知税款缴款书填发之日的外汇牌价中间价为：1 港元＝1.126 6 元，根据税则归类原则，查找甲苯的税号为 29023000，相应的出口关税税率为 30%。计算该货物应缴纳的出口关税。

### 1.2.3 佣金

**佣金的概念和表示** 佣金是支付给国外中间商的报酬。在一些情况下，国外进口商并不是商品的最终用户，而是中间商，这时在出口报价中要包含佣金。包含佣金的报价叫“含佣价”，不包含佣金的报价叫“净价”（Net Price）。

含佣价又有“明佣”和“暗佣”的分别。明佣指将佣金在报价中明确显示出来；暗佣指报价中包含佣金但不显示，等交易结束后再按出口商与国外中间商约定的方式支付给中间商。

在报价中明佣的表示方法有三种：（1）用文字表示，如“US$300 per M/T CIF San Francisco including 2% commission”；（2）用大写英文字母“C”（Commission 的首字母）表示，如“US$200 per M/T CIFC2 San Francisco”，“C”后面的“2”是 2% 的意思；（3）用每单位商品多少佣金表示，例如，“USD 5 per set for commission”。

**佣金的计算** 常用的佣金计算公式有：

含佣价＝净价 /（1－佣金率）

净价＝含佣价－佣金额＝含佣价 ×（1－佣金率）

佣金额＝含佣价 × 佣金率

在经济核算过程中，要计算佣金的主要有下面几种情况：

1. 已知净价，计算含佣价。例如，出口商报的是一个净价，国外中间商要求改报含佣价，即将自己的报酬包含在价格中。这种情况可以用含佣价的公式计算。

【案例 17－4】

报价某商品 CFR 价每公吨 1 000 美元，现客户要求改报 CFRC3% 价，计算出口商应报价每公吨多少美元。

2. 调整佣金比例。例如，出口商报的是含佣价，国外中间商觉得佣金的比例不合适，要求调整佣金的比例。这种情况可先用净价的公式计算出净价，再用含佣价的公式计算出新的含佣价。

【案例 17－5】

出口商报价某商品 CIFC3% 价每箱为 1 000 美元，客户要求改报 CIFC5% 价，计算出口商应报价每箱多少美元。

3. 计算佣金额或出口商的实际收入。例如，出口商报的是净价，国外中间商要求改报含佣价，这时出口商想看看自己要支付多少佣金，能够获得多少实际收入。这种情况可利用含佣价的公式计算出含佣价，再利用佣金额的公式计算佣金额。

【案例 17－6】

出口商报某商品 CFR 价为 100 000 美元，其中运费为 5 000 美元。现国外客户要求改报 FOBC3% 价，佣金以成交价格为基础计算。问：(1) 出口商应支付多少佣金？(2) 如果用 FOB 价直接乘以 3% 计算佣金，是否正确？为什么？（结果保留两位小数。）

### 1.3　出口商的预期利润

出口商的预期利润（Expected Profit）由出口商自己决定，计算基础可以是采购成本，也可以是出口报价，现实中以后者居多。

【案例 17－7】

某商品采购成本为每单位 185 元，出口各项费用为 13.5 元，预期利润为 10%，对外报 FOB 价。请以采购成本和出口报价为基础计算利润额和 FOB 报价。

## §2　出口报价和还价核算

### 2.1　出口报价核算

简而言之，出口报价核算就是将出口商品价格构成的三个部分加起来。但在实践中，出口商品都是以某种贸易术语成交的，不同贸易术语的价格构成不同，因此，我们先要了解不同贸易术语的价格构成。

#### 2.1.1　不同贸易术语的价格构成

国际贸易术语有很多，下面以三个常用贸易术语的价格构成为例说明。

**FOB 价**　由实际采购成本、国内费用和出口商的预期利润构成，又称“离岸价”，因为它的价格计算到离岸为止。如“FOB Shanghai”，其价格包括实际采购成本、将货物运到上海港装上船之前的一切费用和出口商的预期利润。

FOB 价 = 实际采购成本 + 国内费用 + 预期利润

**CFR 价**　它在 FOB 价的基础上加了国外运费，又称“成本加运费”。如“CFR New York”，其价格就是在 FOB Shanghai 价（假定从上海出运）的基础上加了国外运费[①]。

CFR 价 = 实际采购成本 + 国内费用 + 国外运费 + 预期利润

① 此处的国外运费指从上海到纽约的海洋运费。本章 CFR 价与 CIF 价中的国外运费主要指从装运港到指定目的地港的海洋运费。

**CIF 价** 它在 CFR 价的基础上加了海运货物保险费，又称"到岸价"。如"CIF New York"，其价格就是在 CFR New York 价的基础上加了从上海（假定从上海出运）到纽约的海运货物保险费。

CIF 价 = 实际采购成本 + 国内费用 + 国外运费 + 海运货物保险费 + 预期利润

### 2.1.2 出口报价核算的公式和方法

明确了不同贸易术语的价格构成后，我们可以将出口报价核算的方法进一步表述为：按照成交的贸易术语，将其价格构成的三个部分加起来。但有些项目可以直接加，有些项目（如预期利润、保险费、银行费用、佣金等）是最终报价的一个百分比，不能直接加。因此，在进行实际出口报价核算时，我们还应该将上述三个公式转换为下面三个公式：

$$\text{FOB 价} = \frac{\text{实际采购成本} + \text{国内费用}}{1 - \text{预期利润率}}$$

$$\text{CFR 价} = \frac{\text{实际采购成本} + \text{国内费用} + \text{国外运费}}{1 - \text{预期利润率}}$$

$$\text{CIF 价} = \frac{\text{实际采购成本} + \text{国内费用} + \text{国外运费}}{1 - \text{预期利润率} - (1 + \text{投保加成率}) \times \text{保险费率}}$$

下面的案例包含了 FOB、CFR、CIF 三个贸易术语的出口报价核算方法。

**【案例 17-8】**

某公司向日本出口锰铁矿石，含税价为每公吨 2 800 元，增值税税率为 17%，出口退税率为 5%。国内费用为：出口定额费率为采购成本的 3%；国内其他费用共计每公吨 75 元；此项交易需要垫款 30 天，银行贷款年利率为 8%（一年按 360 天计）。国外费用为：海洋运费每公吨 30 美元；按 CIF 价的 110% 投保，保险费率 1%；客户要求 3.5% 的佣金（以报价为基础计算）；公司的预期利润率为报价的 9%。美元兑人民币的汇率为 1∶8.25。计算 FOBC3.5%、CFRC3.5%、CIF3.5% 报价（保留四位小数）。

### 2.1.3 不同贸易术语的价格换算

在交易磋商时常有这种情况：出口商以某种术语报价，但客户还盘时要求用另一种贸易术语或同时用几种贸易术语报价。客户这样做有时候是希望用另一种贸易术语成交，有时候是为了比较用哪种贸易术语成交更好。因此，不同贸易术语的价格换算是交易磋商时经常要进行的。下面仍以三个常用术语为例介绍不同贸易术语的价格换算。

1. CIF 价改报 CFR 价、FOB 价。其换算公式为：

CFR 价 = CIF 价 ×[1 −（1+ 投保加成率）× 保险费率 ]

FOB 价 = CIF 价 ×[1 −（1+ 投保加成率）× 保险费率 ]− 国外运费

**【案例 17-9】**

出口公司报价某商品总价 23 500 欧元 CIF 伦敦，按发票金额的 110% 投保一切险和战争险，两者费率合计 0.7%。现客户要求改报 CFR 价，请计算 CFR 报价。

【案例 17－10】

某商品报价每公吨 1 000 美元 CIF 新加坡，外商还价每公吨 902 美元 FOB 中国口岸。已知中国港口至新加坡港每公吨运费为 88 美元，投保加一成，保险费率合计 0.95%。问单纯从价格上考虑，我方是否可以接受该还价？

2. FOB 价改报 CFR 价、CIF 价。其换算公式为：

$$\text{CFR 价} = \text{FOB 价} + \text{国外运费}$$

$$\text{CIF 价} = \frac{\text{FOB 价} + \text{国外运费}}{1-(1+\text{投保加成率})\times\text{保险费率}}$$

【案例 17－11】

某商品每箱毛重为 60 千克，体积为 0.05 立方米，共出口 40 箱。原报价 FOB 每箱 30 美元，现客户要求改报 CFR 价。经查该商品海洋运费的计费标准为 W/M，每运费吨基本运费为 200 美元，港口附加费为 10%。问我方应如何报价？

【案例 17－12】

某商品出口报价每公吨 180 美元 FOB 上海，外商要求改报 CIF 新加坡，已知该货物到新加坡的基本运费为每公吨 20 美元，港口附加费为 10%，如果按 CIF 加一成投保一切险和战争险，费率分别为 0.5% 和 0.3%，计算 CIF 的最低报价。

3. CFR 价改报 FOB 价、CIF 价。其换算公式为：

$$\text{FOB 价} = \text{CFR 价} - \text{国外运费}$$

$$\text{CIF 价} = \frac{\text{CFR 价}}{1-(1+\text{投保加成率})\times\text{保险费率}}$$

【案例 17－13】

某出口商品报价 CFR 价 1 200 美元，客户要求改报 CIF 价，投保加一成，保一切险，保险费率为 0.63%，求 CIF 价、保险金额和保险费。

## 2.2 出口还价核算

出口报价很少是一次性为客户接受的，总要经过一番讨价还价。对于客户的还价，出口商的基本应对策略有四种：（1）坚持原价不变。这是最理想的，但要冒着失去交易甚至客户的风险。（2）在价格上适当让步，这是最常见的。（3）价格不变，在其他方面做些让步，这也比较常见。（4）放弃交易，这是最不理想的。无论采用哪一种应对策略，都要经过核算才能决定，这就是出口还价核算。

出口还价核算的过程可以分为四步：（1）选定核算项目。一般来说，首先是利润，因为它是出口商最关心的，也是自己能做主的，调整起来作用也比较大；其次是采购成本，它占价格的比重也比较大，但它不能由出口商单方面调整，要与供货商磋商；最后是其他费用，如运费、业务费等，其中有的可以出口商自己做主，有的也要与有关方面磋商。（2）按客户的还价计算可以获得的销售收入。（3）用还价后的销售收入减去核算项目以外其他项目的费用，得出核算项目的变化。（4）评价核算项目的变化是否能够接受，制定相应的应对策略。出口环节核算的公式如下：

核算项目的变化＝还价后的销售收入－核算项目以外其他项目的费用

出口还价核算可以以商品单价为基础，也可以以总价为基础。由于出口商品价格构成的项目中有许多是以总价的形式出现的，因此以总价为基础核算一般比较方便和准确。

对出口还价核算不做详细介绍，只提供一个实例供读者参考。

【实例】

我国某出口公司以 CFR 条件出口一个 20 英尺货柜（按 25 立方米计）陶瓷餐具到纽约，进货成本为 150 元 / 套（含增值税税率 17%、出口退税率 9%），每套装一纸箱，每箱体积为 0.4 米×0.35 米×0.38 米。一个 20 英尺货柜发生的费用有：运杂费 900 元，商检及报关费 200 元，港杂费 700 元，公司业务费 1 300 元，其他费用 950 元，包装费每套 2 元；深圳到纽约 20 英尺货柜包箱费率 2 250 美元。利润为报价的 10%，美元兑人民币的汇率为 1∶8.27，我方对外报价为每套 25.10 美元 CFR 纽约，客户还价每套 22 美元 CFR 纽约。

请核算：（1）按照客户的还价，我公司能获得多少利润？（2）如果我方要保持 5% 的利润率，进货价格和费用不变，应该如何对国外客户还价？（3）如果我方要保持 8% 的利润率，其他费用不变，国内进货价格应降低多少？（计算过程保留四位小数。）

【解答】（1）核算按照客户还价我公司能获得的利润。

每箱体积＝0.4×0.35×0.38＝0.053 2（立方米）

20 英尺货柜装箱数＝25÷0.053 2＝470（箱）＝470（套）

按客户还价计算的每套销售收入＝22×8.27＝181.94（元 / 套）

每套实际采购成本＝150×（1+17%－9%）÷（1+17%）＝138.461 5（元 / 套）

每套国内费用＝（900+200+700+1 300+950）÷470+2＝10.617 0（元 / 套）

每套海洋运费（美元）＝2 250÷470＝4.787 2（美元 / 套）

每套海洋运费（人民币）＝4.7872×8.27＝39.590 1（元 / 套）

还价后每套的利润为：

按客户还价计算的每套销售收入－每套实际采购成本－每套国内费用－每套海洋运费

＝181.94－138.461 5－10.617 0－39.590 1＝－6.728 6（元 / 套）

可见，按客户还价，我方出口每套亏损 6.728 6 元，共计：

－6.728 6×470＝－3 162.442（元）

因此，客户还价无法接受。

（2）核算我方要保持 5% 的利润率，应该对客户如何还价。

CFR 价 = 每套实际采购成本 + 每套国内费用 + 每套海洋运费
+CFR 价 × 每套利润率
= 138.461 5+10.617 0+39.590 1+CFR 价 ×5%

将等式两边移项得：

CFR 价－ CFR 价 ×5% = 138.461 5+10.617 0+39.590 1

CFR 价 ×（1－5%）=188.668 6

CFR 价 = 198.598 5（元 / 套）

198.598 5 ÷ 8.27 = 24.014 3（美元 / 套）

可见，我方要保持 5% 的利润率，对国外客户的还价应在 CFR 纽约每套 24.014 3 美元以上。

（3）按照客户还价，我方要保持 8% 的利润率，国内采购成本应降低多少的核算。

① 计算按客户还价，要保持 8% 的利润率的每套实际采购成本：

每套实际采购成本 = 每套销售收入－每套销售利润－每套海洋运费－每套国内费用
= 22 × 8.27－22 × 8.27 × 8%－39.590 1－10.617 0
= 181.94－14.555 2－39.590 1－10.617 0
= 117.177 7（元 / 套）

② 计算按客户还价，要保持 8% 的利润率的每套国内采购成本：

每套国内采购成本 = 每套实际采购成本 ×（1+ 增值税税率）
÷（1+ 增值税税率－出口退税率）
= 117.177 7×（1+17%）÷（1+17%－9%）
= 137.097 9 ÷ 1.08
= 126.942 5（元 / 套）

③ 计算按客户还价，要保持 8% 的利润率，每套国内采购成本应降低多少：

150－126.942 5 = 23.057 5（元 / 套）

该案例也可以以总价为基础核算，那样更加精确。

---

# §3　出口经济效益核算

在交易磋商时，不仅要进行报价和还价核算，有时候还要进行经济效益核算，常见的有出口保本价格核算、出口换汇成本核算、出口盈亏额和盈亏率核算等。

## 3.1　出口保本价格核算

“保本价格”即“盈亏平衡价格”，它是出口报价和还价的底线。在出口报价和还价时，经常要进行出口保本价格核算。外贸公司自营出口下保本价格的核算公式为：

出口保本价格 =（实际采购成本 + 相关费用）/ 出口货物的数量

【案例 17－14】

某企业以 117 元含税单价从国内采购货物 1 000 件运往荷兰鹿特丹，该商品的增值税税率为 17%，出口退税率为 13%，设美元兑人民币的汇率为 1∶8，相关费用构成为：商检、报关、集装箱装货、码头杂费共计 2 000 元人民币，折合 250 美元；海洋运费 1 500 美元；保险费 250 元人民币，折合 31.25 美元。计算 FOB、CFR、CIF 的保本价格。

在外贸业界常用“保本汇率”（又叫“保本换汇成本”）计算保本价格，这样更加简便，其计算公式为：

$$\text{保本汇率} = \text{银行汇率} \times \frac{\text{增值税税率}}{\text{增值税税率} - \text{出口退税率}}$$

$$= \text{银行汇率} \times \frac{1.17}{1.17 - \text{出口退税率}}$$

$$\text{保本价格} = \frac{\text{工厂收购价}}{\text{保本汇率}} + \text{其他费用}$$

在上述公式中，银行汇率应采用估计的预期收汇日的银行汇率，因为银行汇率是经常变化的。

【案例 17－15】

请用保本汇率计算案例 17－14 中 FOB、CFR、CIF 的保本价格。

## 3.2 出口换汇成本核算

出口换汇成本指用多少人民币换回了一单位外币。其计算公式为：

出口换汇成本 = 出口总成本（人民币）/ 出口外汇净收入（外币）

出口总成本（人民币）是实际采购成本与国内费用之和。出口外汇净收入（外币）是出口外汇总收入减去国外运费和保险费后的外汇收入，也就是 FOB 价。如果是以 CIF 价成交，则要扣除国外运费和保险费；如果是含佣价，则还要扣除佣金。这样可以将上述公式转换为：

出口换汇成本 =（实际采购成本 + 国内费用）（人民币）/FOB 价（外币）

【案例 17－16】

某企业出口服装一批，总价为 CIF 纽约 65 000 美元，运费为 1 650 美元，保险费为 450 美元；该批服装的国内采购成本为 540 000 元，出口退税率是 13%，当时外汇牌价为 1 美元兑 8.2 元。将国内费用忽略不计，请计算该批货物的出口换汇成本，并与汇率比较说明出口的盈亏情况（结果保留 1 位小数）。

出口换汇成本核算的作用有：（1）比较出口换汇成本与外汇牌价可以反映出口的盈亏情况；（2）比较同类出口商品不同时期的换汇成本，可以了解经营效益的变化；（3）比较不同公司同类出口商品的出口换汇成本，可以找出差距；（4）比较各类出口商品的换汇成本，可以找出最佳的出口商品结构；（5）比较出口到不同国家或地区同类商品的换汇成本，可以为调整出口市场提供依据。

## 3.3　出口盈亏额和出口盈亏率核算

出口盈亏额是出口净收入（人民币）与出口成本（人民币）的差额。如果差额是正数，则表示有盈余；如果是负数，则表示有亏损。出口盈亏率是出口盈亏额（人民币）与出口成本（人民币）的比值，它反映出口盈亏程度。

出口盈亏额＝出口净收入（人民币）－出口成本（人民币）

出口盈亏率＝出口盈亏额（人民币）/ 出口成本（人民币）×100%

【案例 17－17】

某商品出口总成本为 63 000 元人民币，出口后外汇净收入 10 000 美元，美元兑人民币汇率为 1∶8.30，计算出口盈亏额和出口盈亏率。

---

出口盈亏额和出口盈亏率还可以用下面的公式计算：

出口盈亏额＝（结算汇率－换汇成本）× 外汇净收入

出口盈亏率＝（结算汇率－换汇成本）/ 换汇成本 ×100%

【实例】

某公司出口某商品，CIF 温哥华每公吨 500 美元，国外运费为每公吨 70 美元，保险费为每公吨 6.5 美元。该商品的实际采购成本为每公吨 1 800 元，国内直接和间接费用为实际采购价的 17%。计算该商品的出口换汇成本。当期银行外汇牌价为 1 美元兑 8.3 元人民币（买入价），计算每公吨的出口盈亏额和出口盈亏率（计算结果保留 4 位小数）。

【解答】1. 计算出口换汇成本。

每公吨出口成本＝1 800×（1+17%）＝2 106（元 / 公吨）

每公吨外汇净收入＝500－70－6.5＝423.5（美元 / 公吨）

出口换汇成本＝2 106/423.5＝4.972 8（元 / 美元）

2. 计算每公吨出口盈亏额。

出口盈亏额＝（结算汇率－换汇成本）× 外汇净收入

＝（8.3－4.972 8）×423.5＝1 409.069 2（元 / 公吨）

3. 计算出口盈亏率。

出口盈亏率＝（结算汇率－换汇成本）/ 换汇成本 ×100%

＝（8.3－4.972 8）/4.972 8×100%＝66.908 0%

---

## 复习题

1. 出口商品价格由哪三个部分组成？
2. 名词解释：采购成本、实际采购成本、定额费用率、国内包干费。
3. 说明出口商品的完税价格的计算公式。
4. 名词解释：含佣价、净价、明佣、暗佣。
5. 说明 FOB、CFR、CIF 三个贸易术语的价格构成和出口报价核算公式。
6. 对客户的还价，出口商有哪四种基本应对策略？简述出口还价核算的步骤。
7. 简述出口保本价格、出口换汇成本、出口盈亏额和出口盈亏率的计算公式。

## 问题与案例

1. 某外贸公司购进足球，每只 165 元人民币，包括 17% 的增值税，足球的出口退税率为 8%，计算每只足球的实际采购成本（保留两位小数）。

2. 某外贸公司为采购出口商品向银行贷款 1 000 000 元，银行贷款年利率为 9%，预计垫款时间为 3 个月，计算该商品的垫款利息。

3. 出口商品一批，申报的价格为 FOB 上海 10 000 美元，该价格经海关审定为成交价格。已知该商品的出口关税税率为 25%，中国银行的外汇折算价为 1 美元兑 6.289 2 元。计算该批商品应缴纳的出口关税。

4. 出口商品报价每公吨 CIFC3%1 000 美元，计算每公吨的佣金和卖方的实际收入。

5. 某外贸公司出口女衬衫 4 800 件到纽约，每打采购成本为 24.88 元（含 17% 的增值税），出口退税率为 9%。国内费用为：国内运杂费 860 元，认证费 80 元，商检、报关费 150 元，港区港杂费 600 元，业务费用 1 000 元，其他费用 800 元。国外费用为：海洋运费 2 070 美元，按 CIF 价加 10% 投保一切险和战争险，保险费率合计 0.85%；客户佣金为出口报价的 3%。出口商的预期利润为报价的 10%。美元兑人民币的汇率为 1∶7.51。计算 CIFC3% 纽约报价。

6. 某家电企业向澳大利亚出口电视机一批，报价每台 400 美元 FOBC5% 上海，客户要求改报 CIF 悉尼价。假设按 CIF 金额的 120% 投保，保险费率为 5%，海洋运费为每台 15 美元。计算 CIF 悉尼报价（保留两位小数）。

7. 某公司就某商品对荷兰某客户发盘，每公吨 500 美元 CIF 鹿特丹，按发票金额 110% 投保。客户还盘要求改报 FOB 价，经查中国口岸至鹿特丹运费为每公吨 80 美元，保险费率为 0.5%。计算 FOB 报价（保留两位小数）。

8. 某进出口公司出口德国货物一批，报价为每公吨 8 000 欧元 CFR 汉堡，德商要求改报 CIF 汉堡价，保险加成 10%，保险费率合计 1%。计算 CIF 汉堡价（保留两位小数）。

9. 某外贸公司出口某商品 1 000 公吨，国内采购成本为每公吨 1 170 元，该商品增值税税率为 17%，出口退税率为 8%；其他国内费用为 100 000 元，对外报价为每公吨 200 美元 FOB 上海，假定美元兑人民币的汇率是 1∶6.5。计算该商品的出口保本价格、出口换汇成本、出口盈亏额和出口盈亏率。

## 第18章

# 交易磋商的经济核算：进口

本章主要介绍进口商品的价格构成（重点介绍进口税费的核算）、进口报价核算和还价核算。为节省篇幅，我们也主要从外贸公司自营进口的角度来论述。

## §1　进口商品的价格构成

进口商品的价格与出口商品的价格有很大不同——出口商品的价格是给国外客户的报价；进口商品的价格是给国内客户的报价或者是进口商品在国内市场的售价。与出口一样，进口商品的价格也由成本、费用和进口商的预期利润三大块构成。

1. 成本。外贸公司自营进口商品的成本是从国外采购进口商品的价格。与出口不同的是：出口商品的成本有采购成本与实际采购成本之分，但进口没有，因为进口没有退税。

2. 费用。进口商品的费用也分为国内费用和国外费用。国外费用包括国外运费、保费和佣金；国内费用有进口关税、海关代征的增值税和消费税、银行贷款利息、银行手续费、商检费、报关费、港杂费、陆运费等。在核算进口商品费用时有一个特殊的地方，即国外运费和保费是否要计入费用与成交的贸易术语有关。例如，以 FOB 进口，国外运费和保费都应计入费用；以 CFR 进口，国外运费已包含在进口商品的采购价格中，只有保费要计入费用；以 CIF 进口，国外运费和保费都已包含在进口商品的采购价格中，因此都不计入费用。

3. 进口商的预期利润。进口商的预期利润包含在对国内客户的报价中，一般以采购价格为基础计算，但也有以国内销售价格为基础计算的。

下面是三个常用贸易术语进口商品的价格的构成公式：

FOB 进口商品的价格 = FOB 价 + 国外运费 + 国外保险费 + 其他费用 + 预期利润

CFR 进口商品的价格 = CFR 价 + 国外保险费 + 其他费用 + 预期利润

CIF 进口商品的价格 = CIF 价 + 国内费用 + 预期利润

在进口商品价格构成的三个部分中，比较复杂的部分也是费用。在进口商品的各项费用中，许多项目的计算方法与出口相同，差别较大的是进口税费，因此下面进行专门的讨论。

# §2 进口税费的核算

进口税费与出口税费有很大不同：出口税费主要是出口关税，而且征收出口关税的商品不多。进口税费不仅有进口关税，还有海关代征的增值税和消费税①，以及进口商品在国内销售时实际缴纳的增值税，而且绝大多数进口商品都要缴纳这些税费，所以进口税费在进口商品价格中占有很大比重。

## 2.1 进口关税的核算

进口关税等于进口商品的完税价格乘以相应的进口关税税率。

### 2.1.1 进口商品的完税价格

《进出口关税条例》第十八条第一款规定：进口货物的完税价格由海关以符合本条第三款所列条件的成交价格以及该货物运抵中华人民共和国境内输入地点起卸前的运输及其相关费用、保险费为基础审查确定。根据这一规定，可以将进口商品的完税价格简单地概括为“符合成交价格的到岸价（CIF 价）”。

《进出口关税条例》第十八条第二款规定：进口货物的成交价格，是指卖方向中华人民共和国境内销售该货物时买方为进口该货物向卖方实付、应付的，并按照本条例第十九条、第二十条规定调整后的价款总额，包括直接支付的价款和间接支付的价款。

进口商品的完税价格由海关审定，海关审定进口商品的完税价格的方法是：

1. 如果进口商品的 CIF 价就是成交价格，则以该 CIF 价为完税价格。

2. 如果进口商品的 CIF 价与成交价格有出入，则对其进行调整，即将应计入完税价格的因素计入，不应计入的因素不计入。应计入完税价格的因素简称“计入因素”，不应计入完税价格的因素简称“非计入因素”。《进出口关税条例》第十九条、第二十条对这两种因素做了规定，对此我们不详细介绍，只举几个实例引导入门。

① 进口货物的增值税和消费税本来应由税务机关征收，但为防止货物进口后另行征收可能造成疏漏，国家规定进口货物的增值税和消费税由海关在进口环节代税务机关征收，因此又称海关代征税。在外贸公司自营进口的情况下，进口货物在国内销售时还要缴纳增值税，这时海关代征的增值税可以从中扣除。

【实例】

某工厂从美国某企业购进一批机械设备，成交条件为 CIF 广州，该批货物发票列示如下：机械设备价格为 500 000 美元，运保费为 5 000 美元，卖方佣金为 25 000 美元，培训费为 2 000 美元，设备调试费为 2 000 美元。问以上哪些属于计入因素，哪些属于非计入因素？进口该批货物的完税价格是多少？

【解答】按海关规定，机械设备价格、运保费和卖方佣金属于计入因素；培训费和设备调试费属于非计入因素。因此，该批进口商品的完税价格为：机械设备价格 + 卖方佣金 + 运保费 = 500 000+25 000+5 000 = 530 000（美元）。

【实例】

某进出口贸易公司从美国进口一台电梯，发票列明如下：电梯价格为 CIF 珠海 100 000 美元，其中电梯进口后的安装调试费为 4 000 美元。经海关审查上述成交价格属实，问进口该电梯的完税价格是多少？

【解答】按海关规定，进口货物的价款中单独列明的“厂房、机械、设备等货物进口后进行建设、安装、装配、维修和技术服务的费用”属于非计入因素。如果电梯价格中已包含这些项目，则应将其扣除；如果电梯价格中没有包含这些项目，则不应将其计入。本实例的成交价格 100 000 美元中包括安装调试费，要将其扣除。因此，进口该电梯的完税价格为：100 000－4 000 = 96 000（美元）。

【实例】

某公司从德国进口一套机械设备，发票列明：机械设备价款 CIF 天津 300 000 美元，设备进口后的安装及技术服务费用 10 000 美元，买方佣金 1 000 美元，卖方佣金 1 500 美元。问进口该批货物的完税价格是多少？

【解答】安装及技术服务费用、买方佣金不是计入因素，卖方佣金为计入因素。因此，进口该设备的完税价格为：机械设备价款 + 卖方佣金 = 300 000+1 500 = 301 500（美元）。

3. 如果进口货物的完税价格不能用调整的方法核定，海关就用下列方法估定：按相同或类似的进口货物的 CIF 成交价格估定；按相同或类似的进口货物的国内批发价格扣除相关因素估定；以制造该种商品的成本、运费及保险费为基础估定等。如果按以上这些方法还是无法估定，海关则可以按自己认为合理的方法估定。

审定完税价格是海关的事情，在后面的案例中，我们都假定完税价格已经审定。

进口关税和完税价格都以人民币计算，如果进口货物以外币计价，则要按海关填发税款缴款书之日的人民币外汇牌价买卖中间价将其折算成人民币来计算完税价格。

### 2.1.2　进口关税的税率

我国进口关税的税率有下列种类：

1. 最惠国税率。《进出口关税条例》第十条第一款规定：原产于共同适用最惠国待遇条款的世界贸易组织成员的进口货物，原产于与中华人民共和国签订含有相互给予最惠国待遇条款的双边贸易协定的国家或者地区的进口货物，以及原产于中华人民共和国境内的进口货物，适用最惠国税率。

2. 协定税率。《进出口关税条例》第十条第二款规定：原产于与中华人民共和国签订含有关税优惠条款的区域性贸易协定的国家或者地区的进口货物，适用协定税率。

【实例】

我国一公司想从韩国进口货物，问适用什么税率？

【解答】韩国与我国都是世界贸易组织的成员，根据我国《进出口关税条例》的规定，原产于共同适用最惠国待遇条款的世界贸易组织成员的进口货物，适用最惠国税率。因此，进口原产于韩国的货物适用最惠国税率；但韩国和我国又同属《亚太贸易协定》成员，因此，进口符合《亚太贸易协定》的货物可适用《亚太贸易协定》的税率。

进口协定税率的商品，除了要正确填写报关单外，还要提交经海关总署备案的、符合规定的区域贸易协定原产地证（参见第 22 章）。

【实例】

福州某渔业发展有限公司申报进口原产于印度尼西亚的冻鱼一批，申请享受中国-东盟自由贸易区协定税率，并提交了中国-东盟自由贸易区项下印度尼西亚原产地证书。

海关经审核发现，该原产地证书缺少签证机构签章及官员签名。企业称相关证书均由印度尼西亚出口企业向签证机构按正常程序申请，但无法解释证书缺少签章和签名的原因。海关启动境外核查程序，经印度尼西亚方面核实，该证书因签证机构工作人员失误导致填制不规范，认定证书无效，但相关货物能否享受协定税率交由中方判断。最后，海关判定企业不能凭该份填制不规范的无效证书享受协定税率，要求企业重新提交符合规定的原产地证书。①

3. 特惠税率。《进出口关税条例》第十条第三款规定，原产于与中华人民共和国签订含有特殊关税优惠条款的贸易协定的国家或者地区的进口货物，适用特惠税率。特惠税率比最惠国税率更低，甚至是零关税。我国对来自巴基斯坦、斯里兰卡、孟加拉国和撒哈拉沙漠以南 22 个国家的很多产品都给予特惠税待遇。

4. 普通税率。《进出口关税条例》第十条第四款规定，原产于本条第一款、第二款和第三款所列以外国家或者地区的进口货物，以及原产地不明的进口货物，适用普通税率。

【案例 18－1】

境内某公司与中国香港某公司签约进口韩国产的彩色超声波诊断仪 1 台，直接由韩国运抵上海，成交价格为 CIF 上海 10 000 美元 / 台。设美元兑人民币的汇率为 1∶7，最惠

① 摘自：海关总署关税司原产地办公室. 原产地管理典型案例. 中国海关，2012（9）.

国税率为 5%，普通税率为 17%，《亚太贸易协定》税率为 4.5%。该仪器应缴纳多少进口关税？

---

5. 暂定税率。指在一定时期内暂时使用的税率。例如，为积极扩大进口，满足国内经济社会发展及消费需求，2012 年我国对 730 多种商品实施较低的进口暂定税率，平均税率为 4.4%，比最惠国税率低 50% 以上。《进出口关税条例》第十一条规定：适用最惠国税率的进口货物有暂定税率的，应当适用暂定税率；适用协定税率、特惠税率的进口货物有暂定税率的，应当从低适用税率；适用普通税率的进口货物，不适用暂定税率。适用出口税率的出口货物有暂定税率的，应当适用暂定税率。

6. 关税配额税率。《进出口关税条例》第十二条规定，按照国家规定实行关税配额管理的进口货物，关税配额内的，适用关税配额税率。

### 2.1.3　进口关税的计算

进口关税的计算方法与贸易术语有关，下面以三个常用贸易术语为例说明。

**CIF 进口**　如果 CIF 价经海关审定为完税价格，就以 CIF 价乘以进口关税税率。

【案例 18－2】

某公司从德国进口钢铁盘条 100 000 千克，CIF 天津新港 125 000 美元。已知海关填发税款缴款书之日的外汇牌价为：1 美元 = 8.472 6 元（买入价），1 美元 = 8.571 8 元（卖出价）。钢铁盘条进口关税税率为 15%。计算进口关税。

---

**FOB 进口、CFR 进口**　在这种情况下，海关要在 FOB 价上加运费和保费，在 CFR 价上加保费，也就是将 FOB 价、CFR 价变成 CIF 价。一般来说，运费和保费都按照实际支付的运费和保费计算。如果实际支付的运费和保费无法确定，海关则要用其他方法来确定。

【案例 18－3】

国内某公司从日本进口轿车 10 辆，成交价格为每辆 12 500 美元 FOB 横滨，运费为 5 000 美元，保费为 900 美元，从日本进口轿车的进口关税税率为 25%，海关填发税款缴款书之日的人民币外汇牌价（中间价）为 1 美元 = 6.821 8 元，计算该批轿车应缴纳的进口关税。

---

另外，进口货物常采用预约保险，其保险金额一般按货物的 CIF 价计算，不另加成；运费可以按实际运费计算，也可以按双方约定的平均运费率计算。此时，FOB 价、CFR 价换算 CIF 价一般采用下列公式：

CIF 价 = FOB 价 + 运费 /（1－保险费率）

CIF 价 = CFR 价 /（1－保险费率）

【案例 18－4】

某公司从国外进口一批中厚钢板，共计 200 公吨，成交价格为每公吨 2 500 英镑 FOB 伦敦，运费为每公吨 500 英镑，保险费率为 0.25%。海关填发税款缴款书之日的外汇牌价为：1 英镑＝11.268 3 元（买入价），1 英镑＝11.885 7 元（卖出价）。中厚钢板适用的进口税率为 10%。求进口关税。

## 2.2 进口环节增值税和消费税的核算

增值税和消费税在进口环节由海关代征，与进口关税同时被征收，一起由海关填发税款缴款书。

### 2.2.1 进口增值税的核算

《中华人民共和国增值税暂行条例》（简称《增值税暂行条例》）第十四条规定，进口环节增值税应纳税额的计算公式为：

进口环节增值税应纳税额＝进口增值税组成计税价格 × 适用的增值税税率

组成计税价格是根据有关因素组成的一个完税价格。增值税本来是按销售额计征的，但货物在进口时并没有销售，在这种情况下只有根据有关因素组成一个完税价格。根据《增值税暂行条例》第十四条，进口增值税组成计税价格的计算公式为：

进口增值税组成计税价格＝进口关税完税价格＋进口关税税额＋消费税税额

将进口增值税组成计税价格的公式代入进口环节增值税应纳税额的公式，可将公式改写为：

$$\text{进口环节增值税应纳税额}=\left(\frac{\text{进口关税}}{\text{完税价格}}+\frac{\text{进口关税}}{\text{税额}}+\frac{\text{消费税}}{\text{税额}}\right)\times\text{适用的增值税税率}$$

如果对进口货物不征消费税，则进口增值税组成计税价格就是 CIF 价加进口关税税额。

进口增值税税率与国内销售增值税税率相同，也属进项税，根据《增值税暂行条例》第二条，可将进口增值税税率分为 17% 和 11% 两档。大多数货物为 17%。销售或者进口下列货物，税率为 11%：（1）粮食等农产品、食用植物油、食用盐；（2）自来水、暖气、冷气、热水、煤气、石油液化气、天然气、二甲醚、沼气、居民用煤炭制品；（3）图书、报纸、杂志、音像制品、电子出版物；（4）饲料、化肥、农药、农机、农膜；（5）国务院规定的其他货物。

但以上税率是时有调整的，2018 年 4 月，中华人民共和国财政部（简称财政部）、国家税务总局又将原适用 17% 和 11% 税率的，分别调整为适用 16%、10% 的税率。①

在实际业务中，海关是根据进口报关单上填写的货物名称、所归税号和《进出口税则》来确定进口关税税率和增值税税率的。

① 见财政部和国家税务总局发布的《关于调整增值税税率的通知》（财税〔2018〕32 号）。

【案例 18－5】

1999 年 12 月，某进口商以 CIF 价进口一台价值 10 000 美元的机器，该机器的税号为 84131100，进口关税税率为 12%，增值税税率为 17%。海关填发税款缴款书当天的美元兑人民币的汇率（中间价）是 1 美元＝8.278 5 元，计算该机器的进口关税和进口环节增值税。

### 2.2.2　进口消费税的计算

消费税是以消费品或消费行为的流转额作为课税对象的一种流转税。目前我国征收进口消费税的商品有烟、酒、化妆品、珠宝首饰、鞭炮、汽油、汽车轮胎、摩托车和小汽车等 11 类货物。其计算公式为：

$$进口环节消费税应纳税额＝进口消费税组成计税价格\times适用的消费税税率$$

消费税是价内税，进口消费税组成计税价格中包含了进口消费税，其计算公式为：

$$进口消费税组成计税价格=\frac{进口关税完税价格+进口关税税额}{1-消费税税率}$$

将进口消费税组成计税价格的公式代入进口环节消费税应纳税额的公式可得：

$$进口环节消费税应纳税额=\frac{进口关税完税价格+进口关税税额}{1-消费税税率}\times适用的消费税税率$$

进口消费税税率与国内消费税税率相同。

【案例 18－6】

某外资企业进口一批轿车，进口关税完税价格为 220 万元，进口关税税率为 30%，增值税税率为 17%，消费税税率为 8%。计算应纳的关税、消费税和增值税。

## 2.3　进口综合税的计算

进口环节的关税、增值税、消费税统称为进口综合税。进口综合税的计算方法有两种。

1. 分别计算出各项税额后加总。采用这种方法要遵循下列计算顺序：进口关税、进口消费税、进口增值税、加总。这是因为进口增值税的完税价格中包含了消费税。

【案例 18－7】

某公司进口一批唇用化妆品，总额为 20 000 美元 CIF 上海。按照税则归类，适用的最惠国税率为 10%，增值税税率为 17%，消费税税率为 30%。经海关审定，该 CIF 价可以作为完税价格。海关填发税款缴款书当天的汇率（中间价）为 1 美元 =7.87 元。计算该批唇用化妆品的进口综合税税额。

2. 采用进口综合税税率计算。先计算出进口综合税税率，再用进口关税的完税价格乘以进口综合税税率。进口综合税税率的计算公式为：

$$进口综合税税率=\frac{进口关税税率+消费税税率+增值税税率+进口关税税率\times 增值税税率}{1-消费税税率}$$

对上述公式的由来，我们留给有兴趣的读者自己推导。

【实例】

红酒的进口关税税率为14%，消费税税率为10%，增值税税率为17%，计算红酒的进口综合税税率。

【解答】进口综合税税率

$$=\frac{进口关税税率+消费税税率+增值税税率+进口关税税率\times 增值税税率}{1-消费税税率}$$

$$=(14\%+10\%+17\%+14\%\times 17\%)/(1-10\%)=48.2\%$$

【案例18-8】

进口一辆汽车，进口关税的完税价格为30万元，已知该车的进口关税税率为25%，增值税税率为17%，消费税税率为40%。计算该车的进口综合税税额。

如果对进口商品不征收消费税，进口综合税税率的计算公式则变为：

进口综合税税率＝进口关税税率＋增值税税率＋进口关税税率 × 增值税税率

【实例】

某设备的进口关税税率为10%，增值税税率为17%，计算其进口综合税税率。

【解答】进口综合税税率＝进口关税税率＋增值税税率＋进口关税税率 × 增值税税率

$$=10\%+17\%+10\%\times 17\%=28.7\%$$

【案例18-9】

请用先计算进口综合税税率的方法计算案例18-7的进口综合税税额。

## 2.4 进口商品在国内销售时实缴增值税的核算

在外贸公司自营进口的情况下，进口商品在国内市场销售时还要按国内销售价格中的货价部分缴纳增值税（销项税），并开具增值税专用发票给国内客户。

进口货物在进口环节已缴纳了一部分增值税（进项税），这部分增值税经税务部门认可后可作为进项税从销项税中扣除，因此，进口商品在国内销售时实际应缴纳的增值税的计算公式为：

进口商品在国内销售时实缴增值税 = 国内销售应缴增值税 − 进口环节增值税
= 国内销售价格 /（1+ 增值税税率）
× 增值税税率 − 进口环节增值税

【实例】

某企业进口塑料原料，已知在进口环节已缴纳增值税为 46 321.11 元，该批商品国内销售收入总额为 340 000 元（含税收入），塑料原料的增值税税率为 17%。计算该商品在国内销售时实际应缴纳的增值税。

【解答】340 000 ÷ 1.17 × 17% − 46 321.11 = 3 080.60（元）

进口商品在国内销售时还要缴纳一些其他税费，如城建税、教育附加费、印花税、防洪费等，对此我们不做详细介绍。

# § 3　进口报价和还价核算

## 3.1　进口报价核算

和出口一样，进口报价核算也是将成本、费用和利润三个部分加起来。但出口报价核算是为了确定给国外客户的价格，进口报价核算是为了确定给国内客户的价格或进口商品在国内市场的售价。进口报价核算的一般公式如下：

进口商品的国内销售价格 = 国外采购成本 + 进口费用 + 预期利润
= 国外采购成本 + 进口关税 + 进口消费税
+ 进口代缴增值税 + 其他进口费用
+ 实缴增值税 + 预期利润

但以上是一般公式，实践中进口也是按不同的贸易术语成交，不同贸易术语的价格构成不同，在核算时应按不同贸易术语的价格构成将三个部分加起来。在本章开头我们已经介绍过三个常用贸易术语的价格构成公式。

进口报价也可以采用另一种方法：先算出进口商品国内销售价格的货价部分，再乘以（1+ 增值税税率）。由于

进口商品国内销售价格的货价部分 = 采购成本 + 增值税以外的各项费用 + 预期利润

由此可以得到下面的进口报价核算公式：

进口商品国内销售价格 = 进口商品国内销售价格的货价部分 ×（1+ 增值税税率）
=（采购成本 + 增值税以外的各项费用 + 预期利润）
×（1+ 增值税税率）

用这个公式进行进口报价核算更加简便。这里对进口报价核算的方法也不做详细介绍，只提供一个实例供参考。

**【实例 a】**

W 公司拟从德国某公司进口某种检测仪 100 台，外商报价为每台 130 美元 FOB 汉堡。此次交易的有关数据为：仪器为纸箱装，每箱装 1 台，每箱毛重 20 千克，尺码为 50 厘米 ×50 厘米 ×54 厘米；海洋运费按尺码计，每运费吨运费为 96 美元；按 CIF 价的 110% 投保，费率为 0.85%；银行贷款年利率为 9%，预计垫款时间为 2 个月；银行费用为国外采购价格（即 FOB 价）的 0.45%；进口关税税率为 25%，增值税税率为 17%。其他费用还有：领证费 800 元（整批货，下同），报关费 60 元，商检费 200 元，业务费 1 000 元，国内运杂费 840 元。W 公司的预期利润率为采购价格的 20%，美元兑人民币的汇率为 1∶8.01。请计算该仪器在国内市场的销售价格（保留四位小数）。①

【解答】

进口商品的国内销售价格 = 进口商品国内销售价格的货价部分 ×（1+ 增值税税率）
= （采购成本 + 增值税以外的各项费用 + 预期利润）×1.17

1. 分别计算每台仪器的采购成本、增值税以外的各项费用和预期利润。

（1）采购成本。

130×8.01 = 1 041.3（元 / 台）

（2）增值税以外的各项费用。

a. 海洋运费：

0.5×0.5×0.54×96×8.01 = 103.809 6（元 / 台）

b. 海运保险费：

CIF 价 =（FOB 价 + 进口运费）/[1－（1+ 投保加成率）× 保险费率 ]
=（1 041.3+103.809 6）/（1－1.1×0.85%）= 1 155.917 4（元 / 台）

海运保险费 = CIF×（1+ 投保加成率）× 保险费率
= 1 155.917 4×110%×0.85% = 10.807 8（元 / 台）

c. 贷款利息：

1 041.3×9%×2/12 = 15.619 5（元 / 台）

d. 银行费用：

1 041.3×0.45% = 4.685 9（元 / 台）

e. 进口关税：

CIF 价 ×25%=1 155.917 4×25% = 288.979 4（元 / 台）

f. 其他费用：

（800+60+200+1 000+840）/100 = 29（元 / 台）

（3）预期利润。

1 041.3×20% = 208.26（元 / 台）

2. 计算该仪器在国内市场的销售价格。

国内销售价格 =（采购成本 + 增值税以外的各项费用 + 预期利润）×1.17
=（1 041.3+103.809 6+10.807 8+15.619 5+4.685 9+288.979 4

① 摘自：祝卫，程洁，谈英. 国际贸易操作能力实用教程. 上海：上海人民出版社，2006.

+29+208.26）×1.17
=1 702.462 2×1.17
=1 991.880 8（元/台）

## 3.2　进口还价核算[①]

进口还价核算指进口商对国内客户的报价遭到还价后，或按国外客户的报价计算出来的进口商品的国内市场售价高于国内同类商品的价格时，进口商以国内客户的还价或国内市场同类商品的售价为基础，对自己的预期利润、采购成本及有关费用项目发生的变化进行核算，以确定是否能够接受国内客户的还价或国外客户的报价。进口还价核算最常见的是预期利润和国外采购成本的核算。

### 3.2.1　预期利润的核算

预期利润的核算指进口商以国内客户的还价为基础，假定其他条件不变，核算自己的预期利润会有什么变化。进口商的预期利润核算的公式为：

进口商的预期利润＝货价（去税价格）－采购成本－增值税以外的各项费用
＝国内销售价格/（1+增值税税率）－采购成本
－增值税以外的各项费用

【实例 b】

在本章实例 a 中，按外商的报价计算出来的国内市场销售价格为每台仪器 1 991 元。假定以此价格向国内客户报价，国内客户还价每台 1 950 元（或经调查国内市场同类仪器的售价为每台 1 950 元）。请计算：按国内客户 1 950 元的还价，在其他方面不变的情况下，W 公司可以获得的预期利润总额为多少？预期利润率为多少（预期利润率按采购成本计算）？

【解答】

1. 计算总货价（去税价格）、采购总成本、增值税以外的各项费用。

（1）计算总货价（去税价格）。

1 950/1.17×100＝166 666.666 7（元）

（2）采购总成本。

130×8.01×100＝104 130（元）

（3）增值税以外的各项费用。

a. 海洋运费总额：

103.809 6×100＝10 380.96（元）

b. 海运保险费总额：

CIF 价总额＝（104 130+10 380.96）/（1－1.1×0.85%）＝115 591.743（元）

海运保险费总额＝115 591.743×1.1×0.85%＝1 080.782 8（元）

① 进口还价核算比较复杂，本节仅供有兴趣的人参考，不作为必须教学的内容。

c. 贷款利息总额：

104 130×9%×2/12 = 1 561.95（元）

d. 银行费用总额：

104 130×0.45% = 468.585（元）

e. 进口关税总额：

115 591.743×25% = 28 897.935 8（元）

f. 其他费用总额：

800+60+200+1 000+840 = 2 900（元）

2. 根据以上数据计算 W 公司的预期利润总额。

预期利润总额 = 总货价（去税价格）－采购总成本－增值税以外的各项费用

= 166 666.666 7－104 130－10 380.96－1 080.782 8－1 561.95－468.585

－28 897.935 8－2 900

= 17 246.453 9（元）

3. 按采购成本计算 W 公司预期利润率。

预期利润率 = 预期利润总额 / 采购总成本 ×100% = 17 246.453 9/104 130×100% ≈ 17% 与原来的预期利润率 20% 相比减少了 3 个百分点。

---

### 3.2.2 国外采购成本的核算

国外采购成本的核算指，按照国内客户能够接受的价格，或国内市场同类商品的价格水平，在其他条件不变的情况下，核算国外采购成本有什么变化，以决定是否能够接受国外客户的报价，以及如何对国外客户还价。

国外采购成本的核算最为复杂，因为进口商品的许多费用和进口商的预期利润都是以国外采购成本为基础计算的，在国外采购成本是未知数的情况下，这些都成了未知数。国外采购成本的核算公式为：

国外采购成本 = 货价（去税收入）－增值税以外的各项费用－预期利润

【实例】

在实例 b 中，按照国内客户每台 1 950 元的还价，W 公司的预期利润率下降到 17%。如果 W 公司无法说服国内客户接受高于每台 1 950 元的报价，又希望保持 20% 的预期利润率，请核算：在其他方面不变的情况下，国外采购成本（FOB 价格）应为每台多少美元（计算结果保留四位小数）？

【解答】为计算简便，我们设国外采购每台仪器的人民币成本为 $V$ = FOB 价 × 8.01。

1. 分别计算货价（去税收入）、增值税以外的各项费用、预期利润。

（1）按国内客户能接受的价格计算货价（去税价格）。

1 950/1.17 = 1 666.666 7（元 / 台）

（2）计算增值税以外的各项费用。

a. 海洋运费：

0.5×0.5×0.54×96×8.01 = 103.809 6（元 / 台）

b. 海运保险费：

$CIF$ 价（每台）＝（$V$+103.809 6）/（1－1.1×0.85%）＝（$V$+103.809 6）/0.990 7

海运保险费（每台）＝[（$V$+103.809 6）/0.990 7]×110%×0.85%

c. 贷款利息（每台）：

$V$×9%×2/12

d. 银行费用（每台）：

$V$×0.45%

e. 进口关税（每台）：

CIF×25%＝[（$V$+103.809 6）/0.990 7]×25%

f. 其他费用（每台）：

（800+60+200+1 000+840）/100＝29（元 / 台）

（3）预期利润（每台）：

$V$×20%

2. 计算国外采购成本 $V$。

$V$＝货价（去税价格）－不含增值税的各项费用－预期利润

$V$＝1 666.666 7–103.809 6－[（$V$+103.809 6）/0.990 7]×110%
×0.85%－$V$×9%×2/12－$V$×0.45%－[（$V$+103.809 6）/0.990 7]
×25%－29－$V$×20%

将上式化简可得，

1.481 2$V$＝1 506.681 4

$V$＝1 017.203 2（元）

即

FOB 价 ×8.01＝1 017.203 2

FOB 价＝1 017.203 2/8.01

＝126.991 7（美元 / 台）

因此，如果 W 公司无法说服国内客户接受高于每台 1 950 元的报价，又希望保持 20% 的预期利润率，对国外客户的还价应在 FOB 汉堡每台 127 美元以下，而目前客户的报价是每台 130 美元 FOB 汉堡（见本章实例 a）。

## 复习题

1. 列出 FOB、CFR、CIF 三个贸易术语进口商品价格构成的公式。

2. 什么是进口商品的完税价格？我国进口关税的税率有哪些种类？

3. 简述进口环节增值税应纳税额、进口消费税应纳税额的计算公式；简述进口综合税税率、进口商品在国内销售时实缴增值税的计算公式。

4. 进口报价核算有哪两种方法？列出两种方法的计算公式。

## 《问题与案例》

1. 某公司从日本进口甲醇，进口申报价格为 50 万美元 CIF 天津，经海关审定，该价格可以作为完税价格。当日外汇牌价（中间价）为 1 美元 =8.64 元；甲醇应归入税号 29051100，相应的进口关税税率为 12%。计算进口关税。

2. 排量为 3~4 升的轿车的进口关税税率为 25%，消费税税率为 25%，增值税税率为 17%。计算其进口综合税税率。

3. 某商场进口货物一批，国外采购价格为 40 万元，货物运抵我国前发生的包装费、运输费、保险费等共计 20 万元；货物进口关税税率为 15%，增值税税率为 17%。货物进口后在国内全部销售，取得不含税销售额 80 万元。计算该批货物应纳的进口关税、进口环节增值税和国内销售环节实际应缴纳的增值税。

4. 某公司从日本大阪进口日用品 1 个 20 英尺集装箱，FOB 价为 3 万美元，运费为 150 美元，保险费为 600 元人民币，进口关税税率为 10%，增值税税率为 17%，进口报关及国内运杂费等为到岸价的 10%，进口商的预期利润为采购价（FOB 价）的 10%，美元兑人民币的汇率为 1∶6.67。计算该批进口日用品的国内销售价格。

第19章

# 合同条款的知识 I

交易磋商的内容是合同条款，因此，从事交易的磋商还必须了解各种合同条款的知识。一份国际贸易合同应该包括哪些条款并没有统一规定，这里只介绍一些常见的条款。

## §1 品名规格条款

品名规格条款是规定商品名称、品质、规格等内容的条款。该条款至关重要，并且经常引起争议。

### 1.1 商品品质的规定

商品的品质是品名规格条款的重要内容，概括起来，主要有凭样品买卖和凭说明买卖两种规定方法。

**凭样品买卖（Sale by Sample）** 即用样品来代表商品的品质。根据样品提供者的不同，又分为:（1）凭卖方样品买卖（Quality as per Seller's Sample），即样品由卖方提供，这种做法对卖方有利，对买方不利。（2）凭买方样品买卖（Quality as per Buyer's Sample），即样品由买方提供，这种做法对买方有利，对卖方不利。（3）凭对等样品买卖。指买方先提供一个样品给卖方，卖方收到后按照它制作一个样品回寄给买方确认，这个样品称“对等样品”（Counter Sample）或“回样”，如果买方认可，卖方则按照回样生产。这种做法对买卖双方比较公平，在实践中采用得最多。

【案例 19－1】

请指出下面的交易是用什么方法确定商品品质的。

2000 年 12 月 2 日，加拿大 W 公司传真一份制作女式全棉上衣的指示书给 X 公司，并邮寄了面料、色样及一件成衣样品，要求 X 公司在 2001 年 3 月 25 日前交货，并回寄面料、色样及两件不同型号的成衣样品以确认。

2000 年 12 月 8 日上午，X 公司在收到该样品后，立即联络面、辅料工厂，根据 W 公司提供的样品打品质样和色卡，然后快递给 W 公司以确认。

2000 年 12 月 12 日，W 公司回复确认合格，要求 X 公司再寄两件不同型号的成衣样品供其确认。X 公司立即联络服装加工厂赶制成衣样品。

2000 年 12 月 17 日下午，服装加工厂将两件不同型号的成衣样品送到 X 公司。当天，X 公司又将该成衣样品快递给 W 公司以确认。

2000 年 12 月 22 日，W 公司确认成衣样品合格，要求 X 公司报价。当天，X 公司根据指示书的要求，以面、辅料工厂和服装厂的报价、公司利润等为基础向 W 公司报价。

经过多次磋商，2000 年 12 月 26 日，双方最终确定以每件 12.80 美元的报价成交。W 公司要求 X 公司根据报价单制作合同并传真供其会签，同时传真形式发票供其开具信用证。

---

**凭说明买卖（Sale by Description）** 即用文字、图片、规格、等级、标准、产地、品牌等来规定商品的品质。

【案例 19－2】

一巴西新客户向 N 公司采购 2 个 40 英尺高柜的陶瓷卫浴产品。合同中的品名规格条款规定是一等品，但发运的货物有很大一部分表面有磨损痕迹。客户收到货物后以不符合一等品要求向 N 公司索赔，N 公司最后赔偿了客户的损失。该交易是采用哪一种方法规定商品品质的？

---

在国际贸易中，对某些农副产品有时用“良好平均品质”（Fair Average Quality，FAQ）或“上好可销品质”（Good Merchantable Quality，GMQ）来规定品质。这实际上也是“凭说明买卖”的形式。

良好平均品质（FAQ）指一定时期内某地出口货物的平均品质，即中等货。FAQ 有两种制定方法：一是由生产国在收获农产品后通过广泛抽样制定年度的 FAQ；二是从某一季度或月份某一装运地各批出运货物中抽样制定出 FAQ。

上好可销品质（GMQ）的含义是“品质上好，合乎商销”，这种标准很容易引起争议，最好不用。

总的来说，FAQ 和 GMQ 都容易引起争议。如果使用，那么最好加上一些主要的规格指标。例如，“木薯片 2000 年产，FAQ，水分最高 16%”。

【案例 19－3】

一合同品质条款规定："卖方必须在一定期限内保证商品的质量以符合说明书所规定的指标，如在保证期内发现品质低于规定，或部件的工艺质量不良，或因材料内部隐患而产生缺陷，买方则有权提出索赔，卖方有义务消除缺陷或更换有缺陷的商品或材料，并承担由此引起的各项费用。"问该品质条款是采用哪一种方法规定商品的品质的？

【案例 19－4】

韩国一公司向我国某土畜产公司订购大蒜 650 公吨，合同的品名条款规定为"山东大蒜"。临近交货时，山东大蒜因自然灾害歉收，我公司赶紧从其他省份采购大蒜交货。韩国公司收货后发现不是山东大蒜，于是来电提出异议，要求我公司要么提供山东大蒜，要么降价处理，否则将撤销合同并提出损害赔偿。问合同是采用哪一种方法规定商品品质的？韩国公司的要求是否合理？我方应吸取什么教训？

## 1.2　品质机动幅度的规定

有的商品，如矿产品、农副产品和某些轻工业品等，其品质很难做到绝对准确，交易这些商品就要规定品质机动幅度，以免发生争议。

规定品质机动幅度的方法一般是在有关指标前加允许浮动的百分比，如"Grey duck feather, down content 18%，allowed 1% more or less"（灰鸭绒，含绒量 18%，允许上下浮动 1%）。另外，还要同时规定机动部分的作价，主要有两种方法：一是按机动幅度增价或减价，如"大豆水分每增减 1%，则合同价格减增 1%；杂质每增减 1%，则合同价格减增 1%……增减幅度不到 1% 者，可按比例计算"；二是只对品质低于合同规定的减价，高于合同规定的不加价，如"在机动幅度范围内，交货品质低于合同规定 1%，则扣价 1%；低于合同规定 1% 以上者，则加大扣价比例"。

## 1.3　规定品名规格条款应注意的问题

1. 如果商品有不同名称，应选择国际上通用的名称；如果商品的几个名称都可以采用，而几个名称的税率、监管条件、运费等又不同，则应选择最有利的名称。

2. 根据商品的性质选择规定品质的方法。一般来说，应尽量采用凭说明买卖，只有某些难以凭说明买卖的商品或商品品质（如商品的色、香、味、款式等）才凭样品买卖。因为凭说明买卖有具体的指标，不容易引起争议；凭样品买卖没有具体的指标，是否与样品一致，很难说清。另外，还可以将凭说明买卖与凭样品买卖结合起来，能够说明的尽量说明，难以说明的用样品表示。例如，在服装交易中，对面料成分用说明表示，对颜色和款式用色样（Color Sample）和款式样（Pattern Sample）表示。需要注意的是，对同一品质要避免同时用样品和说明表示，因为这样要同时满足两个方面的要求，加大了履约的难度。

3. 在凭样品买卖时，最好留一份或数份与样品一致的复样（Duplicate Sample），并妥善保管；有的复样还应由双方或再请第三方（如商检局）共同加封，以避免将来对复样的真伪发生争议，这种复样叫“封样”（Sealed Sample）。

4. 规定商品的品质时要考虑国内供货的可能，避免将品质订得过高或过低。过高了达不到要求，过低了影响商品的价格。还要警惕某些不法商人利用品名规格条款设置陷阱。

【案例 19－5】

中国香港某公司向内地一企业订购 5 000 吨铸铁井盖，FOB 成交，合同总金额为 305 万美元，井盖按买方提供的图样生产。买方要求：（1）铸件表面应光洁，不得有裂纹、气孔、砂眼、缩孔、夹渣和其他铸造缺陷。（2）订约后 10 天内卖方必须向买方预付 25 万元的“反保证金”；交付第一批货物后 5 天内退还保证金。（3）货物装运前，卖方应通知买方前往产地抽样检验，并签署质量合格确认书。若质量不符，买方有权拒收货物。不经双方一致同意，任何一方不得单方面终止合同，否则由终止合同的一方承担全部经济损失。问这样的品质条款有什么问题？

# §2 数量条款

数量条款是规定商品数量、计量单位和数量机动幅度等内容的条款。国际贸易中涉及的数量有重量（Weight）、数量（Number）、长度（Length）、面积（Area）、体积（Volume）、容积（Capacity）等，其中使用得最多的是重量，为节省篇幅，下面只谈重量问题。

## 2.1 计价重量

计价重量指用来计算价格的重量。国际贸易中使用的计价重量有以下几种。

1. 净重（Net Weight）。这是最常见的。在采用净重计价时要规定皮重的计算方法，常见的有：（1）按实际皮重（Actual Tare）计，即以称得的皮重为皮重；（2）按平均皮重（Average Tare）计，对包装整齐划一的商品，可抽出若干包装计算出一个平均皮重，然后乘以包装数量求得总皮重；（3）按习惯皮重（Customary Tare）计，某些标准化包装在国际上有公认的重量，遇到这类包装的货物可以用习惯皮重（即公认的皮重）乘以包装数量求得总皮重；（4）按约定皮重（Computed Tare）计，即以双方约定的皮重为皮重。

2. 毛重（Gross Weight）。一些大宗低值货物常采用毛重计价，此时合同中的重量前应注明“Gross Weight”（毛重）或在后面注明“Gross for Net”（以毛作净）。

如果合同中只规定了一个重量，没有说明是毛重还是净重，则应该将这个重量看成净重。《公约》第 56 条指出：如果价格是按货物的重量规定的，如有疑问，应按净重确定。

【案例 19 - 6】

某外贸公司与国外客户按每公吨 500 美元 FOB 大连成交农产品 200 公吨，合同中没有说明这 200 公吨是毛重还是净重，合同规定货物用 2.5 千克双线新麻袋装，信用证付款。外贸公司按毛重 200 公吨出货，并办妥了结汇手续。事后对方来电称，所交货物扣除皮重后不足 200 公吨，要求退还因短量多收的货款。我公司说，合同并没有说明 200 公吨是净重，因此拒绝退款。问我公司是否要退款？

3. 公量（Conditioned Weight）。对一些价格高、含水分又不稳定的商品，如生丝、羊毛等，常采用公量来计价。公量的计算公式如下：

$$公量=干量+标准含水量=干量\times(1+标准回潮率)$$

$$公量=实际重量\times\frac{1+标准回潮率}{1+实际回潮率}$$

在上述两个公式中，

“干量”指用科学方法抽去货物所有水分后得到的重量；

“标准含水量”指买卖双方约定的含水量；

“标准回潮率”指买卖双方约定的含水量与干量之比；

“实际回潮率”指实际含水量与干量之比。

【案例 19 - 7】

某公司向韩国出口羊毛 10 公吨，约定按公量计价，标准回潮率为 11%。经抽样检测，10 公吨羊毛用科学方法抽去水分后可得干羊毛 8 公吨，计算该批羊毛的公量。

4. 理论重量（Theoretical Weight）。指按商品的规格尺寸算出来的重量。有些商品，如马口铁、钢板等，只要规格尺寸一定，重量就可以确定。这些商品常用理论重量计价。

## 2.2 重量机动幅度的规定

有的商品的重量也很难做到绝对准确，在交易这类商品时，应在合同中规定重量机动幅度。规定重量机动幅度的方法主要有两种：

1. 在重量前加“约”（about）、“大约”（approximately）等。UCP600 第 30 条 a 款规定，“约”或“大约”在被用于信用证金额或信用证规定的数量或单价时，应解释为允许有关金额或数量或单价有不超过 10% 的增减幅度。但这种规则是对信用证说的，对其他结算方式不适用。

2. 规定“溢短装条款”（More or Less Clause）。溢短装条款是规定重量允许上下浮动的幅度的条款，如“Chinese rice 10 000 metric tons，5% more or less at seller’s option”“Chinese peanut，gross for net，5% more or less at seller’s option at contract price”。这是实践中最常见的做法。

溢短装条款一般包括下列内容：（1）溢短装的决定权。一般由办理运输的一方决定。

（2）溢短装的百分比。这与商品性质、行业习惯和运输方式等有关。（3）机动部分的作价。一般按合同价格作价，但在商品市场价格波动大时，这种作价方法容易诱发卖方多装或少装，因此，也可以按装船或到货时的市场价格作价。如果合同中没有规定机动部分的作价方法，则应按合同的价格作价。

【案例 19－8】

合同规定："The seller has the option to load 5% more or less than the quantity contracted if necessary for the purpose to meet the shipping space and each difference shall be settled at the contract price." 根据这一条款，卖方在什么情况下可以多装和少装？多装和少装的部分如何作价？

---

如果以信用证结算，那么在规定溢短装条款时不要忘记同时规定信用证金额的机动幅度，否则多装部分的货款有可能收不回。

【实例】

某公司出口服装，由于包装盒做大了，不能将信用证里规定的数量全部装入集装箱。问这样会不会造成不符点？能不能安全收汇？

【解答】可以分两种情况看：（1）如果信用证里有溢短装条款，如"Tolerance 5% in quantity and amount ok"，并且少装的数量又在 5% 以内，就没问题。如果信用证只规定了数量上可以溢短装，金额没有相应的规定，多装部分的货款则有可能收不回。（2）看信用证里有没有分装条款，如果有"partial shipment allowed"，则少装了也没问题，可以下次再装；即使下次不再装运了，与信用证条款也没有冲突，也可以安全收汇。如果信用证不允许分装，即"partial shipment not allowed"，这时就只有请求开证申请人改证为"partial shipment allowed"。①

---

## 2.3 UCP600 允许的数量机动幅度

UCP600 第 30 条 b 款规定：在信用证未以包装单位件数或货物自身件数的方式规定货物数量时，货物数量允许有 5% 的增减幅度，只要总支取金额不超过信用证金额。也就是说，在以信用证结算时，即使信用证中的数量前没有"约"或"大约"，也没有规定溢短装条款，货物的数量（不是以件数计量的）也可以有 5% 的机动幅度，但出口商支取的金额不能超过信用证总金额。

【案例 19－9】

一国外开来的信用证，金额为 100 000 英镑，货物数量为 1 000 公吨，单价为每公吨 100 英镑 CIF 伦敦。信用证金额和货物数量前没有"约"，证内也没有规定溢短装条款。受益人在装运出口时，实际交货 995 公吨，开证行能否以数量不符拒付？如果实际交货

① 摘编自：鲍传萍. 外贸业务解惑 500例. 北京：对外经济贸易大学出版社，2005.

1 005 公吨，开证行能否拒付？如果开证行不能拒付，那么在两种情况下出口商各可以支取多少货款？

---

# §3　价格条款

价格条款是规定商品单价（Unit Price）、总价（Amount）、计价货币和支付货币、作价方法等内容的条款。

## 3.1　国际贸易中商品价格的表示方法

在国际贸易中，商品价格的表示方法与中文不同。商品单价由计价货币、计价金额、计价单位和贸易术语四个部分组成，四个部分的排列顺序如下（图 19－1）：

| USD | + | 200 | + | PER M/T | + | CIF LONDON |
|---|---|---|---|---|---|---|
| 计价货币 | | 计价金额 | | 计价单位 | | 贸易术语 |

**图 19－1　国际贸易中商品单价的表示方法**

如果是总价，可以列贸易术语，也可以不列，但金额要大写，大写金额前加“SAY”，结尾加“ONLY”，货币名称用复数。美元的小数用“CENTS ×”，不用“POINT ×”或“DOT ×”。例如，USD2 560.50，应写为“SAY U.S.DOLLARS TWO THOUSAND FIVE HUNDRED AND SIXTY AND CENTS FIFTY ONLY”。

【案例 19－10】

下列商品单价的表示方法有问题，请将其改正过来。

1. per M/T CIF San Francisco USD200.
2. CIF Tokyo USD30.00 Per Metric Ton.

---

## 3.2　计价货币和支付货币

计价货币（Money of Account）指合同中用来计算价格的货币；支付货币（Money of Payment）指付款使用的货币。在大多数情况下二者都是同一种货币。在计价货币和支付货币是同一种货币的情况下，选择计价货币的一般原则是：

1. 必须是可自由兑换的货币（Freely Convertible Currency）。可自由兑换的货币指，能够为任何目的，按照市场汇率自由地、不受政府限制地兑换为他国货币的货币。《国际货币基金组织协定》规定，可自由兑换应具备三个条件：（1）对国际经常往来的付款和资金转移不施加限制；（2）不实施歧视性货币措施或多种货币汇率；（3）在另一成员要求下，随时有义务换回对方在经常往来中所结存的本国或地区的货币。凡接受这三个条件的国家或地区的货币在国际上被承认为可自由兑换的货币，目前世界上已有 60 多个国家和地区接受了上述规定，它们的货币是可自由兑换的货币，主要有美元、欧元、英镑、日元等。

2.“收硬付软”。出口应采用“硬币”结算，进口应采用“软币”结算。硬币指坚挺或有上浮趋势的货币，软币指疲软或有下浮趋势的货币。但在实际业务中双方都希望“收硬付软”，因此，比较常见的做法是选择比较稳定的货币。

【案例 19－11】

某公司拟从英国进口一批商品，D/P90 天远期付款，计价货币和支付货币是同一种货币，可在美元和英镑之间选择。谈判时有关资料表明，英国的通货膨胀比前一季度大幅上升，国际收支逆差也比上年同期有所增长；而美国的通货膨胀和国际收支没有什么变化。问我公司应选择何种货币作为结算货币？

在计价货币和支付货币不是同一种货币的情况下，两种货币按什么时候的汇率结算就成了关键。按惯例，大都按付款时的汇率结算，这样则不论计价货币和支付货币是什么货币，都可以保证实际收支不变。如果按订约时的汇率结算，在计价货币是硬币、支付货币是软币的情况下，卖方的实际收入将减少；在计价货币是软币、支付货币是硬币的情况下，卖方的实际收入将增加。

## 3.3 汇率风险的防范

对出口商来说，汇率风险主要是支付货币在支付日大幅贬值，使它收到的外汇能换取的本币大幅度减少；对进口商来说，汇率风险主要是支付货币在支付日大幅升值，使它购汇对外支付时付出的本币大幅度增加。

【实例】

2004 年，某公司签订进口德国某重型卡车部件合同：合同总额为 2 376 万欧元，价格条件为 FOB 汉堡，分 11 批交货，分批即期信用证支付。不料进口合同签订后，欧元一路上扬，对美元汇率从 1.154 5 涨至 1.363 7，上涨幅度达 18%。从第 4 批开始，我方就难以承受，于是停止对外开证，但国外卖方提出异议，要求赔偿。同时，国内工厂生产难以为继，销售合同无法执行。为解决纠纷，该公司最终以高价购进了外方宣称已经为此项合同准备的部分部件，损失 30 余万欧元。[①]

在汇率波动趋势明显的情况下，磋商交易时应采取一定的汇率风险防范措施。例如，在支付货币有下浮趋势时，可以适当提高对外报价，或采用非固定价的作价方法或做套期保值，或选择能做福费廷的开证行开证，以便做福费廷（见第 7 章）等。

① 摘自：王正华. 进出口业务操作解析. 北京：中国经济出版社，2011.

【案例 19－12】

我国某公司出口货物一批，计价货币和支付货币都是美元，按当时汇率，将本币折算成美元后为 35 万美元，收款期为一个月，预计一个月后美元将贬值，问我公司是否应维持 35 万美元的报价？

## 3.4　作价方法

国际贸易中的作价方法可分为固定价与非固定价两大类。

固定价又称“板价”（Fixed Price），指在合同中规定一个确定的价格，如“CIF 汉堡每公吨 500 马克”，实践中大多数交易都采用这种作价方法。它的优点是价格明确，有利于双方进行经济核算，但不能防止国际市场商品价格变动的风险。

非固定价又称“活价”或“开口价”（Open Price），具体有以下几种形式：

1. 待定价格。如“价格由双方在 × 年 × 月 × 日协商确定”或“价格按提单日的国际市场价格计算”等。

2. 暂定价格。指在合同中暂定一个价格作为开证或付款的依据，最后价格确定后再多退少补。如“单价暂定 CIF 神户每公吨 2 000 英镑，作价方法以 × 交易所 3 个月期货，按装船月份平均价加 8 英镑计算，买方按合同规定的暂定价开立信用证”。

3. 部分固定价，部分非固定价。还可以分批作价，如交货期近的用固定价，交货期远的用非固定价。

4. 滑动价格。指在合同中规定一个基本价格，同时订立一个价格调整条款（Price Adjustment Clause），最终价格根据价格调整条款调整。这种形式常见于生产加工周期长的机器设备交易。

【案例 19－13】

合同规定整套机械设备的初步价款为 100 万美元，同时规定：最终价格按某物价指数和工资指数予以调整；管理费和利润在价格中的比重为 20%，原材料在价格中的比重为 50%，工资在价格中的比重为 30%。假定签订合同时的物价指数为 100，交货时原材料物价指数上升至 110，工资指数上升至 112。请计算合同最终价格。

非固定价一般被用于交货期远、价格走势难以预测的交易，它可以防范国际市场商品价格变动的风险，但它不利于双方进行经济核算，还容易引起争议。

# §4　包装条款

包装条款是规定包装种类、包装方式和包装标志等内容的条款。包装种类和包装方式一般由卖方在发盘时提出，如果买方无异议，则按照卖方的发盘办；如果有异议，则可以在还盘时提出来。包装标志指印刷在包装上的各种记号，包括运输、磅码标志，指示、警告、危险品标志，产地标志，条形码，商标或品牌，标签等，这些也大多数由卖方自行刷制。只有对运输、产地标志、商标或品牌，买方有时候会提出要求。

## 4.1 运输和产地标志

**运输标志（Shipping Mark）** 俗称“唛头”（“Mark”的音译），是印刷在运输包装上的记号，其作用主要是方便识别货物，防止在装卸、运输、保管的过程中弄错。运输标志一般由买方提出，如果买方不提，则由卖方自行刷制。

目前世界上运输标志的内容还不统一，联合国欧洲经济委员会简化国际贸易程序工作组制定了一套规范推荐各国采用。根据该规范，运输标志至少应包括以下几项内容：

1. 收货人代号。一般由收货人名称的英文缩写加简单的几何图形构成。

2. 参考号。可以是合同、信用证、运单、发票号等。

3. 目的港 / 地。如果是转运，则还要加上中转港 / 地名称，例如，“NEW YORK VIA PANAMA”，其中，“NEW YORK”为目的港，“PANAMA”为中转港。

4. 货物件号。包括总件数和每件货物的顺序号，如“NOS.1-100”，“100”是总件数，“1”是顺序号，表示该批货物一共 100 箱，该箱是第 1 箱。有的还在 NOS. 前加“C”，如“C/NOS.1/100”，这里的“C”是“Carton”（纸箱）的缩写。

如果一批货物有不同规格，为了方便识别，运输标志的件号应分组编制。例如，某批货物共 90 件，三种规格，每个规格各 30 件，运输标志的件号可分为“NOS.1-30，NOS.31-60，NOS.61-90”三组，但单证上的件号应统一为“NOS.1-90”。

图 19－2 是一个简单的运输标志。

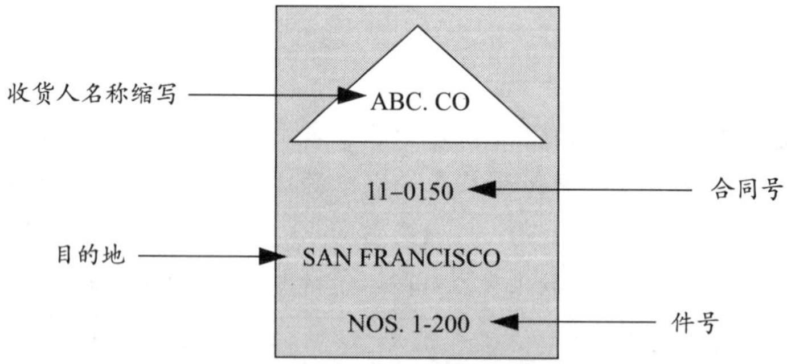


**图 19－2 一个简单的运输标志**

**产地标志** 产地标志一般由出口商按实际情况刷制，买方提出要求的主要有两种情况：

1. 要求采用中性包装（Neutral Packing）。中性包装指在包装上不注明货物原产国。买方提出这种要求的原因可能是：不想让最终买家知道货物的制造国，因为有些商品的制造国会使消费者联想到商品品质的优劣；做转口贸易；规避进口国的关税和非关税壁垒等。

对中性包装的要求，如果没有风险，又可以扩大销路，那么卖方可以接受；如果有风险，即使可以扩大销路，那么也不能接受。例如，客户打算将货物转口到对我国该商品有配额限制的国家，就不能接受；有些国家，如科威特、埃及、尼日利亚、叙利亚、约旦、孟加拉国等，要求进口货物一定要显示原产地，出口到这些国家也不能采用中性包装。

2. 要求采用虚假的原产地。为了扩大销路，提高定价，有的进口商会要求出口商在产品上刷制虚假的原产地。对此出口商断然不可接受，否则会遭受损失。

【实例】

某外贸公司出口一批商品，客户要求将原产地刷成“Made in Japan”。为了取得订单，外贸公司同意了对方的要求。后来在出口报关时被海关查出，海关要求出口公司将货物拉回工厂去重新包装，打上“Made in China”。结果不仅耽误了装期，还产生了很多额外费用。等到将包装改好运到目的地，客户以赶不上销售季节为由拒绝接收货物，结果几十万元的货物变成了库存。

## 4.2 品牌或商标

在国外，未注册的品牌叫品牌，注册的品牌叫商标；在我国二者常常是同一概念，未注册的品牌也可以叫商标，注册的品牌叫注册商标。品牌一般由卖方如实印制，但买方有时候也会提出要求，主要有定牌和无牌两种。

### 4.2.1 定牌

定牌指买方要求在商品上使用它指定的品牌，又称“贴牌”、“代工”或“定牌加工”（Original Equipment Manufacturer，OEM）。定牌加工在国内外都做，国际贸易中的定牌加工指境内企业接受境外商标权人或商标使用权人的委托，按照其要求加工产品，然后贴上它提供的品牌或商标，并将产品交给委托人出售的贸易形式。我国广东、浙江、福建等沿海省份做定牌加工的企业有很多。

对买方来说，定牌加工可以利用卖方的廉价劳动力、厂房设备等和自己的名牌谋取高额利润；对卖方来说，则可以利用买方的经营能力、商业信誉和名牌提高产品的售价和扩大销路，但从长远的观点看，定牌加工不利于卖方建立自己的品牌。

对于买方定牌加工的要求，卖方如果生产力过剩，自己又无名牌或自己的品牌在对方市场影响不大，外商订货量较大，需求比较稳定，则可以考虑接受，但要避免陷入侵犯他人知识产权的纠纷。

【实例】

意大利 SAN 公司主要生产和经销照明系列产品。2007 年 8 月，该公司与中国照明产品的生产商 A 公司开始业务往来，并于后期提出：希望通过 A 公司定牌加工产品，贴 YALU 商标，成品返销意大利。A 公司没有考虑太多就接受了这种合作方式，并为获得了一个稳定的订单源而高兴。但过了不久，意大利 ACC 公司发现 SAN 公司盗用其商标 YALU，即将 SAN 公司和 A 公司告上法庭。ACC 公司早在 2005 年就已经在当地办理了商标注册，因此，SAN公司有严重侵权行为，而A公司作为同犯也要承担责任。[①]

【案例19－14】

有一批定牌生产的出口货物已贴上了进口商的商标，但该批货物在进口时遭到拒付。如果出口商将这批货物转售给进口地另一客商，是否构成商标侵权？

防范商标侵权可以采取的措施有：（1）要求买方出具商标专用权证明文件或被许可使用指定商标的证明文件；（2）调查指定品牌是否与在我国相同或类似商品上注册过的商标相同或近似；如果其他企业已在我国注册了相同或类似的商标，应先与国内商标持有人沟通；（3）登录海关总署网站查询指定商标的备案情况，或请海关帮助鉴别外商的知识产权状况，以确定外商已在我国注册了该商标，或者该商标在我国完全没有被注册；（4）在合同中规定：如因使用对方提供的品牌或商标导致第三方索赔，则买方应承担一切责任。

### 4.2.2 商标侵权的有关法律知识

为了防范陷入侵犯他人商标权的纠纷，做定牌加工还需要了解一些商标侵权方面的法律知识，下面介绍两种：

1. 商标侵权的情况。对于商标侵权，一般人想到的是冒用他人的品牌，其实这只是侵权的行为之一。根据《中华人民共和国商标法》（简称《商标法》）及其实施细则，下列情况都属商标侵权：（1）未经注册商标所有人许可，在同一种商品或者类似商品上使用与其注册相同或者近似商标的；（2）销售明知是假冒他人注册商标的商品的；（3）伪造、擅自制造他人注册商标标识，或者销售伪造、擅自制造的商标标识的；（4）在同一种或者类似商品上，将与他人注册商标相同或者近似的文字、图形作为商品名称或者商品装潢使用，并足以造成误认的；（5）故意为侵犯他人注册商标专用权行为提供仓储、运输、邮寄、隐匿等便利条件的。

【实例】

2000年，应一台湾客户要求，广东一家公司出口2个20英尺集装箱的电熨斗到迪拜。台湾中间商设计了一个品牌，该品牌与日本一个品牌非常相似，只做了细微修改。广东公司按台湾中间商的要求将这个品牌印在电熨斗、彩盒和外包装箱上。结果在广东某口岸出口时被查出，不仅货物不能出口，还被罚款25万元人民币。出口企业也从AA类企业降到了C类，使企业在全国范围内的每一票货物都要受查验，生产企业也被吊销了营业执照。[②]

2. 国际商标权的地域性。国际商标权只在注册国家或地区内有效，不具有域外效力。即使在一国具有合法使用权的商标，在其他国家使用时仍可能构成侵权。

① 摘自：王新华，陈丹凤. 50种出口风险防范. 北京：中国海关出版社，2009.

② 摘自：鲍传萍. 外贸业务解惑500例. 北京：对外经济贸易大学出版社，2005.

【案例 19 - 15】

2004 年 10 月 22 日，阿拉伯联合酋长国（简称阿联酋）的 A 公司委托我国 B 公司生产加工一批机动车用卤钨灯，要求产品上印刷商标“HENKEL”。在 B 公司要求下，A 公司出示了商标注册证明（注册国为阿联酋），并出示了经阿联酋外交部官员签名盖章证实以及经中华人民共和国驻迪拜总领事馆认证的商标证两张。

收到商标证明后，B 公司依约履行了生产合同。2004 年 10 月 30 日，B 公司安排货物出运，向广州海关报关。广州海关认为该批货物涉嫌侵犯了深圳 C 公司已在同类产品上注册，并在海关总署进行了知识产权海关保护备案的商标专用权，广州海关立即与 C 公司取得联系。C 公司确认这些货物未经自己授权生产，并从产品本体和包装上指出了仿冒关系。两天后，C 公司向广州海关提交了采取知识产权保护措施申请书，请求扣留侵权嫌疑货物。广州海关于 2005 年 3 月 30 日将该批货物没收并罚款人民币 2 万元。

B 公司不服，将广州海关告上法庭。一审广州市中级人民法院（简称广州中院）判广州海关胜诉。B 公司不服，又上诉到广东省高级人民法院（简称广东省高院），广东省高院最终判决支持广州海关对 B 公司贴牌生产货物的扣留处罚。B 公司在这场纠纷中共损失 30 余万元。①

问：（1）为什么阿联酋 A 公司具有商标权，还会造成 B 公司商标侵权？（2）B 公司的产品是出口到阿联酋，不在中国市场上销售，是否也侵犯了深圳 C 公司的商标权？（3）海关对 B 公司的处理是否适当？

### 4.2.3　无牌

无牌指买方要求在出口商品上不使用任何品牌。主要用于一些尚待进一步加工的半制成品，或价格低廉的不需要品牌的日用品。其目的是降低成本、节省广告费用、薄利多销。

在国际贸易中，买方常对产地和品牌同时提出要求，如“定牌中性”和“无牌中性”。前者指商品使用买方指定的品牌，但不注明原产地；后者指商品既不用品牌，也不注明原产地。二者都是为了扩大销路，谋取更多利润。

【案例 19 - 16】

菲律宾某公司与上海某自行车厂洽谈业务，打算进口“永久”牌自行车 1 000 辆。要求我方用“剑牌”商标，包装上不注明“Made in China”。这是什么做法？外商的意图是什么？我方是否可以接受？

## 复 习 题

1. 在国际贸易中，规定商品品质有哪两类方法？应注意哪些问题？
2. 国际贸易中的计价重量有哪些？什么是溢短装条款？它包括哪些内容？

① 根据 [2005] 穗关知字第 001 号《中华人民共和国广州海关处罚决定书》等资料改编。

3. 什么是“收硬付软”？什么是固定价、非固定价？非固定价有哪几种形式？

4. 名词解释：唛头、中性包装、定牌、无牌、定牌中性、无牌中性。

5. 在做定牌加工时，为避免陷入知识产权纠纷，卖方可采取哪些防范措施？

## 《问题与案例》

1. 某公司与德国公司签订了某种农产品出口合同，其中品质条款规定：水分最高15%，杂质不超过3%，交货品质以中国商检机构的检验为准。问该合同是采用哪一种方法规定商品品质的？

2. 一笔生丝交易，买卖双方约定的标准回潮率为11%。现有生丝105公吨，经测定实际回潮率为9%。请计算该批生丝的公量。它与货物的实际重量差多少？

3. 某公司定购钢板400公吨，其中6英尺、8英尺、10英尺、12英尺四种规格各100公吨，合同规定货物可溢短装5%。卖方实际交货为：6英尺70公吨，8英尺80公吨，10英尺60公吨，12英尺210公吨。问进口商是否可以拒付？为什么？

4. 信用证规定：铁25公吨，金额89 543欧元，禁止分批装运。货物的数量前没有“约”或“大约”，证内也没有规定溢短装条款。受益人交单议付时提供的发票上货物的数量为24 335千克，金额为87 161.28欧元，开证行以货物数量和金额与信用证规定不符拒付。问开证行是否可以拒付？为什么？

5. 某外贸公司出口美国一批长毛绒玩具，价值10万美元，客户指定用“Babi”品牌。外贸公司让生产厂家照做了。货物到达纽约港后，美国海关开箱验货，发现是美国一家玩具公司已注册的品牌，于是查封并销毁了这批货物。由于结算方式是D/A 60天，客户见货物被销毁就不肯付款。最后外贸公司遭受重大损失。问该交易是哪一种贸易形式？外贸公司有哪些失误？

6. 某外商欲购我方“梅花牌”雨伞，提出采用“MONO”商标，在外包装上不得标注“Made in China”字样。这是什么贸易形式？外商的意图是什么？我方能否接受？

# 第20章 合同条款的知识II

本章介绍装运条款、支付条款、保险条款、商检条款、违约金条款、不可抗力条款和仲裁条款。

## §1　装运条款

装运条款的主要内容有装运期限、装运港和目的港、分批装运和转运等。

### 1.1　装运期限

合同中规定装运期限有三种方法：

1. 规定最后装运期限。这是实践中最常见的规定方法。例如，“Time of Shipment: not later than January 30, 2021”“Time of Shipment: on or before January 30, 2021”“Time of Shipment: latest on January 30, 2021”三种表述都表示货物在2021年1月30日前装运。

2. 规定一段装运时间。如“Shipment during January，2021”，表示从2021年1月1日到31日装运都可以。“Shipment during Mar./Apr.，2021”，表示从2021年3月1日到4月30日都可以装运。

3. 根据信用证开到的时间规定装运时间。如“Shipment within 30 days after receipt of L/C”。这种方法可以防止买方延迟开证给卖方办理运输造成被动。在与贸易或外汇管制严的国家的客户签约时可以采用这种方法。在采用这种方法时，还应同时规定信用证开到的时间，如“Shipment within 45 days after receipt of L/C. The buyers must open the L/C to reach the sellers before ×（date）”。

规定装运期限应注意下列问题：（1）力求准确。避免使用“尽快装运”“大约什么时间装运”这样的词语。UCP600 第 3 条规定：“于或约于”（on or about）或类似措辞将被解释为一项规定，按此规定，某项事件将发生在指定日期前后各五个日历日期间，起讫日均包括在内。但这种规则只适用于信用证结算，不适用于其他结算方式。（2）要估计工厂生产的可能性。（3）要考虑装运港到目的港承运人和船多不多。

【案例 20－1】

信用证规定“Shipment to be effected on or about 15th May，2000”。受益人于 5 月 8 日将货物装船，向银行提交了 5 月 8 日签发的提单，问是否可以？

## 1.2 装运港和目的港

装运港由出口商规定，有三种方法。（1）规定单一的装运港。如“Port of Shipment: Shanghai”，这是最常见的。（2）规定几个装运港。如“Port of Shipment: Shanghai/Tianjing”。采用这种方法的原因有：为了出口商租船订舱方便；成交量大而货源又分散在几处；出口商一时不能确定在何处装运。（3）规定一个区域。如“Port of Shipment: China Ports”，这种规定表示可以在中国任何港口装运。

目的港由进口商规定，也有三种方法。（1）规定单一目的港。如“Port of Destination: Rotterdam”，这是最常见的。（2）规定几个目的港。如“Port of Destination: London/Rotterdam/Hamburg”。（3）规定一个区域。如“Port of Destination: European Main Ports”，“European Main Ports”意思是“欧洲基本港”，缩写为 EMP，指欧洲几个著名大港，如鹿特丹、汉堡等。后两种方法常见于进口商在磋商合同时还不能确定卸货港的情况，进口商应在装运期前若干天通知出口商具体的卸货港，或在信用证中规定；否则，出口商有权在规定的卸货港或区域内自行选择。

【案例 20－2】

国外来证规定“From China port to U.S. port”，进口商在装船前规定的通知时间内没有通知出口商具体的卸货港，出口商应该如何选择卸货港？

【案例 20－3】

一出口公司以 CFR 向日本出口红豆，卸货港为日本口岸。但直至装运期临近，日本方面尚未确定具体的卸货港。此时正好有一条船驶往大阪，出口公司于是自行选择了大阪为卸货港。问出口商是否违约？

规定装运港和目的港应注意的事项有：先了解二者之间有无直达船；装运港和目的港的装卸条件如何，应选择那些费用低、装卸效率高的港口；不可接受买方指定码头或泊位卸货的要求。

## 1.3　分批装运和转运

**分批装运（Partial Shipment）** 指一笔交易的货物分若干批次装在不同的船上，或同一条船的不同航次上。如果货物是装在同一条船的同一航次上，即使是分成不同批次，在不同的时间和地点装船，也不算分批装运。UCP600 第 31 条 b 款指出：含有一套或数套运输单据的交单，假如表明在同一种运输方式下经由数件运输工具运输，即使运输工具在同一天出发运往同一目的地，仍将被视为分批发运。表明使用同一运输工具并经由同次航程运输的数套运输单据在同一次提交时，只要显示相同的目的地，将不被视为分批发运，即使运输单据上标明的发运日期不同或装运港、接管地或发送地点不同。假如交单由数套运输单据构成，其中最晚的一个发运日将被视为发运日。

**【案例 20－4】**

山东某公司出口花生仁 500 公吨，客户来证规定："Shipment from Chinese port to Singapore in May, partial shipment prohibited"。因货源分在两处，该公司先在青岛港装了 200 公吨花生仁，取得一套提单；然后，在该公司负担相关费用的情况下，该船又驶往烟台装了另外 300 公吨花生仁，取得另一套提单，山东公司将两套提单交给银行议付。问是否违反了不能分批装运的规定？

在信用证支付方式下，对于分批装运的合同，只要有一批货物未按规定装运或未按时支取货款，信用证对该期及以后各期就均告失效。UCP600 第 32 条规定：如信用证规定在指定的时间段内分期支款或分期装运，而任何一期未在该期所允许的期间支取或装运，信用证对该期及以后各期则均告失效。该规定与《公约》中分批交货合同的规定的比较见第 28 章。

**【案例 20－5】**

信用证规定："货物 6 000 箱，1 月至 6 月分 6 批装运，每月装运 1 000 箱"。受益人 1 月至 3 月每月装运 1 000 箱，银行已分批议付。第四批货物原定于 4 月 25 日装运，但遇台风直到 5 月 1 日才装船。当受益人凭 5 月 1 日的装船提单向银行议付时遭到银行拒付。受益人又引用不可抗力条款，也遭到银行拒绝。问银行是否有权拒付？

在磋商合同时，一般来说，允许分批装运对卖方比较有利，因为在安排运输上可以比较灵活，还可以减少仓储费用；对买方来说则不太有利，因为会增加进口报关、商检、仓储等方面的手续及费用，但在某些情况下对买方也有好处。

**【案例 20－6】**

某公司出口 40 000 只打火机，总价为 40 000 美元，即期信用证支付，海运，允许分批装运。后来国外客户急需其中的 10 000 只打火机，并要求改用空运先交给它，提前装运部分的货款用前 T/T 汇至我方。问这样会不会造成单证不符？

---

如果不允许分批，买方在开证时应在信用证中明确规定；否则，按惯例将被认为可以分批装运。

**转运（Transshipment）** 又称“转船”，指货物在运输途中要改装其他船只运达买方，与“直运”相对。

在磋商合同时，允许转运对卖方比较有利，因为安排运输比较灵活，尤其在装运港和目的港较小、挂港的船舶和航次不多的情况下更是如此。但转运增加了货物受损和遗失的风险，尤其是高价值货物在转运过程中容易被调包。对买方来说，允许转运可能会延迟货物到达时间、增加运输风险，办理索赔也比较困难；但在挂港船舶、航次较少时，允许转运反而可以加快运输速度。

【实例】

2008 年 5 月，张先生在伊朗出差期间被客户投诉，称其在出口伊朗一批钢卷时，有几个集装箱里装的是垃圾。

张先生收到客户投诉后，立即约见客户一起到港口调查，发现货物仍然在关内，之前的开箱必然是在海关监管下进行的，不可能是客户把货物换成了垃圾；而且该客户与张先生有很长时间的合作关系，彼此都很信任，也不大可能做手脚。另外，也不可能是工厂做了手脚，因为在出口发货时，是张先生和瑞士通用公证行工作人员一起到工厂监督装箱的。剩下的可能就是在海运过程中被调包了。

于是张先生在客户的协助下办了一系列海关手续，在海关官员监管下重新开箱，集装箱内果然是各种压缩过的铁桶皮。张先生在拍照取证过程中发现，这些压缩铁桶皮很多都是牛奶桶，上边的商标都是阿拉伯语。到伊朗的船大多是在阿联酋的迪拜港中转的，张先生推测货物可能是在中转港被调了包，通过追查搜集证据，证实了这一点。后来船公司和保险公司赔偿了张先生和客户的损失。

---

由于在转运过程中容易发生货物被调包，一般来说，运送高价值货物应尽量采用直运，另外，应选择可靠的船公司或货代，要办理货运保险。

如果不允许转运，买方在开证时应明确规定；否则，按惯例将被认为允许转运。

## §2 支付条款

支付条款是规定支付方式的条款。支付方式常常是买卖双方磋商的焦点，许多交易的告吹就是因为支付方式谈不下来。规定支付条款首先要了解各种支付方式的基础知识，这方面我们在第 5~7 章已经论述，这里只谈谈支付方式的选择和各种支付方式的结合使用问题。

## 2.1　支付方式的选择

在贸易实践中，选择支付方式一般应考虑下列因素：

1. 客户资信。对出口商来说，如果客户资信欠佳或者是新客户，一般应坚持信用证结算；如果客户资信较好或者是国际知名大公司，可以考虑汇付（后 T/T）或托收。对进口商来说，如果出口商资信欠佳，一般应争取货到付款的支付方式，如托收或后 T/T。

2. 交易金额的大小。对出口商来说，小的交易金额或者贸易从属费用、非贸易费用可以采用汇付或托收；交易金额大，即使是信誉好的老客户也应坚持使用信用证。

3. 商品的销路。如果出口商品在对方市场畅销，出口商则可以选择对自己有利的支付方式，如前 T/T、信用证等；如果出口商品在对方市场上滞销，出口商就只好在支付方式上做些让步，进口商则可以选择对自己有利的支付方式，如后 T/T、托收等。

4. 经营策略。国际市场上的竞争不仅有商品质量、价格的竞争，还有支付方式的竞争。近年来，为扩大出口，出口商常采用托收、后 T/T 等支付方式增强竞争力。但在采用这些方式时，也增加了收汇风险，因此应采取一定的风险防范措施，例如，做国际保理、投保出口信用险等（参见第 7 章）。

【案例 20－7】

一笔出口交易，出口货物是我方库存服装，在国内没有市场，在国外也不畅销；国外进口商是我方的老客户，资信良好。在这种情况下，我方可以选择什么支付方式？为什么？

【案例 20－8】

一笔出口交易，出口的货物是家用电器产品，在进口国有一定的市场占有率；国外进口商是我方最近认识的新客户，资信情况不太清楚。在这种情况下，我方一般应选择什么支付方式？为什么？

5. 运输方式。采用海运，因海运提单是物权凭证，可以选用信用证和托收。采用空运和铁路运输，因二者的运单不是物权凭证，不能有效控制物权，因此，一般应选择先收汇再发货，如让买方用前 T/T 支付全部货款再发货。另外，也可以采取一定的风险防范措施，如请买方预付较大比例的定金后发货，或采用分批发货、分批付款。

【实例】

2005 年，D 公司出口一批定向聚丙烯（OPP）胶带的大母卷到俄罗斯，采用铁路运输。因铁路运单不是物权凭证，买方仅凭到货通知和身份证明就可以提货。为了防范收不到货款的风险，D 公司经过和客户磋商决定由客户先电汇全部货款再发货。

## 2.2 支付方式的结合使用

在实践中往往不是采用单一的支付方式，而是将各种支付方式结合起来使用，以降低风险、节省费用，常见的结合方式有：

1. 电汇与信用证结合。例如，机电产品和成套设备的进出口一般采用分批发货、分批支付的方式，由进口商先电汇合同总金额 15% 以下的定金，合同金额的 75%~80% 用信用证分批支付，5%~10% 在完成设备安装调试或试运行后电汇。对进口商来说，为防范卖方不能按质按量交货，可要求卖方开立银行保函或备用信用证。

2. 电汇和托收结合。例如，进口商的预付款用电汇，出口商发货后托收主要货款。如果托收被拒付，出口商则可以将货物运回，并从预付款中扣除来往运费、利息等损失。

3. 信用证与托收结合。例如，部分货款用信用证支付，部分货款用托收支付。

4. 汇付与银行保函或备用信用证结合。例如，货款全部用前 T/T 支付，卖方开立银行保函或备用信用证保证收到货款后交货；或者货款全部用后 T/T 支付，买方开立银行保函或备用信用证保证收到货物后付款。

5. 托收与保函或备用信用证相结合。例如，出口商用托收收款，但要求进口商开立保函或备用信用证保证付款赎单。

# §3 保险条款

保险条款的内容主要有保险金额、保险险别、保险条款的选择等。

**保险金额** 保险金额是投保人与保险公司约定的在货物受损时最高的赔偿限额（参见第 12 章）。在以三个常用贸易术语成交时，保险金额均由买方决定，因为货物装上船以后的风险都是由买方承担的。买方一般要求在 CIF 价的基础上另加 10% 作为保险金额，有时候也会提出更高的保险加成率，但一般不能超过 30%，否则保险公司可能不接受。如果买方提出高于 10% 的加成率，卖方在合同中应规定由此增加的保险费用由买方负担。

【案例 20－9】

*客户在磋商合同时要求按 CIF 价的 120% 投保，出口商是否可以答应？保险公司会同意吗？保险公司理赔时的最高赔偿额是多少？*

---

在以 FOB、CFR 成交时，由买方投保，买方决定保险金额；在以 CIF 成交时，由卖方投保，买方决定保险金额。在这种情况下，买方应提出要投保的保险金额；否则卖方则有权自行决定。按惯例，卖方也应在 CIF 价的基础上另加 10% 作为保险金额。

**保险险别** 在以三个常用贸易术语成交时，保险险别也均由买方决定。一般来说，选择的险别越多、责任范围越大，货物就越安全，但同时保费也多。例如，“水渍险”的保费只有“一切险”的一半左右，“平安险”的保费只有“一切险”的三分之一左右。因此，选择险别的原则是在“安全”和“费用”之间找平衡点。这要考虑许多因素，主要有：

1. 货物的种类、性质和特点。例如，纺织品服装，遭受沾污、钩损、偷窃、短少、雨淋的可能性较大，可以投保“一切险”；而矿石、钢材、铸铁制品等大宗低值货物，只要投保“平安险”就可以了。

2. 货物的包装。如散装粮食、裸装钢材等可以加保附加险“短量险”；集装箱货物发生短量的可能性很小，就没有必要加保“短量险”了。

3. 目的港的状况。各国港口的秩序差别很大，可能发生的风险种类和概率也不同。如果目的港秩序混乱，可以在投保“平安险”或“水渍险”的基础上加保“偷窃、提货不着险”和“短量险”，或者干脆投保“一切险”；如果秩序较好，则没有必要加保这些附加险。

选择保险险别要考虑的其他因素还有贸易术语、运输方式、路线、路程、季节和气候等。例如，在 2010 通则中，CIF、CIP 卖方可以投保的最低险别是《协会货物条款》（C）或类似条款的最低险别。在 2020 通则中，CIF 卖方可以投保的最低险别不变，但将 CIP 卖方可以投保的最低险别提高到了《协会货物条款》（A）或类似条款的同类险别。当然，买卖双方也可以商定较低的险别。（参见第 3 章“2020 通则的主要变化”一节。）

**【案例 20－10】**

1998 年，某公司出口一批钢材（裸装）到中美洲国家，投保了“水渍险”。货物到达目的地后，收货人发现短卸 5 件，于是向保险公司索赔，但其不属于在保险公司的赔偿范围，问该险别的选择有什么问题？

---

另外，在以 FOB、CFR 成交时，由买方投保，买方决定保险险别；在以 CIF 成交时，由卖方投保，买方决定保险险别。在这种情况下，买方应将拟投保的险别提出来，否则，按《2020 通则》、UCP600 的规定，卖方可以自行投保责任范围最小的险别，如我国《海洋运输货物保险条款》的平安险或协会货物条款的 C 险。

**【案例 20－11】**

K 公司以 CIF 进口一套英国检测仪器，因金额不大，合同只简单规定“保险由卖方负责”。到货后 K 公司发现仪器一部件变形影响正常使用，于是向外商索赔。外商答复：仪器出厂时经过了严格检验，且有质量合格证书，不是它的责任。后经商检局检验，认为货损是因货物在运输途中受到振动、挤压造成的。K 公司于是向英国保险公司在我国的理赔代理索赔。理赔代理说此情况属“碰撞破碎险”（Risk of Clash and Breakage）的责任范围，但该仪器只投保了协会货物条款的 C 险，该险对碰撞、破碎造成的损失不负责。K 公司又回过头来指责英国出口商投保的险别太低，向它索赔。问英国出口商是否有责任？

---

**保险条款的选择**　选择什么保险条款由双方商定。我国的进出口商大多选择中国保险条款，如果外商要选择协会货物条款，也可以接受。

# §4 商检条款

进出口商检分为法定的检验和非法定的检验。法定的检验是国家对外贸易的管理措施，是强制性的，不需要在合同中规定；在合同中规定的商检条款是非法定的检验，其内容主要有商检时间和地点、商检机构、商检证书、商检标准和商检方法等。

## 4.1 商检时间和地点

**规定方法** 商检时间和地点的规定关系到以买卖双方哪一方的检验为准的问题，从理论上来说有三种做法。

1. 以离岸前卖方的检验为准，货物到达后买方可以进行检验，但不能作为提出异议和索赔的依据。这种规定方法对卖方有利，对买方不利，在实践中采用得不多。

【案例 20－12】

合同中商品检验条款规定："双方同意以装运港（地）中国海关所签发的品质和重量（数量）检验证书为最后依据，对双方具有约束力。"但货物运达目的港后，买方发现品质与合同规定不符，于是请当地商检机构检验，并凭其出具的检验证书向卖方索赔。问买方的检验是否可以作为索赔的依据？

2. 以到岸后买方的检验为准，发现问题买方可凭双方约定的商检机构签发的证明向卖方索赔。这种规定方法对买方有利，对卖方不利，在实践中也采用得不多。

3. 以离岸前卖方的检验作为议付的依据，到岸后买方的复验作为索赔的依据。这种做法对双方比较公平，在实践中采用得最多。

【案例 20－13】

下面是从一份标准合同中摘录的商检条款，分析它是怎样规定商检时间和地点的：It is mutually agreed that the Inspection Certificate of Quality and Quantity issued by the China Entry-Exit Inspection and Quarantine Bureau at the port of shipment shall be part of the documents to be presented for negotiation under the relevant L/C. The buyers shall have the right to reinspect the quality and quantity of the cargo. The reinspection fee shall be born by the buyers. Should the quality and/or quantity be found not in conformity with that of the contract, the buyers are entitled to lodge with the sellers a claim which should be supported by survey reports issued by an independent public survey or approved by the sellers.

**复验索赔条款** 在采用上述第三种做法时要规定复验索赔条款，该条款包括下列内容：

1. 复验地点。一般在进口国口岸，但需要安装调试的成套设备或机电仪器通常在买方的工厂复验，集装箱货物通常在拆箱地复验。

2. 复验机构。一般是买卖双方都能接受的权威、公正的商检机构。

3. 复验的方法和标准。在出口国和进口国的检验方法和标准有较大差异时，要规定这个项目。

4. 复验费。按惯例由买方负担。

5. 复验索赔期限。有“约定的”和“法定的”两种。约定的指双方在合同中规定的复验索赔期限，其长短应根据商品的性质决定，如农副产品不能定得太长，机器设备不能定得太短。法定的指有关法律或惯例规定的索赔时效，例如《公约》规定的索赔时效是 2 年，《中华人民共和国民法典》规定的索赔时效是 4 年。在买卖双方没有约定复验索赔时效时，就适用这种时效。

6. 索赔需要提供的证明。由买卖双方在合同中约定。

【案例 20－14】

下面是从标准合同中摘录出来的复验索赔条款，指出它包含哪些内容：Any claim by the buyers regarding the goods shipped shall be filed within 30 days after the arrival of the goods at the port of destination specified in the relative bill of lading and supported by a survey report issued by a surveyor approved by the sellers.

【案例 20－15】

1999 年 11 月，我国内地某公司与香港某公司签订了一份进口香烟生产线的合同，设备是二手货，共计 18 套生产线，由国外某公司出售，总价值 100 多万美元。合同规定，出口商保证设备在拆卸之前均在正常运转，虽未经翻修仍能符合生产要求，否则买方可以在货到用货现场后 14 天内出具商检证明办理更换或退货。内地公司在收到生产线后，安装调试，发现根本无法正常运行。此时 14 天的复验期限早已过去，结果支付 100 多万美元买到的却是一堆废铁。问内地公司应吸取什么教训？

## 4.2　商检机构、商检证书、商检标准和商检方法

**商检机构**　可分为国内的商检机构和国外的商检机构。

1. 国内的商检机构。在第 2 章我们指出，我国的进出口商检机构可分为两类：一是官方的检验商检机构。关检在融合前指的是国家质检总局及其设在各省、自治区、直辖市，以及进出口商品的口岸、集散地的出入境检验检疫局及其分支机构；现在指的是海关总署及下属各级海关。官方商检机构的主要职能是：实施法定的检验，办理公证鉴定，实施监督管理。二是检验机构，又称“进出口商品检验鉴定机构”，指经海关许可设立的国内外检验机构。包括中资进出口商品检验鉴定机构，中外合资、中外合作和外商独资进出口商品检验鉴定机构及其分支机构，以及中国香港特别行政区、中国澳门特别行政区、中国台湾地区的投资者在中国其他地区投资设立的进出口商品检验鉴定机构等。这些检验鉴定机构可以接受对外贸易关系人或国内外检验机构及其他有关单位的委托，以第三

方的身份办理进出口商品检验鉴定业务，并承担相应的法律责任。

2. 国外的商检机构。著名的有：瑞士通用公证行（SGS）、英国英之杰检验集团（IITS）、新日本检定协会（SK）、日本海外货物检查株式会社（OMIC）、美国安全试验所（UL）、美国材料与试验协会（ASTM）、加拿大标准协会（CSA）、国际羊毛局（IWS）等。

选择什么商检机构由双方决定，一般原则是：首先选择本国的商检机构，其次选择国际上比较权威公正的商检机构，最后是对方国家的商检机构。

**【案例 20－16】**

甲向乙出口 25 吨中国海蜇头，合同规定：单价为 CIF 香港 2 300 美元 / 吨，总价为 57 500 美元；每箱净重 25 千克，水分除外，信用证付款，卖方提供由中华人民共和国海关出具的品质检验证书。

货物发运后，甲提供了由中华人民共和国海关出具的品质检验证书。乙收到货物后认为品质不符，于是要求在中国检验（香港）有限公司重新商检，甲表示同意。检验结果为：该批货品质正常，无异味，属中国海蜇头，大部分是碎片；重量未达到合同规定，平均每箱净重 22.47 千克。乙对此检验结果不满意，又请香港衡量行（PRIME）和厂商会检定中心（CM）检验。检验结果为：在抽检的 7 箱货物中，有 1 箱有强烈的腐坏气味，其余 6 箱有轻微气味，没有发现盐结晶，重量没有达到合同规定。①

问在上述四个检验机构中，哪些检验机构的检验可以作为依据？

**商检证书** 各种商检证书有很多，我国可以出具的商检证书有品质证书、重量证书、数量证书、产地证书、兽医卫生证书、健康证书、卫生证书、动物卫生证书、植物检疫证书、熏蒸 / 消毒证书等。需要什么商检证书由双方商定。

**【案例 20－17】**

下面是从合同中摘录的商检条款，指出它是怎样规定商检机构和商检证书的：The certificate of quality and weight（quantity）issued by the China Commodity Inspection Bureau at the port of shipment shall be part of the documents to be presented for negotiation under the relevant letter of credit. Any claim by the buyers regarding the goods shipped shall be filed within × days after the arrival of the goods at the port of destination，and supported by a survey report issued by a surveyor approved by the sellers.

**【案例 20－18】**

信用证上规定卖方须提交商品净重检验证书，但开证行收到议付行寄来的单据后，发现卖方仅提供重量单，于是对议付行拒付。议付行争辩说：卖方提交的重量单即为商品净重检验证书。问议付行的说法对不对？开证行能否对议付行拒付？

① 根据华南国际经济贸易仲裁委员会网站上国际贸易案例特辑中的有关案例改编。

**商检标准和商检方法** 对某些商品，国内外商检标准和方法检查出来的结果有很大差异。这时应规定商检标准和方法，否则有可能遭受重大损失。

【实例】

L 公司向国外出口密度板，发货前 L 公司派人亲自到工厂对产品进行了抽检，并查看了工厂提供的甲醛检测报告，报告表明该批密度板甲醛释放量完全符合国家标准。但客户收到货物后提出甲醛检测不达标，要退货。经了解，L 公司发现客户是按照进口国的标准检验的，而进口国的标准与我国标准有很大差异。L 公司误认为我国的标准和进口国的标准是一样的，在合同中没有订明按哪一种标准检验，最后只得同意了客户的退货要求。

## § 5 违约金条款

违约金（Liquidated Damage）是对可能发生的违约预先设置的赔偿金。在实践中，人们常将它与赔偿金相混淆，其实二者是不同的概念：（1）只有在发生实际损失时才有赔偿金；而不管是否有实际损失，只要一方违约就可以产生违约金。（2）赔偿金的数额等于实际损失额；违约金的数额与实际损失额常有出入。为了避免违约金过分高于或低于实际损失，有关法律规定可以对违约金进行调整。我国《中华人民共和国民法典》第五百八十五条第二款规定，约定的违约金低于造成的损失的，人民法院或者仲裁机构可以根据当事人的请求予以增加；约定的违约金过分高于造成的损失的，人民法院或者仲裁机构可以根据当事人的请求予以适当减少。

【案例 20－19】

某年 6 月，G 公司与国外 H 公司签订一份 FOB 出口合同，交货期为同年 9 月底，违约金为 5%。合同签订后，G 公司积极组织货源，于 9 月中旬将全部货物运至港口，但 H 公司迟迟不开信用证及派船。对方称该批货物的最终用户倒闭，正在另寻买主，请求 G 公司推迟交货时间并表示愿意支付违约金。同年 12 月，H 公司又提出不接受该批货物，并支付了 G 公司违约金 10 万元人民币。但此时该货物的市场价格下跌，卖掉货物后，差价损失、滞港费、运输费等达 35 万元人民币，G 公司虽然得到了 10 万元违约金，但仍损失 25 万元。问 G 公司是否可以要求 H 公司赔偿 25 万元损失？

违约金条款是规定与违约金有关的事宜的条款，一般包括下列内容：（1）延期交货时间的计算方法，一般从交货期满开始计算；（2）违约金的计算方法，一般按货价总值的百分比计算，并规定一个最高限额；（3）违约金的支付方法，一般在货款中扣除；（4）其他补救措施，如延期交货达到一定时间后可以撤销合同等。

【案例 20－20】

下面是从一份标准合同中摘录的违约金条款，分析它包含哪些内容：In case of delay

delivery, the sellers shall pay to the buyers for every week of delay a penalty amounting to 0.5% of the total value of the goods which delivery has been delayed. Any fractional part of a week is to be considered a full week. The total amount of penalty shall not however exceed 5% of the total value of the goods involved in late delivery and is to be deducted from the amount due to the seller by the paying bank at the time of payment.In case the period of delay exceeds 10 weeks after the stipulated delivery date，the buyers have the right to terminate this contract but the sellers shall not thereby be exempted from the payment of penalty.

---

在实践中，常见人们将违约金条款与复验索赔条款相混淆，其实二者是不同的条款，二者的主要区别是：复验索赔条款是商检条款的一部分，违约金条款与商检条款无关；国际贸易合同中大多都有复验索赔条款，但有违约金条款的不多。

对出口商来说，规定违约金条款要考虑下列因素：（1）货源情况。如果是外贸公司收购产品出口，则要考虑货源是否充足；如果是委托工厂生产加工，则要正确估计工厂的生产能力。（2）生产出口商品的原材料供应情况。（3）出口资金。如果向银行贷款，则要估计资金是否能够及时落实。（4）出口批件。例如，取得配额、许可证等需要的时间。（5）履约所需要的时间。应将履约各环节所需要的时间都考虑进去，并留有余地。

【实例】

M公司与某国N公司签订了100万条沙包袋出口合同，每条沙包袋1美元，交货期限为合同成立后的3个月内，违约金条款为：如合同一方在合同履行期内未能履行合同，则必须向另一方支付合同总价3.5%的违约金。M公司急于扩大出口，对自己的交货能力未做充分的估计，结果合同期满，能够交付的沙包袋数量距要求还相差很远。M公司无奈，只得将已有的沙包袋运交N公司并请求合同延期。但N公司以数量不符合同规定拒收交货，并且要求支付违约金。最后M公司只得向对方支付了3万多美元的违约金。

---

# §6　不可抗力条款和仲裁条款

## 6.1　不可抗力条款

不可抗力（Force Majeure）指合同签订后发生的一些非人力可以抗拒的事故，主要有两类：一是自然灾害，如水灾、旱灾、暴风雪、地震等；二是社会事故，如战争、罢工、政府禁令等。各国法律都规定，因发生不可抗力事件违约可以免责。

【案例20-21】

甲公司向乙公司订购一批食糖，签约后，因乙公司所在国连遭干旱，甘蔗严重歉收，政府颁布禁令不准食糖出口，致使乙公司在约定的装运期内不能履行合同。乙公司以不可抗力事件为由要求延长履约期限或解除合同，甲公司拒不同意，并就此提出索赔。问乙公司是否可以免责？

---

不可抗力条款是合同中规定因不可抗力违约可以免责的条款，一般包括不可抗力事件的界定、通知期限和方式、需要出具的证明和出证机构等内容。

不可抗力事件的界定方法有三种：（1）概括式规定。例如，“如由于不可抗力原因，致使卖方不能全部或部分装运，或延迟装运合同货物，卖方不负责任”。这种方法没有说明哪些事件可以算作不可抗力事件，要到事故发生后再来判定，很容易引起争议。（2）列举式界定。例如，“如由于战争、地震、水灾、火灾、暴风雨、雪灾的原因，致使卖方不能全部或部分装运，或延迟装运合同货物，卖方不负责任”。这种方法列举了一些具体的不可抗力事件，如果发生的事件在列举的事件中，则比较容易判断，但它不可能包括全部不可抗力事件。（3）综合式界定。这种方法是将上述两种方法结合起来，例如，“如由于战争、地震、水灾、火灾、暴风雨、雪灾或其他不可抗力原因，致使卖方不能全部或部分装运，或延迟装运合同货物，卖方不负责任”。这种方法既有概括式规定，又列举了一些常见的不可抗力事件，比较全面周到，故在实践中用得最多。

不可抗力事件的通知期限一般规定在发生不可抗力事件后15天内，通知方式一般为航空挂号；各国的出证机构不同，我国的出证机构是中国国际经济贸易促进委员会和中国国际商会，在国外大多数由当地的商会或公证行出证。

**【案例20－22】**

下面是从一份卖方制定的格式合同中摘录的不可抗力条款，指出它包括哪些内容：The seller shall not hold liable for non-delivery or delay in delivery of the entire lot or a portion of the goods hereunder by reason of natural disasters, war or other causes of force majeure. However, the seller shall notify the buyer as soon as possible and furnish the buyer within 15 days by registered airmail with a certificate issued by the China Council for the Promotion of International Trade attesting such event (s).

---

## 6.2 仲裁条款

仲裁是国际贸易中解决争议的方式之一，若采用这种方式，买卖双方必须达成协议，同意将他们的争议提交仲裁，否则仲裁机构不接受。仲裁协议有多种形式，合同中的仲裁条款是最常见的形式。合同中的仲裁条款主要包括下列内容：仲裁地点、仲裁机构、仲裁规则、仲裁裁决的法律效力等。有关仲裁的问题我们将在第29章详细介绍。

**【案例20－23】**

下面是从一份标准合同中摘录的仲裁条款，指出它包含哪些内容：All disputes arising out of the performance of, or relating to this contract, shall be settled through negotiation. In case no settlement can be reached through negotiation, the case shall then be submitted to the China International Economic and Trade Arbitration Commission for arbitration in accordance with its arbitral rules.The arbitration shall take place in Shanghai. The arbitral award is final and binding upon both parties.

## 复习题

1. 规定装运期限、装运港和目的港的方法有哪些？

2. 什么是分批装运和转运？允许分批装运和转运对买卖双方各有哪些利弊？

3. 选择支付方式要考虑哪些因素？

4. 怎样规定保险金额和保险险别？

5. 规定商检时间和地点有哪三种方法？其中用得最多的是哪一种？什么是复验索赔条款？它包括哪些内容？

6. 什么是违约金条款？它与复验索赔条款有什么不同？

7. 什么是不可抗力条款？它包括哪些内容？

8. 什么是仲裁条款？它包括哪些内容？

## 问题与案例

1. 下面是从一标准合同中摘录出来的与保险有关的条款，分析它包括哪些内容。

Insurance to be covered by the sellers for 110% of the invoice value against all risks and war risk as per Ocean Marine Cargo Clause of the People's Insurance Company of China dated 01/01 1981.

For transactions concluded on CIF basis, it is understood that the insurance amount will be for 110% of the invoice value against the risks in the sales confirmation. If additional insurance amount or coverage required, the buyer must have the consent of the seller before shipment, and the additional premium is to be borne by the buyer.

2. 太原甲公司委托青岛乙公司进口一台机器，合同规定的复验索赔期限是货物到达目的港后的30天内。货到青岛后，乙公司将其转运至太原交甲公司，但甲公司厂房尚未建好，机器无法安装调试。半年后厂房完工，甲公司将机器安装试车后发现不能很好运转。经商检机构检验该机器是旧货，甲公司于是请乙公司对外索赔，但外商置之不理。问甲公司有什么失误？

3. 1996年10月，我国某进出口公司从美国某公司进口一批美国东部黄松，共计6 942千板英尺（折合35 404立方米），价值数百万美元，目的港为上海。原来合同规定“按美国西部标准检验”，但在开证前美方公司要求改为“按美国东部标准检验”。我公司同意了美方要求。货物到达后，在按我国进口美国黄松通用的美国西部标准检验中发现，共短少材积3 948千板英尺，短少率达57%，价值100多万美元，主要原因是美国西部标准与东部标准计算材积的方法完全不同，按两种标准计算材积之差达40%以上。我公司因此遭受重大损失。分析我公司应吸取的教训。

第21章

# 国际贸易合同的签订

合同的签订是实务操作四大步骤的第三步，本章简要介绍几种与国际贸易合同有关的知识。

## §1　合同成立的其他法律条件

在第16章中我们曾经指出，如果一方的发盘或还盘为对方所接受，合同即宣告成立。但这只是合同成立的基本条件，除了这个条件，还需要一些其他条件，对此《公约》未涉及，现根据各国有关法律概括如下。

1. 当事人应具备缔约能力。缔约能力有多方面的含义，如当事人有民事行为能力，订立外贸合同要有外贸经营权，法人应通过其法人代表订立合同等。各国法律对此规定不同，判断当事人是否具有缔约能力首先要确定准据法。

2. 当事人的意思表示应真实。也就是“合意要真实”，指当事人订立合同时表达的意思应与其内在的意思一致。合意不真实的情况主要有：

（1）错误（Mistake）。指当事人对其行为、对方当事人、标的物等存在误解。但并不是所有错误都可以导致合同无效，只有重大错误才能使合同无效。《中华人民共和国民法典》第一百四十七条规定，基于重大误解实施的民事法律行为，行为人有权请求人民法院或者仲裁机构予以撤销。

（2）欺诈（Fraud）。包括“欺骗性不真实陈述”（Fraudulent Misrepresentation）和隐瞒事实真相等。各国法律都规定，蒙受欺诈的一方有权解除合同并请求损害赔偿。

（3）胁迫（Duress）。指当事人在订立合同时受到了威胁。各国法律规定，在胁迫下订立的合同无效；但企业利用自己的优势达成对自己有利的合同不能作为胁迫，除非与所在国反不正当竞争法相抵触。另外，如果受胁迫的一方还有其他合理选择，但仍然与对方签订了合同，也不能算受到了胁迫。《中华人民共和国民法典》第一百四十七条规定，基于重大误解实施的民事法律行为，行为人有权请求人民法院或者仲裁机构予以撤销。

**【案例 21－1】**

R 公司是一家经营进口及批发篮筐制品的小公司，与购货商签订了一份供货合同。为了交货，R 公司与一家快递公司订立了运输合同。运输开始不久，快递公司发现自己计费有误，于是要求 R 公司改变合同运价，否则将终止运输。R 公司在很大程度上要依赖与那个购货商的业务，不及时交货会导致惨重损失；另外，当时很难迅速找到其他承运人，于是只好答应了快递公司调整运价的要求。但合同履行后，R 公司以受到胁迫为由拒绝支付增加的运费。问：（1）R 公司是否可以拒绝支付增加的运费？（2）快递公司是否可以以运费计算有误主张运输合同无效？[①]

3. 合同的内容要合法。包括不违反法律、公共政策和公序良俗等。在英美法中，赌博合同、高利贷合同、违反行业执照管理的合同、与敌国贸易的合同等被认为是违法合同。合同中含有限制性商业条款（如不合理限制销售渠道和出口市场等）、排除或限制产品责任的条款等，在许多国家被认为是违反了公共政策。

4. 合同的形式要合法。合同可分为“要式合同”（Formal Contract）和“不要式合同”（Informal Contract）。前者指必须按照法定的形式和手续订立的合同，否则无效；后者指不需要按照特定的形式和手续订立的合同。国际货物买卖合同属于“不要式合同”。《公约》第 11 条规定，销售合同无须以书面订立或书面证明，在形式方面也不受任何其他条件的限制。销售合同可以用包括人证在内的任何方法证明。1986 年，我国在加入《公约》时对此提出了保留，要求国际货物买卖合同必须采用书面形式订立，否则无效。但我国于 1999 年颁布的《合同法》对国际货物买卖合同已经不再要求一定要有书面的形式。

**【案例 21－2】**

1990 年，我国某外贸公司派贸易小组赴美购买设备，双方在纽约就设备规格、单价、数量等主要条款达成口头协议。回京后，由于用户撤回进口委托，外贸公司没开出信用证。美方知道后，催促我方履行合同，否则将在美起诉我公司。问我公司是否违约？

5. 要有对价或约因。对价（Consideration）是英美法系的概念，指为换取某一承诺而付出的代价；约因（Consideration）是大陆法系的概念，指签订合同追求的直接目的。英美法系或大陆法系认为，有对价或约因的合同才是法律上有效的合同，法院才能强制执行。

① 改编自：党伟. 国际商法. 北京：中国财政经济出版社，2005.

# § 2　书面合同的形式、结构和会签程序

## 2.1　书面合同的形式、结构

虽然《公约》和《中华人民共和国民法典》都不要求国际贸易合同要有书面形式，但在实践中大多数还是签订书面合同，这样对履行合同、处理违约和争议、办理保险、报关、出口退税、索赔和理赔等都比较方便。

书面国际贸易合同的形式有合同（Contract）、协议（Agreement）、备忘录（Memorandum）、确认书（Conformation）、订单（Purchase Order，P/O）等，其中常见的是合同、确认书和订单。合同比较详细，主要用于机电设备和大宗货物的进出口；确认书和订单比较简单，主要用于一般商品的交易。

确认书和合同可以由卖方拟定，也可以由买方拟定。由卖方拟定的确认书或合同叫销售确认书（Sales Confirmation，S/C）（参考资料 21.1）或销售合同（Sales Contract）；由买方拟定的确认书或合同叫购货确认书（Purchase Confirmation，P/C）或购货合同（Purchase Contract）。订单（Purchase Order，P/O）由买方拟定。

书面国际贸易合同的结构由约首、主体和约尾三个部分组成。约首说明合同的名称，编号，缔约的依据、日期和地点，当事人的名称和地址等；主体是各种合同条款（见第 19 章和第 20 章）；约尾是合同的份数、附件、缔约人签字、合同生效的时间、会签指示等。

## 2.2　书面合同的会签程序

当面签署国际贸易合同的比较少，一般都是通过函电会签。可以由卖方制定合同寄买方会签，也可以由买方制定合同寄卖方会签。

1. 卖方拟定合同寄买方会签。其程序如下（见图 21 - 1）：

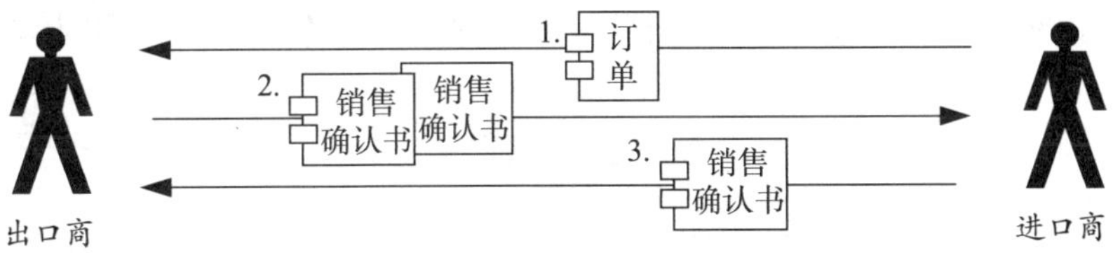


**图 21 - 1　卖方拟定合同寄买方会签的程序**

（1）经过交易磋商，买卖双方就主要的交易条件达成一致，买方下订单。

（2）卖方根据来往函电、买方的订单和自己的格式合同制作销售确认书一式三份，留存一份后，将其他两份签章后快递给买方会签。

（3）买方收到销售确认书后审核。如无异议则在两份上签署，然后留存一份，将另一份回寄给卖方归档；如有不同意见，应该在规定的时间内向卖方提出进行磋商，否则即认为买方接受了合同。买方签署合同的日期为合同正式成立的日期。

【实例】

A公司向印度H公司出口12台小型建筑机械，货值42万美元，经过磋商双方就主要合同条款达成了一致意见。随后客户发来订单，A公司发现订单上多了一个磋商时从来没提及的条款——每台机器赠送1 000美元的零配件。该出口每台机械的利润为3 000多美元，现要每台赠送1 000美元，不是一个小数目。A公司立即提出来与H公司磋商，但H公司说这是它们公司的惯例，坚持不能修改。考虑到继续谈下去订单可能告吹，A公司只好接受了这个条款。

以上是比较正规的程序，实践中有的卖方在买方下订单后只传一张形式发票（Proforma Invoice，P/I）给买方，写明每一种产品的数量，单价，合计总数、金额和自己的银行资料等，不再另签寄合同；等买方的定金到账后即开始生产。

2. 买方拟定合同寄卖方会签。其程序如下（见图21－2）：

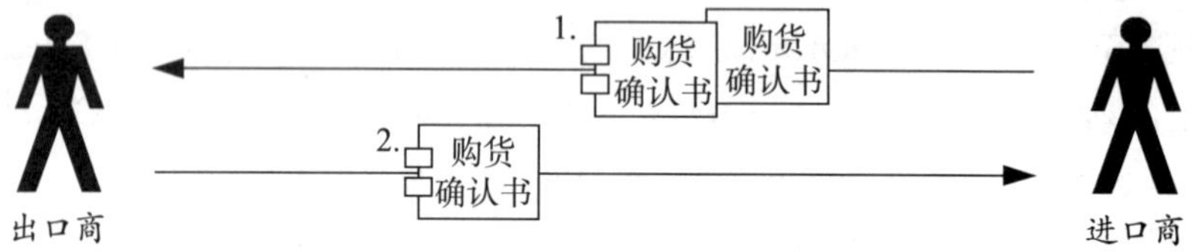


**图21－2　买方拟定合同寄卖方会签的程序**

（1）双方就主要交易条件达成一致后，买方根据来往函电和自己的格式合同制作购货确认书一式三份，留存一份后，将其他两份签署后快递给卖方签署。

（2）卖方如无异议就在两份合同上签署，然后留存一份，将另一份回寄给买方存档；如有不同意见，应在规定的时间内向买方提出磋商，否则即认为卖方接受了购货确认书。卖方签署合同的日期为合同正式成立的日期。

合同可以由企业的法人代表签署，也可以由一般代表签署后加盖企业的印章。如果只有一般代表签署而没有印章，就应该提供授权书，否则会导致合同无效。

上面介绍的是快递合同正本会签的程序，在实践中也有不快递正本而以传真件会签的。

## 《复习题》

1. 除了买卖双方意见达成一致，国际贸易合同的成立还要具备其他哪些法律条件？
2. 从总体上看，书面国际贸易合同有哪三个组成部分？各部分主要包括哪些内容？
3. 简述卖方拟定合同寄买方会签的程序。

## 《问题与案例》

1. 下面是从一标准合同中摘录出来的会签条款，分析它规定的会签程序：The buyer is requested to sign and return one copy of this contract immediately after receipt of the

same.Objection，if any，should be raised by the buyer within 3 working days，otherwise it is understood that the buyer has accepted the terms and conditions of this contract.

2. 某年，某公司向美国客户出口玩具一批，经过磋商双方达成协议，规定美方于 4 月 5 日前开出即期信用证。协议达成后，我方根据协议制作了销售确认书一式三份，签署其中两份后寄美方会签。美方收到后，将合同的开证日期改为同年 4 月 20 日，即期信用证改为远期信用证，签署后将其中一份回寄我方。我方收到后发现其中的改动，立即发传真表示反对。问合同是否成立？

## 参考资料

21.1 销售确认书（正面）

**SALES CONFIRMATION**

S/C NO.:
DATE:

**The Seller:**
**Address:**

**The Buyer:**
**Address:**

We hereby confirm having sold to you the following goods on terms and conditions as stated below:

| 货物的名称及规模<br>Commodity & Specifications | 数量<br>**quantity** | 单价<br>**unit price** | 总值<br>**amount** |
|---|---|---|---|
| | | | |
| 合同总额 | | | |

**PACKING:**

**PORT OF LOADING & DESTINATION:**

**TIME OF SHIPMENT:**

**TERMS OF PAYMENT:**

**INSURANCE:**

（背面）

**REMARKS:**

1. The buyer shall have the covering letter of credit reach the Seller 30 days before shipment, failing which the Seller reserves the right to rescind without further notice, or to regard as still valid whole or any part of this contract not fulfilled by the Buyer, or to lodge a claim for losses thus sustained, if any.
2. In case of any discrepancy in Quality, claim should be filed by the Buyer within 130 days after the arrival of the goods at the port of destination; while for quantity discrepancy, claim should be filed by the Buyer within 150 days after the arrival of the goods at the port of destination.
3. For transactions concluded on C. I. F. basis, it is understood that the insurance amount will be for 110% of the invoice value against the risks in the Sales Confirmation. If additional insurance amount or coverage required, the Buyer must have the consent of the Seller before shipment, and the additional premium is to be borne by the Buyer.
4. The Seller shall not hold liable for non-delivery or delay in delivery of the entire lot or a portion of the goods hereunder by reason of natural disasters, war or other causes of Force Majeure . However, the Seller shall notify the Buyer as soon as possible and furnish the Buyer within 15 days by registered airmail with a certificate issued by the China Council for the Promotion of International Trade attesting such event(s).
5. All disputes arising out of the performance of, or relating to this contract, shall be settled through negotiation. In case no settlement can be reached through negotiation, the case shall then be submitted to the China International Economic and Trade Arbitration Commission for arbitration in accordance with its arbitral rules. The arbitration shall take place in Shanghai. The arbitral award is final and binding upon both parties.
6. The Buyer is requested to sign and return one copy of this contract immediately after receipt of the same. Objection, if any, should be raised by the Buyer within 3 working days, otherwise it is understood that the Buyer has accepted the terms and conditions of this contract.
7. Special conditions: (These shall prevail over all printed terms in case of any conflict.)

**CONFIRMED BY**

| **THE SELLER** | **THE BUYER** |
|---|---|
| (Signature) | (Signature) |

07

第 7 篇

# 出口合同的履行

从本篇到第 9 篇论述合同的履行，分出口和进口。本篇论述出口合同的履行，第 8 篇论述进口合同的履行，第 9 篇论述违约与争议的处理。

对出口合同的履行我们又分自营出口和代理出口两种经营方式来论述。对自营出口，本书只介绍外贸公司的自营出口，不介绍生产企业的自营出口。因为生产企业的自营出口合同的履行与外贸公司差不多（外贸公司主要是多一个国内采购或委托加工出口商品的环节，另外，出口退税等略有不同）。对代理出口，则不需要区分外贸公司与生产企业，因为在这种经营方式下，外贸公司与生产企业是同一业务过程的两个方面：对外贸公司来说是代理出口，对生产企业来说是委托代理出口。

## 第22章

# 自营出口合同的履行 I

外贸公司自营出口合同履行的业务流程与贸易术语、结算方式、运输方式等因素有关，下面以CIF成交、议付信用证结算、集装箱班轮整箱货运输为例，在这种情况下，外贸公司自营出口合同的履行过程如图22－1所示。

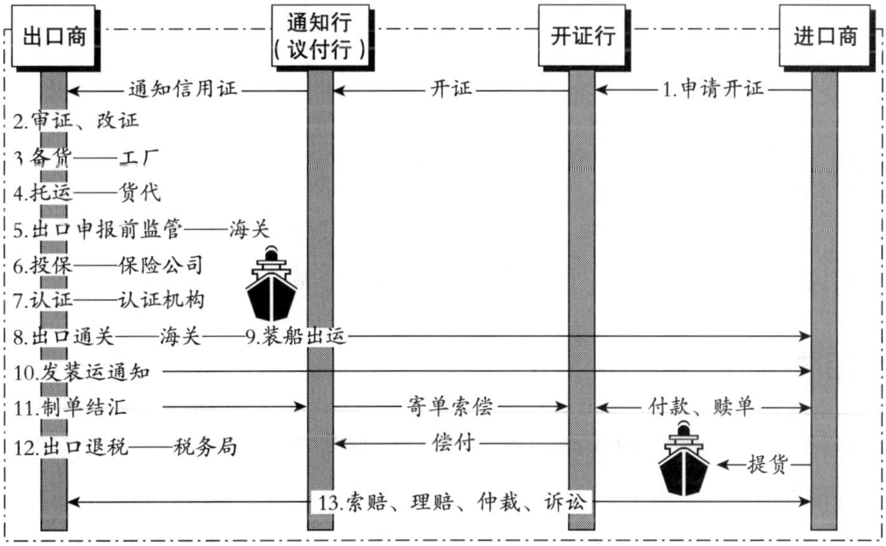


**图22－1　外贸公司自营出口合同的履行过程**

这个过程看起来比较复杂，但从总体上可以概括为“交货”与“收钱”两个方面。其中与交货有关的环节有备货、托运、出口申报前监管（即关检融合前的法定检验）、投保、认证、报关、发装运通知、制单结汇（这个环节与交货和收钱都有关）等；与收钱有关的环节有落实信用证、制单结汇、出口退税。从这个角度看，出口合同的履行与平时卖东西一样，无非是将货物交给买家，从买家收钱而已，只是国际贸易的交货与收钱比较复杂。

在实践中，以上环节不都是外贸公司自己做的，许多环节都可以委托货代等中介做，如租船订舱、报检、报关、装船出运等。如果将货代等中介考虑进去，外贸公司自营出口合同的履行过程可简单描述为：落实信用证—备货—委托货代等中介办理货物出运等事宜—从货代手中取得提单—向银行交单结汇—到税务局办理出口退税。

**文摘**

**一个外贸业务员的日常工作**

假定一个英国客户订购了 1 000 个花瓶，要求 10 月 20 日前从宁波港运到英国费利克斯托港。一个自营出口企业的外贸业务员的日常工作是：

1. 10 月 10 日左右，打电话 / 发传真给货代，请货代订 10 月 20 日之前的舱位。按照货代的安排把货物运到指定地点（仓库）。

2. 请会计去国家外汇管理局领取一份核销单。

3. 制作一份发票和装箱单，连同核销单和报关委托书寄给货代，委托货代报关。

4. 等货代完成报关发货，取得提单，再制作一套发票 / 装箱单及外商要求的其他单证。

5. 通知外商付款、收货，并把全套单据交给外商。

6. 发货后 10 天左右，收到（由货代转交）海关退回的报关单、核销单，交给本企业的会计。

说明：自 2012 年 8 月 1 日货物贸易外汇管理制度改革后，已取消出口收汇和进口付汇核销，改为“非现场总量核查”。有关内容参见本书第 2 章。

资料来源：黄海涛. 外贸七日通 . 3 版 . 北京：中国海关出版社，2008.

# §1 落实信用证

出口合同履行的第一步是落实信用证，包括前期准备、催证、审证、改证几个环节。

## 1.1 前期准备

对落实信用证，传统教材谈得较多的是催证、审证和改证。其实落实信用证的工作有的在交易磋商合同阶段就要做起，这些工作主要如下。

1. 正确地规定开证时间。在磋商交易时就要和买方在合同中确定好开证时间，它不仅是敦促买方及时开证的重要手段，在买方未按时开证时，还是追究其法律责任的依据。

**【案例 22－1】**

某外贸公司与外商签订了一份出口合同，装期为 11 月，但未规定开证日期。后来出口商品市场价格趋降，外商便故意拖延开证时间。外贸公司从 10 月中旬起开始催证，但直到 11 月 20 日对方才开来信用证。由于信用证到得太晚，外贸公司要求对方修改信用证的装期和效期。但外商不同意，还以外贸公司未按期装运为由宣布解除合同。外贸公司只好就此作罢。问该外贸公司有什么失误？

---

规定开证时间要注意不能用“立即”、“尽快”或“及时”等模糊的词语，要规定具体的开证时间。另外，规定的开证时间应该是信用证“开到”的时间，例如“L/C must reach here before ×”，而不能是“开立”的时间，例如“L/C must open before ×”。如果是 SWIFT 开证，“open”与“reach”的时间相差不大；但如果是信开，“open”与“reach”的时间相差就大了。

2. 了解开证行的资信和进口国的政治经济形势。信用证虽然是银行信用，但各国银行在资信、实力和经营作风上都有差异，开证行倒闭，付不出款的情况也是有的。另外，进口国的政治经济形势不稳定，有时候也会使开证行付不出款。因此，在开证前，出口商还应对开证行的资信和进口国的政治经济形势做一些调查。如果对开证行或对进口国的政治经济形势没把握，则可以向买方建议开证行，或请它开保兑信用证，或投保出口信用险。

**【案例 22－2】**

A 公司与阿根廷 B 公司签订了销售合同，支付条件为 L/C 装船日后 180 天付款。买方于 2004 年 8 月开出信用证，开证行为阿根廷 C 银行，通知行及保兑行均为世界知名 D 银行的广州分行。由于 D 银行要收取 1 000 多元的保兑费，因此 A 公司没有接受 D 银行的保兑。

A 公司于 2004 年 9 月发运了货物，随即向 D 银行广州分行交单。2004 年 11 月，D 银行广州分行收到 C 银行发出的承兑电，承兑到期日为 2005 年 3 月 25 日。

付款到期日后，D 银行广州分行未收到信用证下款项。之后，D 银行广州分行分别于 2005 年 4 月 11 日、6 月 7 日、6 月 13 日和 8 月 2 日连续四次向 C 银行催款，但没有得到任何答复。于是向其布宜诺斯艾利斯分行求助，要求协助查询此信用证的问题。

2005 年 8 月 22 日，D 银行布宜诺斯艾利斯分行回电告知，阿根廷中央银行根据该国《金融机构法案》已下令 C 银行停止运营，但优先债权仍然有效。按照阿根廷政府的紧急法令，一个新的金融实体 E 银行于 2005 年 5 月 21 日揭牌运营，接管其优先债务。

2005 年 9 月 2 日，D 银行广州分行发传真和电子邮件给 E 银行的联系人以联系此笔逾期信用证付款事宜，但没有得到对方的答复。在这种情况下，D 银行广州分行要求 A 公司报案，并支付信用证通知费、托收费、邮电费、手续费等 2 000 多元，A 公司随后报案。在此期间，A 公司也与买家（开证申请人）联系付款事宜，买家坚称已将款项付给 C 银行，但没有提供支付凭证，追讨一直没有结果。[①] 问 A 公司有哪些失误，应吸取

① 摘编自：中国出口信用保险公司辽宁分公司网站《信用证风险：警惕开证行风险》一文。

哪些教训？

---

3. 向进口商提供有关银行资料。进口商一般是在自己的开户行开证，出口商一般是通过自己的开户行接收信用证、传递单据和收取货款。为了使进口商能将信用证准确及时地开到自己的开户行，出口商应向进口商提供自己的有关银行资料，如电传、SWIFT代码等。

## 1.2 催证、审证

**催证** 催证并不是必有的环节，一般在买方延迟开证或有可能延迟开证时才催。买方延迟开证的原因有资金周转困难，开证手续办得不顺利，国际市场价格波动大导致故意拖延开证企图达到毁约的目的等。

【案例 22－3】

L公司以CIF出口货物一批，与外商签订的合同规定装期为某年8月，但没有规定开证时间。装期临近时未见外商开证过来，L公司于是从7月底开始催证，但直到8月5日才收到对方开来的简电信用证。由于装期紧迫，L公司即按照简电信用证装运了货物，结果交单时遭到开证行拒付。问L公司有哪些失误？

---

**审证** 买方的信用证开到后，出口商必须审证。因为开证行付款的前提是“单证相符”，要做到这一点，除了要严格按信用证规定履行合同和制单，还要先保证信用证本身没问题，这就需要审证，发现问题及时纠正过来。

【实例】

2017年，M公司与泰国N公司达成一笔交易，信用证中对单据的要求是：“正本提单一套，商业发票一式三份，FORM A一份，所有单据除发票外不得显示发货人或受益人的地址。”M公司对此没觉得有什么不妥，于是按信用证的要求装运了货物，随后向出入境检验检疫局申请普惠制原产地证（FORM A），但出入境检验检疫局说证书上的发货人地址栏不能留空，结果造成单证不符。

---

## 1.3 改证

改证指将信用证中影响安全收汇的地方改过来。

### 1.3.1 改证的意义

改证是保证安全收汇的重要措施。在实践中，有的出口商发现信用证有问题也不改证，他们认为，自己与客户关系不错，到时候可以请其接受不符点，这样可以免去改证的麻烦和费用。这种做法不能说完全行不通，但有一定的风险。在商品价格波动大时，进口商可能会借故压价或拒付。另外，为了避免改证的麻烦，进口商有时也会主动提出将来接受不符点，这也有风险，因为在开证行得到进口商的指示前这种承诺是无效的。

【实例】

2005年，Z公司与法国一进口商签订了一个20英尺集装箱的服装面料的出口合同，付款方式为L/C即期。审证时，Z公司发现信用证有两个地方需要修改：（1）信用证虽然允许10%的溢短装，但该批货物规格很多，既要保证每个规格不会超出或少于10%，又要保证总数不超出或者少于10%非常困难，溢短装条款应再放宽一些。（2）信用证要求由贸促会出具普惠制原产地证FORM A，但我国当时是由出入境检验检疫局出具的。但对于以上两处问题，Z公司业务员都没有要求客户改证，只是请客户将来接受不符点。他想，与该客户已合作一年多，以前信用证有不符点客户都接受了，而且临近年底，改证会耽误发运时间。

在客户答应将来接受不符点后，Z公司发运了货物，结果遭到开证行拒付。业务员立即请客户去开证行付款赎单，却一直没收到货款；于是又给客户发邮件，客户回答说它的最终客户不要这批货物了，所以它也不能要了。最后Z公司只好要求开证行将单据退回，又联系船公司将货物退运。由此造成的海运费、目的港堆存费、仓储费、回国后的清关费等损失共计10万元人民币。

### 1.3.2 改证的程序及注意事项

**改证的程序** 改证应与进口商联系，不能直接向开证行提出。因为信用证是开证行根据进口商的申请开立的，如果要修改，也必须经过进口商同意。改证的程序如下（图22－2）：

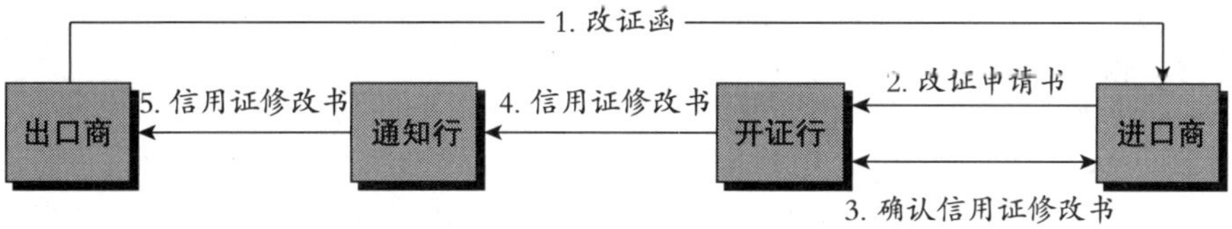


**图22－2 改证的程序**

1. 出口商缮制改证函快递给进口商。

2. 进口商根据改证函缮制改证申请书交开证行。

3. 开证行根据改证申请书缮制信用证修改书，将其传真给进口商确认。进口商如果有异议，应在收到信用证修改书之日起2个工作日内通知开证行，否则视为认可。

4. 进口商确认后，开证行将信用证修改书传递给通知行。

5. 通知行将信用证修改书通知受益人。受益人如果接受，修改书便成为信用证的一个组成部分。

如果原来是保兑信用证，保兑行则可以自由决定是否将保兑扩大到信用证修改书。

如果不愿意将保兑扩大到信用证修改书，保兑行应马上通知开证行和受益人。

**改证的注意事项** 改证应注意的问题有：

1. 并不是所有问题都要改，只有那些影响合同履行和安全收汇的地方才要改；不影响安全收汇、不增加费用的地方可以变通处理。

2. 应注意修改内容的关联性。信用证的内容很多是有关联的，修改一处可能别处也要修改。例如，修改信用证的装期，效期和装后交单期也应做相应的修改；修改货物的单价或数量，总金额也应做相应的修改。

3. 将要修改的内容应一次向进口商提出，避免接二连三地改证。

4. 如果对开证行寄来的信用证修改书不能接受，应在规定的时间内将其退还给通知行。

5. 应该在信用证修改书落实后发货，不能在客户告知“信用证已修改”后就发货。

6. 对于已接受的修改书，应将其与原证装订在一起，并注明修改次数，以免弄错。

【案例 22－4】

请分析下列情况是否需要改证：（1）合同规定目的港为 New York，国外来证规定“From China port to U.S.port”；（2）合同允许分批装运，而来证不准分批。

【实例】

某出口商出口一批货物到非洲，客户来证中计价货币与合同规定不符，出口商于是向客户提出改证，客户来电说“证已改妥”，出口商于是将货物发运。但后来一直没有收到信用证修改通知书，致使交单议付时遭到开证行拒付。信用证失效后，客户又提出按承兑交单托收办理，出口商为收回货款，只好同意了客户的要求。但客户提货后仍不付款，结果出口商遭受重大损失。

### 1.3.3 软条款的处理

软条款（Soft Clause）指信用证中一些表面上看起来没有问题或不容易被发现，但实际上影响安全收汇的条款。例如，“1/3 正本提单径寄开证申请人”“客检证条款”“信用证要等进口商取得进口许可证后才生效”等。

【实例】

2004 年 1 月，A 公司通过以前的客户甲先生了解到香港 B 公司欲购买 1.2 万件皮装。随后，甲先生以 B 公司代理人身份与 A 公司磋商签订了合同，价格条件为 FOB 天津，合同金额为 90 余万美元，支付条件为不可撤销即期信用证。甲先生坚持 A 公司必须使用国内某工厂的原材料，理由是其质量较好。其实这样的原料在 A 公司附近地区就有好几家供货厂家，而且质优，价格也比较便宜。由于合同的价格高于平均市场水平，A 公司庆幸获得了一个好的订单。

2004 年 3 月，A 公司收到新加坡某银行开出的信用证，但发现开证申请人是在新加坡注册的 C 公司。收到信用证后，A 公司随即向甲支付了佣金，并从合同中甲先生指定的工厂采购原料，开始生产备货。

按照信用证规定，“受益人应于发货前一周通知开证申请人装船计划，开证申请人将对装船计划发出确认函，上述装船计划和买方确认函原件均为信用证要求提供的单据”。由于信用证中并未注明 C 公司的传真号码，A 公司只能将装船计划通知 B 公司，并请 B 公司通知 C 公司确认。但 B 公司质检人员一再拖延产品检验时间，对 A 公司的装船计划避而不谈。在 A 公司的一再催促下，B 公司函告 A 公司将货物直接发运给 B 公司，B 公司会将货物的装运情况及时通知 C 公司。

随着信用证到期日临近，B 公司一方面以信用证即将失效为由催促 A 公司向其直接发货；另一方面又保证只要 A 公司履行了合同义务，C 公司一定会去银行付款赎单。在此过程中，C 公司却一直杳无音信，更未按信用证要求对 A 公司的装船计划予以确认。A 公司已陷入两难境地：如果发货，由于没有得到开证申请人对装船计划的确认，向银行提交的单据势必存在不符点，虽然 B 公司一再保证收汇不成问题，但开证申请人未必会接受此不符点；如不按时发货，信用证一旦作废，A 公司前期的投入可能会付诸东流。

在这关键时刻，一个偶然的机会，A 公司获悉与自己同处一省的 D 公司不久前也出口过同类货物，且中间人也是甲先生，原料也购自同一家工厂，支付方式也为信用证。D 公司发运了货物，但由于未接到开证申请人的装船计划确认，造成银行以不符点为由拒付，最终落得“钱货两空”，损失近百万美元。后来，D 公司律师亲赴香港，但根本找不到所谓的 B 公司，才发现原来是利用“软条款”进行的商业欺诈。了解到这一情况后，A 公司立即悬崖勒马，及时停止了货物的发运。

最后，A 公司将货物卖给了其他客户，但损失了支付给甲先生的佣金及高价购买原材料的差价。[①]

---

软条款可分为两类：一是买方故意设置的陷阱；二是买方出于操作方便、节省费用或保护自身利益而设置的条款。对前一类一定要改证；对后一类，如果能采取措施防范风险，则不一定要改证。例如，“1/3 正本提单径寄开证申请人”，这种条款常见于日本、韩国、泰国、越南等开来的信用证，由于我国到这些国家是近洋运输，常出现“货到单未到”的情况。由于拿不到提单提货，买方不仅要承担额外的港口费，还面临市场行情变化的风险，因此才提出上述要求。客检证条款大多数也是进口商为保护自身利益设置的。对这种软条款，如果能采取措施防范风险，则不一定要改证。

【实例】

2008 年 3 月，张先生与印度的客户签订了一份 4 万多美元的钢材出口合同，付款方式为即期信用证。2008 年 3 月底，张先生收到了客户开来的信用证，在审证时，张先生发现信用证要求提交的单据中有客户签字的检验证书，于是立即联系客户要求取消该条款，但客户说这是公司的惯例，不能取消。张先生将此事报告了公司上级领导，上级领

① 改编自：中华人民共和国商务部网站《谨防买家利用信用证“软条款”进行诈骗》一文。

导认为，信用证金额不大，钢材的价格是上涨的，即使客户不要货物了，再卖给其他客户也很容易，于是接受了客户的信用证。

货物生产完毕，张先生通知客户来验货。验货完毕，客户表示认可产品质量。当签订检验证书时，客户要求提供一份公司盖章的检验报告，由于张先生手头没有公司章，约定第二天再签署。但第二天张先生给客户打电话时，客户却以各种理由推托，不肯露面，最终信用证作废。

幸亏和公司领导预测的情况一样，钢材价格是上涨的，张先生很快就将货物销售给了其他客户，从而避免了损失。[①]

【案例 22－5】

印度尼西亚来证规定“将 1/3 正本提单和一套非议付单据在装船后 3 天内通过敦豪快递寄送开证申请人”。问出口商是否应要求改证，应如何处理？

# §2 备 货

备货的时间与结算方式有关：以“后 T/T”、托收结算，合同签订后就可以备货。以信用证结算，合同签订后虽然可以做一些备货的准备工作，但正式下生产通知应在信用证落实以后，因为在信用证结算方式下备货的依据主要是信用证，而不是合同。另外，信用证是银行付款的保证，在得到付款保证前就正式备货有一定的风险。

## 2.1 备货的程序

在外贸公司自营出口的情况下，备货的程序大致如下（图 22－3）。

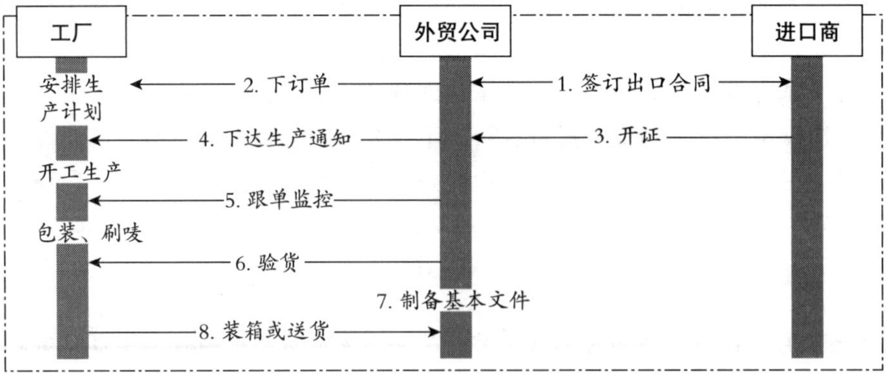


图 22－3 外贸公司自营出口备货的程序

① 摘自：王新华，陈丹凤．50 种出口风险防范．北京：中国海关出版社，2009.

1. 外贸公司与进口商签订出口合同。

2. 外贸公司向国内工厂下订单，工厂安排生产计划。下订单时应向工厂提出交货时开增值税专用发票的要求，以便办理出口退税。

3. 进口商开证，外贸公司审证、改证，直到信用证落实。

4. 外贸公司向工厂下达正式生产通知，工厂开工生产。

5. 在生产期间，外贸公司派业务员跟单监控。

6. 生产完毕，工厂对货物进行包装、刷唛；货物出厂前，外贸公司安排验货。

（1）如果是外贸公司自己验货，应在交货前约一周派验货员验货。

（2）如果是国外客户验货，应与客户约定在交货期前约一周前来验货。

（3）如果是客户指定第三方验货公司或公证行验货，应在交货期前约两周与验货公司或公证行预约验货时间，并通知工厂。

7. 验货完毕，跟单员根据订单和工厂提供的装箱资料制作商业发票、装箱单等基本文件交公司单证员，供办理订舱和各种业务用。

8. 舱位订妥后，工厂配合集装箱装箱或将货物送往外贸公司指定的地点。

**【案例 22－6】**

一笔出口业务，买卖双方已经签订了合同，如果付款方式为托收，外贸公司是否可以开始正式备货？如果付款方式为信用证，在尚未收到来证时，外贸公司是否可以开始正式备货？为什么？

## 2.2　备货的基本要求

备货的基本要求可分为品质、数量和包装三个方面。

**品质方面的要求**　品质方面的要求可分为明示的和默示的。明示的要求指合同或信用证中的要求。默示的要求指在合同或信用证没有规定的情况下，《公约》和其他法律、惯例规定的要求，主要有下面两点：

1. 货物必须适用于同一规格货物通常使用的目的。[①] 英美法称之为具有“商销性”（Merchantability）或“商销品质”（Merchantable Quality），它不仅是对货物内在品质而言，也是对外观而言的。但货物是否具有“商销性”不能由买方单方面说了算，应该根据大多数人的意见。

2. 货物必须适用于订立合同时曾明示或默示地通知卖方的任何特定目的。[②] 但如果这种特定的目的不依赖卖方的技能和判断，或者这种依赖对卖方是不合理的，那么卖方可以不承担责任。如果卖方不能保证所交货物符合买方告知的特定目的，那么卖方应在订立合同时说明。即使买方仍然坚持要订购该货物，卖方也可以不承担责任。

**数量方面的要求**　货物的数量必须与合同或信用证的规定一致，不能少交也不能多交。对于少交，《公约》相关条款规定，买方有权要求卖方在一段合理的时间内补交，同

①② 参见《公约》第 35 条。

时可以请求损害赔偿；但只有卖方完全不交付货物或不按照合同规定交付货物，构成根本违反合同时，买方才可以宣告整个合同无效。① 为了避免少交，备货的数量一般应适当多于合同的规定。对于多交，《公约》规定，如果卖方交付的货物数量大于合同规定的数量，买方可以收取也可以拒绝收取多交部分的货物。如果买方收取多交部分货物的全部或一部分，则其必须按合同价格付款。②

**包装方面的要求** 包括包装种类和方式、包装标识、标签等。对包装种类和方式，如果合同和信用证有规定，则按规定办；如果没有规定，按《公约》规定，货物按照同类货物通用的方式装箱或包装，如果没有此种通用方式，则按照足以保全和保护货物的方式装箱或包装。③

【案例 22－7】

某外贸公司以 CIF 出口一批化工原料到德国不来梅港，货物没有打托盘，货到后许多包装破损，客户要求退货。问客户是否能够退货？

---

包装标志包括唛头、磅码标志、指示性和警告性标志、危险品标志、产地标志、商标或品牌、标签等，一般由卖方按实际情况刷制。如果买方有特殊要求，应该在合同和信用证中提出来。

标签是商品上的说明，由卖方制作，卖方应注意对方国家有关标签的法律规定。如果买方有特殊要求，应在合同和信用证中提出来，以便卖方照办。

为了达到备货的基本要求，外贸公司应做好两个方面的工作：一是与国内工厂或供货商签好采购合同（参见参考资料 22.1），将贸易合同或信用证的要求转化为采购合同的要求；二是做好跟单工作，以保证商品的品质、数量、包装、交货期等符合要求。

# §3 办理运输和保险

## 3.1 办理运输

以 CFR、CIF 出口，卖方要办理运输。国际贸易的运输方式很多，这里只介绍集装箱班轮运输中的整箱货运输。其过程包括托运、订舱、装货和货物出运四个环节，本节只介绍前三个环节，货物出运在出口通关部分介绍（参见第 23 章）。

### 3.1.1 托运、订舱

托运和订舱是不同的概念，托运指出口商委托货代办理运输事宜，如订舱、仓储、

---

① 《公约》第 51 条。
② 《公约》第 52 条第 2 款。
③ 《公约》第 35 条第 2 款（d）。

安排拖车、报检、投保、报关等；订舱指向船公司租订舱位或箱位。订舱一词来源于传统的散杂货运输，传统的散杂货船划分为许多货舱，货主要运输货物时就向船公司租订若干舱位（Cargo Space），这就是订舱一词的本义。在集装箱班轮运输出现后，订舱又增加了预定箱位的含义。

托运由出口商向货代办理，需要提供的资料主要是：填好的出口货物订舱委托书（Shipping Note，俗称“托书”）、商业发票和装箱单。如果要委托货代报检、报关，则要提供报检、报关委托书和相关资料，也可以稍后提供，但不能超过截关期。

在委托货代办理运输的情况下，订舱由货代办理。手续如下：（1）货代收到出口商的托书后，查询相关的船期表，选择承运人、船舶和航次，并将信息反馈给出口商；（2）出口商如果确认船期，货代就根据托书、发票和装箱单等缮制集装箱货物海运托运单，即订舱单（Booking Note，B/N），俗称“十联单”，在船期表上的截单期①前向船代订舱；（3）船代如果接受订舱，则在订舱单即十联单的第五联装货单（Shipping Order，S/O）上盖签单章确认（参见参考资料22.2），然后将十联单后半套退还给货代。此时运输合同成立，船公司就有义务提供空箱，准时派船承载货物并签发提单。托运人就有义务在规定的时间内将重箱送往指定的集装箱堆场，并及时办好清关手续。

**专 论**

## 十联单

在集装箱运输业务中，由于订舱单、装货单、大副收据等单证上填写的内容基本相同，为简化手续，一些主要口岸都采用下列做法：以场站收据（Dock Receipt，D/R）为蓝本，将订舱单、装货单、大副收据、配舱回单、运费通知等编成一套，作为集装箱货物海运托运单，即订舱单，由托运人订舱时套写后交给船公司或其代理人，作为订舱和办理其他业务的依据。这套单据有的为十联，有的为十一、十二联，有的为八联。以十联为例，各联的名称如下：

第一联：集装箱货物托运单（货主留底）；

第二联：集装箱货物托运单（船代留底）；

第三联：运费通知（1），船公司向托运人收取运费的依据；

第四联：运费通知（2），船公司留底用；

第五联：装货单（场站收据副本，S/O）；

第五联附页：缴纳出口货物港务申请书；

第六联：场站收据副本（大副联，Mate’s Receipt，M/R）；

第七联：场站收据（Dock Receipt，D/R）；

第八联：货代留底；

第九联：配舱回单（1）；

① 截单期指船公司或其代理接受订舱的最后期限，一般在装船日前若干天，以便货主有时间装箱、报关、制单及将货物集港等。超过截单期，船公司一般不接受订舱，但在舱位有多余或起航期因故延迟的情况下，也可以再接受订舱，即所谓“加载”。

第十联：配舱回单（2）。

在办理集装箱运输时，以上各联的流转过程如下：

1. 货代填制十联单，留下第一联货主留底交货主备查，将其余九联交船代订舱。

2. 船代接受订舱后，留下第二至第四联做舱单输入和收取运费的凭证，在第五联装货单（S/O）上加注船名、航次、装船日期和场站收据（D/R）号并签章，然后将第五至第十联（即后半套）退还给货代。

3. 货代留存第八联货代留底，将第九、第十联交货主作配舱回执；然后持第五联装货单（S/O）、第六联场站收据副本大副联（M/R）、第七联场站收据（D/R）和客户提供的报关资料向海关报关，或委托报关行报关。

4. 海关放行后，在装货单（S/O）上盖放行章（因此第五联又称“关单”），然后将第五至第七联退还给货代。

5. 货代将第五至第七联送集装箱堆场，堆场留下装货单（S/O）凭以装船；将第六联场站收据副本大副联（M/R）送理货员在装船时交大副，与大副办理交接；签发第七联场站收据（D/R，黄联）给货代换取提单。

6. 货物装船后，货代凭经场站签收的第七联场站收据（D/R）到船代处换取提单（B/L）；船代收回场站收据（D/R），签发提单（B/L）给货代。

十联单中最重要的是第五、第六、第七联，即报关用的三联。

### 3.1.2 装货

箱位订好后，接下来的工作便是将货物装入集装箱内送往指定的集装箱堆场，这个过程叫作装货，它包括下面几步。

1. 落实装货时间和地点。在托运时货主与货代可能已预约过装货的时间和地点，但当时还没有订舱，船名、航次、开船日期等都不确定，因此只是初步的约定，舱位订妥后还要进一步落实，以便货代按时派拖车提取空箱，货主及时准备货物、装卸机械和工人。

整箱货的装货地点主要有下面几种：（1）发货人的工厂和仓库。这是最常见的，因为货物一般都放在这里。（2）货代的仓库。现在许多货代在口岸附近有仓库，有的是自己投资建的，有的是租来的。装货时货主将货物送到货代的仓库装箱。（3）上述两个地点外的其他地点。装货时货主将货物送到这个地点，货代提空箱到这个地点装箱。（4）危险、冷冻、液态货物一般在储存这些货物的仓库装货，因为这样最安全。

2. 安排拖车。拖车可以由货主自己安排，也可以委托货代安排。货代可以安排自己的拖车（一些大中型货代有自己的车队），也可以委托专门的拖车公司安排。

3. 提取空箱。拖车司机先到船公司有关部门办理领取空箱的手续，然后到指定的集装箱堆场提取空箱，拉到约定的装货地点装箱。

4. 装箱、重箱返回堆场。整箱货一般由货主自己装箱、铅封。装箱时货主应仔细检查货物，有的还要拍照，以便发生纠纷时明确责任方。装好货物的重箱由拖车司机送往船公司指定的集装箱码头堆场，该堆场与提取空箱的堆场可能是同一个堆场，也可能是不同的堆场。重箱返回堆场后还不能马上装船出运，因为还没有办理报关手续。

## 3.2　办理保险

在三个常用贸易术语中，以 CIF 出口，出口商要办理保险。办理保险的时间应在舱位订妥以后、货物出运以前，可以与货物出运是同一天，但不能超过装运日期。UCP600 第 28 条 e 款规定，保险单据的日期必须不迟于装运日期，除非保险单据显示承保责任生效日期不迟于装运日期。

**【案例 22-8】**

某公司出口一批货物，国外来证规定装运期为某年 4 月 26 日。该批货物于 4 月 25 日装上由上海开往纽约的集装箱班轮，班轮公司签发了 4 月 25 日的已装船提单。4 月 26 日，该公司向保险公司投保，取得 4 月 26 日的保单，在交单议付时遭到银行拒付。银行是否可以拒付？为什么？

---

出口商可以自己办理保险，也可以委托货代办理。办理保险的手续如下：填写投保单，随附商业发票等交保险公司；保险公司审核并接受后缴纳保费；保险公司签发保险单据。

国际贸易中的保险单据有下面几种。

1. 保险单（Insurance Policy）。俗称“大保单”，它除了有正面内容，背面还印有条款。实践中用的大多数都是这种保险单（参见参考资料 22.3）。

2. 保险凭证（Insurance Certificate）。俗称“小保单”，它是一种简化的保险单，只有正面的内容，没有背面条款。当事人的权利、义务和保险责任等按保险条款解释。

3. 联合凭证（Combined Certificate）。又称“承保证明”（Risk Note），它是在发票上添加有关信息做成的保险单据。具体的做法是：投保人向保险公司提供商业发票，保险公司在发票上注明保险金额、险别、编号和加盖印戳后交给投保人作为保险单据。

4. 批单（Endorsement）。这是变更、修改或补充保险单据内容的附加凭证。具体的做法是：投保人向保险公司提出变更保险单据内容的申请，保险公司同意后将载有变更内容的批单粘贴在原保险单据上并加盖骑缝章，该批单便成为保险单据的一部分。

5. 预约保单（Open Policy）。是预约保险下签发的保险单据。预约保险主要用于进口保险，有关内容见第 12 章。

# §4 认 证

国际贸易中的认证有原产地认证、使（领）馆认证、有关产品的认证三类。有关产品的认证是一种市场准入资质（参见第14章），这里的认证指前两种认证。

## 4.1 原产地认证

原产地认证指根据有关原产地规则[①]对出口货物的原产地做出证明，它是国际贸易中最常见的认证，分为一般原产地认证、普惠制原产地认证和区域自贸协定原产地认证三类。

### 4.1.1 一般原产地认证

一般原产地证（Certificate of Origin，C/O）是一种非优惠的原产地证。其作用有：作为进口国实施关税和非关税措施的依据；供各国海关进行贸易统计；证明商品的品质——有些商品的原产国可以在一定程度上反映它的品质。

我国签发一般原产地证的机构有两个：一是中国贸促会，二是海关。如果合同或信用证要求官方签发的原产地证，出口商则应到海关办理；如果需要贸促会签发的原产地证（参见参考资料22.4），则应到贸促会办理。

【案例22-9】

根据下面两个有关原产地证的条款，我国出口商各应向哪个机构申办原产地证？（1）certificate of origin issued by chamber of commerce；（2）certificate of origin issued by competent authority。

---

在办理原产地证前，企业必须先到主管海关或贸促会办理一般原产地证、普惠制原产地证注册登记。出口商最迟应在货物出运前三天向签证机构提出申请。我国签发一般原产地证的法律依据是《中华人民共和国进出口货物原产地条例》及《关于非优惠原产地规则中实质性改变标准的规定》。

### 4.1.2 普惠制原产地认证

普惠制（Generalized System of Preferences，GSP）是1968年联合国贸发会议上建立的一种制度，主要内容是：规定发达国家（包括一部分东欧国家）对从发展中国家或地区输入的商品，特别是制成品和半制成品，给予普遍的、非歧视的、非互惠的优惠关税待遇。目前普惠制有40个给惠国，受惠国由各给惠国自己选定。我国是普惠制的受惠国之一，有39个给惠国给予我国普惠税待遇（除美国外）。

普惠制原产地证（Generalized System of Preferences Certificate of Origin）简称“FORM

---

① 原产地规则是原产地的认定标准，可分为两类：一是协议性原产地规则，它由双边、多边协议制定；二是自主性原产地规则，它由一国独立制定。

A”或“GSP FORM A”，它是享受普惠税待遇需要提供的原产地证，由普惠制受惠国的出口商提供给给惠国的进口商。

我国签发普惠制原产地证的机构是海关。办理前出口商要先到主管海关办理普惠制原产地证注册登记。

申领普惠制原产地证应具备下列条件。

1. 出口产品的输入国必须是给惠国，出口产品必须是受惠产品。给惠国或国家集团都制订了普惠制方案（欧盟各国共用一个普惠制方案），其中规定了给惠产品和减免税幅度。对农产品（HS 编码中第 1~24 章）列出给惠产品清单，对工业产品（HS 编码中第 25~97 章）列出排除产品清单。

为了保护本国产业，普惠制方案还规定了“毕业制度”，例如，欧盟规定，当某种进口商品在欧盟市场的份额超过 15%（纺织品和服装超过 12.5%）时即“毕业”——进口关税从 9% 上升到 12%。2005 年，欧盟实行新普惠制方案时，我国共有 16 类 50 章商品“毕业”，现在只剩下 11 类 44 章，在我国的工业制成品中仅剩工艺品和收藏品享受普惠税待遇。

2. 必须符合普惠制原产地标准。普惠制原产地标准是由给惠国制定的，它将给惠产品分为“完全原产品”和“含有进口成分但已经过实质性加工改造的产品”两类。如果含有进口成分的产品在受惠国只经过了简单、轻度的加工或处理，不管其 HS 编码是否发生了变化，则不能享受普惠税待遇。

3. 必须符合直运规则。除澳大利亚外，所有的给惠国都规定，原产于受惠国的产品必须直接运输到给惠国，否则不能享受普惠税待遇。其目的是防止货物经第三国转运时被再加工或调包。

4. 小额邮寄物品或行李免签证。作为寄给私人的小件包裹或旅行者个人随身携带的行李的构成部分，只要产品的进口是非经常性、非商业性的，且价值不超过规定金额，只要向海关申报，不需要原产地证明即可免税。

表 22－1 为一般原产地证与普惠制原产地证的比较。

**表 22－1　一般原产地证与普惠制原产地证的比较**

| | 一般原产地证 | 普惠制原产地证 |
|---|---|---|
| 性质 | 非优惠 | 优惠 |
| 格式 | 我国商务部规定的格式 | 国际上通用的格式 |
| 签发机构 | 中国国际贸易促进委员会、海关 | 海关 |
| 签往国家 | 货物进口国 | 39 个给惠国 |
| 依据的规则 | 《中华人民共和国进出口货物原产地条例》 | 给惠国的普惠制原产地规则 |
| 有效期 | 无规定 | 给惠国规定 |
| 签证印章 | 海关中英文印章 | 海关 FORM A 专用章 |

### 4.1.3　区域自贸协定原产地认证

现在世界上许多国家之间签订了自由贸易协定（Free Trade Agreement，FTA），根据这些协定，成员之间对某些产品相互给予关税减免的优惠待遇，但这种优惠只给予原产于成员的产品，区域自贸协定原产地证就是享受这种优惠待遇时要提供的原产地证。截至 2018 年 3 月，我国已经和 24 个国家或地区签署了 16 个自由贸易协定。目前我国出口产品可以申请签发区域自贸协定原产地证的国家和地区有东盟各国、智利、巴基斯坦、新西兰、新加坡、秘鲁、哥斯达黎加、瑞士、冰岛、韩国、澳大利亚等。出口至印度、韩国、斯里兰卡等亚太贸易协定成员的产品可以申请签发《亚太贸易协定》原产地证。

关检融合后，区域自贸协定原产地证由主管海关签发。

文摘

**2017 年全国检验检疫机构自贸协定原产地证书签证情况**

2018-01-12

2017 年，全国出入境检验检疫机构共签发中国－韩国、中国－东盟等 13 种自贸协定原产地证 389.44 万份，签证金额达 1 444.08 亿美元，同比分别增长了 13.79% 和 12.66%。签证份数排在前五位的直属局分别为：广东局、深圳局、浙江局、江苏局和山东局，签证份数分别为 78.87 万、49.46 万、47.86 万、43.70 万和 32.80 万份。签证份数增长率排在前五位的直属局分别为：湖北局、湖南局、广东局、贵州局和甘肃局，增长率分别为：91.92%、62.50%、42.13%、32.81% 和 27.89%。签证份数排在前五位的协定分别为：中国－东盟、中国－澳大利亚、中国－韩国、中国－智利自贸协定和亚太贸易协定，签证份数分别为 154.00 万、80.78 万、66.99 万、25.28 万和 21.34 万份。签证份数增长率排在前五位的协定分别为：中国－新西兰、中国－秘鲁、中国－澳大利亚、中国－韩国、中国－东盟自贸协定，增长率分别为 57.56%、21.55%、20.40%、19.79% 和 12.70%。

资料来源：国家质量监督检验检疫总局网站。

## 4.2 使（领）馆认证

使馆（领）认证（以下简称“使馆认证”）指一国外交、领事或其授权机构对有关公证文书或其他证明是否属实的认证，有人将其比喻为对涉外文书的“签证”。

使馆认证可分为民事认证和商业认证两类。国际贸易中的使馆认证属商业认证，它指出口商按进口商的要求，对发票、产地证、箱单、合同等所做的使馆认证，目的是向使用文书的外国机构证实文书的真实性。使馆认证有时也被当作一种保护贸易工具，例如，近年来随着我国向拉美、非洲、中东出口不断增多，这些地区的许多国家都要求我国出口单证必须经过它们驻我国的使馆认证。

使馆认证可以自己办理，也可以委托贸促会、外事办、专业代办机构代办，实践中大多数采用后者（有一些国家的使馆不接受企业和个人直接办理）。在我国，任何地区的使馆认证都可以到北京加签；华东地区有的可以在上海加签；福建和广东可以到香港加签，目前可以在香港加签的有埃及、沙特阿拉伯、阿拉伯联合酋长国、科威特、阿曼、巴林、巴西等国。

使馆认证对出口商有一定风险，主要是由于认证时间过长造成信用证过期，进口商无法及时通关提货，产生滞港费，贻误销售时机等。因此，做使馆认证应注意下列问题：

1. 出口商应提前了解有关使馆认证的程序及要求，特别是第一次接触的国家。因为各国使馆认证需要的时间、收费标准和有关规定都有所不同。

2. 仔细分析信用证的装期、效期和装后交单期，看看要求的使馆认证是否来得及办理。如果来不及，应要求修改信用证。

3. 为了及时办好使馆认证，出口商一般应在发货前 15~20 天就要开始准备需要的文件，并保证文件的准确性。

使馆认证的费用包括国外驻华使馆的收费、外交部领事司的收费，需要加急的有加急费，需要做证明书的有证明书费。

【实例】

2011 年 6 月初，A 公司接到一个卡塔尔客户的订单，付款方式为即期信用证。2011 年 6 月 25 日，A 公司收到客户开来的信用证，经审核发现产地证、发票、船证三份单据需要做使馆认证，但如果使用阿拉伯联合航运（United Arab Shipping Company，UASC）的船只，船证就不需要做使馆认证，信用证的装运期是 2011 年 7 月 17 日前，装后交单期为 21 天。A 公司知道中东大部分客户都要求做使馆认证，以前也做过，取证的速度比较快，因此就立即给工厂传真合同安排生产。

2011 年 6 月 26 日，A 公司开始安排产地证、发票的使馆认证。产地证上需要标注产品数量及包装件数，A 公司于是与工厂核实。工厂告知，因其中有一种产品是第一次出口，实际的产品数量及包装件数只能在生产完后才能确认。A 公司认为信用证的交单期有 21 天，应该来得及。2011 年 7 月 8 日，货物生产完毕，工厂立刻把数量及包装件数等通知 A 公司。A 公司立刻安排发票和产地证的使馆认证。

由于只有使用阿拉伯联合航运的船才能不做船证的使馆认证，A 公司就只能订阿拉伯联合航运的舱位。阿拉伯联合航运最近的船期分别是 2011 年 7 月 14 日和 2011 年 7 月 19 日，信用证的装期是 2011 年 7 月 17 日，因此只能订 2011 年 7 月 14 日的船。货物发运后，只等产地证、发票的使馆认证回来就可以交单议付，但一直不见使馆认证回来。A 公司于是打电话询问贸促会，贸促会回复，“单据已经在卡塔尔驻中国大使馆，正在办理中”。但过了 20 天，还是没有收到使馆认证。A 公司只好发邮件给客户，请求其接受有不符点的单据，客户爽快地答应了。

2011 年 8 月 12 日，A 公司终于拿到了使馆认证的单据，于是立即交单。2011 年 8 月 25 日，信用证项下的款项到账。但 2011 年 8 月 30 日，A 公司接到了客户的索赔邮件，说由于交单晚，造成货物到港后无法提货，产生了滞港费，索赔 1 500 美元。为了维护客户，A 公司赔偿了 1 500 美元。①

① 摘编自：王新华，陈丹凤．50 种出口风险防范．北京：中国海关出版社，2009.

## 复习题

1. 落实信用证的前期准备工作有哪些？
2. 改证应注意什么问题？什么是软条款？怎样处理软条款？
3. 简述外贸公司自营出口备货的程序和基本要求。
4. 为保证备货符合要求，出口商应做好哪几个方面的工作？
5. 托运和订舱有什么不同？简述订舱的程序。
6. 海运集装箱整箱货运输的装货地点有哪些？简述装货的程序。
7. 出口保险应在什么时候办理？常见的保险单据有哪些？
8. 一般原产地证的作用是什么？我国签发一般原产地证的机构有哪两个？
9. 什么是普惠制原产地证？我国由哪个机构签发普惠制原产地证？申领普惠制原产地证必须具备哪些条件？
10. 什么是区域自贸协定原产地证？目前我国签发的区域自贸协定原产地证有哪些？
11. 什么是使（领）馆认证？怎样防范使（领）馆认证的风险？

## 问题与案例

1. 分析下述信用证条款能否接受。"Upon receipt by us of documents in compliance with the terms and conditions of this credit, and after having received payment by us from applicant we will pay you according to your instructions."

2. 某企业向国外出口一批灯具，合同规定每筐装 30 件，共 100 筐，总共 3 000 件。在备货时，该企业按以往习惯每筐装 50 件，共 60 筐，总共 3 000 件。这样是否符合合同的要求？

3. 国内某磁带厂进口聚酯薄膜多批，合同对包装未做要求，到货后发现大量薄膜结团起皱，用于磁带会影响产品质量。经调查，发现是包装木箱不符合干燥标准所致。该货损应由谁负责？为什么？

4. 某公司出口婴儿手推车轮胎到波兰，需要办理一般原产地证还是普惠制原产地证？

5. 国外来证要求出口商提供"CERTIFICATE OF ORIGIN ISSUED BY CHAMBER OF COMMERCE"，出口商提交了由海关签发的原产地证。这是否构成不符点？

## 参考资料

### 22.1 国内采购合同

# 采 购 合 同

需方：宁波华中进出口有限公司 上海办
地址：上海市中山西路 2368 号华鼎大厦 1103 室
电话：021-64396891
传真：021-64396889
签订日期：2008-3-24　　外销合同编号：SOWX-080324

供方：[redacted]
地址：[redacted]
电话：[redacted]
传真：[redacted]
采购合同编号：SOGH-080324

| 品名及规格 | 数量 | 单价（PC） | 含税金额 |
|---|---|---|---|
| 全棉精梳汗布 26 支 160g/m2 小童 POLO 衫　（印/绣花）<br>款号：PS057/PS078/PS079　（3 款）　规格：6-12-18 月 | 5400 件 | ￥12.0/件 | ￥64800.00 |
| 全棉精梳汗布 26 支 160g/m2 中童 POLO 衫　（印/绣花）<br>款号：PS071/PS072/PS073　（3 款）　规格：1-2-3 岁 | 6480 件 | ￥13.0/件 | ￥84240.00 |
| **总计：** | **11880PC** | | **￥149040.00** |

**人民币壹拾肆万玖仟零肆拾圆整**

一：质量要求：面料品质，式样，颜色按照确认样。色牢度，缩水率国家一等品标准。若需方另行要求的以需方要求为准。（防伪标客供，其它标客人指定工厂加工）

二：包装：一件一胶袋，胶袋上印尺码。纸箱以“工”字型封，箱唛箱规格按客人资料。本合同规定之花样颜色搭配出口商标，包装，刷唛等项如因国外临时特殊需要可书面修正之。

三：交货时间及地点：　2008 年 5 月 5 日由供方负责将货物送至上海指定仓库，运输费由供方承担。如因供方交货延迟所引起的所有损失均由供方承担。

四：验收标准：

由外商或其代理人到工厂验货，以外商或其代理人的验收报告为凭出货，如因货物质量不合格而引起的拒收及打折等损失由供方负责。

五：付款及结算方式：

定金贰万元，余款货物海运装运后，　60 天左右付清。供方必须提供完整而有效的增值税发票。

六：违约与责任：

1、　供需双方由于人力不可抗拒和确非企业本身造成的原因而不能履行合同时，经双方协商或由上级机构查实证明，可免于承担经济责任。

2、　供方所供产品必须为供方自产产品，如供方所开具的增值税发票所涉及的商品是属非自产品，因而需方不能出口退税或已退税款被追回，处罚等一切经济由供方承担。

3、　需方变更产品品种，规格，给供方造成损失时，经双方协商应偿付供方实际损失，但以直接损失为限。

4、　货到需方指定目的地及拖货柜产品由于装运不善而损失，由供方负责。

七：解决方式：

供需双方因履行本合同发生纠纷时，应尽力协商解决，协商不成，任何一方均可向需方所在地法院投诉。

八：合同有效期：

本合同内容以电脑打印为准，手写无效。其他未尽事项初由双方协商达成书面协议者外，按经济合同法有关规定办理。

需方：宁波华中进出口有限公司　　　　供方：

经办人：　　　　　　　　　　　　　　经办人：

## 22.2 装货单

Shipper （发货人）
ARYSTA LIFESCIENCE(SHANGHAI) CO., LTD
ROOM 801, ZHAOFENG PLAZA, NO. 1027, CHANGNING
ROAD, SHANGHAI200050 CHINA
TEL:86-21-52418855 FAX:86-21-52418882

D/R No.（编号）
ZIMUSNH4817305

赛 瑞 丝

E11060205

装货单

场站收据副本

第五联

Consignee （收货人）
ARYSTA LIFESCIENCE, NORTH
AMEDRICA CORPORATION
15401 WESTON PKWY, SUITE 150 CARY NC 27513
TEL:(+1)919-678-4899 FAX:(+1)919-678-2196

Notify Party （通知人）
PANANLPINA INC
19409 KENSWICK DR HUMBLE, TX 77338
BROKER CONTACT:SAMANTHA VASQUEZ
PHONE NUMBER:281-446-0600
FAX NUMBER:281-446-5098

Received by the Carrier the Total number of containers or other packages or units stated below to be transported subject to the terms and conditions of the Carrier's regular form of Bill of lading (for Combined Transport or Port to Port Shipment)which shall be deemed to be incorporated herein.

Date（日期）:

Pre-carriage by （前程运输） Place of Receipt （收货地点）

Ocean Vessel（船名）Voy. No. （航次） Port of Loading （装货港）
ZIM TEXAS V.3E SHANGHAI

场站章

Port of Discharge （卸货港） Place of Delivery （交货地点） Final Destination for the Merchant's Reference（目的地）
SAVANNAH SAVANNAH

Particulars Furnished by Merchants（托运人提供详细情况）

| Container No.（集装箱号） | Seal No.（封志号） Marks & Nos.（标记与号码） | No.of containers or p'kgs（箱数或件数） | Kind of Packages: Description of Goods（包装种类与货名） | Gross Weight 毛重（公斤） | Measurement 尺码（立方米） |
|---|---|---|---|---|---|
| | | 60 DRUMS | ETHEPHON 65% TECHNICAL CLASS NO:8 UN NO:3265 | 87,600.000 KGS | 130.000 CBM |
| | | 5X20'GP | FCL CY-CY FREIGHT PREPAID | | |

TOTAL NUMBER OF CONTAINERS OR PACKAGES (IN WORDS) 集装箱数或件数合计（大写）: TOTAL IN WORDS: ONE(1) CONTAINER ONLY

| Container No.（箱号） | Seal No.（封志号） | Pkgs.（件数） | Container No.（箱号） | Seal No.（封志号） | Pkgs（件数） |
|---|---|---|---|---|---|

Received （实收） By Terminai Clerk. （场站员签字）

| FREIGHT & CHARGES | Prepaid at（预付地点） SHANGHAI | Payable at（到付地点） | Place of Issue（签发地点） |
|---|---|---|---|
| | Total Prepaid（预付总额） | No. of Original B(s)/L（正本提单份数） THREE (3) | BOOKING （订舱确认） APPROVED BY |

| Service Type on Receiving | Service Type on Delivery | Reefer.Temperature Required（冷藏温度） | °F | °C |
|---|---|---|---|---|
| □—CY, □—CFS, □—DOOR | □—CY, □—CFS, □—DOOR | | | |

TYPE □ Ordinary. □ Reefer □ Dangerous. □ Auto 危 Class:

## 22.3 货物运输保险单

PICC
中国人保

新疆

**货物运输保险单**
**CARGO TRANSPORTATION INSURANCE POLICY**

总公司设于北京　　一九四九年创立
Head Office Beijing　　Established in 1949

AEYIEA2008Z00

印刷号（Printed Number）SZPICC　　YIE　保险单号(Policy No.)　PYIE201044030912E00036测试页
合同号（Contract No.）
发票号（Invoice No.）
信用证号(L/C No.)

被保险人(Insured):　TO THE ORDER OF ENERPOWER SRL

中国人民财产保险股份有限公司（以下简称本公司）根据被保险人要求，以被保险人向本公司缴付约定的保险费为对价，按照本保险单列明条款承保下述货物运输保险，特订立本保险单。
THIS POLICY OF INSURANCE WITNESSES THAT PICC PROPERTY AND CASUALTY COMPANY LIMITED (HEREINAFTER CALLED "THE COMPANY") AT THE REQUEST OF THE INSURED AND IN CONSIDERATION OF THE AGREED PREMIUM PAID TO THE COMPANY BY THE INSURED, UNDERTAKES TO INSURE THE UNDERMENTIONED GOODS IN TRANSPORTATION SUBJECT TO THE CONDITIONS OF THIS POLICY AS PER THE CLAUSES PRINTED BELOW.

| 标　记<br>MARKS & NOS. | 包装及数量<br>QUANTITY | 保险货物项目<br>GOODS | 保险金额<br>AMOUNT INSURED |
|---|---|---|---|
| ENER POWER | 22 PALLETS<br>CONTAINER NO.:<br>KKTU7243303<br>B/L NO.:<br>KKLUMFM5771400 | 22PLTS QTY(PCS) 700 OF SEALED LEAD ACID BATTERIES AS PER PROFORMA INVOICE NO.ES027 DATED:10TH,NOV,2010 | USD64,064.00 |

总保险金额:　(USD) SIXTY FOUR THOUSAND AND SIXTY FOUR ONLY
Total Amount Insured:
保费(Premium):　AS ARRANGED　　启运日期(Date of Commencement):　Dec 30, 2010
装载运输工具(Per Conveyance):　ZHONG HANG 903 101230
自:　XIAOLAN, CHINA　　经:　XIAOLAN, CHINA　　至:　MONZA, ITALY
From　　Via　　To
承保险别(Conditions):

COVERING ALL RISKS AS PER ICC (A) PLUS WAR AND SRCC RISKS FORM SELLER'S WAREHOUSE TO BUYER'S WAREHOUSE MARKED CLAIMS PAYABLE IN ITALY
EXCESS 0.3% OUT OF THE SUM INSURED OR 5% OF THE LOSS, WHICHEVER IS THE GREATER.
EXCLUDING THE RISK OF LEAKAGE WHATEVER CAUSED.

所保货物如发生保险单项下可能引起索赔的损失，应立即通知本公司或下述代理人查勘。如有索赔，应向本公司提交正本保险单（本保险单共有　壹　份正本）及有关文件。如一份正本已用于索赔，其余正本自动失效。
IN THE EVENT OF LOSS OR DAMAGE WHICH MAY RESULT IN A CLAIM UNDER THIS POLICY, IMMEDIATE NOTICE MUST BE GIVEN TO THE COMPANY OR AGENT AS MENTIONED. CLAIMS, IF ANY, ONE OF THE ORIGINAL POLICY WHICH HAS BEEN ISSUED IN　ONE　ORIGINAL(S) TOGETHER WITH THE RELEVANT DOCUMENTS SHALL BE SURRENDERED TO THE COMPANY. IF ONE OF THE ORIGINAL POLICY HAS BEEN ACCOMPLISHED, THE OTHERS TO BE VOID.

ADRIANO & ARMANDO MONTEVECCHI S.N.C.
VIA CIALDINI 57, PO BOX 145
I-60122 ANCONA, ITALY
TELEPHONE: (39) 071 200554 & 501011
MOBILE: (39)335 7156149(ALESSANDRO ARCHIBUGI)
AFTER HOURS: (39)07136082　FAX: (39) 071 56752
EMAIL: MONTEVECCHI.AN@ARCHIBUGI.COM

保险人：中国人民财产保险股份有限公司深圳市分公司
PICC PROPERTY AND CASUALTY COMPANY LIMITED
SHENZHEN BRANCH
电话(TEL)：86-755-25175888
传真(FAX)：86-755-25175188
地址(ADD)：中国广东省深圳市罗湖区罗芳路122号
122# LUOFANG RD., LUOHU DISTRICT, SHENZHEN, P.R.CHINA

赔款偿付地点　MONZA, ITALY　IN USD
Claim Payable at
签单日期(Issuing Date)　December 30, 2010
核保人：陈忠　　制单人：民安泰操作员　　经办人：

PICC PROPERTY AND CASUALTY COMPANY LIMITED
SHENZHEN BRANCH
CHANG CHUAN GENERAL MANAGER
Authorized Signature

22.4 一般原产地证

**Copy**

| | |
|---|---|
| 1. Exporter<br>HENAN XINFEI HOUSEHOLD APPLIANCE CO., LTD, 16 FENGHUA ROAD, XINXIANG CITY, HENAN PROVINCE, PR CHINA | Certificate No. **CCPIT 112383629**<br>11C4107A0019/00095<br>CERTIFICATE OF ORIGIN<br>OF<br>THE PEOPLE' S REPUBLIC OF CHINA |
| 2. Consignee<br>TO THE ORDER OF STANDARD CHARTERED BANK ZAMBIA PLC | |
| 3. Means of transport and route<br>FROM XINGANG, CHINA TO LUSAKA, ZAMBIA VIA BEIRA, MOZAMBIQUE BY SEA | 5. For certifying authority use only<br>CHINA COUNCIL FOR THE PROMOTION OF INTERNATONAL TRADE IS CHINA CHAMBER OF INTERNATIONAL COMMERCE |
| 4. Country / region of destination<br>ZAMBIA | |

| 6. Marks and numbers | 7. Number and kind of packages; description of goods | 8. H.S.Code | 9. Quantity | 10. Number and date of invoices |
|---|---|---|---|---|
| | FRESTECH BRAND FREEZERS AS PER PROFORMA INVOICE NO. BUD X 11080201<br>DATE: 2011-AUG-02 | | | BUDXF11080201E<br>SEP. 6, 2011 |
| N/M | THIRTY SIX (36) PKGS OF BC/BD-218HD(BC/BD-218H) | 8418 | 36PKGS | |
| | FIFTEEN (15) PKGS OF BD-300 | 8418 | 15PKGS | |
| | TEN (10) PKGS OF BD-301G | 8418 | 10PKGS | |
| | THIRTY (30) PKGS OF BC/BD-385H | 8418 | 30PKGS | |
| | LC NUMBER: 339010002606-S<br>GOODS ARE OF CHINA ORIGIN.<br>**************************************** | | | |

| | |
|---|---|
| 11. Declaration by the exporter<br>The undersigned hereby declares that the above details and statements are correct, that all the goods were produced in China and that they comply with the Rules of Origin of the People's Republic of China.<br>[redacted]有限公司<br>HENAN XINFEI HOUSEHOLD APPLIANCE CO., LTD<br>ZHENGZHOU SEP. 30, 2011<br>Andy<br>Place and date, signature and stamp of authorized signatory | 12. Certification<br>It is hereby certified that the declaration by the exporter is correct.<br>中国国际贸易促进委员会 单据证明专用章 (豫) CHINA COUNCIL FOR THE PROMOTION OF INTERNATIONAL TRADE (HENAN)<br>ZHENGZHOU SEP. 30, 2011<br>Place and date, signature and stamp of certifying authority |

第23章

# 自营出口合同的履行Ⅱ

## §1　出口通关

第22章指出，货物进入集装箱堆场后，要通关才能装船出运。出口通关包括出口商检和报关两种业务，关检融合前，两种业务分属国家质检总局和海关管理；关检融合后，出口商检也成为海关管理的部分。

### 1.1　出口商检

出口商检是官方或非官方商检机构对出口货物的质量、数量、规格、卫生、安全等进行检验鉴定，并出具证书的工作。

#### 1.1.1　进出口商检的分类

进出口商检可分为法定的检验和非法定的检验两大类。

**法定的检验**　简称“法检”，指海关依据国家的法律、行政法规等对出入境人员、货物、运输工具实施的检验、检疫和鉴定等。这里讨论的是对货物的法检。

法定的检验是强制性的，法检的出口商品，未经检验或检验不合格的，不准出口；法检的进口商品，未经检验或检验不合格的，不准销售或使用。

进出口货物法检的范围主要是列入《出入境检验检疫机构实施检验检疫的进出境商品目录》(简称《目录》) 的商品，也包括一些其他法律、行政法规规定必须检验的进出口商品。此外，还有一些非商品的法检也与进出口贸易有关。例如，对出口危险货物的包装容器的性能鉴定和使用鉴定，对装运出口易腐烂变质食品和冷冻品的集装箱、船舱、飞机、车辆等运载工具的适载检验等。

**专 论**

### 进出口法检的比重

关检融合前，法定检验的进出口商品，海关凭检验检疫机构签发的出/入境货物通关单放行。据海关统计，2017年全年，全国海关受理进出口货物报关单78 148 926份，其中涉及通关单的7 935 891份，占报关单总量的10.15%；进口报关单23 352 598份，其中涉及通关单的4 144 885份，占比17.75%；出口报关单54 796 328份，其中涉及通关单的3 791 006份，占比6.92%。从以上统计数据可以大致看出进出口法检在我国进出口贸易中所占的比重。

资料来源：以上数据来源于海关总署网站于2018年6月1日发布的《全面取消〈入/出境货物通关单〉》一文。

要了解出口商品是不是法检商品，可以用商品的HS编码或HS名称到《目录》中去查询，如果《目录》中商品的海关监管条件代码是“B”（见本章第1.1.2节），则是出口法检商品。但须注意并不是所有的法检进出口商品都在《目录》中。

法定的检验必须在官方的检验检疫机构海关进行。

海关对法检商品以外的进出口商品实行抽检。抽检的商品目录一部分由海关总署决定，另一部分由各地海关根据辖区内进出口商品的特点决定。对抽检不合格的，海关参照法检不合格的处理方法处理。

**非法定的检验** 指法检以外的商检，又称“公证鉴定”业务，它不是强制性的，是商检机构根据对外贸易关系人的申请或其他有关方面的要求，以第三者的身份对进出口商品或有关事项进行的检验和鉴定。

非法定的检验可以在官方的商检机构与法定的检验一起办理，也可以在非官方的检验机构办理（参见第2章），具体看客户的要求。如果客户在合同或信用证中规定需要官方检验机构出证，则应在海关办理。

非法定的检验一般要签发某种商检证书。商检证书的种类很多，我国官方检验机构可以签发的商检证书主要有品质检验证书、重量或数量检验证书、兽医检验证书、卫生/健康证书、消毒检验证书、熏蒸证书、残损检验证书、原产地证书等。

### 1.1.2 法检的内容

如果出口商品是法检商品，还要进一步确定法检的内容。从一般角度说，进出口法检的内容可以概括为“三检”：

1. 进出境商品检验，简称“商检”，指对进出口商品的质量、规格、数量、重量、包装，以及是否符合安全、卫生要求等进行的检验、鉴定和监督管理。目的是保证进出口商品质量，维护交易各方的合法利益，促进对外经济贸易的健康发展。

2. 进出境动植物检疫，简称“动植检”，指对进出境动植物、动植物产品、装载动植物及其产品的运输工具和包装材料等的检疫和监督管理。其目的是防止危害动植物的病菌、害虫、杂草种子及其他有害生物由国外传入或由国内传出，保护本国农、林、渔、牧业以及国际生态环境和人类健康。

3. 进出境卫生检疫，简称“卫检”，指对出入境人员、交通工具、运输设备以及可能传播传染病的行李、货物、邮包等实施国境卫生检疫和口岸卫生监督。其目的是防止传染病由国外传入或者由国内传出，保护人类健康。

但并不是每一种商品都要进行“三检”，不同法检商品检验的内容不同。要了解一个商品的法检内容，可以查阅法检《目录》。下面举例说明（见示样 23－1）。

**示样 23－1　法检《目录》举例**

| 序号 | HS 编码 | HS 名称 | 海关监管条件 | 检验检疫类别 |
|---|---|---|---|---|
| 1690 | 2103100000 | 酱油 | A/B | R/S |
| 1691 | 2103200000 | 番茄沙司及其他番茄调味汁 | A/B | R/S |
| 1692 | 2103300000 | 芥子粉及其调味品 | A/B | P.R/Q.S |

资料来源：《出入境检验检疫机构实施检验检疫的进出境商品目录（20160201）》。

在上表中，“海关监管条件”是海关监管的内容，有 A、B、D 三个代码。A 表示“必须实施进境检验检疫”；B 表示“必须实施出境检验检疫”；D 表示“海关与检验检疫联合监管”（现在为海关独家监管）。“/”前面的代码与进口有关，“/”后面的代码与出口有关。如果出口商品的海关监管条件有“B”，则是出口法检商品。

“检验检疫类别”是出入境检验检疫机构监管的内容，也就是法检的具体内容，有 M、N、P、Q、R、V、W、S、L 九个代码，各代码的含义如下。

M：进口商品检验；

N：出口商品检验；

P：进境动植物、动植物产品检疫；

Q：出境动植物、动植物产品检疫；

R：进口食品卫生监督检验；

S：出口食品卫生监督检验；

V：进境卫生检疫；

W：出境卫生检疫；

L：民用商品入境验证，指对实行强制产品认证的民用商品，在入境时由海关核查其是否取得了相关的认证。

例如，从上表可以看出，“酱油”“番茄沙司及其他番茄调味汁”的进出口都要法检，进口都要做进口食品卫生监督检验（R），出口都要做出口食品卫生监督检验（S）。

**【案例 23-1】**

某商品在法检《目录》中的海关监管条件为“A/B”，请说明其含义。

【案例 23-2】

某商品在法检《目录》中的检验检疫类别为 P.R/N.Q，该商品在出入境时要做哪些检验？

【案例 23-3】

某公司出口一批保鲜大蒜，检验检疫类别为 P.R/Q.S，问大蒜出口时要做哪些检验检疫才能出口？

### 1.1.3 进出口商检的资质

办理出口法检需要具备一定的商检资质，包括报检企业和报检员的资质。

**报检企业** 指有资格向海关办理报检业务的企业，分为两类：（1）自理报检企业，这类企业只能为本企业报检，主要是进出口货物收发货人，也包括出口货物的生产、加工单位，进口货物的使用单位等。[①] 自理报检企业可以在全国任何地方的海关报检，不需要办理异地报检备案。（2）代理报检企业。这类企业是可以接受委托代办报检业务的境内企业[②]，主要是国际货代、报关行等，还包括出入境快件运营企业。代理报检企业只能在备案地直属海关辖区内从事指定范围的代理报检业务。如果想在异地代理报检，则必须在当地成立分支机构，并办理商检备案。

**报检员** 是向海关办理所在企业报检业务的人员。报关企业必须通过报检员报检，海关对报检员实行报检差错记分管理，差错记分列入报检企业的信用记录。

要取得报检的资质，在关检融合前是向工商注册地的出入境检验检疫机构申办。关检融合后，海关将报检资质和报关资质的申办分类合并，现在只要申办某种报关的资质，就可以同时获得相应的报检和报关的双重资质（详细情况见“报关资质的申请”部分）。

要获得报检员的资质，以前要参加“报检员资格全国统一考试”，取得《报检员资格证》。2015 年，国家取消了报检员的从业资格限制，现在只要凭身份证即可办理报检员资格备案。

文摘

#### 报检员凭身份证即可备案

记者昨日从广州出入境检验检疫局获悉，报检员将不再需要从业资格证，凭身份证即可备案！这一便利企业的新政策已于本月起正式实施，助力企业减负增效。

据广州出入境检验检疫局介绍，新的报检企业管理办法较以往主要有以下三方面的变化：

一是取消了对代理报检企业最低注册资金以及通过报检员资格全国统一考试的报检员人数等备案要求，报检企业只需要向属地检验检疫机构提供营业执照、组织机构代码证复印件等为数不多的材料，即可完成备案手续。

①② 参见《出入境检验检疫报检企业管理工作规范》第 3 条。

二是取消了报检员从业资格限制，报检人员不需要通过全国统一考试获得从业资格，只需要一张身份证明，就能完成报检员备案。

三是加大了对报检企业的诚信管理力度，检验检疫部门将按照诚信便利、失信惩戒的原则，对报检企业实施信用管理和分类管理；对报检人员实施报检差错记分管理，将差错记分列入报检企业的信用记录，并可公布报检企业的信用等级、分类管理类别和报检差错记录等情况。

目前广州检验检疫局辖区共有备案登记的代理报检企业 200 多家，自理报检企业 17 000 多家，报检人员 7 000 多人。新办法取消了代理报检企业备案以及报检员从业资格限制后，将实现报检行业准入“零门槛”，为企业减负增效。

资料来源：马汉青，汤杰峰，粤国检. 报检员凭身份证即可备案. 羊城晚报，2015-04-03.

### 1.1.4　出口法检的程序

关检融合前，出口法检商品一律在产地（或组货地，下同）的检验检疫机构检验。如果出口商品的产地与报关地一致，产地检验检疫机构检验合格后，可直接签发出境货物通关单供企业报关。如果出口商品的产地与报关地不一致，产地检验检疫机构检验合格后只能签发出境货物换证凭单或出境货物换证凭条。企业必须在规定的时间内持出境货物换证凭单或出境货物换证凭条及其他相关单证到口岸检验检疫机构申请查验，经查验合格的，口岸检验检疫机构换发出境货物通关单供企业报关。

关检融合后，出口法检的程序并没有改变，只是管理部门和有关名称变了而已。出口法检的商品仍然在产地检验，产地与报关地不一致的，企业向产地海关申请“出口申报前监管”；产地海关商检部门实施检验检疫监管后建立电子底账，向企业反馈电子底账数据号（类似于以前的电子转单号）[①]，符合要求的按规定签发检验检疫证书；企业在口岸报关时，通过“中国国际贸易单一窗口”（简称“单一窗口”），在新的报关单随附单证栏内填写电子底账数据号，补齐其他报关信息后办理出口通关手续。[②] 如果出口商委托口岸的代理报关公司报关，则可将电子底账数据号给代理报关公司，由它报关时填写，补齐其他报关信息后办理出口通关手续。出口商品的产地与报关地一致的，出口商在报关时一次填写报检、报关信息，由报关地海关安排检验，办理出口通关手续。

### 1.1.5　出口法检的有关规定

出口商可以自己报检，也可以委托代理报检企业报检。委托代理报检企业报检的，应向其提供所委托报检事项的真实情况、《代理报检委托书》，并支付代理报检费。

代理报检企业接受委托，可以以委托人的名义报检，也可以以自己的名义报检。前者要向海关提交委托人的《代理报检委托书》，遵守对委托人的各项规定；后者应承担与发货人相同的法律责任。

代理报检企业应对委托人提供的材料的真实性进行合理审查，必须在委托人授权的

① 出口货物电子底账数据号不是在申请“出口申报前监管”时形成的，而是在出口货物检验监管综合评定合格后形成的。

② 参见《关于优化出口货物检验检疫监管的公告》（海关总署公告 2018 年第 89 号）。

范围内行事，如果代缴出入境检验检疫费，应将收费的真实情况告知委托人，不能假借海关的名义向委托人乱收费。

采用快件方式出口货物，发货人应当委托出入境快件企业办理报检，并向其提供委托报检事项的真实情况。出入境快件企业应对委托人提供情况的真实性进行合理审查，并以自己的名义报检，承担与发货人相同的法律责任。出入境快件企业的报检虽属代理性质，但免交《代理报检委托书》。

报检企业必须通过本企业的报检员办理报检业务。报检员只能代表一个报检企业报检；报检企业对报检员的报检行为承担法律责任。海关对报检员的差错或违规行为实行报检差错记分管理，差错记分列入报检企业的信用记录。

## 1.2 出口报关

报关指进出境货物和物品的收发货人或其代理人、进出境运输工具的负责人在通过海关监管口岸时，向海关申报并办理有关手续的过程。这里讨论的是出口货物的报关。

### 1.2.1 进出口报关的资质

要向海关办理出口报关先要具备报关的资质，包括报关单位和报关员的资质。

**报关单位** 是向海关办理了注册登记、有权向海关报关的境内法人或其他组织或个人，分为进出口货物收发货人和报关企业两类。

1. 进出口货物收发货人。进出口货物收发货人，是指直接进口或者出口货物的中华人民共和国关境内的法人、其他组织或者个人。① 这又分为两种：一是有外贸经营权的企业，如外贸公司、工贸公司、生产企业、商业企业和外商投资企业等。这类进出口货物收发货人可以在中国关境内任何口岸或者海关监管业务集中地办理报关手续。二是没有外贸经营权，需要从事非贸易进出口活动的其他单位。如境外企业、新闻、经贸机构、文化团体等在中国境内设立的常驻代表机构、国家机关、学校、科研院所等。以上两类进出口货物收发货人都只能办理本企业的报关业务，因此也叫“自理报关单位”。

2. 报关企业。指按照《中华人民共和国海关报关单位注册登记管理规定》经海关准予注册登记，接受进出口货物收发货人的委托，以委托人的名义或者以自己的名义，向海关办理代理报关业务，从事报关服务的中华人民共和国关境内的企业法人。② 其又分为两类：一是主营代理报关业务的报关公司或报关行，二是兼营代理报关业务的国际货代。

报关企业只能在注册登记的直属海关关区内各口岸和监管业务集中地报关，如果要到直属海关关区外报关，应当设立分支机构，并且向分支机构所在地海关备案。报关企业的分支机构可以在备案的直属海关关区内报关；备案海关为隶属海关的，可以在隶属海关所属直属海关关区内报关。报关企业又称“代理报关单位”。

**报关员** 报关单位必须通过“报关人员”（简称“报关员”）办理报关业务。报关人

---

①② 见 2014 年 3 月发布的《中华人民共和国海关报关单位注册登记管理规定》（海关总署令第 221 号）第 43 条。

员，是指经报关单位向海关备案，专门负责办理所在单位报关业务的人员。[①]要成为报关员，原来要求参加报关员资格全国统一考试，并取得《报关员资格证书》，2013 年，海关总署取消了这一门槛限制。[②]

### 1.2.2　报关资质的申请

关检融合前，报检资质向检验检疫机构申请，报关资质向海关申请。关检融合后，海关将二者分三类合并：（1）自理报检企业备案与海关进出口货物收发货人备案合并为进出口货物收发货人备案。（2）代理报检企业备案与报关企业（包括海关特殊监管区域双重身份企业）注册登记或者报关企业分支机构备案，合并为报关企业注册登记和报关企业分支机构备案。（3）报检人员备案与报关人员备案合并为报关人员备案。现在只要按上述类别向海关办理了报关资质，就能够同时获得报关、报检的双重资质。[③]

但企业是否要申请双重资质可根据情况而定。例如，对出口来说，如果货物既要报关，又要报检，就需要申请双重资质；如果企业自己报检，委托报关公司报关，就可以不申请报关资质；如果企业出口的是非法定检验的货物，只要报关，不要报检，就可以不办理报检资质。对报关企业来说，如果原来只代理报关，报检是委托给其他企业做的，就需要补办报检资质。因为新报关单有报关、报检两方面的内容，申报单位必须具备报关、报检双重资质。对进口来说，报关、报检是一次申报，因此，企业必须具有双重资质。

总的来说，现在仅有报关或报检资质的企业，有不能完成关检融合后统一申报的风险。因此，最好还是同时具有报关和报检资质，以便顺利地办理通关手续。

### 1.2.3　自理报关和代理报关

出口货物的发货人可以自己报关，也可以委托报关企业（报关行、报关公司）报关。前者是自理报关，后者是代理报关。在我国的对外贸易实践中，大多数是委托报关企业报关。

发货人自己报关的，必须具有进出口货物收发货人的报关资质，并有自己的报关员。委托报关企业报关的，委托人应向报关企业提交授权委托书，提供所委托报关事项的真实情况，并支付代理报关费。

报关企业接受发货人的委托，可以以委托人的名义报关（直接代理），也可以以自己的名义报关（间接代理）。前者报关企业应向海关提交委托人的授权委托书，遵守《海关法》对委托人的各项规定；后者报关企业应承担与发货人相同的法律责任。目前我国的报关企业大多数采用直接代理报关的形式。

在代理报关的情况下，报关企业应对委托人所提供情况的真实性进行合理审查。

### 1.2.4　出口报关的基本环节

关检融合后，出口报关仍然由申报、查验、纳税、放行几个基本环节构成，但各环节的内容有所不同。

---

① 见 2014 年 3 月发布的《中华人民共和国海关报关单位注册登记管理规定》（海关总署令第 221 号）第 43 条。

② 参见《海关总署关于改革报关员资格管理制度的公告》（海关总署公告 2013 年第 54 号）。

③ 参见《关于企业报关报检资质合并有关事项的公告》（海关总署公告 2018 年第 28 号）。

**申报** 指进出口货物的收发货人或其代理人填写报关单，并随附有关单证向海关报告。出口货物应在货物运抵海关监管区域后、装货的二十四小时以前向海关申报。

关检融合前，申报只有报关方面的内容；关检融合后，为简化手续，海关制定了新的报关单，对原报关和报检的内容进行了整合，并将报关单由竖版改为横版。与此同时取消了通关单，从 2018 年 8 月 1 日开始，企业一律通过“单一窗口”，采用新的报关单，同时录入报关、报检数据向海关进行申报。

**文摘**

### 海关总署宣布全面取消通关单

2018 年 6 月 1 日，海关总署宣布全面取消通关单。通关单是原出入境检验检疫机构与海关工作联系的业务单证。关检融合前，口岸通关流程分为检验检疫作业和海关作业两个不同部分，依靠通关单相关联；关检融合后，出入境检验检疫职责纳入海关管辖，通关单已失去了原有的职能和意义，取消通关单是关检业务融合的必然结果。

资料来源：摘编自《海关总署关于全面取消〈入/出境货物通关单〉有关事项的公告》（海关总署公告 2018 年第 50 号）。

---

在出口商检部分我们指出，出口法检的商品仍然一律在产地（或组货地，下同）报检，产地与报关地不一致的，出口企业向产地海关申请“出口申报前监管”（即原来的产地报检），产地海关查验合格的，发给电子底账数据号，出口企业向报关地海关申报时，在新的报关单随附单证栏内填写该电子底账数据号即可。非法定的出口商品申报时无需填写检验检疫项目。

**查验** 指海关对申报的资料和货物进行审查，又分为单证查验和货物查验。单证查验指海关以报关单为基础，审查申报的单证是否正确、齐全、有效，各种单证的内容是否一致，有无错报、漏报、瞒报、伪报等。货物查验指海关检查出口货物的情况与报关单上申报的情况是否一致。为方便出口，海关对大多数出口货物都只做单证查验，只对少数货物做货物查验。

货物查验又分为外形查验、抽查和彻底查验三种，常见的是抽查。具体采用哪种形式由海关决定，一般要考虑货物的性质、发货人或其代理人的信用评级、以往的报关记录等。

货物查验一般在海关监管场所进行，如集装箱堆场、车站、机场、邮局等；但某些不宜在海关监管场所查验的特殊货物，如成套设备、精密仪器、贵重物资、急需物资等，经报关人申请，海关也可以派员到监管区外的其他地点查验。但申请人要负责海关人员往返的交通工具和住宿，并支付有关费用。

货物查验的步骤如下：（1）海关发查验通知。（2）报关人员准备海关要查阅的单证及搬移、开拆、重封货物的工具和材料。（3）海关派员查验，查验时发货人或其代理人必须到场，负责搬移货物，开拆货物的包装，提供要看的单证，回答海关人员提出的问题。海关认为有必要时，也可以在发货人或其代理人不在场的情况下开验、复验或提取货样。（4）查验结束后，海关填写海关进出口货物查验记录交报关人员核对，如无错误，报关人员要签字确认，然后搬移货物和重封包装。

货物查验费包括调箱、开箱、搬运、拆箱、装箱、封箱费等。

**纳税**　出口通关要缴纳的税费包括出口关税、海关监管费、滞报金、滞纳金等（出口关税的计算见第17章）。除海关许可外，出口货物只有在发货人缴清税款或者提供担保后，海关才能放行。

根据我国《海关法》的规定，出口货物可以由发货人自行纳税，也可以由发货人委托的报关企业纳税。[①] 出口商必须在海关签发税款缴款书次日起的15日内纳税，否则海关每天要征收税款总额0.5‰的滞纳金；逾期3个月未纳税的，海关可责令担保人纳税，或将货物变卖，或通知银行在担保人或发货人的存款账户中扣缴。

出口纳税的方式有两种：一是直接向海关指定的银行缴纳，可以用支票、汇票或现金；二是在网上缴纳，在实行电子口岸网上缴税和付费的海关，可以在网上向海关指定的银行缴纳。

**放行**　报关人纳税或提供担保后，海关向海关监管作业场所发放行指令放行。海关放行后，货物即可以装船出运。这一阶段的工作主要有：（1）货代将十联单的第五至第七联交集装箱堆场，堆场凭装货单（S/O）装船；将场站收据大副联（M/R）送理货员在装船时与大副办理交接，签发场站收据（D/R）给货代换取提单。（2）货物装船后、出运前一天，出口商应向客户传真装运通知（Shipping Advice）。（3）此外，货物装船后，船代缮制提单（B/L）样本传给货代确认，确认无误后船代缮制正式提单。（4）正式提单出来后，货代持场站收据向船代换取正式提单交出口商。已装船提单的签发日期应为货物全部装船完毕的日期。（5）货物出运后，海关将报关单证明联等与办理出口退税有关的单证退给货代，货代将其交给出口商（参见第9章第3.3.1节“整箱货运输的业务流程”、第22章第3.1节“办理运输”）。

**【案例23－4】**

某年，我国某公司出口一批货物到曼谷，出口商于3月28日将货物运至黄埔码头，3月30日开始装船。当天遇到暴雨，不得不歇工，直至次日晚上11时才将货物全部装完。4月3日，轮船开航。问提单的签发日期应为哪一天？

# §2　制单、结汇

货物出运，出口商取得提单后，出口合同的履行即进入制单、结汇阶段。

## 2.1　制单

制单指制作合同或信用证要求的单证。在汇付、托收、信用证结算方式下都要制单，这里只讨论信用证下的制单。

① 《海关法》第九条第一款规定：进出口货物，除另有规定的外，可以由进出口货物收发货人自行办理报关纳税手续，也可以由进出口货物收发货人委托海关准予注册登记的报关企业办理报关纳税手续。

### 2.1.1 制单的概念

我们将制单定义为出口商根据信用证的要求制作和汇集各种结汇单证。在理解制单这一概念时有几个问题需要说明：

1. 制单的“单”指的是结汇单证。在出口业务中涉及的单证有很多，有的是办理业务用的，如合同、托运单、订舱单、投保单、报关单、核销单等；有的是结汇用的，如提单、汇票、发票、装箱单、商检证书、保险单、产地证等。

文摘

**国际贸易各阶段涉及的主要单证**

1. 交易磋商阶段：制作形式发票用于报价、交易参考或客户申请进口许可等。

2. 合同签订阶段：制作销售确认书或外贸合同，明确各种交易条件和双方的权利义务，以便履行合同和解决争议。

3. 准备交货阶段：制作商业发票、装箱单、托运单、核销单、报关单，申请出境货物通关单等用于报关出口。

4. 货物报关出运后，得到三正三副海运提单，海关退返核销单、报关单的收汇联与核销联等，用于出口收汇核销和出口退税。

5. 制单结汇阶段，制作、申办、整理客户所需要的全套单据，如发票、装箱单、商检证、产地证、受益人证明等用以收取货款。

6. 出口收汇核销阶段，凭收汇银行水单、核销单、报关单的核销联等办理出口收汇核销与出口退税。

资料来源：黄海涛. 外贸七日通. 3 版. 北京：中国海关出版社，2008.

2. 结汇单证并不都是出口商缮制的。结汇单证有的是出口商自己缮制的，如发票、汇票、装箱单等；有的是第三方机构签发的，如提单、保险单、商检证、产地证等；还有的是客户签发的，如客检证。

3. 制单工作并不是在货物出运后才开始的，许多单证在货物出运前就有了，如保单、商检证、产地证等。制单工作可以说从落实信用证时就开始了，例如，审核和修改信用证中会给制单带来困难的条款实际上也是制单工作的一部分。

### 2.1.2 常见的结汇单证

一笔出口需要哪些结汇单证并没有统一规定，这里介绍一些常见的结汇单证。

1. 商业发票（Commercial Invoice）。它是卖方向买方出具的说明出售的货物情况、价格和金额，凭以向买方收取货款的总清单。商业发票由企业自行缮制，无统一格式，但基本内容相同。其主要作用有：是卖方向买方收款，买方向卖方收货、付款的凭证；是买卖双方记账的原始凭证；便于买方验收、核对货物；在办理订舱、投保、报检、报关等业务时用来对货物和价格等情况进行说明；作为计算进出口关税的依据；作为缮制其他单证的依据。商业发票是整套货运单据的中心，通过了解发票的内容，可掌握每笔交易的基本情况。

国际贸易中的发票还有形式发票（Proforma Invoice）、海关发票（Customs Invoice）、税务发票（Tax Invoice）、领事发票（Consular Invoice）、厂商发票（Manufacture's Invoice）等。其中形式发票是在贸易合同订立前开立的发票，主要用于进口方向当局申请批汇或进口许可证。它不是正式发票，不能用于托收和议付，所列的单价等也是出口方根据当时情况所做的估计，对双方都无最终的约束力。厂商发票是出口货物的制造商出具的以本国货币计价的发票，其作用是供进口国海关检查是否有削价倾销，以确定是否征收反倾销税。

2. 汇票。它是国际贸易结算的工具，有关知识见第4章。

3. 装箱单。装箱单是商业发票的补充，用来说明货物的包装细节，主要内容有货物的名称、包装方式、规格、数量、花色搭配等。其作用主要有：供海关验货，供买方清点、分拣和销售货物，供第三方查验、核对货物。

装箱单属于包装单据的一种，国际贸易中的其他包装单据还有重量单、尺码单、规格单等，各自的侧重点不同。

4. 运输单据。主要有海运提单、空运单、铁路运单、多式联运单等。其中海运提单使用得最多，有关知识见第10章，其他运输单据的知识见第11章。

5. 保险单据。保险单据的种类和有关知识见第22章。

6. 商检证。是官方、民间商检机构，制造商，进口商等签发的有关商品品质、数量、包装等的检验证明，用来证明交货的品质、数量、包装等是否符合合同要求，或作为处理索赔和理赔的依据。

7. 原产地证明。分为一般原产地证、普惠制原产地证和区域自贸协定原产地证。有关知识见第22章。

8. 受益人证明。是应进口商要求，由出口商出具的申明已经履行了某些义务的证明。例如，已发送装船通知、已寄送副本单据、已寄送样品证明等。

9. 船公司证明。是指由船公司出具的，证明与船舶或运输有关的情况的证明，如船籍、船龄、船级、航行路线证明（航程证明）等。

10. 装运通知复印件。其作用是敦促出口商按要求发送装运通知。

在以上结汇单证中，最重要的是提单，它代表物权；最基础的是商业发票和装箱单，它们是制作其他许多单证的基础。

为了帮助读者了解结汇单证，在本章末尾我们收录了一份印度尼西亚信用证下的全套结汇单证供参考（见参考资料23.1）。

### 2.1.3　制单的基本要求

信用证下制单的基本要求可以概括为三条。

1. 单证相符。即单据必须与信用证的要求相符，具体来说应做到三个一致。

（1）单证一致。即单证的种类、份数和内容必须与信用证的要求一致。要做到这一点应严格按信用证要求制单，即使信用证条款有错误，只要不会导致单证之间的矛盾，在没有改证的情况下，也应该“将错就错”。另外，对第三方出具的单证，在签发前就应把好关。例如提单，在签发前就要仔细审核货代传真的提单样本；又如商检证，如果信用证有特殊要求，出口商做不到，就应及时向买方提出改证要求。

（2）单单一致。即各种单证上内容相同的地方不能有矛盾。要做到这一点，可以在制单前将客户名称、地址、货物名称、规格、数量、金额等重要内容建立一个共享数据库，各部门制单时都直接从这个数据库中调取相关数据。另外，在单证制作完后，不仅要对照信用证“纵审”，还应在各种单证之间“横审”。

（3）单内一致。即同一份单证上的各种内容不得有矛盾。

2. 符合合同的有关规定。以信用证结算，制单的依据主要是信用证，但也不能完全排除合同。因为并不是所有的合同内容都可以写到信用证中去。例如，某些产品的规格型号、技术指标等就写不进去，这些部分还是要按合同制单。

3. 符合有关法律、惯例的规定。例如，汇票的制作必须符合《票据法》的规定，保险单的签发日期不能晚于提单，符合发票金额大小写规定等，这些信用证都不会规定，但也是制单的基本要求。如果不正确，买方同样可以拒付。

文摘

**有关单证签发的时间顺序**

在国际贸易中，一些单证的签发日期应遵循一定的先后顺序，例如：

发票（Invoice）的签发日期一般应早于所有单证。

装箱单（Packing List）的签发日期一般与发票日期相同或稍晚于发票日期，但必须在提单日之前。

提单的签发日期（On Board Date）不能超过 L/C 规定的装运期。

保单（Insurance Policy）的签发日期应在发票日期后，早于或等于提单日期；但不能晚于提单日期，否则银行有权拒付。

产地证（C/O，FORM A）的签发日期一般应在提单日前，但有时候也可以在提单日后。

商检证（Inspection Certification）的签发日期应在提单前，但也不能过早于提单。

受益人证明（Beneficiary Certification）的签发日期应等于或晚于提单。

船公司证明（Forwarder Certification）的签发日期应等于或早于提单。

汇票（Draft）的签发日期应晚于提单、发票等，但不能晚于 L/C 的效期。

资料来源：黄海涛. 外贸七日通. 3 版. 北京：中国海关出版社，2008.

## 2.2 结汇

结汇指外汇收款人将外汇卖给外汇指定银行，银行按照当日外币的汇率，将外汇兑换成人民币支付给企业。出口结汇包括议付和结汇两个环节（假定是议付信用证）。

### 2.2.1 议付

议付（Negotiation）指受益人将信用证要求的全套单据交给议付行要求付款，议付行在单证相符的情况下扣除垫款利息后付款给受益人（见第 6 章）。

以上是单证相符的情况，如果单证不符，则要涉及不符点的处理，这种处理方法可分两类情况来叙述。

第一类情况：议付时出口商和议付行均未发现不符点，或虽发现但认为是在正常范围内，向开证行寄单后遭到开证行拒付。对这种情况，首先要看开证行提出的不符点是否合理，如果不合理，可以据理力争；其次要看开证行提出不符点的时间是否超过了UCP600规定的5个银行工作日，如果超过，可以指出其无效。

第二类情况：议付时出口商和议付行都发现了不符点，这时的处理方法有几种。

1. 让出口商拿回去修改。前提是不符点可以修改并且时间上来得及（从这里可以看出尽早交单的好处）。一般来说，出口商自制单证上的不符点可以修改，第三方签发的单证上的不符点不容易修改。

**【案例23－5】**

某年5月25日，A公司将全套结汇单证送到中国银行某分行议付，5月29日，A公司收到银行发来的通知，指出单证有两个不符点：一是提单没有背书（提单抬头为"to order"）；二是装箱单上显示的货物毛重比正确的毛重多了300千克（属于制单错误），并告知单证留存银行听候处理。该业务提单的签发日期为5月21日，信用证的效期为6月21日，交单期为货物装运后的21天内。问单证的不符点是否可以修改？

2. 不符点交单。如果不符点不能修改，或时间上来不及修改，就只有"不符点交单"，这时又有下面几种做法。

（1）凭保议付。如果不符点不严重，出口商信誉好，议付行则可以要求出口商提供某种形式的担保后垫付货款，然后将有不符点的单证寄给开证行索偿。

（2）表提或电提。如果不符点比较严重，议付行不愿意凭保议付，就只能将不符点的问题交给开证行去征求进口商的意见，这时又有表提和电提两种做法。

表提指议付行将不符点列在寄单面函上和单证一起寄给开证行，由开证行征求进口商的意见。如果进口商接受不符点，开证行即对外付款；如果进口商不接受，开证行就退单或保留单证听候议付行的处理意见。

电提指议付行不寄单，只用SWIFT或电传将不符点通知开证行，由开证行征求进口商的意见。如果进口商接受不符点，议付行再行寄单；不接受就不用寄单。

二者比较，电提比表提好，因为它没有寄单，如果进口商不接受，则单证还在议付行手里，处理起来比较方便，时间也比较充裕。

但无论采用哪种不符点交单，出口商都要赶紧同时与进口商联系，恳请它接受不符点，因为只有进口商接受不符点，开证行才能付款。进口商是否愿意接受不符点受不符点的性质、进口商的信用、商品的国际市场价格变动趋势等因素的影响。一般来说，只要不符点没有实质性影响，进口商应该是愿意配合的，因为尽早提货出售也是进口商的愿望。但即使进口商接受不符点，开证行对每个不符点也要罚款50美元左右，从信用证应付款中扣除，由出口商负担。

3. 有证托收。如果进口商不接受不符点，信用证就失效。在这种情况下，就只能改用其他结算方式收款。常见的是有证托收，即请议付行指示开证行"信用证项下的单据按托收处理"。对此进口商可能愿意在降价的条件下接受单证；如果还是不愿意接受，出口商就只能在进口国另寻买主或订舱将货物运回。

#### 2.2.2 结汇

目前我国对出口收汇实行意愿结汇制，即出口企业所得的外汇收入，可以按国家的规定卖给经营结汇、售汇业务的金融机构，也可以保留在自己的外汇账户（参见第2章）。

办理结汇前，企业要做两项工作：一是到国家外汇管理局办理列入贸易外汇收支企业名录的手续，2012年8月货物贸易外汇管理制度改革后，国家外汇管理局对所有的进出口企业都实行名录管理，只有列入了名录的企业才能直接在银行办理结汇；二是到银行开立“出口收汇待核查账户”。下面是结汇的基本过程。

1. 开证行的付款到账后，银行审查企业的名录状态和资金性质，如果企业是名录企业，资金是贸易外汇收入，则将其划入企业的“出口收汇待核查账户”，并通知企业。

2. 企业到银行办理结汇，可自由选择结汇或将外汇保留在自己的外汇账户。

3. 银行按企业的分类办理待核查账户资金结汇或划出手续：

A类企业：银行审核企业填写的申报单证并完成申报后，为企业办理待核查账户资金结汇或划出手续。

B类企业：银行通过监测系统扣减企业对应可收汇额度后，为企业办理待核查账户资金结汇或划出手续。超过出口可收汇额度的，凭国家外汇管理局出具的《货物贸易外汇登记表》办理结汇。

C类企业：凭国家外汇管理局出具的《货物贸易外汇登记表》办理结汇手续。

对结汇，银行按收汇日外汇牌价买入价购入企业的外汇，将等额人民币划入企业的账户；对收汇留存，银行将外汇直接转入企业的外汇账户。

## §3 出口退税

出口退税指对已出口的货物，由税务机关将其在出口前生产和流通各环节已经缴纳的国内增值税（Value Added Tax，VAT）和消费税（Consumer Tax）部分或全部退还给企业。

我国从1985年开始实行出口退税。1994年前，我国征收的全国性流转税主要是产品税，增值税只在两个行业试行。因此当时的出口退税退的是增值税、产品税和营业税。1994年税制改革，改为对所有产品都征收增值税，对部分产品征收消费税，出口退税也因此改为退增值税和消费税。由于征收消费税的出口商品不多，所以主要是退增值税。

### 3.1 出口退税的作用和出口退税率

#### 3.1.1 出口退税的作用

出口退税是世界各国普遍采用的政策，其作用主要有以下几个方面：

1. 增强企业竞争力、鼓励出口。对我国来说尤其如此，因为我国出口的大多数是附加值低的劳动密集型产品，在国际市场上主要靠价格竞争，出口退税降低了出口商品的成本，增强了商品价格竞争力。另外，我国出口商品的利润率大都不超过 10%，而退税收入一般占货价的 6%~12%，在很多情况下，退税收入反而成了企业利润的主要来源。

**【案例 23－6】**

某外贸企业从国内工厂购进彩电一批，含税单价为 1 170 元，其中 1 000 元是净价，170 元是已缴纳的增值税。彩电类产品的出口退税率为 17%，问彩电出口后每台可以获得多少退税？对彩电出口的竞争力有何影响？

2. 避免因各国税制不同造成的出口商品成本差异。各国税制有很大不同，不实行出口退税，各国商品在进入国际市场时的成本会有很大差异，从而不利于公平竞争。

3. 避免双重征税。在一国商品进入他国市场时，进口国除了要征收进口关税，还要征收增值税和消费税。如果不实行退税，出口商品在国外市场销售时就被征收了两道增值税和消费税，而进口国同类产品在市场销售时只征收了一道，这样势必造成不公平竞争。正因为如此，出口退税是 WTO 允许采取的政策。

4. 宏观调控出口。通过调整出口退税率，还可以达到宏观调控出口的目的。例如，可以通过降低某些出口产品的退税率来控制过量出口，保障国内供给，减少贸易摩擦等。

### 3.1.2　出口退税率

我国《增值税暂行条例》规定：纳税人出口货物，税率为零；但是，国务院另有规定的除外。① 按这一规定，增值税的退税率应等于征税率。但实际上大部分出口货物的增值税退税率都低于征税率，因此，增值税的出口退税是按退税率而不是征税率来计算的。增值税出口退税率的调整由国务院决定，2018 年，国务院曾两次提高出口退税率。最近一次是在 2018 年 11 月 1 日，提高后各种出口商品的退税率在 6%~16%。

《中华人民共和国消费税暂行条例》（简称《消费税暂行条例》）规定：对纳税人出口应税消费品，免征消费税；国务院另有规定的除外。② 与增值税的退税率不同，消费税的退税率等于征税率，因此，消费税的出口退税是按征税率计算的。

## 3.2　不同经营主体和经营方式的出口退税

出口退税的政策和方法与经营主体和经营方式有关，下面分别叙述。

### 3.2.1　外贸企业自营出口的退税

**增值税的出口退税**　外贸企业自营出口增值税的退税适用“免、退”政策。“免”指免征出口环节增值税，“退”指退还出口前国内生产流通各环节已缴纳的增值税（进

① 见《增值税暂行条例》（国务院令第 691 号）第二条第四款。
② 见《消费税暂行条例》（国务院令第 539 号）第十一条第一款。

项税）。外贸企业自营出口增值税的应退税额及应计入成本的税额的计算公式如下：

应退税额 = 增值税专用发票货价金额 × 出口退税率

应计入成本的税额 = 增值税专用发票税额 − 应退税额

【案例 23－7】

某外贸公司购进普通机床，货价为 500 万元，增值税税率为 17%，进项税额为 85 万元，假定普通机床的出口退税率为 15%。计算应退税额和应计入成本的税额。

【案例 23－8】

某外贸企业以 117 元含税单价从国内采购某商品 1 000 件用于出口，国内供货厂家开具的增值税专用发票上货价为 100 000 元，税金为 17 000 元，价税合计 117 000 元。假设该商品的增值税税率为 17%，出口退税率为 13%，计算该企业的应退税额和实际进货成本。

**消费税的出口退税** 外贸企业自营出口消费税的退税适用“免税并退税”的政策，即出口环节免征消费税，并退还采购商品中包含的消费税。外贸企业自营出口消费税的应退税额的计算公式如下：

应退税额（从价）= 出口货物的工厂销售额（不含增值税）× 消费税税率

应退税额（从量）= 出口数量（出口报关时的数量）× 单位税额

出口货物的工厂销售额指工厂按其缴纳消费税的价格。

【案例 23－9】

某外贸企业购进商品 200 000 件，采购价格为 444 600 元，增值税税率为 17%，增值税出口退税率为 9%，消费税单位退税额为 0.2 元 / 件。计算该企业能获得的出口退税。

实际上，外贸公司从工厂购进应税消费税货物时收到的《税收（出口货物专用）缴款书》中已列明了消费税税额，外贸公司只要核对其计算是否正确，并按其申报退税即可。

### 3.2.2 生产企业自营出口的退税

**增值税的出口退税** 生产企业自营出口增值税的退税适用“免、抵、退”政策。“免”指免征出口销售环节增值税，即免销项税；“抵”指生产企业如果同时有内销和外销业务，就用外销业务应退的进项税额抵顶内销业务应纳的销项税额；“退”指在企业当月（季）外销业务应退的进项税额大于内销业务应纳的销项税额时，将多出来的部分（即未抵顶完的部分）退税。

生产企业自营出口增值税出口退税的计税基础是出口货物的离岸价。如果以其他术语成交，则应扣除出口销售收入中的运费、保费、佣金等。生产企业出口增值税的退税率与外贸公司相同。下面是生产企业自营出口增值税的出口退税计算公式：

当期可退 / 应纳税额 = 当期内销货物的销项税额

－（当期全部进项税额－当期出口货物不予退税的税额）
－上季度未抵扣完的进项税额

当期出口货物不予退税的税额＝当期出口货物离岸价格（FOB 总价）× 汇率
×（增值税税率－出口退税率）

如果按上述公式计算出来的结果是正数，则说明应纳销项税额大于应退进项税额，即不存在退税；如果按上述公式计算出来的结果是负数，其绝对值即为应退税额。

**【案例 23－10】**

某企业内、外销不含税收入为：内销 800 万元，出口 1 000 万元，总计 1 800 万元。耗用当期购入材料 1 200 万元。增值税税率为 17%，出口退税率为 9%。计算企业的当期可退 / 应纳税额。

---

但在计算结果是负数的情况下，生产企业增值税的退税还要受两项限制：（1）如果企业本季度出口销售额超过了同期总销售额的 50%（含 50%），则可以退税；如果未超过，则不能退税，应将应退的进项税额结转到下期去退。（2）在可以退税的情况下，退多少则由“当期未抵扣完的进项税额”与“当期 FOB 总价 × 汇率 × 出口退税率”哪一个小来决定，即“孰低”的原则，用公式来表达就是：

如果

当期 FOB 总价 × 汇率 × 出口退税率≥当期未抵扣完的进项税额

则

当期应退税额＝当期未抵扣完的进项税额

如果

当期 FOB 总价 × 汇率 × 出口退税率＜当期未抵扣完的进项税额

则

当期应退税额（限额）＝当期 FOB 总价 × 汇率 × 出口退税率

在这种情况下，未退完的当期进项税额要结转到下一季（月）度再抵，即“留抵”。

设计以上限制的理由是：进项税是对当期购入的全部材料计征的，在某些情况下，企业内、外销耗用的材料只是全部购入材料的一部分，这样就会出现预付退税的现象。为了不使抵、退两项金额超过内、外销的总销项税额，故设置了以上限制。对此不做详细论证。

**【案例 23－11】**

某生产企业兼营内销和出口，某年第二季度内销销售额为 700 万元，出口销售额（离岸价）为 180 万美元（外汇牌价为 1 美元兑 8.4 元），购进原材料等的进项税额为 230.21 万元。该生产企业销售货物适用增值税税率 17%、出口退税率 9%，并且有上期未抵扣完的进项税额 32 万元。请计算该生产企业第二季度应纳或应退增值税税额。

---

**消费税的出口退税**　生产企业自营出口自产的应税消费品适用于“免税但不退税”

的政策。“免税”指免征销售环节的消费税，由于消费税的纳税时点在销售环节，而且是一次性征收的，不像增值税那样在各个销售环节都征收，因此，生产企业出口销售时的消费税免掉后就不用再退消费税，即“不征不退”。

【案例 23－12】

一生产企业某年第二季度内销应税消费品 700 万元，自营出口应税消费品 180 万美元（外汇牌价为 1 美元兑 8.4 元），内、外销的应税消费品的消费税税率为 10%。问该生产企业第二季度应纳多少消费税?

### 3.2.3 代理出口的退税

代理出口的退税由委托方办理，退税收入归委托方。受托方应到主管其退税的税务机关开具《代理出口货物证明》交给委托方，供委托方办理出口退税。

代理出口有下面几种情况：（1）生产企业委托外贸企业代理出口自产货物；（2）外贸企业委托外贸企业代理出口货物；（3）其他企业（主要指非生产性的商贸企业）委托外贸企业代理出口货物。前两种情况可以退税，第三种情况不能退税。

对于第（1）种情况，生产企业委托外贸企业代理出口自产货物，其出口退税的政策和方法与生产企业自营出口一样，即增值税的出口退税适用“免、抵、退”，消费税的出口退税适用“免税但不退税”。

对于第（2）种情况，外贸企业委托外贸企业代理出口货物，其出口退税的政策和方法与外贸企业自营出口一样，即增值税的出口退税适用“免、退”，消费税的出口退税适用“免税并退税”。

## 3.3 出口退税的办理

办理出口退税前，企业要做好几项工作：（1）到所在地主管退税的税务机关办理出口货物退（免）税认定，取得《出口退税登记证》。（2）指定专职或兼职的办税员（外贸企业一般由财会部门人员兼任办税员）。办税员要参加税务机关举办的培训和考试，合格后取得《办税员证》，持证者才可以办理退税。（3）购买退（免）税申报时必须使用的国家税务局出口退税申报软件。做好了这些工作即可以办理出口退税。

外贸企业自营出口增值税出口退税的程序如下：

1. 采购商品，从生产企业处取得增值税专用发票和出口货物税款缴款书；

2. 在增值税专用发票开票日后 30 天内，到当地主管征税的税务机关（国家税务局办税厅）进行增值税专用发票认证，取得国家税务局出具的认证结果清单；

3. 向海关报关出口货物，取得出口货物报关单；

4. 通过外贸企业出口退税申报系统进行出口退税网上申报；

5. 打印出口退税申报表，持有关单证向主管退税的税务机关正式申报退税；

6. 国家税务局审核无误后为企业办理退税。

生产企业自营出口增值税的出口退税，应在货物报关出口之日起 90 日内，向所在地主管出口退税的税务机关办理出口“免、抵、退”手续。

代理出口一律由委托方办理出口退税，外贸企业应在自货物报关出口之日起60天内向主管税务机关申请开具《代理出口货物证明》转交委托企业，由委托企业办理出口退税。

委托方如果是有进出口经营权并办理了出口货物退（免）税认定的生产企业，正常办理退税即可；委托方如果是无进出口经营权的生产企业，则需要办理临时出口货物退（免）税认定才能享受出口“免、抵、退”政策。

## 复习题

1. 简述出口法检的范围和内容。
2. 报检企业可分为哪两类？报关单位可分为哪两类？
3. 出口报关包括哪几个基本环节？
4. 什么是单证查验和货物查验？简述货物查验的程序。
5. 出口商应该在什么时候纳税？怎样计算滞纳金？
6. 什么是制单？简述信用证下制单的基本要求。
7. 议付时，如果单证有不符点，有哪些处理方法？
8. 什么是结汇？简述结汇的基本过程。
9. 增值税和消费税的出口退税率有什么不同？
10. 简述外贸企业和生产企业自营出口增值税、消费税的出口退税政策和计算方法。
11. 简述代理出口的退税政策。

## 问题与案例

1. 下面是一份SWIFT信用证中“46A: DOCUMENTS REQUIRED”（46A: 对单证的要求）下的条款，请指出该信用证要求出口商提交哪些结汇单证。

* SIGNED COMMERCIAL INVOICE IN 1 ORIGINAL AND 1 COPY，INDICATING APPLICANT’S CONTRACT NO.P0442518，P0442528.

* IN CASE OF SHIPMENT BY SEA: 2/3 SET（S）OF CLEAN ON BOARD OCEAN BILLS OF LADING MADE OUT TO ORDER AND BLANK ENDORSED AND MARKED “FREIGHT COLLECT” AND NOTIFY ACCOUNTEE DEPT TBJ11/H2771/H8681.

AND/OR IN CASE OF SHIPMENT BY AIR: AWB CONSIGNED TO APPLICANT，MARKED “FREIGHT COLLECT” AND NOTIFY APPLICANT TBJ11 DEPT.

* PACKING AND WEIGHT LIST IN 1 ORIGINAL AND 1 COPY.

* BENEFICIARY’S CERTIFICATE STATING THAT 1 SET OF NON NEGOTIABLE SHIPPING DOCUMENTS AND 1/3 SET OF ORIGINAL B/L（OR 1 COPY OF AWB）HAVE BEEN SENT TO THE BUYER（TBJ11）WITHIN 5 DAYS AFTER B/L DATE（OR AWB DATE）BY REGISTERED AIRMALL.

2. 某公司向中东某国出口小家电，开证行以单证有不符点拒付。出口商仔细检查信用证，发现信用证本身就有矛盾，出口单据就跟着出错。对此出口商应如何处理？

3. 某外贸公司从生产企业购进化妆品一批，生产企业开出的增值税专用发票上货价部分为 25 万元，增值税为 4.25 万元。该化妆品的增值税出口退税率为 15%，消费税的征税率为 30%。计算该批化妆品出口后能获得多少出口退税。

4. 某外贸公司从摩托车制造厂购进摩托车 200 辆，不含税单价为每辆 8 000 元，已知摩托车消费税税率为 10%。计算该批摩托车出口后能获多少消费税出口退税。

## 参考资料

23.1 一份印度尼西亚信用证下的全套结汇单证

**BILL OF EXCHANGE**

FOR **10500.00** DATE: **2011-10-13**

AT ______ SIGHT OF THIS **FIRST** BILL OF EXCHANGE ( SECOND BEING UNPAID ) PAY TO **STANDARD CHARTERED BANK (CHINA) LTD** OR ORDER THE SUM OF **US DOLLARS TEN THOUSAND FIVE HUNDRED ONLY**

VALUE RECEIVED AND CHARGE THE SAME TO ACCOUNT OF

DRAWN UNDER **BANK DKI, PT. INDONESIA**

L/C NO. **DKIPHJ142** Date **27SEP11**

TO **BDKIIDJA BANK DKI, PT. JAKARTA**

**KUNSHAN KOYO ELEVATOR CO., LTD**

**BILL OF EXCHANGE**

FOR **10500.00** DATE: **2011-10-13**

AT ______ SIGHT OF THIS **SECOND** BILL OF EXCHANGE ( FIRST OF THE SAME TENOR AND DATE BEING UNPAID ) PAY TO **STANDARD CHARTERED BANK (CHINA) LTD** OR ORDER THE **US DOLLARS TEN THOUSAND FIVE HUNDRED ONLY**

VALUE RECEIVED AND CHARGE THE SAME TO ACCOUNT OF

DRAWN UNDER **BANK DKI, PT. INDONESIA**

L/C NO. **DKIPHJ142** DATED **27SEP11**

TO **BDKIIDJA BANK DKI, PT. JAKARTA**

**KUNSHAN KOYO ELEVATOR CO., LTD**

[redacted] ELEVATOR CO., LTD

ADD: [redacted] LUYANG, KUNSHAN, JIANGSU, CHINA

TEL: 0086-[redacted]

## Commercial Invoice

TO: [redacted]

JL.SBI GERINGGING PADANG PARIAMAN NGR ML III KAB

PADANG PARIAMAN SUMATRA BARAT INDONESIA TEL: [redacted]

INVOICE NO.: KOYO-11175

DATE: 2011-10-13

L/C NO.: DKIPHJ142

LAODING PORT: SHANGHAI, CHINA DISCHARGE PORT: TANJUNG PRIOK, JAKARTA

| Shipping marks | Description of goods | Quantity | Unit Price USD | Total USD |
|---|---|---|---|---|
| N/M | FOB SHANGHAI<br>ELEVATOR TVJ320/0.4-4/4/4<br>NUMBER OF GOODS: 1 (ONE) | 1 UNIT | 15,000 | 15,000 |
| | | | FOB SHANGHAI TOTAL<br>30 PCT OF THE AMOUNT ALREADY PAID BY TT | 15,000<br>4,500 |
| | | | THE REMAIN VALUE 70 PCT WILL BE PAID BY LC | 10,500 |
| TTL SAY USD TEN THOUSAND FIVE HUNDRED ONLY. | | | | |

KUNSHAN KOYO [redacted] CO., LTD.

[redacted] ELEVATOR CO., LTD

ADD: [redacted] ROAD, LUYANG, KUNSHAN, JIANGSU, CHINA

TEL: [redacted]

## Packing list

TO: [redacted]

JL.SBI GERINGGING PADANG PARIAMAN NGR ML III KAB

PADANG PARIAMAN SUMATRA BARAT INDONESIA TEL: [redacted]

DATE: 2011-10-13

L/C NO.: DKIPHJ142

LAODING PORT: SHANGHAI, CHINA DISCHARGE PORT: TANJUNG PRIOK, JAKARTA

| Shipping marks | Description of goods | Quantity | N.W (KG) | G.W. (KG) |
|---|---|---|---|---|
| N/M | FOB SHANGHAI<br>ELEVATOR TVJ320/0.4-4/4/4<br>NUMBER OF GOODS: 1 (ONE) | 11 packages | 3117 | 3269 |
| | Total | 11 packages | 3117 | 3269 |
| TTL SAY ONE UNIT ELEVATOR ONLY. | | | | |

Net weight: 3117 KGS

Gross weight: 3269 KGS

Total volume: 8 CBM

KUNSHAN KOYO [redacted] CO., LTD.

Shipper
[redacted] ELEVATOR CO., LTD
ADD: [redacted] KUNSHAN,
JIANGSU, CHINA
TEL: [redacted]

B/L NO.
UTSHASEA1100762

UT GROUP

Consignee
TO ORDER OF PT BANK DKI JUANDA MAIN BRANCH

**UT FREIGHT FORWARDERS (SHANGHAI) CO., LTD.**

Notify Party
[redacted] BASAMO
JL.SBI GERINGGING PADANG PARIAMAN NGR ML III KAB
PADANG PARIAMAN SUMATRA BARAT INDONESIA

ORIGINAL

**BILL OF LADING**
**FOR COMBINED TRANSPORT**

RECEIVED by the Carrier the Goods as specified below in apparent good order and condition unless otherwise stated, to be transported to such place as agreed, authorised or permitted herein and subject to all the terms and conditions appearing on the front and reverse of this Bill of Lading to which the Merchant agrees by accepting this Bill of Lading, any local privileges and customs notwithstanding.

The particulars given below as stated by the shipper and the weight, measure, quantity, condition, contents and value of the Goods are unknown to the Carrier.

| Pre-carriage by | Place of Receipt | |
|---|---|---|
| | SHANGHAI,CHINA | |
| Ocean Vessel/Voyage No. | Port of Discharge | |
| IBN SINA V.371S | TANJUNG PRIOK,JAKARTA | |
| Port of Loading | Place of Delivery | Final Destination (For Merchant's Reference Only) |
| SHANGHAI,CHINA | TANJUNG PRIOK,JAKARTA | TANJUNG PRIOK,JAKARTA |

| Container No. | Seal No.: Marks & Nos. | No. of Containers or P'kgs | Kind of Packages; Description of Goods | Gross Weight | Measurement ($m^3$) |
|---|---|---|---|---|---|
| N/M | | 11PKGS | FOB SHANGHAI<br>ELEVATOR TVJ320/0.4-4/4/4<br>NUMBER OF GOODS: 1 (ONE)<br>L/C NO.: DKIPHJ142<br>FREIGHT COLLECT | 3269.00KGS | 8.00 CBM |
| TRLU8975514 / A8820327 | | | | UT SHA<br>ON BOARD<br>SHANGHAI | |
| | | | 16 OCT 2011 | | |
| | | | | | CY-CY 1X20'GP<br>FREIGHT COLLECT |
| Total Number of Containers or Packages (IN WORDS) | | SAY ELEVEN PKGS ONLY. | Above particulars furnished by shipper | | |

Freight & Charges

Freight and charges payable at

Number of Original B(s)/L
THREE(3)

Place and Date of Issue
SHANGHAI,CHINA OCT 16,2011

**JURISDICTION AND LAW CLAUSE**
The contract evidenced by or contained in this Bill of Lading is governed by the law of the People's Republic of China and any claim or dispute arising hereunder or in connection herewith shall be determined by the Courts in the People's Republic of China and no other Court.

In witness whereof the number of original Bills of Lading stated above, all the same tenor and date one of which being accomplished, the others to stand void, have been issued by UT FREIGHT FORWARDERS (SHANGHAI) CO., LTD. on behalf of itself, other participating carriers and owners or charterers.

For and on behalf of
UT FREIGHT FORWARDERS (SHANGHAI) CO., LTD.

**UT FREIGHT FORWARDERS (SHANGHAI) CO., LTD.**
BY AS CARRIER
BY AS CARRIER Grace

For delivery of goods please apply to:

D.Andrew
PT LYANA EXPRESS CARGO
JL . Kalibata timur 1 no 17
Jakarta Selatan
Indonesia
Phone / Fax : 62 21` 79198812

0012846

丘博保险（中国）有限公司
**CHUBB INSURANCE (CHINA) COMPANY LIMITED**
**CHUBB GROUP OF INSURANCE COMPANIES**
中国上海市浦东新区芳甸路1155号浦东嘉里城901室 邮编：201204 电话：(8621) 2325 6688 传真：(8621) 5292 5880
Unit 901, Kerry Parkside Office Building, No. 1155, Fangdian Road, Pudong New District, Shanghai, 201204, PRC
Tel : (8621) 2325 6688 Fax : (8621) 5292 5880

Certificate
Number: A1563484

# MARINE INSURANCE CERTIFICATE

This is to certify that we, the Undersigned, do make insurance to: Open Policy Number: 93506827
[redacted]ELEVATOR CO., LTD.

Financial Interest: [redacted]ELEVATOR CO., LTD.

Insured Value: US DOLLAR Sixteen Thousand Five Hundred and 00/100
USD 16,500.00
Conveyance: IBN SIAN V.371S
and/or approved Vessel (subject to the Institute Classification clause)
From: SHANGHAI,CHINA
To: TANJUNG PRIOK,JAKARTA

Reference No: KOYO-11175
Transship Conveyance:
B/L No: UTSHASEA 1100762
Transshipped At:
Sailing Date: 16-OCT-2011

**Interest, Marks and Numbers**

**Goods Insured**
FOB SHANGHAI
ELEVATOR TVJ320/0.4-4/4/4
NUMBER OF GOODS: 1 (ONE)
L/C NO.: DKIPHJ142

**TERMS AND CONDITIONS OF INSURANCE**
**Subject to:**
Institute Cargo Clauses (A)/(Air)(excluding sending by Post) 1/1/82
-Institute Classification Clause 1/8/97
-Cargo ISM Endorsement
-Institute War Clauses (Cargo)/(Air Cargo)(excluding sendings by Post) 1/1/82
-Institute Strikes Clauses (Cargo)/(Air Cargo) 1/1/82
-Excluding Mechanical, Electrical, and Electronic Derangement
-Excluding Rust, Oxidation and Discoloration
-Excluding mysterious disappearance
-Institute Extended Radioactive Contamination Exclusion Clause 1/11/02
-Institute Chemical, Biological, Bio-chemical, Electromagnetic Weapons And Cyber Attack Exclusion Clause 1/11/02
-Termination Of Transit Clause (Terrorism)
-Fifteen (15) Days Clause (for shipments to the Philippines)
-Twenty-one (21) Days Clause (for shipments to Indonesia)
-Under sea shipment circumstance, warranted the insured goods should be in container loaded
-The coverage of this policy should be strictly subject to International Commercial Terms as stipulated in the policy
-All other terms and conditions are subject to Marine Open Policy No.93506827

**ADDITIONAL CONDITIONS:**
COVERING ALL RISKS

**This Certificate is automatically generated upon applicant's filling out of information about the insured name, conveyance, additional conditions, goods insured, and voyage, for which the applicant shall be responsible for its compliance with the terms and conditions of the relevant Marine Cargo Open Policy. The insurance afforded by this Certificate is subject to all the terms, conditions and exclusions of such Marine Cargo Open Policy. Any alternation or change in this certificate not in accordance with the Marine Cargo Open Policy shall be invalid and may result in rejection of insurance claim unless such alternation or change is expressly approved by the Company in writing before shipment. This certificate is not valid if in hand written.**

**SURVEY:** In the event of loss or damage for which the Company may be liable, immediate application for survey should be made to:
PT Carsurin, Askrindo Building 5th Floor Jl Angkasa Block B9 Kav. 8 Kemoy
Jakarta, 10610, Indonesia (Phone: 62216540425, Fax: 62216540418)

**If no average agent is mentioned or if on account of the place where the survey should be held, it is not feasible to apply to that average agent, application for the survey should be made to:**
**a. the local Chubb office,**
**b. the nearest agent of the Institute of London Underwriters or Lloyd's Agent,**
**c. another competent average agent of first class reputation.**
**Failure to comply with these requirements may prejudice any claim under this certificate.**
**This Certificate is issued in duplicate, one of which being accomplished the other to stand null and void.**

Claims payable at: TANJUNG PRIOK,JAKARTA

**CHUBB INSURANCE (CHINA) COMPANY LIMITED**

**This certificate is not valid unless countersigned by the assured or an authorized representative of the company.**

KUNSHAN KOYO ELEVATOR CO., LTD. 昆山通祐电梯有限公司 业务专用章

Authorized Representative
Date Issued. 16-OCT-2011
Form 12-02-0365 (Ed. 5/02)

ORIGINAL

General Manager
Signed for and on behalf of

Original

| 1. Products consigned from (Exporter's business name, address, country) | Reference No. E113204030011683 |
|---|---|
| [redacted] ELEVATOR CO., LTD<br>ADD [redacted] ROAD, LUYANG,<br>KUNSHAN, JIANGSU, CHINA<br>TEL: 0086-512 [redacted] | **ASEAN-CHINA FREE TRADE AREA PREFERENTIAL TARIFF CERTIFICATE OF ORIGIN (Combined Declaration and Certificate)**<br>**FORM E** |
| 2. Products consigned to (Consignee's name, address, country)<br>[redacted]<br>JL.SBI GERINGGING PADANG PARIAMAN NGR ML JTI<br>KAB<br>PADANG PARIAMAN SUMATRA BARAT INDONESIA<br>TEL: +62-21 [redacted] | Issued in THE PEOPLE'S REPUBLIC OF CHINA<br>(Country)<br>See Overleaf Notes |
| 3. Means of transport and route (as far as known)<br>Departure date OCT. 16,2011<br>Vessel's name / Aircraft etc. IBN SINA V.371S<br>Port of Discharge TANJUNG PRIOK, JAKARTA | 4. For Official Use<br>☐ Preferential Treatment Given<br>☐ Preferential Treatment Not Given (Please state reason/s)<br>Signature of Authorised Signatory of the Importing Party |

| 5. Item number | 6. Marks and numbers on packages | 7. Number and type of packages, description of products (including quantity where appropriate and HS number of the importing Party) | 8. Origin criteria (see Overleaf Notes) | 9. Gross weight or other quantity and value (FOB) | 10. Number and date of invoices |
|---|---|---|---|---|---|
| 1 | N/M | ONE (1) UNIT OF<br>FOB SHANGHAI<br>ELEVATOR TVJ320/0.4-4/4/4<br>NUMBER OF GOODS:1(ONE)<br>H.S. CODE: 8428.10<br>*** *** *** *** *** ***<br>L/C NO.: DKIPHJ142 | "X" | 3269KGS<br>G.W.<br>USD:15000 | KOYO-11175<br>OCT. 13,2011 |

| 11. Declaration by the exporter | 12. Certification |
|---|---|
| The undersigned hereby declares that the above details and statement are correct; that all the products were produced in<br>CHINA<br>(Country)<br>and that they comply with the origin requirements specified for these products in the Rules of Origin for the ACFTA for the products exported to<br>INDONESIA<br>(Importing Country)<br>KUNSHAN, JIANGSU, OCT. 16,2011<br>Place and date, signature of authorised signatory | It is hereby certified, on the basis of control carried out, that the declaration by the exporter is correct.<br>JIANGSU ENTRY-EXIT INSPECTION AND QUARANTINE BUREAU 中华人民共和国 江苏 FORM A 出入境检验检疫局 THE PEOPLE'S REPUBLIC OF CHINA<br>KUNSHAN, JIANGSU, OCT. 16, 2011<br>Place and date, signature and stamp of certifying authority |
| 13.<br>☐ Issued Retroactively ☐ Exhibition<br>☐ Movement Certificate ☐ Third Party Invoicing | 0000028293843 |

CN 2486660

[redacted] ELEVATOR CO., LTD

ADD: [redacted] KUNSHAN, JIANGSU, CHINA

TEL: 0086-[redacted]

# CERTIFICATE

TO: [redacted]  DATE: 2011-10-13

JL.SBI GERINGGING PADANG PARIAMAN NGR ML III KAB  L/C NO.: DKIPHJ142

PADANG PARIAMAN SUMATRA BARAT INDONESIA TEL: +62-21-[redacted]

LAODING PORT: SHANGHAI, CHINA

DISCHARGE PORT: TANJUNG PRIOK, JAKARTA

HERE WE STATING THAT WE SHAL NOT BE HELD RESPONSIBLE IF THEY, OWING TO FORCE MAJEURE CAUSES, FAIL TO MAKE DELIVERY IN TIME OR CANNT DELIVER THE GOODS.

KUNSHAN K[redacted]TD.

# 第24章
# 代理出口

代理出口指外贸公司接受国内生产企业（也可能是其他单位，本书以生产企业为例）的委托代办出口业务，收取代理费（佣金）的经营方式。在这种经营方式下，外贸公司与生产企业是同一业务过程的两个方面：对外贸公司来说是代理出口，对生产企业来说是委托代理出口。在我国的对外贸易中，代理出口是许多企业，尤其是没有进出口权的企业介入国际市场的重要方式。

## §1　代理出口的特点

代理出口的国外客户一般由委托方自己找，出口商品和基本经营费用由委托方提供，盈亏由委托方自负，外贸公司只代办出口业务，不购进货物，不垫付基本经营费用。

对生产企业来说，代理出口的优点是：(1）手续简单，与国外客户谈好交易后只要找一家外贸公司代办出口即可；对一般中小生产企业以及没有外贸经营权的企业来说，是一条开拓海外市场的便捷途径。(2）对没有外贸经验的企业来说，委托外贸公司代办出口可以降低贸易风险。(3）对出口量不大的企业来说，可以降低出口成本。自营出口企业要聘用外贸人才，要办理各种出口手续，如果出口量不大，成本比代理出口高；代理出口反而能降低成本。对生产企业来说，代理出口的缺点是：(1）要支付一笔代理费给外贸公司。(2）为办理外贸手续，必须将客户资料、交易价格等商业秘密提供给外贸公司，增加了客户流失或遭遇同行恶意竞争的风险。(3）国外客户的货款是支付给外贸公司的，存在外贸公司占用资金而不转账给生产企业的风险。(4）单据上都写着外贸公司的名字，不利于扩大生产企业在海外的影响。

对外贸公司来说，代理出口占压的资金比自营出口少，但利润没有自营出口高。另外，代理出口中与外商签订合同的是外贸公司，如果生产企业履约出现问题，外商索赔或诉讼的对象是外贸公司。为防范这种风险，外贸公司应与生产企业签好代理协议。

【案例24-1】

A公司生产运动鞋，欲拓展国际市场，委托B轻工进出口公司（简称B公司）为其联系国外客户。B公司与美国C公司有长期贸易往来，于是向C公司介绍了A公司的情况。C公司派员在B公司人员的陪同下考察了A公司，然后同意向A公司购买7万双运动鞋。由于A公司没有外贸经营权，因此委托B公司代理出口，与B公司签订了代理出口协议。协议签订后，B公司对外签订了出口合同，A公司开始生产备货，但后来A公司未能按期交货，C公司于是按合同中的仲裁条款提起仲裁。问仲裁的被申请人是谁？损害赔偿由谁负担？

# §2 代理出口的操作

## 2.1 业务流程

代理出口有生产企业、外贸公司和外商三个当事人，其业务流程如下（见图24-1）：

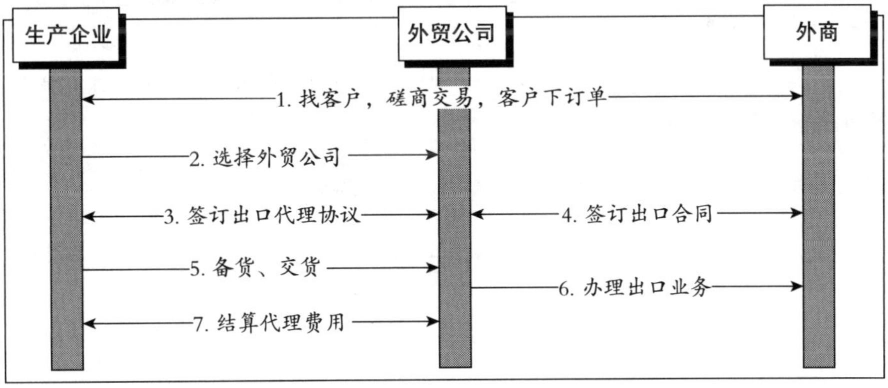


图24-1 代理出口的业务流程

1. 生产企业对外找客户，磋商交易，达成初步一致后国外客户下订单。

2. 生产企业对内选择合适的外贸公司，委托其代办出口业务。

3. 外贸公司接受委托后，生产企业与外贸公司签订出口代理协议。

4. 外贸公司根据生产企业提供的资料和信息与外商磋商并签订出口合同，商品价格由生产企业提供，合同条款要经过生产企业确认。

5. 出口合同签订后，生产企业备货；货物备妥后，生产企业将装箱单、发票等交外贸公司代办出口。

6. 外贸公司办理订舱、装箱、出口通关，直到货物出运、制单结汇，其操作过程与外贸公司自营出口相同。

7. 结汇后，外贸公司按代理协议，扣除运费、保费、佣金及其他双方确认的费用后将货款划拨给生产企业。①

文摘

**代理出口方式下外贸业务员的日常工作**

假定一个英国客户订购了 1 000 个花瓶，要求 10 月 20 日前从宁波港运到英国费利克斯托港。在一个委托外贸公司代理出口的企业中，外贸业务员的日常工作是：

1. 通知外贸公司此票交易。

2. 10 月 10 日左右，通知外贸公司“货已备妥”。

3. 按照外贸公司的安排把货物运到指定地点（仓库）。

外贸公司收到外商货款后会折算成人民币支付过来。

在此例中，花瓶不需要商检，也不是配额管理产品；否则通常在 10 月 10 日前就要完成商检及获取配额工作。

资料来源：黄海涛. 外贸七日通. 3 版 . 北京：中国海关出版社，2008.

## 2.2 代理出口协议

代理协议与一般合同一样也由约首、主体和约尾三个部分组成。约首主要说明协议的名称、编号、双方当事人的名称、地址和联系方式等；主体是双方达成的各种协议条款，包括委托人和代理人的义务，对外销合同、出口货物、费用、违约责任和争议解决的说明等；约尾是协议的份数、法律效力、附件、缔约人的签字盖章、合同生效的时间和会签指示等（见示样 24－1）。

**示样 24－1 代理出口协议**

**代理出口协议**

委托人　　　有限公司，委托代理人　　有限公司代理出口　　　　产品，现达成以下条款，以资双方共同遵守：

1. 委托人义务

1.1 如实提供与订立协议有关的主要事实和情况。

1.2 对本协议以及代理人根据本协议与国外买方签订的外销合同的条款进行充分的了解，对各方的权利义务，各方免除或者限制各自责任的条款有充分的注意。

1.3 委托人应按时完成交货义务，否则由此引起的后果由委托人自己负责。

1.4 委托人承担国外客户的索赔及索赔款的支付和被诉讼的义务。

2. 代理人义务

2.1 如实提供与订立协议有关的主要事实和情况。

2.2 采取合理的方式提请委托人注意免除或限制其责任的条款，并按委托人的要求，对该条款予

① 代理进出口按照“谁出口谁收汇、谁进口谁付汇”的原则办理贸易外汇收支。因此，代理出口由代理方收汇，收汇后代理方可凭委托代理协议在银行将外汇划转给委托方，也可结汇将人民币划转给委托方。

以说明。

2.3　外销合同制作完毕后，及时将外销合同副本送交委托人。

2.4　办理出口所需的商检、报关、对外运输，并对外议付。

2.5　根据外销合同收到外商的付款后，在7个工作日内按照付款当日银行公布的外汇买入价，将外汇折算成人民币支付给委托人。

2.6　代理人不负责因产品质量问题引起的国外客户的索赔及索赔款的支付。

2.7　代理人只承担代理出口责任，不承担国外客户索赔及索赔款的支付和被诉讼责任。

3. 外销合同

3.1　接受代理人现采用的商品外销标准正本合同的固定条款。承认代理人代表委托人承担这些合同条款对“卖方”权利和义务的规定。其中代理人义务以本协议第2条为基础。

3.2　收到代理人交来的外销合同副本后，立即进行核对。如发现与其原要求有不符点，在收到合同后3个工作日内以传真或电报通知代理人。否则，视为委托人已接受该外销合同，认可该外销合同规定的权利和义务。

4. 出口货物

4.1　委托人提供的货物应符合本协议规定的数量、质量和规格，并必须按照协议规定的方式进行包装。

4.2　提供货物的品质证明文件和国外客户要求的相关单证。

5. 费用

5.1　委托人承担代理人因代理出口产生的运输费、商检费、港口运杂费、仓储费、报关费、保险费、银行手续费及其他相关并应由委托人支付的费用。

5.2　出口代理费为该批货物货款总额的　　%。

5.3　出口退税委托人和代理人各拿退税总额的　　% 和　　%。

5.4　上述费用必须在代理协议签订后3日内交付。

6. 违约责任

6.1　委托人必须严格执行本协议：若由于委托人原因未能在港口当局规定期限内办理报关、纳税、商检、发运等有关手续，由此引起的一切后果由委托人自行负责。因委托人违约给代理人造成损失的，要向代理人给付总货款　% 的违约金。若违约金不足补偿代理人的损失，委托人还要向代理人补足不足部分的损失。

6.2　代理人必须严格执行本协议：因外商原因导致外销合同延迟履行、不完全履行或不能履行，使代理人不能履行本代理协议的，代理人不承担责任。但在委托人书面提出要求并提供费用及协助下，代理人有义务向外商交涉索赔。如索赔未果，代理人不承担相应的责任。

7. 争议解决

若产生争议，双方应友好协商。若协商不成，任何一方可向　　　　　　申请仲裁。

8. 协议效力

本协议一式两份，具有同等的法律效力。自协议双方签字和 / 或盖章之日起生效。

| | |
|---|---|
| 委托人： | 代理人： |
| 201　年　月　日 | 201　年　月　日 |

签好代理出口协议对代理出口业务的顺利进行、解决未来可能发生的争议、防范贸易风险都有重要的意义。

## 2.3　代理出口的费用和出口退税

代理出口的费用包括两个部分：一是代理费，即委托方支付给受托方的佣金。目前我国代理费一般为交易总金额的1%~3%。二是营业费，它是办理各种出口业务需要的费用，包括运输费、保险费、商检费、港区港杂费、仓储费、报关费、银行手续费等。营业费一般由委托方先支付，到最后清算；也有由外贸公司先垫付到最后清算的。

代理出口的出口退税由委托方办理，退税收入归委托方。外贸企业的责任是：自货物报关出口之日起60天内向主管税务机关申请办理《代理出口货物证明》交委托方，供委托方办理出口退税。

代理出口可分为三种情况：（1）生产企业委托外贸企业代理出口自产货物；（2）外贸企业委托外贸企业代理出口货物；（3）其他企业（主要指非生产性的商贸企业）委托外贸企业代理出口货物。前两种情况可以退税，第三种情况不能退税。前两种情况的退税政策和方法见第23章。

## 2.4 代理出口的注意事项

1. 做好资信调查。这主要指委托方与受托方的资信调查。在签订代理出口协议前，双方都要认真调查对方的资信，如对方的经营状况、管理水平、融资情况、法人代表的背景及信誉等。这是防范代理出口风险的主要措施。

2. 签好代理出口协议。合理规定双方的权利、责任和义务，避免风险的发生。

**【案例24－2】**

2002年9月，北京A公司与B服装商贸公司（简称B公司）签订了一份出口代理协议，主要条款为：A公司代理B公司向俄罗斯出口服装，付款方式为付款交单；A公司负责对外签订外销合同，办理运输、保险、商检、报关等，采用空运，营业费先由A公司垫付，待结汇后从中扣除，出口退税由B公司办理，代理费为出口合同金额的2.5%。

协议签订后，A公司先后发运了6批货物，每批货物空运费为1.25万美元，6批合计7.5万美元。6批货物都被俄罗斯进口商提走，但货款一分未付。随后，A公司向B公司索要垫付的空运费、代理费及其他营业费用。但B公司已经不知去向，A公司不但没有收到代理费，还损失了7.5万美元空运费和业务费用；而且由于没有结汇，6个核销单也无法核销和退税，还必须向国家外汇管理局写说明。A公司后来才知道，B公司与国外进口商实际上是一家企业。B公司由于没有进出口权，无法报关，没有核销单，不能直接出口，所以要找一家外贸公司办理出口手续。问A公司在该代理业务中有哪些失误？

3. 外贸公司对外签订出口合同前，合同条款要先请委托方确认，以免将来发生纠纷。

4. 对于代理业务中发生的重要变更，外贸公司应要求委托方出示书面文件并签章确认，不能仅凭口头确认。

## 《复习题》

1. 代理出口的特点是什么？对生产企业来说，委托代理出口有哪些优缺点？

2. 简述代理出口的业务流程。

3. 代理出口的营业费由谁负担？代理出口由哪一方办理出口退税？简述生产企业委托外贸公司代理出口自产货物增值税、消费税的出口退税政策。

4. 代理出口应注意哪些问题？

## 《问题与案例》

1. 某外贸公司代理国内一生产企业出口农产品到韩国，以 CIF 成交，外贸公司与生产企业签订的出口代理协议规定：外贸公司的手续费为 1%，运、保费先由外贸公司垫付，事后在结汇款中扣除。货物到达韩国釜山后，进口商发现质量有问题要求退货。退货后，生产企业不支付外贸公司垫付的运费和保费。由于没有结汇，外贸公司也没有办法从结汇款中扣除。问外贸公司应吸取什么教训？

2. 某年 3 月，A 公司与 S 公司签订了出口代理协议，约定：S 公司代 A 公司与日本客户签订出口生姜的合同，A 公司负责组织生姜的生产，并按期送至双方约定的地点；S 公司负责出口货物的报关、租船订舱、缮制出口单据、办理有关手续；代理业务中产生的一切直接费用，包括报关费、报检费、仓储费、装卸费、国内外运费、保险费、银行手续费等由 S 公司先垫付，收汇后 S 公司扣除上述费用后将余款转到 A 公司账户。

S 公司据此代理协议书与日本 C 公司签订了售货确认书：由 S 公司向日方出口生姜 41 吨，每吨价格为 2 100 美元，装运期限为某年 3 月 28 日，付款方式为日方收货后电汇。

S 公司对外签约后，A 公司组织了 41 吨生姜的生产，并按期送到双方约定的地点。但 S 公司储运部门未提前做好订舱工作，货物直到 4 月 3 日才装上船；S 公司又未按规定设定恒温，致使生姜到日本时已冻坏 75%。日方客户拒收货物，拒付货款。A 公司于是要求 S 公司赔偿。问 S 公司是否要赔偿，为什么？

08

第 8 篇

# 进口合同的履行

对进口合同的履行我们也分自营进口和代理进口两种经营方式来论述。对自营进口，本书只介绍外贸公司的自营出口，不介绍生产企业的自营进口。因为生产企业自营进口合同的履行过程与外贸公司差不多（外贸公司的自营进口主要是增加了一个国内销售环节）。对代理进口，则不需要区分经营主体，因为在这种经营方式下，外贸公司与生产企业是同一业务过程的两个方面：对外贸公司来说是代理进口，对生产企业来说是委托代理进口。

## 第25章

# 自营进口合同的履行

外贸公司自营进口合同履行的过程与许多因素有关，下面以 FOB 成交、信用证结算、集装箱海运整箱货运输为例加以说明，在这种情况下，外贸公司自营进口合同的履行过程见图 25－1。

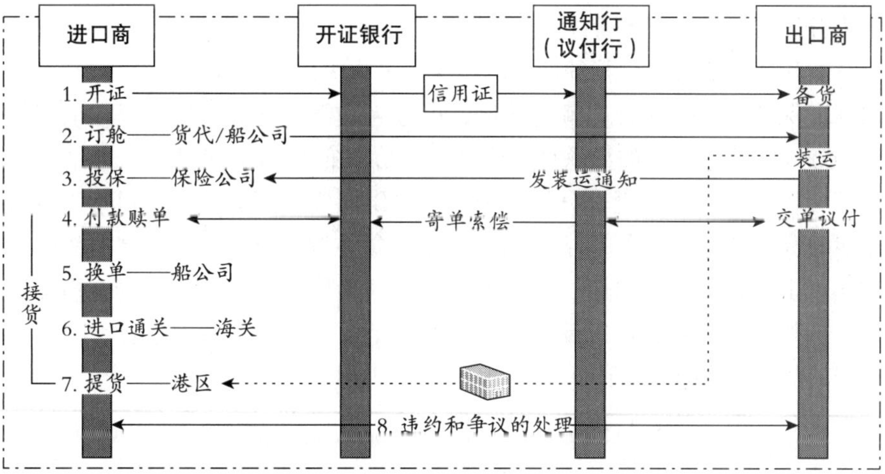


**图 25－1　外贸公司自营进口合同的履行过程**

以上过程从总体上可以概括为“付款”与“收货”两个方面，与付款有关的环节是：开证、付款赎单（该环节与付钱和收货都有关）；与收货有关的环节是：订舱、投保、付款赎单、换单、进口通关、提货。从这个层面看，进口合同履行的过程和平时买东西一样，无非是将钱付给卖家、从卖家取得商品而已，只是国际贸易的付钱和收货比较复杂。

另外，实践中以上环节也不都是外贸公司自己做的，许多环节都可以委托货代等中介做，如订舱、投保、接货等。如果将货代等中介考虑进去，则可以将外贸公司自营进口合同的履行过程简单地描述为：申请开证—委托货代办理运输、保险—国外单证到达后付款赎单—将提单等交给货代委托其接货。

## §1 开立信用证

在信用证结算方式下，进口合同履行的第一步是开立信用证。

**开证的手续** 进口商一般在自己的开户行开证，但也可以在其他银行开证。开证的过程可分为下面四个步骤：

1. 向银行提出开证申请。需要提供的资料有：开证申请书、进口合同副本、官方批件（如需要）、开证文件签字人的法人（或董事会）授权书等，其中最基本的是开证申请书。开证申请书由银行提供，有固定的格式，分为正面和背面。正面由进口商填写，内容主要是准备开立在信用证中的条款；背面是事先印就的开证申请人对开证行的申明，内容主要有：保证遵守 UCP600 的规定，当国外相符交单到达后保证付款赎单或承兑，在付款赎单前单据及货物的所有权归银行等（参见参考资料 25.1）。

2. 银行审核。银行对进口商提交的开证申请书及有关材料要进行审核。审核的要点是：是否具有真实的贸易背景，填写是否正确，提交的材料是否齐全，以及开证申请人的资信、经营状况等。此外，还要查询企业是不是贸易外汇收支企业名录中的企业，如果不是，银行则不能为其直接开证。

3. 提供开证保证金。开证后银行就承担了第一付款人的责任，为避免自身的风险，银行一般要求开证申请人提供某种形式的担保，最常见的是开证保证金。

根据开证保证金占信用证金额的比例，可分为全额开证和差额开证。前者指开证申请人提交 100% 的保证金，如果这样，企业可以在任何可以开证的银行开证。后者又叫“授信开证”，指申请人只提供部分保证金或不提供保证金开证，它是银行为进口商提供的一种短期融资（参见第 7 章）。差额开证企业必须在银行有账户，有授信额度。

授信额度由企业向银行申请，银行根据企业的偿债能力、履约记录、担保条件等为企业核定，一般为期一年，可以反复使用。如果企业在银行没有授信额度，银行也可以采用单笔授信的方式为企业开证，但审批手续比较麻烦。

开证保证金一般采用银行冻结开证申请人外汇账户中相应金额的方式缴纳。如果开证申请人在开证行没有外汇账户，也可以将保证金存入开证行指定的账户。

4. 开证。开证前银行要先拟一个信用证草稿交开证申请人确认。开证申请人确认后，开证行即对外开证，并通过通知行传递给受益人。开证手续费一般为开证金额的 1.5‰。

**进口改证** 对进口商开立的信用证，出口商有时候会要求修改。如果要求合理，进口商应该改证。因此，改证也是开证工作的一个部分。对进口商来说，改证的手续如下：（1）向开证行提出改证申请；（2）开证行按照改证申请书缮制信用证修改书传给进口商确认；（3）进口商确认后，开证行将信用证修改书经通知行传递给出口商（参见第 22 章）。

# § 2　安排运输和投保

## 2.1　安排运输

以 FOB 进口，买方负责办理运输。买方办理运输有两种方式。一是“指定船公司”，即买方指示卖方通过它指定的船公司办理运输，其操作过程如下：买方向目的港船公司订舱—船公司接受订舱后给买方一个约号，并提供它在装运港的代理人的信息（简称装运港船代）—买方将约号和装运港船代的信息传真给卖方—卖方凭约号向指定的装运港船代订舱。二是“指定货代”，即买方指示卖方通过它指定的货代办理运输，其操作过程如下（见图 25－2）：

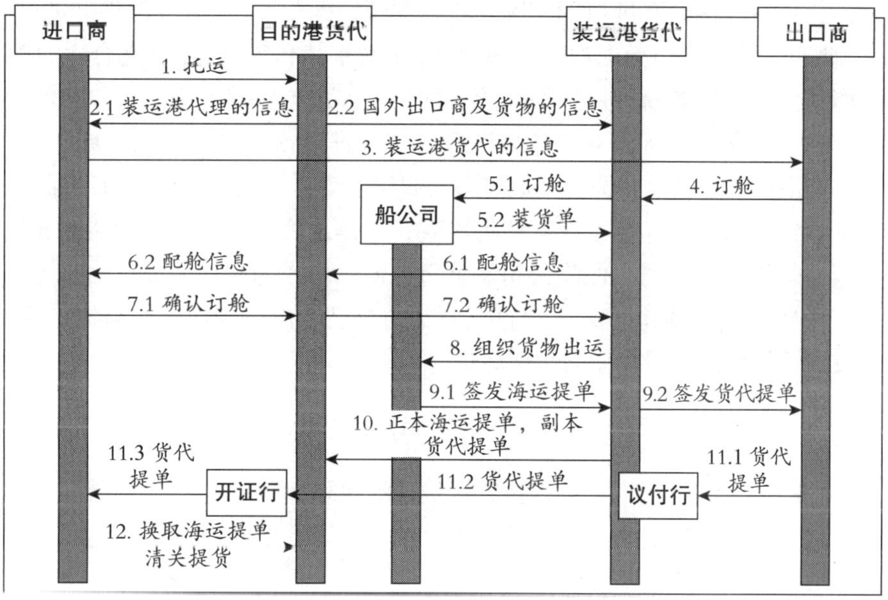


**图 25－2　“指定货代”方式下进口商办理运输的过程**

1. 进口商向目的港货代托运。

2. 目的港货代一方面向进口商提供自己在装运港的代理（简称装运港货代）的信息（2.1），另一方面将进口商提供的国外出口商及货物的信息提供给装运港货代（2.2）。

3. 与此同时，进口商将装运港货代的信息提供给国外出口商，指示其向装运港货代订舱。

4. 国外出口商向进口商指定的装运港货代订舱。

5. 装运港货代向船公司订舱（5.1），船公司签发装货单确认订舱（5.2）。

6. 舱位订妥后，装运港货代将配舱信息传给目的港货代确认（6.1），目的港货代又将其传给进口商确认（6.2）。（因为向货代订舱的是进口商，运费是“到付”。）

7. 进口商确认订舱后（7.1），目的港货代向装运港货代确认订舱（7.2）。

8. 装运港货代组织货物出运。

9. 货物出运后，船公司签发海运提单给装运港货代（9.1）；出口商向装运港货代支付 FOB 杂费后，装运港货代签发货代提单给出口商（9.2）。

10. 装运港货代将海运提单正本和货代提单副本快递给目的港货代。

11. 出口商持货代提单等向议付行交单议付（11.1）；议付行向开证行寄单索偿（11.2）；进口商向开证行付款赎单，取得货代提单（11.3）。

12. 进口商向目的港货代支付运费后，凭货代提单向目的港货代换取海运提单清关提货，也可以委托货代清关提货。

## 2.2 投保

以 FOB、CFR 进口由买方办理保险。进口保险有两种方式（参见第 12 章）。一是“逐笔保险”，它适合偶尔有进口的情况。二是“预约保险”，它适合常年有进口的情况，其办理过程如下：（1）进口商向保险公司询盘，了解手续和费用等，挑选合适的保险公司；（2）进口商与保险公司磋商进口预约保险合同，内容包括承保范围、保险金额、保险费率、责任起讫、起保手续等，双方达成一致后签订进口预约保险合同（见示样 25－1）；（3）每批货物进口时，进口商按合同规定办理起保手续，该批货物便被自动保上。

办理进口预约保险的起保手续有两种方式：一是进口商收到卖方的装运通知后编制若干份起运通知交保险公司，保险公司签署后返回一份作为起保凭证；二是进口商在合同或信用证中规定出口商将起运通知直接发给与自己有出口预约保险合同的保险公司，保险公司收到后签发承保回执作为起保凭证。

**示样 25－1　进口货物运输预约保险合同**

**进口货物运输预约保险合同**

合同号 ×2019 年 × 月 × 日

甲方：× 公司

乙方：中国人民财产保险股份有限公司 × 分公司

双方就进口货物的运输预约保险拟定以下条款以资共同遵守：

一、保险范围

甲方从国外进口全部货物，不论运输方式，凡贸易条件规定由进口商办理保险的，都属于本合同范围之内。甲方应根据本合同规定，向乙方办理投保手续并支付保险费。

乙方对上述保险范围内的货物，负有自动承保的责任，在发生本合同规定范围内的损失时，均按本合同的规定，负责赔偿。

二、保险金额

保险金额以货物的到岸价格（CIF）即货价加运费、保险费为准（运费可用实际运费，亦可由双方协定一个平均运费率计算）。

三、保险险别和费率

各种货物需要投保的险别由甲方选定并在投保单中填明。乙方根据不同的险别规定不同的费率。现暂定如下（从略）。

四、保险责任

各种险别的责任范围，以所属乙方制定的海洋运输货物保险条款、海洋运输货物战争险条款、海运进口货物国内转运期间保险责任扩展条款、航空运输货物保险条款和其他有关条款的规定为准。

五、投保手续

甲方一经掌握货物发运情况，即应向乙方寄送起运通知书，办理投保。通知书一式五份，由保险公司签认后，退回一份。如不办理投保，货物发生损失，乙方则不予理赔。

六、保险费

乙方按照甲方寄送的起运通知书照前列相应的费率逐笔计收保费，甲方应及时付费。

七、索赔手续和期限

本合同所保货物发生保险责任范围内的损失时，乙方应按制定的《关于海运进口保险货物残损检验的赔款给付方法》和《进口货物施救整理费用支付方法》迅速处理。甲方应尽力采取防止货物扩大受损的措施，对已遭受损失的货物必须积极抢救，尽量减少货物的损失。向乙方办理索赔的有效期限，以保险货物卸离海港之日起满一年终止。如有特殊需要可向乙方提出延长索赔期。

八、合同期限

本合同自 2019 年 × 月 × 日起开始生效。

甲方：× 公司

乙方：中国人民财产保险股份有限公司 × 分公司

【案例 25－1】

下面是从一份信用证中摘取的与装运通知有关的条款，分析进口商采用的是何种保险方式：Beneficiary should advise by registered airmail shipment details such as our L/C No., shipping marks, name of the vessel, goods and the amount to Iran Insurance Co., P.O.Box 2004, Dubai quoting their open policy No.OMP/0329/05 dated 10-Apr-05. And a copy of such advice must accompany the original documents.

# §3　付款赎单

进口商办理运输和保险后就等待国外单证的到达。国外单证到达后，即进入付款赎单阶段，这一阶段包括进口审单和付款赎单两个环节。

## 3.1　进口审单

对国外出口商交来的单证，开证行和进口商都要审核。开证行的审核只是大概的、初步的，不作为对外付款 / 承兑或拒付的依据；进口商的审单才是主要的，是对外付款 / 承兑或拒付的依据。这里介绍的是进口商的审单。

**进口商审单的程序和方法**　进口商审单的程序大致如下：国外单证到达后，开证行先进行初审，然后打电话通知进口商前往领取《进口信用证到单通知》（见示样 25－2）、单据副本和《对外付款 / 承兑通知书》，且指示其在规定的时间内完成审单，并决定是否对外付款 / 承兑或拒付；进口商接到通知后前往领取上述资料，然后按开证行的指示操作。

进口商审单的方法没有统一规定，一般可以从四个方面进行：（1）总体审核。从总体上看看单据的种类、份数对不对，信用证号码对不对，各种单据上货物的名称、数量、金额、运输标志等是否一致，单据的出具或提交日期与信用证规定是否相符等。（2）横审。指以信用证为中心，审核各种单据的内容与信用证是否相符，即是否做到了“单证一致”。（3）纵审。指以发票为中心，审核各种单据的内容与发票是否相符，即是否做到了“单单一致”。（4）单内审核。指审核每份单据上的内容是否有矛盾，即是否做到了“单内一致”。

示样 25－2　进口信用证到单通知

<table>
<tr><td colspan="8">中国银行 × 分行<br>BANK OF CHINA × BRANCH<br>进口信用证到单通知<br>ADVICE OF BILL ARRIVAL</td></tr>
<tr><td colspan="2">TO:<br>致</td><td colspan="3"></td><td colspan="2">Date:<br>日期</td><td></td></tr>
<tr><td colspan="3">Contract NO.:<br>合同号</td><td colspan="2"></td><td colspan="2">Draft Amount:<br>汇票金额</td><td></td></tr>
<tr><td colspan="3">LC No. :<br>信用证号</td><td colspan="2"></td><td colspan="2">AB NO.:<br>到单编号</td><td></td></tr>
<tr><td colspan="3">Tenor Type:<br>即期 / 远期</td><td colspan="2"></td><td colspan="2">Maturity Date:<br>到期日</td><td></td></tr>
<tr><td colspan="3">Negotiating Bank:<br>议付行</td><td colspan="5"></td></tr>
<tr><td colspan="3">Doc.Mail Date:<br>寄单日期</td><td colspan="5"></td></tr>
<tr><td colspan="8">PLEASE FIND HEREWITH ENCLOSED THE FOLLOWING DOCUMENTS SENT FROM NEGOTIATING BANK AND ACKNOWLEDGE RECEIPT BY SIGNING AND RETURNING US.<br>兹附奉议付行寄来的下列单据，请查收。</td></tr>
<tr><td>DRAFT</td><td>B/L</td><td>INV.</td><td>P/L</td><td>C/Q</td><td>C/<br>OAPTA</td><td>SHIPING<br>ADVICE</td><td>BENEFICIARY’S<br>CERTIFICATE</td></tr>
<tr><td></td><td></td><td></td><td></td><td></td><td></td><td></td><td></td></tr>
<tr><td colspan="8">DISCREPANCIES（IF ANY）:<br>单据不符点</td></tr>
<tr><td colspan="8">REMARKS:<br>备注（客户）</td></tr>
<tr><td colspan="8">NOTE:<br>1. 该单据将于上述付款日对外付款，请贵司于接本通知后三日内将所附《对外付款 / 承兑通知书》签署意见及核销单 * 一式三联填妥加盖公章后交我行，以便及时对外付款。否则，我行将于上述付款日对外付款，不再另行通知；<br>2. 如贵司因单据有不符点要拒付，请于接本通知后三日内将所附的拒付通知交我行，并退回全套单据。</td></tr>
<tr><td colspan="8">（银行盖章）</td></tr>
</table>

注：* 在 2012 年 8 月 1 日货物贸易外汇管理制度改革后，已经取消进口付汇核销。

进口商审单的时间与银行审单的时间有关。原来 UCP500 规定的银行审单时间是 7 个银行工作日，UCP600 将其改为 5 个银行工作日。也就是说，现在开证行必须在收到单据次日起 5 个工作日内做出是否对外付款 / 承兑或拒付的决定。在这 5 个工作日中，银行留给进口商的时间一般是 3 个工作日。因此，进口商必须在 3 日内完成审单，做出对外付款 / 承兑或拒付的答复，否则开证行有权对外付款或承兑。

**不符点的处理**　对审单中发现的不符点，进口商的处理方法主要有以下几种：

1. 接受不符点，对外付款或承兑。如果不符点是非原则性的，不会造成风险和损失，进口商则可以接受不符点，指示银行对外付款或承兑。这样既方便了出口商，也方便了自己。

2. 让出口商修改单证，然后对外付款或承兑。如果不符点不严重，时间上也来得及，则可让出口商修改单证，然后对外付款或承兑。另外，也可以先支付部分货款，其余货款等单证修改好后再支付。

3. 检验货物，以决定是否对外付款或承兑。如果不符点不严重，单证无法修改，进口商则可指示开证行暂不对外付款，在征得出口商同意后先检验货物。如果货物符合要求，不符点只是制单问题，则可以接受不符点对外付款或承兑，也可以要求出口商提供第三方担保后对外付款或承兑。如果提货后发现问题，再向出口商索赔。

4. 拒付。如果不符点严重，则出口商可以对外拒付。拒付时进口商应在《对外付款 / 承兑通知书》中列明不符点，加盖印鉴后退给开证行。如果只是暂时拒付，则还要与出口商洽商解决办法，可让银行留存单据听候处理。

【实例】

某进口商进口货物一批，开出的信用证要求出口商提供《木制包装熏蒸证明》，但收到的单据中少了该证明，进口商应该如何处理？

【解答】缺少《木制包装熏蒸证明》会影响进口通关。本案进口商可以通知开证行暂时拒付，立即与出口商商议处理办法。如果货物包装无木质材料，则可以让出口商补交《非木质包装证明》，否则检验检疫机构要对货物包装进行熏蒸处理，不仅会增加手续，还会产生费用，从而给进口商带来损失。如果有木质材料，则可以让出口商同意负担由此带来的费用和损失后再付款赎单。

## 3.2　付款赎单

如果单证相符，或进口商决定接受不符点，就要付款赎单。目前，我国对货物贸易项下的对外付汇不加限制，只要有真实的贸易背景，进口商就可以用自己外汇账户上的外汇对外支付，也可以向银行购汇支付。

原来进口商在银行办理付汇时要逐笔填写进口付汇核销单，非货到汇款的进口付汇，在货物到达后，进口商要凭进口货物报关单和相应的核销单到国家外汇管理局办理进口付汇核销。在 2012 年 8 月 1 日货物贸易外汇管理制度改革后，取消了进口付汇核销制（参见第 2 章），现在进口付汇已不用填写核销单，付汇后也不用到国家外汇管理局办理进口付汇核销。国家外汇管理局对企业进行分类管理，银行按企业的分类办理进口付汇：A 类企业可以在银行直接办理付汇；B 类企业由银行实施电子数据核查后办理；C 类企业要经国家外汇管理局逐笔登记后办理。各类企业在银行办理进口付汇时，应按不同的结算方式和付款时间提交相应的凭证和商业单据。

银行付汇的外汇来源如下：如果是全额开证，则用开证申请人外汇账户中的保证金对外支付；如果是差额开证，进口商则要提交购买外汇申请书（见示样 25－3），委托银行购汇对外支付。进口付汇后，进口商即可以从开证行领取全套正本单据，即所谓“付款赎单”。

**示样 25－3　购买外汇申请书**

| | | | | | |
|---|---|---|---|---|---|
| **中国银行 × 分行<br>购买外汇申请书** | | | | | |
| 中国银行 × 分行：<br>我公司现按国家外汇管理局有关规定向贵行提出购汇申请，并随附有关单证，请审核并按实际转账日牌价办理售汇。 | | | | | |
| 单位名称 | | 人民币账号 | | | |
| 购汇金额（大小写） | | 当日汇率 | | 折合人民币（大小写） | |
| 购汇支付方式 | □支票　□银行汇票　□银行本票　□扣账　□其他 | | | | |
| 购汇用途 | □进口商品　□从属费用　□索赔退款　□还贷　□其他 | | | | |
| 对外结算方式 | □信用证　□代收　□汇款　（□货到付款　□预付货款） | | | | |
| 业务参考 | 商品名称 | | 数量 | | |
| | 合同号 | | 发票号 | | |
| | 合同金额 | | 发票金额 | | |
| | 核销单号 | | 信用证号 | | |
| 进口商品类型 | □一般进口商品<br>□控制进口商品，批文随附如下：<br>□进口证明　□许可证　□登记证明　□其他批文<br>批文号码：　批文有效期： | | | | |
| 附件 | □售汇通知单　□进口付汇核销单　□正本报关单<br>□合同 / 协议　□发票　□正本运单<br>□保险费收据　□运费单 / 收据　□佣金单<br>□付款委托书　□开证申请书　□其他 | | | | |
| 申请单位（盖章）：<br>联系人：　电话：　年　月　日 | | | | | |
| 银行审核意见<br>经办人：　复核人：　审批：　年　月　日 | | | | | |

# §4　接　货

接货指从货物到达口岸直到进口商取得货物的全过程，包括付款赎单（这个环节可能在货物到达前办理，也可能在货物到达后办理）、换单、进口通关、提货等环节。进口商可以自己接货，也可以委托货代接货，实践中大多数是委托货代办理。

## 4.1　换单

换单指将提单（B/L）换成提货单（Delivery Order，D/O）（参见参考资料 25.2）。提货单是收货人向海关作业监管场所提取货物的凭证，进口通关和提货都需要凭提货单。换单的过程如下：

1. 船舶抵港前约一个星期，船公司在卸货港的代理人（简称卸货港船代）向提单上的通知人（Notify Party）发到货通知，告知船舶预计到港的时间、换单的时间和地点。

2. 收到通知后，货代一方面通知进口商付款赎单（如果已经办理就不需要这一步），另一方面根据货物的 HS 编码查阅海关税则，确定进口关税税率、监管条件等。

3. 进口商付款赎单后，将正本提单，报检、报关委托书及相关资料交货代。

4. 货代按到货通知告知的换单时间和地点持正本提单找卸货港船代换单。换单费包括手续费和 DTHC 费。①

## 4.2　进口通关

进口货物只有通关后才能提取。进口通关包括进口商检和进口报关，两种业务原来分属质检总局和海关管理，关检融合后，都由海关统一管理。

### 4.2.1　进口商检

进口商检也分为法定的检验和非法定的检验，法定的检验是国家的管理措施，是进口通关的必要条件，非法定的检验是买卖双方约定的检验，在这里只讨论法定的检验。

**进口法检的商品和内容**　在第 2 章中我们曾经指出，进出口法检的商品主要是列入《出入境检验检疫机构实施检验检疫的进出境商品目录》（简称《目录》）的商品；另外，也包括一些其他法律、行政法规规定必须检验的商品。要了解进口商品是否属于法检商品，可以用商品的 HS 编码或法定名称到海关总署网站或海关报关手册中去查询。如果海关监管条件代码为 A，则是进口法检商品。

① THC（Terminal Handling Charges）指码头操作费；DTHC（Destination Terminal Handling Charges）指目的港码头操作费；OTHC（Original Terminal Handling Charges）指起运港码头操作费。

【案例 25－2】

某公司进口成套设备，其零配件的HS编码不在《目录》内，该设备是否要做法检？

从一般角度说，进出口法检的内容可以概括为“三检”，即进出口商品检验，简称“商检”；进出境动植物检疫，简称“动植检”；进出境卫生检疫，简称“卫检”。但这是从一般角度来说的，并不是每一种法检进口商品都是检验这三项内容。要了解进口商品法检的具体内容，可以查阅法检《目录》。下面是法检《目录》的截图（见示样 25－4）。

示样 25－4　法检《目录》截图

| 序号 | HS 编码 | HS 名称 | 海关监管条件 | 检验检疫类别 |
|---|---|---|---|---|
| 4573 | 9503008900 | 其他未列名玩具 | A/B | L.M/N |
| 4574 | 9503009000 | 玩具、模型零件 | A/B | L.M/N |
| 4575 | 9505100010 | 含动植物材料的圣诞用品（不包括成套圣诞节灯具） | A/B | P/Q |

资料来源：《出入境检验检疫机构实施检验检疫的进出境商品目录（20160201）》。

其中，“海关监管条件”是海关监管的内容，有 A、B、D 三个代码；“检验检疫类别”是出入境检验检疫机构监管的内容，也就是法检的内容，有 M、N、P、Q、R、V、W、S、L 九个代码，这些代码的含义见第 23 章第 1.1.2 节。

从上表可以看出，三种商品都属于法检范围。其中，“其他未列名玩具”和“玩具、模型零件”要做进口商品检验（M）和民用商品入境验证（L）；“含动植物材料的圣诞用品（不包括成套圣诞节灯具）”要做进境动植物、动植物产品检疫（P）。

【案例 25－3】

某商品在法检《目录》中的检验检疫类别为 P.R/Q.S，该商品进口时要做哪些检验检疫？

【案例 25－4】

某商品的检验检疫类别为 M.P/Q，该商品入境时应做什么检验检疫？

【案例 25－5】

在法检《目录》中，某商品的检验检疫类别为 L/N，该商品在入境时，检验检疫机构要对其实施何种类型的检验检疫？

**进口商检的资质和有关规定**　进口报检要取得报检的资质，包括报检企业的资质和报检员的资质。有关报检企业的概念和分类、报检员的有关问题、报检资质的申办方式，可参见第 23 章第 1.1.3 节。

进口商可以自己报检，也可以委托代理报检企业报检。委托代理报检企业报检的，应向其提供所委托报检事项的真实情况、《代理报检委托书》，并支付代理报检费。

代理报检企业接受委托，可以以委托人的名义报检，也可以以自己的名义报检。前者要向海关提交委托人的《代理报检委托书》，遵守对委托人的各项规定；后者应承担与发货人相同的法律责任。

报检企业必须通过本企业的报检员报检，报检员只能代表一个报检企业报检；海关对报检员的差错或违规行为实行差错记分管理，差错记分列入报检企业的信用记录。

进口商检的其他规定可参见第 23 章第 1.1.5 节。

**进口商检的业务流程**　关检融合前，法定检验的进口商品在入境时向到达口岸的商检机构报检。口岸检验检疫机构审核通过后，对来自疫区，可能传播传染病、动植物疫情的货物实施必要的检疫、消毒、卫生除害处理，然后签发“入境货物通关单”供报检人报关；与此同时签发“商检联系单”指示报检人报关后到指定的商检机构检验，检验合格的，签发“入境货物检验检疫证明”放行；不合格的出具“检验检疫处理通知书”。关检融合后，海关对进口法检和进口报关的流程进行了整合，有关情况我们在下面的进口报关一节介绍。

### 4.2.2　进口报关

**报关的资质和有关规定**　进口报关要具备报关的资质，包括报关单位和报关员的资质。有关报关资质的概念、分类、申请等内容我们在出口报关部分已经论述，读者可参看第 23 章第 1.2.1、1.2.2 节。

根据我国《海关法》规定，进口商可以自己报关，也可以委托报关企业（报关行、报关公司）报关。前者又称自理报关，后者又称代理报关。在我国的对外贸易中，大多数进口商都是委托报关企业报关，即采用代理报关的形式。委托报关企业报关，委托人应向报关企业提交授权委托书，提供所委托报关事项的真实情况，并支付代理报关费。

此外，报关企业接受进口商的委托，可以以委托人的名义报关（直接代理），也可以以自己的名义报关（间接代理）。报关企业以委托人的名义报关的，应向海关提交委托人的授权委托书，遵守《海关法》对委托人的各项规定；报关企业以自己的名义报关的，应承担与收货人相同的法律责任。目前我国大多数报关企业都是以委托人的名义报关。

**进口报关的基本环节**　与出口一样，进口报关的过程也由申报、查验、纳税和放行四个基本环节构成。

1. 申报。进口货物一般在货物进境地海关申报。原来商检和报关要分别向出入境检验检疫局和海关申报，关检融合后，都向海关申报。海关对报检、报关的内容进行了整合，制定了新的报关单，现在进口报关人可以通过“中国国际贸易单一窗口”报关、报检合一界面，同时录入报关、报检数据，一次向海关申报。如果是法检的进口商品，系统接收申报后，在后台将报关、报检数据分流给负责海关和商检查验的部门，由它们组织一次查验或放行。

进口货物应当自运输工具申报进境的次日起 14 日内向海关申报，超过这个期限要征收滞报金，不管申报期限的最后一天是不是双休日或法定节假日都不能顺延。[①]

滞报金按日计征，每日征收进口货物完税价格的 0.5‰，以人民币计征，征收到元为止，不足 1 元的部分免征。滞报金的起征点为 50 元，如果不到 50 元，则免征。

滞报时间从规定的申报期限最后一天的次日起算，或者说，从运输工具申报进境之日起第 15 日起算，截止日为海关接受申报之日，其间有双休日、法定节假日也不能扣除。如果滞报金的起征日期是法定节假日，则顺延至法定节假日后的第一个工作日。

滞报金的计算公式为：

滞报金 = 进口货物完税价格 ×0.5‰× 滞报天数

【案例 25－6】

装载某批进口货物的货轮于 2006 年 10 月 23 日（星期一）申报进口，货物的收货人直到 2006 年 11 月 16 日才向海关申报，货物的成交价格为 CIF 青岛 325 000 美元，美元兑人民币的汇率为 1 : 7.87，滞报金每天为进口货物完税价格（CIF 价）的 0.5‰。计算该批货物应缴纳的滞报金。

如果进口货物超过 3 个月未申报，海关则有权将其变卖；如果是不能长期保存的货物，海关则可以提前变卖。变卖所得款项在扣除运输、装卸、仓储、关税等费用后如果还有余额的，在 1 年内经收货人申请且海关同意，可以发还给收货人，超过 1 年要上缴国库。因不可抗力等特殊原因导致滞报的，进口商可以向海关申请减免滞报金。

2. 查验。进口通关包括商检查验和海关查验。海关查验可分为单证查验和货物查验。为方便进口，海关对大多数进口货物只做单证查验，只对少数进口货物做货物查验。

货物查验的地点在海关监管场所（如口岸码头、车站、仓库、机场、邮局等），对散装、大宗货物、危险品等也可以在船边等现场查验。

货物查验的程序为：（1）海关向报关人员发查验通知。（2）报关人员准备查验要用的单证和搬移、开拆、重封货物需要的工具和材料。（3）海关以经过审核的单证为依据，对进口货物实施查验，查验时收货人或其代理人应到场搬移、开拆货物，提供海关要查看的单证，回答海关查验人员提出的问题。在某些情况下，海关也可以在收货人或其代理人不在场的情况下查验。（4）查验结束后，海关填写海关进出口货物查验记录，交报

① 参见《海关法》第 24 条。

关人员核对，如果无错误，报关人员要签字，然后搬移货物和重封包装。对查验造成的损坏，进口商有权向海关索赔，但必须当场向海关提出。

【实例】

河南 A 公司以 CIF 青岛每公吨 650 美元从国外进口杀虫剂 20 公吨。监管条件为 A、S（A：入境货物通关单；S：进出口农药登记证明）。货物于 2010 年 12 月 10 日进境；同日，A 公司向青岛海关所属的黄岛海关报关，提交了进口货物报关单、农药进出口登记管理放行通知单、入境货物通关单等。海关审核单证后，决定对货物进行查验，提取货样送检，并通知了 A 公司。A 公司按照通知的查验时间派人前往现场，按照海关的要求搬移货物，开拆包装，协助海关提取货样。海关提取货样后，A 公司收取了取样清单，并在货物查验记录单上签字确认。

2011 年 1 月 5 日，检验结果出来，样品鉴定为滴滴涕（DDT）。黄岛海关立案调查后，认为 A 公司申报不实，但非主观故意，认定为违规行为，责令货物退运，并要处以 100 万元以下罚款。A 公司对黄岛海关的处理决定不服，决定向青岛海关申请行政复议或向人民法院提起行政诉讼（结果略）。

商检查验原来由出入境检验检疫局负责，关检融合后由海关负责。海关对两种查验的流程、场地和人员进行了整合。如果申报的进口货物同时要做商检和报关查验，海关则将相关信息分流到负责商检和报关查验的部门，由它们尽量将两种查验整合在一次完成，以避免重复查验。

文摘

### 关检融合，口岸通关效率大幅提升

记者今日探访北京、天津、广州口岸发现，“关检合并”后，口岸通关效率有了大幅提升。

在北京首都国际机场（简称首都机场）查验中心的整车监管口岸，首都机场海关物流监控处查验一科副科长田苗苗正与原首都机场出入境检验检疫局的同事进行进口车查验。“海关和出入境检验检疫系统对整车查验的侧重点有所不同。海关主要核对车辆发动机号、排量、价格等与申报是否一致，检验检疫系统重点查验车辆制动、转向等安全性指标是否符合国家标准，”田苗苗介绍。“关检合并”前，整车先要接受海关查验，待放行后再运输到百米之外接受检验检疫查验，整体流程需要三至四天。

2018 年 4 月 20 日上午，在天津东疆保税港区海关验放大厅外，原分属两个部门的四名查验人员正在对两辆平行进口吉普车进行共同查验。原天津东疆出入境检验检疫局工作人员丁帅告诉记者，过去对于平行进口汽车的查验，企业需要分别向海关和检验检疫局申报，查验过程也要分两次进行，两部门合并后将实现“一次申报一次办理”。

从两次查验到一次查验，整车通关时效提升的同时降低了进口企业的通关成本。天津市宇峰国际货运有限公司负责人王源表示，新的查验办法有望将车辆查验全过程从以前的四到五个工作日缩短到二到三个工作日，方便企业更快将汽车交付买家。田苗苗认为，流程的简化和仓储费用的降低使每台进口整车平均口岸费用降低了近三分之一；同时，由于减少了车辆装卸、位移操作，从而大大降低了车辆被损坏的风险。

资料来源：鲁畅，王晖，邓华．“关检合并”：今起原出入境检验检疫系统统一以海关名义开展工作．新华网，2018-04-20.

---

3. 纳税。进口货物要缴纳的税费有进口关税，海关代征的增值税和消费税，以及少量的海关规费等。进口关税、增值税和消费税的计算方法可参见第 18 章。

进口纳税的步骤如下：（1）查验通过后，海关填发海关税款缴款书，指示进口商到指定的银行纳税（进口关税、增值税和消费税一次缴纳）；（2）进口商开支票缴纳税款；（3）纳税后，指定银行在海关税款缴款书上盖章确认。

我国《海关法》规定，进口商应在海关填发海关税款缴款书次日起 15 日内向海关指定银行纳税。如果纳税期限的最后一天是法定节假日，则顺延至其后的第一个工作日，但纳税期限内含有的法定节假日不能扣除。

如果进口商逾期未缴纳进口税费，则要征收滞纳金。滞纳金每天按滞纳税款的 0.5‰征收。有关计算公式如下：

关税滞纳金金额 = 滞纳关税税额 ×0.5‰× 滞纳天数

进口环节税滞纳金金额 = 滞纳进口环节税税额 ×0.5‰× 滞纳天数

其中，滞纳天数从纳税期限最后一天的第二天起算，到缴清税款之日为止，滞纳期内有法定节假日也不能扣除。

滞纳金的起征点是 50 元，如果某项滞纳税款的滞纳金不到 50 元，则不予征收。

**【案例 25－7】**

某公司从香港进口德国奔驰牌轿车 5 辆，成交价格为 CIF 天津新港 125 800 美元。已知该批货物应征关税为 352 793.52 元，应征进口环节消费税为 72 860.70 元，应征进口环节增值税为 247 726.38 元。海关于 2006 年 10 月 24 日（星期二）填发海关税款缴款书，该公司于 2006 年 11 月 22 日缴纳税款。计算该公司应缴的滞纳金（结果保留两位小数）。

---

4. 放行。放行的过程如下：（1）报关人员纳税后，将盖有银行章的“海关税款缴款书”交海关；（2）海关发送放行指令给海关监管作业场所（船上或仓库）经营单位和外贸公司；（3）收货人或其代理凭海关放行指令和正本提货单（D/O）或其他货运单据到海关监管作业场所提货（见下）；（4）提货后，如需要海关签发进口货物报关单证明联或办理其他证明的，报关人可以向海关申请。

提货的步骤如下：（1）货代将正本提货单及海关的放行指令交集装箱车队；（2）车队凭提货单和海关放行指令去船公司申请放箱，盖放箱章，领取集装箱设备交接单，到理货公司盖理货章，到港区排提箱计划；（3）车队按提箱计划凭提货单和海关放行指令到港区提箱送给收货人。

## 复习题

1. 简述进口开证的手续。
2. 以FOB方式进口，买方办理运输有哪两种方式？
3. 进口审单发现不符点怎么处理？
4. 我国对进口付汇的政策是什么？
5. 接货包括哪几个环节？什么是换单？简述换单的过程。
6. 进口货物应该在什么时候向海关申报？怎样计算滞报金？
7. 进口商品要缴纳的税费有哪些？怎样计算滞纳金？

## 问题与案例

1. 某公司以FOB方式从巴西进口橡胶，由于没有合适的船期，未能在合同规定的装运期前安排好运输。巴西出口商要求撤销合同并提出损害赔偿。问巴西出口商是否有权这样做？

2. A公司与德国B公司签订了一份进口某商品的合同。合同规定，A公司必须在5月25日前将信用证开到卖方，否则卖方有权撤销合同并请求损害赔偿。A公司于5月21日向银行申请开证，B公司收到信用证的时间为5月28日。此时该商品的国际市场价格上涨，B公司为了能以更高的价格出售货物，便以A公司没有按时开证为由要求撤销合同。经过几次协商无效，A公司只好同意撤销合同。由于A公司已经与国内工厂签订了售货合同，因此不得不以高价购进同类货物销售给国内厂家。问A公司应吸取什么教训？

3. 某公司进口红酒一批。海关于2009年1月12日（星期一）填发海关税款缴款书，该公司于2009年2月11日（星期三）缴纳税款（2009年1月25—31日为法定节假日）。问该公司滞纳税款的时间为多少天？

## 参考资料

### 25.1 开证申请书（正面）

**IRREVOCABLE DOCUMENTARY CREDIT APPLICATION**

**To: BANK OF SHANGHAI** Date:

| | |
|---|---|
| Applicant (full name and address) | Advising Bank: <br> L/C NO. <br> Contract No.: |
| Beneficiary (full name and address) | ( ) Issue by airmail <br> ( ) Issue by teletransmission(which shall be the operative instrument) <br> ( ) With brief advice by teletransmission. <br> ( ) Irrevocable documentary credit <br> ( ) Irrevocable transferable documentary credit |
| Partial shipments <br> ( ) allowed <br> ( ) not allowed <br> Transhipment <br> ( ) allowed <br> ( ) not allowed | Date and place of expiry of the credit |
| Loading on board/dispatch/taking in charge at/from <br> Not later than <br> For transportation to | Amount (both in figures and words) |
| Description of goods: <br> Packing: | Credit available with <br> ( ) by sight payment ( ) by acceptance ( ) by negotiation <br> ( ) by deferred payment at <br> against the documents detailed herein <br> ( ) and beneficiary's draft for % of the invoice value <br> at <br> on <br> ( ) FOB ( ) CFR ( ) CIF <br> ( ) or other terms |

Document required:(marked with X)

1. ( ) Signed Commercial Invoice in copies indicating L/C No. and Contract No.
2. ( ) Full set of clean on board ocean Bills of Lading made out to order and blank endorsed, marked "freight[ ]to collect[ ]prepaid"[ ] showing freight amount[ ]L/C No. [ ]Inv. No. Notifying
3. ( ) Air Waybills showing "freight[ ]to collect/[ ]prepaid[ ] " indicating freight amount and consigned to Notifying
4. ( ) Insurance Policy /Certificate in copies for % of the invoice value showing claims payable in China in currency of the draft, blank endorsed, covering([ ]Ocean Marine Transportation/[ ]Air Transportation/[ ]Over Land Transportation)All Risk, war Risks.
5. ( ) Packing List/Weight Memo in copies indicating quantity/gross and net weights of each package and packing conditions as called for by the L/C.
6. ( ) Certificate of Quantity in copies issued by at the loading port,indicating the actual surveyed quantity/weight of shipped goods as well as the packing condition.
7. ( ) Certificate of Quality in copies issued by[ ]MANUFACTURER/[ ]public recognized surveyor/[ ]
8. ( ) Certificate of Origin in copies
9. ( ) Beneficiary's certified copy of fax dispatched to the accountees within hours after shipment advising[ ]name of vessel/[ ]flight No./[ ]wagon No. ,date, quantity, weight and value of shipment.
10. ( ) Beneficiary's Certificate certifying that extra copies of the documents have been dispatched to the applicant within days after shipment date.
11. ( ) Other documents, if any:

Additional instructions:

1. ( ) All banking charges outside the opening bank are for beneficiary's account.
2. ( ) Documents must be presented within days after the date of shipment but within the validity of credit .
3. ( ) Third party as shipper is not acceptable .Short Form/Blank Back B/L is not acceptable.
4. ( ) Both quantity and amount % more or less are allowed .
5. ( ) *All documents to be forwarded in one cover, unless otherwise stated above.*
6. ( ) Other terms, if any:

扣收手续费人民币/外币账号：（必填项）____________________

联系人：

电话： 传真： 是否需要确认草本？ 是（ ） 否（ ）

(Applicant: name, signature of authorized person)

(with seal)

（背面）

## 开证申请人声明

**上海银行股份有限公司：**

我公司已办妥一切进口和外汇管理手续，现请贵行按我公司申请书内容开出不可撤销跟单信用证。我公司声明如下：

一、　我公司同意贵行依照国际商会第 500 号出版物《跟单信用证统一惯例》办理该信用证项下一切事宜，我公司确认由于我公司开证申请书条款的原因导致贵行开出的信用证条款有误，或因申请书字迹不清或含混而引起的一切后果均由我公司承担。同时我公司确认贵行有权按国际惯例缮制信用证条款，只要开出的信用证条款与开证申请书条款不矛盾，以贵行开立的信用证条款为准。

二、　我公司保证该信用证项下的贸易符合我国外汇管理规定，具有真实贸易背景，我公司将按规定办理申报、核销。

三、　我公司保证按时向贵行支付该信用证项下的货款、手续费、利息及一切费用（包括国外受益人拒绝承担的有关国外银行费用）等所需的外汇和人民币资金。

四、　我公司保证在单证表面相符的条件下办理有关付款/承兑手续。如因单证经我司审核有不符之处而拒绝付款/承兑，我公司保证在贵行单到通知书中规定的日期之前将全套原始单据如数退还贵行并附书面拒付理由，由贵行按国际惯例确定能否对外拒付。如贵行确定我公司所提拒付理由不成立，或虽然拒付理由成立，但我公司未能退回全套原始单据，贵行有权主动办理对外付款/承兑，并从我公司任何账户中扣款。

五、　经贵行审核单据有不符点，我公司保证在贵行规定的期限内明确表示接受或拒付。若未给予书面通知，视同确认拒付。若拒付引起争议，经贵行交涉后最终按国际惯例认定必须付款，我公司保证承担付款/承兑责任。

六、　该信用证及其项下业务往来中如因邮、电传递发生遗失、延误、错漏，贵行当不负责。

七、　该信用证如需修改，由我公司向贵行提出书面申请，由贵行根据具体情况确定能否办理修改。我公司确认所有修改当由信用证受益人接受时才能生效。

八、　我公司在收到贵行开出的信用证、修改书副本后，保证及时与原申请书核对，如有不符之处，保证在接到副本之日起，两个工作日内通知贵行。如未通知，当视为正确无误。

九、　我公司给贵行的信用证项下各种书面确认副本(含传真)视同正本，均具有同等的法律作用。

开证申请人：　　　　（公章）　　　　　　　　法人代表签章：

______年______月______日

25.2 提货单

**上海中远集装箱船务代理公司**

**COSCO SHANGHAI CONTAINER SHIPPING AGENCY CO., LTD.**

**进口集装箱货物提货单**

No. 0138450

港区场站　　　　　　　　　　　　　　　　　　　船档号

<table>
<tr><td colspan="3">收货人名称</td><td colspan="2">收货人开户<br>银行与账号</td></tr>
<tr><td>船名</td><td>航次</td><td>起运港</td><td>目的港</td><td>船舶预计到达时间</td></tr>
<tr><td>提单号</td><td>交付条款</td><td>卸货地点</td><td>进库场日期</td><td>第一程运输</td></tr>
<tr><td>标记与集装箱号</td><td>货名</td><td>集装箱数或件数</td><td>重量(KGS)</td><td>体积($M^3$)</td></tr>
<tr><td></td><td></td><td></td><td></td><td></td></tr>
</table>

<table>
<tr><td rowspan="2">船代公司重要提示：<br>1）本提货单中有关船、货内容按照提单的相关显示填制；<br>2）请当场核查本提货单内容错误之处，否则本公司不承担由此产生的责任和损失；(Error And Omission Excepted)<br>3）本提货单仅为向承运人或承运人委托的雇用人或替承运人保管货物订立合同的人提货的凭证，不得买卖转让；(Non-negotiable)<br>4）在本提货单下，承运人代理人及雇用人的任何行为，均应被视为代表承运人的行为，均应享受承运人享有的免责、责任限制和其他任何抗辩理由；(Himalaya Clause)<br>5）本提货单所列的船舶预计到达时间，不作为申报进境和计算滞报金、滞箱费、疏港费等起算的依据，货主不及时换单和提货造成的损失，责任自负；<br>6）本提货单中的中文译文仅供参考。<br><br>上海中远集装箱船务代理公司<br>（盖章有效）<br>年　月　日</td><td>收货人章<br>1</td><td>海关章<br>2</td></tr>
<tr><td>检验检疫章<br>3</td><td>4</td></tr>
<tr><td>注意事项：<br>1）本提货单需盖有船代放货章和海关放行章后方始有效。凡属法定检验、检疫的进口商品，必须向检验检疫机构申报。<br>2）提货人到码头公司办理提货手续时，应出示单位证明或经办人身份证明。提货人若非本提货单记名收货人，还应当出示提货单记名收货人开具的证明，以表明其为有权提货的人。<br>3）货物超过港存期，码头公司可以按《上海港口货物疏运管理条例》的有关规定处理。在规定期间无人提取的货物，按《海关法》和国家有关规定处理。</td><td>5</td><td>6</td></tr>
</table>

# 第26章 代理进口

代理进口指外贸公司接受生产企业（或其他单位，本章假定是生产企业）的委托代办进口业务，收取佣金的经营方式。在代理进口业务中，外贸公司与生产企业是同一业务的两个方面，对外贸公司来说是代理进口，对生产企业来说是委托代理进口。代理进口在进口贸易中采用得非常普遍。

## §1 代理进口的特点

代理进口的国外出口商一般由委托方自己找，进口所需资金由委托方承担，盈亏由委托方自负；外贸公司只代办进口业务，收取佣金，与委托方没有购销关系。

对生产企业来说，代理进口的优点是：（1）不需要申请外贸经营权，对没有外贸经营权的企业来说是一条扩大海外业务的便捷途径；（2）操作简便，与外商磋商交易后，只要找一家外贸公司代办进口即可；（3）对没有外贸经验的企业来说，可以降低风险。对生产企业来说，代理进口的缺点是：（1）要支付外贸公司一笔代理费；（2）由于办理外贸业务的需要，不得不把国外出口商的名址、有关资料、交易价格等信息提供给外贸公司，不利于保护商业秘密。

对外贸公司来说，代理进口占压的资金比自营进口少，但利润没有自营进口高。不过二者都是外贸公司扩大业务的途径，没有什么优劣之分。

代理进口对外贸公司有一定风险，因为：（1）与外商签订合同的是外贸公司，如果合同履行出现问题，首先要由外贸公司负责。（2）对运输公司、海关、国家外汇管理局等负责的首先也是外贸公司。（3）目前，外贸公司对外开证大都只收10%~20%的开证保证金，如果委托方资信欠佳、资金困难、破产倒闭，外贸公司则要承担对外付款的责任。外贸公司一般没有国内销售渠道，即使掌握了货物所有权也难以变现。

【实例】

2008 年 7 月，国内 A 公司与宁波 B 公司签订进口代理协议，委托其向日本 C 公司进口一台多线切割机，用于切割硅片。随后 B 公司对外签订了金额约为 30 万美元的进口合同，交货期为 2009 年 2 月。

合同签订后，A 公司向 B 公司支付了 30% 的开证保证金，B 公司于 2008 年 8 月 16 日通过国内某银行向 C 公司开出 100% 合同金额的即期信用证。2008 年 9 月，全球金融危机爆发，硅片市场因受到冲击而迅速萎缩，A 公司紧急请求 C 公司推迟交货，C 公司口头同意推迟到 2009 年 4 月底。

但 2009 年 2 月 10 日，C 公司擅自将货物发运，货物于 2009 年 2 月 14 日到达宁波港。中方开证行在 2009 年 2 月 13 日收到日方议付行寄来的单据，经审核与信用证相符，要求 B 公司付款赎单。B 公司只得向 A 公司发出付款通知，要求其于三个工作日内将货款汇入 B 公司账号。但 A 公司以资金紧张为由要求 B 公司暂时垫付货款，并代其保留货物。无奈 B 公司只得垫付了赎单款。

货物必须于 2009 年 2 月 28 日前报关，否则将产生滞报金。由于货值大，进口报关产生的费用较高，B 公司决定暂时将货物存入保税仓库。同时要求 A 公司出具一份付款承诺书，承诺将于 2009 年 2 月 24 日前一次性付清所欠赎单款，并按进口代理协议承担违约金。

但到 2009 年 2 月 24 日，A 公司再次借故不支付赎单款，B 公司只得向其发出紧急通知，要求限期答复。2009 年 2 月 27 日，A 公司与 B 公司签订了进口代理补充协议，约定 A 公司追加 30 万元保证金，推迟 5 个月支付赎单款，并承担因违约产生的一切责任和费用，逾期 B 公司将有权处置货物并没收全部保证金。根据 B 公司的要求，A 公司还在进口代理补充协议中追加了一家担保公司。

2009 年下半年，硅片市场回暖。A 公司终于在 2009 年 7 月 28 日向 B 公司支付了全部欠款，赎回了多线切割机并投入硅片生产。

# §2 代理进口的操作

## 2.1 业务流程

代理进口的业务流程与许多因素有关，假定 FOB 进口、信用证结算、集装箱班轮运输，在这种情况下，代理进口的业务流程如下（见图 26－1）：

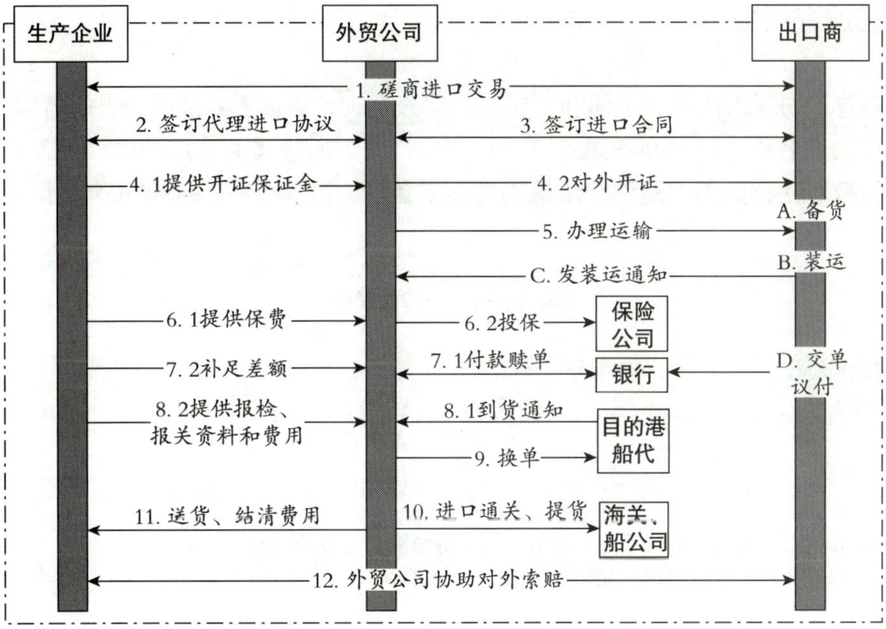


**图 26－1　代理进口的业务流程**

1. 生产企业与国外出口商磋商进口交易，初步达成一致。

2. 生产企业对内选择外贸公司，与之签订代理进口协议（也可以是外贸公司找有进口需求的生产企业）。

3. 外贸公司按代理进口协议与指定的国外出口商磋商签订进口合同，合同条款要经过生产企业确认。

4. 合同签订后，生产企业提供开证保证金（4.1），外贸公司对外开证（4.2）。

5. 外贸公司采用指定船公司或指定货代的方式办理运输（参见第 25 章）。

6. 国外出口商装运货物后发来装运通知，生产企业提供保费（6.1），外贸公司投保（6.2）。

7. 国外单据到达后，外贸公司到开证行付款赎单（7.1）。如果开证时生产企业提供的是全额保证金，就用保证金对外支付；如果提供的是部分保证金，生产企业要补足差额部分（7.2）。

8. 船舶到港前，船公司在目的港的代理（船代）发来到货通知，告知船舶预计到港时间、换单的时间和地点（8.1）；外贸公司通知生产企业做好接货准备；生产企业将报检、报关资料提供给外贸公司，将报检、报关手续费划入外贸公司指定的账户（8.2）。

9. 外贸公司找船代将提单换成提货单。

10. 外贸公司持提货单及报检、报关资料向海关办理进口通关手续。通关后，海关向海关监管作业场所经营单位和外贸公司发放行指令，海关监管作业场所经营单位凭海关放行指令一次放行，外贸公司凭海关放行指令和正本提货单到船公司提离货物。

11. 外贸公司提货后送往生产企业指定的地点，并与生产企业结清所有费用。

12. 生产企业验货，如果发现问题，外贸公司要协助生产企业对外索赔。

## 2.2 代理进口协议

代理进口协议由约首、主体和约尾三个部分组成。约首主要说明协议的名称，编号，双方当事人的名称、地址和联系方式等；主体是双方通过磋商达成的协议条款；约尾是协议的份数、法律效力、附件、缔约人的签字盖章、协议生效的时间和会签指示等（见示样 26－1）。

**示样 26－1 进口代理协议**

进口代理协议　　　　　　编号：

甲方：　　　　　　　　　　　　乙方：
地址：　　　　　　　　　　　　地址：

甲乙双方就乙方委托甲方代理进口事宜，经友好协商，达成协议如下。

一、甲方代理乙方进口以下商品。

1. 商品名称：

2. 规格及数量：　　　　总数量：

3. 产地：

4. 价格：　　　　总金额：

5. 包装：

以上条款最终以甲方对外签约合同为准。

二、双方责任。

（一）甲方责任。

1. 对外签署合同并向乙方提供合同副本。

2. 收到乙方的开证保证金后按合同要求对外开立信用证。

3. 负责办理代理进口报关、商检及其他接货手续，但所有相关费用均由乙方承担。

4. 如需要索赔，在收到乙方的索赔委托、依据及索赔费用后，及时代理乙方按甲方对外签署的合同规定向外索赔，索赔利益归乙方所有，但代理手续费不做任何退回。

5. 如乙方未按规定向甲方付清全款，甲方有权没收保证金并自行处理货物，以及向乙方索赔由此而造成的其他损失。

6. 及时向乙方通报进口合同的执行情况，特别是货物备妥期、装运期、预计抵达情况，以便乙方及时做好接货准备。

7. 收到国外正本单据审核无误后，及时向乙方结算。汇率以甲方实际对外付汇日汇率为准。

（二）乙方责任。

1. 本协议签订后 5 个工作日内向甲方支付合同金额______% 的代理手续费。

2. 本协议签订后 3 个工作日内向甲方支付合同金额______% 作为开证保证金。

3. 接受甲方采用的货物进口标准合同的固定条款。承认甲方代表乙方承担这些合同条款对买方的权利和义务的规定。

4. 收到甲方交来的对外进口合同副本后，立即进行核对。如发现与协议要求有不符点，应在收到合同副本后 3 个工作日内以传真或电报通知甲方。否则，即视为乙方已承担合同的权利和义务。

5. 货到目的港后，应积极配合甲方的港口货运代理办理货物的交接事宜。乙方必须在货到后______天内向甲方交清货物的全部税款（进口关税及增值税）和在港口所发生的所有费用（报关费、商检费、港杂费、仓储费及其他相关费用）及全部货款，以便甲方放货。

6. 如果外商由乙方自己所定，发生迟交货或不交货等问题由乙方负责追索，甲方协助。

三、索赔处理。

（一）甲方必须认真遵守《中华人民共和国进出口商品检验法》，发现问题时，及时处理。凡属于船方或保险责任的，应会同甲方在港口的货运代理向有关责任方索要货损、货差证明，通过甲方向保险公司办理有关索赔手续。凡属于国外发货人责任的短重及/或品质索赔，应及时申请商检，并在合同规定的索赔有效期终了前15天将商检证书送到甲方，以便甲方审核并及时对外索赔。

（二）甲方必须积极办理属于发货人责任的短重及/或质量索赔。甲方不承担直接的赔偿责任，但有义务代表乙方向国外发货人索赔，并须据理力争督促国外发货人尽速理赔。甲方须及时向乙方通报对外索赔进展情况，并对此索赔案负责到底直至乙方同意结案为止。

四、争议解决。

凡与本协议有关的争议，甲乙双方应本着长期合作、互惠互利的原则，依照《中华人民共和国合同法》的有关规定，友好协商解决。若协商不成，任何一方均有权向协议签订地的人民法院起诉。

五、其他本协议未尽事宜，适用国家关于对外贸易代理的相关规定。

六、本协议一式两份，具有同等法律效力，自签订之日起生效。

| | |
|---|---|
| 甲方： | 乙方： |
| 签约人： | 签约人： |
| 单位盖章 | 单位盖章 |
| 签约日期 | 签约日期 |

签好代理进口协议对代理进口的顺利进行、解决可能发生的争议都具有重要意义。在代理进口业务中，许多风险、损失和纠纷的发生都与没有签好代理进口协议有关。

**【案例26－1】**

1996年3月10日，某中国航空技术进出口公司（以下简称A公司）与江苏省江阴市某物资公司（以下简称N公司）签订一份代理进口协议。协议主要条款为：（1）A公司负责代理N公司从日本伊藤忠公司进口1 000吨丙二醇化工原料。（2）A公司对外签订进口合同，开立信用证，办理海运保险、付款赎单、核销等事项；N公司办理报关、报检和提货手续。（3）N公司在A公司对外开证前支付总货款的10%作为保证金，同时开具90%货款金额的90天商业承兑汇票；A公司在收到保证金和承兑汇票5日内对外开立信用证。（4）N公司按进口合同总金额的1%向A公司支付代理费。

协议签订后，A公司与日本伊藤忠公司签订了进口合同。N公司向A公司支付了保证金并开具了90天商业承兑汇票。

1996年4月18日，进口的1 000吨丙二醇在江苏省江阴海关办理完进口报关及报检手续，N公司提取了货物。但N公司开出的远期承兑汇票到期未能兑现。因此双方又签订了一份还款协议，其内容为N公司保证还清货款850万元、代理费10万元、货款利息10万元，共计870万元，并于1996年8月10日前分期付完所有款项。N公司将未销售的800吨货物交A公司监管，货物所有权归A公司所有。同时A公司与N公司及仓库签订了三方协议，规定任何人必须凭A公司的提货单提货。

由于A公司没有销售渠道，后来又不得不同意N公司在价格合适时代为销售，其货款及时汇入A公司账号。N公司很快把货物售完，但直到1998年6月30日还欠款270万元。此后，A公司向法院提起诉讼。[①]

问在本案的操作中A公司有哪些失误？

① 摘自：中国进出口网《进出口代理风险不容忽视》一文。

## 2.3 代理进口的费用

代理进口的费用也分为代理费和营业费两大部分。代理费一般是外贸合同金额的一个百分比。营业费包括运保费、进口关税、进口环节增值税和消费税、进口许可证办证费、换单费、商检费、报关费、港杂费、仓储费、内陆运费等。营业费一般由委托方先支付一笔金额，到最后清算；也有受托方先垫付营业费到最后清算的。

## 2.4 代理进口的注意事项

1. 做好资信调查。在签订代理进口协议前双方都要做好资信调查，调查的内容主要有对方的经营状况、管理水平、融资情况、法人代表的背景及信誉等。

2. 签好代理进口协议。其重要性在前文中已经论述。另外，签订代理进口协议必须在外贸公司对外签订进口合同以前，否则有可能出现外贸公司对外签订进口合同后委托方不履行，结果变成了外贸公司“自营进口”。

3. 外贸公司对外签订的进口合同条款必须经过委托方确认。

4. 外贸公司应等委托方将开证保证金打入自己的账户后才能申请开证。如果是 T/T 或托收结算，应等委托方将货款打入自己的账户后才能对外付款。

5. 合理规定委托方提供的开证保证金比例。规定委托方提供的开证保证金比例应考虑的因素有：委托方的信用等级、商品在国内市场上的变现能力、商品的价格波动趋势等。

文摘

### 商品的国际市场价格与委托方的开证保证金

在商品国际市场价格波动幅度超过委托单位支付的开证保证金时，一些信誉不好的委托方可能会选择毁约而不要保证金。2005 年 5—9 月，进口钢材价格下跌达 30%~50%，不少实力不强或信用不好的委托方就采取了不履约、放弃保证金的做法。虽然外贸公司可以按照代理协议提起诉讼，但由于委托方实力有限，因此损失很难追回。防止这种风险的一个办法就是确定好开证保证金的比例。另外，还可以在代理协议中规定“追加保证金”条款，例如，“当市场价格下跌超过 5% 时，委托方在接到代理方通知 3 日内必须按跌价幅度相应补充履行保证金，付至代理方账户。否则，代理方有权没收保证金，并自行处置货物。”

资料来源：吴江榕. 代理进口业务的几种风险案例分析. 对外经贸实务，2007（3）.

6. 对于重要的事项变更，外贸公司应要求委托方出示书面文件并签章确认，不能仅凭口头确认。

【实例】

E 公司代理国内 G 公司进口木材，在开证时，外商要求修改信用证的品名，E 公司电话征得 G 公司同意后修改了信用证。到货后，商品市场价格大跌，G 公司于是否认修改品名之事，拒不付款提货，要求 E 公司返还保证金，并赔偿相应损失。由于 E 公司没有 G 公司指示其修改信用证的书面文件，所以处于被动地位。

**【案例 26－2】**

某进出口公司（下称 S 公司）代理一家乳制品企业（下称 K 公司）进口芬兰乳制品加工设备。对外签订的进口合同规定：合同金额为 109 万美元，交货期为合同签订后 4 个月，合同金额 10% 的定金在合同签订后 1 周内付出，90% 货款以不可撤销即期信用证支付（信用证在交货期前 3 个月开出）。对内签订的代理合同规定：代理费为进口合同金额的 1%，由 K 公司在到货后 3 日内支付。

对外合同签订后，在 K 公司的配合下，S 公司按合同规定付出了定金 109 000 美元。但当开证期临近时，K 公司资金无着落，这时国外出口方一再催促开证。由于 S 公司无法开证，国外出口商于是提出赔偿合同金额 20% 的违约损失，并随附了材料及工时损失清单。也就是说，S 公司要在已经支付的定金的基础上再支付其 109 000 美元（10% 合同金额）。S 公司由此陷入对外合同纠纷。时隔半年多，国家外汇管理局又追究该合同项下 S 公司 109 000 美元定金的逃汇问题。

此项目从办理政府手续到技术交流、商务谈判、定金支付等，S 公司做了大量工作，但不仅一无所获，反而内外交困，面临进一步的经济损失和国家外汇管理局的惩处。①

问 S 公司有什么失误？你认为本案中的 S 公司本可以采取哪些措施来避免风险？

## 复习题

1. 什么是代理进口？代理进口对生产企业而言有哪些优缺点？
2. 简述代理进口的业务流程。
3. 代理进口协议包括哪三个部分？
4. 代理进口应注意哪些问题？

## 问题与案例

1. 2005 年 2 月 23 日，上海 D 公司与江苏南通 C 公司签订了一份代理进口协议，主要条款为：（1）C 公司委托 D 公司代理进口 5.5 万吨阿根廷大豆，由 D 公司对外签约、开证、对外付款、报关、报检、卸货及提货。（2）在协议签订后的数天内，C 公司将总货款 10% 的保证金打入 D 公司账户，其余货款于提货时支付，并不得迟于 D 公司对外付款前 5 个工作日将其划入 D 公司账户。（3）在付清货款前，货物所有权归 D 公司。

2005 年 5 月 2—12 日，D 公司代理进口的 59 306 吨大豆全部运到南通港并完成报关、报检及卸货事宜。根据协议，C 公司必须支付货款 1.558 亿元，但直到 2005 年 9 月

① 摘自：王正华. 进出口业务操作解析. 北京：中国经济出版社，2011.

1 日，C 公司仅支付了 6 000 万元，还欠 9 500 多万元。

2005 年 9 月 18 日，D 公司发现价值 9 500 多万元的大豆在没有提货单的情况下被 C 公司从南通港提走。D 公司旗下的另一个公司也遇到了同样的情况，该公司为 C 公司代理进口的大豆原油和棕榈油共计价值 9 699 万元的货物，在没有支付货款且没有提货单的情况下，也被 C 公司从南通港全部提走。至此，D 公司共计 1.9 亿元的货物被提走。

2005 年 10 月 8 日，C 公司进入破产程序，D 公司面临巨大损失。

问 D 公司在操作上有哪些失误?

2. 2001 年下半年，国内 A 公司代理 B 工厂与德国 C 公司签订了一份进口合同，购买汽车轮胎内轴生产线，合同总金额为 150 万美元。合同规定：德国 C 公司在收到 A 公司开立的定金保函后（占整个合同金额的 20%，30 万美元）开始生产所订产品；在产品完成 90% 以后，A 公司再开立另外 120 万美元的信用证；如果 A 公司在一定的期限内开不出另外 80% 金额的信用证，则要向德国 C 公司赔偿定金保函下的 30 万美元。

当时 B 工厂在全国企业 500 强中排名前 100 位，还是上市公司，A 公司丝毫不怀疑 B 工厂的经济实力，马上就替 B 工厂在银行开立了 30 万美元的定金保函。不久，B 工厂因为投资不善资不抵债，进口生产线的资金没了着落，进口开证因此搁浅。开立定金保函的银行于是将 30 万美元划出了 A 公司的账户。因为 B 工厂没有资金，A 公司只能垫上这笔款项，且要回这 30 万美元的希望非常渺茫。[①]

问 A 公司应吸取什么教训?

① 摘自：鲍传萍. 外贸业务解惑 500例. 北京：对外经济贸易大学出版社，2005.

09

第9篇

# 违约与争议的处理

进出口合同的履行如果顺利,在第7、8篇介绍的环节后即告结束。但在实际业务中，买方或卖方有时候会违约，这就要涉及违约的处理；在处理违约的过程中有时候还会发生争议，这又涉及争议的处理。因此，违约和争议的处理也是进出口合同履行的延续过程的一部分。

在进出口合同的履行过程中涉及的关系人很多，违约和争议不一定发生在买卖双方之间，还可能发生在买方或卖方与其他当事人之间，如承运人、货代、保险公司等。但本书主要介绍买卖双方之间违约和争议的处理，对买方或卖方与其他当事人之间违约和争议的处理，只简单地涉及。

本篇一共三章，第27章介绍买卖双方的义务，这是处理违约和争议的基础；第28章介绍违约的处理；第29章介绍争议的处理。

第27章

# 买卖双方的义务

明确买卖双方的基本义务是处理违约和争议的基础。对买卖双方的义务,《公约》和各国的法律都有规定，本章主要引用《公约》的规定。

## §1 卖方的义务

《公约》在第三部分第二章第一、二节对卖方的义务做了规定，概括起来，主要有三个方面。

### 1.1 交付货物和移交单据

**交付货物** 在这方面《公约》的规定涉及以下四点:

1. 按规定的地点和时间交货。关于交货的时间,《公约》规定，卖方必须按以下规定的日期交付货物.(a)如果合同规定有日期，或从合同可以确定日期，应在该日期交货;(b)如果合同规定有一段时间，或从合同可以确定一段时间，除非情况表明应由买方选定一个日期外，应在该段时间内任何时候交货;(c)在其他情况下，应在订立合同后一段合理时间内交货。①

**【案例27-1】**

中国粮油食品进出口(集团)有限公司上海分公司(简称中粮上海分公司)与英国一公司签订了6万吨大米的CIF出口合同，装期分别为当年4月、5月、6月，每月约

① 《公约》第33条。

装2万吨。中粮上海分公司在3月初便组织好了资源，恰好该公司的另一交易租用的船只因解约而空舱，便于3月10日将2万吨大米装上了船。货到伦敦港，英国公司拒绝付款赎单，理由是中粮上海分公司没按合同规定时间将大米装船，从而给英国公司带来了仓储费及其他额外费用，打乱了其销售计划安排。中粮上海分公司赶紧与英国公司磋商，表示愿意承担上述各项额外费用，希望英国公司付款赎单。但此时大米国际市场行情下跌，英国公司拒绝了上述建议。中粮上海分公司只好将大米就地廉价处理。问中粮上海分公司应吸取哪些教训？

---

关于交货的地点，也应先按合同的规定来确定。如果合同没有规定，则按下列规则确定：（a）如果销售合同涉及货物的运输，卖方应把货物移交给第一承运人，以运交给买方；（b）在不属于上一款规定的情况下，如果合同指的是特定货物或从特定存货中提取的或尚待制造或生产的未经特定化的货物，而双方当事人在订立合同时已知道这些货物是在某一特定地点，或将在某一特定地点制造或生产，卖方应在该地点把货物交给买方处置；（c）在其他情况下，卖方应在他于订立合同时的营业地把货物交给买方处置。① 在上述规定中，“交给买方处置”一句的意思是：采取一切必要的行动让买方能够取得货物，例如，适当的包装、刷唛，向买方发出通知等。

2. 将货物特定化。特定化指用加标记或发装运通知等方法将合同下的货物与其他货物明确地区分开来。② 在国际贸易中将货物特定化具有重要意义，它是风险和货物所有权转移的必要条件。

3. 妥善安排运输。如果卖方有义务安排货物的运输，他必须订立必要的合同，以按照通常运输条件，用适合情况的运输工具，把货物运到指定地点。③

4. 及时提供买方办理保险需要的资料。在以买方办理保险的术语成交时，卖方必须在买方提出要求时，向买方提供一切现有的必要资料，使他能够办理这种保险。④ 需要注意的是，《公约》规定，只有“在买方提出要求时”卖方才有此义务；但《通则2010》规定，CFR出口，即使买方不提出要求，卖方也应及时提供买方办理保险需要的资料。

**移交单据** 如果卖方有义务移交与货物有关的单据，他必须按照合同所规定的时间、地点和方式移交这些单据。如果卖方在那个时间以前已移交这些单据，他可以在那个时间到达前纠正单据中任何不符合同规定的情形，但是，此一权利的行使不得使买方遭受不合理的不便或承担不合理的开支。但是，买方保留《公约》所规定的要求损害赔偿的任何权利。⑤

## 1.2 对所交货物的品质担保义务

在这方面《公约》的规定涉及以下三方面的内容。

---

① 《公约》第31条。
② 《公约》第32条第1款。
③ 《公约》第32条第2款。
④ 《公约》第32条第3款。
⑤ 《公约》第34条。

1. 卖方的品质担保义务。卖方交付的货物必须与合同所规定的数量、质量和规格相符，并须按照合同所规定的方式装箱或包装。[①] 如果合同没有规定，则必须符合下列要求：（1）货物适用于同一规格货物通常使用的目的；（2）货物适用于订立合同时曾明示或默示地通知卖方的任何特定目的，除非情况表明买方并不依赖卖方的技能和判断力，或者这种依赖对他是不合理的；（3）货物的质量与卖方向买方提供的货物样品或样式相同；（4）货物按照同类货物通用的方式装箱或包装，如果没有此种通用方式，则按照足以保全和保护货物的方式装箱或包装。[②]

【案例27－2】

我外贸公司出口加拿大货物一批，合同规定用塑料袋包装，唛头要用英文和法文。但我公司的交货改用了其他包装，只有英文的唛头。国外商人为了适应当地市场的销售要求，不得不雇人重新更换包装和唛头，后向我方提出索赔。问我方是否完成了卖方的交货义务？加拿大公司是否可以索赔？

2. 卖方品质担保的责任期间。卖方品质担保的责任期间是风险转移到买方之前。卖方应按照合同和《公约》的规定，对风险转移到买方时所存在的任何不符合同情形，负有责任，即使这种不符合同情形在该时间后方始明显。[③] 但卖方对风险转移给买方后发生的品质与合同不符也应负责，如果这种不符合同情形是由于卖方违反他的某项义务所致，包括违反关于在一段时间内货物将继续适用于其通常使用的目的或某种特定目的，或将保持某种特定质量或性质的任何保证。[④]

【案例27－3】

2002年9月，我国某进出口公司（买方）与美国某贸易公司（卖方）签订了两份购买柠檬酸（Citric Acid）的合同，以CIF成交，合同规定标的物为CITRIC ACID BP80。根据BP80标准，柠檬酸和一水柠檬酸的状态应为"无色结晶或结晶性粉末"。但当第一笔合同的货物到达后，我方发现有结块现象，于是在次日向卖方提出索赔，并称将安排SGS检验。

但卖方拒绝我方的索赔，理由如下：（1）柠檬酸结块是普遍的正常现象。（2）根据《通则2000》，CIF合同的风险在装运港越过船舷时已经转移到买方，因此与自己无关，但对我方提出将安排SGS检验没有提出异议。

其后，我方向SGS申请检验，SGS委托SJH公司出具检验报告。检验报告指出：集装箱完好无损，已取出放在仓库托盘上的货物大多数袋内货物已结块，有些袋外有干的棕色锈斑。第二份合同中货物的情况也基本相同。对此，卖方又提出：根据合同的规定，作为索赔依据的检验证明必须由卖方同意的检验机构做出，我方委托的SGS没有经过其同意，因此无效。

① 《公约》第35条第1款。
② 《公约》第35条第2款。
③ 《公约》第36条第1款。
④ 《公约》第36条第2款。

分析该案卖方是否要负赔偿责任。

---

3. 对买方检验货物的规定。卖方所交的货物与合同或有关法律、惯例的规定是否相符，要经过买方的检验才能确定，对于买方检验货物，《公约》的规定涉及两个方面。

第一，买方检验货物的时间和地点。应先按合同的规定办，如果合同未做规定，《公约》第38条规定应按下面的规则确定：（1）买方必须在按情况实际可行的最短时间内检验货物或由他人检验货物。（2）如果合同涉及货物的运输，检验可推迟到货物到达目的地后进行。（3）如果货物在运输途中改运或买方须再发运货物，没有合理机会加以检验，而卖方在订立合同时已知道或理应知道这种改运或再发运的可能性，检验可推迟到货物到达新目的地后进行。①

**【案例27-4】**

1994年1月，国外某公司（以下称甲公司）与另一家公司（以下称乙公司）签订国际货物买卖合同。双方约定，由乙公司向甲公司提供4 000千克盐酸雷尼替丁，单价为每千克CIF荷兰鹿特丹50美元，装运期限是1994年1月和2月各装2 000千克；合同未对商品检验条款加以规定。合同生效后，乙公司向甲公司提供了货物，甲公司支付了货款。

甲公司在收到货物后，又将该货物转售给了第三国的丙公司。1994年9月，甲公司以第三国丙公司拒收部分货物为由向乙公司提出质量索赔。根据第三国国家药品检验局出具的部分货物不符合合同约定的质量标准的证明文件，甲公司要求乙公司换货并赔偿其因此而遭受的损失，但遭到乙公司拒绝。

甲公司于1996年5月向乙公司所在国的法院提出诉讼，要求该国法院判令乙公司替换质量不符的货物或者退还货款，并承担利息损失。还要求乙公司补偿其利润损失和因货物质量不符合合同的规定致使其客户退货而产生的仓储费、交通运输费等费用以及利息。

上述争议应如何判决？

---

第二，买方通知卖方货物不符的时间。如果合同有规定，照合同的规定办。如果合同没有规定，《公约》第39条规定应按下面的规则办：（1）买方对货物不符合同，必须在发现或理应发现不符情形后一段合理时间内通知卖方，说明不符合同情形的性质，否则就丧失声称货物不符合同的权利。（2）无论如何，如果买方不在实际收到货物之日起两年内将货物不符合同情形通知卖方，他就丧失了声称货物不符合同的权利，除非这一时限与合同规定的保证期限不符。② 但如果货物不符合同规定指的是卖方已知道或不可能不知道而又没有告知买方的一些事实，则卖方无权援引第38条和第39条的规定。③

---

① 《公约》第38条。
② 《公约》第39条。
③ 《公约》第40条。

### 1.3 对所交货物的权利担保义务

卖方的权利担保义务包括所有权和知识产权方面的担保义务。

1. 所有权方面的担保义务。《公约》规定，卖方所交付的货物，必须是第三方不能提出任何权利或请求的货物，除非买方同意在这种权利或请求的条件下，收取货物。[①] 按照该条规定，卖方不仅要保证第三方不会对他所交的货物提出所有权方面的要求，还要保证第三方不会对他所交的货物提出所有权方面的请求（Claim），即不会与买方打官司。因为如果第三方就货物的所有权与买方打官司，即使第三方败诉，也会给买方带来麻烦和损失。

2. 知识产权方面的担保义务。《公约》规定，卖方必须保证第三方不会对所交货物提出知识产权方面的权利主张和请求，但卖方只有在订立合同时已经知道或不可能不知道第三方会提出这种权利主张和请求，而且这种权利主张和请求是根据商品转售国、使用国或买方营业地所在国的法律提出时，卖方才有这种保证义务。[②] 这样限制的理由是：在国际贸易中，知识产权具有地域性，卖方只能保证商品在特定的国家没有侵犯知识产权，不能保证在其他国家也没有侵犯知识产权。但卖方的知识产权方面的担保义务不适用以下情况：（a）买方在订立合同时已知道或不可能不知道此项权利或请求；（b）此项权利或请求的发生，是由于卖方要遵照买方所提供的技术图样、图案、程式或其他规格。[③]

买方应在知道或理应知道第三方的权利或请求（包括所有权和知识产权）后一段合理的时间内通知卖方，否则卖方不负责，除非卖方知道第三方会提出权利或请求。

## §2　买方的义务

《公约》第三部分第三章第一节和第二节对买方的义务做了规定，主要有两个方面。

### 2.1 支付价款

在这方面买方的义务如下：

1. 必须根据合同或任何有关法律和规章规定采取为支付价款所必需的步骤及手续。[④] 例如，开立信用证、取得用汇的批准等。

2. 必须按规定的价格付款。如果合同没有规定，双方当事人应视为已默示地引用订立合同时此种货物在有关贸易的类似情况下销售的通常价格。[⑤]

---

① 《公约》第 41 条。
② 《公约》第 42 条第 1 款。
③ 《公约》第 42 条第 2 款。
④ 《公约》第 54 条。
⑤ 《公约》第 55 条。

3. 必须按规定的时间和地点付款。关于付款的地点，《公约》规定：（1）如果买方没有义务在任何其他特定时间内支付价款，他必须于卖方按照合同和本公约规定将货物或控制货物处置权的单据交给买方处置时支付价款。卖方可以以支付价款作为移交货物或单据的条件。（2）如果合同涉及货物的运输，卖方可以将支付价款后才能把货物或控制货物处置权的单据移交给买方作为发运货物的条件。（3）买方在未有机会检验货物前，无义务支付价款，除非这种机会与双方当事人议定的交货或支付程序相抵触。① 关于付款的地点，先按合同的规定办。如果合同没有规定，《公约》规定应该在以下地点支付价款：（a）卖方的营业地；（b）如凭移交货物或单据支付价款，则为移交货物或单据的地点。②

## 2.2 收取货物

《公约》规定，买方收取货物的义务如下：（a）采取一切理应采取的行动，以期卖方能交付货物；（b）接收货物。③ "一切理应采取的行动"包括买方应及时指定交货地点，及时付款赎单，在FOB条件下及时安排运输、保险，在货物到达目的地后及时接货等。

### 复习题

1. 卖方在交付货物和移交单据方面的义务有哪些？
2. 简述卖方的品质担保义务和权利担保义务的具体内容。
3. 简述买方在支付价款和收取货物方面的义务。

### 问题与案例

1. 日本J公司向马来西亚K公司出口圆铁2 000公吨，K公司收到货物后发现不少圆铁尺寸与合同不符，包装参差不齐。问J公司是否完成了交货的义务？

2. 某进口商向卖方订购某种型号的机床若干台，要求立即装运，但没有规定价格或计价方法；卖方按要求发运了机床。问按《公约》规定机床价格应如何确定？

① 《公约》第58条。
② 《公约》第57条第1款。
③ 《公约》第60条。

第28章

# 违约的处理

## §1　违约概述

违约（Breach of Contract）指合同当事人没有履行或没有完全履行合同的义务。

### 1.1　违约的构成条件和分类

对违约的构成条件，大陆法与英美法有分歧。大陆法将“过失”作为构成违约的条件，认为如果没有过失，违约者可以免责。英美法认为，只要没有履行义务就构成违约，而不管其是否有过失。《公约》在这方面的规定与英美法相同。

对违约的分类，各国法律分类的角度不同。大陆法主要是从是否履行合同和是否及时履行合同的角度来分的。法国法分为“不履行债务”和“延迟履行债务”（大陆法将合同看成一种债务）；德国法分为“给付不能”和“给付迟延”。

英美法主要是从违约的严重程度的角度来分的。英国法分为“违反要件”（Breach of Condition）和“违反担保”（Breach of Warranty）。“要件”指主要的交易条件，“担保”指次要的交易条件。英国法还有“预期违约”（Anticipatory Breach of Contract）的分类，它指当事人在履行合同前就显示要违约。美国法分为“轻微的违约”（Minor Breach）和“重大的违约”（Material Breach）：前者指债务人在履约时有一些缺陷，但债权人已经从合同履行中得到了交易的主要利益；后者指债务人没有履行合同，或履行合同的缺陷致使债权人不能得到交易的主要利益。

《公约》也是从违约的严重程度来分的，它将违约分为“根本违反合同”（Fundamental Breach of Contract）和“非根本违反合同”（Non-Fundamental Breach of Contract）。一方当事人违反合同的结果，如使另一方当事人蒙受损害，以致实际上剥夺了他根据合同规定有权期待得到的东西，即为根本违反合同，除非违反合同一方并不预知而且一个同等资格、通情达理的人处于相同情况中也没有理由预知会发生这种结果。[①]“非根本违反合同”指没有达到根本违约程度的违约。《公约》也有预期违约的分类。

【案例28－1】

2005年2月8日，珠海A公司与香港B公司签订了一份复印机进口合同。合同规定：A公司向B公司订购日产佳能复印机200台，价格为每台CIF九州港1 499美元，装运期为2005年4月15日前，信用证付款。之后由于船期耽误，香港B公司直到2005年4月16日才装运货物，并请求A公司接受不符点。A公司不同意，指示开证行对外拒付，并宣布撤销合同。问A公司是否可以撤销合同？为什么？

## 1.2 违约的基本救济措施

违约的基本救济措施指一方违约后另一方可以采取的补偿损失的措施。总的来说，违约的基本救济措施有实际履行、损害赔偿和撤销合同三种。

### 1.2.1 实际履行

实际履行指违约的受害方要求违约方将没有履行的合同义务重新履行。对于是否可以采取这一救济措施，以及在何种情况下才能采取这种措施，各国法律的分歧较大。

大陆法，特别是德国法，将其作为一种主要的救济措施。德国法认为，一方违约后，债权人可以请求法院判令债务人实际履行；但同时规定，只有在债务人履行合同尚属可能时法院才能判令其实际履行。

英美法将实际履行作为一种辅助的救济措施。英美法认为，强迫违约者履行某项义务是对“个人自由”原则的过分干预，是违反宪法精神的。因此，英美等国的法院一般不会做出实际履行的判决，大多是判令违约者进行金钱赔偿。只有金钱赔偿不足以弥补损失时才会考虑判实际履行。

《公约》对两大法系做了折中。一方面规定买方可以要求卖方履行义务，除非买方已采取与此要求相抵触的某种补救办法；[②] 另一方面规定如果按照本公约的规定，一方当事人有权要求另一方当事人履行某一义务，法院没有义务做出判决，要求具体履行此义务，除非法院依照其本身的法律对不属本公约范围的类似销售合同愿意这样做。[③]

我国《民法典》规定，“当事人一方不履行非金钱债务或者履行非金钱债务不符合约

① 《公约》第25条。

② 《公约》第46条第1款。

③ 《公约》第28条。

定的，对方可以请求履行，但是有下列情形之一的除外：（1）法律上或者事实上不能履行；（2）债务的标的不适于强制履行或者履行费用过高；（3）债权人在合理期限内未请求履行。”①

### 1.2.2　损害赔偿

损害赔偿（Damage）指违约方对受害方遭受的损失进行补偿。它是处理违约时采用得最多、最普遍的救济措施，而且即使已经采取了其他救济措施，也可以采取这一救济措施。《公约》规定，买方可能享有的要求损害赔偿的任何权利，不因他行使采取其他补救办法的权利而丧失。②

《公约》和各国法律关于损害赔偿的规定主要涉及以下四个方面。

1. 损害赔偿责任的成立。大陆法认为，损害赔偿责任的成立应同时具备三个条件：（1）有损害的事实；（2）有归责于债务人的原因；（3）损害事实与原因之间有因果关系。它体现了大陆法“过失责任”的原则。英美法和《公约》认为，只要一方违约，损害赔偿的责任就成立，而不管其是否有过失。

2. 损害赔偿的方法和范围。损害赔偿的方法主要有“恢复原状”和“金钱赔偿”两种。前者指用实物来赔偿，如把损坏的货物修复，用同样的货物替换等；后者指用金钱来赔偿。实践中大多数采用后者。

损害赔偿的范围有约定的和法定的两种。约定的损害赔偿范围指买卖双方在合同中约定的赔偿范围，如违约金（Penalty）条款。违约金如果高于实际损失就具有“罚金”的性质，对于违约金是否可以具有罚金的性质各国法律有分歧：大陆法认为可以具有罚金的性质；英美法认为，违约金必须与实际损失有合理的联系，不能具有罚金的性质。我国《民法典》规定“约定的违约金低于造成的损失的，人民法院或者仲裁机构可以根据当事人的请求予以增加；约定的违约金过分高于造成的损失的，人民法院或者仲裁机构可以根据当事人的请求予以适当减少。”③

法定的损害赔偿范围指在合同中没有规定赔偿范围的情况下，根据有关法律确定的赔偿范围。《公约》第74条规定：一方当事人违反合同应负的损害赔偿额，应与另一方当事人因他违反合同而遭受的包括利润在内的损失额相等。这种损害赔偿不得超过违反合同一方在订立合同时，依照他当时已知道或理应知道的事实和情况，对违反合同预料到或理应预料到的可能损失。我国《民法典》这方面的规定与《公约》相同：“当事人一方不履行合同义务或者履行合同义务不符合约定，造成对方损失的，损失赔偿额应当相当于因违约所造成的损失，包括合同履行后可以获得的利益；但是，不得超过违约一方订立合同时预见到或者应当预见到的因违约可能造成的损失。”④

**【案例28－2】**

大连D公司向香港CAL设备进出口公司（简称CAL公司）订购三台特殊的印刷设

① 《中华人民共和国民法典》第五百八十条。
② 《公约》第45条第2款。
③ 《中华人民共和国民法典》第五百八十五条。
④ 《中华人民共和国民法典》第五百八十四条。

备，单价为 8 000 美元，交货期为某年 6 月 5 日。D 公司告诉香港 CAL 公司务必及时交货，否则会影响一笔 7 万美元的订单。之后香港 CAL 公司没有按时交货。D 公司只好以 8 150 美元一台的价格（当时的市场价格）向其他公司购买了三台同样的设备；另外还失去了 7 万美元的订单。

问：按《公约》规定，（1）D 公司是否有权就印刷设备的差价向香港 CAL 公司索赔？（2）D 公司是否可以向香港 CAL 公司索赔失去 7 万美元订单的损失？（3）如果这一时期有一家美国公司向 D 公司预订了一笔 10 万美元的业务，也由于香港 CAL 公司没有及时交货而失掉了，D 公司能否就该笔业务的损失向香港 CAL 公司索赔？如果按我国法规，应如何处理上述三种损失？[①]

3. 损害赔偿额的计算。《公约》第 75 条规定：如果合同被宣告无效，而在宣告无效后一段合理时间内，买方已以合理方式购买替代货物，或者卖方已以合理方式把货物转卖，则要求损害赔偿的一方可以取得合同价格和替代货物交易价格之间的差额以及按照第 74 条规定（见前文）可以取得的任何其他损害赔偿。"以合理方式购买"指以可能的最低价格购进。

【案例 28－3】

买卖双方签订了一份 80 万美元的合同。但卖方不交货，买方已给予了一段合理的时间让其交货，但卖方仍不交货。买方即宣告撤销合同，并在市场上以 100 万美元的价格购进了一批同样的货物。问买方可以向卖方索赔的数额是多少？

《公约》第 76 条第 1 款规定：如果合同被宣告无效，而货物又有时价，要求损害赔偿的一方，如果没有根据第 75 条（见前文）规定进行购买或转卖，则可以取得合同规定的价格和宣告合同无效时的时价之间的差额以及按照第 74 条（见前文）规定可以取得的任何其他损害赔偿。但是，如果要求损害赔偿的一方在接收货物之后宣告合同无效，则应适用接收货物时的时价，而不适用宣告合同无效时的时价。《公约》第 76 条第 2 款规定：时价指原应交付货物地点的现行价格，如果该地点没有时价，则指另一合理替代地点的价格，但应适当地考虑货物运费的差额。

4. 请求损害赔偿一方的义务。《公约》规定：声称另一方违反合同的一方，必须按情况采取合理措施，减轻由于该另一方违反合同而引起的损失，包括利润方面的损失。如果他不采取这种措施，违反合同一方可以要求从损害赔偿中扣除原可以减轻的损失数额。[②]

### 1.2.3 撤销合同

撤销合同指当事人解除在合同中承担的义务，如卖方不需要再交货，买方不需要再付款。如果卖方已经交付了货物或买方已经支付了货款，可以要求对方归还。"撤销合

① 改编自：党伟. 国际商法. 北京：中国财政经济出版社，2005.

② 《公约》第 77 条。

同”与“中止合同”不同：中止合同指暂时停止履约；撤销合同是不再履约，或曰终止履约。

《公约》和各国法律关于撤销合同的规定主要涉及以下两个方面的内容。

1. 撤销合同的条件。大陆法认为：拒绝给付或给付不能，债权人有权解除合同；给付迟延和不完全给付，债权人必须先“催告”（即通知对方履约），经“催告”不履约的才能解除合同。英国法认为：违反要件可以解除合同并请求损害赔偿；违反担保不能解除合同，只能请求损害赔偿。美国法认为：重大违约可以解除合同，轻微违约只能请求损害赔偿，不能解除合同。

《公约》规定：只有根本违约才可以撤销合同，非根本违约（大多数违约都属于这种情况）不能立即解除合同，而应该给对方一段合理的额外时间，让对方履行合同。如果在这段时间里对方仍不履行或声明将不履行合同，才能撤销合同。①

我国《民法典》规定：“有下列情形之一的，当事人可以解除合同：（1）因不可抗力致使不能实现合同目的；（2）在履行期限届满前，当事人一方明确表示或者以自己的行为表明不履行主要债务；（3）当事人一方迟延履行主要债务，经催告后在合理期限内仍未履行；（4）当事人一方迟延履行债务或者有其他违约行为致使不能实现合同目的；（5）法律规定的其他情形。”②

2. 撤销合同的效果。《公约》第81~84条规定了撤销合同的效果：（1）撤销合同后，买卖双方对应承担的损害赔偿仍应负责，合同中关于解决争端的规定仍然有效，合同中关于撤销合同后权利和义务的规定也仍然有效（见第81条第1款）。（2）已全部或局部履行合同的一方，可以要求另一方归还他按照合同供应的货物或支付的价款。如果双方都须归还，他们必须同时这样做（见第81条第2款）。如果卖方有义务归还价款，他必须同时从支付价款之日起支付价款利息（见第84条第1款）。（3）买方如果不可能按实际收到货物的原状归还货物，他就不能宣告撤销合同或要求卖方交付替代货物（见第82条第1款），除非不能按原状归还货物并不是买方的行为或不行为所造成的，或者货物或其中一部分的毁灭或变坏是由检验造成的，或者货物或其中一部分在买方发现或理应发现与合同不符以前已被买方售出、消费或改变（见第82条第2款）。但即使买方因不能按原状归还货物而丧失了宣告合同无效或要求卖方交付替代货物的权利，他还可以采取其他补救办法（见第83条）。

## §2 卖方或买方违约的救济措施

本章第1.2节介绍了买方和卖方都可以采取的三种基本救济措施，本节再分别介绍卖方或买方违约时对方可以采取的救济措施。在介绍这些措施时，我们尽量避免与上节已经介绍过的内容重复。

---

① 《公约》第49、64条。

② 《中华人民共和国民法典》第五百六十三条。

## 2.1 卖方违约的救济措施

《公约》第二章、第五章对卖方违约时买方可以采取的救济措施做了规定，为了便于运用，我们按卖方违约的形式将其归纳如下。

**不交货或不交单据** 买方可以采取的救济措施有：（1）实际履行。要求卖方交货、交单。（2）撤销合同。这一救济措施只有在卖方不交货、不交单已构成根本违约时才能采用。另外，这一措施与实际履行不能同时采用，因为二者是相抵触的（下同）。（3）请求损害赔偿。可以单独采用，也可以在采用了其他救济措施的情况下采用（下同）。

**所交货物与合同不符** 这是卖方违约最常见的形式，对这种违约买方可以采取的救济措施应根据不同的情况决定。

1. 卖方所交货物与合同不符已构成根本违约。买方可以采取的救济措施：（1）要求卖方交付替代货物，这是实际履行的一种形式。（2）撤销合同。（3）请求损害赔偿。（4）要求减价。如果买方仍愿接受货物，又不愿请求损害赔偿，可以要求卖方减价。

2. 卖方所交货物与合同不符未构成根本违约（实践中大多数属于这种情况）。对此买方不能撤销合同或要求卖方交付替代物，只能采取下列救济措施：（1）要求卖方对货物不符合同之处进行修补，但如果采用此法不合理则不能采用。① 例如，货物缺陷轻微，买方只要略加修理（或请第三人修理）即可，就不能要求卖方修补；但买方对自己修理货物的费用或开支可向卖方请求损害赔偿。（2）要求减价。适用于下列情况：卖方交货虽然与合同不符，买方仍然愿意收下货物，而不愿撤销合同或退还货物；买方不能或不愿请求损害赔偿，而宁愿采取减价的办法。不论买方是否已经支付货款，都可以要求减价。② 减价的幅度应按实际交付的货物在交货时的价值与符合合同的货物在同一时间的价值两者之间的比例计算。但如果卖方已对违约做了补救，或买方拒绝接受卖方对此做出补救，买方就不能要求减价。③

【实例】

中国台湾某出口商向斯里兰卡出口一批波纹绸，买方收到货物后发现其中混有约39.4%的不合格产品，于是拒绝支付货款。双方经协商，同意用减价的方法处理，减价从卖方出口给买方的一批玩具的货款中扣除。

【案例 28－4】

买方进口一批价值10万美元的货物。货物运到目的地后严重受损，只值4万美元。假定交货时符合合同的货物价值仍为10万美元，买方可要求减价多少美元？

3. 卖方只交付部分货物或所交货物只有一部分符合合同要求。对缺漏部分或不符合合同规定部分买方可采取下列救济措施：要求卖方交付替代货物；通过修理对不符合合

① 参见《公约》第46条第3款。

②③ 参见《公约》第50条。

同之处做出补救；规定一段合理的时间让卖方履行其义务；要求损害赔偿；要求减价。[①]

**延期交货** 这也是卖方违约的常见形式，买方可以采取的救济措施如下。

1. 规定一段合理的额外时间，让卖方履行义务。除非买方收到卖方的通知，声称他将不在所规定的时间内履行义务，买方在这段时间内不得对违反合同采取任何补救办法。但是，买方并不因此丧失他对迟延履行义务可能享有的要求损害赔偿的任何权利。[②]

2. 撤销合同。如果卖方在买方规定的额外期限内仍不交货，或声明他将不在上述额外期限交货，买方就可以宣告合同无效。[③]

**【案例 28－5】**

某外贸公司与国外出口商签订一份进口合同，规定 7 月份交货，但出口商 7 月份未交货，进口商是否有权撤销合同？如果进口商给出口商一个宽限期，让其 8 月份交货，但过了 8 月份，出口商还是没交货，外贸公司是否有权撤销合同？

3. 如果卖方延期交货本身已构成根本违反合同，买方可以不给卖方宽限期就直接撤销合同。[④] 但卖方的延期交货是否构成根本违约要根据实际情况判定。

**【案例 28－6】**

（1）买方从国外进口一批供感恩节出售的火鸡，卖方交货的时间比合同规定的时间晚了一个星期。由于感恩节已过，火鸡在市场上难以销售。问买方是否有权撤销合同？（2）买方从国外进口一批普通肉鸡，卖方的交货时间比合同规定的时间晚了一个星期。在这段时间里普通肉鸡的市场价格没有发生什么变化，供销情况亦正常。问买方是否有权撤销合同？[⑤]

4. 请求损害赔偿。即使已采取了以上措施，仍然可以请求损害赔偿。

**提前交货或超量交货** 《公约》规定：（1）如果卖方在规定的日期前交付货物，买方可以收取货物，也可以拒绝收取货物。（2）如果卖方交付的货物数量大于合同规定的数量，买方可以收取也可以拒绝收取多交部分的货物。如果买方收取多交部分货物的全部或一部分，必须按合同价格付款。[⑥]

## 2.2 买方违约的救济措施

《公约》第三章第三节对买方违约时卖方可以采取的救济措施做了规定，现也按照买方违约的形式归纳如下。

**不支付货款、不收取货物** 卖方可以采取的救济措施有：（1）实际履行。卖方可以

① 参见《公约》第 51 条第 1 款。
② 参见《公约》第 47 条。
③ 参见《公约》第 49 条第 1 款 b。
④ 参见《公约》第 49 条第 1 款 a。
⑤ 摘编自：冯大同. 国际商法. 北京：对外经济贸易大学出版社，1991.
⑥ 《公约》第 52 条。

要求买方支付价款、收取货物或履行他的其他义务，除非卖方已采取与此一要求相抵触的某种补救办法。[①]（2）撤销合同。如果买方不支付货款、不收取货物已经构成根本违约，可以撤销合同。[②]（3）请求损害赔偿。可以单独采用，也可以与其他救济措施同时采用。

**延迟支付货款、延迟接受货物** 卖方可采取的救济措施有：（1）实际履行。①卖方可以规定一段合理时限的额外时间，让买方履行义务。②除非卖方收到买方的通知，声称他将不在所规定的时间内履行义务，卖方不得在这段时间内对违反合同采取任何补救办法。但是，卖方并不因此丧失他对迟延履行义务可能享有的要求损害赔偿的任何权利。[③]（2）撤销合同。如果买方在给予他的额外时间内仍不支付价款或收取货物，或买方声明他将不在所规定的时间内这样做，卖方可以宣告合同无效。[④]（3）请求损害赔偿。

**不指定货物的规格** 《公约》规定：（1）如果买方应根据合同规定订明货物的形状、大小或其他特征，而他在议定的日期或在收到卖方的要求后一段合理时间内没有订明这些规格，则卖方在不损害其可能享有的任何其他权利的情况下，可以依照他所知的买方的要求，自己订明规格。（2）如果卖方自己订明规格，他必须把订明规格的细节通知买方，而且必须规定一段合理时间，让买方可以在该段时间内订出不同的规格。如果买方在收到这种通知后没有在该段时间内这样做，卖方所订的规格就具有约束力。[⑤]

# §3 特殊违约形式的救济措施

特殊违约形式包括预期违约和分批交货合同违约。

## 3.1 预期违约的救济措施

预期违约指合同签订后，履行前，一方当事人显示出显然将违约。买卖双方都可能发生预期违约，下面是《公约》对预期违约可以采取的救济措施的规定。

1. 中止履行合同义务。也就是暂停履行合同义务。（1）如果订立合同后，另一方当事人由于下列原因显然将不履行其大部分重要义务，一方当事人可以中止履行义务：（a）他履行义务的能力或他的信用有严重缺陷；（b）他在准备履行合同或履行合同中的行为。（2）如果卖方在上一款所述的理由明显化以前已将货物发运，他可以阻止将货物交付给买方，即使买方持有其有权获得货物的单据。本款规定只与买方和卖方间对货物的权利有关。（3）中止履行义务的一方当事人不论是在货物发运前还是发运后，都必须立即通知另一方当事人，如经另一方当事人对履行义务提供充分保证，则他必须继续履

① 《公约》第 62 条。
② 《公约》第 64 条第 1 款 a 规定。
③ 《公约》第 63 条。
④ 《公约》第 64 条第 1 款 b 规定。
⑤ 《公约》第 65 条。

行义务。[①]

【案例 28－7】

加拿大公司与泰国公司订立了一份出口精密仪器的合同。合同规定：泰国公司应在仪器制造过程中按进度预付货款。合同订立后，泰国公司获悉加拿大公司供应的仪器质量不稳定，于是通知加拿大公司：你公司供货质量不稳定，故我方暂时中止履行合同。加拿大公司在收到通知后，立即向泰国公司提供了保函，保证如不能履行义务，将由银行偿付泰国公司支付的款项。但泰国公司仍然不履行合同，问泰国公司是否有权这样做？

2. 撤销合同。（1）如果在履行合同日期之前，明显看出一方当事人将根本违反合同，另一方当事人可以宣告合同无效。（2）如果时间许可，打算宣告合同无效的一方当事人必须向另一方当事人发出合理的通知，使他可以对履行义务提供充分保证。（3）如果另一方当事人已声明他将不履行其义务，则上一款的规定不适用。[②]

3. 损害赔偿。可以单独采用，也可以与上述措施一同采用。

【案例 28－8】

我国某公司从意大利某厂进口该厂生产的某种名牌汽车 5 000 辆，交货期为某年 12 月底，该厂无存货。8 月，工厂准备生产，因资金一时困难，未购进钢材及发动机。9 月，工厂工人开始要求增加工资，随后罢工长达两个月。按该厂的生产能力，在余下的时间内显然不能生产 5 000 辆汽车。对此我方可以采取什么补救措施？

## 3.2　分批交货合同违约的救济措施

分批交货指一个合同项下的货物分成若干批次交货。《公约》第 73 条对分批交货合同违约的救济措施做了规定。

1. 如果一方当事人不履行对任何一批货物的义务，便对该批货物构成根本违反合同，则另一方当事人可以宣告合同对该批货物无效。[③]

2. 如果一方当事人不履行对任何一批货物的义务，使另一方当事人有充分理由断定对今后各批货物将会发生根本违反合同，该另一方当事人可以在一段合理时间内宣告合同今后无效。[④]

3. 买方宣告合同对任何一批货物的交付无效时，可以同时宣告合同对已交付的或今后交付的各批货物均无效，如果各批货物是互相依存的，不能单独用于双方当事人在订立合同时所设想的目的。[⑤]

① 《公约》第 71 条。
② 《公约》第 72 条。
③ 但不能撤销整个合同。——笔者注
④ 但不能撤销已经交付的各批货物。——笔者注
⑤ 即可以撤销整个合同。——笔者注

【实例】

我国某公司出口焦炭2 000公吨，装运期为某年3—6月，每月装运500公吨，信用证支付。收到买方的信用证后，我公司于3月、4月各装运了500公吨，并凭单证议付了货款。但5月由于货源紧缺，未能按时装运；6月一次出运了1 000公吨，结果遭到银行拒付。信用证失效后，我公司只好改用托收来收取货款，最后虽然收到了货款，却向买方赔付了近1万美元的损害赔偿金。

【案例28－9】

1989年，我某公司向欧洲某国出口一批彩电，分两年8批交付，信用证分8批付款。第一批交货顺利进行；第二批交货因错发了部分制式不同的彩电，导致该外商退货，信用证也随之失效。我方后来补发了相符制式的彩电。此后，欧洲电视市场疲软，外商来电称，因我方错发了货及产品质量问题，决定不再从我公司购货。而我方国内的购销合同已全部订妥，积压电视机因制式问题在国内无法销售。问我公司应如何处理？

在实践中，人们常认为《公约》的上述规定与UCP600第32条的规定有矛盾，实际上二者并不矛盾，理由如下：（1）UCP600第32条是对信用证而言的，对信用证来说，分批装运的货物一批没有按要求装运，单证即有了不符点，信用证就会失效，除非开证申请人愿意接受不符点；而《公约》第73条是对合同而言的，对分批交货的合同来说，一批货物没有按要求交货是否会导致各批交货均无效，要看各批货物之间是否有联系和卖方今后是否将继续违约。（2）信用证失效只是支付方式的失效，并不等于合同的失效。如果信用证失效、合同没失效，还可以改用汇付、托收等方式来支付。

# §4 索赔和理赔、不可抗力

损害赔偿是通过索赔和理赔来实现的。索赔和理赔不只发生在买卖双方之间，也发生在买方或卖方与其他当事人之间。本节主要介绍买卖双方之间的索赔和理赔，但在结尾处也附带介绍一下买方或卖方向其他有关当事人的索赔。

## 4.1 买卖双方之间的索赔和理赔

### 4.1.1 索赔

索赔指受损害的一方向违约方请求损害赔偿。索赔主要涉及下列问题。

1. 索赔的对象。国际贸易的关系人很多，违约的不一定是卖方或买方，因此，买卖双方之间的索赔先要弄清索赔的对象是不是卖方或买方，以免浪费时间、精力和费用。

弄清索赔对象要考虑的因素很多，如货物的状况、货运单据、当事人的责任范围、有关法律惯例的规定等。在国际贸易中，有的损失责任方比较容易确定，例如，货物包装完好，但数量、品质不符，大多数是卖方的责任。但有的损失责任方不容易确定，例如，货物包装破损、污渍，但承运人签发的是清洁提单。这种情况有可能是包装质量和方式有问题——卖方的责任；有可能是运输、装卸不当——承运人的责任；有可能是运输途中遇到了自然灾害和意外事故——保险公司的责任；还有可能是货物在港区内转栈、堆放有问题——码头港务的责任。遇到这种情况需要会同有关部门共同分析才能找到责任方。

**【案例 28－10】**

某外贸公司以 CIF 从巴西进口马口铁，投保了海洋运输货物保险条款的一切险。在上海卸货后发现部分货物有不同程度锈蚀。为了弄清锈损原因，有关方面会同外轮代理公司、港区、理货等单位进行了调查，查阅了有关单证，发现载货轮船并未进过水，途中也未遭遇海上事故，在港区卸货时天气晴好，堆货场地上盖下垫都没有问题，卸货后堆存期间也未下过雨。因此排除了在运输过程中进水致损的可能，断定原因为装船前货物在库场堆放期间木底脚吸潮。问该货损的责任人是谁？保险公司是否要负责？

**【案例 28－11】**

2002 年 5 月，华东某公司以 CIF 上海从澳大利亚进口巧克力食品 2 000 箱，即期不可撤销信用证支付。货物从澳大利亚某港口装运后，出口商向银行提交了已装船清洁提单和包括一切险及战争险的保险单。货到上海港后，我公司复验发现下列情况：（1）该批货物共 8 个批号，抽查 16 箱，其中 2 个批号沙门氏菌超标；（2）短少 8 箱；（3）有 21 箱货物外表情况良好，但箱内货物共短少 85 千克。问以上各项损失应向谁索赔？

2. 索赔的依据。索赔不能只凭空提要求，还要有依据。索赔的依据分为事实依据和法律依据两种。事实依据包括有关证明文件、来往函电、商检证书、发票、装箱单、提单、理货报告、承运人签发的短缺或残损证明等。这类依据应在违约发生后立即向有关当事人搜集。法律依据主要包括合同中相关的条款、有关法律和惯例的规定等。如《公约》有关买卖双方基本义务的规定，有关违约救济措施的规定等。

3. 索赔的数额。索赔的数额有约定的和法定的两种。约定的索赔数额指合同中约定的赔偿数额。法定的索赔的数额指没有约定赔偿数额的情况下，根据有关法律、惯例确定的赔偿数额，这方面可参见本章第 1.2.2 节。总的来说，确定索赔的数额应客观、公正、合理，索赔的数额应相当于实际损失，这样才能被对方接受，否则容易引起争议，要通过仲裁或诉讼来解决，这样不仅费时、费力，还会产生较大费用，即使胜诉也很可能得不偿失。

4. 索赔的期限。也有约定的和法定的两种。约定的索赔的期限指双方在合同中规定的索赔期限。法定的索赔期限指在没有约定索赔期限的情况下，根据有关法律、惯例确定的索赔“时效”。例如，《公约》规定：（1）买方对货物不符合同，必须在发现或理应发现不符情形后一段合理时间内通知卖方，说明不符合同情形的性质，否则就丧失声称货物不符合同的权利。（2）无论如何，如果买方不在实际收到货物之日起两年内将货物不符合同情形通知卖方，他就丧失声称货物不符合同的权利，除非这一时限与合同规定的保证期限不符。[①]

### 4.1.2 理赔

理赔是违约方对索赔方受到的损失进行赔偿。理赔应注意下列问题：

1. 看是不是自己的责任，如果不是，应请对方向责任方索赔。
2. 认真审核索赔的依据，看依据是否符合合同或信用证的规定，理由是否充分。
3. 看索赔数额的计算是否符合《公约》或其他法律的规定，是否合理。
4. 看是否超过了索赔的期限。

如果确实是自己的责任，对方索赔的依据和理由充分，索赔数额的计算合理，又未超过索赔的期限，违约方应该坦诚理赔。

**【案例 28－12】**

我国某公司与欧洲某公司于 1981 年 1 月通过函电签订了 5 份销售合同。合同规定：由我方向对方出售化工磨料 3 110 公吨，CFR 欧洲某港口，总金额为 385 万德国马克，适合海运的包装。其中索赔条款为：货物到达目的港后，数量和规格问题应于 15 天之内，质量问题应于 90 天之内，买方凭经卖方同意的检验人出具的证明向卖方索赔。

货物发运前，对方公司派人到我方仓库查看了货物包装，表示满意。从 1981 年 3 月到 1982 年 5 月，货物出运完毕。每批货物船方都出具了清洁提单。

但货到目的港后，对方发现 10 批货物都有部分托盘和袋子损坏。对方于是单方面聘请 × 公证行检验，出具的证明表示："由于托盘木条强度不够，不适宜海上运输，以及包装袋捆扎不紧所致。"据此对方两次写信向我方索赔，要求我方负责赔偿重新包装的人工费、材料费及检验费用，索赔金额为 215 961 荷兰盾。对此我方只同意赔偿 50% 的损失，双方经过几次协商，未能达成协议。最后经中国国际贸易促进委员会调解双方达成协议，我方给予适当补偿，主要是补偿直接以小包装装卸而增加的费用，其他费用不再提及。问我方在理赔过程中有哪些失误？

---

## 4.2 买方或卖方向其他有关当事人的索赔

国际贸易的其他当事人很多，如国际货代、承运人、保险公司、仓储公司、装卸公司等，对此我们只介绍向承运人和保险公司索赔。

### 4.2.1 向承运人索赔

1. 索赔的对象。向承运人索赔也要首先弄清是不是承运人的责任。常见的承运人的过失主要有装卸不当，货物放置、固定有问题，运输工具不适合运输等。属于承运人责任的情况多带有包装受损的特征，因此，提货时要留心查看货物的包装。如发现包装受损、污渍等，应立即会同承运人、理货公司等做勘察记录，由承托双方签署意见。

① 《公约》第 39 条。

2. 索赔的依据。向承运人索赔的依据也分为事实依据和法律依据两种。事实依据指有关事实材料，如勘查记录、提单、运输合同等；法律依据指有关法律、惯例，如《海牙规则》《维斯比规则》《汉堡规则》《国际铁路货物运输公约》《国际铁路货物联运协定》《华沙公约》《海牙议定书》《瓜达拉哈拉公约》等。

3. 索赔的期限。也分为约定的和法定的。约定的索赔期限是双方在提单、运输合同中规定的期限；法定的索赔期限指有关法规规定的索赔时效，不同运输方式有所不同。

### 4.2.2　向保险公司索赔

如果货物遭遇损失，当事人买了保险，货损又在保险的责任范围内，就可以向保险公司索赔。向保险公司索赔的依据也分为事实依据和法律依据。事实依据有货损货差证明、保险单等；法律依据指有关保险条款、保险法、与保险有关的国际惯例等。

保险和索赔的程序与贸易术语有关：以 FOB、CFR 出口，保险和索赔都由买方办理；以 CIF 出口，保险由卖方办理，索赔由买方办理。下面是 CIF 出口保险业务的整体流程（见图 28－1）。

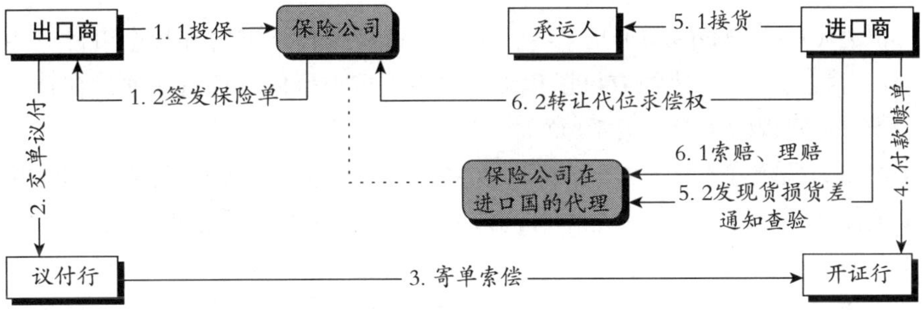


**图 28－1　CIF 出口保险业务的整体流程**

1. 出口商投保（1.1），保险公司签发保险单（1.2）。

2. 出口商交单议付，将保险单等背书给议付行。

3. 议付行向开证行寄单索偿。

4. 进口商向开证行付款赎单，取得保险单和其他单据。

5. 进口商将提单、保险单等交货代接货（5.1）；货代在提货的过程中要检查货物，如发现货损货差，则按下列不同情况通知查验（5.2）。

（1）如果是拼箱货，则发现货损货差后不提货，保护现场，立即联系保险公司在进口国的检验理赔代理人和理货公司会同查验，由理货公司出具货损货差证明作为索赔依据。

（2）如果是整箱货，则将集装箱拉到目的地后拆箱。如发现箱内有货损货差，保护现场，立即联系保险公司在进口国的检验理赔代理人和理货公司前来查验、拍照等；由理货公司出具货损货差证明作为索赔依据。

（3）如果在港区提箱时发现集装箱表面有问题，则不提箱，保护现场，立即联系保险公司在进口国的检验理赔代理人和理货公司查验，由理货公司出具证明作为索赔依据。

6. 根据货损货差情况，会同有关方面分析索赔对象。如果只涉及保险公司，进口商则备齐有关单证向保险公司索赔（6.1）；如果货损货差是第三方造成的，同时又在保险公司的责任范围内，进口商应先向第三方责任人发出书面索赔通知，再向保险公司的检验理赔代理人索赔（6.1）。

保险公司的检验理赔代理人应审核索赔材料，根据实际情况理赔。如果是“推定全损”，保险公司则可以按全损赔偿，也可以按部分损失赔偿。如果按全损赔偿，进口商必须先将保险标的委付给保险公司；如果按部分损失赔偿，则不需要办理委付（参见第12章）。

如果货损的实际责任人是第三方，则在保险公司的检验理赔代理人理赔后，进口商应签署代位求偿权益转让书，将向第三方索赔的权利转让给保险公司，由保险公司向第三方索赔（6.2）（参见第12章）。

目前，在我国对外贸易中用得最多的是海洋运输货物保险条款，按照该条款，保险索赔的期限是从被保险货物在最后卸载港全部卸离海轮后起算最多不超过两年。

## 4.3 不可抗力

不可抗力（Force Majeure）指某些人力不能抗拒的自然灾害和社会事件。各国法律都规定因不可抗力违约，违约方可以免责。对不可抗力事件的免责是通过在合同中订立不可抗力条款来实现的（参见第20章）。

但不可抗力条款并不涉及如何处理不可抗力事件的问题，因为订立合同时并不知道将来会发生什么不可抗力事件。对不可抗力事件的处理都是事后根据有关法律来决定的，概括起来，对不可抗力事件的处理方法主要有两种：一是解除合同，如果不可抗力事件导致合同无法履行，则只能解除合同；二是变更合同，如果不可抗力事件只是导致合同不能全部履行或不能按期履行，则可以变更合同。

不可抗力的免责只能向合同的当事人提出，不能向银行引用。

**【案例28－13】**

我国某公司与英国某公司成交农副产品1 500吨，每吨CFR × 港348英镑，总金额为522 000英镑，交货期为当年5—9月。因遭受自然灾害影响，我公司未能交货，对方提出索赔。我方以不可抗力要求免责，但未提供自然灾害程度证明。对方认为我方理由不充分，向我方索赔15万英镑。我方是否要赔偿？如果要赔偿，应赔偿多少？

**【案例28－14】**

某公司出口一批货物，信用证支付，准备在6月出运，但遇台风不得不推迟装期。结果提单超过了信用证的装期和效期，遭到开证行拒付。出口公司向银行提出这是不可抗力事件，银行不能拒付。问出口公司的说法是否有道理？

## 复习题

1. 大陆法、英美法关于违约的构成条件的规定有什么差异?
2.《公约》将违约分为哪几类?解释其概念。
3. 简述《公约》关于“实际履行”“损害赔偿”“撤销合同”的规定。
4. 卖方违约主要有哪些形式?买方可以采取哪些救济措施?
5. 买方违约主要有哪些形式?卖方可以采取哪些救济措施?
6. 什么是预期违约?《公约》规定可以采取哪些救济措施?
7. 什么是分批交货合同违约?《公约》规定可以采取哪些救济措施?
8. 简述《公约》关于损害赔偿范围的规定。
9. 理赔应注意哪些问题?
10. 简述CIF出口保险业务的整体流程。
11. 对不可抗力事件造成的违约主要有哪两种处理方法?

## 问题与案例

1. 2010年，某外贸公司与加拿大客户签订了一份出口合同，价值50万美元，CIF蒙特利尔。由于外贸公司耽搁了交货期，加上货物的国际市场价格下跌，加拿大客户拒绝支付货款和接受货物。问按《公约》的规定，加拿大客户是否有权这样做?

2. 某年，某企业进口一大型机械设备，合同规定：分三批交货、付款，交货期为该年3月、4月、5月。合同签订后，出口商按时、按质交付了第一批货物；但第二批交货有严重的质量问题，构成根本违约。问进口商是否可以撤销第一批交货?

3. 某公司出口一机器设备，投保了海洋运输货物保险条款的一切险。机器装于木箱中，外包装上本应标明重心位置，但由于发货人漏刷，在装船过程中失去重心，造成木箱跌落且机器受损。收货人应向谁索赔?为什么?

4. 我国某公司于1990年11月与伊朗某公司签订了一份进口合同，交易条件为FOB。后因海湾战争爆发，我方所订船只无法驶抵伊朗，到1991年4月海湾战争结束后，我方重新办理运输。外商以我方未按时派船为由要求我方赔偿仓储费。问我方是否要赔偿?

第29章

# 争议的处理

在处理违约的过程中有时候会发生争议，这就涉及争议的处理。国际贸易中处理争议的方法有四种——友好协商、调解、仲裁和诉讼。

## §1 友好协商、调解

### 1.1 友好协商

友好协商（Amicable Negotiation）指争议发生后，双方本着互谅互让的精神，在没有第三者参与的情况下，通过相互协商来解决争议。这种解决争议的方式的优点是：节省时间和费用，不伤和气，有利于将来继续合作，有利于保守商业秘密。正因为如此，在国际贸易合同中都将其作为解决争议的首选。

【实例】

某年8月，F公司与G公司磋商一笔出口钢产品的交易，合同签订后，F公司业务员向工厂下达生产通知，20天后生产完毕。鉴于该工厂与F公司有长期合作关系，无论产品质量还是服务都没出过问题，而且这次是按样品生产的，于是F公司业务员没有验货就直接订舱将货物发运给了客户。

客户收到货物后，发现与样品的颜色不一致，而颜色是该产品的一个重要指标，不一致意味着该产品无法正常使用，于是提出退货。F公司业务员经过检查，发现这确实是工厂生产中出现的错误所致，于是向客户承认了错误，请它不要退货。经过友好协商，客户答应不退货，但要求重新生产一批货物作为补偿，并主动联系下家帮 F 公司出售颜色错误的货物。最后，颜色错误货物以原价的 2/3 出售，F 公司也重新发运了一批货物给 G 公司，双方圆满地解决了争议。

友好协商的关键是互谅互让，从长远的角度看问题，争取双赢，尽量给对方帮助，这样不仅可以避免仲裁、诉讼的费用和麻烦，还可以增进信任和友谊，发展长期的业务关系。

【实例】

W 公司出口货物一批，CIF 香港，金额为 20 万美元，D/A 60 天付款。买方承兑汇票后取得提单提货，但汇票到期日未见付款。经过沟通及侧面了解，W 公司业务员得知对方不能付款的原因是资金周转不灵。经过对买方的信用及业务前景进行分析，W 公司主动提出给买方 30 天付款的宽限期。后来对方在宽限期内支付了全部货款。W 公司虽然未能及时取得货款，却由此加深了双方的信任感。后来双方的合作日益扩大，取得了良好的长期经济效益。

## 1.2 调解

调解（Conciliation）指争议发生后，通过第三者从中斡旋，使双方在自愿的基础上达成协议解决争议。其优点是：花费时间、精力和费用比较少；对抗性不太强，比较有利于双方继续合作；程序比较简单、灵活，可以当面进行，也可以通过信函进行；调解不成还可以申请仲裁或诉讼。这种解决争议的方式特别适合解决案情比较简单、金额较小的争议。

【实例】

2008 年，绍兴某公司（下称 S 公司）与波兰某公司（下称 P 公司）签订买卖合同，S 公司向 P 公司出售三批货物，前两批已按合同约定运至德国汉堡。P 公司支付了第二批货物的货款，但因与 S 公司就第一批货物的样品确认发生争议，拒绝向 S 公司支付第一批货物的货款。S 公司在收到第二批货物的货款后，以没有收到第一批货物的货款为由，拒绝把第二批货物的提单交给 P 公司。双方就放提单、支付第一批货物的货款争执不下。

于是，S 公司向中国国际贸易促进委员会（中国国际商会）浙江调解中心申请调解。浙江调解中心收到调解申请后，向 P 公司发出调解征询函，P 公司回复表示同意接受调解，并向该中心提供了材料。

在深入调查中，浙江调解中心发现，双方争议的焦点主要在：（1）第一批货物的样品确认是否存在误认，此样品的误认责任由谁承担。（2）两批货物到达汉堡后由于未能及时清关引起的滞港费由哪一方承担。

浙江调解中心通过电话、电子邮件向双方分析了本案的事实和法律关系，以及升级至国际诉讼的风险、时间和成本。经过反复居间调解，双方终于对第一批货物货款的支付数额和两批货物的滞港费分摊达成了一致意见。

但P公司担心S公司收款后仍不交出提单，S公司担心交单后P公司不肯付款，而且S公司还提出如何处理第三批货（S公司已备好货尚未运出）的问题。

此时货物滞留汉堡港将超过45天，船公司已函告S公司要对两批滞港货物进行处理，情况紧急。浙江调解中心连夜根据双方的调解意向制定了和解协议。协议约定：双方在签署和解协议后，S公司将第一、第二批货物的两个提单送到浙江调解中心；浙江调解中心在确认收到提单后，告知P公司，P公司立即向S公司付款；S公司收到款项后，浙江调解中心立即把提单放给P公司；P公司在2008年12月31日前，开立信用证向S公司支付第三批货物的货款。

由于浙江调解中心出具的和解协议公平合理，S公司和P公司迅速签署了协议。P公司在2008年12月11日完成付款，浙江调解中心在确认P公司付款后，于2008年12月15日及时放出了提单，P公司在德国的下家及时拿到了货物。此后，P公司也按和解协议的约定对第三批货物开立了信用证。此案在浙江调解中心的调解下，得到了迅速而有效的解决，为双方挽回了损失。①

---

从中斡旋的第三者可以是调解人或专门的调解机构。在我国，与国际贸易有关的调解机构有三类：（1）专门的涉外调解机构。我国的这种机构是中国国际贸易促进委员会（中国国际商会）下设的调解中心。该中心成立于1987年，目前在各省、市、自治区及一些主要城市的贸促会分会下设立了30余家分支调解机构，并与德国汉堡、美国纽约、阿根廷布宜诺斯艾利斯、英国伦敦的调解仲裁机构建立了业务关系。（2）涉外仲裁机构。我国常设的涉外仲裁机构是中国国际经济贸易仲裁委员会和中国海事仲裁委员会，这两个机构也有调解功能，调解成功后可以根据调解协议做出裁决。（3）法院。我国法院都有调解功能，在各阶段都可以进行调解。调解成功后，由法院制作调解书，与法院判决书具有同等法律效力。

调解协议是经过调解后达成的解决争议的协议，它一般只具有合同效力。如果一方不履行协议只构成违约，不能申请法院强制执行。但我国法律规定，法院做出的调解书或仲裁庭依据调解协议做出的仲裁裁决，可以申请法院强制执行。因此，如果对调解协议是否能得到履行有顾虑，可以将调解与仲裁结合起来。

【实例】

1997年1月，我国某省进出口公司与意大利公司签订了一份出口9万件短裙的合同，共计85万美元，D/A支付，交货为1997年5月。但我进出口公司到1997年6月20日才发运货物，货到意大利已是1997年7月下旬，错过了销售季节。此外，意大利公司还提出货物的质量有问题，于是要求退货或降价，并不肯付款。经过协商，双方于1999年5月达成了付款协议，意大利公司承诺在2000年4月底前分九次向申请人支付60万

---

① 摘编自：上海债务律师网《国际贸易产品质量争议和价款支付纠纷案例》一文，由中国国际贸易促进委员会（中国国际商会）浙江调解中心供稿。

美元。但直到 2000 年 5 月，意大利公司仅支付了 3 万美元。

我进出口公司于是根据合同中的仲裁条款提请中国国际经济贸易仲裁委员会仲裁，但因合同中的仲裁条款有明显缺陷，中国国际经济贸易仲裁委员会不能受理。于是申请人到法院起诉，法院答复：案件可受理，但中国与意大利之间虽有司法协助协议，在意大利执行中国法院的判决尚无先例。后经人推荐，我进出口公司向中国国际贸易促进委员会（中国国际商会）调解中心申请调解。

调解中心受理后，建议我进出口公司先对意大利公司的资信状况进行调查，结果发现该企业具有一定的经济实力，其董事长是当地商会的现任轮值副会长，且该公司的执行董事正在杭州出差。调解中心经双方当事人同意，由独任调解员赴杭州进行调解。在调解员的主持下，双方经三次谈判，达成了调解书，其内容如下：

1. 申请人对被申请人因市场及资金原因未能如期履行付款协议书做的解释表示理解。

2. 被申请人共欠付申请人 57 万美元；自 2000 年 6 月至 2002 年 1 月底前，每月支付 3 万美元；如被申请方未按期限及金额履行付款义务，逾期按日万分之四承担违约金。

3. 调解书对双方均有约束力。同时为体现本和解协议的严肃性，双方同意将本调解书提交中国国际经济贸易仲裁委员会，指定仲裁员名册中的 × 担任独任仲裁员，组成独任仲裁庭，依据调解书的内容做成裁决书，仲裁裁决具有终局性，对双方均有约束力。①

# §2　仲　裁

仲裁（Arbitration）指双方达成仲裁协议，将其争议提交给仲裁机构裁决。国际贸易仲裁是国际商事仲裁的一种。

## 2.1　仲裁协议和仲裁机构

**仲裁协议**　仲裁的双方必须事先达成仲裁协议，仲裁协议的作用有两个方面。（1）它是仲裁机构受理案件的前提。仲裁与诉讼不同：诉讼不需要双方同意，只要一方当事人向法院起诉，法院受理后另一方当事人就必须应诉；仲裁是建立在双方自愿的基础上的，双方只有达成了仲裁协议，仲裁机构才能受理。（2）排除法院的管辖权。如果双方有仲裁协议，法院就无权管辖他们的争议。

【案例 29－1】

1991 年 4 月，中国国际经济贸易仲裁委员会收到申诉人美国 A 公司诉被诉人美国 B 公司的一份仲裁申请书。仲裁申请书是依据合同中的仲裁条款提出的，合同中的仲裁条款为："一切因执行本合同或与本合同有关的争议，应由双方通过友好协商解决，如经协商不能解决，应提交中国国际贸易促进委员会对外贸易仲裁委员会，按照中国国际贸易促进委员会对外贸易仲裁委员会仲裁程序暂行规则进行仲裁，仲裁委员会的裁决为终局

① 摘编自：中国贸促会绍兴支会绍兴国际商会网站《国际贸易中欠款纠纷调解案例》一文。

性的，对双方均有约束力。”A公司在申请前曾与B公司多次友好协商，但无法解决争议，因此申请仲裁。B公司收到仲裁通知后，提出中国国际经济贸易仲裁委员会没有管辖权，它已向美国纽约州法院申请停止仲裁程序。因为它与A公司都是美国公司，根据国际私法冲突规范，应该在美国解决；另外，协议中的仲裁机构是中国国际贸易促进委员会对外贸易仲裁委员会，不是中国国际经济贸易仲裁委员会。问中国国际经济贸易仲裁委员会对此案是否有管辖权？

---

仲裁协议可以采取不同的形式，概括起来主要有以下几种。

1. 合同中的仲裁条款。这是最常见的形式（参见第20章），它具有独立性。仲裁协议独立存在，合同的变更、解除、终止或者无效，不影响仲裁协议的效力。① 合同不生效、无效、被撤销或者终止的，不影响合同中有关解决争议方法的条款的效力。②

2. 合同之外的仲裁协议。可以在争议发生前订立，也可以在争议发生后订立，但以在争议发生前订立为好，因为争议发生后，有过错的一方往往不愿意签订仲裁协议。

3. 能证明买卖双方愿意将他们之间的争议提交仲裁的有关文件、函电等。

【实例】

日本×株式会社北京代表处与香港×公司签订一份钢材买卖合同，合同未订仲裁条款。日本×株式会社北京代表处签订合同后，按合同要求，在合同规定的期限内，将钢材运抵香港。香港×公司收到货物后，就钢材质量问题提出异议。双方就钢材质量问题进行协商，取得一致意见：钢材价格以合同中规定的价格为基数下调15%。香港×公司在同意钢材价格下调15%后，仍不付款。日本×株式会社北京代表处多次催要款项，香港×公司拒不付款。日本×株式会社北京代表处在多次催要未果的情况下，给香港×公司发了一封传真，申明如果再不付款，将在中国国际经济贸易仲裁委员会提请仲裁。香港×公司接传真后，复传真称：“不管采取何种方式解决争议，我公司将奉陪到底。”

日本×株式会社北京代表处在中国国际经济贸易仲裁委员会提请仲裁，香港×公司抗辩称，中国国际经济贸易仲裁委员会对本案无管辖权，双方合同中没有仲裁条款，纠纷发生后亦未达成仲裁协议。

仲裁庭审理认为，在申请人提出将争议交付中国国际经济贸易仲裁委员会仲裁后，被申请人在回复的传真中表示不管采取何种方式解决争议将奉陪到底，表明被申请人同意将争议交付仲裁，中国国际经济贸易仲裁委员会对本案具有管辖权。经仲裁庭审理，裁决香港×公司向日本×株式会社交付货款及利息，承担仲裁费用。③

---

4. 默示的仲裁协议。在仲裁申请书和仲裁答辩书的交换中，一方当事人声称有仲裁协议而另一方当事人不做否认表示的，视为存在书面仲裁协议。④

《中国国际经济贸易仲裁委员会仲裁规则》（简称《仲裁规则》）要求，仲裁协议应当

① 《中华人民共和国仲裁法》（简称《仲裁法》）第十九条。

② 《中华人民共和国民法典》第五百零七条。

③ 摘编自：赵一民. 国际私法案例教程. 北京：知识产权出版社，2001.

④ 《中国国际经济贸易仲裁委员会仲裁规则》第五条第（二）款。

采取书面形式。书面形式包括合同书、信件、电报、电传、传真、电子数据交换和电子邮件等可以有形地表现所载内容的形式。[①]

**仲裁机构**　国际商事仲裁机构可分为两类：一是临时性的仲裁机构，它由双方当事人选择的仲裁员临时组成，仲裁结束后即解散；二是常设性的仲裁机构，它有固定的组织、仲裁员、仲裁地点、仲裁规则和行政管理制度。19 世纪前，国际商事仲裁机构都是临时性的；现在世界上 95% 以上的国际商事仲裁都是在常设性的仲裁机构中进行。我国只有常设性的仲裁机构。

我国常设性的国际商事仲裁机构是中国国际经济贸易仲裁委员会和海事仲裁委员会。中国国际经济贸易仲裁委员会总部设在北京，另外在深圳和上海设立了分会。它是世界上受案最多的国际商事仲裁机构，在国际商事仲裁界享有盛誉。[②]

国际上著名的仲裁机构有：国际商会仲裁院、英国伦敦仲裁院、美国仲裁协会、瑞典斯德哥尔摩商会仲裁院、瑞士苏黎世商会仲裁院、日本商事仲裁协会、意大利仲裁协会、澳大利亚国际商事仲裁中心、中国香港国际仲裁中心、伦敦油籽协会、伦敦谷物贸易协会、伦敦羊毛终点市场协会、伦敦黄麻协会等。

仲裁机构的选择具有重要意义，它关系到仲裁适用的程序法和实体法、仲裁使用的语言、仲裁员等。选择仲裁机构的一般原则是：首先选择本国的仲裁机构，其次选择中立、公正的第三方仲裁机构，最后选择对方国家的仲裁机构。

## 2.2　仲裁规则和法律适用

**仲裁规则**　一般在哪个仲裁机构仲裁就适用于它的仲裁规则，但仲裁机构一般也允许选择其他仲裁规则。《仲裁规则》第四条第（二）款规定：当事人约定将争议提交仲裁委员会仲裁的，视为同意按照本规则进行仲裁。《仲裁规则》第四条第（三）款又规定：当事人约定将争议提交仲裁委员会仲裁但对本规则有关内容进行变更或约定适用其他仲裁规则的，从其约定，但其约定无法实施或与仲裁程序适用法强制性规定相抵触者除外。当事人约定适用其他仲裁规则的，由仲裁委员会履行相应的管理职责。

**仲裁的法律适用**　包括程序法和实体法的适用。程序法由《仲裁规则》决定，实体法由仲裁庭按照下列原则决定。

1. 如果双方协议选择了实体法，从其约定。但各国对此都有限制，例如，我国要求当事人的协议选择不得违反我国的公共政策，与争议案件要有一定联系，并由双方当事人达成书面协议。

2. 如果双方没有协议选择，但双方所在国都是某一国际公约的缔约国，或双方所在国之间签订了双边条约或协定，或有相关的国际惯例，而这些国际公约、双边条约或协定和相关的国际惯例对仲裁案件的争议点又有规定，就适用于这些国际公约，或双边条

---

① 《中国国际经济贸易仲裁委员会仲裁规则》第五条第（二）款。

② 中国国际经济贸易仲裁委员会最初设立于 1954 年，名为对外贸易仲裁委员会，隶属于中国国际贸易促进委员会，1980 年改名为对外经济贸易仲裁委员会，1988 年改为目前的名称。1984 年，对外经济贸易仲裁委员会在广东省深圳经济特区设立了办事处。1990 年，中国国际经济贸易仲裁委员会又在上海设立了一个分会。

约或协定，或相关的国际惯例。例如，《联合国国际货物销售合同公约》《国际贸易术语解释通则》《跟单信用证统一惯例》等。

3. 如果双方没有协议选择，也没有相关的国际公约，或双边条约或协定，或相关的国际惯例，或相关的国际公约，或双边条约或协定，或相关的国际惯例对仲裁案件的争议点没有做出规定，在这种情况下，则依据仲裁地所在国的冲突法[①]来决定仲裁适用的实体法。

## 2.3 仲裁裁决的域外承认与执行

国际商事仲裁，如果败诉方是外国公司但在本国有住所或财产，在其不履行裁决时，胜诉方可以向本国有管辖权的法院申请强制执行；如果败诉方是外国公司但在本国无住所或财产，在其不履行裁决时，胜诉方就只有通过境外有管辖权的法院才能强制执行。这就是国际商事仲裁裁决的域外承认与执行问题。

**仲裁裁决的域外承认与执行的依据** 国家间相互承认与执行仲裁裁决的依据主要有下面几种：

1. 有关国际公约。这方面最重要的是1958年在联合国主持下在纽约缔结的《承认及执行外国仲裁裁决公约》，简称《纽约公约》。该公约规定，各缔约国必须相互承认和执行它们的仲裁裁决，除非当事人证明有该公约第5条规定的五项情形之一。截至2012年，已有145个国家加入了《纽约公约》。我国也已加入《纽约公约》，加入时做了两项申明和保留：一是只承认《纽约公约》适用于缔约国领土上做出的裁决；二是只承认《纽约公约》适用于根据国内法被认为属于商业性质的问题在法律关系上产生的争议。这是我国法院受理他国当事人申请的先决条件。

2. 多边、双边条约或协定。如经贸协定、司法协助协定等。如果被申请执行国不是《纽约公约》的缔约国，但双方有多边、双边条约或协定，多边、双边条约或协定中有相互承认和执行仲裁裁决的内容，则可以依据这些多边、双边条约或协定。

如果双边既是《纽约公约》的缔约国，又有多边、双边条约或协定，多边、双边条约或协定中有关仲裁裁决的承认和执行的条件比《纽约公约》更优越，则应该依照多边、双边条约或协定执行。《纽约公约》第7条第1款规定，该公约的规定并不影响缔约国间所订关于承认和执行裁决之多边或双边协定的效力。

3. 外交途径。如果双边既不是《纽约公约》缔约国，又无有关多边、双边条约或协定，就只有通过外交途径，向对方国家的主管机关申请仲裁裁决的承认和执行。

我国内地与香港仲裁裁决的相互承认与执行的依据原来是《纽约公约》，1997年香港回归后，我国内地已经按照加入《纽约公约》时所做的声明，将《纽约公约》的领土适用范围延伸到香港，因此，《纽约公约》已不能作为我国内地与香港仲裁裁决相互承认与执行的依据。为弥补这一空缺，1999年，我国内地和香港签署了《最高人民法院关于内地与香港特别行政区相互执行仲裁裁决的安排》。

---

① 冲突法是处理涉外民事案件时，指导如何发现法、解释法，并将其应用于案件的规则。找法和释法是冲突法的主要内容。

**仲裁裁决域外承认与执行的办理** 《纽约公约》规定，仲裁裁决的国外承认与执行可以由当事人直接向有管辖权的法院提出申请。

我国《仲裁法》第七十二条规定，涉外仲裁委员会作出的发生法律效力的仲裁裁决，当事人请求执行的，如果被执行人或者其财产不在中华人民共和国领域内，应由当事人直接向有管辖权的外国法院申请承认和执行。但由于当事人一般缺乏相关的法律知识和经验，实践中大多是委托申请执行地有经验的律师申请。

外国仲裁机构做出的裁决，请求我国承认与执行的，当事人可以直接向我国有管辖权的法院提出申请，也可以委托我国的律师申请。我国有管辖权的法院是：（1）被执行人为自然人的，为其户籍所在地或者居所地的中级人民法院；（2）被执行人为法人的，为其主要办事机构所在地的中级人民法院；（3）被执行人在我国无住所、居所或者主要办事机构，但有财产在我国境内的，为其财产所在地的中级人民法院。外国当事人应在我国民事诉讼法规定的申请执行期限内提出申请。对外国当事人的申请，我国法院依照缔结或者参加的国际条约或协议办理；在没有可适用的国际条约或协议的情况下，也可根据互惠原则决定是否承认和执行。

国家间相互承认与执行仲裁裁决需要一定的条件，这些条件主要是：（1）必须有不履行裁决的行为存在。（2）该仲裁裁决能够在有关国家执行。例如，外国的裁决申请在我国执行，被申请人必须在我国境内有居所或财产，否则我国法院无法执行。（3）当事人必须向法院提出申请。（4）接受申请的法院应具有管辖权。以我国为例，是被申请人居所地或财产所在地的中级人民法院。

【实例】

广州远洋运输公司（申请人）与美国某公司（被申请人）签订了租船合同。根据合同，申请人分别于1988年10月25日、11月7日、11月19日，将其所有的“马关海号”“华铜海号”“康苏海号”轮期租给被申请人。被申请人不按期交付租金，申请人于1989年6月撤销了租船合同，并根据租船合同的仲裁条款，于1989年7月在英国伦敦提交仲裁。临时仲裁庭分别于1989年8月7日、8月15日、8月25日做出了关于前述三轮租船合同争议案的3项仲裁裁决，裁决被申请人偿付租金共1 985 975.21美元及其利息和申请人支出的仲裁费用。仲裁裁决生效后，被申请人支付了部分租金，但自1990年2月起又停付租金，尚欠申请人1 232 112美元及年利率为9%的利息。

申请人（广州远洋运输公司）了解到中国对外贸易运输总公司曾于1989年3月向被申请人租用了申请人所有的“康苏海号”轮，并拖欠被申请人运费和延滞费共253 592.55美元，准备支付给被申请人，遂于1990年7月6日向中华人民共和国广州海事法院提出申请，请求承认和执行上述3项仲裁裁决，划拨中国对外贸易运输总公司准备支付给被申请人的款项，作为被申请人偿还申请人债务的一部分。申请人同时提交了上述3份仲裁裁决书正本及租船合同仲裁条款的副本和上述文件的中文译本。

广州海事法院认为：申请人和被申请人在3份租船合同中均订有仲裁条款，约定产生纠纷在英国伦敦仲裁，适用英国法律。当事人双方依约定在英国伦敦进行了仲裁。伦敦临时仲裁庭对租船合同项下产生的租金纠纷做出了3项裁决。仲裁庭的组成和仲裁程序与仲裁协议相符，仲裁裁决对双方均具有约束力。被申请人已部分执行了裁决的内容，对申请人支付了部分租金。依照我国法律，当事人双方之间的租船合同纠纷可以以仲裁方式解决，承认及执行该3项裁决不违反我国的公共政策，故3项裁决符合申请我国法院承认与执行的条件，申请人申请承认和执行上述3项仲裁裁决，没有超过《中华人民共和国民事诉讼法（试行）》第169条规定的申请执行期限。中国对外贸易运输总公司准备支付的运费和延滞费属于被申请人的期得财产，可以作为执行标的物。申请人申请划拨中国对外贸易运输总公司准备支付给被申请人的运费和延滞费，作为被申请人偿还申请人部分债务的请求合理，应予以支持。

据此，广州海事法院于1990年10月17日裁定：承认由布鲁斯·哈里斯（Bruce Harris）仲裁员和约翰（John）仲裁员组成的临时仲裁庭于1989年8月7日、8月15日、8月25日分别做出的关于“马关海号”“华铜海号”“康苏海号”轮租船合同争议案的3份仲裁裁决书的效力。划拨被申请人预期可在中国对外贸易运输总公司得到的运费和延滞费共253 592.55美元给申请人。①

## 2.4 仲裁的特点与利弊

仲裁是国际贸易中运用得较多的解决争议的方法，它有下列特点：（1）仲裁机构属民间组织，它没有法定的管辖权，它根据当事人达成的仲裁协议受理案件；（2）当事人可以自由地选择仲裁机构、仲裁员、仲裁地点、规则、适用的法律和语言等；（3）一般不公开审理案件；（4）裁决一般是终局性的，没有上诉程序；（5）裁决要通过法院才能强制执行。

仲裁的优点是：程序比较简便，花费的时间、精力和费用比诉讼少；对抗性没有诉讼强，有利于保守商业秘密；仲裁机构一般比较专业，解决争议的效力较高。仲裁的局限是：仲裁机构的民间性使仲裁员受的制约比较少；当事人可以自由选择仲裁员，可能造成仲裁员各偏袒一方；不公开审理案件虽然有利于保护商业秘密，但受社会的监督也少；一裁终局制虽然效力高，但如果发生错误也没有纠正的机会。

总的来说，争议应尽量通过友好协商或调解解决，最好不用仲裁，尤其是对于索赔金额不大的情况。因为仲裁投入的时间、精力和财力比较多，如果要在国外执行裁决，投入就更大，即使胜诉，也很可能得不偿失。

# §3 诉 讼

诉讼（Litigation）指通过法院解决争议，俗称打官司。国际贸易诉讼是国际商事诉讼的一种。

① 摘编自：赵一民. 国际私法案例教程. 北京：知识产权出版社，2001.

## 3.1 国际商事诉讼的管辖权和法律适用

**国际商事诉讼的管辖权** 国际商事诉讼涉及不同国家的当事人，因此先要确定由哪个国家的法院管辖。从各国的情况来看，确定管辖法院的依据主要有以下几种：

1. 协议管辖。也就是根据双方当事人自己的选择确定管辖法院，又分为明示的协议管辖和默示的协议管辖。明示的协议管辖指双方签订了书面形式的管辖协议，书面形式可以是合同条款，也可以是合同外的书面协议。

【实例】

韩国某轮船有限公司与中国H省M市一贸易公司签订了一份运输合同，将一批货物从中国M市运往韩国某市。双方在合同中约定争议由韩国某法院管辖。后发生争议，中方当事人向中国M市海事法院提起诉讼，被告提出该案应由韩国法院管辖，但中国M市海事法院驳回了被告的异议。被告于是向中国H省高级人民法院上诉。中国H省高级人民法院审理后裁定：根据我国国际私法规定，涉外合同当事人可以用书面协议选择与争议有实质联系的地点的法院作为管辖法院，因此，该案应由韩国法院管辖。

---

默示的协议管辖又称“应诉管辖”，指双方没有管辖协议，但在一方向法院起诉时，另一方不提出异议，并应诉答辩，即视为默认了该法院有管辖权。另外，当事人之间有仲裁协议，但在一方向法院起诉时，另一方未提及，并应诉答辩，也属默示的协议管辖。

协议管辖体现了“当事人意思自治原则”，是各国普遍承认的依据。但各国对此都有一定的限制，因此，在协议选择管辖法院前应先了解有关国家的法律规定，以免选择无效。

2. 有关管辖权的国际公约。国际上先后签订了一些有关管辖权的国际公约，有的是专门的，有的是包含这方面内容的，我国参加了其中一些，但这些国际公约大多数只涉及个别领域，对非缔约国也没有约束力。

3. 各国国内法的有关规定。由于各国对协议管辖都有一定限制，国际条约也不能完全解决管辖权问题，因此，确定管辖法院在很多情况下要依据各国的国内法。

概括起来，各国的国内法确定管辖权的原则有下面几种：（1）专属管辖。又称独占管辖，指对某些与本国主权、政治利益、公共政策有关的民事诉讼只允许本国法院管辖，不允许他国管辖或协议管辖。（2）协议管辖（见前文）。（3）地域管辖。即根据案件的地域联系因素确定管辖法院。地域因素有住所地、居所地、合同的签订地或履行地、诉讼标的物所在地、可供扣押财产的所在地、侵权行为地等。（4）属人管辖。指根据当事人的国籍确定管辖法院。在运用这些原则时，一般首先考虑专属管辖，其次考虑协议管辖，最后考虑地域管辖和属人管辖。

**国际商事诉讼的法律适用** 国际商事诉讼还有一个法律适用的问题，包括程序法和实体法的适用。程序法一般适用于法院地法，实体法则由有管辖权的法院决定，一般按下面的方法选择：

1. 如果当事人协议选择了准据法，在不违反管辖法院所在国法律的情况下，就以当事人协议选择的法律为准据法。

2. 如果当事人协议没有选择准据法，或其选择无效，但双方当事人所属国是某一国际公约的缔约国，该国际公约对案件的争议点又有规定，就以该国际公约为准据法。

3. 如果有关国际公约对案件的争议点没有规定，就选择适用的冲突法来确定准据法。

选择冲突法的程序如下：如果双方当事人所属国是某一冲突法国际公约的缔约国，就适用于该国际公约；如果没有这方面的国际公约，就适用于管辖法院所在国的冲突法。

## 3.2 外国人的民事诉讼地位

外国人的民事诉讼地位主要涉及以下内容。

1. 外国人的民事诉讼权利能力和行为能力。外国人的民事诉讼权利能力指外国人是否有权向内国法院起诉。对此各国都实行国民待遇原则，但均以互惠为条件。《中华人民共和国民事诉讼法》（简称《民事诉讼法》）规定：外国人、无国籍人、外国企业和组织在人民法院起诉、应诉，同中华人民共和国公民、法人和其他组织有同等的诉讼权利义务。外国法院对中华人民共和国公民、法人和其他组织的民事诉讼权利加以限制的，中华人民共和国人民法院对该国公民、企业和组织的民事诉讼权利，实行对等原则。[①]

外国人的民事诉讼行为能力指外国人行使诉讼权利和承担诉讼义务的能力。对此各国一般适用属人法。但如果依属人法没有民事诉讼行为能力，依法院地法有民事诉讼行为能力的，应适用法院地法。

【实例】

浙江A公司在杭州与一位21岁的意大利商人签订了一笔纺织品原料进口合同。合同签订后，这种纺织品原料的国际市场价格暴涨，为了不履行合同，又不承担违约责任，意大利商人提出按意大利法律他是未成年人，不具有完全民事行为能力，因此他与A公司签订的供货合同无效。A公司向法院提起诉讼，法院认为：该案合同签订地在中国，根据“特殊地域管辖”的原则，我国法院有管辖权；在外国人的诉讼行为能力方面，按我国《民法通则》规定适用其本国法，但是外国人在我国境内进行民事活动，依其本国法无行为能力，而依我国法有行为能力的，则应认定为有行为能力。根据我国法律规定，18岁以上的公民为具有完全民事行为能力人，故该意大利商人与A公司签订的合同有效，意大利商人不履行合同属违约，应赔偿因此给A公司造成的损失。

2. 诉讼费用担保。指外国人在内国法院提起民事诉讼时，为了防止其滥用诉讼权利或败诉后不支付诉讼费用，内国法院要求原告提供的除案件受理费以外的其他费用担保，如当事人、证人、鉴定人、翻译人员的差旅费、出庭费、鉴定费等。在国际民事诉讼中，大多数国家的法院都要求作为原告的外国人提供一定的诉讼费用担保，但也有少数国家不要求提供，或可以根据对等原则或签订的国际条约免除。我国法院可以在互惠前提下免除，或根据我国签订的双边司法协助条约免除该费用担保。

① 见《中华人民共和国民事诉讼法》第五条。

3. 诉讼代理制度。大多数国家都允许外国当事人委托诉讼代理人代为诉讼，但如果要委托律师，则只能委托本国的律师，我国也是这样。

## 3.3 法院判决的域外承认与执行

与国际商事仲裁一样，国际商事诉讼，如果败诉方是外国当事人，但在本国有住所或财产，在其不履行判决时，胜诉方可以向本国有管辖权的法院申请强制执行；如果败诉方是外国当事人，但在本国无住所或财产，在其不履行判决时，就只有依据有关国际条约、双边条约或协定、有关的国内法，请求境外有管辖权的法院强制执行。

办理法院判决的域外承认与执行的方法有两种：一是胜诉方直接向有管辖权的外国法院提出申请，二是由本国法院依据有关国际条约或互惠的原则请求外国法院承认和执行。我国《民事诉讼法》第二百八十条规定：人民法院作出的发生法律效力的判决、裁定，如果被执行人或者其财产不在中华人民共和国领域内，当事人请求执行的，可以由当事人直接向有管辖权的外国法院申请承认和执行，也可以由人民法院依照中华人民共和国缔结或者参加的国际条约的规定，或者按照互惠原则，请求外国法院承认和执行。我国《民事诉讼法》第二百八十一条规定：外国法院作出的发生法律效力的判决、裁定，需要中华人民共和国人民法院承认和执行的，可以由当事人直接向中华人民共和国有管辖权的中级人民法院申请承认和执行，也可以由外国法院依照该国与中华人民共和国缔结或者参加的国际条约的规定，或者按照互惠原则，请求人民法院承认和执行。

各国法院承认与执行他国法院的判决都有一定的条件限制，这些条件主要是：（1）判决必须是终局性的；（2）判决必须是由有管辖权的法院做出的；（3）败诉方的诉讼权利得到了充分保障；（4）被请求国未就相同当事人之间同一案件做出判决，也未承认第三国对该案件做出的判决；（5）外国判决不违反被请求国的公共秩序。

## 3.4 诉讼的特点与利弊

诉讼与仲裁的主要区别是：仲裁要事先达成仲裁协议，诉讼不需要，只要一方当事人向法院起诉，法院受理后另一方当事人就必须应诉；仲裁的仲裁员可以由当事人自由选择，诉讼的审判员只能由法院指定；仲裁裁决一般是终局性的，诉讼有上诉制度。

诉讼的优点是解决争议的效率高，局限是：（1）费用高、手续麻烦。在四种解决争议的方式中，诉讼是费用最高，最费时、费力的。（2）对抗性最强。打过官司后，双方就难以再保持业务关系。（3）在国际商事诉讼中，各国法院多少有保护本国当事人的倾向，有时候会影响判决的公正性。

总的来说，争议也不宜轻易采用诉讼来解决，尤其是索赔金额不大的时候。因为诉讼投入的时间、精力、费用很多，如果判决要到域外承认与执行就更麻烦，即使胜诉，多半也得不偿失。

## 复 习 题

1. 友好协商和调解有哪些优点？我国与国际贸易有关的调解机构有哪些？

2. 仲裁协议的作用是什么？仲裁协议有哪些形式？

3. 我国与国际贸易有关的仲裁机构有哪两个？选择仲裁机构的一般原则是什么？

4. 与仲裁裁决的域外承认与执行有关的最重要的国际公约是哪个？

5. 简述国际商事仲裁的特点和利弊。

6. 确定国际商事诉讼的管辖权的依据有哪些？怎样确定国际商事诉讼适用的实体法？

7. 简述国际商事诉讼的特点与利弊。

## 问题与案例

1. 20 世纪 90 年代，上海 S 制鞋厂与日本一家株式会社做成一笔 260 万日元的布鞋生意。因日方预测失误，加上海运时间长，布鞋运到日本后错过了销售的黄金季节，大量积压。日方提出退货，按惯例这是不行的，但经过友好协商，S 制鞋厂同意了对方退货。后来，S 制鞋厂又向该日本株式会社出口了一批替代货物，不但保质保量，而且按时发货，使日方大赚一笔，S 制鞋厂也获利不少，而且名声大振，信誉大增。

此事在日本见报后，马上就有几家大公司来人来函要求与 S 制鞋厂合作。S 制鞋厂不但没有赔钱，反而由此身价倍增，产品供不应求。日本株式会社经过这次风浪后感到 S 制鞋厂是一个忠实的合作伙伴，提出愿意做 S 制鞋厂在日本的销售总代理，S 制鞋厂的产品全部包销，一订就是 10 年合同，而且积极向 S 制鞋厂提供国际市场信息，两家关系更加稳固。

从以上案例可以得到哪些启示？

2. 我国 A 公司与巴西 B 公司签订了一份成套设备出口合同，约定："如发生争议，双方应通过友好协商解决；如果友好协商不能解决，应提交中国国际经济贸易仲裁委员会，根据其仲裁规则进行仲裁。" 合同签订后，因该设备使用了限制出口技术，未获政府批准。B 公司于是要求 A 公司赔偿它为准备进口已付出的费用。A 公司拒绝，B 公司遂向中国法院提起诉讼。A 公司认为，合同中有仲裁条款，法院对该案无管辖权。B 公司认为，合同未获批准，因此其中的仲裁条款是无效的。B 公司的说法有道理吗？

3. 我国某公司与外商订立一项出口合同，其中的仲裁条款规定：在履约过程中如发生争议，则在中国仲裁。后来，双方对商品品质发生争议，对方在其所在地法院起诉我公司，法院发来传票，传我公司出庭应诉，我公司该如何处理？

第4部分

# 贸易方式的多样化

10

第10篇

# 其他贸易方式

第5~8篇介绍的是一般贸易，本篇介绍其他贸易方式和灵活做法，包括加工贸易、经销、代理、寄售、展卖、招标和投标、拍卖、对销贸易等。重点介绍加工贸易，因为从1996年开始，加工贸易进出口总额已占我国对外贸易的一半，这种比例一直持续到现在。

学习国际贸易不仅要学习一般贸易方式，也应掌握其他贸易方式和灵活做法，以便开阔视野，在必要时运用多样化的经营方式来拓展业务、增强国际市场竞争力。

# 第30章
# 加工贸易

加工贸易是指经营企业进口全部或者部分原辅材料、零部件、元器件、包装物料（以下简称料件），经加工或者装配后，将制成品复出口的经营活动。[1]我国改革开放初期开始发展加工贸易，到1996年加工贸易已占我国对外贸易的一半，成为与一般贸易并驾齐驱的贸易方式。近年来我国不断优化贸易方式结构，加工贸易所占的比重逐渐下降，但2019年加工贸易仍占我国进出口总值的25%左右。

## §1 概 述

### 1.1 加工贸易的分类

加工贸易主要可分为来料加工和进料加工两大类。

#### 1.1.1 来料加工

来料加工，是指进口料件由境外企业提供，经营企业不需要付汇进口，按照境外企业的要求进行加工或者装配，只收取加工费，制成品由境外企业销售的经营活动。其特点是：（1）料件全部或部分由外商提供，加工方不需要动用外汇购进料件；（2）加工方对进口料件和加工成品只有使用权，没有所有权；（3）料件的提供者和成品的接受者是同一外商；（4）加工方按外商要求加工，收取工缴费，不管成品的销路问题。从性质上看，加工方提供的是劳务，委托方付出的是工缴费。因此，来料加工实际上是一种以商

① 见《中华人民共和国海关加工贸易货物监管办法》，以下简称《加工贸易货物监管办法》。

品为载体的劳务出口。

来料加工的优点可以从两方面看，从委托方来看，可以利用国外的廉价劳动力、厂房设备等降低生产成本，获取丰厚的利润；从加工方来看，可以利用国外的资金和原材料，充分发挥本国的劳动生产潜力、增加就业机会和外汇收入，还可以获得国际市场信息，加快产品升级换代，提高企业的管理和技术水平。

### 1.1.2 进料加工

进料加工，是指进口料件由经营企业付汇进口，制成品由经营企业外销出口的经营活动。进料加工又称“以进养出”，其特点是：（1）自进料件。经营企业要动用外汇从国外购进料件。（2）自定生产。经营企业自己决定生产的数量、规格和款式。（3）自定销售。加工成品由经营企业自己负责出口销售。（4）自负盈亏。进口料件和出口成品发生的盈亏由经营企业自负。

进料加工与来料加工的共同点是：二者都是“两头在外”（料件来自国外，成品销往国外）的贸易方式。二者的区别是：（1）来料加工不动用外汇购进料件；进料加工要动用外汇购进料件。（2）来料加工的进口料件和加工成品的所有权都属于委托方；进料加工的进口料件和加工成品的所有权都属于加工方。（3）来料加工料件的提供者和成品的接受者是同一外商，进出口是同一笔交易；进料加工料件的提供者与成品的接受者是不同外商，进出口是两笔交易。（4）来料加工是委托加工关系，盈亏由外商自负，加工方赚取的是加工费；进料加工是进出口关系，盈亏由加工方自负，加工方赚取的是进出口之间的差价。

进料加工的好处是：自主性强；利润和创汇率比来料加工高；有利于解决国内原材料不足，或较国外同类原材料品质差、价格高、品种不对路等问题；有利于发挥本国劳动生产潜力、增加就业机会；还可以减轻政府的退税负担。

## 1.2 加工贸易和保税

我国对加工贸易进口料件免征进口关税和进口环节增值税、消费税。但实行这种税收政策有一个前提，即进口料件必须加工为成品复出口，否则不能免征。但进口料件最终是否能加工为成品复出口，在进口时尚不能确定，因此，海关必须采用一种特殊的方式对加工贸易货物进行监管，这种监管方式主要是保税。

### 1.2.1 保税的概念

保税指海关允许某些进口货物暂缓缴纳进口关税和其他进口环节税，并在国内储存、加工后复运出境。这里的“暂缓”是暂时不缴，不是不缴，最终是否要缴、如何缴要视进口货物的最终流向而定——如果进口货物在海关规定的监管期限内以原样或经加工后复运出境或出口，则可以不缴或少缴有关税费；如果进口货物最终在国内销售或派做其他用场，则要补缴进口税费。

保税是 16 世纪从欧洲发展起来的一种海关监管制度，当时主要是为转口贸易

（Entrepot Trade）服务的。转口贸易的特点是：货物只在转口国中转，不在转口国消费；如果进入转口国时缴纳了税费，流向他国时还要征收税费，就多缴了一笔进口税费。为了避免这种情况、促进本国转口贸易和航运事业的发展，当时欧洲的一些国家先后推出了一种允许转口贸易货物暂缓缴纳进口税费在境内储存，待最终流向确定后再决定如何征税的海关监管制度，这就是最初的保税制度。

今天保税制度的服务范围早已不限于转口贸易，已扩大到加工贸易、技术引进、服务贸易等许多领域。但总的来说，保税制度主要可分为两大类：一是保税储存制度，指海关允许进口货物暂缓缴纳有关进口税费，并在指定的场所储存后复运出境。其特点是，除了可以对货物进行整理、分拣以及为保存货物所需的操作外，不允许对货物进行实质性加工或使用；二是保税加工制度，指海关允许进口货物暂缓缴纳有关进口税费，并在指定的场所加工、装配、制造和修理，加工完毕后复运出境。

### 1.2.2 加工贸易与保税的关系

加工贸易与保税有密切的关系，但又不完全对应，这可以从两个方面看。

1. 保税是加工贸易的主要监管模式，但并不是唯一的监管模式。世界各国对加工贸易的监管模式主要有四种：（1）“封闭式保税”。指将加工贸易置于海关封闭的监管区域内进行，如保税区、出口加工区等。（2）“先征后退”。指加工贸易料件进口时先由海关征税，成品出口时再按进口料件的实际耗用量予以退税。（3）“担保保税”。指在加工贸易料件进口时，由第三方提供与进口料件税额相等的担保后保税，到加工成品复出口时再退还担保金或担保物。如果成品未出口，则将担保金或担保物冲抵应纳税款。（4）“开放式保税”。指将加工贸易置于开放的区域内进行，经营企业签订加工贸易合同后向海关备案，海关批准后核发批准证，料件进口时凭批准证保税，成品出口后再报海关核销结案。在以上四种监管模式中，“先征后退”就不是保税监管模式。

由于各国的情况不同，偏重的加工贸易监管模式也不同，我国主要采用开放式保税。因为我国加工贸易规模很大、企业众多，不可能全部采用封闭式保税；实行先征后退，企业的负担过重；实行担保保税也有困难。

2. 即使采用保税监管模式，加工贸易货物也不都是保税货物。海关对一般贸易货物只有审核权，没有批准权，而对保税货物既有审核权又有批准权。我国海关批准保税货物的基本条件是：（1）合法经营。以加工贸易为例，不能经营禁止类商品；加工贸易企业必须通过商务主管部门的经营状况和生产能力核查；加工贸易合同必须经过商务主管部门审批等。（2）复运出境。货物在境内储存、加工装配后应复运出境，否则不能保税。（3）能够监管。海关对保税货物在储存、加工、进出境各环节都能进行有效监管，否则不能保税。（4）经营主体要合格。例如，加工贸易企业有走私逃税或不按时核销等违规行为，海关可以不批准保税，而采用先征后退的监管模式。由此可见，即使在保税监管模式下，海关也可以不批准某些加工贸易货物保税。

## 1.3 海关对保税加工货物的监管

海关实施保税监管的加工贸易货物叫“保税加工货物”，海关对保税加工货物的监管方式不同于一般贸易货物，其特点可以从以下几个方面看。

### 1.3.1 监管形式和监管手段

**监管形式** 一般贸易货物进口报关后即为结关，海关就不再监管；保税加工货物不同，它是暂缓缴纳进口税费进境的货物，进口报关后还不是结关，海关还要采用一定的形式来监管。这些形式有：一般加工贸易企业、保税仓库、保税工厂、保税集团、出口加工区、保税区等，目前我国采用得最多的监管形式是一般加工贸易企业。

**监管手段** 目前我国对保税加工货物的监管手段有两种。一是纸质加工贸易手册，这是传统的监管手段。其特点是：用纸质的加工贸易手册对合同内容进行备案，企业凭以保税进口加工贸易料件和出口成品，海关记录进口料件和出口成品的情况，合同执行完毕后予以核销结案。二是计算机联网监管，即运用计算机技术实现海关对加工贸易企业的监管，又分为“电子账册”和“电子化手册”。前者主要针对大型企业，以企业为单元进行监管，不执行“银行保证金台账”制度；后者主要针对中小企业，以合同为单元进行监管，执行“银行保证金台账”制度。

### 1.3.2 监管过程和监管期限

**监管过程** 海关对一般贸易货物的监管只在进出口报关阶段，对保税加工货物的监管却贯穿于从货物进境到出境或流向国内的全过程，以一般加工贸易企业、纸质手册监管为例，主要包括合同备案、进出口报关、合同核销三个阶段（见图 30－1）。这一特点被称为“监管延伸”，包括“地点延伸”和“时间延伸”。“地点延伸”指保税货物储存、加工、装配的所有场所都是海关的监管范围；“时间延伸”指保税货物从进境直到出境并办妥核销手续为止都要接受海关的监管。

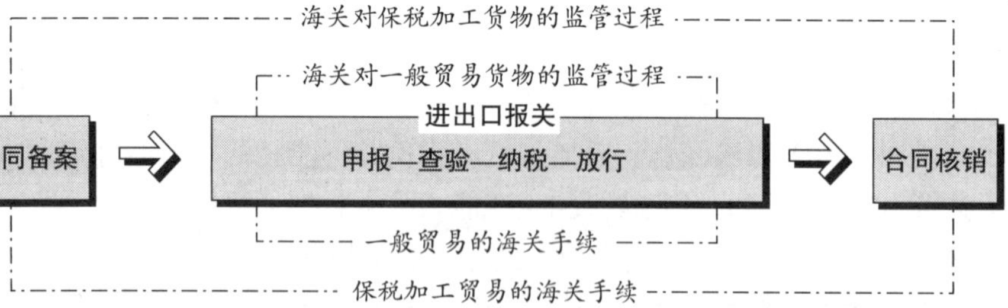


**图 30－1 海关对一般贸易货物和保税加工货物的监管过程的比较**

有人将图 30－1 中的合同备案称为“前期报关”，将合同核销称为“后期报关”。下面对各类进出口货物的海关手续进行比较（见表 30－1）。

**表 30-1　各类进出口货物的海关手续比较**

<table>
<tr><th rowspan="2">进出口货物分类</th><th colspan="3">报关阶段</th></tr>
<tr><th>前期报关</th><th>进出口报关</th><th>后期报关</th></tr>
<tr><td>一般贸易进出口货物</td><td>—</td><td rowspan="6">1. 进出口申报。<br>2. 查验（海关决定做单证查验还是货物查验）。<br>3. 纳税（海关决定征、减、缓、免税费）。<br>4. 放行。</td><td>—</td></tr>
<tr><td>保税加工货物</td><td>加工贸易合同备案，必要时设立银行保证金台账（海关核发登记手册）</td><td>申请合同核销（海关核销结案，设有银行保证金台账的，核销银行保证金台账）</td></tr>
<tr><td>特定减免税货物</td><td>特定减免税申请（海关核发进出口货物征免税证明）</td><td>申请解除海关监管（海关办理结关手续）</td></tr>
<tr><td>暂准进出境货物</td><td>暂准进出口担保申请（海关审核担保形式）</td><td>申请担保销案（海关办理担保销案）</td></tr>
<tr><td>出料加工货物</td><td>出料加工备案</td><td>申请合同核销（海关核销结案）</td></tr>
</table>

**监管期限**　海关对保税加工货物的监管期限有两种：（1）准予保税的期限，指海关允许保税加工货物在境内加工、装配的期限；（2）申请核销的期限，指保税结束后经营人应向海关核销结案的期限。两种期限的长短与监管形式和手段有关。

### 1.3.3　监管要求

加工贸易进口料件和加工成品都是海关监管货物，未经海关批准，不得擅自处理和移做他用，不得抵押。即使法院判决要处理保税加工货物，也只能在办结海关手续以后。

加工贸易企业应将加工贸易货物与非加工贸易货物分开管理，对进口料件要做到专料专用、专料专放、专料专账，不得与其他料件混用、混放、调换顶替。海关可随时派员核查，调阅有关账册记录。如果企业要变更加工贸易货物存放场所，应经过海关批准。

加工贸易进口料件因故转内销的，或因外商单方面中止合同需要以进口料件和加工成品内销以抵偿工缴费的，经营企业应报原合同审批机关的上一级商务主管部门批准，并报合同登记备案海关核准。海关批准后，经营企业要向海关补缴内销进口料件和加工成品的进口税款和税款利息。属进口配额管理、进口许可证管理的商品，还应补办进口许可证等审批文件。在规定的核销期内不能提交的，海关除补征税款和税款利息，还要处以进口料件价值等值以下 30% 以上的罚款。

加工贸易经营企业和加工企业对遵守海关监管规定负有共同责任。如有擅自内销倒卖、串换顶替、变更合同、不按期核销，以及伪造单证、虚报单耗等违反海关法规的行为，海关将依据《中华人民共和国刑法》《中华人民共和国海关法》《中华人民共和国海关法行政处罚实施细则》处理，并可暂停或取消其合同登记备案资格。

【实例】

某公司因经营纠纷及为缓解资金压力，未经海关许可，擅自将进口 PC/ABS 塑料粒子及其他塑料粒子加工成的 PC/ABS 染色粒子转让给国内 8 家企业，折合耗用进口保税料件 PC/ABS 塑料粒子 7 500 千克，价值 15.13 万元，漏缴税款 2.99 万元。海关缉私部门发现后，对该公司擅自转让海关监管货物罚款 1.5 万元。

# §2 加工贸易合同的磋商与签订

加工贸易过程与一般贸易一样，也由交易前的准备、交易的磋商、合同的签订、合同的履行四大步骤构成，对此本书只介绍后三步，本节介绍加工贸易合同的磋商与签订。

加工贸易合同的磋商与签订也由询盘、发盘、还盘、接受等基本环节构成，遵循法律规则也差不多，但来料加工和进料加工合同的磋商与签订各有一些特点。

## 2.1 来料加工贸易合同的磋商与签订

来料加工贸易合同与一般贸易合同的内容差不多，都包括品质、数量、运输、保险、支付等条款，二者的不同之处是：一般贸易合同是单纯的出口或进口合同，而来料加工贸易合同则同时包含进口和出口两方面的内容。因为，在来料加工中，进口料件和出口成品是同一笔交易的两个方面。此外，来料加工贸易合同中有一些一般进出口合同没有的内容，如耗料率、残次品率等。

磋商、签订来料加工贸易合同应注意：（1）加工方要正确地估计自己的生产技术和加工能力。若达不到外商的要求，则不能盲目地接受委托。（2）要合理规定进口料件和出口成品之间的时间间隔，二者不能太近，否则来不及加工生产。（3）要正确规定耗料率和残次品率。若定得过高，委托方则要遭受损失；若定得过低，加工方又难以做到。（4）科学规定结算方式。来料加工有两种作价方法：一是单作价，即只对加工费作价，来料和成品均不作价；二是双作价，即对来料和成品分别作价，但只支付二者之间的差额作为加工费。在双作价的情况下，通常采用“对开信用证”的支付方式（见第 6 章）。

【案例 30－1】

国内 A 公司与国外 B 公司签订了来件装配合同，合同规定，A 公司为 B 公司装配 5 000 台某种家电，采用对开信用证结算，具体操作方法为：（1）合同签订后，由 A 公司开出见票后 90 天付款的远期信用证向 B 公司购买配件；（2）装配完成后，由 B 公司向 A 公司开出即期信用证购买成品；（3）到结算时，由 B 公司支付两份信用证的差额作为付给 A 公司的工缴费；（4）在 A 公司开出的远期证中加列一个“A 公司开出的远期信用证只有在收到 B 公司开出的即期信用证后才能生效”的条款将两证连接起来。

合同签订后装配顺利完成。之后双方又按原条件续订了 5 万台分 5 批执行的新合同。第一、二批执行顺利，其后 B 公司提出：由于 A 公司开出的远期证中有在收到即期回头证后生效的条款，使其不能凭以向银行融资，发生经营困难；为顺利履行其他合同，请

A 公司开出的新证取消上述条款。

鉴于 B 公司一直守信用，A 公司答应了其要求。但合同履行完毕时，B 公司不向 A 公司开出购买成品的即期证。在 A 公司对外开出的远期信用证到期后，开证行不得不对外支付了购买配件的货款，A 公司遭到重大损失。

之后 A 公司多次与 B 公司交涉，但 B 公司始终不开即期信用证购买成品。后经调查发现，该家电市价大跌，整机售价还不到原配件价格，B 公司于是利用 A 公司开出的信用证处理其剩余部件，而不履行回购成品的义务。结果来料加工变成了 A 公司以高价单边进口配件。

分析 A 公司应该吸取的教训。

## 2.2 进料加工贸易合同的磋商与签订

进料加工贸易合同和一般贸易合同的内容也差不多，而且其进口料件与出口成品要分别签订两份合同，二者的不同点是：一般贸易的进口和出口没有联系，而进料加工的进口和出口虽然是两份合同，但它们之间存在内在联系。因为，进料加工下的进口是为了出口。因此，进料加工两份合同的磋商与签订一般要遵循下列顺序：

1. 市场调查，选择未来的成品出口市场；了解出口市场对成品的原材料有什么要求。
2. 根据出口市场对成品原材料的要求，选择料件的进口国和供应商。
3. 与料件的供应商磋商和签订进口料件的合同。
4. 在成品出口市场上寻找销售对象，与之磋商和签订出口成品的合同。

【案例 30－2】

经过市场调查，上海 W 服装进出口有限公司（简称 W 公司）了解到日本服装市场对夹克衫和裤子有较大需求，于是决定向日本出口夹克衫和裤子。根据日本市场流行的夹克衫和裤子对面料的要求，W 公司决定用外汇从美国进口面料，并与美国某供应商磋商、签订了进口面料的合同。与此同时，W 公司又用电子邮件向日本多家服装商社发盘，就出口夹克衫和裤子进行磋商，最后与日本大岛商社签订了出口合同。[①] 根据该案例谈谈磋商、签订进料加工进出口合同的一般顺序。

磋商与签订进料加工贸易合同时应注意下列问题。

1. 进口料件前最好能落实成品销路，以免进料加工变成了单边进口。
2. 应根据出口市场对原材料的要求选择好料件的供应商。
3. 合理规定进口料件和出口成品的时间间隔：太短了来不及加工，或因赶进度影响成品质量；太长了又占压资金。
4. 做好进口料件和出口成品的价格核算，保证在一进一出之间有增值的余地。

① 改编自：童宏祥. 加工贸易实务. 上海：上海财经大学出版社，2008.

# §3 加工贸易合同的履行

在加工贸易过程的四大步骤中，与一般贸易差别最大的是合同履行阶段。

## 3.1 有关名词解释

加工贸易合同的履行涉及众多的当事人和复杂的关系，为了便于掌握，在介绍加工贸易合同的履行过程前，我们先根据《加工贸易货物监管办法》（海关总署令第219号）第三条对有关名词做一些解释。

1. 加工贸易企业。包括经海关注册登记的经营企业和加工企业。

2. 经营企业。指负责对外签订加工贸易进出口合同的各类进出口企业和外商投资企业，以及经批准获得来料加工经营许可的对外加工装配服务公司。

3. 加工企业。指接受经营企业委托，负责对进口料件进行加工或者装配，且具有法人资格的生产企业，以及由经营企业设立的虽不具有法人资格，但实行相对独立核算并已经办理工商营业证（执照）的工厂。

4. 深加工结转。指加工贸易企业将保税进口料件加工的产品转至另一加工贸易企业进一步加工后复出口的经营活动。

5. 承揽企业。指与经营企业签订加工合同，承接经营企业委托的外发加工业务的生产企业。承揽企业须经海关注册登记，具有相应的加工生产能力。

6. 外发加工。指经营企业因受自身生产特点和条件限制，经海关批准并办理有关手续，委托承揽企业对加工贸易货物进行加工，在规定期限内将加工后的产品运回本企业并最终复出口的行为。

需要说明的是，在加工贸易合同的履行过程中，有关当事人的身份并不是固定不变的，有时候其身份会发生变化；有的还可以同时兼有几种身份。

【实例】

2009年6月，江苏一轮胎制造有限公司（以下简称A公司）与外商签订进料加工贸易合同，使用现汇从境外购进天然橡胶和碳黑一批，用于生产挖掘机轮胎出口。

在加工生产过程中，A公司由于没有硫化设备，于2009年10月报经海关同意后，与上海一家制造公司（以下简称B公司）签订了加工合同，将自己生产的轮胎半成品交给B公司硫化生产后运回。

2009年11月，加工生产完毕且办理相关海关手续后，A公司又与山东一家机械制造公司（以下简称C公司）签订了购销合同，将部分轮胎成品出售给C公司，用作C公司进料加工项下的料件，装配挖掘机后出口。[①]

问：（1）2009年6月的业务是什么业务？A公司是什么角色？（2）2009年10月的业务是什么业务？A公司是什么角色？B公司是什么角色？（3）2009年11月的业务

① 摘编自：吴杨伟. 由一则案例引起的加工贸易业务若干问题探讨. 对外经贸实务，2011（2）.

是什么业务？A公司是什么角色？C公司是什么角色？

【解答】(1) 2009年6月的业务是进料加工，A公司既是经营企业又是加工生产企业。(2) 2009年10月的业务是外发加工，A公司是经营企业和加工企业，B公司是承揽企业。(3) 2009年11月的业务是深加工结转，A公司是经营企业和加工企业，C公司也是经营企业和加工企业。

## 3.2　加工贸易合同的履行过程

加工贸易合同的履行过程与监管形式和手段等因素有关，下面以一般加工贸易企业，纸质加工贸易手册监管为例，在这种情况下，加工贸易合同的履行过程可概括为如下步骤（见图30－2）。

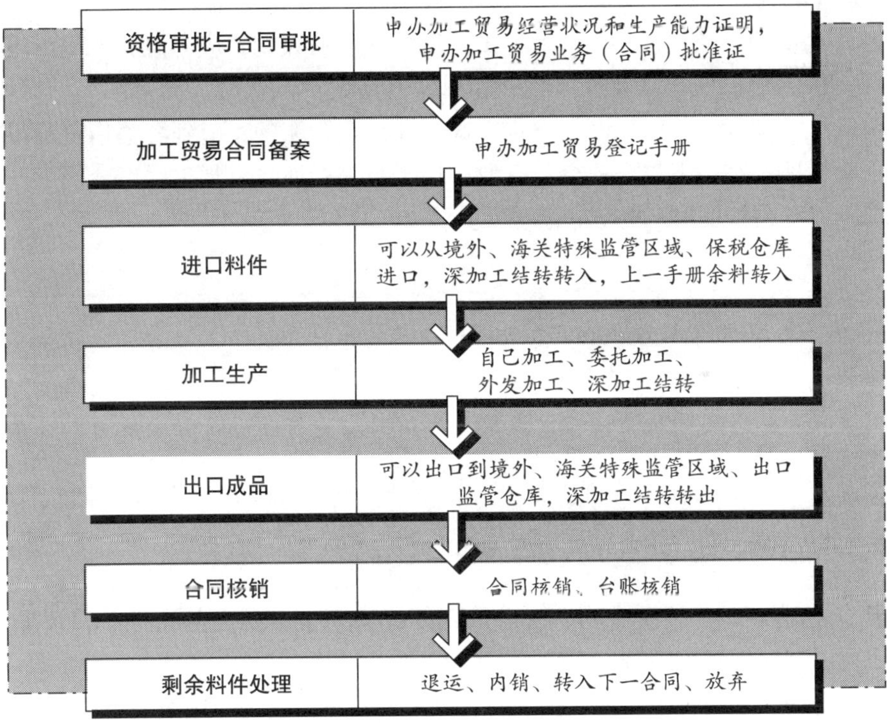


图30－2　加工贸易合同的履行过程

### 3.2.1　加工贸易资格和业务（合同）审批

加工贸易经营企业对外签订加工贸易合同后，先要报商务主管部门（又称外经贸主管部门）审批，办理“加工贸易业务（合同）批准证”。有了该证才能向海关办理加工贸易合同备案。

如果加工贸易企业是第一次从事加工贸易，在合同审批前，要先到商务主管部门做资格审批，办理“加工贸易经营状况及生产能力证明”。该证明在加工贸易企业注册地县级以上的商务主管部门办理。如果是异地加工，经营企业和加工企业应分别向各自所在地的商务主管部门申办。如果不是第一次从事加工贸易，原来申办的“经营状况及生产能力证明”又在有效期内，则不需要这一步，可直接办理加工贸易业务（合同）审批。

商务主管部门审批加工贸易业务（合同）的要点是：（1）提交的证明和材料是否齐全、符合要求；（2）是不是“三无”（无工厂、无加工设备、无工人）企业；（3）单耗是否符合全国统一的标准；（4）是否办理了加工贸易经营状况及生产能力证明，或该证明是否在有效期内；（5）企业的类别是否允许从事加工贸易；（6）经营的加工贸易商品是否属于禁止类；（7）是否要执行银行保证金台账制度等。

### 3.2.2 加工贸易合同备案

取得“加工贸易业务（合同）批准证”后，经营企业应在一个月内向主管海关办理加工贸易合同备案，申领“加工贸易登记手册”。如果是委托加工，经营企业应向加工企业所在地的主管海关办理合同备案。

除另有规定外，经营企业办理加工贸易货物的手册设立，应向海关如实申报贸易方式、单耗、进出口口岸，以及进口料件和出口成品的商品名称、商品编号、规格型号、价格和原产地等情况。① 要开设加工贸易银行保证金台账的，应到海关指定的银行开设银行保证金台账。在备案单证齐全、有效，加工贸易企业具有加工生产合同下产品的能力的情况下，海关核发加工贸易登记手册。

【实例】

2006年，在某公司一工艺品登记手册核销过程中，海关下厂核查，发现该公司合同备案时申报的单耗与实际测定的单耗不符，致使价值人民币32.55万元的保税货物核销错误。对此，海关缉私分局根据《中华人民共和国海关行政处罚实施条例》对当事人处以3万元罚款，并责令其补缴税款和办理其他海关手续。

### 3.2.3 进口料件、加工

经营企业进口加工贸易货物，可以从境外或者海关特殊监管区域、保税监管场所进口，也可以通过深加工结转方式转入。②

进口料件时，应持加工贸易登记手册、加工贸易进口货物专用报关单等向海关报关，海关验放后在登记手册和专用报关单上登记、签章。

加工贸易的加工方式有以下几种：

1. 自己加工。如果经营企业自己有加工生产实体，可以自己加工。

【案例30－3】

2012年7月，C公司从境外购进料件一批，加工生产为摩托车轮胎后出口到国外。问C公司从事的是哪一种加工贸易？C公司在该加工贸易业务中是什么角色？

---

① 《加工贸易货物监管办法》第十二条。

② 《加工贸易货物监管办法》第二十条。

2. 委托加工。指经营企业将整个加工工作委托给其他加工企业去做，做完后将加工成品运回复出口。采用委托加工一般是经营企业自己没有生产加工实体，也可能是其他原因。

海关规定，从事委托加工，经营企业必须与加工企业签订规范的委托加工合同；不得将保税进口料件转卖给加工企业；如果委托C类企业加工，海关对经营企业要征收一定数额的保证金后才能办理合同登记备案；不得委托D类企业加工。

3. 外发加工。指经营企业因受自身生产条件的限制，经报海关批准后，将加工的某道工序委托给承揽企业去做，并在规定期限内将加工后的产品运回本企业。

外发加工与委托加工的区别是：委托加工是将整个加工工作委托给加工企业去做；外发加工是将某道工序委托给承揽加工企业去做，二者的海关手续不同。

【案例30-4】

2009年6月，江苏A公司用现汇从境外购进天然橡胶和碳黑一批，用于生产挖掘机轮胎出口。由于A公司没有硫化设备，报经海关同意后，A公司与上海B公司签订了加工合同，将轮胎半成品交给B公司硫化生产后运回。问A公司从事的是哪种加工贸易？它与B公司是什么关系？在该业务中，A公司和B公司各是什么角色？[①]

从事外发加工，必须向海关提出书面申请。经营企业只有在某道加工工序确无生产条件、需要委托其他企业加工的情况下才能申请外发加工。外发加工的成品、剩余料件、生产过程中产生的边角料、残次品、副产品等都必须运回经营企业。

【实例】

某企业因不具备某道工序的生产加工能力，向主管海关申请将一定数量的保税半成品外发至另一企业加工。加工完毕后，海关对该企业进行实地核查，发现该企业虽然将外发加工的成品运回了本企业，但加工过程中产生的边角料及不良品没有按照规定运回。涉案货物价值12.3万元，税款2.3万元。海关按规定对该企业进行了处罚。

4. 深加工结转。指加工贸易企业将保税进口料件加工的产品转至另一加工贸易企业进一步加工后复出口，又称“结转加工”“转厂加工”。深加工结转实际上相当于货物的进出口。

深加工结转与委托加工的区别是：委托加工是经营企业将料件委托给加工企业加工后复出口；深加工结转是加工贸易企业将加工好的产品出售给另一企业进一步加工后出口。

深加工结转与外发加工的区别是：外发加工是将加工业务的某些工序委托给有加工能力的企业加工，加工产品的所有权不发生转移，双方是委托关系；深加工结转是一加工贸易企业将加工产品出售给另一加工贸易企业进一步加工后出口，加工产品的所有权发生了转移，转入方与转出方是购销关系，要签订购销合同。

① 该案例摘编自本章第3.1节的“实例”。

【案例 30－5】

X 金属制品有限公司从日本购进不锈钢钢材 5 吨，加工为手表带后出售给 Y 钟表制品有限公司。Y 公司将手表带装配在手表上出口。问 X 公司与 Y 公司是什么关系？在该加工贸易业务中两公司各是什么角色？

---

开展深加工结转要报商务主管部门审批，凭批准文件到海关办理结转手续。深加工结转的上、下家应按照进出口贸易的方式，以外汇结算，并办理进口付汇和出口收汇手续。

### 3.2.5 出口成品、合同核销

出口成品可以是向境外出口，也可以是向海关特殊监管区域、出口监管仓库出口，还可以是通过深加工结转转出。出口成品时，经营企业应持加工贸易登记手册、加工贸易出口货物专用报关单等向海关报关。海关验放后在登记手册和专用报关单上登记、签章。

合同核销指加工贸易经营企业在加工复出口或者办理内销等海关手续后，凭规定单证向海关报核，海关按照规定进行核查以后办理解除监管手续的行为。①

经营企业应在规定的期限内将进口料件加工复出口，并自加工贸易手册项下最后一批成品出口或者加工贸易手册到期之日起 30 日内向海关报核。报核时应当向海关如实申报进口料件、出口成品、边角料、剩余料件、残次品、副产品以及单耗等情况，并且按照规定提交相关单证。②③

海关根据原合同备案情况审核报核材料，看进口料件和出口成品是否相符，进口料件的耗用情况是否合理，必要时可派员下厂核查。对执行正常的合同，海关签发“核销结案通知书”予以核销。对开设了加工贸易银行保证金台账的，签发“银行保证金台账核销联系单”，交经营企业向银行办理保证金台账核销，台账核销后，银行退还保证金本息。

【实例】

某企业于 2000 年 7 月在海关办理进料加工手册，备案进口韩国面料一批，出口羽绒服 14 万件。实际生产单耗 2.2 米，生产羽绒服 28 万件，出口 14 万件，另外 14 万件被该公司内销给国内企业。该企业在核销时将单耗瞒报为 4.4 米，并提供了虚假的工艺单、生产领料记录等，骗取海关核销。后被海关在实地核查中查获。

---

### 3.2.6 剩余料件的处理

加工贸易剩余料件包括余料和边角料。余料指加工贸易企业因改进工艺和管理，或生产加工的实际单耗低于海关核定的单耗，在加工完毕时产生的可以继续加工制造合同下的商品的剩余料件。边角料指在加工过程中产生的、无法再用于加工制造合同下的商品的废、碎及下脚料件，也称“废料”。加工贸易余料和边角料都是海关监管货物，必须按照海关规定的方法处理，相关的处理方法有退运、内销、余料结转、放弃几种。

① 《加工贸易货物监管办法》第四十二条。
② 《加工贸易货物监管办法》第三十一条。
③ 这里指加工贸易登记手册、加工贸易进出口货物专用报关单以及海关要求提交的其他单证。——笔者注

以上是一般加工贸易企业，纸质手册监管的加工贸易合同履行过程。加工贸易还有一些其他监管形式，如保税仓库、保税工厂、进料加工保税集团、保税区、出口加工区等，此外，还有电子账册、电子手册等监管手段。在这些监管形式和监管手段下，加工贸易合同的履行过程又有所不同，在这里就不一一论述了。

## 复习题

1. 什么是来料加工？来料加工对委托方和加工方各有什么好处？
2. 什么是进料加工？它与来料加工有什么不同？它的优点是什么？
3. 什么是保税？加工贸易与保税的关系如何？
4. 简述海关对保税加工货物的监管方式的特点。
5. 名词解释：加工贸易企业、经营企业、加工企业、承揽企业。
6. 签订来料加工合同和进料加工合同要注意哪些问题？
7. 简述加工贸易合同的履行过程。
8. 名词解释：委托加工、外发加工、深加工结转。

## 问题与案例

1. A公司根据德国服装市场对全棉女式中裤的需求，与韩国首尔贸易有限公司签订了购货合同，用外汇购买生产裤子的面料。将其加工为裤子后，A公司又通过电子邮件向德国多家服装商社发盘，经过磋商，最后与德国某家服装公司签订了销售合同。问A公司从事的是来料加工还是进料加工？

2. 一玩具公司未经海关许可，擅自将国内采购的毛绒布顶替进料加工手册下进口的毛绒布，用于加工贸易出口成品的生产；将手册下的进口料件用于内销。海关缉私分局调查核实后处以当事人罚款25万元。该公司违反了什么加工贸易监管规定？

3. 内地D公司与香港某公司签订了来料加工合同，规定：D公司开50万美元的即期信用证给香港公司，用以从澳大利亚进口裘皮；香港公司开56万美元、见票60天的远期信用证给D公司，用以回购裘皮大衣。D公司十分满意，认为从一进一出中可以赚6万美元。另外，香港公司在开给D公司的信用证中规定远期信用证的议付必须提交香港公司签发的品质检验合格证书。D公司认为这是正常程序，不会发生意外。

裘皮大衣加工完成后，D公司要求香港公司前来验货，但香港公司借口产品质量不好，拒绝签发检验证书。因此，远期信用证到期也不能议付。最后这批货物只好转内销，而裘皮大衣在内地市场上需求很少，结果D公司损失惨重。问D公司在操作上有哪些失误？

4. 江苏S公司从境外购进料件一批，委托浙江T公司加工生产摩托车轮胎出口，S公司与T公司是什么关系？各属于哪一种角色？

5. N公司是一家有进出口权的外商独资企业，与日本G商社签订了一份全棉男式中裤的来料加工合同。如果N公司是第一次从事加工贸易，在向海关办理加工贸易合同备案前，应向商务主管部门办理哪些手续？

第31章

# 加工贸易外的其他贸易方式

本章介绍除加工贸易外的其他贸易方式，主要包括经销、代理、寄售、展卖、招标和投标、拍卖、易货贸易、互购、补偿贸易等。

## §1　经销和代理

经销和代理都是通过中间商销售货物的方式，在国内外贸易中都采用，这里介绍的是国际贸易中的经销和代理。

### 1.1　经销

#### 1.1.1　什么是经销

经销（Distribution）指供货商（Supplier）与国外经销商（Distributor）签订经销协议（Distributorship Agreement），委托它在规定的期限和地域内销售指定的商品。

经销与一般进出口贸易一样都是货物买卖关系，进口商都要购进商品，自行销售，赚取买卖双方之间的差价。不同之处是：一般进出口双方只签单笔交易的合同，履行单笔合同的义务；经销除了要签单笔交易的合同，履行单笔合同的义务，还要签订经销协议，履行经销协议的义务。

经销可分为独家经销（Sole Distribution）和一般经销两类。独家经销又称“包销”（Exclusive Sales），在这种方式下，经销商在一定时期和区域内，对指定商品享有独家专营权。一般经销的经销商不享有独家专营权，供货商可以在同一时期、同一区域内与数家经销商签约，委托它们经销同一类商品。

经销对供货商的好处是：可以利用国外经销商的销售渠道推销商品，提高销售效率；在独家经销的情况下，在指定的区域内可以避免自我竞争造成的损失。经销对国外经销商的好处是：可以获得价格、支付方式等方面的优惠条件；在独家经销的情况下，还可以在经销区域内对指定商品实行垄断经营。

经销对供货商的缺点是：经销商有自己的经营目标，对供货商的产品不一定尽全力销售；经销商是独立的经济实体，购进商品后，供货商对其商品价格和流向很难控制；如果是独家经销，还可能出现“包而不销”，包销商操纵、垄断市场的情况。

**【案例31－1】**

20世纪80—90年代，叙利亚是我国A公司E牌油漆刷在近东地区主要销售市场之一。A公司的油漆刷在叙利亚有两家主要客户——K公司和R公司。K公司原是R公司油漆刷的直接用户，自从K公司打通了从A公司直接进口油漆刷的渠道后，K公司和R公司都希望获得E牌油漆刷在叙利亚市场的独家销售权利。

K公司业务不大，商品单一，但有一定的销售渠道，且履约与付款都比较及时。R公司经营的商品品种多，油漆刷只是其经营的一个小商品，有时签了合同，也难以履约。为了不使两家公司在叙利亚市场上互相竞争，A公司曾要求它们分别经营不同货号的E牌油漆刷，但两家公司都坚持要购买同一货号的油漆刷。

1990年下半年，K公司派人来A公司要求包销E牌油漆刷，A公司口头同意了K公司包销E牌730货号油漆刷，期限为一年。客户随即开出了信用证，金额为6万多美元。K公司在收到第一批货后，1991年春天又要求正式签订包销协议，并保证每年购买25万美元左右的油漆刷。A公司同意了它的要求，双方签订了独家销售E牌730货号的协议书，内容有：双方的权利和义务，包销金额、数量和期限，价格三个月协商一次，如买方在一年内达不到推销的数量和金额，卖方有权撤销协议。

在1991年秋季广交会期间，R公司的老板来到广交会并要求经销E牌730货号油漆刷，A公司业务员劝其购买其他货号的油漆刷。但R公司老板认为，他是叙利亚商人中第一个经销E牌730货号油漆刷的客户，没有理由不让它经销E牌730货号油漆刷。在得知K公司已是E牌730货号油漆刷的独家经销商后，R公司老板威胁说：“如果你公司坚持不让我买，我就让其他公司生产冒牌货与你公司竞争。”我方只好答应年内交一个20英尺箱的E牌730货号油漆刷，并与之签了约。

K公司得知R公司与A公司签订了购买E牌730货号油漆刷合同的消息后马上表示，如果中方公司卖E牌730货号油漆刷给R公司，就要向中国国际贸易促进委员会控告。事实上两个公司都向我国驻叙利亚经商参处和中国国际贸易促进委员会提出了控告。[①]

问在上述案例中，A公司有哪些失误？

---

① 改编自：上海对外贸易协会. 对外经济贸易案例. 上海：立信会计出版社，1993.

### 1.1.2 经销协议和经销应注意的问题

在经销方式下，供货商和经销商双方的权利、责任和义务是靠经销协议来规定的，签好经销协议对经销的顺利进行和处理可能发生的争议都有重要的意义。

经销协议主要包括下列内容：（1）经销商品的范围。可以是供货商的全部商品，也可以是它的部分商品。如果是全部商品，还应就供货商以后推出的新产品是否属经销范围做出规定。（2）经销的区域。由双方约定，区域的大小主要应考虑包销商的经营能力、销售渠道、商品性质等。（3）包销的数量或金额。它既是经销商承购的数额，也是供货商供应的数额。一般是在一定的时期内规定一个经销商应购买的最低限额，如一年 100 万美元。（4）商品的作价方法。主要有两种：一是在规定的期限内一次作价，这种方法对双方的风险较大，很少采用；二是分批作价，即在每次签订交易合同时作价，或由双方定期根据市场行情商定。（5）供货商的义务。例如，在独家经销的情况下，保证包销商的独家经销权，不向指定区域内销售指定商品。（6）经销商的义务。例如，为经销商品促销、市场调研、保护供货商的知识产权等。（7）协议期限、延期和终止条款。协议期限可以是一年或若干年。延期方式有两种：一是由双方协商后延期；二是在协议到期前若干天如未发出终止通知，则自动延期若干时间。终止条款规定终止协议的条件，例如，协议期限届满，一方违约而且在接到另一方要求纠正的通知后一段时间内未纠正，一方发生破产清理或公司改组，发生了不可抗力事件等。

【案例 31－2】

我国 X 省 G 医保进出口公司（简称 G 公司）经过数年努力，将一种专治皮肤顽症的中成药打入国际市场，颇受使用者欢迎。1991 年，马来西亚一经营药品的 T 公司与 G 公司签订了一项为期两年的独家经销合同，由该商在马来西亚包销该药，包销数量为每年 2 万盒，总额为 20 万美元。第一年，T 公司超额 5 万美元完成包销任务。

但 1992 年 T 公司来电称：该国滨城一带发现有从我国 X 省运去的同牌号的相同商品在市场上销售，从而影响其营业额，侵犯其专卖权，要求 G 公司给予答复，并保留索赔权。G 公司接电后立即回电称：该公司自签订独家经销合同后从未向马来西亚任何第三方销售过此药品。后来查明，由于 G 公司当初未与生产厂家签订独家经销合同，在该药品国际市场行情走俏的情况下，生产厂家又将此药品销售给了 X 省其他进出口公司，其中一家又将其转售到了马来西亚，致使 T 公司遭受损失。

后经 G 公司多方协商，X 省其他进出口公司承诺在 G 公司独家经销合同期届满前，暂不向马来西亚出口此药品；但 G 公司应保证其独家经销合同期届满后不再与 T 公司续约。与此同时，G 公司又与 T 公司商妥：如果 T 公司在 1992 年的销售额少于 1991 年的 25 万美元，其差额部分则由 G 公司按 10% 的比例给予补贴；如果 1992 年的销售额达到或超过 25 万美元，则 G 公司不向 T 公司提供任何补贴。这一难题总算得到各方的谅解而妥善解决。

根据该案例谈谈什么是独家经销权，要如何保证国外经销商的独家经销权。

采用经销方式应注意下列问题：（1）要正确地选择经销商品。采用经销方式销售的商品一般应该是不容易销售的商品，畅销商品不需要采用经销，尤其是不需要独家经销，以免捆住了自己的手脚。（2）要正确选择经销商。好的经销商可以帮助企业扩大出口；不好的经销商，不仅不能扩大出口，还可能减少出口。选择经销商应考虑资信、经营能力、销售渠道、信誉等因素。（3）合理规定经销数量或金额。如果定得过高，经销商则难以完成；定得过低，又达不到扩大出口的目的。（4）合理规定包销区域和期限。一般来说，在开始阶段包销区域不宜过大，期限不宜过长，可以等情况熟悉后再调整。

## 1.2 代理

代理（Agency）在许多行业都有采用，这里仅指国际贸易中的销售代理。国际贸易中的销售代理指出口商授权国外代理商在约定的时间和地区内以其名义和资金从事销售活动，并对其行为的后果负责，国外代理商按达成的交易额提取佣金。

销售代理与代理出口不同。代理出口是国内单位委托国内的外贸公司代办出口业务；销售代理是国内单位委托国外代理商（或代理人）在国外市场上代为销售货物。

销售代理与经销的相同点是：都是通过中间商销售货物。不同点是：经销商买断货物，拥有货物的所有权，赚取买卖之间的差价；代理商不买断货物，不拥有货物的所有权，而是赚取佣金。

销售代理可分为三类：（1）总代理（General Agent），它是委托人在指定地区的全权代表。（2）独家代理（Sole Agent，or Exclusive Agent），它是委托人在指定地区和期限内从事某些销售业务的唯一代表，按惯例，凡是委托人在约定地区发生的交易，只要是独家代理的商品，不管其是不是通过独家代理人销售的，委托人都要向独家代理人支付佣金。（3）一般代理，又称佣金代理（Commission Agent），指不享有独家代理权的代理，委托人在同一地区和期限内可以同时委托几个代理人，佣金根据销售额和代理协议规定的百分比计算。

**【案例 31－3】**

美国 A 公司与中国 B 公司签订了一份独家代理协议，指定 B 公司为 A 公司在中国的独家代理。不久 A 公司又指定中国 C 公司在中国代理销售该产品。问 A 公司有无这种权利？

独家代理与包销（独家经销）很像，但又有不同：（1）双方的关系不同。代理人与委托人之间属于委托代理关系，包销商与出口商是买卖关系。（2）风险不同。独家代理人不承担经营风险，包销商要承担经营风险。（3）收入方式不同。独家代理人赚取佣金，包销商赚取买卖之间的差价。（4）专营权不同。独家代理人享有的是在特定地区和期限内代销指定商品的权利，包销商享有的是在特定地区和期限内指定商品的专买权和专卖权。

销售代理双方要签订销售代理协议（Selling Agent Agreement），其内容主要有：代理的商品、委托人与代理人的权利与义务、佣金的计算方法、不可抗力和仲裁、协议的期限和终止办法等。

# §2 寄售和展卖

## 2.1 寄售

寄售（Consignment）是一种委托代售的方式，它是寄售人（Consignor）将货物运到国外，委托当地的代销人（Consignee）按照双方签订的寄售协议销售，货物出售后双方结算货款。

寄售的特点是：（1）双方不是买卖关系，代销人不购进货物，货物在售出前的所有权属于寄售人；（2）货物在售出前的一切风险和费用均由寄售人承担；（3）对国外的买主来说，寄售是一种凭实物进行的现货交易。

寄售对寄售人的优点是：（1）有利于开拓市场、增加交易机会；（2）有利于了解市场行情、不断改进产品和包装策略；（3）可以根据当地市场的供求情况掌握有利的推销时机，卖个好价。寄售对寄售人的缺点是：（1）要承担货物售出前的一切风险，如运输风险，货物到达目的地后受损、价格下跌和不能售出的风险等；（2）要承担货物售出前的一切费用；（3）占用资金的时间长，货款要等货物售出后才能收回，如果代销人不讲信用，还有收不回货款或不能及时收回货款的风险。因此，采用寄售一定要进行充分的市场调查和客户资信调查。

**【案例 31－4】**

国内某公司向南亚某国出口一批轻工产品，该货物属于积压物资，双方经过多次磋商，最后决定以寄售方式在国外销售。货物运到目的地后，由于当地市场同类商品竞争激烈，虽经代销商多方努力，销售效果仍然不佳，最后只好将货物运回。问该公司有什么失误？

总的来说，对寄售人来说，寄售是打开国际市场的一种理想方式，但市场打开后就应尽快转变为普通贸易方式。因为代销人只是名义上的进口商，它的操作都是为寄售人代办的，货物售出前的一切风险和费用都由寄售人承担。

**【案例 31－5】**

2010 年 11 月，S 农业有限公司（简称 S 公司）与日本 W 公司签署寄售协议，出口切花。协议约定：每两周交货一批，标准海运包装，每批两个标准 20 英尺集装箱（冷藏箱）；目的港为日本港口；寄售手续费为销售额（不含消费税）的 7%；销售款以最终发票计收，T/T 支付，由 W 公司在每月 15 日和 30 日汇付给 S 公司，协议期六个月。

从 2010 年 12 月初开始，S 公司每两周发货一批，委托锦海国际货运代理公司（简称锦海公司）运输，锦海公司安排台湾阳明海运公司运输，装运港为厦门，目的港为东